子政治哲学

叶自成◎著

天道　政道
德道　治道
术道　器道
　　　道

上海财经大学出版社

# 图书在版编目(CIP)数据

老子政治哲学：天道、政道、德道、治道、术道、器道/叶自成著. —上海：上海财经大学出版社，2017.8

ISBN 978-7-5642-2782-1/F.2782

Ⅰ.①老… Ⅱ.①叶… Ⅲ.①老子—政治哲学—研究 Ⅳ.①B223.15

中国版本图书馆CIP数据核字(2017)第158634号

□ 责任编辑　袁春玉
□ 封面设计　张启帆

**老子政治哲学：天道、政道、德道、治道、术道、器道**

叶自成　著

上海财经大学出版社出版发行
(上海市中山北一路369号　邮编200083)
网　　址：http://www.sufep.com
电子邮箱：webmaster@sufep.com
全国新华书店经销
上海叶大印务发展有限公司印刷装订
2017年8月第1版　2017年8月第1次印刷

710mm×1000mm　1/16　28.5印张　511千字
定价：68.00元

# 自　序

# 2500年之叹：老子政治哲学竟无全解！

《老子》一书问世已经2500多年。

《老子》虽然影响深远广大，也被千百人议论评述过，有关《老子》的注解、研究成果以及著作论文何止成千上万矣！这些论述对传播老子的思想，使老子思想与孔子思想一起成为中国思想文化的两大支柱，对于启迪道家思想起到了巨大的作用，厥功至伟。

但遗憾的是，虽然老子的政治思想也不断被人论及，有些论其"道法自然、无为而治"之道，有些论其伦理，有些论其治道，有些论其养生之道，有些论其兵道，有些论其天下之道，但2500多年来，竟无一人、无一书全面、精确论述过老子政治哲学体系的"政道、德道、治道、术道、器道"精华，甚至可以说，即使把这些老子政治思想的全部论述集合起来，也不能说论说全面和精确了。下面择其要而概之。

## 一、魏晋之前关于老子政治哲学的主要评述

杨朱学派发展了老子"道法自然、民四自"中的个人主义的萌芽，从百姓和民众角度，张个人权利保障大旗，强调"拔一毛利天下而不为"的个人主义精神，是中国思想文化界难得的保护个人权利的思想财富。然而，杨朱忽略了执政者无私与百姓有私的不同，老子的"道法自然、民四自"包含了个人自由与个人权利思想，但也讲了执政者作而不辞、为而不恃、功成不居、无私等品德；只讲人的自私的合理的一面，未讲自私背后的欲望的负面性，也是杨朱的片面性。

庄子（约公元前369—前286年）是道家的大思想家，庄子学派创始人，对后世道家和道教影响也很大，发展了老子的个人精神自由的思想内容，发展了老子的自然之道和全生之道，但在政治思想方面，庄子学派就走歪了路，偏离了老子

的"以百姓心为心""民四自""以正治国""积极无为"的思想路线,主张"无为不治、逃世隐逸、消极无为"的处世方式。

韩非子(约公元前 280—前 233 年)是战国后期的思想家,他有《解老》《喻老》两文对老子的思想进行注解。韩非子对老子的道有十分深刻的理解,认为道是万物生成的根本动力,是万理构成形式的总汇;理是构成万物的外在形式,道是生成万物的根本原因。但对老子政治思想,韩非子比较重视老子的"术",对以法治国、定分止争等治国之道也有深刻见解,但总的来说,韩非子的政治思想的核心是"以君心为心",完全偏离了老子政治思想中的"以民心为心""民四自""无为而治"等政道。

河上公,战国末年至汉初的隐士,按司马迁的说法,是乐毅(燕齐之战时燕军主帅,燕齐之战在公元前 284 年)的后代乐臣公的教师,"乐臣公学黄帝、老子,其本师号曰河上丈人,不知其所出"(《史记·乐毅列传》),他所注释的《老子章句》是历史上流传影响最广大的一本。河上公代表了黄老学派的主要思想,以黄老解老,也是最早提出"用道治国"的思想家,对老子的治道、治术有发展,对民自治的思想有所涉及,认为老子政治思想的特点是"贵清静而民自定",明确说《老子》一书就是"谓经术政教之道也",但把治国与治身并提,而以治身为要,认为"非常道"就是"非自然长生之道",不仅把老子之道解偏了,也显然是站在统治者的角度来论述治国治身,直接以养生思想来解释老子的政治思想,对后来道教的养身成仙之术有影响。[①]

成书于战国中期的《黄帝四经》是黄老学派的重要著作。战国时期的黄老学派,大量引用老子的思想,并采各家之长,在引法入道、道生法、刚柔相济方面继承和发展了老子的思想,使老子的政治思想更落实为治道,并直接影响了汉初的文景之治,但它把天地人与鬼神并举,主张"大国得道得以兼并天下",认为攻夺他国后要拆毁它的城郭,焚毁它的钟鼓,均分它的资财,散居其子女后代,分割其土地,如果不彻底灭亡这些国家,则经过征伐的国家会重新兴起,所以应当一鼓作气,使其成为废墟。当敌国由强变弱时,就应该乘机讨伐,具有侵略性;《黄帝四经·经法·君正》又主张君主对百姓的统治权,认为前四年要对百姓好,第五年开始就要以法来治理百姓,第六年让百姓对君主产生敬畏,第七年就指挥百姓出征作战。这些主动攻伐、以君心为心、君臣共治、以术治国都偏离了老子的"兵者不祥之器,不得已而用之""以百姓心为心""民四自""民圣共治""以正治国"的主线。[②]

---

① 《老子道德经河上公章句》,中华书局 1993 年版,第 10、12 页。
② 陈鼓应:《黄帝四经今注今译》,商务印书馆 2015 年版,第 313、314、40、55 页。

《淮南子》是汉初黄老道家的代表作,其中有《原道训》和《道应训》两卷解老。《原道训》主要从形而上解说老子的天道,其中不乏对老子政治思想的深刻理解,比如"得在时,不在争;治在道,不在圣""漠然无为而无不为也,澹然无治也而无不治。所谓无为者,不先物为也;所谓无不为者,因物之所为。所谓无治者,不易自然也;所谓无不治者,因物之相然也";《道应训》则讲了50个故事来说明政道,很生动形象,其中对老子政治思想的理解十分准确,几乎把老子所有的话都用来解释春秋战国时的政治斗争,可以说是悟透了老子的政治思想的奥妙,在解老各家中是把老子与政治联系最紧密的,比如对"知其雄守其雌""夫唯不争,故天下莫能与之争"的解释等。《主术训》一卷则集中了黄老道家的治国之术的精华,第一次对什么是无为进行了明确的界定,认为无为而治就是按照自然和社会规律办事,治国之本在于安民,"民者,国之本也",也主张"法者,天下之度量,而人主之准绳也",对如何用众人之力、乘众人之势以及"圣人兼而用之,故无弃才",做了精彩的发挥,对老子的政治思想的精华有所把握。但是,作者窜入了儒家思想来解道,又走偏了,比如"法令滋彰,盗贼多有",把它理解为不用法律而用礼法;对道术的解说掩盖了政道的光辉,术变成了君王驭下和驭民之术。虽然篇篇故事都在论政说道,但对什么是"以百姓心为心"、什么是"民四自"、什么是"道法自然"等老子政治思想的精华没有进行解释。它的"主术",终究也不过是君王的统治之术,而不是老子的以民心为心、民自治之政道。

张道陵(? —177年)是道教创始人,著有《老子想尔注》。东汉末年的五斗米道,曾以《老子想尔注》为旗帜,建立了中国历史上有严密组织纪律、有行动纲领、最早及最接近现代政党组织的政治实体,发动了黄巾军起义,而且有几次五斗米道领导的建立政权并施行其政纲的政治实践。但在张道陵的《老子想尔注》中,找不到多少政治思想的内容,甚至连《老子》书中严厉批判当权统治者的内容都没有。综观该书,只有少数几处涉及政治,如解释"政善治"时说"人君理国,常当法道为政,则致治",但书中大多只是以老子的长生养生思想为宗旨,教人如何修炼得道成仙的东西,书中的术,也不是政治之术,而是养生长生术,与老子的政治思想几乎没有关联。[①]

王弼(公元226—249年),是魏晋时期的思想家,虽然年仅24岁就去世,但他是一个早熟的大才子,有《易》《老》两本传世的注本。今本《老子》主要是在他的注本基础上变化而来的。他的注本虽有融儒入老之嫌,但他的《老子注》在各种解老著作中是注解得最早、最好、最有系统的,所以成了流传最广泛的版本。

---

① 刘昭瑞:《〈老子想尔注〉导读与译注》,江西人民出版社2012年版,第79页。

王弼对传播老子思想厥功至伟,也是对中华民族的一大贡献。但王弼对老子的思想以本体论和人生论为多,主张以无为体、以有为用,主张崇本息末,并用崇本息末的精神注解老子的思想,对老子的政治哲学涉及不多。对49章的"圣人无常心,以百姓心为心"的解释较精准,注解57章时,虽然提出了"以道治国"的概念,但他对"以正治国、以奇用兵"的解释显然有离于老子的原意,故不为后人所取;而对"民四自"的思想,仅以"崇本息末"四字简论,虽然也可以说"民四自"是政治之本,但没能阐明其要义。

## 二、清末及民国对老子政治哲学的主要论述

魏源对老子的思想进行过深入的研究,曾著《老子本义》,对老子的无为而治的政治思想有系统的评述,他认为"圣人经世之书,而《老子》救世书也",特别强调老子的"我无为而民自化"的思想。魏源认为老子的主旨是无欲无为无名,他也看到了老子之道与老子之术的区别,认为老子之道,以无为欲为本,阴柔为用,老子后学和末流,或得其体而去其用,或得其用而去其体,产生了许多弊病,而且还批评庄子离用以为体。魏源尤其批驳了老子是权谋的说法,他认为,阴之道虽柔,而其机则杀,故学之而善者则清静慈祥,不善者则深刻坚忍。在政治思想方面,魏源认为黄老学派的思想与老子近,而庄子学派离老子远。魏源对老子政治哲学的理解是很准确、简明的,高出后来的许多所谓"大师"之上[①],但魏源也没有对老子政治哲学的内涵进行系统的整理。

章太炎为朋友写的《〈老子政治思想概论〉序》中,虽对老子的思想不无赞赏之言,曾言老子"以内圣外王之道自持",但最后把老子思想归于"术"之类,不仅韩非子得其政治之术,其他各家也是各取其术。"余尝谓老子如大医,遍列方齐,寒热攻守杂陈而不相害,用之者则因其材性,与其时之所宜,终不能尽取也。其言有甚近民治者,又有倾于君主独裁者,观韩非《扬权篇》,义亦如是。是所谓遍列方齐,任人用之者也。汉世传其术者甚众,陈平得之为阴谋,盖公得之为清静,汲黯得之为卓行,司马迁父子得之为直笔,数子者材性不同,而各以成其用。与夫墨氏之徒,沾沾守一隅之术者异矣。与民治之与独裁,其道相反,独孝文能兼用之。……盖孝文为能得其一二,后之晓此者寡矣。"[②]章太炎认为《老子》一书,犹如一个大药铺,里面什么药都有,人们可以根据自己的情况各取所需。我认为,首先,这一评论把老子的道、德、术混为一谈,未明老子"道法自然、民四自"之

---

① 魏源:《老子本义》,商务印书馆1934年版,1—6页。
② 章太炎:《章太炎自述》,人民日报出版社2012年版,第165—166页。

政道,没有分清道与术的区别;其次,他同时认为老子主张民治,又主张独裁,这也是十分奇特的观点。在《诸子学略说·原道》篇中,章太炎发表了两个独特的观点:一是认为汉文仅得老子十分之一二,并不是老子的道治;二是认为诸葛亮治蜀,更近于老子治术,"老氏所经,盖尽于此"①。

梁启超先生著有《先秦政治思想史》,其中,有两章对道家的政治思想进行讨论。梁先生的研究也是老庄混谈,以庄解老,所以认为道家"必在绝对放任之下,社会乃能复归于自然,故其对于政治,极力地排斥干涉主义","所谓文明或文化者,道家一切悉认为罪恶之源,寿故文字,罪恶也;智识,罪恶也;艺术,罪恶也;礼俗,罪恶也;法律,罪恶也;政府,罪恶也;乃至道德条件,皆罪恶也",不能厘清老子与庄子的重大区别,认为道家都是"绝对自由""无治主义",把"无为"理解为"不要管他",认为"道家之大惑,在以人与物同视"②。总的来说,我认为梁先生对老子的政治思想研究不够深入。

胡适著有《中国哲学史大纲》,开中国以西方方法研究中国哲学思想的先河。胡适先生认为,道家的中心思想是自然变化的宇宙观、善生保真的人生观、放任无为的政治观;又说道家的政治思想不为物先,主张不以人易天,天是自然,人是人功,不革命,但也不反革命,一切推自然之势,都可以叫作无为。胡适对《吕氏春秋》《淮南子》等后期的道家的著作有比较深入的探讨。③ 胡适先生从杂家的角度来分析道家,一是强调无为就是放任,二是强调无为就是不为物先。在对老子政治思想的论述中,胡适有三个观点很鲜明:其一是说老子是"革命家老子",说老子的思想是"革命的政治哲学","要毁坏一切文物制度";其二是说老子的无为等同于西方"极端的放任";其三是说老子的政治思想是要寻求问题的根本解决,就是推翻传统的天道观。胡适先生对老子的评价,相比那些说老子的思想保守、为奴隶主阶层服务、消极等评论,是非常高也是非常肯定的。但胡适前面的两个观点似乎都有点"过",值得商榷。对老子的"以民心为心""民四自""损补抑举"的核心思想均无涉及,也是缺陷。④

1919年5月高一涵先生发表在《新青年》第6卷第5号上的文章,直接以《老子的政治哲学》为标题,主题十分明确。高先生的文章把老子的政治哲学概括为"去兵、尚俭、无为、尚愚"四个方面,他以西方的自然法和放任主义解释老

---

① 章太炎:《诸子学略说》,广西师范大学出版社2010年版,第99—100页。
② 梁启超:《先秦政治思想史》,东方出版社2012年版,第138、140、142页。
③ 胡适:《胡适讲国学》,吉林人民出版社2009年版,第83、86、100页。
④ 胡适:《胡适讲国学》,第120、121、128页;胡适:《中国哲学史大纲》,重庆出版社2013年版,第46—47页。

子,认为西欧的放任在于个人,老子的放任在于自然;又认为老子把社会的罪恶归于知识、文物制度,"把文物制度一扫而空,使天地万物回复到无的境界——这就是老子政治哲学的根本观念",认为老子的政治哲学就是反知识、反文化、反国家,所以老子只是一个"空想大家"。这篇文章对老子的政治哲学的精华一知半解。①

1933年,孙思昉先生出版了《老子政治思想概论》,这是国内第一本论述老子政治思想的书。虽然这也是一本小册子,约五万字,但内容比较简练,其中的老子之无为论、老子之放任论、老子之民本论、老子之法术论、老子之互助论、老子之弭战论、老子之农村论等章,内容比较突出老子的政治思想。孙思昉先生是最早明确《老子》是一本政治学专著的学者,他明确指出,有人以为老子是神仙家、权术家、道德家、刑名家,这些都不对,老子实际上"志在明自然之理,达人生之情,将有以施诸世,用哲学家、道德家而以政治家为归者也","中国言政治者,宜莫精于老子"。更令作者喜出望外的是,老子"消极无为"和"积极无为"这两个概念的内涵孙思昉先生早在80多年前就已经明确提出了,认为"无为而无不为,此其积极之义;无为,此其消极之义也",虽然他提出的"消极无为"和"积极无为"与本人的定义有很大不同,但作者遍读诸家,皆没有发现有此区分者,孙先生不谓80多年前的知音乎?只此一点,就必须得说,孙思昉先生对老子的政治思想很有见地!当然,这本小册子对老子政治思想的内容也没能全面展开论述,对老子的"民四自",孙书只以"简法、轻刑"解释为"放任",也是一憾事。②

李石岑先生于1934出版的《中国哲学十讲》中有一讲专门讲道家的宇宙观,其中的"自然主义"涉及无为无不为的政治国,认为老子思想的主旨是自然主义,根本思想是无为无不为,尤其重视老子的"民四自"思想;但又认为老子在杨子、庄子之后,自然主义是"杨子而庄子,由庄子而《老子》",又说"《论语》是《老子》思想的主源",对道家的评价也很差,认为"所给予中国的影响却是极坏极坏的,不奋斗——无为、无事,不进取——知足、知止,不抵抗——不争,乃至一切言论行事,完全走入消极颓废一途,都是道家哲学之赐",带有明显的时代局限。③

钱穆先生一直怀疑有没有老子这个人,认为老子的重要观点"几乎全从《庄子》引申出来",在《道家政治思想》一文的论述中,通篇都是在以庄论老。钱先生认为,老子就是想要支配人,"一切从人事形势利害得失上作实际的打算","对人

---

① 高一涵:《老子的政治哲学》,载陈独秀、李大钊等编《新青年精粹》(2卷),中国画报出版社2013年版,第327页。
② 孙思昉:《老子政治思想概论》,上海商务印书馆1933年版,第21、22、36页。
③ 李石岑:《中国哲学十讲》,广西师范大学出版社2010年版,第98、101、128页。

类社会抱有大野心",庄子无私,老子却要成其私。在他看来,老子的圣人、天道不仅不善不慈,而且很可怕,有私欲,玩阴谋,玩弄天下百姓,"老子书中圣人之可怕,首在其存心之不仁,又在其窥破了天道,于是有圣人之权术",老子"最尚自然,但还是最功利的;最宽慈,但还是最打算的",可见其对老子的政治思想曲解甚多,错得离谱。钱先生的错误,在于以庄论老、以儒批老,所以不能对老子的政治思想进行客观的论述。但钱先生认为老子重视民众的地位,民众不可轻,庄子是玄想家,老子是实际家。"庄子思想之推演,近似西方之无政府主义。老子思想之推演,近似近代西方之民主政治",与一般把老庄混谈的言论相比,这算是钱先生的一个相对中肯的观点。①

冯友兰先生著的《中国哲学简史》是一部影响力很大的著作,是中国哲学的开山著之一,其中有专章论述老子。冯先生把老子作为道家的第二阶段放在杨朱之后,怀疑《老子》一书的真实性,与那时的学术环境有关。冯先生的论述主要放在老子的哲学思想上,对老子的政治思想的论述只有一千多字的篇幅;他把无为理解为不做事,而天下大乱,"不是因为有许多事情还没有做,而是因为已经做的事情太多了"。在作者看来,冯先生对老子政治思想的研究也很不够。②

傅斯年先生也曾研究过老子,有《老子五千言之作者及宗旨》之论,差不多把老子思想等同于权术阴谋论,认为"五千言所谈者,大略两端:一道术,二权谋。此两端实亦一事,道术即是权谋之扩充,权谋亦即道术之实用"③,对老子的政治思想知之不多。

萧公权先生认为,"'无为'之政治哲学遂成为失望之有心人对于暴君苛政最微妙而最严重之抗议。虽然,老庄之政治思想并非完全消极,而自有其积极之成分⋯⋯社会制度苟有不利于个人之自全自适者,则当裁抑之,损减之,以免枝叶之害及根本。老庄思想诚先秦为我思想之最精辟闳肆而富于条理者也"。萧先生对老子的政治哲学的精华——虚君民治——的分析甚为精准,对庄子的个人自由的思想评价也很高。但萧先生把老庄混为一谈,认为"全生适性乃老庄政治哲学之最后目的",没有区别老子治国治天下与庄子全生的不同,又认为老子的思想与欧洲最彻底之放任主义相似,也是没有严格比较老子的"民四自"与欧洲放任主义的同与异。④

---

① 钱穆:《庄老通辨》,九州出版社2011年版,第125—140页;钱穆:《中国思想史》,九州出版社2012年版,第67、75页。
② 冯友兰:《中国哲学简史》,北京大学出版社2010年版,第86页。
③ 傅斯年:《春秋策——先秦诸子与〈史记〉评述》,中国华侨出版社2013年版,第102页。
④ 萧公权:《中国政治思想史》(上),商务印书馆2011年版,第166、171、176、187页。

侯外庐先生于1942年著有《中国古代思想学说史》,不仅在时间上把老子置于孔墨思想产生之后,又把老庄并列,还把道家的论述限于"反显学的智者学说",显然有以古希腊时期的"智者"之名贬老庄之意,认为"老子的历史观是反发展,他的道德论是反创造"。对老子的政治思想涉及不多。但侯先生也肯定老子"敢于否定了'先王',则是人类思想的一大解放",认为《老子》书中没有一个先王,因为"先王"是"有为"的政治家,所以老子的理想人格仅名曰"圣人"。侯先生的著作多摘引老子的原文,分析论述并不多。①

## 三、新中国以来关于老子政治哲学的主要评述

顾准先生对中国的传统文化几乎是全盘否定的,只不过对各家否定的程度不同。因此,他对老子的评价,既有时代的痕迹,又有几分无奈。他认为,"作为专制帝王的奴婢的中国哲学,窒息了创造",而"作为宗教的奴婢的西方哲学,并没有窒息创造,相反,信仰还鼓励了创造";而老子的思想,"无论《老子》对于道的解释有怎样正确的方面,《老子》全书气氛,全是无为、权术、反进步和神秘主义。所可惜的是,先秦显学中,要找出反对'正名定位',强调如实地认识自然和社会,带有无神论色彩,又非直接倡导绝对专制主义的思想家,老子而外,其余的人,即使牵强附会也找不出来"②,对老子批判专制主义是一种无可奈何的肯定,而在政治上作为"专制帝王的奴婢"是彻底的否定。

刘泽华先生主编的《中国古代政治思想史》出版于1992年,是国内较早全面系统论述中国古代政治思想史的著作,有其学术上的意义。该书有一章专门论述道家以法自然为中心的政治思想。该书对老子的政治思想的评价,总的来说,带有当时时代影响的痕迹,对老子的道和老子政治思想的主线把握不准,因而对老子政治思想的论述也偏得很远。③

在各家老子政治思想的研究和评论者中,吕思勉先生的观点尤其值得一提。吕先生不但认为"道家总揽"诸家各子,而且首先指出世人对老子的政治思想理

---

① 侯外庐:《中国古代思想学说史》,岳麓书社2010年版,第132、133、141、146页。
② 顾准:《顾准历史笔记》,光明日报出版社2013年版,第308、309页。
③ 刘泽华主编:《中国古代政治思想史》,南开大学出版社1992年版,第155-172页。如该书以为老子求生长永命,恰好背离了自然界的生灭规律,指责老子对矛盾的另一方人为压制,不承认矛盾双方都有存在和发展的合理性,把道扭曲为"无"和"静"的极致世界,指责老子用被自己歪曲了的宇宙自然观来衡量一切社会现象,把人们对物质生活和精神生活的追求都看作反道的行为,不是别人,正是老子违反了"人之道",认为老子丰富了封建地主阶级的统治思想,要把所有人都变成牛马,老子没有引导人们向前看等。带有明显的时代局限。

解不精,以致老子的精华"淹晦数千年,不得不亟为阐发者",他尤其强调,人类物质文明与社会组织的复杂演变是两件不同的事,人类社会的种种问题,不在人类物质进步文明,而在人类社会组织。他的观点为人们研究老子指出了一条正确的道路,认为"道家之所攻击者,全在社会组织之不合理,而不在物质之进步",如果"物质之进步,皆以供大多数人之用,道家必不攻击之矣"。吕先生还一语指出了老庄的重大区别,"庄子之学,与老子相似而实不同",认为老庄宗旨相近,但庄子重点在玄理,而老子多谈处世之术。[1] 虽然吕先生也没有对老子的政治思想进行深入系统论述,但吕先生指出了研究老子的正确路径。

近20年以来,随着《老子》帛书、《老子》简书和一批黄老学派的文物被发现并整理问世,随着社会对中华优秀传统文化的了解和深入,人们对老子的政治思想的理解进入了一个新的时期,研究老子政治思想的成果的质量也有很大提升,出现了许多新的成果。老子政治思想的宝藏被人逐渐发现,但对老子的评价一直褒贬不一,对什么是老子政治思想精华,仍有待深入研究。

高明先生1990年撰写的《帛书老子校注》,对帛书和今本《老子》进行了比较,也有高明先生的许多独到的见解,对研究老子的读者提供了很好的经典读本。但该书中的一些观点也囿于当时的局限,如把老子的49章"百姓皆注其耳目"句,生生解读为"闭塞百姓耳目之聪明,使无闻无见也",并指此为老子的"愚民政策";第3章的"无不治",本意就是无为而治的结果;但高先生却解释为"不治治之",把老子的"无为而治"混于庄子的"无为不治",也有待澄清。

任继愈先生几十年来一直研究老子,到90岁时还在2006年对《老子》一书进行了第四次注释,显然修正了他过去对老子评价的一些观点,放弃了他过去从唯物或唯心去研究老子的角度。任先生这部书虽然主要论述的是老子的哲学思想,但对老子的政治思想也有很多评价。任先生在序论中认为,老子对中华文化的贡献,在哲学上是提出了天道观,老子的《道德经》把"道"作为最高范畴,是中国哲学的第一人;老子的哲学,"使人从宗教、神学中初步摆脱出来,在当时是了不起的贡献";老子提出了"无"的概念,是"中国哲学史第一座里程碑",同时,任先生也认为,老子"把治天下看作头等大事,伦理学放在第二位",五千年中国文明号称百家,其实只有儒道两家。任先生主张儒道同等对待,没有孔子、没有老子,中华文化都不成其为中华文化。任先生明确认为,老子不是什么统治阶级的代表,"老子一派以广大小自耕农为其社会基础","反映农民呼声最早最系统的是《老子》"。任先生批评老子把柔弱、清静看死了,没有看到柔弱与刚强、清静与

---

[1] 吕思勉:《先秦学术概论》,广西师范大学出版社2012年版,第38、39、43页。

运动的辩证关系,这些批评有道理。但任先生认为老子思想中反对知识、老子主张愚民思想、老子代表小农意识、认为百姓越无知统治者越容易统治等观点,也有商榷之处。对老子的"以民心为心""民四自"等政治核心思想,也没有给予足够的认识。①

陈鼓应先生对老子的哲学思想的研究多于对老子政治思想的研究;他认为,老子的"道"具有浓厚的古代民主性、自由性的讯息,这为黄老学派所全面接受,并进而援法入道,提出"道生法"的主张,是古代民主与法制的结合。陈先生对老子的思想高度评价和肯定,尤其对庄子评价最高,认为"从个人存在主体的体认和感受去触觉生命的内涵和意义,在这方面,个人对庄子的评价最高。在中国哲学史上,可以说没有一个哲学家思想的深度能望其项背"。但他对老子政治思想的研究有三个问题:一是把老子思想类比于西方的民主、自由,认为"'无为'主张,产生了放任的思想——充分自由的思想",但又没能指出老子不同于民主、自由的内容,同时以什么定义民主、自由也成问题,所以有的地方陈先生又认为老子建构的社会"不能以'民主'的观念来附会它"。二是把庄子置于老子之上,认为"庄子是整个世界思想史上最深刻的抗议分子,也是古代最具有自由性与民主性的哲学家。我之喜好庄子,尤胜于老子",其实庄子的自由,只是个人的精神自由,而缺少社会政治经济自由的维度;庄子的政治思想反对任何形式的统治,近似无政府主义,而谈不上是一种古代的民主思想,民主思想是以"治"为前提的,而庄子主张"不治",庄子的治身高于治国,而老子是治国高于治身;庄子的政治思想其实是对老子积极入世思想的倒退。三是指出了黄老思想对老子的继承和发展,但没有看出黄老政治思想与老子政治思想的最大的不同,在于黄老是以君主为核心而老子以民心为心,黄老的以道治国,其实还是以术治国。②

张松辉长期研究道家思想,并有专门研究老子的论集《老子研究》出版。张松辉梳理了关于老子的身世、《老子》版本等问题,重点研究了老子的哲学思想和对后世的影响,其中对老子的政治思想也有涉猎,但没有对老子的政治思想进行系统研究。他对老子的"小国寡民"进行了重新解释,但在专章解释"无为"思想时,也没有指出消极无为与积极无为的区别,也引庄子的思想引证"君无为而臣有为"是老庄的主张,这也是其不足之处。③

李水海著有《老子新考论》,主要是对老子姓氏、名字、国籍、生平、世系、弟子

---

① 任继愈:《老子绎读》,国家图书出版社 2015 年版,第 2、3、11、14、120、251、257 页。
② 陈鼓应:《黄帝四经今注今译》,商务印书馆 2015 年版,第 30、32 页;陈鼓应:《老庄新论》,商务印书馆 2010 年版,第 5、11、154、260 页。
③ 张松辉:《老子研究》,人民出版社 2009 年版,第 157、163 页。

等的考证,其中对"老子归居陈国后政治思想的根本变化"值得关注,对人们思考老子的政治哲学有帮助。李著认为,老子归居陈国后,政治思想发生的三大变化是:从崇信周礼到反对周礼;从"有为"的统治方法到"守柔"的"无为而治",老子的"君人南面之术"只是老子在史官阶段的产物;从人本性仁义到反对批判仁义。①

商原李刚的《道治与自由》,从道治文化渊源、道治文化的基本精神、道治文化与汉初政治和魏晋败亡、道治文化的地位等方面,比较深入地论述了道家政治文化,认为道治文化包含自由、民主、平等、正义、和平、福利等理念和基本内容,是比较古朴和原始的自由民主理想,是自由民主思想的先驱,老子的民治理论远超出儒家民本主义的民有民享的范围。但该书认为,道家代表着统治阶级的长远利益,有历史局限性,没有直接的现实意义。这部书太过强调道家思想中的清静无为的思想,强调道家的隐逸文化,道家思想与西方的自由民主的比较也有不少值得进一步思考的内容。不过,书中关于道治主义是韧晦之道、民自治有赖圣人恩赐的观点,值得商榷。②

柯美淮的《仰望老子》中不少解释有独到见解,他高度评价老子的思想,认为"在世界思想文化史上,只有苏格拉底、释迦牟尼才能与老子比肩,而苏格拉底在认识方法和政治学上比老子稍逊一层,释迦牟尼在入世实践智慧上比老子消极一步","老子体系是耸立在中华大地上的一座大山,任何思想文化都绕不过去,中国百家皆出于老子"。对老子书中的"以百姓心为心""民四自"的思想给予了高度评价;但柯著太强调内心独悟,该书完全以帛书为本,有不少解释比较勉强。比如,将帛本 74 章"毋闸其所居,无厌其所生。夫唯弗厌,是以不厌"解读为"统治者没有权利用暴力威吓来设置开闭人民所具有的安家落户自由的关卡,也不应该设置阻塞人民所具有的求生之路自由的障碍。一个国家只要人民的人身自由权利没有得到满足,就不会有富足的国民经济,所以,执政者自己知道求生自由权利,就不会炫耀权威而威吓人民放弃人身权利自由,自我爱惜自身生命就不自以高贵去剥夺人民的人身自由",有过度以人权和自己的观点来解读《老子》文本之嫌。③

熊春锦先生的《东方治理学》是一本从治理角度对东方文化进行解读的书,是一条理解传统文化的新思路、新方法,有不少自己的见解,如认为"治"的本义,

---

① 李水海:《老子新考论》,陕西人民出版社 2015 年版,第 187 - 189 页。
② 商原李刚:《道治与自由》,社会科学文献出版社 2005 年版,第 146、148、206、394 页。
③ 柯美淮:《仰望老子》(1 卷),中央广播电视大学出版社 2012 年版,前言 3 页,第 191 - 192 页。

"通过顺着事物天然具备的文理而整治,顺应其本身的能量动势趋向进行正向性的疏导,从而引导事物应先天客观规律而归正,这就是治理"。但该书太强调黄老学派修身治国的理念,只能说是黄老学派或者说《黄帝四经》的治理学,而不是老子的治理学。该书把"《黄帝四经》作为内圣外王之治,是无为而治和有为而治的大成汇集",而不能说是老子的治理学。该书认为"道德力量是无为而治的一种能量,生发并运用于我们体内,也就是肝、肺、心、肾、脾所具备的仁、义、礼、智、信'五德'的能量",认为"无为,就是没有意识参与的一切行为、运动,但是却有神运参与其中"[①],这些观点也值得商榷。

南怀瑾的《老子他说》是普及性的书籍,其中也有对老子的政治思想的评述,比如他对57章"以正治国、以奇用兵"的解释就很到位。但从专业方面来说,也有比较欠妥的地方。比如他在讲《老子》49章时,一方面说老子的"以民心为心",就是"民主自由的真正道德精神",另一方面又把圣人与百姓的关系比作父子关系,说"圣人把天下任何一个人都看成小孩"[②],如果圣人与百姓是父子关系,那又怎么谈得上以民心为心是"民主自由"呢?这是他对"圣人皆孩之"的误读所致,也是对民主中的执政者与百姓的关系不理解的原因所致。对于57章的"民四自",也没有什么解释,可见其对"民四自"在老子政治思想体系中的核心地位并没有意识。

在近年出版的老子思想的研究成果中,少有20世纪60～80年代那样的严重贬低老子、向老子泼脏水的著作,但是也有例外。在2016年出版的一本品《老子》的书中,作者不仅认为老子政治哲学中有阴险的一面,即君王南面之术,而且认为老子"反对物质文明、反对科技与艺术,甚至反对理性和知识",老子的社会理想,虽然是"对人类异化的抗议",但它也是一种"反人性、反文明、反理性、反道德的荒谬思想","老子这种无为哲学的消极面",与"儒家哲学中那种重等级的哲学相结合","遂成为维系两千年停滞的中国封建制度的两大精神枷锁",如果儒家还有积极的成分,而"老子的思想,却是不足取的东西","是貌似机智而实则愚蠢的"。[③] 真不敢相信,这是21世纪对老子思想的评价!这甚至比"文革"时期对老子的评价还要差,仔细一看,原来作者是在重复80年代的那些过时的东西,也应该是在坚持30多年前的思想观点。这位所谓"中国著名学者、历史学家、经济学家、哲学家",其实对老子的"无为""柔弱胜刚强""道法自然""以民心为心"的核心思想并没有搞清楚。如果说老子思想是否有南面之术、愚民思想还是可

---

① 熊春锦:《东方治理学》,中央编译出版社2016年版,绪论6页,第80、109、101页。
② 南怀瑾:《老子他说》(续集),东方出版社2011年版,第140、142页。
③ 何新:《道法自然天法道》,中国文联出版社2016年版,第194、195、197页。

以讨论的问题,说老子"反人性、反文明""不足取""貌似机智实则愚蠢",就是在继续对老子泼脏水了,和他头上顶的大帽子实在不相称。

## 四、魏源之叹:老子政治哲学无全解

中国国内关于老子的注解、研究的著述,没有上千也有数百;上面的评述,并不是想对所有研究老子政治思想的成果的全面评述,仅择案边的一些有代表性的成果进行简评,难免挂一漏万。

各种对老子政治思想的评述,虽然其中也有不少真知灼见,但除开其中的有意歪曲、贬低的言论不谈,除去其中明显的为时代所局限的评述不论,仅就认真、客观地对老子的政治思想的研究成果而论,存在以下三个比较普遍的问题:

1. 不能准确地论述老子的本体哲学、政治哲学、人生哲学的相互关系,把三者混为一谈

对老子政治哲学在老子思想体系中的地位、作用的分析不够精准,通常论述老子的本体哲学的较多,没有看到老子整个思想体系是以政治哲学为中心,本体哲学只是为论述为什么应该无为而治的一个铺垫和基础,人生哲学只是论述为什么道治必须节制可欲的一个补充,人要全生,就必须节制可欲,而可欲不仅影响人的生命,更是引发人类社会一切灾难和冲突的根源,老子的无为而治的政治哲学才是老子整个思想体系的核心、主题和重点。陈鼓应先生著作后附的参考书目有272篇本,专门研究老子政治思想的只有我国台湾地区出版的孙思昉的《老子政治思想概论》和蔡明田的《老子的政治思想》(中国台北艺文印书馆1976年版)两本。

而蔡明田的《老子的政治思想》,虽然说是研究老子政治思想的专著,但其实与其他介绍老子思想的书并无多大不同,这本小册子大约六七万字,其中五分之四的篇幅是在讲老子其人、其书、其道,真正分析老子政治思想的内容不多也不精,比如有一节标题是"德治政府",其实核心内容是在讲老子的所谓愚民政策,既没有讲政府的组织,也没有讲政府的机构,更没有讲政府的功能。这本书最有价值的是批评了把"小国寡民"理解为"国土小人口少"的观点,并认为老子的理想社会绝不是回到原始社会。① 考虑到这本书写于1976年,这一点也是很难能可贵的。

---

① 蔡明田:《老子的政治思想》,中国台北艺文印书馆1976年版,第141-142页。

2. 不能准确地论述老子的政道、德道、治道、术道、器道的关系

大多数的分析者不能区分老子政治哲学的这五个有机组成部分。多数把老子的道与术混为一谈，认为老子的道与术是一回事，尤其是对老子的政道中的"民四自""损补抑举""以法治国"等价值认识不足。

3. 不能准确地区分老子思想与庄子学派、黄老学派的关系

大多数分析者最容易犯的错误是，不仅仅把老子与庄子的自然哲学混在一起，而且把老子和庄子的政治哲学混为一谈。前者没有太大区别，但在政治哲学上，老子和庄子是两个不同的流派，老子总体上是积极入世治世的，主张无为而治、圣人之治，庄子侧重于个人自由、精神自由，倾向于不治、无政府。所以，在政治哲学上混谈什么老庄学派，是一个很大的误区。同时，在老子与黄老学派的关系上，最容易犯的错误就是把老子的"道"与稷下学宫黄老学派的"术"混为一谈，老子的政治哲学是以道驭术，术离不开道，而黄老学派虽然在道生法上对老子的政治思想有发展，但总的来说，两者的区别是很大的：老子是民圣共治、以民心为心，老子的政治哲学是为民而设，黄老学派则是主张君臣共治、以君心为心，是为君服务；老子是无事取天下，黄老学派是有事取天下。

从老子思想的研究成果的形式来看，讨论老子哲学思想的多，讨论老子政治思想的少；对老子逐章解读的多，几乎没有按老子政治思想的内在逻辑、按政治主题进行完整研究的著作。老子政治哲学诞生 2 500 多年，虽然后来的道家各派在一些方面对老子的一些思想有继承性的发展，对老子的政治哲学的评述也不乏一些精彩的论述，但总体来说，竟然没有一家一派把老子政治哲学中的精华全面地继承发展下来，在几千年来诸多的《老子》评论者中也没有一人对老子的政治哲学的精华准确地分析论述过，都偏于《老子》中的某一点而蔽于老子政治哲学的核心思想，借用魏源的句式，就是"庄子列子得其体"，黄老得其治术，"末流韩申得其用"，道教用以养生，"都未能得《老子》之全"①，不能不说是一大憾事。

如此，从中国历史文化和老子政治思想的天道、政道、德道、治道、术道、器道的逻辑和主题，写一本《老子政治哲学》，成了本人近年来的一种心愿、义务、责任和使命。

本人写作此书的宗旨和方法是，采各家之长、补各家之短，只有充分吸取学界前辈与同行的成果和方法，才能走得更远；以《老子》今本为主，辅之以帛本、简本的内容，补之以庄子学派、文子、列子、黄老学派的相关合理内容；以老子的

---

① 转引自商原李刚：《道治与自由》，社会科学文献出版社 2005 年版，第 454－460 页。

阴阳相辅相成为基本方法;以老子的道法自然、无为而治为政治思想的核心,对《老子》的原文进行重新释读,合道法自然、无为而治者与阴阳之法者采之用之,不合者去之纠之。经若干年努力,终成此书,以期望老子的政治思想的精华在中华民族的文化复兴中能发挥更大作用,并以此书就教于各位读者。

2017 年 4 月 9 日记于北京

# 目　录

自　序　2 500 年之叹：老子政治哲学竟无全解！ ………………………… 1
 一、魏晋之前关于老子政治哲学的主要评述 ………………………… 1
 二、清末及民国对老子政治哲学的主要论述 ………………………… 4
 三、新中国以来关于老子政治哲学的主要评述 ……………………… 8
 四、魏源之叹：老子政治哲学无全解 ………………………………… 13

绪　论　老子：其人、其书、其心、其体及全书概述 …………………… 1
 一、老子其人：中国最伟大的思想家 ………………………………… 1
 二、《老子》其书：三个版本 …………………………………………… 3
 三、《老子》其心：政治哲学 …………………………………………… 8
 四、《老子》其体：天道、政道、德道、治道、术道、器道六维一体 …… 12
 五、研究体系及概述 …………………………………………………… 13

## 第一篇　从恒道、天道，到人道、吃道

第一章　恒道永恒，非恒常变 ……………………………………………… 21
 一、一道两面，永恒无常 ……………………………………………… 21
 二、恒道玄奥，强为之说 ……………………………………………… 23
 三、道体道用，道性道德 ……………………………………………… 25
 四、天道人道，道之十喻 ……………………………………………… 27
 五、老子之道与古希腊智慧 …………………………………………… 28

第二章　天道：天地无主宰，万物任自然 ………………………………… 31
 一、天地无鬼神，神权政治可以休矣 ………………………………… 31

二、天道自然观之宇宙生成论 ……………………………………… 37
　　三、天道自然观之宇宙演化论 ……………………………………… 39
　　四、天道自然观之宇宙秩序论 ……………………………………… 40

### 第三章　吃亦有道，人道则天 …………………………………………… 42
　　一、"吃"的"恒名"与"非恒名" ……………………………………… 42
　　二、"吃道"与"吃德" ………………………………………………… 43
　　三、"吃"的"为学"：知识与伪知识 ………………………………… 44
　　四、"吃"的"正道"和"奇道" ………………………………………… 45
　　五、"吃"的政治：有道与无道 ……………………………………… 46
　　六、老子之道：治大国若烹小鲜 …………………………………… 51

## 第二篇　老子政治哲学总论：认识论、方法论、无为论

### 第四章　四观悟道：老子的认识论 …………………………………… 55
　　一、推天道及人道 …………………………………………………… 55
　　二、自然理性：为什么要推天道及人道？ ………………………… 57
　　三、四观识道：感性、知性、理性、悟性 ………………………… 58
　　四、四个误解："绝圣""弃智""无知""绝学" ……………………… 64
　　五、老子认识论的三大局限 ………………………………………… 67

### 第五章　一阴一阳：老子的方法论 …………………………………… 71
　　一、阴阳思维 ………………………………………………………… 71
　　二、阴阳：不仅仅是矛盾、转化关系 ……………………………… 72
　　三、《老子》的阴阳之道 …………………………………………… 74
　　四、阴阳之道：政治的本质、规律 ………………………………… 76
　　五、阴阳：从治人到治国 …………………………………………… 80

### 第六章　无为而治：老子政治哲学的总原则 ………………………… 88
　　一、什么是"无为""无不为"？ ……………………………………… 88
　　二、什么是"无为而治"？ …………………………………………… 92
　　三、"消极无为"与"积极无为" ……………………………………… 94

四、道法自然中人的能动性 …………………………………………… 101

# 第三篇　政道：核心价值观

## 第七章　道法自然：自然而然与自由 …………………………………… 107
一、老子关于"自然"的论述 …………………………………………… 107
二、"自然而然"与西方"自由"的共同之处 ………………………… 108
三、"自然中的自由"与西方"自由"的重大区别 …………………… 111
四、老子的"无为"与哈耶克的"自发" ……………………………… 115
五、老子的"自然而然"与康德的"道德律令" ……………………… 120

## 第八章　民心为心，百姓四自 …………………………………………… 122
一、老子说"民" ………………………………………………………… 122
二、以民心为心：天下是百姓的天下 ………………………………… 124
三、以百姓之心为心：百姓是善治的唯一评价标准 ………………… 127
四、"以民心为心"必然体现为"民四自" …………………………… 129
五、"民自富"创造经济的繁荣 ………………………………………… 132
六、"民自化"创造文化的繁荣 ………………………………………… 135
七、"民自正"创造和谐公正的政治秩序 ……………………………… 137
八、"民自朴"创造安泰和谐的风俗民情 ……………………………… 138
九、"民四自"皮毛，汉唐盛世之精要 ………………………………… 139
十、"民四自"＝中国式民治：与西方"选票民主"的比较 ………… 142

## 第九章　圣人损补抑举，与民共治 ……………………………………… 144
一、什么是"圣"？ ……………………………………………………… 145
二、谁是"圣人"？——庄子的回答 …………………………………… 146
三、圣人做什么？——公平正义，损补抑举 ………………………… 148
四、民圣共治，其乐融融 ……………………………………………… 152
五、老子的"损补抑举"与罗尔斯的"社会正义" …………………… 155

## 第十章　平等包容：善者善之，不善者亦善之 ………………………… 157
一、老子的平等观 ……………………………………………………… 157
二、老子的包容观 ……………………………………………………… 161

三、老子思想影响下的百花齐放、百家争鸣 …………………… 163

**第十一章　道法有则，以法治国** ………………………………… 167
　　一、道中有法，法治是道治的必然体现 ………………………… 167
　　二、平等是法治的灵魂，法治是平等的表现 …………………… 173
　　三、法治基础在于诚信，无诚信就无法治 ……………………… 176
　　四、循名究理、公私分明是法治的关键 ………………………… 177
　　五、司法独立是法治的基本条件 ………………………………… 179
　　六、法律制定：因应民心，与时迁移，简约去繁 ……………… 181

**第十二章　天下之道：以无事取天下** …………………………… 186
　　一、"天下"五解 ………………………………………………… 186
　　二、和平、反战、自卫原则 ……………………………………… 188
　　三、道治国家是开放国家 ………………………………………… 192
　　四、大、小国家平等互利 ………………………………………… 194

**第十三章　天人合一：人与自然的和谐** ………………………… 195
　　一、天地万物就是自然 …………………………………………… 195
　　二、人法自然的五层关系 ………………………………………… 197
　　三、与西方自然哲学、自然法、自然主义、自然观的比较 …… 202

# 第四篇　德道：为官之德

**第十四章　政治玄德** ……………………………………………… 211
　　一、"道"与"德" ……………………………………………… 212
　　二、天道玄德 ……………………………………………………… 214
　　三、四不玄德与四无玄德 ………………………………………… 215
　　四、"无心"与"善下" ………………………………………… 217
　　五、政制之玄德 …………………………………………………… 218
　　六、为官之德：反官僚主义 ……………………………………… 219

**第十五章　倡"恒有欲"之德，遏"可欲"之恶** ……………… 221
　　一、"恒有欲"是天道的德性表现 ……………………………… 221

二、政治冲突、政治灾难的根源："罪莫大于可欲" ……………… 223
　　三、得道者之"欲不欲"之德 ……………………………………… 230
　　四、治身十守 ……………………………………………………… 232

第十六章　三宝之德：慈、俭、不先 …………………………………… 235
　　一、慈善之德 ……………………………………………………… 236
　　二、节俭之德 ……………………………………………………… 238
　　三、"不敢为天下先"与"敢为天下先" ………………………… 239

第十七章　无私、担责、诚信 …………………………………………… 245
　　一、民有私而官无私 ……………………………………………… 245
　　二、勇于担责之德 ………………………………………………… 247
　　三、诚信之德 ……………………………………………………… 248

# 第五篇　治道：制度、能力、体系

第十八章　老子之"治" …………………………………………………… 253
　　一、"治"字的含义 ………………………………………………… 253
　　二、道家三治：无为不治、无为而治、南面而治 ……………… 254
　　三、五种治制：道治、仁治、义治、礼治、霸治 ……………… 256
　　四、老子的"道治" ………………………………………………… 259
　　五、老子治道中的重大阴阳关系 ………………………………… 263

第十九章　道治国家的政府体系 ………………………………………… 266
　　一、有限政府？全能政府？小政府？大政府？ ………………… 266
　　二、圣人-道治政府：三大职能 …………………………………… 269
　　三、国防外交安全情报机构 ……………………………………… 274
　　四、立法司法机构 ………………………………………………… 276
　　五、社会救助机构 ………………………………………………… 279
　　六、国家财政税收机构 …………………………………………… 280

第二十章　道治国家的治理能力体系 …………………………………… 283
　　一、执政者七善之力 ……………………………………………… 283

- 二、价值吸引力——柔实力 ... 284
- 三、对"势"的把执力 ... 286
- 四、因循应变的创新力 ... 289
- 五、当机立断的执行力 ... 291
- 六、以史为鉴、执道御今的能力 ... 293
- 七、知人善任的能力 ... 295

### 第二十一章　道治国家的治理体系 ... 299
- 一、老子治人事天的五个层次 ... 299
- 二、治水——环境治理 ... 300
- 三、治身——国家治理的基础 ... 303
- 四、治家——慈俭为宝 ... 306
- 五、治乡——甘美安乐 ... 309
- 六、治国——无为而治 ... 310
- 七、治天下——无事取天下 ... 311

## 第六篇　术道：一正一奇、一柔一刚、一小一大

### 第二十二章　治国之术 ... 315
- 一、老子治术不是"君王南面之术" ... 316
- 二、一正一奇之谓术 ... 319
- 三、老子正奇之术与军事、经济 ... 322
- 四、正向建构与反向建构 ... 324

### 第二十三章　柔弱胜刚强：柔实力 ... 327
- 一、老子"柔弱"的五种含义 ... 327
- 二、"柔弱胜刚强"并非力量弱小战胜力量强大 ... 329
- 三、从"柔弱胜刚强"到"柔实力" ... 333
- 四、中国历史上十种不同的柔实力 ... 336
- 五、刚柔并济是正道 ... 346
- 六、与约瑟夫·奈的比较与诘问 ... 347

## 第二十四章　以小观大，防微杜渐 ·········· 353
一、以小观大 ·········· 353
二、图难于易，为大于细 ·········· 356
三、防微杜渐，防患于未然 ·········· 358

# 第七篇　器道：道治国家如何建？

## 第二十五章　治国之器道 ·········· 363
一、老子说"器" ·········· 363
二、"法自然"与"器" ·········· 364
三、治国之国器 ·········· 367
四、治国之道器如何建？老子的千古难题 ·········· 370

## 第二十六章　道器之建：改良路线 ·········· 375
一、庄子学派的消极路线 ·········· 375
二、老子的改造和改良的思想 ·········· 377
三、道治思想对越国政权的改造 ·········· 378
四、黄老学派对齐国政治的影响 ·········· 383
五、道治思想对汉初政治的影响 ·········· 386
六、道家思想对唐政治的改良 ·········· 389
七、改良的局限 ·········· 391

## 第二十七章　道器之建："介然之梦"与"群众路线" ·········· 393
一、老子的"介然之梦" ·········· 393
二、学与教：道治国家基础 ·········· 394
三、向上：有道者影响当权者 ·········· 398
四、向下：群众路线和"天下乐推"制 ·········· 400
五、没有完成的思考：上下如何结合？天下乐推如何推？ ·········· 403

## 结束语　"小国寡民"：道治理想，老子之梦 ·········· 405
一、吕思勉之叹：湮晦数千年的"小国寡民" ·········· 405
二、"国小民少"说，违反"道法自然"的主题 ·········· 407
三、"国小民少"说，违反"无为而治"的主题 ·········· 408

四、"国小民少"说，违反历史和老子的史官身份 …………… 411

五、"小国寡民"："小国之权，寡民之可欲" …………………… 412

六、"小国寡民"："三有四其"的自然家园 …………………… 415

七、"小国寡民"：开放与和平的家园 …………………………… 418

八、老子道治理想不是柏拉图的乌托邦 ………………………… 423

**主要参考书目** ……………………………………………………… 425

**后　　记** ………………………………………………………… 428

# 绪　论

## 老子：其人、其书、其心、其体及全书概述

老子是中国最伟大的哲学家、政治思想家，中国道家学派创始人；《老子》有三个版本，以今本为主，可以相互补充；《老子》一书的主题是政治哲学，自然哲学和人生哲学只是政治哲学的基础和条件；《老子》的政治哲学是天道、政道、德道、治道、术道、器道六维一体。

### 一、老子其人：中国最伟大的思想家

老子（约公元前571—前471年）[1]，又称老聃、李耳，中国伟大的哲学家、思想家，道家学派创始人，与孔子（公元前551—479年）同时而长于孔子，春秋时期陈国苦县厉乡曲仁里人（老子在世时为陈国，老子逝后不久，陈国约在公元前479年被楚国灭后归于楚国，1265年改为鹿邑，现今为河南鹿邑县）。

老子的老师，据老子的学生文子在《文子·上德》中的说法，是一个叫常从（枞）的人，有时又称为商容[2]，《史记·老子韩非列传》说他是"周守藏室之史"。作为史官的老子，当是贵族出身，具有丰富的知识，尤其在周礼的知识方面是一大权威，其地位也是相当高的。

鲁国的孔子闻其名，千里迢迢到周国"问礼于老子"。老子与孔子的相见也是中国思想史上的一件大事，据说当时老子曾向孔子说："'子所言者，其人与骨

---

[1] 老子的生辰无考，但据一些学者的研究资料，确定孔子生于公元前551年而老子长孔子约20岁，故老子生于公元前571年；又据道教传统认为农历2月15日为老君诞辰，参见李水海：《老子新考论》，陕西人民出版社2015年版，第141页；葛玄说老子生日是上皇元年正月十二日丙午太岁丁卯，参见王卡点校：《老子道德经河上公章句》，中华书局1993年版，第315页。

[2] 张松辉：《老子研究》，人民出版社2009年版，第29页；还有说是商容的。

皆已朽矣，独其言在耳。且君子得其时则驾，不得其时则蓬累而行。吾闻之，良贾深藏若虚，君子盛德，容貌若愚。去子之骄气与多欲，态色与淫志，是皆无益于子之身。吾所以告子，若是而已。'孔子去，谓弟子曰：'鸟，吾知其能飞；鱼，吾知其能游；兽，吾知其能走。走者可以为罔，游者可以为纶，飞者可以为矰。至于龙吾不能知，其乘风云而上天。吾今日见老子，其犹龙邪！'"

后来老子"居周久之，见周之衰，乃遂去。至关，关令尹喜曰：'子将隐矣，强为我著书。'于是老子乃著书上下篇，言道德之意五千余言而去，莫知其所终"（《史记·老子韩非列传》）。

关于老子弃官的原因，可能与周敬王四年（公元前516年）东周王朝内乱有关。王子朝在周景王死后，与敬王争夺王位而内战，敬王在晋国的支持下赶走了王子朝，王子朝兵败后带着大量周王室典册书籍而逃奔楚国。身为史官的老子是管理这些典册书籍的，既然典册书籍已被带到楚国，他已经无事可做，因此弃官而走，也在情理之中。此后，才在过函谷关时为关令尹喜著书而西去。

据后人著述的描述，大概老子从周国辞职后曾在老家陈国待过一段时间，并在当地讲过学，后来又到秦国考察，最后病死秦国，在今陕西周至县东南有俗称为老子墓的地方。

《庄子·寓言》记载："阳子居南之沛，老聃西游于秦，邀于郊。至于梁而遇老子。"又据《庄子·养生主》说，"老聃死，秦失吊之"，"失"为"史"之误，秦失或为秦国史官。由此推之，老聃可能死于秦国。还有的学者认为，老子可能是办私学的第一人，老子从周国辞职到老家陈国时讲过学，孔子也向他请教过，也可以说是他的弟子；老子的第一代弟子有文子、关尹子、亢仓子、南荣趎、杨朱、柏矩、蜎子等人，而后来的范蠡是文子的弟子。[①]

在道家文子、范蠡、列子、庄子等人影响下，在战国时期，兴起了黄老学派。黄老学派在战国时期以邹衍、申子、慎到等人为代表，《黄帝四经》即为该派的代表著作。《黄帝四经》的作者们目睹有国者日益淫侈，不能尚德，"乃深观阴阳消息而作怪迂之变，终始、大圣之篇十余万言"。该书总结了黄帝以降的历史上的道家学派的治国理念，演变成黄老学派，核心是"黄老道德之术"。1972年山东银雀山汉墓出土的《孙子兵法·黄帝伐赤帝》中已经提到了黄学思想。1973年马王堆汉墓出土的帛书中，有《老子乙本卷前古佚书》，后经专家鉴定，这正是失

---

[①] 张松辉：《老子研究》，人民出版社2009年版，第42—45、174、188页。书中引《庄子·养生主》云："老聃死，秦失吊之，三号而出。"又《水经注》："水出南山就谷，北过大陵西，世谓之老子陵"（陕西兴平市）。陕西周至县的老子墓说法另见李世东、陈应发、杨国荣：《老子文化与现代文明》，中国社会出版社2008年版，第4页。

传已久的《黄帝四经》,包含《经法》《十大经》《称经》《道原经》四经。

司马迁对老子评价很高,认为"老子所贵道,虚无,因应变化于无为",老子的学说比之于各家,独"老子深远矣"(《史记·老子韩非列传》)。

司马迁的父亲、汉初的道家司马谈曾纵论各家学说之长短,其中说到道家时指出:

"道家使人精神专一,动合无形,赡足万物。其为术也,因阴阳之大顺,采儒墨之善,撮名法之要,与时迁移,应物变化,立俗施事,无所不宜,指约而易操,事少而功多",又说"道家无为,又曰无不为,其实易行,其辞难知。其术以虚无为本,以因循为用。无成执,无常形,故能究万物之情。不为物先,不为物后,故能为万物主。有法无法,因时为业;有度无度,因物与合。故曰'圣人不朽,时变是守。虚者道之常也,因者君之纲'也。乃合大道"(《史记·太史公自序》)。

这段话中,司马谈指出了道家(主要是黄老学派)的特点,是主张无为即无不为,他们的道术以虚无为根本,以因循为手段,没有一成不变之势,没有固定不变之形,所以能探究万物之情。不抢在事物之先,也不落在事物之后,所以能成为万物的主宰。用法不用法,随时而定;限度不限度,随物而合。所以说圣人无机巧之心,牢牢守着顺时变化的原则。虚无是道的伦常,因循是君的总纲。这就符合大道。

吕思勉先生对老子思想评价极高,认为"道家之学,实为诸家之纲领。诸家皆专明一节之用,道家则总揽其全。诸家皆其用,而道家则其体。《汉志》抑之儒家之下,非也,今分论诸家,以道家为首"[①]。

## 二、《老子》其书:三个版本

老子的思想主要体现在《老子》一书中。

### (一) 老子思想的流行

《老子》书中的思想内容很早就开始流行。最早引用老子思想的,应当是老子的弟子文子,在现今流传的《文子》中有大量老子的思想,虽然该书的内容肯定不完全是文子本人亲自写的,但至少其中有一部分是文子的。文子活动的年代,大约在公元前550—前480年间,与孔子生活的年代相当。

在反映孔子思想的《论语》中,也可以见到《老子》的一些内容。如"报怨以

---

① 吕思勉:《先秦学术概论》,广西师范大学出版社2010年版,第32页。

德"(63章)的思想出现在《论语·宪问》中,这一时间大约在公元前520—前479年。

《战国策·魏策一》曾记载,公元前372—前334年在位的魏惠王,曾引用《老子》的"圣人不积,尽以为人,已愈有;既以与人,已愈多"(81章),与今本的内容基本相同,说明当时《老子》的书已经比较流行了。老子的第三代弟子列子,也在《列子》一书中大量引用老子的思想。卒于公元前286年的庄子曾大量引用《老子》的思想。卒于公元前233年的韩非子是最早注解《老子》的思想家。

据一些学者们研究《说苑·敬慎篇》的结果,最早出现引用老子思想的,是在公元前497年左右,晋国大臣叔向曾与韩平子讨论刚与柔,韩平子问叔向:"刚与柔孰坚?"叔向(最早活动年代是公元前562年,公元前497年时应该正好有八十岁)回答说:"臣年八十矣,齿再堕而舌尚存。老聃有言曰'天下之至柔,驰骋乎天下之至坚';又曰'人之生也柔弱,其死也刚强'……吾是以知柔之坚于刚也。"因此,《老子》成书的下限应当是公元前497年。①

### (二)《老子》的三个版本

《老子》这本书何时成书、哪个版本更能反映《老子》的原来面目,这个问题争议较大。

1. 今流行本

全书81章共5000余字。

现今流行本应是以西汉初的老子河上公章句、王弼注解本为基础整理而成的。② 虽然其中反映了一些后世人的观点,但书中的主要思想是独特的,不同于同时代其他人的思想体系。

2. 1973年马王堆帛本

1973年长沙马王堆三号汉墓出土了帛书《老子》甲、乙、丙三个版本,抄写时间大约在公元前206—前195年(甲本)和公元前194—前180年(乙本)。帛本的文本,与流行的今本比较,内容非常完整,也有5000多字(帛乙本有5467个字),除去帛本中的语气词等无意义的虚词外,帛本的字数与今本相当,可见司马迁所言道德经5000言的表述是准确的。帛本与今本可以互为印证借鉴,为人们研究老子提供了可靠而宝贵的文本。

---

① 王葆玹:《黄老与老庄》,中国人民大学出版社2012年版,第110页;王先生认为,《老子》成书的上限应当是公元前530年,鲁国初税亩之后,出现了食税之多的情况。

② 李世东、陈应发、杨国荣:《老子文化与现代文明》,中国社会出版社2008年版,第49-50页。

3. 1993年湖北荆门郭店楚简本

学界主流认为,现今传世的流行本《老子》的部分内容见于1993年湖北荆门郭店出土的楚简版本,有三组七十一枚十五篇一千多字,抄写时间大约在公元前400年—前300年间,即战国初期,或可能成书于春秋晚期。

今本、帛本和简本这三个版本的《老子》,的确有不少不同的内容。

比如,今本分上、下篇,"道经"为上篇,"德经"为下篇,书名叫《道德经》;而帛本以"德经"为上篇,"道经"为下篇,书名叫《德道经》;简本则内容残缺较多,难以判定其全貌。

从《老子》一书的内容看,"道经"和"德经"并不是完全分开来谈"道"和"德"的,两经都是既谈"道",又言"德"。"道经"1、4、5、14、16、21、23、25、32、34、35、37这12章主要谈"道"较多,其他25章主要谈"德";"德经"主要谈"德",但也有40、42、45、51、52、59、62、67这8章主要论"道"。因此,《道德经》或《德道经》的名称并没有太大的区别,还是叫《老子》更为准确。虽然不叫"经",但实际上《老子》是非常重要的经典。

### (三)《老子》三个版本的一些重大差异

这三个版本都是《老子》一书的宝贵财富,各有不同的影响和作用。

今本对传承和传播老子思想起到了巨大作用。对照帛本和简本,其内容大部分是相同的。

帛本是保存最完整的古本,比流行的王弼本早400多年,对于校正今本在流传过程中出现的错误有很重要的意义。比如,今本第一章的"常道"显然是为避讳而将汉文帝刘恒的字"恒"改为"常",但帛本中"恒道"比"常道"、"恒无欲"比"常无"更准确。帛本中的"弗争"比今本的"不争"更准确;应该对照帛本内容,纠正今本中的明显错误。

《老子》一书出现的几处"不争",帛书上有些为"弗争",其含义是有不同的,应当仔细辨别。

● 使民不争(3章)

这个不争,就是让民众不要去争夺虚荣和浮名,回归纯朴,与今天的不竞争、不争夺、不争斗含义相同。

● 水善利万物而不争(8章)

这个不争,也是指几近于道的水具有涵养万物、善利万物的美德,不与万物竞争、争夺、争斗。

这两处的"不争",与人们通常理解的不竞争、不争夺、不争斗的含义相同;但下面的"不争",帛书上为"弗争",意义是不同的。

● 为而不争/为而弗争(81章)

这里的"不争",除了前面所说的不竞争、不争夺、不争斗的含义之外,仔细品味,能体悟到更丰富的内涵,都应当理解为"弗争"。"弗"的含义,带有纠正之意,好比两根房顶上的栋梁,为了要它们正且直,所以用了一个弓形的东西去校正它,这个"弓"形,就不能理解为什么也不做的不争,而是应当理解为自我校正性、克制性、理智性的争,进一步解释,就是"弗"字本身有不争、微争、大争的三种内涵,就是指在不同时刻会出现三种选择,即不争、微争、大争。不管是不争、微争,还是大争,都带有合乎事物发展规律而为的含义,只要合乎事物发展规律,也可以分别出现不争、微争、大争的不同形态。

81章中的"为而不争",是一种合道之"为"。"为"也有多种形态,如果"为百姓",就是不与百姓争;如果这个"为"指的是保家卫国的自卫战争,就不可能什么时候也"不争",比如"不得已而为之"的战争,就是与敌人进行你死我活的争斗,怎么可能完全不争?这里的"不争",就应该是"按照战争规律进行竞争,而不要以自己的主观意见违反战争规律去争",当然也包含了合乎战争规律的大争。

因此,不争,还是弗争,内容上有较大的不同。因此,有些地方的"不争"应当理解为"弗争"更为准确。

还有,今本80章的"小国寡民",帛本为67章。帛本有"使民重死而远徙",今本80章却是"使民重死而不远徙","远徙"还是"不远徙",从字面意义上来说完全相反。

如果去除帛本中的虚词,真正有较大不同的,大约有160多句,其中有些是因避讳汉高祖刘邦之名将"邦"改为"国"的,影响不大,但避讳汉昭帝刘弗的名字将"弗"改为"无"或"不",影响就较大。

这三个版本有约20处的差异,应加以重点关注和思考:

|  | 今 本 | 帛本、简本 | 择善而用 |
| --- | --- | --- | --- |
| 1章 | 常 | 恒 | 帛 |
|  | 天地之始 | 万物之始 | 今 |
|  | 常无,欲以 | 恒无欲也 | 帛 |
|  | 常有,欲以 | 恒有欲也 | 帛 |
|  | 玄之又玄 | 玄之有玄 | 今 |
| 8章 | 利万物而不争 | 利万物而有静 | 今 |
|  | 夫唯不争 | 夫唯不静 | 今 |
| 14章 | 执古之道 | 执今之道 | 今 |

(续表)

|  | 今　本 | 帛本、简本 | 择善而用 |
| --- | --- | --- | --- |
| 24 章 | 有道者不处 | 有欲者弗居 | 今 |
| 25 章 | 道大天大地大人亦大 | 道大天大地大王亦大 | 今 |
| 26 章 | 虽有荣观燕处昭然 | 唯有环官燕处则昭 | 帛 |
| 31 章 | 有道者不处 | 有欲者弗居 | 今 |
|  | 恬淡为上 | 铦袭为上 | 帛 |
| 37 章 | 道常无为而无不为 | 道恒无名 | 今 |
| 40 章 | 生于有,有生于无 | 生于有,生于无 | 简 |
| 42 章 | 强梁者……为教父 | 强良者……为学父 | 今 |
| 46 章 | —— | 罪莫大于可欲 | 帛 |
| 57 章 | 我无欲而民自朴 | 我欲不欲而民自朴 | 帛 |
| 80 章 | 重死而不远徙 | 重死而远徙 | 帛 |

  不过,人们也不应该以越古越好的标准来评判这些不同的版本。帛本中的"无名,万物之始"和今本中的"无名,天地之始"哪个更接近老子的原意以及哪个更准确,尚存争议。从逻辑上看,似乎今本更严密,"无"与"有"表面平等,但实际上"无"比"有"更高一些,二者实际上是不相等的概念,如果都只是"万物"的"始"与"母",把"无"限于"万物"层面,那就不好理解后面的"天地不仁,以万物为刍狗"(5 章),即"天地"范畴高于"万物"概念,"有"与"万物"相对,"无"与"天地"相对更合乎《老子》的整体思想。

  其他的争议之处尚有"无为"还是"弗为"以及是"玄之又玄"(今本)还是"玄之有玄"(帛本)等,各有千秋,不应以帛本完全否定今本,更不能把今本称为"伪"书,把今本与帛本不同之处一概称为故意之为的"阴谋"和"篡改"。因为如果以古论长,那也可以简本来否定帛本,因为简本比帛本要早 100～200 多年。在有同样内容的篇章中,可以看到帛本明显不同于简本的用字。

  比如三个版本都有 37 章,今本有 47 个字,帛本有 48 个字,简本有 41 个字。帛本的"恒""楃""贞""辱""情"等字都是今本没有的,而今本的"道常无为无不为",帛本为"道恒无名",简本为"道恒亡为也"。如果刻意强调两者的不同,并以帛本否定今本,那以同样的理由,人们也可用简本否定帛本,因为简本的用字有 20 多个字与帛本不同。比如,简本的"亡为也",帛本为"无名";简本的"勿""能""亡名之朴""万勿将自定",帛本分别写作"物""若""无名之楃""天地将自正"等。其实,这三个版本讲的主要意思还是基本相同的。

  帛本虽比今本要早 300～400 年,但人们不应该忘记,王弼本、河上公本之所以能在历史上长期流传,应该也是流传有序的。比如司马迁在《史记·乐毅列传》中曾谈到河上公本的流传,说乐毅的后裔乐臣公曾在传承《老子》一书中起到过重要作用,"乐臣公学黄帝、老子,其本师号曰河上丈人,不知其所出。河上丈人教安期生,安期生教毛翕公,毛翕公教乐瑕公,乐瑕公教乐臣公,乐臣公教盖公。盖公教于齐高密、胶西,为曹相国师"。因此,如果王弼本所依据的是河上公所流传的《老子》版本,应当比帛本书要早,那么王弼本的内容大部分应当也是有根有据的。

因此,这三个版本是相互补充的关系,而不是相互否定的关系。尤其不能以帛本和简本的不同来否定今本对传承和传播《老子》的巨大贡献。

本书写作时,对老子各个版本的内容的取舍以及参照的各个解读者的注解的取舍,是择善而从之,根据以下两个原则:

(1) 从"道法自然""无为而治"的主题来取舍,合乎这一原则的就用,不合乎这一原则的就不用。

(2) 从文章的内在逻辑的角度来看,从阴阳关系的方法论来看,谁的更合乎《老子》一书的内在逻辑,就取谁。

因此,本书所引的《老子》一书,以今本为主,但今本不合前两个原则的,取帛本;帛本不合的,取简本。

## 三、《老子》其心:政治哲学

《老子》一书虽然复杂、晦涩难懂,但它的精神实质和核心其实就是八个字:"道法自然、无为而治",形成了中国特有的自然主义的宇宙观、人生观和政治观。

老子的思想以追求万事万物的起源为始,在此基础上形成道的宇宙观,再从这个道法自然的宇宙观的基础上,进一步形成无为而治的政治观,他的最终目的还是要为政治服务。

以《老子》为基础而形成的道家,是中国各家学派中理论形态最完备、最有逻辑性的一家,影响了儒家、法家、医家、兵家、阴阳家以及后来的道教。《老子》是在中国历史上作用和影响重大的一本书。

为什么说《老子》是我国第一部论述治国之道的著作?

从古至今,人们从不同角度分析和解释《老子》一书的内容。相当多的人把它理解为一本哲学书,讨论本体论、存在、宇宙起源等终极问题;一部分人则把它当作修身学,讨论人如何才能健康长寿;还有一些人则把它作为科学著作,并把它与现代科学现象和概念一一对照。

这些不同的解读都有其道理。但是,本书更倾向于把《老子》一书看成是中国第一本政治哲学书,大量地讨论了许多与政治高度相关的问题,书中的主要概念大多与政、治、政治、领导者、民众、为官之德等相关。

下面我们来看一些主要的例证:

"圣人"是《老子》一书的主要概念和主要角色,主要是指悟道水平高或老子以道治国的领导者,全书81章中,有24章32次直接使用了"圣人"概念,还有多处虽然未出现"圣人",但出现与此高度相关的概念,如"我""吾""侯王""以道佐人主者""君子""得一者"等。

这些圣人的概念,可以理解为个人修身意义上的得道者,如《黄帝内经》开篇在《上古天真论》中谈论了真人、至人、圣人、贤人四种圣贤。其中有对"圣人"的定义曰:"圣人者,处天地之和,从八风之理,适嗜欲于世俗之间,无恚嗔之心,行不欲离于世,被服章,举不欲观于俗,外不劳形于事,内无思想之患,以恬愉为务,以自得为功,形体不敝,精神不散,亦可以百数。"这一圣人是从修身的角度来讲的。

然而,《老子》一书中的圣人,有相当多的地方主要是指治国的统治者。比如:

圣人处无为之事,行不言之教。(2章)

是以圣人之治,虚其心,实其腹,弱其志,强其骨。(3章)

天地不仁,以万物为刍狗;圣人不仁,以百姓为刍狗。(5章)

是以圣人后其身而身先,外其身而身存。非以其无私邪?故能成其私。(7章)

是以圣人抱一,为天下式。(22章)

是以圣人常善救人,故无弃人;常善救物,故无弃物。(27章)

朴散则为器,圣人用之,以为官长。故大制无割。(28章)

圣人恒无心,以百姓心为心。……圣人在天下,歙歙焉;为天下,浑其心。百姓皆属其耳目,圣人皆孩之。(49章)

故圣人云:"我无事而民自富;我无为而民自化;我好静而民自正;我欲不欲而民自朴。"(57章)

治大国,若烹小鲜。以道莅天下,其鬼不神。……非其神不伤人,圣人亦不伤人。(60章)

天下难事,必作于易;天下大事,必作于细。是以圣人终不为大,故能成其大。夫轻诺必寡信,多易必多难,是以圣人犹难之,故终无难。(63章)

是以圣人无为,故无败;无执,故无失。……是以圣人欲不欲,不贵难得之货;学不学,复众人之所过。(64章)

是以圣人之在民前也,以身后之;其在民上也,以言下之。是以圣人处上而

民不重,处前而民不害,是以天下乐推而不厌。以其不争,故天下莫与之争。(66章)

是以圣人自知不自见,自爱不自贵。故去彼取此。(72章)

是以圣人云:受国之垢,是谓社稷主;受国不祥,是谓天下王。(78章)

圣人不积,既以为人己愈有,既以与人己愈多。天之道,利而不害。圣人之道,为而不争。(81章)

除了圣人、侯王等主要领导者外,《老子》一书中出现的与政治相关的人物还有"忠臣""天子""上""官长""偏将军""上将军""三公""司杀者""善战者""善为士者""善胜敌者""善用人者"等专门的政治人物。

有领导者就有被领导者,被领导者在《老子》一书中也使用了多个概念,其中,"民"是使用最多的,全书81章中有10章出现了"民",此外还有"众人""百姓""我""人"等来指代。

《老子》书中涉及的政治概念,如战争、取天下、治国、批评朝政、道治与德治、用兵、大小国关系、理想国家、无为而治等内容,也非常明显突出。

仔细辨读《老子》全书,在81章中,只有其中的10章主要讲形而上之道,与政治没有直接关联,其余71章都与政治有较大的相关性,其中,与政治有重大关联的达33章之多,远远超过对抽象之道和养生之道的论述;而老子对天道的论述,对养生之道的论述,其目的只是为政治之道即无为而治进行铺垫,天道自然的宇宙观,向下落实为无为而治的政治观,修生养生之道,向上升华为无为而治的政治观。道法自然与无为而治的政治之道,才是《老子》一书的最大、最集中、最突出的主题。因此,我们有足够的理由说,《老子》是第一部全面系统论述治国之道的政治哲学著作。[1]

今天人们所说的"政治哲学"和"政治学"都是西方政治学的核心概念。

一些西方学者认为,"政治哲学就是对政治生活的永恒问题的探究,一切社会都必定遇到这些问题,它们包括'谁应当统治''应当如何处理冲突''应当怎样教育公民和政治家'等。只要我们今日的问题还是政治问题,那它们就和公元前5世纪的雅典、15世纪的佛罗伦萨或17世纪的英格兰遇到的问题没有什么差别。不这么想是不对的。"政治哲学是所有社会科学中最古老的学科,它比经济学、心理学、社会学更古老。西方政治哲学有许多经典作家,包括从柏拉图、亚里

---

[1] 已经有学人指出:"《老子》并不是一部严格意义上的哲学著作,它重点关心的并不是宇宙生成论或者本体论之类的问题,而是政治哲学(或者说是为政之道)的问题,它的进言对象也不是官僚或者百姓,而是国家统治者,也就是《老子》常常提到的'圣人'。"参见熊逸:《道可道——〈老子〉的要义与诘难》,线装书局2011年版,引言第11页。

士多德、马基雅维利、霍布斯,到黑格尔、托克维尔、马克思等人。①

什么是政治哲学?什么是政治学?

学术界有许多定义,本书以《不列颠百科全书》的定义为主要参照,这本辞典的"政治哲学"词条指出,政治哲学在最抽象的层次上研究政治主张的概念及进行论证。简要地说,西方的政治哲学主要包括四方面内容:

第一,国家、政府及其制度。政治的含义本身就是政治哲学的主要课题之一,广义的政治包括政府措施与制度,政治哲学的首要任务是分析国家及相关的制度,在柏拉图、亚里士多德等思想家的著作中表现为对什么是好国家的讨论(哲学王的人治,或法治)。

第二,权力与义务。统治者的权力与被统治者的义务及服从,产生这些权力和义务的条件和范围,在西方的政治哲学中,主要是指主权与自然正义、自然权利、社会契约问题、现代条件下的人民同意(如何同意、如何确认)。

第三,政治价值。从柏拉图、亚里士多德开始,西方政治哲学把正义作为政治理论的基本问题,主要讨论自由、安全、财产等权利问题。

第四,宪政问题。主要讨论如何限制统治者的权力、如何保障被统治者的权利等问题,表现为对分权制约的制度的讨论。

政治学的概念则主要集中于对政府与政治关系的研究,考察政治行为的模式,对政治的过程、政治系统、政治功能、利益集团、政党、精英等政治现象进行研究。②

美籍德国学者施特劳斯对此曾写过专门的著作讨论,书名就叫《什么是政治哲学》,它对我们理解"政治哲学"十分有益。

施特劳斯把研究政治哲学的道路引向了政治哲学的古典形式——古希腊的哲学传统,使人们知道政治哲学的严峻性和复杂性,不再简单地跟着时髦的思想潮流走,而是学习把政治意见与政治知识区分开来,因为"政治生活的实质,由政治知识与政治意见的混合所引导"。

施特劳斯认为,"古典政治哲学摆脱了所有的狂热主义,因为它知道邪恶无法根除,因此人对政治的期望必须适度,激励着政治哲学的精神可以称为宁静或崇高的清醒",而近代以来的所有的政治思想(无论其有什么优点)都偏离了古典政治哲学关注的首要问题——对善的政治生活和社会的关注,对最好的政制的研究,而把政治哲学引向了对具体问题如自由、民主选举的研究,但自由是含混

---

① (美)史蒂芬·B.斯密什:《政治哲学》(中文版),贺晴川译,北京联合出版公司2015年版,第1页。
② 《不列颠百科全书》(国际中文版)13卷,中国大百科全书出版社2005年版,第381—382页。

的，既可以是行善的自由，也可以是作恶的自由，民主制或多数人统治就是由富足经济中的未受教育者来治理的，富足经济将导致道德的脱离，而善等德性是要通过德性教育才能获得的，技术和艺术脱离道德则将导致人类社会的灾难或人的非人化。

施特劳斯认为，政治哲学要研究的最基本的问题，就是"关于善的知识，关于好的生活或好的社会，因为好的社会是完整的政治的善"，"政治哲学的主题必须是人类的各种伟大目标：这些目标能够提升所有人超越他们可怜的自我"，"政治哲学是用关于政治事物本性的知识取代关于政治事物本性的意见的尝试"，"政治哲学是一种尝试，旨在真正了解政治事物的本性以及正当的或好的政治秩序"。①

施特劳斯、斯密什关于古典政治哲学与现代政治的关联的论述，对我们今天研究老子的政治哲学也是有补益的。

老子的政治哲学看起来离我们今天很远，但其实老子在《老子》书中讨论的那些政治问题，比如什么是最好的政治制度、什么是最大的善、什么是评判政治制度好坏的标准、什么是最好的政治秩序、什么是引起冲突的原因、如何才能消除冲突等，对探讨今天我们面对的现实的解决方案是很有启示意义的。

## 四、《老子》其体：天道、政道、德道、治道、术道、器道六维一体

如果说柏拉图的《理想国》、亚里士多德的《政治学》是西方最早的政治哲学著作，《老子》一书则早于柏拉图、亚里士多德的政治哲学著作，是东方社会（或许也是人类社会）第一本政治哲学著作。

西方的政治哲学是在西方的历史文化背景下发展出来的，有些与老子讨论的内容有共同点；但是老子的思想毕竟是在一个完全不同于西方的历史文化背景之下产生出来的，完全从西方政治哲学的角度来解读老子的政治哲学，虽然未尝不可，但毕竟有重大不同，老子的政治哲学，无论是在哲学基础、方法论方面，还是从分析政治现象的角度、概念方面，都完全不同于西方的政治哲学。因此，不能以西方的政治哲学完全来套解老子的政治哲学。

比如，老子关于人类社会与自然界的关系，在今天已经成为一个重大的政治问题，而老子是最早对此进行分析论述的思想家，在他提出的"人法地法天"的命题中，老子认为人类应当研究、了解、认识和尊重自然界，其中已经包括了人类与

---

① （美）施特劳斯：《什么是政治哲学》，李世祥等译，华夏出版社2014年版，第2、3、6、20、27、28页。

自然界要友好相处才能可持续发展的思想。老子将阴阳对立又相互依存、你中有我且我中有你的分析引入政治研究领域,在许多对举的政治关系中,我们都可以发现其中有益的分析,比如官民关系、战争与和平、大国与小国、硬实力和柔实力等方面,老子的论述直到今天还有重大的现实意义。因此,最好还是从中国历史文化的角度,从《老子》的语境中直接解读老子的政治哲学更好。

老子的政治概念是一个中国历史文化的产物,我们可以从以下五个方面来理解"老子的政治哲学"概念,这一概念与西方的所谓以城邦事务管理为基础的政治理论有重大区别。它不仅讲政道,即政治价值、政治伦理,也讲治道、治术、治器;仅仅有治国的大道理,并不能保证一个国家的治理能够顺利进行,必须要有具体的治理的体系、治理的策略、治理的技术工具。因此,老子的形而上的恒道、天道,与形而下的政道、治道、术道、器道,构成了一个完整的政治哲学和政治治理的体系,这也是西方的政治哲学所没有的奇观。

因此,本书主要尝试从老子的政道、德道、治道、术道、器道五个方面来理解、分析、解读老子的政治哲学。老子的天道或自然之道,只是政治哲学的基础,而老子的修身之道,只是老子政治哲学的补充。

## 五、研究体系及概述

本研究分为 7 篇共 27 章。

第一篇为天道人道。

"道"是老子的核心概念。因此,本书的第一部分分别论述老子的恒道、天道。要了解老子的政治哲学,就先要了解老子的自然哲学,自然哲学是老子政治哲学的基础,也是构成老子政治哲学与西方政治哲学的一个重大不同的方面,它既是哲学,也是政治,涉及人类社会与自然环境这一当代重大的政治话题。为了更容易使读者理解老子之道并不深奥,特别增加"吃之道",以让读者能从一个人人接触的领域来明白什么是"道"。

本篇分析和讨论老子的自然哲学。其中的天道是老子自然哲学的一个浓缩,主要包括老子的宇宙观,对宇宙生成、宇宙运行、宇宙秩序的重大问题进行论述,旨在为什么是最好的政治这一政治哲学的根本问题进行哲学铺垫;在此基础上,进一步讨论人道(即人类社会的治理之道)与天道的关系。既然人类也是大自然的一个组成部分,也是"大道"的生成物,就应遵行天道所体现的基本特点,也就是说,应当把天道的自生、自化、自成作为人类社会治理的基本规律,这就把天道向下落实到了人道。老子的天道,只是为落实人道而提出的。因此,人类最好的政治制度、最好的国家、最好的政府,就是遵守自生、自化、自成特点的无为而治的制度、国家、政府。

第二篇为政治哲学总论。

老子的政治哲学的基础,是老子的方法论、认识论、无为论。

老子的方法论:一阴一阳谓之政。

老子的阴阳概念是分析政治现象的重要的方法论。阴阳概念把不同领域的不同现象分为两个相互联系、相互影响、相互作用、相互转化的对立统一面。阴阳因素既相对矛盾,又相辅相成,不能截然分开,不能绝对对立,在一定的时空和条件影响下相互转化。用阴阳方法分析各种政治现象,会得到许多与西方政治学体系不同的结论。

老子的认识论是推天道及人道。

《老子》一书的理性,是自然理性高于人类理性,这个自然理性,人们可以通过不同的认识途径去观道、体道、识道、悟道,即四观悟道,就是从感性、知性、理性到悟性,不断提升对道的认识。

老子的无为论是老子政治哲学的总原则。

"无为而治",是"无为无不为"的天道在人类社会政治生活中的具体表现,是依道治理国家的总原则,是治理天下的根本之法。根据道的明显与微隐程度以及人的主动性发挥程度的大小,"无为"又分消极无为和积极无为。道显明,而人能动作用小的作为,是"消极无为";道隐幽,而人能动作用大的作为,是"积极无为"。

第三篇为政道:核心价值观。

老子的政道,是老子政治哲学的核心内容。政道就是政治价值观。

政治价值的中心问题,就是研究发现政治的本质,回答什么是好政治、什么是好政治的标准、政治应该是什么样的等问题。

政治价值,是一个国家的公共生活中的基本准则,是人们以人类公共理性、自然理性、人类社会的风俗习惯等为依据,进行各种政治活动的方向选择的基础和动机,是某一政治体内部认同的行为准则,是人们对各种政治现象进行正义与非正义、公正与偏私、进步与保守、是与非、成与败、优与劣、善与恶、美与丑、好与坏等政治判断的标准,是人们应当或者不应当从事某种政治活动的衡量标尺。政治价值是内在、深刻、持久地支配和影响社会政治集团及个人的政治行为的深层次因素。

"道法自然""以民心为心""损补抑举""以法治国""平等包容""和平开放""天人合一"是老子政治价值体系中的七个核心内容。

第四篇为德道:为官之德。

老子的德道，是对老子政道的补充。政道是普遍价值，德道是为官之道，是政治伦理。

老子的政治伦理是：一欲一节谓之政，一情一德谓之伦。

老子的政治伦理观，从人类社会的情感、爱好、风俗、欲望、习惯和品德的角度来讨论政治中的伦理。如果说政治价值主要是针对政治制度、公共政治而言，那么政治伦理就是从人的情感、品德来讨论为官之道、为官的政治行为准则、官员个人能与不能，回答什么样的官才是好官这一为官的根本问题。从官的自律角度进行讨论，一个官怎么样运用手中的权力才是一个好官，探讨什么是公、什么是私、什么是官员应当有的修养等；体现的是对有公共权力的领导者和官员的个人的约束。

老子的政治伦理以德善为中心，德性之善内含于人的内心之中，但每个人识道、体道、悟道的程度不同，因此德性之善在每个人身上的表现也不同。同时，老子又把德分为玄德、上德、下德三种，这三种德在政治活动中的表现也有很大不同。

第五篇为治道：国家治理的制度、能力、体系。

国家治理虽然是一个现代概念，老子的时代当然不可能完整地论述这个问题，但老子在2 500多年前就十分重视国家治理的问题，已经明确地使用了"治"的概念，涉及治理的本质，对治理制度、治理能力、治理体系三个部分都有所论及，形成了治理之道的雏形。国家治理构成老子政治哲学的重要组成部分。

国家治理的本质，就是要解决国家、民族、民众生存发展的关键问题、迫切问题、重大问题。治理是一个实践过程。如果说政道的核心是方向问题、原则问题、规则问题、目的问题，那么治道的核心就是价值和伦理实现问题、能力问题、效率问题、如何适应形势环境的变化问题。治道的灵魂在于顺势而为、因循变化。

国家治理制度，是国家治理的主体，回答谁来治理的问题。

国家治理能力，就是运用国家制度管理国家事务和社会事务、管理经济和文化事业的能力，也就是制度执行力。

国家治理体系，是国家分层治理的结构。老子已经明确提出了个人治理（修身）、家庭基层治理（修家）、基层和地方治理（修乡）、国家治理（修国）和天下治理（修天下）五个层次。

国家治理制度、治理能力、治理体系形成了一个有机整体，相辅相成。

第六篇为术道：一正一奇、一柔一刚、一大一小。

一正一奇、一正一反、一柔一刚、一大一小谓之术。老子的术道分析讨论政治价值和政治治理的方法、策略、手段、路径。

老子的治国之术,与后来黄老道家的"君王南面之术"、韩非子的君臣之术、统治者的驭民之术有相同,也有重大区别。

老子的术道,一正一奇、一正一反、一柔一刚、一大一小,相互变化、相互补充、相互影响,构成了国家治理的丰富的术道体系。

《老子》提出了两种通过建构达到目标的方法:一种是正向建构,另一种是反向建构。

老子的"柔弱胜刚强"及从中延伸的柔实力,是老子治国之术的重要组成部分。柔弱在《老子》一书中有 5 种不同的含义;"柔弱胜刚强",并非专指力量弱小胜力量强大,"柔弱"是力量的柔性使用而主要不是力量的弱小;老子提出的"柔"概念实质上是一种柔实力;在中国历史上柔实力有丰富的实践。柔弱与刚强,这一柔一刚,亦如一阴一阳、一正一奇,形成了治理国家的两个方面,刚柔并济是正道。柔实力可以为今天国家治理和天下治理提供有益的思想基因。

黄老学派对老子的术道有很大发展。

第七篇为器道:道治国家如何建?

"器",原字为会意字,从口从犬,象器之口,犬所以守之,意为狗为守财防盗之具。原意后少用,延伸其本意为器具、工具、设备、机构、物质、有形资源等。

治理国家,不可能没有工具,不可能没有物器。书写颁布政令,总得有纸、笔、墨;用兵打仗,总得有刀枪;深入民情,总得有车马舟船。特别在治水,总得有大量的石材土料和工具;百姓安居,总得有建材和建筑用的工具。因此,没有对物质之道的研究,就不可能有治国的好的工具;没有器道,治理国家也会流于空转。

如果说政道是治国的方向,治道是治国的主体、能力,术道是治国的方法、途径,器道就是治国的工具、机构、设备等。

在各种治国之器中,国器是最关键和核心的。因此,老子对如何建立形成道治国家的三种不同的路径,即革命路线、改良路线和人民路线提出了基本的轮廓。

治国理政,"政、德、治、术、器",五位一体,少了哪一个都不行。

老子政治哲学的各个组成部分是一个有机整体,以天道论、方法论、认识论为基础,以政道为政治哲学的核心,辅之以德道,以百姓心为心,以民四自为主体,以民圣共治为制度框架,以治道、术道、器道为实现政道的实践手段和途径,是一个完整的政治哲学体系,也是老子政治哲学超出各家各派的特色和高明之处。

　　老子的政治哲学是中华民族政治历史文化的精华,值得人们学习、借鉴、发展和实践,不仅可以构成中国政治哲学的特色,对中国政治制度改革提供方向和思路,也可以成为中国吸引、引领国际政治哲学方向的重要的文化历史基因。

# 第一篇
## 从恒道、天道，到人道、吃道

"道"是老子的核心概念。因此,本书的第一部分分别论述老子的恒道、天道、认识论。要了解老子的政治哲学,就先要了解老子的自然哲学,自然哲学是老子政治哲学的基础,也是构成老子政治哲学与西方政治哲学的一个重大不同的方面。为了让读者更容易理解老子之道并不深奥,特别增加"吃之道",以让读者能从一个人人接触的领域来明白什么是"道"。

　　本篇分析和讨论老子的自然哲学。其中的天道是老子自然哲学的浓缩,主要包括老子的宇宙观,对宇宙生成、宇宙运行、宇宙秩序的重大问题进行论述,旨在为什么是最好的政治这一政治哲学的根本问题进行哲学铺垫;在此基础上,进一步讨论人道(即人类社会的治理之道)与天道的关系,既然人类也是大自然的一个组成部分,也是"大道"的生成物,就应遵行天道所体现的基本特点,也就是说,应当把天道的自生、自化、自成作为人类社会治理的基本规律,这就把天道向下落实到了人道。老子的天道,只是为落实人道而提出的。因此,人类最好的政治制度、最好的国家、最好的政府,就是遵守自生、自化、自成特点的无为而治的制度、国家、政府。

# 第一章

# 恒道永恒,非恒常变

● 道,可道,非恒道。(1章)
(道,可言说,但可言说周全的,不是永恒之道。)

老子提出的"道",是道家特有的概念,是中国特有的概念,也是中国思想史上最根本的概念,各家各派都使用"道"的概念。

这一概念的流行,还是源自《老子》一书的形成及其产生的影响。

以"道"作为命名的学派,也只有老子为始的学派。"道家"的概念,最早从司马谈对六家要旨的评论中出现。

道的原始含义指道路、坦途,以后逐渐发展为道理,用以表达事物的规律性。这一变化经历了相当长的历史过程。春秋后期,老子最先把道看作宇宙的本原和普遍规律,成为道家的创始人。以后,在不同的哲学体系中,其含义虽有不同,但基本上成为世界本原、本体、规律或原理的代名词。

《黄帝四经·道原》在论说"道"的重要性时指出:"抱道执度,天下可一也。"道是不变的,能够探寻道的根本,就能以少知多、以正治畸,从而达到前可知远古之事,后可预测将来事理的精要。只要我们持守大"道",秉执法度,那么就可以实现天下的大一统。我们观察远古探索道的原始,再看看我们的现在,又推之于将来,就会懂得"道"的本体是怎么回事了。[①]

## 一、一道两面,永恒无常

"道"是老子理论体系的第一块基石,是最基本的核心概念,但也是人们最容易发生误读的地方。不要说一般读者,就是不少在老子思想研究领域有许多贡

---

[①] 《黄帝四经·道原》:"为一而不化。得道之本,握少以知多。得事之要,操正以政畸。前知大古,后知精明。抱道执度,天下可一也。观之大古,周其所以。索之未无,得之所以。"

献的老专家、老学者,在解"道"上也会"跑偏"。

例如,有人说,道可以说得出来,就不是常道,可道的道与老子哲学思想无关,只有第一个道与第三个道才是老子的专有名词。也就是说,老子的道是一种不可言说的东西。①

这也引发了人们对老子认识论的各种误解,比较多的观点认为,老子之道是不可知的,老子之道是神秘主义,老子反对知识、反对进步、反对智慧,主张愚民,主张让人无知无欲,主张以愚治国。老子就是让人们不明白,搞神秘主义,然后才好愚弄老百姓。

这是对老子"道"的最大误解。

老子的"道"固然是深不可测的,是人们不可能用语言来完全充分表达的,但也绝不是如许多人所理解的那样,似乎"可道之道"就不是老子之道。

如果"道"本身是不可言说的,言说了也没有意义,那《老子》这本书根本就没有必要写了。

《老子》全书,通篇不都是老子在对"道"进行言说吗?

有学者指出,"老子认为道不可言说,却写了《老子》一书来阐述他的道,这是一对矛盾"。正如白居易最早发现并写《读老子》诗来揭示这一矛盾所说,"言者不知知者默,此语我闻于老君。若道老君是知者,缘何自著五千文"。②

我认为,关键在于理解"可道之道"与"不可道之恒道"的相互关系。

老子的"道"包括"可道之道"(非恒道)和"恒道之道"两个部分。

老子之"道",因人的特质不同,对道的理解层次也有所不同。

首先,对道的理解的最高层次是"至人",至人悟道极深,是不言说"恒道"的,但"至人"极少,平常人做不到。

其次,是得道高人。高人悟道,但"稀言",高人对"恒道"有所言说了,但通常只能一两个字来表达,其一是"道"这一个字,其二是"自然"这两个字,但高人也不多。

再次,是平常学道、悟道者,他们可以通过自己的观察了解,从各个方面理解"恒道"的一些特性,从而得到了可以通过言说进行交流和积累的"可道之道"。因为"道"虽然深不可测,不可能周全言说,但"道"又是无所不在的,它时时处处都通过各种方式表现出来,人们可以通过各种方式体验到它的存在,"道"就在人们身边,就在人们的日常生活中,好比人们每天生活都不可少的"水"一样,而"水"就是老子心中"几近于道"的物质。

---

① 陈鼓应:《老子今译今注》,商务印书馆 2011 年版,第 77、79 页。
② 张松辉:《老子研究》,人民出版社 2009 年版,第 168-169 页。

"可道"之道,就是可以为人们所知道的,是可以言说的,是可以通过人们的思想得到反映和交流的,"可道"之道就是老子所宣传的无为无不为,柔弱变刚强,人的生活要朴质,人要仿效自然,做事要顺其自然、不强为。这就是老子在《老子》书中从头到尾都在言说的道。这些难道不就是一种通过言说而被人们所认识的道吗?

因此,"可道"之道,也是道。但是,这种可言说的道,又是有缺陷的、不完全的、不周全的、不全面的,它只是永恒之道的一部分而不是全部,也不可能是全部。

人类语言的贫乏、人类认识工具的局限、人类理性的缺陷,这三个因素决定了人类不可能完全了解那个无所不在、无所不能的永恒之道。因此,恒道的另一部分是人们不了解的。但由此不能把老子的思想定位为不可知论,老子对人们通过努力不断认识道,既不悲观,也不乐观。事实上,人们通过不断积累,对"恒道"的理解和认识是在不断深化的。

如果人们对道一点理解都没有,就不会出现老子在书中一再强调的"有道者"和得道的圣人了。无数的"可道之道",无数的可言说的道,虽然还不是永恒之道本身,但可以帮助人们无限接近"永恒之道"。

道是可道的,是具体的,是相对的;道又是不可道的,是抽象的,是绝对的。

可道之道是相对真理,不可道之道是绝对真理,无数的相对真理构成了绝对真理的长河;相对真理永远不可能穷尽绝对真理,永远不能等于绝对真理;但没有相对真理,绝对真理就不存在,就不会被人们所认识。因此,绝对真理离不开相对真理。

因此,从这个意义来看,老子的"道,可道,非恒道"以及"可言说之道"与"不可周全言说的恒道"之间没有矛盾。

在《老子》一书中,一共有 77 处"道"的用法,这些"道"的用法既包括人们日常生活中的长生之道、荣辱之道等小道,也包括治国之正道、用兵之道等中道,实际上涵盖了"大道""圣人之道""天道"等"恒道"。因此,我们可以从四个层次上认识"道"。

## 二、恒道玄奥,强为之说

本体论意义上的"恒道",是不可能言说周全的,但为了让人们了解它的存在,又不得不说,故成强为之说。

《文子·道原》解释说,恒道是自古以来就不断被人认识的一个存在。从我们最早的祖先开始,就一直在积累对道的认识,认为道是事物发展的客观规律,是阴阳陶冶而变化万物的必由之路,并把对道的认识运用于人类社会与自然、人类社会的治理进程中。①

《文子·自然》指出,"道,至大者无度量。往古来今谓之宙,四方上下谓之宇。道在其中而莫知其所"。道处在无穷宇宙之中,无所不在,又莫知其所在。

《列子·天瑞》曾对老子的恒道进行了比较具体的解释,指出有被他物所生的,有不被他物所生的;有被他物所化的,有不被他物所化的("有生不生,有化不化")。有生不生的就是非恒道,非恒道是常生常化,无时不生,无时不化,就像阴阳和四时季节的变换一样;而"不生者能生生,不化者能化化",不被他物所生的能产生万物,不被他物所化的能化育万物,这就是恒道,恒道是"不生者疑独",它不被他物所生化,所以是独立永存的实体,它"不化者往复",不被他物所化,所以能够循环往复,它的存在没有边际,它的变化不可穷尽。②

韩非子在诸子百家中,最早解释了老子"道"的内容。他说,道是万物生成的根本动力,是万理构成形式的总汇。理是构成万物的外在形式,道是生成万物的根本原因,所以说,道是条理化了的东西。万物各有其理,彼此不会相侵,所以理成为万物的制约力量。万物之理各自不同,而道却完全集中了万物之理,所以道不能不随具体事物发生变化;圣人观察到永恒规律的玄虚,依据永恒规律的普遍作用,勉强把它命名为"道",然后才能够加以论说。所以《老子》说:"道如能说明,就不是永恒的道了。"③

---

① 《文子·道原》:"古者三皇,得道之统,立于中央,神与化游,以抚四方",大道"并应无穷,已雕已琢,还复于朴,无为为之而合乎生死,无为言之而通乎德"。"道者,物之所道也","道者一立而万物生矣。故一之理,施于四海,一之嘏,察于天地……万物之总,皆阅一孔,百事之根,皆出一门","天地运而相通,万物总而为一,能知一则无一之不知,不能知一即无一之能知也","万物变化,合于一道"。见唐突生、滕蜜:《文子释译》,长江出版社、湖北人民出版社 2012 年版;本书之后所引的《文子》均出自该书,只注篇目。
② 《列子·天瑞》,引自严北溟、严捷撰:《列子译注》,上海古籍出版社 2012 年版。
③ 《韩非子·解老》:"道者,万物之所然也,万理之所稽也。理者,成物之文也;道者,万物之所以成也。故曰:'道,理之者也。'"
"物有理,不可以相薄,故理之为物之制。万物各异理,万物各异理而道尽","稽万物之理,故不得不化;不得不化,故无常操。无常操,是以死生气禀焉,万智斟酌焉,万事废兴焉。天得之以高,地得之以藏,维斗得之以成其威,日月得之以恒其光,五常得之以常其位,列星得之以端其行,四时得之以御其变气,轩辕得之以擅四方,赤松得之与天地统,圣人得之以成文章。道,与尧、舜俱智,与接舆俱狂,与桀、纣俱灭,与汤、武俱昌"。
"凡理者,方圆、短长、粗靡、坚脆之分也,故理定而后可得道也。故定理有存亡,有死生,有盛衰。夫物之一存一亡,乍生乍死,初盛而后衰者,不可谓常。唯夫与天地之剖判也俱生,至天地之消散也不死不衰者谓'常'。而常者,无攸易,无定理。无定理,非在于常所,是以不可道也。圣人观其玄虚,用其周行,强字之曰'道',然而可论。故曰:'道之可道,非常道也。'"

"恒道"是天地万事万物的最终本原,是天地万事万物生生灭灭的规律,它是永恒的,是深奥的,是玄妙的,是宏阔的,是超越时空的,因而人类用任何言语都不能准确、完整、周全地表达它,所以可道之道,非"恒道"。

言说可以比较周全的事物,有三个特性:时间性、空间性、可比性,而恒道不具有这三个特性。

第一,从时间上说,恒道无前无后,迎之不见其首,随之不见其尾,但又无时不在,无时不有,因而时间上无法言说。

第二,从空间上说,恒道是其大无外,其小无内,看不见,听不着,摸不着,无边无际,无上无下,无前无后,无形无踪,但又无处不在,无处不有,因而空间上无法言说。

第三,恒道是由老子第一次创新性的发现,前人无人论述,没有相应的概念、相应的思想、相应的事物可以比较,从内涵概念上无从着手。

因此,恒道不可言说周全,如果强要言说,一定不完整、不准确、不周全,所以人们只能说什么不是恒道,而无法清楚、准确地说什么是"恒道",用老子的说法,只能姑且强为之名、强为之字,勉强把它叫"恒道"。

如果一定要给恒道下定义,人们也只能勉强说:"恒道"就是宇宙天地万物人类产生发展运行、生生灭灭的最后的本原、动力、本质、规律。《文子·符言》论道时说,大道就是自然界和社会的规律、行为准则,所以"道至高无上,至深无下,平乎准,直乎绳,圆乎规,方乎矩"。

为什么说作为本体的道,是人类用语言不可能言说周全的?从上面对道的主要分析的著作的内容来看,从普通人类的形式逻辑来看,包含两个重大的内在矛盾:一是既然道是至小无内,就不可能同时也是至大无外的,反之亦然;二是既然道是永恒不变的,就不可能同时也是生生化化的,反之亦然。

也许,人们只有跳出常规的平面思维、立体思维模式,进入四维、五维空间,才能明白道的周全性?但现在人类的认识能力、认识工具、认识智慧还达不到这样的高度。

恒道是人类不可能言说周全的。非恒道是可以言说的。道是恒道与非恒道的统一。

## 三、道体道用,道性道德

从宏观上看,恒道的特性、体用、玄德、法则、表现形态等不断显现出来,是可以"强为之"言说的"非恒道"。

1. 恒道的特性是虚空、柔弱、静、大、远、逝、反

"道冲,而用之又弗盈。"(4章)

"谷神不死,是谓玄牝。"(6章)

"吾不知其名,强字之曰道,强为之名曰大。大曰逝,逝曰远,远曰反。"(25章)

2. 恒道的体用

"无名,天地之始;有名,万物之母。故恒无欲,以观其妙;恒有欲,以观其徼。"(1章)

"有无相生。"(2章)

"有之以为利,无之以为用。"(11章)

"反者道之动,弱者道之用。天下万物生于有,生于无。"(40章)

3. 恒道的玄德

"万物作而弗始,生而不有,为而弗恃,功成而弗居。"(2章)

"生而不有,为而不恃,长而不宰。是谓玄德。"(51章)

"故以智治国,国之贼;不以智治国,国之德也。恒知此两者,亦稽式。恒知稽式,是谓玄德。"(65章)

4. 恒道的表现形态

"视之不见,名曰微;听之不闻,名曰希;揎之不得,名曰夷。此三者不可致诘,故混而为一。"(14章)

"孔德之容,惟道是从。道之为物,惟恍惟惚。惚兮恍兮,其中有象。"(21章)

"道之出口,淡乎其无味。视之不足见,听之不足闻。用之不可既。"(35章)

5. 恒道的运动规律

"有物混成,先天地生。寂兮寥兮,独立而不改,周行而不殆,可以为天下母。……人法地,地法天,天法道,道法自然。"(25章)

"大道泛兮,其可左右。"(34章)

"道恒无为而无不为。侯王若能守之,万物将自化。"(37章)

"道生一,一生二,二生三,三生万物。万物负阴而抱阳,冲气以为和。"(42章)

"天之道,利而不害。"(81章)

《文子·道原》把老子恒道特征概括为"道者虚无、平易、清静、柔弱、纯粹素朴,此五者道之形象也",并具体指出,虚无是道的存在空间,平易是道的本色,清静是道的镜子,柔弱是道的应用,反是道的常规,柔是道的刚,弱是道的强,纯粹素朴是道的主体。

《韩非子·解老》:"万物得之以死,得之以生;万事得之以败,得之以成。道譬诸若水,溺者多饮之即死,渴者适饮之即生;譬之若剑戟,愚人以行忿则祸生,

圣人以诛暴则福成。故得之以死,得之以生,得之以败,得之以成。"它的功效造就天地,它的积聚化为雷霆,宇宙内的万事万物都要依靠它而存在。凡属道的真情,不制作,不外露,柔弱和顺,随时运行,与理相应。万物因得道而死亡,因得道而生存;万事因得道而失败,因得道而成功。

## 四、天道人道,道之十喻

中观层次上的"道",是指大道、天道在政治领域、军事领域、治国领域、国家关系上的表现。例如:

"大道废,有仁义"(18章),"故失道而后德,失德而后仁,失仁而后义,失义而后礼。夫礼者,忠信之薄而乱之首。前识者,道之华而愚之始"(38章),指政治之道与仁义的关系。

"道恒无名。朴虽小,天下莫能臣也。侯王若能守之,万物将自宾"(32章),言天道在政治领域的表现。

"以道佐人主者,不以兵强天下,其事好还:师之所处,荆棘生焉;大军之后,必有凶年。善者果而已,不敢以取强。果而勿矜,果而勿伐,果而勿骄,果而不得已,果而勿强。物壮则老,是谓不道,不道早已"(30章),"夫兵者,不祥之器,物或恶之,故有道者不处。……兵者不祥之器,非君子之器,不得已而用之,铦袭为上"(31章),对用兵之道和战争之道的言说。

"天下有道,却走马以粪;天下无道,戎马生于郊"(46章),对政治之道与社会关系的描述。

"使我介然有知,行于大道,唯施是畏。大道甚夷,而民好径。朝甚除,田甚芜,仓甚虚;服文采,带利剑,厌饮食,财货有余;是为盗竽。非道也哉"(53章),对违反政治之道的政治现象的批判。

"治大国,若烹小鲜。以道莅天下,其鬼不神"(60章),言以无为之道指导国家关系,就能达致和平共处,各得其所。

"圣人之道,为而弗争"(81章),言圣人治国之道。

微观层次上的"道",是指某一事、某一人、某一领域所表现的"道"的内容,"恒道"不可言说,但"恒道"可以用各种方式影响着人们的一切,因此大道、人道又是处处可见的,道无处不在、无处不显、无处不有,它就在人们的日常生活中,每个人都看得见、听得着、摸得着,只不过不去关注它罢了。

老子在《老子》一书中用了十个人们最常见的东西来比喻道的存在,可称为道之十喻:

(1) 橐籥之喻："天地之间，其犹橐籥乎？虚而不屈，动而愈出。"(5 章)

(2) 玄牝之喻："谷神不死，是谓玄牝。玄牝之门，是谓天地根。"(6 章)

(3) 水之喻："上善若水。水善利万物而不争，处众人之所恶，故几于道。"(8 章)"天下莫柔弱于水，而攻坚强者莫之能胜，以其无以易之。"(78 章)

(4) 婴儿之喻："专气致柔，能婴儿乎？"(10 章)"如婴儿之未孩，儽儽兮，若无所归。"(20 章)"常德不离，复归于婴儿。"(28 章)"含德之厚，比于赤子。"(55 章)

(5) 车毂之喻："三十辐共一毂，当其无有，车之用。"(11 章)

(6) 埏埴之喻："埏埴以为器，当其无有，器之用。"(11 章)

(7) 户牖之喻："凿户牖以为室，当其无有，室之用。"(11 章)

(8) 愚人之喻："我愚人之心也哉，沌沌兮！俗人昭昭，我独昏昏。俗人察察，我独闷闷。"(20 章)

(9) 江海之喻："譬道之在天下，犹川谷之于江海。"(32 章)"江海所以能为百谷王者，以其善下之，故能为百谷王。"(66 章)

(10) 张弓之喻："天之道，其犹张弓者欤？高者抑之，下者举之，有余者损之，不足者补之。"(77 章)

因此，道不远人，道在人的生活之中，道不神秘，道一定是可以言说的。

《文子·道原》指出，"大道坦坦，去身不远，求之远者，往而复返"；《文子·自然》说，"夫道，至亲，不可疏；至近，不可远。求之远者，往而反复"。这就是说，天道就像人们身边的大道一样，离每个人都不远，人们用不着到很远的地方去求道，不用都往深微隐玄处去求，走得太远反而找不到道，还得返回到人们身边的大道上去。道与人是非常亲近的，谁也离不开道，人每天每时每刻都生活在道的包围之中，人离道不能生存，只是人们不知道罢了，但人类离不开客观规律的作用，只能顺应客观规律作为，所以人们或迟或早要重返大道。

《黄帝四经·经法·四度》指出："天道不远，人与处，出与反。"进退动静，都必须以天道作为法则。天道不远，人事的一切举措都应与之协调。

"道"具体是什么含义，要看具体的语境，在《老子》一书中，"道"在本体、宏观、中观、微观四个层面上都有运用。

## 五、老子之道与古希腊智慧

老子回答的天地万物从何而来、天地万物最后的根源在何处的问题，古希腊的思想家和后来西方的哲学家都追问过。

古希腊人的问题是：生死变化的东西一定会变成没有，一切东西都没有了，自然本身也就没有了,既然四季交替、万物不灭,一定存在着某种始终不变的东西,这就是他们要找的"本原"(arche),这就是古希腊的第一个哲学概念。用亚里士多德的定义,本原就是万物从它那里来,又回到它那里去,万物生灭,但本原不变。宇宙万物的本原是什么?[1]"当一个普遍性的问题被人提出来时,哲学就产生了,科学也是这样。"[2]

人们在不断地思考和回答这样的问题。古代中国和古希腊从一开始就走了不同的路。

古希腊人在思考这些问题的时候产生了哲学,但它从一开始就与科学紧密结合。古希腊哲学家对这个问题的回答大多是形而下的。

古希腊哲学之父泰勒斯认为万物是由水构成(万物归一)的;阿那克西曼德设想每个世界的内部功能被漩涡左右;阿那克西美尼提出存在的基本物质是气,气构成灵魂,给予人类生命;赫拉克利特认为世界是变化的,过去、现在和将来都只是一团永恒的火;恩培多克勒提出水、气、火、土四元素构成世界;德谟克利特认为世界是由原子组成的,他使古希腊哲学家对世界万事万物起源的物质探索达到了一个高峰,取得了了不起的成就。[3]

对这个问题最有智慧的回答,大概是古希腊哲学家巴门尼德。他认为,所有过去人们认为提出的自然元素,都不具有永恒性和普遍性。因此,他提出一个新概念——"存在",但这个存在是一个坚固的、有限的、均匀的物质,没有时间、没有运动和变化。存在是万物中具有普遍性和永恒不变的东西。

古希腊式的宇宙生成观可以概括为两种:

一为物质构成论,即宇宙天地万物是由一种最小的原子(或者今天的中子、介子、质子、夸克等)生成的。这是唯物论的回答。所有这些回答都会被一个更根本的问题问住:水、气、火、原子又从何而来?人从何而来?存在是精神还是物质?人的精神从何而来?

二为理念生成论。古希腊的柏拉图是对这个问题进行形而上回答的哲学家。他提出了"虚空"和"理念"的概念,认为一切具体的物质都不过是表象,只有虚空才是真正的物质的本原,只有理念才是最真实的。这是唯心论的回答。

柏拉图用洞穴的假说提出了两个世界的概念:一个是芸芸众生能感觉到的可感世界,是人们可以观察到的现象世界,但它是一个假相世界;另一个是真实的世界,即理念世界,是本质,但只有哲学家才能把握它。人们看到的只是假象,

---

[1] 张志伟:《西方哲学十五讲》,北京大学出版社2004年版,第33页。
[2] (英)伯特兰·罗素:《西方的智慧》,亚北中译本,中央编译出版社2010年版,第4页。
[3] 同上,第11-46页。

背后的本质才是真实存在,而真实的存在只有思想才能把握。哲学家就是第一个走出洞穴的人,而他的使命就是把人类从黑暗中引向光明。他用洞穴明确了现象与本质,主张摒弃经验,以思想把握真理,奠定了西方哲学的基本思路,即本质与现象、一与多、一般与个别、共相与殊相、理性与感性。[①]

也正是从柏拉图开始,西方的哲学形成了二元世界,把本来相互联系的东西割裂开来,哲学思想界也被分成了唯心、唯物两大阵营,争论了几千年。物质第一还是精神第一?西方的哲学家一个接一个地试图回答这些人类思想界的第一大难题。

后来的基督教也被迫回答这些形而上学的问题,无法解答时就会回答说:这些都是上帝造的,上帝是这一切的创造者。但还有人会问:上帝又是从何而来?上帝在造世之前做什么?造世用的材料从何而来?基督教的大哲学家奥古斯丁在《上帝之城》中会这样告诉你:没有"上帝之前"的问题,提出这样的问题就是错的。用当下美国人的话来说就是"政治不正确",因为我们无法追问创世之前的状态,因为那时还不存在可以用来提问的时间和空间,上帝创造了时间和空间,上帝之前,没有以前。[②] 对这个问题的追问又变成了证明上帝存在的问题,陷入了循环论。这又是一个任何哲学家不得不思考和回答的问题,因为正如亚里士多德所说,人们必须有一个确定的立足点,否则人类就会陷入"无穷后退"的深渊,任何知识就是不可能的。

到了近代,欧洲的哲学家仍在忙着为思想寻找这个坚实的基点。笛卡儿认为他找到了这个基点,这个基点就是"我思故我在",或"我思想,所以我是","我在怀疑"本身是无可置疑的,"我在思想"是确实的,有一个怀疑的我的存在,在思维着就是存在着,这就是确定无疑的第一原理。表面上解决了问题,但实际上问题换了一个方式还存在:"我思"只能证明"思想我"的存在,但还不能证明"物体我"的存在,要证明物体我的存在,又回到了老问题上,就是我从何而来。

也就是说,人、万事万物、世界、宇宙的本原是什么这个问题,折腾了西方思想界几千年,但最后还没有一个明确的结果。

老子提出的"道"是一种更形而上、更抽象的概念,道作为万物的本质、宇宙的本原,而且老子的道,既是物质的本质,又是物质生化的规律;既是恒道,又是天道、地道;既是物质之道,也是人之道。老子把天、地、人以及宏观、中观与微观统为一体,显然比原子构成论、理念生成论更高一筹。

---

[①] 张志伟:《西方哲学十五讲》,北京大学出版社2004年版,第72页。
[②] (英)伯特兰·罗素:《西方的智慧》,第11—46页。

# 第二章

# 天道：天地无主宰，万物任自然

老子的哲学是自然哲学。

宇宙即是自然,即是天地万物。

道是宇宙的本原,也是宇宙生成、演化和秩序的最后动因。

宇宙没有神主宰,没有上帝控制,一切皆是天地万物按本心、本质、本性而生而化、而行而止。

不了解老子的天道自然观,就无法了解老子的政治哲学。

老子的天道观,就是天法道、道法自然。天之道,就是宇宙之道；宇宙之道,就是天地自生自化,无主宰；宇宙之道,就是天道自然,而天道运行的基本规律,就是万物作而不始、生而不有、为而不恃,就是无为之治。老子的政治哲学直接源于天道观,同时,老子的政治哲学也可以像天道观一样,归纳为道法自然、无为而治。

## 一、天地无鬼神,神权政治可以休矣

老子为什么创造性地提出天道自然观？

其直接动机来源于对当时政治制度的批判。

在《老子》一书中,处处可以见到老子对当时的礼制政治制度激烈尖锐的批判。按理说,老子身为贵族,官至周朝的守藏史（国家图书馆馆长）,也是统治阶级的一员,过着优裕无忧的生活,其切身利益是与统治阶级的利益捆绑在一起的,应当维护统治集团的利益。但老子从道性出发,从良知出发,从广大劳动者的利益出发,从现实出发,对当时的政治制度、政治习气、政治集团极为反感,因而对这一切政治现象进行了尖锐大胆的批判。

老子批判统治者为了自己的私利而不断发动各种名义的战争,其目的是为了获取更多的土地、财富、供使用的劳役来满足其奢侈糜烂的生活,而每一次战争都是老百姓的灾难,因为"师之所处,荆棘生焉;大军之后,必有凶年"(30章)。

在老子看来,当时的社会是一个黑白不分、善恶颠倒的社会,统治集团的一切行为都是那么荒诞无耻,缺乏基本的道德准则,所以"正复为奇,善复为妖。人之迷,其日固久"(58章),一切变得出格反常,祥和良善会变得妖异险恶,正义公平会变得怪诞反常,人们对这迁延不居的动荡无所适从,而这种荒诞的现象已经持续很久了。

老子研究了当时百姓各种生活的灾难之后,得出结论说,统治者要对百姓的一切灾难负责,统治集团的胡作非为是百姓生活苦难的根本原因,是各种冲突的原因:"民之饥,以其上食税之多,是以饥。民之难治,以其上之有为,是以难治。民之轻死,以其上求生之厚,是以轻死"(75章)。

更让人不齿的是,当广大百姓难以生存之时,周朝统治者却过着极其糜烂的奢侈生活,完全不顾民众的死活,"朝甚除,田甚芜,仓甚虚;服文采,带利剑,厌饮食,财货有余;是为盗竽。非道也哉"(53章),周朝统治者的行为比那些强盗匪帮还坏,他们才是真正的强盗头子,是完全违反道义的。

老子批判统治者用粗暴的强制手段对民众进行剥削压迫,把这一切政治现象归为"有为政治",并且发出了"强梁者不得其死"(42章)的诅咒,认为这种不合理的制度一定会被推翻、被改变。

后来的道家接续了老子对礼治制度的批判精神,也尖锐批判了礼治政治制度,指出无道的统治者就好像把一塘清水扰得混浊而让鱼不得安生的暴君一样,他们的苛刻统治使民众无法生存。在礼制社会,上层多贪欲,则下面必多欺诈;上层烦扰下层,下层也必不安定;上层若多求,下层必争斗。这种乱象必须从根本上进行解决,就是要推翻无道的礼制社会统治者,如果只从枝节上治理,只能是凿渠止水、抱薪救火、无济于事。①

老子还深刻地认识到,要改变这种不合理的黑暗的社会政治制度,不仅要批判这个政治制度本身,还必须铲除这个社会政治制度赖以生存的理论根据——神权观、天命观。

---

① 《文子·精诚》:"夫上好取而无量,即下贪功而无让,民贫苦而分争生,事力劳而无功,智诈萌生,盗贼滋彰,上下相怨,号令不行";"夫水浊者鱼唸,政苛者民乱,上多欲即下多诈,上烦扰即下不定,上多求即下交争,不治其本而救之于末,无以异于凿渠而止水,抱薪而救火."

人类社会的各种文明,早期都普遍存在对神、超人物的崇拜,中华文明也不例外。

在神权崇拜时期,人们把一切说不清、道不明的现象,把一切天灾和特异的天理现象,把一切权威的根源,都归于神明的影响和作用。

在五帝三代时期,中华民族崇拜的神是"上帝""上天""天帝""天父"等,泛指主宰天地宇宙的神,是指自华夏上古先民观念中就有的至高神。在甲骨文里,"帝"字像花蒂之形,蒂落生果,表示有造物之德。天有生育万物之功,故称为"帝"。"帝"是对"天"的别名,其意义是从生育万物的功能而来。史书中最早出现"上帝""天"等字词的记载的书籍是《尚书》和《诗经》。

整本《诗经》共有"帝"43处,其中,"上帝"有24处,"天"有166处,而且绝大部分指至高神,少数指自然之天,出现的频度是比较高的,表达了对"天""上帝"的敬畏之情。《尚书》也有多处提到"上帝""天"。

在这些对"天""帝"的歌颂中,表现出的是以下政治观念:

第一,"天""帝"创生一切。

《周颂·思文》说,祖先后稷,有文德,能配合上天。上天赐给大、小麦,上帝以此养百姓。①

《书经·大诰》说,"天命是不会有错误的,占卜也是这样"。②

第二,"天""帝"是人间和万物的统治者。人间的美好事物是天帝给予的,人间的痛苦则是天帝对人的处罚。

《周颂·雍》:"文王之德,感动上天,使其后代,繁荣昌盛。"③

《鲁颂·閟(bì)》:"上帝是依,无灾无害。"

《商颂·烈祖》:"自天降康,丰年穰穰。"(自上天降康,丰年丰收)

《小雅·节南山》:"天方荐瘥(cuó)。"(上天降瘟疫)

《大雅·云汉》:"天降丧乱,饥馑荐臻。"

第三,政治的运行要遵守天帝之命。

人世间的最高权力是天帝给予的,王受天命统治国家,因此,王是权力中心、统治中心,也是民众的生活中心。百姓必须听从君王的统治,否则要受惩罚。王朝的更替也是天帝所为,如果天帝不喜欢君王,就会用新王取代之。君王应该如

---

① 《周颂·思文》:"思文后稷,克配彼天。……贻我来牟,帝命率育。"
② 《书经·大诰》:"天命不僭,卜陈惟若兹。"
③ 《周颂·雍》:"燕及皇天,克昌厥后。"

何统治,也要遵守天命。①

西周春秋时代,人们的思想经历了一个由上帝、神鬼主宰一切到重德与重民的转变。在这一打破迷信、鬼神、巫术和神权的人文思潮中,各家各派的程度是很不同的。

墨家承认德性的重要性,认为社会应由贤人来统治,而且在举贤人方面走得最远,提出了"选贤人治天下"的主张,但墨子不仅认为鬼神存在,而且还想借鬼神推广其德事。《墨子·明鬼》篇中,对此有专门论述,认为天下大乱的原因在于大家对鬼神存在疑惑,对鬼神能够赏贤罚暴不明白。假若天下的人们都相信鬼神能够赏贤罚暴,那么天下岂能混乱?

墨子说:如果认为众人耳目所闻见的实情不足以取信,不足以断疑,那么过去的圣王尧、舜、禹、汤、周文王、周武王是否足以取法呢?从前周武王攻伐殷商、诛杀纣王,使诸侯分掌众神的祭祀,所以说武王必定认为鬼神是存在的,所以攻殷伐纣,使诸侯分主祭祀。如果鬼神不存在,那么武王为何把祭祀分散呢?所以,现在天下的王公大人士君子,如果心中确实想求兴天下之利,除天下之害,那么对于鬼神的存在,将不可不加以尊重表彰,这即是圣王之道。②

儒家以孔子为代表,主张否定神权,主张以德治国,主张以贤治国,主张以民为本,但儒家对意志之天并不彻底否定。孔子的神鬼观并没有建立在对上帝神鬼彻底否定的理论之上,也没有同其做断然的决裂,而是采取了一种'若即若离'

---

① 《书经·洪范》:"天乃锡禹洪范九畴,彝伦攸叙。"(上天就赐给禹九种大法,治理国家的常理就安定了下来。)《书经·汤诰》:"天道福善祸淫。降灾于夏,以彰厥罪。"(天道乃是赐福善良而降祸于淫恶。上天降灾于夏朝,以彰明其罪恶行径。意为领导中国历史上第一次革命的汤,上顺天心,下合民意,应时而起,革除了夏桀的命,推翻了背离天命、日趋腐败的夏朝而建立了商。)《商颂·玄鸟》:"天命玄鸟,降而生商,……古帝命武汤,正域彼四方。"(天命玄鸟,降而生商,……古时上帝命商汤,划分区域治四方。)《大雅·生民》:"以赫厥灵,上帝不宁。"(姜嫄由于祭祀祈祷,生周祖后稷时顺产,所以神明显灵,上天保佑。)《周颂·执竞》:"不显成康,上帝是皇。"(成王康王也荣耀,上帝嘉赏众君王。)《商颂·长发》:"昭假迟迟,上帝是祗,帝命式于九围。"(坚持虔诚祈祷,专心敬拜上帝,上帝命令施行于九州。)参见梁启超:《天道的思想》之"先秦政治思想史"第二章,东方出版社2012年版,第28-40页。对于天与帝的关系,《毛诗正义》孔颖达疏:"天、帝名虽别而一体也。"(《鄘风·君子偕老》疏)近代学者傅斯年认为,商人的帝可能指帝喾,周人借了商人的上帝,上帝不再有"宗神"的性格,由是而成为普遍的上帝了。许倬云则认为,周人所信仰的"天"与商人的"上帝"不是同一个神。周人所信仰的具有人格的至高神"天"是源于对自然的天的崇拜,而商人的最高神是由祖神之一演变而来的。当代学者张荣明认为,"天"不是周代的至上神,而是对神灵世界的泛称;"帝"不仅是周代的至上神,而且是殷代的至上神,以"帝"为统一至上神是中国殷周时代一以贯之的思想。

② 《墨子·明鬼》:"今若使天下之人,偕若信鬼神之能赏贤而罚暴也,则夫天下岂乱哉!""昔者武王之攻殷诛纣也,使诸侯分其祭,曰:'使亲者受内祀,疏者为外祀'。故武王必以鬼神为有,是故攻殷伐纣,使诸侯分其祭;若鬼神无有,则武王何祭分哉!""今天下之王公大人、士君子,将欲求兴天下之利,除天下之害,当若鬼神之有也,将不可不尊明也,圣王之道也。"

'敬而远之'的态度。孔子赞扬古代先王对上帝鬼神的孝敬精神。在孔子大力推崇的周朝礼制中,有很大一部分就与祭祀上帝鬼神有关。孔子并不彻底否定上帝鬼神在人们政治信仰中的地位和作用,这在他的"礼"治思想中表现得尤为充分。但孔子讲神鬼,绝不是在讲迷信,而是把神鬼的作用始终限制在政治信念的象征意义和礼制仪式的范畴中,对于上帝鬼神的存在,保持着一种"信"而不迷的严肃态度。比如,"祭如在,祭神如神在"(《论语·八佾》)。

孔子对神鬼的认识和西周春秋时期的神鬼观相比,其最大的不同在于已开始用一种新的思想理念来逐步取代对上帝、神鬼的绝对信赖。这就是他的"天命"思想。孔子说:"君子有三畏:畏天命,畏大人,畏圣人之言;小人不知天命而不畏也,狎大人,侮圣人之言。"(《论语·季氏》)人类往往把自己所不能认识和把握的那部分自然与社会存在都归于天命的安排。天命观的产生,比之于上帝神鬼观,带有更多的理性思维的痕迹。[①]

在打破这一神权崇拜的思想大潮中,觉悟最早、走得最远、立场最彻底的思想家,是老子。他把迷信、巫术、天命、神权观等一切不合乎理性的东西一扫而光,不留一点余地。

《老子》一书中有四处谈到"天帝""鬼神":

一是"吾不知谁之子,像帝之先"(4章)。这里的帝指"天帝",即一切鬼神中的唯一最高的神,但老子明明白白地否定"天帝"创生一切的可能性,指出"天帝"之前,已经"有物混成,先天地生"(25章),是"道"生天地,而不是"帝"生天地;甚至"天帝"的存在,也是由于道创生天地万物,是由于人们对"道"的不解而产生的一种幻觉。

二是"谷神不死"(6章)。一般把这里的"谷神"解释成对道的比喻,"神"是指深谷幽深、变化莫测、深不见底的形状和特性,不是超人的存在。

三是"神得一以灵……神无以灵"(39章)。这是说"道"和"德"的无所不在、高于一切、统摄一切,得"道"和"德"才有一切,失"道"和"德"将失去一切,有了"道"和"德",人们做事就能无所不成,所谓的神才能显现自己的灵验,而如果人们都能得"道"与"德",就掌握了事物的本质和规律,即使装神弄鬼也不能蒙骗人。这里的神,也不是超人的存在。

四是"以道莅天下,其鬼不神"(60章)。这里的鬼神是指人们难以理解的特异现象的存在,而如果以"道"的角度来解释一切,那么各种妖异的现象就不再显得变化莫测。

---

[①] 陈学凯:"西周春秋重民轻神思潮与孔子的神鬼观",《陕西师范大学学报:哲社版》,1997年第3期。

老子不承认什么创造万物、支配万物生长、主宰万物命运的全能神,相反,老子强调指出,鬼神之所以起作用,是因为"大道"不彰,"道"被人为因素遮盖了才有鬼神,如果"大道泛兮,其可左右","以道莅天下",就不会有鬼神的存在了。

老子在书中以"道"来取代鬼神、天命的作用,认为天道自然,是中国各家各派中最早和最彻底的,它真正代表了华夏民族人类理性精神的觉醒,把鬼神主宰的神权观、半鬼神半理性主宰的天命观完全过渡到道法自然的天道观,使人的理性自觉完全占据了人类社会发展的支配地位,具有思想革命的重大意义,奠定了华夏文明中人文精神的第一块理性基石,并影响了后来的儒家、法家和其他各派。

有不少学者已经充分指出了老子破除神造说的意义。

梁启超指出,老子"把古代的神造说极力破除,后来子思说'天命之谓性',董仲舒说'道之大原出于天',这都是说颠倒了,老子说的是'天法道',不说'道法天',是他见解最高处"。

章太炎指出,"老子并不相信天帝鬼神和占验的话,孔子也受了老子的学说,所以不相信鬼神,只不敢打扫干净;老子就打扫干净"。

夏曾佑指出,"老子之书,以反复申明鬼神术数之误为宗旨,万物芸芸各复归根,是知鬼神之情状不可以以人理推,而一切祈祷之说破矣;有物混成先天地生,则知天地山川、五行、百物之非原质,不足以明天人之故,而占验之说废矣;祸福相依,则知祸福纯乎人事,非能前定之者,而天命之说破矣"。

胡适指出,老子之前的天道观念,都把天看作一个有意志、有知识、能喜、能怒、能作威作福的主宰,……老子生在那种纷争大乱的时代,眼见杀人、破家、灭国等惨祸,以为若有一个有意志知觉的天帝,绝不致有这种惨祸。

徐复观说,老子思想最大贡献之一,在于对自然的天的生成、创造提供了新的、有系统的解释,在这一解释之下,才把古代原始宗教的残渣涤荡得一干二净,中国才出现了合理思维所构成的形而上学的宇宙论。①

老子的鬼神观打破了一个迷信、一个神话、一个偶像。昔日创生一切、主宰一切的最高神没有了,但如果不是天帝在创生主宰一切,又该如何解释天地万物各种复杂的现象和人类社会发生变化发展的规律呢?

因此,老子提出了一个全新的概念,一个全新的理论,一个对传统的神权观、传统的专制政治全盘否定的革命性理论,这就是老子的"天道"。

天道就是天之道,也是地之道,也是万物之道,或者,天道就是自然(天地万

---

① 梁、章、夏、胡、徐等人的观点,转引自陈鼓应:《老子今注今译》,商务出版社2011年版,第70—71页。

物)之道。

老子的天道自然观,包括宇宙生成论、宇宙演化论、宇宙秩序论三个组成部分。

## 二、天道自然观之宇宙生成论

自有人类以来,人们就不断追问人从哪里来?万事万物从哪来?什么是事物的本质?我们生活的大地、天空是怎么回事?这个世界是一还是多?是有还是无?有从何处来?无到哪里去?在中国,第一个回答这个问题同时也回答得最好的是老子。

人、万事万物、世界、宇宙的本原是什么?宇宙的本原,既不是什么基本粒子,也不是什么理念,而是"道"。宇宙本原就是"道","道"就是一切的本原。"大道泛兮,其可左右,成功遂事,而弗名有也"(34章),天地万物都依赖于"道"而生,"天下万物生于有,生于无"(40章),老子的道论指出,宇宙万物的本原是一种形而上的存在物,即"视之不见,名曰微;听之不闻,名曰希;捪之而弗得,名曰夷。此三者不可致诘,故混而为一"(14章),"道"就是那个"先天地生"的存在物,是在"帝之先"的那个存在物,"吾不知其名,强字之曰道"(25章)。

道是一个自然的、独立的客观存在,一切万物都源自道,道是一种运动形式,它始终以其独有的方式和规则不停地运动着,道是宇宙最理想、最完善的存在模式,道就是顺乎自然。

"无名,天地之始;有名,万物之母。"(1章)这里的无,是老子用来指称万事万物发展变化所依赖的结构、关系、秩序、规则和信息的总称,老子又使用"有"来指称万事万物客观存在的最基本的物质,指出有和无不可分,"有无相生"(2章)、"有之以为利,无之以为用"(11章),"无"与"有"相互作用、相互融合,共同形成天地万物的始母,也就是宇宙的本原。

"道法自然",就是道的法则、道的存在发生变化和演化的形式就是自然而然。所谓自然,就是宇宙自根、自源、自生、自化,它是永恒的,又是生生不息、周而不始地变化着的。它无形无体,却又无处不在、无时不在。

道是恒道,也是非恒道,是恒道与非恒道的统一。

道是无,也是有,是无和有的统一;"无之玄"和"有之玄"构成"玄之又玄",形成"众妙之门"。

道是一,也是多,是一和多的统一;宇宙天地万物从道中产生,道生一,一生二,二生三,三生万物。

道是精神,也是物质,是精神与物质的统一;道是一种混混沌沌的、原始的、未分化的物质,天地之先"有物混成"(25章),它是恍恍惚惚的,但"其中有象""其中有物",它是窈窈冥冥的,但"其中有精""其中有信"(21章),这是一种似有似无的"虚空"。它有物、有象、有精,是信实的存在,而绝不是无物、无象的虚无。

这些看起来相互矛盾、对立、分离的要素,实际上是不能完全分开的,它们又是统一的,共同构成了宇宙的本原。

胡适指出,"道的观念,比古代的天帝主宰的见解,自然是绝大的进步,这个观念的重大意义在于把宇宙万物的发生和演变都看作是自然的,是自己如此的,用不着主宰,用不着安排"。[1]

"中国人的智慧不需要上帝这一观念"[2],老子的"道"以无中生有的方式解决了西方需要借用上帝才能解决的问题。

过去,许多人试图把老子的思想纳入西方哲学"唯心"或"唯物"的轨道体系。有人认为,老子的"道"是一种客观唯心主义,尽管也有一些唯物主义的因素;也有人认为,老子的"道"是唯物主义;还有人说老子二元论,道和气共同创造世界,或者在作为精神的道的支配下,由物质阴、阳二气形成了万物,说到底还是一种客观唯心主义。[3]

这种分法其实没有必要。"道"可说是物质,也可说是精神。这个"无",可以生物质,也可以生精神,既是物质的,也是精神的。只能说,老子以"有无相生"来表达他对世界和宇宙起源的观点,实际上是老子大智慧的表现。

熊十力先生在谈到心物一体时说,"心物皆本体固有之妙用,貌对峙而实统一,名相反而相成,心物二者不可缺一,缺其一即不可成用,……心不孤行,物非独在,斯理甚明矣",老学的心物是混成一体的,故就"心物问题而言,老氏持论颇有与儒学接近处,盖于心物则窃取《大易》,余初治老学,窃怪其反儒学无所不至,独无唯心唯物之争,未审其故,及深穷老学要之抵而了解彼之所谓混成,始知其于心物无争之故矣","老氏持论无往不与儒学水火,独无唯心唯物之争"。[4]

英国物理学家霍金在老子提出"有无相生"思想2 500多年后,在1982年写的《时间简史:从大爆炸到黑洞》的著作中,第一次阐明了宇宙自足论,其中认为宇宙是一个自足自给的无开端也无终结的自在者,这个宇宙根本不需要上帝来

---

[1] 胡适:《胡适讲国学》,吉林人民出版社2009年版,第84页。
[2] 杰出的法国汉学家葛兰言的观点。引自(美)安乐哲:《和而不同》,温海明等译,北京大学出版社2009年版,第1页。
[3] 孙开泰:《先秦诸子精神》,凤凰出版社2010年版,第127页;张松辉:《老子研究》,人民出版社2009年版,第75-76页。
[4] 熊十力:《原儒》,上海书店2009年版,第209、229页。

推动,时间和空间也是无始无终的。《老子》书中所包含有无相生的宇宙的起源和变化的论述,也与霍金所写的大爆炸理论相近。美国物理学家约翰·惠勒也说,"现代物理学大厦就建立在一无所有上,从一无所有导出了现在的所有,没想到的是,近代西方经历数代花费大量物力财力才找到的结论,在中国的远古早已有了思想的先驱"。①

## 三、天道自然观之宇宙演化论

宇宙生成论回答宇宙的本原是什么。宇宙演化论回答宇宙是如何运动演化的。

老子的宇宙演化论认为,宇宙演化、运行的总规律是自然而然,即"道法自然"。

"道法自然"的基本含义是天道的法则就是自然而然的法则,天地万物都是按照自己本来的规定性、按自己本身的运动规律在运行。"自",即天地万事万物本身,"然"是指事物的本质所在,"自然"即"自然而然",意为"自己如此"以及事物就是按自己本质所显现出来的状况、按自己本性本质和内在规律的发生而发生。

道作为本原、最初的存在,本身是不生不灭的,是恒定不动的,是没有时间、没有空间的,那万物、天地又是如何运行的呢?老子的回答还是四个字"道法自然",天地万物按照自己的本质规律自然而然地运行,不需要一个外在于"道"的动力。

道如何创造衍生万物呢?

宇宙的演化就是"有形生于无形",就是无时无处不在的运动,就是"道生一,一生二,二生三,三生万物。万物负阴而抱阳,冲气以为和"(42章)。

宇宙的演化就是"道"这个"有"和"无"的对立统一体,生成太极、太一、元气,它是宇宙万物的基本功能单位;再由一化生出相对独立的阴阳两性物质;三就是由阴阳两性物质生成的多种不同性质的物质,象征着"三生万物"。任何事物都是由阴阳两种性质不同的因素组成的;阴和阳的对立统一是宇宙生成、发展和变化的根本,阴阳在虚空中发生碰撞,产生"和"。"和"就是阴阳碰撞对立的结果,万事万物在平衡、和谐的运动中焕发无限生机。有了"和",就可以化育一切。阴阳变化是引起万事万物产生、发展、生灭的根本动力。

---

① 李世东、陈应发、杨国荣:《老子文化与现代文明》,中国社会出版社 2008 年版,第 98、276 页。

道生一,是从无到有,是物的创生,是质变,是飞跃。一生二,二生三,是量变,是渐变。三生万物,又是一个质变,一个飞跃。

　　"反者道之动"是老子对天地万物运动规律特点的总概括。"反者道之动"的"反",可以从三个方面来理解:一是事物向自己的对立面转化,阴变阳,阳变阴;二是事物的运动是循环往复、周而复始,好比春夏秋冬一年复一年,又好像日升月落一天复一天;三是事物向自己的终点不可逆地变化,好比人从生到死的过程,好比事物毁灭不可再生。

　　阴阳是事物变化的主要因素。事物的运行主要是因为事物内部和外部的阴阳因素的变化而引起的,事物受到内部和外部因素的变化而发生各种改变。不可言说的恒道是恒定不变的,但创生天地万物的非恒道却无时不处于运动变化之中,这种运动变化的基本特点就是事物总是存在相反相对又相辅相成的两个方面、两个因素,总是在向自己的对立面变化、转变、运动。"有无相生,难易相成,长短相形,高下相倾,音声相和,前后相随。"(2章)

## 四、天道自然观之宇宙秩序论

　　宇宙是一个超巨系统,包括所有的万事万物,包括所有时间和空间、能量和物质在内。从基本粒子到河外星系,从人类社会到人的思维,从无机界到有机界,系统无所不在。它体现了世界万事万物是普遍联系的特征。中国古语中有"四方上下曰宇,古往今来曰宙"。宇是指一切空间,它无边无际;宙是指一切时间,它无始无终。目前,天文观测范围已经扩展到200亿光年的广阔空间。

　　宇宙由超星系团、河外星系团、河外星系、银河系、太阳系、地球系等构成。每一超星系团由若干河外星系团组成,现已发现上万个星系团。其直径可达数亿光年。每一河外星系团有百余个河外星系,直径达上千万光年。每一河外星系由若干星河系组成,银河系只是其中的一个。据估计,有10亿个类似于银河系的天体系统。银河系的直径约10万光年,是由约2 500亿颗类似太阳的恒星和星际物质所构成的巨大的天体系统。太阳系是人类居住的地球所在的恒星系统,以太阳为中心,包括水星、金星、地球、火星、木星、土星、天王星、海王星八大行星,每颗行星由若干卫星、小行星、天体、彗星和星际尘埃组成。地球系是迄今为止唯一有人类居住的行星系统,由地球和围绕地球运转的卫星月球组成。地球系是人类的小宇宙。地球又由自然系统和人类社会系统组成。

　　宇宙系统如此复杂,有哪一个力量能完全左右呢?但人们看到的是,在这个看起来完全杂乱无章的系统中,又存在多么和谐的秩序啊。每个星系都按自己的轨道有条不紊地运转着,日升月落,彗星在夜空划出美丽的生命之花,群星闪烁,星河斗转,明物质与暗物质构成一幅美妙的天体运行图。万事万物都在按自己的本性生生灭灭,高山宏伟,草原辽阔,大河奔流,小溪潺潺,大有大的宏伟,小有小的灵巧,大自然的鬼斧神工多么神奇美妙。在整个宇宙中,秩序是自然形成的,没有任何的外部力量在规划、指挥、安排、计划,没有任何的中心、上帝、司令部在发号施令,但宇宙的秩序又比任何一种安排、规则更为和谐。

故老子看到了"万物并作,吾以观其复。夫物芸芸,各复归其根"(14章)、"物或行或随,或歔或吹,或强或羸,或载或隳"(29章)的自然秩序,赞叹天道"行不言之教,万物作焉而不辞"(2章)的完美。"大道泛兮,其可左右。万物恃之以生而不辞,功成不名有,衣养万物而不为主,常无欲,可名于小"(34章),大道生养万物,但万物随其本然自由自在地生长变化,道的秩序就是让万物随本然自由生长的自发秩序。

宇宙没有一个统一的中心,没有统一的目的,没有统一的规则,万事万物都按自己的本然、按自己的生长规律自由发展,但宇宙的秩序又是多么和谐、多么完美。

因此,老子的宇宙观彻底打破了传统宇宙观的神秘感、权威感、中心感,宇宙是自生、自化、自成的,与任何神仙上帝没有关联。老子的宇宙天道观完全是自然的。

《文子·精诚》篇在解释"天道自然"思想时指出,"天致其高,地致其厚,日月照,列星朗,阴阳和,非有为焉,正其道而物自然。阴阳四时,非生万物也;雨露时降,非养草木也。神明接,阴阳和,万物生矣"。阴阳四时是自然现象,并非是为了生万物而演化;天降雨露也是自然现象,并非是为了养草木而降。

《庄子·齐物论》分析了天地自然最美妙的声音是如何形成的原因,指出人的"坐忘",受到主观意识的影响而有深有浅,而自然界存在的最美妙的声音——天籁,就是摆脱人为的、主观的、故意的有为之作,所以能超越人籁和地籁,达到声音的最高境界。人籁是人工吹籁箫发出的音响;地籁是大地上的万物吹籁箫发出的音响;天籁即自然界的规律吹籁箫发出的音响。风吹万物,由于窍孔有各式各样的,发出的音响也就有各质各色的。空间噏气成风,风吹窍孔成响,原是自然而然的事,没有谁在努力争取,纯属自然界的规律起作用的结果。

老子提出宇宙生成、演化、秩序的理论,直接动机就是推翻过去的神权政治观,为他的无为而治的政治哲学提供哲学基础。

# 第三章

# 吃亦有道，人道则天

天道似乎离人太远，但天道与人道相通，天道在人道中，人道在人的生活的方方面面，无时无刻、无处不在。

老子之道不神秘，因为在人们吃喝玩乐的日常生活中，也无处不体现道的存在，因此，老子不仅从天道推政道，也从人道推政道，从人们的人生观、日常生活观念中，发现最普通的道理，用最通俗的道理来比喻复杂的治国治天下之道。

"吃"是每个人都必须有的切身实践，是人类生存的第一必需，无论其高低、贵贱、贫富，都必须要吃才能生存，而在"吃"的现象中，既与天道相通，也与人道、政道相连。反过来，从吃道也可以更好地理解天道、人道、政道。

中华民族重视"吃"，有"民以食为天"、食为"人之大欲"的说法，也在实践过程中形成了独具特色的"吃文化"。

在这个普适的人类行为中，也深深地渗透了"道"的观念，人们也可以以"吃"识"道"，以小见大，进一步领悟老子之"道"。

## 一、"吃"的"恒名"与"非恒名"

老子开篇第一句的"道可道，非常道，名可名，非常名"，不知难倒了多少人，人们为此批评、指责、怀疑老子玩"神秘主义"。

这是人们没有读懂老子。人们可以从"吃亦有道"来体验老子的这句话。

"吃"是人们生活的一种行为（名），人们可以从不同的角度下定义（可名），但没有人能为"吃"下一个完整周全的定义（恒名）。

"吃"是一种"有"，是非恒道领域的现象，不存在所谓"吃"的"恒道"。但"吃"作为一个"名"，应该有一个严格的定义（恒名）。实际上，人们很难为"吃"下一个普遍而永恒的定义。

《新华字典》解释"吃"一字说:"吃是把东西送进口中咽下,或依靠某种事物生活。"人们当然也可以接受这一通俗的说法,但也会有无数的人反驳说:

东西?什么东西?石头也是东西,木块也是东西,能送进口中,能咽下吗?

某种事物生活?什么事物?日升月落?政治选举?互联网?毒品?这些都是事物,依靠哪个事物?

依靠?如何依靠?

这个关于"吃"的说法没有包含"吃的道",所以只是一个说法,也可以说是一种知识,但不是"吃"的本质,不是关于"吃"的"道"。

还可以从生理学上对"吃"下定义:吃是指用手或工具把食物送进口腔,经过牙齿咀嚼后下咽,经食道管进入胃,再由消化系统完成整个消化过程。反驳的人也会说:动物没手、没工具也能吃,老人没牙也要吃,人被切除胃也能吃。可见,这一定义也不周全,也只是包含吃的一些知识,而不是"吃"的"道"。

"吃"是一个细小的现象、一个十分普通的行为,但人们都无法为其下一个完整周全的定义,又何况无比复杂的人类社会,何况更复杂的宇宙系统,更何况创生一切的"恒道"呢?

其实,任何一个社会科学领域的重要概念,如文化、文明、价值、民主、公平、正义、平等,都很难下定义,都存在几十至上百个不同的定义,不同的人都在从不同的角度、不同的立场、不同的层次上下定义,很难找到一个被绝大多数学者一致认同的、十分周全的概念。

当然,也用不着悲观,虽然人们很难下一个十分周全、没有一点毛病的关于"吃"的定义(恒名),但这绝不是说人们对"吃"不能认识、不能言说。

在"非恒道"的领域中,人们已经对"吃"这一现象积累了大量丰富的认识。

十分周全的定义不好下,但接近周全的定义经过努力还是可以实现的。

作者尝试表述为:吃是人作为生命体为维系生存和使身心愉悦健康而进食食物的一种生命现象。

"维系生存",是人与动物共有的,是人的自然属性和动物属性的表现,是"吃"的第一本质;"进食食物"才能维持生命体的延续,这是"吃"的第一规律;"使身心健康"是"吃"的扩展本质,也是人与动物的本质区别,体现人的文化本能和社会本能。

## 二、"吃道"与"吃德"

"道法自然"同样在"吃"道上体现出来。

最高明的"吃"就是自然而然地吃,不是出于某种人为的、主观的、违反人的生存发展本质规定的目的而"吃",也不是严格按某种人为的"标准"和"规定"而"吃",而是按照人体的生存和身心健康的需要而吃,按照当时当地的自然禀赋资源而吃,只要维系生存和使身心健康,想怎么吃就怎么吃,想吃什么就吃什么,按自己的心情吃,随心所欲地吃。

按照人体的自然需要,只要吃了不影响维系生存和身心健康,没有什么东西不能吃,就是"吃"的"无不为";相反,只要影响维系生存和身心健康,就什么东西都不要吃、不能吃,这是"吃"的"无为"。

因此,在"吃"的方面,没有什么最高权威,没有什么指挥中心,没有什么最好、最科学、最长寿的"吃"的规律,因人的喜好、体质而异,因各地风俗而异,因各地物产而异,因地理环境而异,因各国各民族各宗教的文化而异。

在这一方面绝对没有什么唯一的、普适的标准。如果一定要找一个普适的唯一标准,那就是老子2 500多年前所说的:道法自然。"吃"中有"道","吃"中也有德。"吃"不仅有德,而且有"大德""上德"与"下德""小德"。"吃"的大德、上德就是从"吃"的"非恒道"中生化出来的德性,反映人与自然的关系。

任何"吃"都是人(生命体)从自然界中获取能量资源的一种行为,人的吃离不开自然界。因此,人的"吃之大德",首先就是珍惜自然资源,不暴殄天物,不浪费食物,不故意破坏大自然的循环,尤其是不能把熊掌、虎骨、猴脑、中华鲟等珍稀动物视为盘中美味,更不能把一些本已濒危的动物吃光吃尽。

"吃之大德"也包含了这份大餐是否是你应该吃,是否有道,是用你自己的合法所得还是用人民的、公家的钱财海吃豪吃。如果你是一个官员,你是否在滥用纳税人辛苦劳动所得满足自己的私欲?

"吃"也是一种人的社会行为,在一定程度上反映人与人的关系,也有形而下的下德、小德。

"吃"的"仁德",就是当你进食食物时,能够想到那些没有食物可吃的人并为他们做点什么;"吃"的"义德",就是如果大家都没有食物而又饥饿难忍时,你能把属于你的一点点仅存的活命的食物拿出来,给大家分享;"吃"的"礼德",就是进餐时能懂得文明礼貌、尊老爱幼,好吃的食物先让老人、妇女、孩子和客人们享用,吃有吃相,没有粗鲁不文明行为,让大家都吃得开心舒畅;"吃"的"智德",就是如何让大家都吃得开心、可口、高兴、满意而省钱、省时。

### 三、"吃"的"为学":知识与伪知识

关于"吃"的说法、信息、研究著作成千上万,包含了人们在实践中总结的关

于"吃"的说法,人们对为何吃、吃什么、如何吃、与谁吃、何处吃、吃多少、何时吃、吃几顿、如何做等问题有无穷多的回答,从而形成了关于"吃"的意见总汇。

如果人们要从这些意见总汇中去学习,这就是所谓"吃"的"为学",人们也可以获得无穷多的"为学"的说法,而且这些关于"吃"的说法每天都在增长,即"为学日增"。

但是,在这些"吃"的成千上万的"为学"中,真正的"吃"的本质、关于"吃"的道,就是我们前面说的"维系生存和使身心愉悦健康而进食食物的现象"20个字,再简化一些,就是"道法自然"这4个字。

那么,其他大量的关于"吃"的说法是什么呢?

有两大部分,一部分是关于"吃"的知识,即所有能够内含这20个字的部分或全部内容的说法,都是"吃"的知识。

这些"吃"的知识之间可能相互矛盾:人们可以说吃素,也可以说吃荤,还可以说不吃荤也不吃素;可以说吃猪肉,也可以说不吃猪肉;可以说吃三顿,也可以说吃两顿;可以说生吃,也可以说熟吃。

总之,凡是能够维系生存和使身心愉悦健康而进食食物的各种说法,都是"吃"的知识,都是"吃"的"非常道"体系内的一部分。

另一部分是关于"吃"的伪知识。凡是不利于"维系生存和使身心愉悦健康"的"吃"的说法,诸如"吃汞丹(水银)能使人长生""馒头蘸人血能够治肺痨""吃道士画的符能够成仙""人不吃不喝凭辟谷就能食天地精华而生存""人必须吃牛肉"等说法,或者为炫耀自己的财富、地位、关系而"豪吃",为巴结领导或能给自己带来好处的人而"吃",或为满足自己的某种非正常的"可欲"而食毒品等,都违反"吃"的道,都是关于"吃"的"假知识",甚至是"伪知识"。

## 四、"吃"的"正道"和"奇道"

人们在正常、一般情况下按照自己的习惯而进食各种食物以维系生存,这是"吃"的"正道";人们在某种特殊场合下,出于种种特殊原因而改变自己的习惯,被迫地、强制性地、暂时地进食不想吃、不愿吃、不能吃的东西,这是"吃"的"奇道"。

"奇道"也有两种,一种是"正向奇道",比如为了治病,人可能会改变习惯,吃一些平时从来不吃的东西,如罂粟具有治疗某疾病的效果,人在短时间内少量进食能减少痛苦;或者,在有经验的修道者指导下,短时间内进食极少量的食品和水,进行辟谷的修炼以提高身体的健康等,都是属于"正向奇道",本质上是符合

"吃"的"非常道"的。

"吃"的"反向奇道"就是因为进食而发生损害生命系统、不利于身心健康的现象。

"反向奇道"的发生可能会有以下几种情况：

第一，把上面的"正向奇道"长期化、经常化、普遍化，把在特殊情况下的特殊的进食，变成一种人的长期的进食行为，就会向相反的方向发展，出现损害人的身心健康的现象，这时，"正向奇道"就变成了"反向奇道"。

第二，人在某种情况下，明知道进食某种食物会损害健康，但短期内不得不进食。比如，人在极端困难的野外环境中，缺乏正常进食的条件，不得不把一些吃了会有害健康的东西当食物，像人在极度饥饿状况下会吃树皮、草根、泥土，甚至会发生人吃人的现象，这时"吃"的第一本质会完全取代"吃"的扩展本质。

第三，人的进食通常都是主动的、自觉的行为，但在某种特殊条件下，人会被强迫地、极不情愿地咽下吞进某些食物甚至辣椒水等。

## 五、"吃"的政治：有道与无道

"吃"不仅是生命生活现象，也是政治。

"吃"中有政道，"吃"中有政德。

"吃"不仅是一种生命现象，也是一种政治现象。

"吃"是一种政治，是政治斗争的一个特殊场合。

这一特性在中国历史上可能表现得最为充分。

"吃"是中国政治的一个缩影，在餐桌上的政治斗争之激烈程度，一点也不亚于战场上的刀光剑影。

餐桌上的斗争结局，在一定程度上也在创造、改写着中国的政治。

许多重大的历史转变、蔚为壮观的政治斗争，都是在餐桌上发生的。

（1）从餐厨间走出来的卓越政治家。

伊尹是中国商朝初年著名的贤相、政治家，已知最早的道家人物之一。

伊尹的父母都是奴隶，父善屠宰烹调，母善采桑养蚕。后被商汤收于家中为奴，并派到伊洛河一带收集夏桀王的情报，为商汤灭夏出谋划策，立了大功。

商朝建立后，伊尹被委以大权治理朝政。伊尹以负鼎俎调五味成为中国的烹饪之祖，他"教民五味调和，创中华割烹之术，开后世饮食之河"。他不仅烹饪手艺高超，而且能从烹饪中悟出治国的道理。在做商汤厨师之时，他也常将治国之理寓于烹饪之术中，有时菜肴色美味浓，有时淡之无味，商汤不知何意，伊尹对他说,做菜不能总是色美味浓,也不能总是淡之无味,该淡时淡,则浓则浓,佐料与火候也要恰到好处,这样菜才好吃。治理国家也是这样。

后在辅佐商汤、外丙、仲壬、太甲、沃丁五代君主治理商朝的五十余年间,伊尹将烹饪之道用于治国,将商朝治理得好条好理、政治清明。老子所说的"治大国若烹小鲜",很可能是受伊尹治政的影响。

(2) 鱼宴改变春秋格局。

春秋晚期,吴国公子光为夺取王位,豢养了职业杀手专诸谋刺吴王僚。为了取得接近吴王僚的机会,专诸成了一位烹饪大师,他烹饪的鲤鱼鲜美无比。公子光精心设计了一场军事政变,这场政变的场所就是餐厅。当专诸端着烹饪的大鲤鱼上桌时,乘机抽出藏在鱼肚里的匕首刺死了吴王僚,公子光夺取了王位,成了吴王阖闾。阖闾开创了吴国的霸业。他的儿子夫差继位后,又演出了中国历史上的政治大剧吴越争霸:夫差与勾践,阴谋与爱情,卧薪尝胆与韬光养晦,西施浣纱,范蠡功成身退,从政治家蜕身而成中国商圣。

(3) 鸿门宴反转楚汉相争大格局。

秦末农民大起义推翻秦王朝,各路诸侯中唯刘邦与项羽最突出,形成了楚汉相争的格局。当时的刘邦实力远不如项羽,项羽本可以在鸿门宴上一举消灭刘邦集团。但餐桌上的斗勇斗智,使本已成定局的政治斗争发生了变化。刘邦在张良、项伯、樊哙等人帮助下,成功地从鸿门宴的刀光剑影中逃脱,经过几年的战争使局势反转,反使一代枭雄西楚霸王别姬乌江刎,刘邦成了汉朝的开国皇帝。

(4) 杯酒释兵权埋下宋朝灭亡的祸根。

后周大将赵匡胤在其部下拥戴下,在陈桥黄袍加身,创立宋王朝。后来,赵匡胤将几位战功卓著的将军们召集起来,饮酒叙旧,直诉陈桥兵变黄袍加身重演的忧虑,酒席中长吁短叹,一会儿诱之以利,一会儿加之以威,几杯酒下肚,掌握大权的将军们纷纷表态,解甲归田,军权双手交回。赵匡胤在餐桌上用温和的手段完成了军权的集中,避免了历史上刀剑相向的悲剧,创建了世界上最早的军队文官首长制度,但也埋下了宋朝灭亡的种子。后来的宋朝虽然和平繁荣,却高度文弱化,文官书生气太重,军队战斗力差,连与小小的西夏王朝作战也不占上风,只能在辽、金以及后来的蒙古大军的铁蹄下称臣纳贡,宋朝百万大军,最后被只有十几万军队的蒙古所灭。

中国几千年历史,既有繁荣丰富人们生活的"饮食文化",也有反映中国政治等级尊卑、政治腐败的"饮食政治"。

在先秦时期,中国就已经发展出以礼制为标记的严格的等级制度,这一等级也表现在"吃"的制度规定上。

这一不公正、不平等的礼仪制度,反映了统治者对老百姓的残酷剥削和压榨。百姓们吃不饱,统治者却经常举行"享太牢"(20章)的盛宴,把当时最为珍贵的生产资料牛也作为餐中物品。所谓"太牢",是指当时礼制体系之下最盛大的仪式。它首先是指隆重盛大的祭祀仪式,天子和诸侯以牛、羊、猪作为牺牲来祭祀天神和祖先。

《国语·楚语下·观射父论祀牲》记载,说楚国大臣子期祭祀楚平王,把祭祀的牛肉送给楚昭王,楚昭王就问另一大臣观射父有关祭祀的情况,观射父回答说:"祭祀比平时杀牲的盛馔要多。"天子平时的盛馔用牛、羊、猪齐全的太牢,祭祀时要供上三份太牢;诸侯平时的盛馔用一头牛,祭祀时要供上太牢;卿平时的盛馔用一羊、一猪的少牢,祭祀时用一头牛;大夫平时的盛馔用一头猪,祭祀时要供上一羊、一猪的少牢;士平时的盛馔用鱼肉,祭祀时要供上一头猪;百姓平时吃菜蔬,祭祀时要供上烤鱼。尊卑上下有等级秩序,那么百姓就不敢轻慢。①

《礼记·王制》规定:"天子社稷皆大牢,诸侯社稷皆少牢,大夫士宗庙之祭,有田则祭,无田则荐,庶人春荐韭,夏荐麦,秋荐黍,冬荐稻,韭以卵,麦以鱼,黍以豚,稻以。"

"太牢"也是春秋时期的一种盛宴,统治者们"奏九韶以为乐,具太牢为以膳"(《庄子·外篇·至乐第十八》)。

权贵们的宴席吃必豪宴,以至于"五味令人口爽"(12章)。所谓的"五味令人口爽",不是如一些肤浅的批评者所说,似乎老子只让人们吃树皮草根和食之无味的食品,只要能让人填饱肚皮就行,似乎老子提倡人们过禁欲主义的简陋生活。这里的"五味令人口爽"中的五味,是指酸、甘、苦、辣、咸五味,让人口爽是指用太多的佐料以加强食物的口味,会让人失去品尝食物原味的本能,以至于丧失嘴舌的功能而麻木。老子并不反对人们把食物做得好吃,只要合乎自然,合乎道德即可。这对普通人也适用,但这段话主要是批判统治者。所谓五色、五音、五味,是当时礼制等级制度下的最高等级,并非一般人可以随便使用,当时的礼制对什么人吃什么、怎么吃、用什么餐具、用什么颜色、奏什么音乐、跳什么舞蹈等有严格的规定,五色、五音、五味是权贵们的奢侈生活,与生活饥不饱食的贫穷百姓没有一点关系。

比如,周代盛行的青铜饮食器具——鼎——便是衡量社会身份等级的标志物:国君用九鼎,卿用七鼎,大夫用五鼎,士用一鼎或三鼎。老百姓用不起鼎,也

---

① 《国语·楚语下·观射父论祀牲》:"子期祀平王,祭以牛俎于王,王问于观射父,曰:'祀牲何及?'对曰:'祀加于举。'天子举以大牢,祀以会;诸侯举以特牛,祀以太牢;卿举以少牢,祀以特牛;大夫举以特牲,祀以少牢;士食鱼炙,祀以特牲;庶人食菜,祀以鱼。上下有序,则民不慢。"

没有资格和权利用鼎。

另一种盛食品的餐具"豆"的数量也有规定,天子之豆三十有六,诸公十有六,诸侯十有二,上大夫八,下大夫六。

在《周礼·天官》中说,周天子进膳时,"食用六谷,膳用六牲,饮用六清,馐用百有二十品,珍用八物,酱用百有二十瓮"。为了满足权贵们贪得无厌的食欲,也需要大量的宫奴服务。在周朝宫廷中,建有庞大的专门机构,人数达到数千人,负责食物的挑选、屠宰、烹饪、上桌等事务。这些所有费用,最后都得加到连饭都吃不饱的饥民身上。

权贵们不仅"吃"得豪华,而且"吃"得荒诞、"吃"得刺激,平时的山珍海味已经满足不了他们贪婪和荒诞的胃口,经常吃的"五味"已经把食欲吃得麻木,出现了"厌饮食"(53章)的变态现象,于是想尽乱七八糟的办法以满足他们各种耸人听闻的吃欲。

商朝末期的统治者商纣王腻味了平常的大酒大肉,于是为满足其刺激感下令修建酒池肉林,并与官妃官宦在里边淫乐。

最怪诞的要数齐桓公了。当年齐桓公喜欢美食,专门招徕一个喜欢烹饪的公子易牙,每天山吃海吃,很快也被"五味"珍馐美食吃腻味了,对易牙表达了不满。易牙虽然厨艺高超,但也已经穷尽,实在没招,就想出了一个极其荒诞野蛮的新肴。这个新的大餐让齐桓公感到新鲜,就问这是什么东西做的,易牙回答说,这是用他儿子的肉做成的。齐桓公想吃人肉的怪欲得到了满足,从此一直把易牙视为对自己最忠诚的奴仆。最后齐桓公没想到的是,正是对自己最忠诚的奴仆,和其他几个他相信的佞臣,把他饿死在宫殿里。

因此,中国的餐饮文化,不仅有精华,也有许多荒诞的糟粕。可惜,这种泥沙俱下的餐饮文化中的许多糟粕,几千年来深刻地影响了中国的政治。

为了满足权贵们吃的奢靡之需,历朝历代都建立了庞大的餐宴管理机构。汉朝宫廷餐宴管理机构有太官、汤官和导官,他们分别"主膳食""主饼饵"和"主择米"。太官令下设有七丞,太官和汤官各拥有奴婢 3 000 人,为皇帝和后宫膳食开支一年达二万万钱。这笔开支相等于汉代中等水平百姓二万户的家产。每天开支达 54.8 万钱,相当于 2 700 多石上好的粱米,或是 91 000 多斤好肉。

宋代的宫廷饮食,也以穷奢极欲著称于世。比如皇帝"常膳百品""半夜传餐,即须千数"。至于宴会,更是奢侈到了惊人的程度。如宋神宗晚年沉溺于深宫宴饮享乐,往往"一宴游之费十余万"。史载,仁宗有一次内宴,"十阁分各进馔",仅蛤蜊一品二十八枚。当时蛤蜊一枚值一千,这样仁宗"一下箸二十八千"。

几千年来的宫廷餐宴的奢华,在清朝始臻巅峰。据记载,清宫膳食,归内府管辖,具体由总管太监三员、首领太监十名、太监一百名,"专司上用膳馐、各宫馔品、节令宴席,随侍坐更等事"。当时,紫禁城里有大大小小数不清的膳房。这个伺候皇帝吃喝的御膳房到底有多少人,从无准确统计,只知道"养心殿御膳房"一处就有几百人。

乾隆南巡时,河北怀柔县一个姓郝的地主接待乾隆,一天的酒食费就达白银十多万两。

慈禧生活奢侈,她的私厨"西膳房"比光绪皇帝的"御膳房"还大,这"西膳房"能制作菜肴4 000余种、点心400余种。在家国破亡之际的逃亡途中,仍要吃百种佳肴,日耗伙食费200两银子。逃难结束回京的路上,到达曲沃县侯马镇(今侯马市)时,仅招待宴席上有八珍、八八席、六六席,支银数万两。

满汉全席更是中国统治者穷奢极欲的巅峰之作。全席分为六种:蒙古亲潘宴、廷臣宴、万寿宴、千叟宴、九白宴、节令宴,有所谓山、海、禽、草四八珍。山八珍指驼峰、熊掌、猴脑、猩唇、象鼻、豹胎、犀尾、鹿筋;海八珍指燕窝、鱼翅、大乌参、鱼肚、鱼骨、鲍鱼、海豹、狗鱼(大鲵);禽八珍指红燕、飞龙、鹌鹑、天鹅、鹧鸪、彩雀、斑鸠、红头鹰;草八珍指猴头、银耳、竹荪、驴窝蕈、羊肚蕈、花菇、黄花菜、云香信。

直至清代,放弃简朴而追求荒诞刺激的"厌饮食"权贵文化,不仅被历代权贵所欣赏和继承,而且继续发展,使之达到了登峰造极的地步。

清薛福成《庸斋笔记》记载了道光年间南河河道总督的奢侈残暴食俗。书中道:总督家炒烧的里脊肉,与众不同,因其肉是众仆人以竹竿打猪之背部,猪奔窜不已,直至其血液聚集在背脊上,于是杀猪得其里脊,其余则不用。一顿里脊下来,要杀几十头猪。总督厨师言:才来数月,而杀猪数千。

又据李岳瑞《春冰室野乘》记载:道光年间南河河道总督为吃到所谓的鲜美绝伦之鹅掌,先把鹅关在一小铁笼里,鹅下堆炭火,旁放酱醋,鹅受热跳腾不已,自饮酱醋,至死时掌厚数寸,脂膏尽在其中。于是吃其掌。也是这个总督,另有一残忍吃驼峰法:沸水浇其背,烫死骆驼,使全身精华集中到背部。然后割下驼峰,烹制成佳肴。①

当年鲁迅在其杂文《灯下漫笔》中曾猛烈地抨击中国这种奢靡的宫廷宴席政治:"所谓中国的文明者,其实不过是安排给阔人享用的人肉的筵宴。所谓中国者,其实不过是安排这人肉的筵宴的厨房。"

很可惜,我们文化中的这种餐饮文化中的糟粕仍在影响着今天,其中公款吃喝是一个十分突出的问题。据报道,虽然国家明令严禁公款吃喝,但奢侈之风持

---

① 关于餐饮中的政治的内容,参见王志坚、卢晓溪主编:《名人吃喝那些事儿》,山东画报出版社2010年版;穆真生:"影响中国的十大历史名宴",http://blog.sina.com.cn/muzhensheng。

续漫延多年,2012年"两会"期间,九三学社提交《关于遏制公款吃喝的建议》中提到,全国公款吃喝的开销曾达到了一年3 000亿元。按平均每个饭局花费1 000元计,每年大约有3亿个公款饭局,平均每天有超82万个公款饭局。[①] 习近平总书记上任后严格执行八项规定,坚决有力地遏制了蔓延中国政治几千年的餐桌上的腐败之风。

## 六、老子之道：治大国若烹小鲜

老子之道,也与吃道相连。

《老子》一书也涉及"吃"的概念,在全书有11处与"吃"有关：实其腹(3章);五味令人口爽(12章);如享太牢(20章);食母(20章);乐与饵(35章);淡乎其无味(35章);厌饮食(53章);治大国,若烹小鲜(60章);味无味(63章);民之饥,以其上食税之多,是以饥(75章);甘其食(80章)。

在这些说"吃"的内容中,既有对人们吃的评述,又有以吃喻道的论述;既有对统治者的批判,又有小鲜之烹的无为而治。

其一,老子首先揭露统治者"享太牢""厌饮食"的腐朽荒诞,抨击这个极不公正、不正义的政治等级制度。

老子从"吃"的角度,批判了统治者生活腐败与奢侈无度。当时老百姓的生活还是极为艰难的,所以出现了大量的饥民,之所以如此,是由于统治者贪婪无度的本性,他们向老百姓增征很高的赋税,强迫老百姓服各种徭役,所以老子愤怒地批判统治者,指出"民之饥,以其上食税之多,是以饥"(75章);同时,统治者却利用强力收括来的财富,过着奢侈糜烂的生活。老子所批判的统治者的生活腐败,只是旧制度荒诞无度的一个缩影。

其二,老子把国家的治理与"吃"联系起来,提出了"治大国若烹小鲜"(60章)。

这里的"治"和"烹"都是一种"为",但这种"为"是"无为无不为"体系中的"有为",就是按政治的规律治理国家,按烹饪的规律烹饪食品。

国家如何治理呢？好比烹小鲜。小鲜就是指小鱼、小虾等小河鲜。因为这些小鱼鲜本来就小,如果烹饪,技术就是火候大小、时间长短、炒勺翻鱼鲜的频率等,必须与此相当,火不能太大,时间不能太长,炒勺不能频繁地去翻,否则小河鲜就会变成乱糟糟一团。老子以烹小鲜的烹饪术来比喻,治理一个大国,与烹小鲜的原理是一样的,就是不能管得太严(火不能太大),政令不能太频繁(炒勺不

---

[①] "中国一年公款吃喝多少钱？"http://www.jqgc.com/jmda/46770.shtml。

能翻得太频繁),要举重若轻、抓大放小,让百姓有休养生息的时机,给百姓以自由去自化、自富、自朴、自正,这样才能天下安定。

韩非子在《解老》篇中曾专门对此进行了解释:凡是法令变更了,利害情况也就跟着改变;利害情况改变了,民众从事的作业也就跟着变化;从事的作业有了变化,就叫作变换作业。所以按照道理来看,役使大众而屡屡让他们发生变动,功效就会很小;收藏贵重器物而屡屡加以挪动,损毁就会很大;烹煮小鱼而屡屡加以翻动,就伤害它的光泽;治理大国而屡屡改动法令,百姓就会受到坑害。因此,懂得治国原则的君主把安定看得很宝贵,法令确定以后,不再轻易变更。所以《老子》说:"治理大国就像烹煮小鱼一样。"①

总之,治理国家与烹饪菜肴的"道"是相通的,都是要遵守规律,该为则为,该不为则不为,不能太过,也不能什么也不做,一切都根据事物本身的特性而定。

第三,老子在论述无为而治的国家政治的最佳状态时,也提到了"甘其食"(80章)。

圣人无为而治,以百姓心为心,必须首先满足百姓在生存方面的基本需求,就是让百姓能吃好。所谓吃好的标志,用不着"五色五音五味",满足人的自然生存的食品只要甘其食就行,因为自然界提供给人们的那些能够满足人体生存需要的物质,其实是很简单的,不需要那么复杂,这些天然食品中的味道本身是淡淡的,仔细享受能从中尝出甘美的本味,这也是最美的味道,最能为人的生命提供健康营养的食品,不需要人们刻意地添加许多色素味素和佐料,更不需要人们过度地进行烹饪。

因此,老子之道,不仅可以从天道推人道,也可以从"吃道"推"政道"。

---

① 《韩非子·解老》:"凡法令更则利害易,利害易则民务变,民务变谓之变业。故以理观之,事大众而数摇之,则少成功;藏大器而数徙之,则多败伤;烹小鲜而数挠之,则贼其宰;治大国而数变法,则民苦之。是以有道之君贵静,不重变法。故曰:'治大国者若烹小鲜。'"

# 第二篇

# 老子政治哲学总论：
# 认识论、方法论、无为论

老子的政治哲学的基础是老子的方法论、认识论、无为论。

老子的方法论：一阴一阳谓之政。

老子的阴阳概念是分析政治现象的重要的方法论。阴阳概念把不同领域的不同现象分为两个相互联系、相互影响、相互作用、相互转化的对立统一面。阴阳因素既相对矛盾，又相辅相成，不能截然分开，不能绝对对立，在一定的时空和条件影响下相互转化。用阴阳方法分析各种政治现象，会得到许多与西方政治学体系不同的结论。

老子的认识论是推天道及人道。

《老子》一书的理性，是自然理性高于人类理性，这个自然理性，人们可以通过不同的认识途径去观道、体道、识道、悟道，就是四观悟道，就是从感性、知性、理性到悟性，不断提升对道的认识。

老子的无为论是老子政治哲学的总原则。

"无为而治"，是"无为无不为"的天道在人类社会政治生活中的具体表现，是依道治理国家的总原则，是治理天下的根本之法。根据道的显明与微隐程度和人的主动性发挥程度的大小，"无为"又分消极无为和积极无为。道显明，而人能动作用小的作为，是"消极无为"；道隐幽，而人能动作用大的作为，是"积极无为"。

# 第四章

# 四观悟道：老子的认识论

老子以"道"为中心，创立宇宙自生、宇宙自化、宇宙自成的天道自然观，是为了摧毁打破传统的政治专制的理论基础——神权观，以建立全新的政治理论。

如何从天道自然过渡到政治人道，如何把天道自然观落实到政治人道，就成了老子必须解决的第二个任务，为此，老子又提出了人法地、法天、法万物的全新的认识论。

老子的认识论，是推天道及人道。《老子》一书的理性，是自然理性高于人类理性，这个自然理性，人们可以通过不同的认识途径去观道、体道、识道、悟道，就是四观悟道，就是从感性、知性、理性到悟性，不断提升对道的认识。

## 一、推天道及人道

老子的方法论是推天及人，推天道及人道。其逻辑是：天地万物如此，人类亦应当如此。这在《老子》一书中贯穿始终。

以下是其中比较直接和明显的说法：

- 天地不仁，以万物为刍狗；圣人不仁，以百姓为刍狗。(5章)
- 天地所以能长且久者，以其不自生，故能长生。是以圣人后其身而身先；外其身而身存。非以其无私邪？故能成其私。(7章)
- 上善若水。(8章)
- 功遂身退，天之道。(9章)
- 故飘风不终朝，骤雨不终日。孰为此者？天地。天地尚不能久，而况于人乎？(23章)
- 人法地，地法天，天法道，道法自然。(25章)
- 道恒无名，朴虽小，天下莫能臣也。侯王若能守之，万物将自宾。(32章)

- 道恒无为而无不为。侯王若能守之，万物将自化。（37章）
- 治大国，若烹小鲜。（60章）
- 大国者下流，天下之牝。（61章）
- 合抱之木，生于毫末；九层之台，起于垒土；千里之行，始于足下。（64章）
- 江海所以能为百谷王者，以其善下之，故能为百谷王。是以欲上民，必以言下之；欲先民，必以身后之。（帛本，66章）
- 人之生也柔弱，其死也坚强；万物草木之生也柔脆，其死也枯槁。故坚强者死之徒，柔弱者生之徒。是以兵强则不胜，木强则烘。强大处下，柔弱处上。（76章）
- 故天之道，损有余而补不足；人之道则不然，损不足以奉有余。（77章）
- 柔之胜刚，弱之胜强，天下莫不知，而莫能行。是以圣人云：受国之垢，是谓社稷主；受国不祥，是谓天下王。（78章）
- 天之道，利而不害；圣人之道，为而弗争。（81章）

因此，从老子的自生、自化、自成的宇宙观，可以直接推出老子的政治人道，即人类社会政治之道，主旋律是按政治发展的规律、本质而自生、自化、自成的，是无为的、自发的、自为的，而不是专制的、独裁的，不是人为设计、人为操控的。

这就从天道自然观，推出了无为而治的政治自然观：天道无为，当然人道也应无为；天道自然，当然政道也要自然。

《黄帝四经·道法·论约》指出，是违逆天道人理还是顺应天道人理都要有严格的区分界线。如果举动行事超过了天道规定的度数，便有败亡之祸。举动行事达不到天道规定的度数，结果是不会有功绩的。只有当人们的行为恰与天道规定的度数相吻合时，才能成就大功。这便是取法自然的人类法则。顺应天道便得以生存，吻合天道方能成就功业，违逆天道便会灭亡，迷失天道则一事无成。如果悖逆了天道，国家便失去了根本。失去了根本的国家，就会出现逆顺标准的混乱。根本遭破损、事功被毁坏，那么就会天下大乱、国家灭亡。一旦失去了天佑，就会丧失国土、更换君主。不遵守天道，不节约民力，其结果便是一切行事无所获。错误地对待合理与不合理的事物，就称之为违反常规。这就必然会受到天灾人祸的惩罚。悖逆的行为或事物的气势方刚时，切勿诛讨矫正它，它将自然受到上天的惩罚。①

---

① 《黄帝四经·道法·论约》："功溢于天，故有死刑。功不及天，退而无名。功合于天，名乃大成，人事之理也。顺则生，理则成，逆则死，失□□名。倍天之道，国乃无主。无主之国，逆顺相攻。伐本隳功，乱生国亡。为若得天，亡地更君。不循天常，不节民力，周迁而无功。养死伐生，命曰逆成。不有人戮，必有天刑。逆节始生，慎毋□正，彼且自氐其刑。"

## 二、自然理性：为什么要推天道及人道？

天地万物是由物质组成的，人类社会是由与物质不同的人组成的，人具有与物质不一样的理性和智慧，为什么人类社会必须推天道及人道，而不能反过来，推人道及天道？

其一，因为人类虽然有别于其他的物类，智慧最高，是天地之精华，但人类社会首先是宇宙自然的一个直接组成部分，宇宙发生发展的规律也可以适用于人类社会，人类社会作为宇宙的有机组成部分，不可能脱离宇宙的规律而生存发展。

其二，既然天道是这样完美和谐，为什么不可以把天道的规则直接作用于人类社会呢？所以老子认为，宇宙自生、宇宙自化、宇宙自成的规律，同样可以直接运用于人类社会。正如老子所言："吾是以知无为之有益。不言之教，无为之益，天下希及之。"(43章)

其三，人类理性的局限性所然。《老子》开篇"道可道，非常道"六个字，已经道出了人类理性的局限性所在。老子认为，人是有理性的，因而道在一定程度上也是可以认识的，但宇宙天地万物的情况太复杂，远远超出了人类理性的最大范围。人类理性的局限性，可以从以下几个方面来理解：

第一，人类的历史只有二百多万年，人的寿命相对而言在不断提高，但充其量也不过一百多岁，这些和宇宙相比，都只是一个几乎可以忽略的零头，宇宙的存在范围是以亿万光年来计算的，在人类诞生以前，宇宙已经存在很久很久了。

第二，人类的认识能力虽然相对于其他的物质存在来说是巨大的，但相对于宇宙的存在来说，是极其有限的。人类的能力有限、时间有限、活动空间有限，面对的却是时间无限、空间无限的宇宙，在这个极其巨大的存在面前，人类的能力也是渺小的。

第三，人类认识宇宙的工具也有限。人类借助各种手段已经从无到有，对宇宙有了相当多的认知，但是总体来说，人类的语言工具、认识工具、分析工具、表达工具相对宇宙来说也是很不够的。以人类有限的理性，要全面完整了解认知这个无限的宇宙，几乎是不可能完成的任务。别说是无限的宇宙，就是人类社会这个小宇宙，甚至个人这样的小小宇宙，由于每个人都有想法，面对的客观世界也极其复杂，因此要通过人类的理性为人类社会设计一套完美的方案，也几乎是不可能的。

因此，人类对复杂的人类社会、宇宙自然的认识永远没有穷期，所以老子才说,人类可能认知、体认道,道也可以用言语来表达,但是,对本体恒道、对整全之道的了解,几乎永远不可能达到周全的认识。因此,人类最直接、最简单的办法,就是直接模仿、学习、体悟这个大道,并把它用于人类社会的实践。

《庄子·养生主》说:"吾生也有涯,而知也无涯。以有涯随无涯,殆已!已而为知者,殆而已矣!"人的生命是有限的,而知识是没有边界的;人类以有限的生命追随无尽的知识,所以人类的知识是有限的。

老子之道拒绝一切所谓的"真理终结论""历史终结论""政治终结论"。形形色色的"终结论"在老子的道论面前显得多么肤浅。

## 三、四观识道:感性、知性、理性、悟性

如果说人类社会必须推天道及人道,而人的理性又有限,那么人类社会又如何能够认识道呢?道是可以被人认识的吗?人们认识道的途径、方式又是怎样的?

正如前面所述,老子认为,道是一体两面,有可以被认识的,也有难以被人周全认识的。可以被认识的道,也并不是人们所误解的那样,似乎识道只有"体悟",只有"内心直观",只有"沉思默坐",或者相反,似乎识道就是直观、就是实践、就是归纳、就是演绎等。

老子对道的认识,包括了认识论的各个环节、各种方式,有感性、知性,也有理性、悟性。

"观"是识道的重要途径。老子之道并不神秘,老子之道就在人的日常生活中,在人生活的环境中,在人的思考中。

在《老子》一书中共有四章出现了 9 处"观"字,其中 8 处"观"都有直观、观看、观察、内观之意。因此,"观"对识道具有重要的作用。

这些"观"的用法是:
- 故恒无欲,以观其妙;恒有欲,以观其徼。(1 章)
- 致虚极,守静笃,万物并作,吾以观复。(16 章)
- 故以身观身,以家观家,以乡观乡,以国观国,以天下观天下。(54 章)

实际上,老子的得道、识道、知道的途径和方式是十分丰富多样的,概括起来有"四观",即感观、知观、心观、玄观,分别可以从感性认识、知性认识、理性认识、悟性认识来表述。

### (一)感观,即直观的感性认识

实践是老子认识道的第一源泉。

道无处不在,道无人不知,道无人不识,因为道就在人的生命里,在人的身边,人们可以在日常生活的实践中去感悟,去体验,去感知。

"观"在《老子》一书中多次出现,是老子识道的重要方法。这个观,首先是用人的器官去"感观"(通过眼、耳、鼻、口、舌)。

前面所述的"道之十喻",大多是这种感官性的直观:橐龠之喻;玄牝之喻;水之喻;婴儿之喻;车毂之喻;埏埴之喻;户牖之喻;愚人之喻;江海之喻;张弓之喻。

老子通过这些人人皆知的日常现象,其实就是在告诉人们,天道首先是通过人的日常生活直接观察体验的,是十分容易被人理解和明白的,天道的许多内容,一点都不神秘,一点都不玄奥,大道是不远人的,远人的不是大道。

除了这十喻,人们还可以举出许许多多从日常生活中悟道的例子,比如日升月落之道,比如万物死而复生—枯一荣的季节之道,比如人由生到死的人生之道,等等。

谁说"道"不能言说、不能理解、不能明白呢?道就在每天人们见到的日升月落的现象里,就在婴儿那终日号而不嗄的啼哭声里,就在容纳百川的大海的广阔的波澜里,就在草木一衰一荣的变化中。因此,"道"又是老子所说的"甚易知,甚易行"(70章)。

## (二)知观,即人的知性认识

实践中产生的感性认识有些是真实的,有些则是不真实、不全面的,甚至被表面现象所遮蔽,因此,人们需要通过知性认识来丰富、增加、扩展对道的认识。

知性认识,首先表现在人对客观事物的认识的加深和升级,人们学会给事物归类,学会给事物下定义,寻找同类事物的共同特点。下定义就是给事物起"名",但这个"名"也不好起,所以"名可名,非常名",人类需要不断提高自己对事物的认识水平。因为"名"是事物稳定性的前提,只有找到了事物的稳定性的因素和事物的边界,才能逐步建立起知识的体系,才能逐步建立起制度和秩序,"始制,有名,名亦既有,夫亦将知止"(32章)。

《老子》一书中有多处尝试着为那些重要的现象下定义。

他把创生万物的本源称为"道",把"道"的这种无所不在涵盖天地万物的特性称为"大"(25章);把"天地之始"叫作"无",把"万物之母"叫作"有",把"无"和"有"共同具有的表现事物创生的微而隐的奥妙作用称为"玄"(1章)。后来的法家在此基础上发展了"循名究实"的思想,寻找事物的共同点;名家后来在此基础上进行了形式逻辑思维规律的有益探索。

人是有思维的动物，人能通过形式逻辑规律的运用，扩展自己的知识，通过知性直观，能认识更多的中观和微观之道。像善恶美丑、相辅相成、相对相依、相互转化之道，人们可以从生活中推出许多，诸如"有无相生，难易相成，长短相形，高下相倾，音声相和，前后相随"（2章）这样的道理，其实都是可以通过人的知性认识达到的，这样的关系推而广之，还可以有许多对举的关系：男女、正反、黑白、对错、大小、善恶、新旧、东西、海陆、官民……人们可以从这些大量的认识中，进一步运用归纳思维规律，对这种大量存在的对举关系得到更深入、更全面的理解。

同时，老子也大量运用了推理演绎的思维逻辑来论述道。

- 道生一，一生二，二生三，三生万物。（42章）
- 道大，天大，地大，人亦大。（25章）
- 人法地，地法天，天法道，道法自然。（25章）

这些都是典型的运用推理逻辑推出来的；人也可以从纯粹知性思维来认识道，所以老子又说：

- 自古及今，其名不去，以阅众甫。吾何以知众甫之状哉？以此。（21章）

（我是怎么知道这些人类社会和自然界的基本状况的呢？就是通过观其情、察其德而得知的。）

- 不出于户，以知天下；不窥于牖，以见天道。其出弥远，其知弥少。是以圣人，不行而知，不见而明，不为而成。（47章）

老子指出，人们在长期的实践经验的基础上，可以对道进行总结，在此基础上形成对道的理解，然后以这种在实践经验基础上形成的"道"的规律，对各种事物、现象和情况进行反向演绎。不一定每次都要以直接的切身体验为出发点，也可以从以前的对道的认识来推演各种情况，所以不出于户，也可以知道天下局势发展的趋势，因为之前已经有了"以天下观天下"的积累；不一定要推开窗户才能知道外面的天道，因为之前已经有了对天道的观察的积累知识。

### （三）心观，即人的心性认识

人的感性知识和知性认识，是人们识道的重要途径，但这两种认识方法的局限性也很大，通过它们认识的道也是有限的。比如，柔弱怎么能胜刚强、直的如何能变曲的、"无"如何能生"有"等问题，是人们用这些常规的感观和知观所不能解释的。因此，人们的认识能力还要提高，从感观、知观上升到心观，打破和突破人们常规的感性认识和知性认识的框框，深入事物变化的内部和深处，去探究事物的本质，以道之德性去感知"道"，或者也可以称为以辩证思维逻辑去认知"道"。

《老子》一书中有丰富的"正言若反"(78章)的论述,这种论述的特点是,人们通过辩证思维,可以认识到大道运行的对举事物的微妙的变化规律,这种规律就是从事物的一个方面向另一个方面的转变,或者在事物的一个突出的因素中包含着对立的因素的微妙存在。

- 曲则全,枉则直,洼则盈,敝则新,少则得,多则惑。(22章)
- 道之出口,淡乎其无味。视之不足见,听之不足闻。用之不可既。(35章)
- 将欲歙之,必固张之;将欲弱之,必固强之;将欲废之,必固兴之;将欲取之,必固与之。(36章)
- 反者道之动,弱者道之用。天下之物生于有,生于无。(40章)
- 明道若昧,进道若退,夷道若颣,上德若谷,大白若辱,广德若不足,建德若偷,质直若渝,大方无隅,大器免成,大音希声,大象无形。(41章)
- 大成若缺,其用不弊。大盈若冲,其用不穷。大直若屈,大巧若拙,大赢若朒。(45章)
- 正复为奇,善复为妖。(58章)

比如,思维逻辑有一个规律叫"同一律",即一个事物要么是A,要么是B,不可能既是A又是B,只能有一个属性。按照这一规律,阳就是阳,不能是阴,而阴就是阴,不能是阳。

然而,《老子》有"万物负阴而抱阳,冲气以为和"(42章),道的阴阳概念却告诉人们,同一事物也可以同时具有阴性和阳性两种属性,阴阳并不完全排斥对立,也可以并存共生、和平共处。光在感性、知性的范围中,不可能既是波A又是粒子B,但在心观即辩证思想的范畴中,光既是波A又是粒子B。

玻尔(1885—1962年)是丹麦大科学家,与卢瑟福共创原子科学的新时代,他在1913年综合了普朗克的量子理论、爱因斯坦的光子理论和卢瑟福的原子模型,提出了新的原子模型,即后来被称为玻尔理论。根据这一理论,人们成功地解释了氢光谱并排出了新的元素周期表,发现了新元素铪,证实了玻尔预言的正确。1922年,由于对原子结构理论的重大贡献,玻尔获诺贝尔物理学奖。他是20世纪上半叶与爱因斯坦并驾齐驱的最伟大的物理学家之一。

20世纪初,德国理论物理学家海森伯发现了著名的"测不准原理":亚原子粒子的位置和动量,不可能同时准确测量;测准了一方,另一方就肯定测不准了。1927年玻尔在充分肯定"测不准原理"的同时,自己又提出"并协原理"。1928年玻尔首次提出了互补性观点,认为:"波粒二象"既是互相排斥又是确定存在的,即并协、互补。真理具有两个侧面,如同一枚钱币具有两个侧面一样,每个侧面都是正确的;它们是对立的,但又是并协的。后来玻尔逐渐把并协原理发展为一种并协哲学。其基本思想是,任何事物都有许多不同的侧面,对于同一研究对象,一方面承认了它的一些侧面就不得不放弃其另一些侧面,在这种意义上它们是"互斥"的;另一方面,那些另外的侧面却又是不可完全废除的,因为在适当的条件下,人们还必须用到它们,在这种意义上说两者又是"互补"的。按照玻尔的看法,追究既互斥又互补的两个方面中哪一个更"根本"是毫无意义的;人们只有而且必须把所有的方面连同有关的条件全都考虑在内,才能而且必能得到事物的完备描述。好比光的波粒二性,不可能在同一条件和场合下同时表现,但光既是波,又是粒子,两个相互矛盾的现象却是同存于一个物质之中。

这一量子的波粒二性现象,与中国战国时的名家公孙龙的所谓石头具有硬坚(用手摸的质感)和白(用眼看的色彩视觉),即石头具有色彩和质感两重性一样,也与太极图中的圆圈中有白黑两条太极鱼表达的思想一样。玻尔认为,他的互补原理是一条无限广阔的哲学原理。在他看来,为了容纳和排比"我们的经验",因果性概念已经不敷应用了,必须用互补性概念这一"更加宽广的思维构架"来代替它。因此,他说互补性是因果性的"合理推广"。

玻尔1937年曾来中国访问,发现中国的易经太极图中有阴阳鱼能很好地表达他的互补性概念,因此,1947年丹麦国王破格授予其荣誉徽章时,他选择太极图作为他的爵士徽章,并在上面铭上了"对立是互补的"字样。

### (四) 玄观,即人的悟性认识

前面两种感性知识、知性知识是一般人通过生活实践积累或学习可以掌握的;而以辩证逻辑思维为特点的理性知识,难度较大,只有少数人具有。除此之外,老子又向人们指出了识"道"的第四种特别的方法,就是通过人的悟性去直观感悟"道",这就是玄观、玄鉴。

玄观识道的特点,不是通过人的感官、思维,甚至不通过人的自我意识自觉地去认识了解道,它强调的是人的内心深处迸发出来的一种自然而然的、无意识的、突然的、偶然的对道的感悟,这种玄观通常人们很难用言语、文字完全地、完整地、完美地描述出来。能通过渐悟、顿悟而体悟道的隐而微、深而远的特性的人,更是少之又少,玄观只有在人们心灵高度入静状态下才能达到。

● 故恒无欲,以观其妙;恒有欲,以观其徼。……玄之又玄,众妙之门。(1章)

● 道冲,而用之又弗盈。(4章)

● 涤除玄鉴。(10章)

- 执古之道,以御今之有。能知古始,是谓道纪。(14章)
- 致虚极,守静笃,万物并作,吾以观复。(16章)
- 以正治国,以奇用兵,以无事取天下。(57章)
- 恒知稽式,是谓玄德。玄德深矣,远矣,与物反矣。(65章)

对于这些在玄观状态下悟出来的"道",如果人们不处在这样的状态下,是很难正确理解的,这也是为什么老子"玄之又玄"多被人曲解的重要原因。

因此,老子的道,既不是什么神秘的,也不是轻而易举能够悟出来的,既不是天生的,也不是完全靠什么人教出来的,而是从自然现象中观察出来的,是从实践中总结出来的,是学习前人的"建言",是靠前人积累的知识、靠自己的道性悟出来的。

四观,感性直观、知性慧观、心性心观、道性直观都在不同的得道、知道、学道、悟道上发挥不同的作用。

文子在《文子·道德》篇中指出了学道的三种境界,即上中下学。① 这里的上学即神听,相当于老子的内心直悟;中学即心听,相当于老子的心观,辩证逻辑理性;下学即耳听,相当于老子的直观即感性认识。

《文子·上义》又指出,道家认识论的根本就是要逐渐提高修炼道识的水平,从最初的感性直观上升到通达的境界:学道者,应该明白天与人的分际,通晓社会治与乱的根本,澄清心意以悟道,通观达变的终始,返归虚无之状态,这才是学道至通达的境界。②

《庄子·徐无鬼》指出,"道之所一者,德不能同也";道对待任何人皆一样,德养却因人而异,因为修道者各有心得不同。《庄子·齐物论》认为,人的天赋不同,智力有强有弱,对道的认识也就有多有少。一个人,不论强智、弱智,只要努力,发挥自己认识的最大潜力,他便是了不起的人了。知道自己智力已用尽了,不去妄动,他便是很聪明的人了。

《庄子·大宗师》指出,知道人的所作所为以及为什么如此作为,并以人知道和了解的知识来探索人还不知道的东西,虽然达不到学究天人的境界,但是能做到大体上懂得天作天为、人作人为两方面的事物,并把这些常识用来完善自我

---

① 《文子·道德》:"故上学以神听,中学以心听,下学以耳听。以耳听者,学在皮肤;以心听者,学在肌肉;以神听者,学在骨髓。故听之不深,即知之不明;知之不明,即不能尽精;不能尽其精,即行之不成。"

② 《文子·上义》:"凡学者,能明于天人之分,通于治乱之本,澄心清意以存之,见其终始,反于虚无,可谓达矣。"

修养,用来保护自身安全,争取活满天年,避免中途短命,这便是读书人的万幸了。①

《庄子·大宗师》还更进一步指出了对道的认识,还有等实践经验的检验,即所谓"待当":"夫知有所待而后当,其所待者特未定也。"知识源于经验,属于昨日,有待明日新事物的检验,方可定其真伪。明日未来,事物会变,知识真伪,如何判断?所谓学习知识,是真知识,还是不可靠的经验之谈,都是不能确定的。

## 四、四个误解:"绝圣""弃智""无知""绝学"

老子用了"正言若反"和"反言若正"两种方式来表达自己关于"道"与"德"的认识,也就是说,同一个字、同一个概念,由于语境不同,可以有完全相反的含义。

如果不认识老子识道的这种矛盾性的表达,就容易对老子的思想产生重大的误解。比如,相当多的人说老子反圣、反知、反智、反仁,说老子提倡愚民政策、阴谋治国等,就是由于不了解老子的这种"正言若反"和"反言若正"的表达语境而产生的。

用哲学的语言来说,就是一般人的所谓"知识",其实是混淆了"知识"和"意见"两种不同性质的东西,误把"意见"当作"知识"。所以苏格拉底说,不进行审查的生活是不值得过的生活;所以柏拉图说,如果人们不知道何谓知识,就是生活在洞穴之中。"政治哲学是用关于政治事物本性的知识取代关于政治事物本性的意见的尝试","政治哲学是一种尝试,旨在真正了解政治事物的本性以及正当的或好的政治秩序"。②

下面我们来看看,应当如何鉴别《老子》一书中关于学、识、愚、智的"正言若反"和"反言若正"的内容。

第一个误解,是说老子反圣,因为《老子》有"绝圣"(19章)的说法。

实际上,老子提出了两种完全不同的"圣"的概念。"绝圣"是一种"正言若反"的说法。即把一种正面的概念做了负面的运用。这里"绝圣"句中所要绝弃的"圣",并不是老子正面说的"圣",而是负面运用的"圣"。

《老子》全书,共有 32 处使用了"圣""圣人"的概念,只有 19 章使用的"绝圣"

---

① 《庄子·大宗师》:"知人之所为者,以其知之所知以养其知之所不知,终其天年而不中道夭者,是知之盛也。"

② (美)施特劳斯:《什么是政治哲学》,李世祥等译,华夏出版社 2014 年版,第 2、3、6、20、27、28 页。

的"圣"是否定概念,其他31处都是肯定概念。老子的正面、肯定意义上的"圣"和"圣人",是得道之人,"圣"即指对道有至高悟性的人;第二种"圣",是所谓"圣",指主张把权贵者、有智慧者的某种理论、主张、意见当作真理,或以权力强加于社会,或居高临下以真理化身教化社会的人。老子在19章反对这种所谓的"圣人",但通观老子全书,通篇都在宣扬他提出的"圣民共治",主张由"圣人",即以天道自然为旨实行让民自化、自朴、自富、自正的无为之治的得道者,与民众共治天下。因此,说老子"反圣",是不得《老子》全书要领。

第二个误解,是说老子反智。《老子》一书也提出了两种不同的"智"。

《老子》全书有8处使用了"智",既有正言,也有反言,内容是相反的。

老子反对以"智巧""智谋""机智"来治国治天下的"智",反对不走正道的"奇谋巧智",因为无为而治才是正道,靠人的所谓"智巧"来治理国家,肯定是治不好的。故老子说,"使夫智者不敢为"(3章)、"慧智出,有大伪"(18章)、"绝圣弃智"(19章)、"虽智大迷"(27章),"民之难治,以其智也,故以智治国,国之贼;不以智治国,国之德也"(65章),这7处"智"的用法都是指机巧、智谋、奇巧、算计、聪明等内涵,并不是真正的智慧。在老子看来,凡是违反"道"的东西,也违反了事物的本质、事物的规律,用它们治国,都属于"奇"道,不是正道,所以实际上是很不智慧的。

老子肯定的是合道的"智",故老子也云:"知人者智。"(33章)这一"智"就是"智"的肯定用法,因为做任何事都应做到知人善任。因此,老子并不反智,反对的是无为而治的对立面,即"以智治国",上述8处"智"的用法中,有7处与"以智治国"有关。

第三个误解,是说老子主张人们不要知识,因为老子说要"常使民无知"(3章),"明白四达,能毋以知乎"(10章)。

从上面的两个例子看,老子似乎反对人们有知识。

从全书看,《老子》全书有57处使用了"知",其中绝大多数(50多处)都是在正面意义上使用的。"知"是老子实践论、认识论的重要概念,"知"是人们了解并认识天道的重要工具和途径,是正面的知识、知道。比如"能知古始"(14章),"知常曰明"(16章),"知其雄……知其白……知其荣"(28章),"知足者富"(33章),"知足不辱……知止不殆"(44章),等等。老子并不反对知识,反而是主张"道"的知识让人知道得越多越好。老子对人们不知"道"感到十分遗憾,指出知道我的"道"的人是太少了("知我者希"),而能按"道"而行的人就更少,即"则我贵"(70章)。

英国科学史家李约瑟曾指出,在古代道家学说中,"绝圣弃智"意味着抨击儒家在伦理上的理性主义,抨击封建诸侯谋士们的知识,而不意味着摒弃自然知识,因为这正是道家希望获得的知识。他们希望人们有自然知识。[①]

第四个误解,是人们以为老子反"学",因为老子说"绝学无忧"(19章),要人们放弃一切学习、学问,才能没有忧虑、平安无事。

实际上,老子既不反对人们学习,也不反对一切学问,老子在这里要人们弃绝的是那些所谓的"学问",即与"道"相反的、要人们违反事物的本质和规律去妄为的"学问"。

《老子》全书共有4处出现"学",有两处是主张人们要学习的,一处是"为学日益,为道日损。损之又损,以至于无为。无为而无不为"(48章)。这里的"学"是一个中性词,这个"学"相当于西方哲学里的"意见"。意见包含着一部分知识,也包含了大量假知识和似是而非的东西,所以意见绝不是知识。同样,这里的"学"也是一个"意见",其中既有真正的学识、知识,也有大量假知识、假学问和似是而非的东西。因此,这个"学",由于时间和历史的积累,人们会越学越多,以至于其中的假知识、假学问、似是而非的东西会淹没人们对事物的本质和规律的了解;相反,关于事物的本质、事物的规律的最精华的东西,即合乎"道"的东西其实是不多的,所以老子才会说,"为学日益,为道日损",而且这里的所谓"学"与"道",明显是指有关治国的本质的和规律性的内容,所以才有下一句"损之又损,以至于无为。无为而无不为"。因此,这里的"学"有一部分是合"道"的,一部分从治国的本质和规律性的东西来说,是假知识、假学问。

《老子》中的另一处"学",是说"学不学,复众人之所过"(64章),连着使用了两个"学"字。其中,第一个"学"就是人们通常所说的"学习"的内涵,第二个"不学",是指一般人不知道的学问,就是无为而治的为政之道,所以圣人要通过领悟无为而治的治国理政的精华,来补救现在人为政治的各种弊端。所以"不学",就是指的无为而治的学问。

因此,总结起来看,老子并不反"学"。当然,人们应当知道,老子主张的"学",首先和主要的是人们自化和自悟的过程,是人们直接观察天道、观察自然和社会的各种现象去达到识"道"的过程,其次才是读书学习、听人讲课的教化学习。自化,也是人们自学的过程。

《淮南子·原道训》已经完全澄清了人们关于老子"反知识、反智慧、反文化、反学习"的误解。一方面,它明确指出,"至人之治也,掩其聪明,灭其文章,依道废智,与民同出于公",而这里的所谓"掩灭",是说执政者应当按规律办事,不以其主观智识治国,并不是指反对人们的学习、智慧、知识。另一方面,《淮南子》一

---

[①] 李约瑟:《文明的滴定:东西方的科学与社会》,张卜天译,商务印书馆2016年版,第150页。

书中又用大量的篇幅研究探讨了各种天文地理知识,这反映在《淮南子》各卷中。例如,其中的第二卷《俶真训》探讨了宇宙的起源,第三卷《天文训》探讨了宇宙演化以及五星、二十八宿、二十四节气、干支纪年法、五音、十二律等,虽然其中也有许多错误,但它代表了中国汉代的科技水平;第四卷《地形训》是继《尚书·禹贡》和《山海经》之后研究地理学的重要文献;第五卷《时则训》探讨了时令节气等自然规律对人类社会的影响;第六卷《览冥训》研究了自然界与人类和万事万物的关系;第七卷《精神训》探讨了中国古代人体生命运动的精、气、神的关系;等等。这些研究和探讨,都是在扩展人们对自然地理的知识和了解,表达了对智慧、知识和学问的尊重。第十九卷《修务训》更是强调了学习的重要性,认为"学不可以已"。因此,可以说道家反对的所谓智、知、学均指有关人类社会政治制度的那些人为见识,并不是反对人类对自然与社会科学规律的研究、探讨和学识;相反,道家是中国古代最早探讨自然科学和人类社会真知识的先驱者。

## 五、老子认识论的三大局限

熊十力先生从儒家的角度指出,"道家有极深远处,亦有极不好处,取长舍短,不容绝也"。[①]

老子道识论有三个内在的局限。

其一,对人的主动性、能动性强调不够。

从宏观层次上说,人与物都有生生灭灭,人与物都不过是永恒无限的宇宙中的一个组成部分,从中观、微观上看,人的确也是宇宙万物中最有智慧的一种。老子学说中对人的这种独特性强调得不够,只谈了人与物同的一面。虽然老子也讲道大、天大、地大、人亦大,似乎把人与万物并列,实际上,这个超出万物之上的人的大,也是体现出万物之中的不同,好比老子把水从万物中抽出来一样,赋予水的无限道性,水就是道的化身,因为它最好地体现了道的自然、无为、无不为的本性,这个人亦大的人,实际上不过是另一种拟水化的人,这个"人大"是有前提的,就是你只有似水那样,才可能为"大",如果你不能似水,那你就不能"大"。这也正是老子道识论的问题。

人有好人坏人,但水无好坏之分;人有善有恶,但水无善恶之分;人有思维,不同的人有不同的思维,同一人在不同的时候对同一个事情的判断选择可能完全不同,更不用说不同的人的思维了。水能动不能思,能静不能想。人的能力有

---

[①] 熊先生并批严复以为老子有民主之治,以儒术为君主之利器,其于儒老,两皆无知。参见熊十力:《原儒》,上海书店 2009 年版,第 96、111 页。

限,只能在能力范围内做事,只能做到有为,不能做到无为;只能做到有所为,不能做到无不为。人想效法水也不能完全做到。故不同的水能一样、一致,但人与人不同,人与人不一样。因此,在人应当"效法自然"与人应当"与自然有所不同"这两者关系上,老子基本上把人与物同,对人的主观积极性、能动性、思维性谈得不够。

老子思想中的这个缺陷在孔子的人本主义中得到了弥补。

其二,是老子的阴阳变化思维,基本上总是单向强调柔弱胜刚强、静胜动,没有体现刚强也有胜柔弱、运动也能胜清静的一面。

这体现在两个方面:一是多处讲水以柔弱胜刚强,水是柔弱胜刚强的典型代表;二是多处讲母性的伟大,"谷神不死,是谓玄牝。玄牝之门,是谓天地根"(6章),认为道是永远存在,就像无比幽深的母性生殖之源。通向这个无比幽深的生殖之源的门径,就是这个天地世界的根本,把柔弱的母性表现为万物生长的源泉。

这两点是老子生活的陈国和华夏体系中对于母性的崇拜,是一种水崇拜的文化的反映,尤其是对男女关系中女性特点的一种崇拜。

无为而治的思想应当说发端于舜之时,所以有"无为而治者其舜也与?"之问(《论语·卫灵公》),而首先老子所生长的陈国,是舜的后代胡公的封地,胡公的夫人是周武王长女大姬,所以在陈国主导的文化,是一种来自舜的无为思想。其次,陈国在五行学说中属于水德,因此也有舜为水德之说。再次,陈又是周朝的一个小国,弱小,经常受到大国的欺侮,只能以弱对付之,希望能用陈的"水德",克制周的"火德",所以老子常以水之柔弱自喻。①

在当时的各家各派中,儒家和其他各家大体上都是男尊女卑的,只有老子一家高度赞扬女性,女性的地位最高。

这是从对一些自然现象生长灭亡的观察结果衍生而来,因为柔弱是生命的象征,而坚强则离死亡不远。这在 76 章中讲得最透彻:"人之生也柔弱,其死也坚强,草木之生也柔脆,其死也枯槁。故坚强者死之徒,柔弱者生之徒。是以兵强则不胜,木强则烘。强大处下,柔弱处上。"也就是说,人活着的时候身体柔弱灵动,死了以后身体就变得顽固强硬;草木生长的时候枝干柔嫩,死了以后就变得枯槁。所以,顽固强硬是速死之道,柔弱灵动是生长之道。因此,国家肌体中军兵过强就会走向灭亡,植株体系中树枝过硬就会招致摧折。顽固强硬处于劣势,柔弱灵动处于优势。

---

① 张松辉:《老子研究》,人民出版社 2009 年版,第 31-35 页。

这极易给人一种错觉,似乎柔弱胜刚强是一种普遍现象。其实,柔弱胜刚强又是有条件的,是特殊的现象,并不是什么时候、什么条件下都会出现柔弱胜刚强的现象。

柔弱与刚强、静与动、阴与阳的关系,老子在总体上是看成相互依存、相互变化的两个方面,它们的基本关系既是柔弱胜刚强,也有刚强胜柔弱。老子强调柔弱胜刚强,正是老子的智慧,他是在他所生活的那个弱肉强食的无政府环境下,为那些弱国、小国、穷国提出的一种战略思维。在老子生活的年代,柔弱的群体受到强势群体的欺侮,弱小的国家总是受到强国的侵略,老子提出柔弱胜刚强的命题和思路,是对弱势群体和弱小国家的同情,他希望用这种柔弱胜刚强的思维,鼓舞这些弱势群体和弱小国家起而为压迫者和霸权国抗争,勇敢地维护自己的生存权利。这应是老子柔弱胜刚强的初衷吧。

然而,从当时人类社会的关系以及从国家间关系来说,弱国、小国、穷国虽然也有战胜强国、大国的案例,春秋战国时的一些小国,比如春秋前期的郑国曾胜周天子,宋襄公曾一度主导春秋齐国霸权之后的诸侯国,也有宋国主导的西门和约实现弥兵等,但这些都只是一些特殊案例。从基本层面上,春秋战国时大国吞并小国、强国欺侮弱国是一个普遍的趋势,西周时曾分封几百个诸侯国,到春秋时只有一百多个,到战国时只有十几个,到秦始皇时,所有的诸侯国都被灭。虽然有些小国被灭的时间相对较晚,相对其他大国还多存活了一段时间,如卫国这个小国是春秋战国时数百个诸侯国中最后被灭的小国,直到公元前209年才被秦所灭,但这些无改大国胜小国、强国胜弱国的基本事实。

《老子》一书虽然总体上也阐明了柔弱与刚强等的基本关系,但由于《老子》一书特别强调柔弱胜刚强、静为躁君、阴胜阳等的思想,形成一种阴柔思维,没有人类的那种阳刚之气。老子思想中的这个缺陷,在黄老学派和法家思想中得到了弥补。

其三,与前者相关,反映了老子对自然观察了解的局限。

老子对自然的观察是前无古人、后无来者的,不仅超越了同时代的所有人,而且在许多方面大大超越今人。他的确是一个伟大的思想家。但是,老子对自然的观察是有时代局限的。比如,他对自然的描述多以水为原型,把水说成是几于道的物质,但他对水的观察多半又是来源于他所在的陈国以及任官职时的东周附近的水系。老子大概没有到过大海边,没有对大海那种动荡不安、永远没有风平浪静的特性的了解,不知他老人家深入观察大海之后,还会不会说水是温柔之物。

在中国历史上,大水曾经肆虐华夏,"当尧之时,天下犹未平,洪水横流,泛滥于天下"(《孟子·滕文公上》)。当时的洪水曾经严重威胁华夏民族的生存,以至于治水的英雄才能使华夏诸部落咸服并成为华夏之帝。不知老子他老人家如果经历这样的大水,是否还会说水为天下至柔之物。

老子所观察的自然,另一大对象多半是植物界的自然,他写的"道"的许多特性,比如和谐、静胜动、弱胜强等,让人感到是对植物界的描述。不知他老人家如果深入观察动物自然中的那些弱肉强食、强者为王、激烈的生存竞争的现象之后,是否还会说出以弱胜强的观点。

老子要人们效法的天地万物也有两面性,一面和谐、无为、柔弱,一面残酷、竞争、刚强,人们应当效法哪一面的天地万物呢?

至少,老子对自然的观察和了解是有片面性的。这也是老子思想中的一个缺陷。

# 第五章

# 一阴一阳：老子的方法论

中华民族的思维的一个根本特点，就是从一阴一阳来认识世界。

大千世界无奇不有，极为复杂。但世界上万事万物的产生和变化，一切都与阴阳有关。

组成易经的基本元素是阴爻"■■"和阳爻"■"，这是一个伟大的发现，它用世界上最简单的符号，表达了世界上万事万物最具有普遍性的规律，对大千世界最复杂的问题给予了最基本和最明确的回答。

阴阳之道同样也是老子认识、分析、论述政治哲学的基本概念、基本工具、基本框架。

## 一、阴阳思维

阴阳概念起源于华夏祖先在生活和劳动实践中对自然的观察，他们注意到太阳与月亮的变化，注意到白天与黑夜的代替，注意到山阴和山阳的区别，注意到女性与男性的相辅相成，逐渐产生阴阳概念。在河图洛书中，用实心点代表阴，用空心点代表阳。后来发展到易经时用"■■"表示阴，用"■"表示阳，就是阴爻和阳爻。在后来的历史发展中，阴阳成为中国理性思维发展中的一个特有概念，它指出任何事物都包括两个方面，这种相互联系的两个方面即为阴阳。阴阳的概念在多部经典中有所表述，比如《诗经·大雅·公刘》"相其阴阳，观其流泉"以及《易传·系辞上》"一阴一阳谓之道"等。

阴阳概念产生后，人们认为许多自然界和人类社会的现象都与它相关。比如自然界中的冷热、明暗、反正、奇偶、上下、高低、天地、日月、昼夜、寒暑，人类社会中的君臣、男女、夫妇、父子、刚柔、强弱、贫富、贵贱等，都可以被阴阳概念所代指，阴阳概念也发展成为一个解释包罗万象的宇宙、自然和社会一切现象的思维体系。

后来的各门各派对易经进行了进一步的丰富和整理,形成了阴阳思维体系。

阴阳思维可以从事物的内部和外部两个方面把握。

一个事物的内部存在两个相互联系、相互对立、相互转化、相互依存的因素,并且在这两个因素的互动关系中去把握事物变化的规律。所有的变化都可以从阴阳的关系上去说明和理解。因为事物分阴阳,所以有变化。

从事物内部的另一个角度来说,一个事物的构成因素是多样的,但其中会有一对因素在其中起最主要的作用,是事物发展变化的关键。

阴阳思维还指一个事物的外部会有另一种事物与它相应、相关、相连、相对,这个与它相应的外部事物会影响这个事物本身的变化。

## 二、阴阳:不仅仅是矛盾、转化关系

1. 阴阳概念首先被人们用来指代事物的矛盾对立转化关系

张岱年先生曾指出,"古时人见万物万象都有正反两方面,此种两极的现象普遍于一切,于是成立阴阳二观念。所谓阴阳,其实即表示正负。更发现一切变化皆起于正反之对立,正反乃变化之所以起,于是认为阴阳乃生物之本,万物未有之前,阴阳先有。更进而认为阴阳有未分之时,此阴阳未分之体,方是宇宙之究竟要本"[1]。

二元对立思维主要是指一个事物包括两个方面,它们相互矛盾、尖锐对立、不可调和,两方面的转化结果是一方压倒另一方,你多我少,有我没你,零和博弈。好比火与水的关系,虽然世界上存在水与火两种现象,但它在同一结构中,在同一体系中,在同一空间不能同时存在,有水不能有火,火不能变为水,水也不能变为火,水能灭火,火能蒸发水,不是你死就是我活,水火不能两立,没有中间地带,没有调和,没有妥协,所谓转化是一方压倒另一方,一方消灭另一方。

2. 阴阳二元协调相关思维

易经中的阴阳思维包括这种二元对立转化的因素。比如,在《易经·坤卦》中,在解释坤卦第六爻中,就有"龙战于野,其血玄黄",描述了阴阳不能调和而发生的极阴与极阳的对抗冲突,其结果就是两败俱伤。但它并不是阴阳思维的主要内容,阴阳思维的本质与这种所谓的二元对立转化是不相容的。易经的主旨正在于如何避免这种阴阳相撞、你死我活的状态出现,所以才倡导要"厚德载物",顺势、柔顺、承顺天意的坤德,提倡天地"合德",阴阳和谐的精神,避免占先出头引起的危险情况。因此,《易经·乾卦·用九》认为,"群龙无首,吉"。

---

[1] 袁行霈、严文明、张传玺、楼宇烈主编:《中华文明》(第一卷)总绪论,北京大学出版社 2006 年版,第 7 页。

实际上,易经阴阳思维的主旨是一种二元非对抗和转化关系。在所有那些阴阳关系的概念中,如男女、正反、黑白、对错、高下、大小、善恶、新旧、东方西方等,它们只是一种相对关系。这种相对关系可能存在对立、对抗的内容,但对立、对抗并非它们的必然结果,也并非只能实现零和关系、有你无我、你死我活的结局,大量存在的是一种相对关系。

从阴阳关系来看,它包括二元对抗、二元对立不对抗、二元对立互补、二元相互依存、二元相关对应、二元相关关系等变化形态。水与火有对抗关系,但在易经中,水与火在同一卦中是可以同时存在的。比如既济卦(水在火上)和未济卦(火在水上),在汉字中水与火也能和谐并存,如"淡"字。男女有二元的对抗关系,但大量的是二元不对抗的关系,还有大量的非但不对抗而且还相辅相成。这些都是所谓辩证关系所不能包容的。

即使善恶、敌友、好坏、是非、对错这样的价值判断的阴阳相对关系,并非完全都是对立关系,许多也同样包含着上述的内容。

3. 阴阳二生三思维

有时候,人们又容易把阴阳概念与黑格尔辩证法中矛盾的两个方面混在一起。比如国内有学者认为,中国思维的特性就是一分为三,任何事物都有正反与和(也叫中庸),它可以是包容正反二者的亦正亦反式,也可以是超越二者的非正非反式,乃至是亦包容亦超越二者的复合式,这就是超越两者的"三"。西方传统哲学则从亚里士多德到黑格尔的辩证法,都是一分为二,黑格尔提出的否定之否定以及正反合统一的命题,都是一分为二的思维。[①] 受过 20 世纪 60～80 年代大学教育的当代国人中,可能更多地会把阴阳概念作为辩证法的朴素形式,而把黑格尔的辩证法或德国古典哲学中的唯物辩证法作为高级形式。

但实际上,辩证法中正-反概念、肯定-否定概念,或正-反-合概念、万事万物具有普遍联系的观念、矛盾中两个方面相互转化的观念等,虽然与阴阳概念有异曲同工之妙处,但二者的区别仍然是很大的。

国内有学者指出,易经思维就是二和三思维,二就是一阴一阳,三就是中,中不是一阴一阳加成的二,也不是半阴半阳折中的一,而是一阴一阳之外的三,表示这个中和是超越的"中",辩证保存了阴与阳,或超越了阴与阳。[②] 还有的认为,阴阳的本义可析为三:一为阴阳对峙;二为阴阳相互影响、产生变化;三为阴阳合而为一、自然的道,为一整体,达到相反相成、阴阳合德的新一,亦即三。[③]

---

① 庞朴:《文化一隅》,中州古籍出版社 2005 年版,第 155、213 - 214、227 - 228 页。
② 龚鹏程:《中国传统文化十五讲》,北京大学出版社 2006 年版,第 149 页。
③ 成中英:"中西哲学范畴的差异",《成中英自选集》,山东教育出版社 2005 年版,第 92 页。

4. 阴阳不可分模糊思维

阴阳思维看起来阴是阴、阳是阳，实际上是阴中有阳、阳中有阴，是一种模糊思维，它与精确思维相对。在实际生活中，模糊思维和精确思维各有各的天地，各有各的领域，各有各的特长。一般来说，在自然科学中适用精确思维的为多，在社会领域适用模糊思维的为多。因为在人们大量的社会生活中，使用模糊思维就足够了。比如，人们的时间概念通常是一个在模糊思维领域里的活动，问现在是几点？人们通常会回答几点几分，这就够了。如果你回答几点几分几秒，人们不会说你的时间多准确，反而会说你的头脑有问题。只有少数时候（比如田径、游泳比赛）需要精确到几分几秒，极少的场合人们才会使用更精准的时间。比如，高频发播时号的精度为 1 毫秒；通过飞机搬运小型铯钟，可以将全球的时间精确到 1 微秒同步，人造卫星的时间同步可达到 0.1 微秒。

易经的模糊思维首先表现在被道家发扬光大的"道"这一概念上。何谓"道"？它肯定是一种存在，但又没有谁可以明确、准确、精确地表述它，任何试图这样做的尝试都注定不能成功。因为如果"道"是一种可以用语言明确表述的东西，那它肯定就不是"道"的本质，只能是"道"的某些表现形式。比如，人们可以说"道"是人走的路、车行的道，是自然界和社会遵行的法则，是万事万物生长、发育的本原等。这些只是从不同层次上表现了"道"的形式，把它们加在一起，固然能让人把握到"道"的部分内容，但它们仍然不是"道"的全部。因为所谓"道"，它肯定包括了人们的已知世界，但它还包括了人们的未知世界。因此，道非常玄妙，"道可道，非常道"。

其次，在阴阳的表现形态上，易经只有 2 卦是纯阴和纯阳，表明事物和现象具有某种相对比较明确、精确和准确的形式，而其他 62 卦都是有阴有阳，可以说它们既是阴又是阳，既不是阴又不是阳。

第三，易经的阴阳鱼太极图所用的表现图式，也意味着一种模糊，黑和白是相对清晰的，但总体上又是相对模糊的。如果把黑作为阴，白作为阳，则在纯黑与纯白之间，也有多种非黑非白、可黑可白的状态，是一种是与不是的两可意境。

## 三、《老子》的阴阳之道

老子是最先明确分析和论述阴阳关系的思想家，最先提出了阴阳概念，指出"万物负阴而抱阳，冲气以为和"(42 章)，认为万物都守护藏存阴气，抱持吸引阳气，阴阳两气互相激荡，达到平衡和谐，促成万物的生生灭灭。

老子通过对人类社会和自然界的万事万物变化发展的各种情况，并从阴阳

思维角度对这些现象进行了总结分析,最后归纳出他的阴阳思维。我们在老子的思想中,看到了阴阳思维的经典表达形式:

(1) 以 A 而 B;

(2) 先 A 后 B;

(3) 因 A 而 B;

(4) 要 B 必 A;

(5) 无 A 无 B。

在阴阳、男女、强弱、刚柔、直曲、大小、奇正、争让、胜败、消极积极、无为无不为这些相互联系而不同的概念中,A 通常代表阴、女、弱、柔、曲、小、奇、消极、让、败、无为,B 通常代表阳、男、强、刚、直、大、正、积极、争、胜、无不为,老子的阴阳思维,是一种 A 性思维,示 A 思维,就是 A 性所代表的阴柔的一面,通常都要在竞争、较量中最后占上风和优势。

在 AB 两个因素中,应当先看到 A,最后才能达致 B;A 代表价值、工具、方法,B 代表目标。正因如此,老子的方法论才被广泛地运用于各个领域。

《文子·微明》在阐明老子的阴阳方法论时指出,事物的阴阳两个方面是互相依存、互相包含的,并肯定对立双方可以转化,指出"阳气盛变为阴,阴气盛变为阳","天道极即反,盈则损,物盛则衰,日中而移,月满则亏,乐终而悲","道,可以弱,可以强;可以柔,可以刚;可以阴,可以阳;可以幽,可以明","德之中有道,道之中有德。其化不可极,阳中有阴,阴中有阳,万事尽然,不可胜明"。

《黄帝四经》对老子的阴阳方法讲得比较充分。《黄帝四经·称经》指出,研讨一切问题,都要从"阴阳"这个总原则出发。天属阳而地属阴,春属阳而秋属阴,夏属阳而冬属阴,白天属阳而黑夜属阴,大国属阳而小国属阴,强国属阳而弱国属阴……凡属阳的都是取法天道,而天道最讲究正常的准度;跨过这个正常的准度就称作斜僻……超越了极度就会走向反面。凡属阴者都是取法地道,地道的特点便是安然舒迟正定静默,以雌柔正定天下,擅长于给予却不去争夺。这便是地道的准度和谦退柔弱的"雌节"。[①]

《黄帝四经·经法·四度》也说,在阳气极盛时,反有阴气孕育着,在阴气极盛时,却有阳气萌生着,这种现象便称作变异的阴阳规律。阳气萌生于内,已经

---

① 《黄帝四经·称经》:"天阳地阴,春阳秋阴,夏阳冬阴,昼阳夜阴,大国阳,小国阴。重国阳,轻国阴。有事阳而无事阴。伸者阳而屈者阴。主阳臣阴。上阳下阴。男阳女阴。父阳子阴。兄阳弟阴。长阳少阴。贵阳贱阴。达阳穷阴。娶妇生子阳,有丧阴。制人者阳,制与人者阴。客阳主阴。师阳役阴。言阳默阴。予阳受阴。诸阳者法天,天贵正,过正曰诡□□□□祭乃反。诸阴者法地,地之德安徐正静,柔节先进,善予不争。此地之度而雌之节也。"

出现变异的阴阳定律,又不能及时摆正具体对策位置,那么大则国家败亡,小则殃及自身。……天当有定数,这就是至极时就开始走向反面,盛极时就开始走向衰落;这不仅是天地自然的规律,也是人类社会的规律。逆、顺两种阴阳定律都同样是天道决定的,但人类相应的对策却不同。详细说明逆、顺两种定律,这就是在总体上把握了道的准则。①

《黄帝四经·十大经·果童》指出,自然法则是地以静的方式来养育其德,天以运动的方式来正定名分,动静、生杀相互涵养、相辅相成。这两组矛盾体是各有名分的,它们相互依赖、相辅相成,而阴、阳二气包含于万物之中,二者相互作用,便使得万物生生不已。②

## 四、阴阳之道:政治的本质、规律

仔细分析和研究老子的政治哲学,人们会发现,在《老子》一书中,老子运用阴阳思维,对政治的本质做出了深刻的论述。

什么是政治呢?

在西方主导世界的近现代四五百年中,人们对政治的理解五花八门,但几乎完全渗透着西方的一整套政治概念、话语、价值、理性、文化,无论这种政治的见解是西方的自由主义,还是西方的马克思主义。下面是几种人们常见的对于政治的定义:

政治是各种团体进行集体决策的一个过程,也是各种团体或个人为了各自的利益所结成的特定关系,尤指对于某一政治实体的统治。这个词多用来指政府、政党等治理国家的行为。

从人类社会学来讲,政治是人类社会中存在的一种非常重要和复杂的社会现象,因而在不同历史时期、不同文化、不同语言以及从不同学科角度,不同的学者对它的论述也不相同,而且政治内涵的本身也在不断地变化。因此,对政治的阐释也充满了争议,始终没有一个确切公认的定义。

政治学是专门以政治为研究对象的一门社会科学,研究政治行为的理论和考察权力的获得与行使,研究政府、政党、集团或个人在国家事务方面的活动以及治理国家施行的措施。

---

① 《黄帝四经·经法·四度》:"极阳以杀,极阴以生,是谓逆阴阳之命。极阳杀于外,极阴生于内,已逆阴阳,又逆其立位,大则国亡,小则身受其殃","逆顺同道而异理,审知逆顺,是谓道纪"。

② 《黄帝四经·十大经·果童》:"有晦有明,有阴有阳。夫地有山有泽,有黑有白,有美有恶。地俗德以静,而天正名以作。静作相养,德虐相成。两若有名,相与则成。阴阳备,变化变乃生。"

政治是上层建筑领域中各种权力主体维护自身利益的特定行为以及由此结成的特定关系,是人类历史发展到一定时期产生的一种重要的社会现象。政治随着社会从低级到高级的进程而发展,社会成员参与政治生活的深度和广度也随之向前发展。政治体制是指政治制度的具体表现和实施形式,是管理国家政治事务的规范体系,具体指与国家根本制度相适应的领导制度、组织制度、工作制度等具体制度,简称政体。

传统马克思主义的政治概念的主要内容是:政治是以经济为基础的上层建筑,政治是经济的最集中的表现,政治就是各阶级之间的斗争,政治就是统治阶级对被统治阶级的统治,政治就是参与国家事务,给国家定方向,确定国家活动的形式、任务和内容,政治是以政治权力为核心展开各种社会活动和社会关系的总和。

西方的政治学家为政治下过许多定义,比如:

(1) 认为政治是国家的活动,是治理国家、夺取或保存权力的行为。

(2) 认为政治是权力斗争,是人际关系中的权力现象。

(3) 认为政治是人们在安排公共事务中表达个人意志和利益的一种活动,政治的目标是制定政策,也就是处理公共事务。

(4) 认为政治是制定和执行政策的过程。

(5) 认为政治是一种社会的利益关系,是对社会价值的权威性分配。

西方不同政治学流派的理论中,都含有一些有益的分析,有的偏伦理,有的偏法律,有的偏权力,有的偏利益,有的偏民众,有的偏君主、精英、权贵,但都有偏于一见之蔽,形成了君治、精英治与民治的尖锐对立以及权力利益与道德伦理的对立、国家和社会的对立,很难说是对政治的本质和规律的论述。

中国先秦诸子也使用过"政治"一词。《尚书·毕命》有"道洽政治,泽润生民";《周礼·地官·遂人》有"掌其政治禁令"。但在更多的情况下是将"政"与"治"分开使用。"政"主要指国家的权力、制度、秩序和法令,如"大乱宋国之政""礼乐刑政""政者正也,子帅以政,孰敢不正"。中国古代的这些"政治"的含义,很大程度上只是一种君主和大臣们维护统治、治理国家的活动。

中文里现代的"政治"一词,来自日本人翻译西方语言时用汉字创造的相同的"政治"一词。当英文的"Politics"从日本传入中国时,人们在汉语中找不到与之相对应的词。孙中山认为应该使用"政治"来对译,认为"政就是众人之事,治就是管理,管理众人之事,就是政治"。

20世纪80年代,中国政治学界对"政治"概念的主要看法有:

(1) 政治是各阶级为维护和发展本阶级利益而处理本阶级内部以及与其他

阶级、民族、国家的关系所采取的直接的策略、手段和组织形式。

（2）政治是一定阶级或集团为实现其经济要求而夺取政权和巩固政权的活动，以及实行的对内对外全部政策和策略。

（3）政治是主要由政府推行的、涉及各个生活领域的、在各种社会活动中占主要地位的活动。

（4）政治是阶级社会的产物，是阶级社会的上层建筑，集中表现为统治阶级和被统治阶级之间权力斗争、统治阶级内部的权力分配和使用等。

（5）政治是在一定经济基础上，人们围绕着特定利益，借助于社会公共权力来规定和实现特定权力的一种社会关系。①

然而，真正从中国的历史、中国的文化、使用中国的概念来全面分析、论述政治现象和政治本质的，几千年来，只有老子一人，也只有《老子》这部政治哲学著作，形成了独特的政治理论框架和理论体系。

老子是全面论述政治本质的第一人。

老子对政治本质的分析得益于阴阳之道的运用。老子不仅表述了"万物负阴而抱阳，冲以为和"的基本原理，而且把阴阳的原理运用于政治领域，构成了政治领域的阴阳系列概念。

何谓"政治"？老子在57章用了四个字来回答："以正治国。""政"者，"正"也，古文中的"正"与"政"是可以通用互换的。

它包括政和治两个方面，是政治的第一对阴阳对举概念。

政治的"政"，根据《说文解字》的解释，在古文中是："从正从攴"，由两个部分组成，即"正"和"攴"（"攴"字在隶变楷后，都变成了"攵"），构成了政治的基本阴阳因素。因此，老子言"正言若反"（78章），这一正一攵、一正一攴，就是政治的本质。

政治就是"以正治国"，以必要的力量"攵"，即以公共力量来实现正确价值对国家的治理。

何谓"正"？"正"是名词，就是回答应当不应当、该不该的问题。

"正"者，就是横要平、竖要直之意，含有规矩、标准、准则的意思；"正"者，方方正正，三横皆平，两竖也直，既平又直为正，正直之意，意为政治价值、政治伦理之谓也。"正"就是公正、方正、正义、正直，也有法治、平等之意；"正"就是政治主体，就是政治价值，就是政治本质，就是政治的灵魂。

"正"也是动词，就是回答能不能、行不行的问题。

---

① 王浦劬主编：《政治学基础》，北京大学出版社1995年版，第2-9页。

"正"就是匡正、扶正、补正、纠正。为什么说"正"又是动词呢？

因为"政"是一正一反构成的，正就是正确的价值，反就是反面的、阻碍干扰正确价值实现的因素，有正就有反，正的反对面就是不正、歪、斜、偏、邪，就是不公正、不方正、不正义、不正直的东西，就是不道、歪门邪道；为了实现"正"，就必须对"反"的东西有所匡正、扶正、补正、纠正，让"反"的东西回归到"正"的方向上去。这种匡正、扶正、补正、纠正的行动，是通过"攴"即某种力量进行的，"攴"就是体现权力、利益的东西。

"攴"，有打击、敲打、制止、治理、加工等意，有"攴"字旁的字，大多含有这些意思。如"牧"字意为拿着木棍赶牛；"攻"字意为攻打；"效"字左边是两腿交叉，右边是持棍的手，好像在责打这人；"救"，止也，本义为制止、阻止，引申为治疗；"教"字像是右边的教鞭在教孩子；"敝"字是用木棍将布打破；放、敬、改、收、散、敦、致、敌等字，在古文中都有这些意义。因此，构成"政"的一半的"攴"字，可以理解为如何实现"正"的办法途径，通过什么手段和工具可以纠正错误并达到正确，也可扩展为治理之意，"攴"又可以理解为国家强力机器、国家制度，延伸为通过权力、暴力、影响力达致政治价值和政治伦理。

"正"又是形容词，"正"就是正确，就是方向正、价值正、道路正，同时，又要有方法正、手段正、力量正。

两者合起来，就是政治的内涵。

《管子·法法》指出："政者，正也。正也者，所以正定万物之命也。是故圣人精德立中以生正，明正以治国。故正者，所以止过而逮不及也，过与不及也，皆非正也，非正则伤国一也。圣人能生法，不能废法而治国。"

因此，老子所谓"正言若反"，不是指正话反说，而是说正面的价值里也很容易让人联想起反面的东西，这也是在提醒人们，所谓"政治"，就是不仅要倡导正确的价值观，而且要注意反面的价值观对正确价值观的干扰，要设法用正面的价值来纠正反面的东西。

这种政治的内涵，在《老子》里的用语就是"政善治"（8章），就是"以正治国"（57章）。政治只有坚持正确价值观并采取措施来纠正阻碍正确价值实现的东西，才能达到良好的治理，"政善治"和"以正治国"的实际内容近似。

这两个"治"字，进一步具体强化了"政"的既正又反的内容，特别是强化了"权力与利益"的内涵，反映了权力政治、利益政治的本质。政治不仅要有正确的价值观，而且必须面对和解决生存发展的社会公共重大问题，这些与价值观没有直接关联，是人类生存的现实问题，这些问题，比如外患，比如粮食生产，比如避免水患，比如社会基本的秩序。这就是"政治"的另一重大内涵。

治的左边的偏旁"氵",反映的是一种利害关系,水可以善人,也可以害人,所以人类必须通过对水道的修治、治理、整治,让水能更好地发挥"善"人的作用。

"治"的右边的"台"字,就是取土取石垒为堤坝,或引水,或拦水,或修河堤,或修坝堰,以取利避害。

是引水,还是拦水,是治道。

用什么方法引水或拦水,是术道。

用什么工具引水或拦水,是器道。

"氵"延伸为利益,"台"延伸为力量、手段,形成权力政治的轮廓。

中国古代,洪水灾害严重,如何避免水患,如何治理水灾,是一个重大的社会公共问题,也构成治理国家的重要内容。因此,"治"者,反映的是对社会公共问题的治理。

因此,中国的"政治"概念,既是"政",也是"治",两者的结合已经包含了"政治"的本质和规律。

所谓政治的本质,就是通过权力、影响力、强制力纠正各种社会乱象,实现正确的政治价值、政治伦理,就是通过集合社会的权力和力量来解决社会生存发展的重大的公共问题,达到对国家的良好治理(善治),实现天下太平,社会稳定繁荣发展。

"正"就是阳,"攴"就是阴。没有力量"攴","正"就成了空中楼阁,不能落地。没有价值"正","攴"就成了野蛮力量、破坏力量,不能治理社会。

因此,老子的政治概念,既是价值政治、伦理政治,又是权力政治、利益政治,是两者的结合。两者一正一攴、一阴一阳,互相变化转换,构成了政治内容的变化、政权的更迭、力量对比的变化。

老子的政治哲学,就是对这些构成和反映政治本质及规律的现象进行的系统研究。老子的政治哲学不仅恢宏大气,而且细致入微、具体务实,这也是任何一家中外政治哲学都没有的盛大气象。

## 五、阴阳:从治人到治国

老子的阴阳思想,是对过去中国文化中的阴阳思想的发展和继承。

在老子之前,应该有不少的得道高人对阴阳的思想进行过阐述,因此,老子在《老子》中明确地提出了"万物负阴而抱阳,冲气以为和"。

后来的道家中的一派,把过去得道高人中的阴阳思想进行了进一步的整理、发挥,编撰了《黄帝内经》。对于这本书的作者、成书年代,学术界没有定论,但从内容看,应该是一部集体编著的成果,非一人一时之作,基本成书大约是在战国时期,少数内容是秦汉甚至六朝时人所著。

虽然《黄帝内经》是一部医学书,但它也是一部以道家阴阳思想为指导的人体哲学。综观全书,可以发现,阴阳思想像一根红线,从头到尾贯彻始终,几乎每一篇都可见到阴阳的影子。

《黄帝内经》把阴阳思想用于人体的健康、治疗、养生、长寿领域。如果用一句话来说,人如何生病、如何治病、如何养生、如何长寿,那么《黄帝内经》可以用一句话回答这些极为复杂的问题,那就是:阴阳不调所以有病,治病就是调和阴阳,养生的核心在于调阴阳,人生长寿的秘诀在于阴阳平衡。

《黄帝内经》首先把人的身体纳入阴阳体系中进行分析,认为天地自然,白天为阳,黑夜为阴,早晨至中午,天越来越亮,是阳中之阳;中午至黄昏,是阳中之阴,天色越来越暗;同样,傍晚到午夜,是阴中之阴;而午夜至黎明,则是阴中之阳。人体的变化也是如此,既有阴阳之分,也有阴中之阴、阴之中阳、阳中之阳、阳中之阴。[1] 人的身体也与天地自然一样,有阴有阳,阴中有阳,阳中有阴,阴中有阴,阳中有阳。

既然阴阳不仅是天地自然的规律,也是人体的规律,因此,人的健康、医疗、养生、长寿也应遵从阴阳的规律,阴阳是宇宙间的一般规律,是一切事物的纲纪、万物变化的起源、生长毁灭的根本,有大道理在乎其中。凡医治疾病,必须求得病情变化的根本,而道理也不外乎阴阳二字;阴阳如血气与男女之相对待;左右为阴阳运行不息的道路;水性寒,火性热,是阴阳的象征;阴阳的变化,是万物生长的原始能力。因此,可以说,阴阳是互相为用的,阴在内,为阳之镇守;阳在外,为阴之役使。[2]

阴阳不调是如何引发人体的疾病的呢?《黄帝内经》从阴阳思维的角度对人

---

[1] 《黄帝内经·金匮真言论篇第四》:"阴中有阴,阳中有阳。平旦至日中,天之阳,阳中之阳也;日中至黄昏,天之阳,阳中之阴也;合夜至鸡鸣,天之阴,阴中之阴也;鸡鸣至平旦,天之阴,阴中之阳也。故人亦应之。夫言人之阴阳,则外为阳,内为阴。言人身之阴阳,则背为阳,腹为阴。言人身之藏府中阴阳。则藏者为阴,府者为阳。肝心脾肺肾五藏,皆为阴。胆胃大肠小肠膀胱三焦六府,皆为阳。所以欲知阴中之阴阳中之阳者何也,为冬病在阴,夏病在阳,春病在阴,秋病在阳,皆视其所在,为施针石也。故背为阳,阳中之阳,心也;背为阳,阳中之阴,肺也;腹为阴,阴中之阴,肾也;腹为阴,阴中之阳,肝也;腹为阴,阴中之至阴,脾也。此皆阴阳表里内外雌雄相俞应也,故以应天之阴阳也。"参见《黄帝内经》,人民文学出版社 2005 年版,下引《黄帝内经》同此书。

[2] 《黄帝内经·阴阳应象大论篇第五》:"阴阳者,天地之道也,万物之纲纪,变化之父母,生杀之本始,神明之府也。治病必求于本。天地者,万物之上下也;阴阳者,血气之男女也;左右者,阴阳之道路也;水火者,阴阳之征兆也;阴阳者,万物之能始也。"

生病的病理进行了分析,指出:如阳气太过,则身体发热,气粗喘促,呼吸困难,身体亦为之俯仰摆动,无汗发热,牙齿干燥,烦闷,腹部胀满,是死症,这是属于阳性之病,所以冬天尚能支持,夏天就不能耐受了;阴气盛则身寒而汗多,或身体常觉冷而不时战栗发寒,甚至手足厥逆,如见手足厥逆而腹部胀满的,是死症,这是属于阴盛的病,所以夏天尚能支持,冬天就不能耐受了。这就是阴阳互相胜负变化所表现的病态。①

《黄帝内经》认为,人身的阳气,犹如天气,主卫护于外;阴气,犹如地气,主营养于内。因此,阳气性刚多实,阴气性柔易虚。凡是贼风虚邪伤人,外表阳气先受侵害;饮食起居失调,内在阴气先受损伤。阳分受邪,往往传入六腑;阴气受病,每多累及五脏。邪入六腑,可见发热不得安卧,气上逆而喘促;邪入五脏,则见脘腹胀满,闭塞不通,在下为大便泄泻,病久而产生痢疾,因而喉司呼吸而通天气,咽吞饮食而连地气。因此,阳经易受风邪,阴经易感湿邪。手足三阴经脉之气,从足上行至头,再向下沿臂膊到达指端;手足三阳经脉之气,从手上行至头,再向下行到足。所以说,阳经的病邪,先上行至极点,再向下行;阴经的病邪,先下行至极点,再向上行。故风邪为病,上部首先感受;湿邪成疾,下部首先侵害。②

《黄帝内经》指出,古代那些善于养生长寿的人,能够取法于天地阴阳自然变化之理而加以适应,调和养生的办法,使之达到正确的标准。饮食有所节制,作息有一定规律,既不妄事操劳,又避免过度的房事,所以能够形神俱旺、协调统一,活到天赋的自然年龄,超过百岁才离开人世;人的长寿在于法阴阳之道。

现在的人就不是这样了,把酒当水浆,滥饮无度,使反常的生活成为习惯,醉酒行房,因恣情纵欲,而使阴精竭绝,因满足嗜好而使真气耗散,不知谨慎地保持精气的充满,不善于统驭精神,而专求心志的一时之快,违逆人生乐趣,起居作息,毫无规律,所以到半百之年就衰老了,人的衰老在于阴阳失衡。③

---

① 《黄帝内经·阴阳应象大论篇第五》:"阳胜则身热,腠理闭,喘粗为之仰,汗不出而热,齿干以烦冤,腹满,死,能冬不能夏。阴胜则身寒,汗出,身常清,数栗而寒,寒则厥,厥则腹满,死,能夏不能冬。此阴阳更胜之变,病之形能也。"

② 《黄帝内经·太阴阳明论篇第二十九》:"阳者,天气也,主外;阴者,地气也,主内。故阳道实,阴道虚。故犯贼风虚邪者,阳受之;食饮不节,起居不时者,阴受之。阳受之则入六腑,阴受之则入五脏。入六腑,则身热,不时卧,上为喘呼;入五脏,则䐜满闭塞,下为飧泄,久为肠澼。故喉主天气,咽主地气。故阳受风气,阴受湿气。故阴气从足上行至头,而下行循臂至指端;阳气从手上行至头,而下行至足。故曰:阳病者,上行极而下;阴病者,下行极而上。"

③ 《黄帝内经·上古天真论篇第一》:"上古之人,其知道者,法于阴阳,和于术数,食饮有节,起居有常,不妄作劳,故能形与神俱,而尽终其天年,度百岁乃去。今时之人不然也,以酒为浆,以妄为常,醉以入房,以欲竭其精,以耗散其真,不知持满,不时御神,务快其心,逆于生乐,起居无节,故半百而衰也。"

如何才能遵守法阴阳之道而长寿呢？《黄帝内经》认为，这就是保持人的身心与生理的阴阳平衡。首先，人的心态平和，就是一种阴阳平衡，调适人的心理保持一种平和，是人保持健康的基础；其次，人的健康，就要道法自然，不违背天地运行和人体健康的规律而妄为。《黄帝内经》指出：古代深懂养生之道的人在教导普通人的时候，总要讲到对虚邪贼风等致病因素，应及时避开，心情要清净安闲，排除杂念妄想，以使真气顺畅，精神守持与内，这样，疾病就无从发生。因此，人们就可以心志安闲，少有欲望，情绪安定而没有焦虑，形体劳作而不使疲倦，真气因而调顺，各人都能随其所欲而满足自己的愿望。人们无论吃什么食物都觉得甘美，随便穿什么衣服也都感到满意，大家喜爱自己的风俗习尚，愉快地生活，社会地位无论高低，都不相倾慕，所以这些人称得上朴实无华。因而任何不正当的嗜欲都不会引起他们注目，任何淫乱邪僻的事物也都不能惑乱他们的心志。无论愚笨的、聪明的、能力大的还是能力小的，都不因外界事物的变化而动心焦虑，所以符合养生之道。他们之所以能够年龄超过百岁而动作不显得衰老，正是由于领会和掌握了修身养性的方法而身体不被内外邪气干扰危害所致。[1]

然后我们看到，凡是得道的高人，从真人、至人，到圣人、贤人，都能做到不同程度地把握阴阳法则，实现人的健康长寿：

上古时代有称为"真人"的人，掌握了天地阴阳变化的规律，能够调节呼吸，吸收精纯的清气，超然独处，令精神守持于内，锻炼身体，使筋骨肌肉与整个身体达到高度的协调，所以他的寿命同于天地而没有终了的时候，这是他修道养生的结果。

中古的时候，有称为"至人"的人，具有醇厚的道德，能全面地掌握养生之道，和调于阴阳四时的变化，离开世俗社会生活的干扰，积蓄精气，集中精神，使其远驰于广阔的天地自然之中，让视觉和听觉的注意力守持于八方之外，这是他延长寿命和强健身体的方法，这种人也可以归属真人的行列。

其次，有称为"圣人"的人，能够安处于天地自然的正常环境之中，顺从八风的活动规律，使自己的嗜欲同世俗社会相应，没有恼怒怨恨之情，行为不离开世俗的一般准则，穿着装饰普通纹采的衣服，举动也没有炫耀于世俗的地方，在外，

---

[1] 《黄帝内经·上古天真论篇第一》："夫上古对人之教下也，皆谓之虚邪贼风，避之有时，恬淡虚无，真气从之，精神内守，病安从来。是以志闲而少欲，心安而不惧，形劳而不倦，气从以顺，各从其欲，皆得所愿。故美其食，任其服，乐其俗，高下不相慕，其民故曰朴。是以嗜欲不能劳其目，淫邪不能惑其心，愚智贤不肖不惧于物，故合于道。所以能年皆度百岁，而动作不衰者，以其德全不危也。"

他不使形体因为事物而劳累,在内,没有任何思想负担,以安静、愉快为目的,以悠然自得为满足,所以他的形体不益衰惫,精神不益耗散,寿命也可达到百岁左右。

其次,有称为"贤人"的人,能够依据天地的变化、日月的升降、星辰的位置,以顺从阴阳的消长和适应四时的变迁,追随上古真人,使生活符合养生之道,这样的人也能增益寿命,但有终结的时候。①

《黄帝内经》反复告诉人们,人的生活必须遵守阴阳调和的法则,才能达到健康长寿的目的,如果违背阴阳调和的法则,就必然引发人体机能的混乱,从而导致疾病的发生:

四时阴阳的变化,是万物生命的根本,所以圣人在春夏季节保养阳气以适应生长的需要,在秋冬季节保养阴气以适应收藏的需要,顺从了生命发展的根本规律,就能与万物一样,在生、长、收、藏的生命过程中运动发展。如果违逆了这个规律,就会戕伐生命力,破坏真元之气。因此,阴阳四时是万物的终结,是盛衰存亡的根本,违逆了它,就会产生灾害,顺从了它,就不会发生重病,这样便可谓懂得了养生之道。

对于养生之道,圣人能够加以实行,愚人则时常有所违背。顺从阴阳的消长,就能生存,违逆了就会死亡。顺从了它,就会正常,违逆了它,就会乖乱。相反,如背道而行,就会使机体与自然环境相抗拒。

因此,所谓医术最高明的人,不等病已经发生再去治疗,而是治疗在疾病发生之前,如同不等到乱事已经发生再去治理,而是治理在它发生之前。如果疾病已发生,然后再去治疗,乱子已经形成,然后再去治理,那就如同临渴而掘井、战乱发生了再去制造兵器,那不是太晚了吗?②

人体的健康、医治、养生、长寿之道在于阴阳平衡。治理国家的道理,虽然与人体的健康有重大差别,但就治理的基本道理而言,则是相同的,都在于阴阳的

---

① 《黄帝内经·上古天真论篇第一》:"上古有真人者,提挈天地,把握阴阳,呼吸精气,独立守神,肌肉若一,故能寿敝天地,无有终时,此其道生。中古之时,有至人者,淳德全道,和于阴阳,调于四时,去世离俗,积精全神,游行天地之间,视听八达之外,此盖益其寿命而强者也,亦归于真人。其次有圣人者,处天地之和,从八风之理,适嗜欲于世俗之间。无恚嗔之心,行不欲离于世,被服章,举不欲观于俗,外不劳形于事,内无思想之患,以恬愉为务,以自得为功,形体不敝,精神不散,亦可以百数。其次有贤人者,法则天地,像似日月,辨列星辰,逆从阴阳,分别四时,将从上古合同于道,亦可使益寿而有极时。"

② 《黄帝内经·四气调神大论篇第二》:"夫四时阴阳者,万物之根本也。所以圣人春夏养阳,秋冬养阴,以从其根,故与万物沉浮于生长之门。逆其根,则伐其本,坏其真矣。故阴阳四时者,万物之终始也,死生之本也,逆之则灾害生,从之则苛疾不起,是谓得道。道者,圣人行之,愚者佩之。从阴阳则生。逆之则死,从之则治,逆之则乱。反顺为逆,是谓内格。是故圣人不治已病,治未病,不治已乱,治未乱,此之谓也。"

平衡。

因此,老子的政治哲学也把阴阳思维视为国家治理的基本方法。虽然在《老子》一书中,只有这一处明确使用了阴阳的概念,但可以见到阴阳思维像一根红线贯穿在整个《老子》书中,全书使用了大量的阴阳对举概念,这些主要概念包括以下:

(1) 恒道—非恒道;恒名—非恒名;无—有;恒无欲—恒有欲。(1章)

(2) 美—恶;善—不善;有无相生,难易相成,长短相形,高下相倾,音声相和,前后相随。(2章)

(3) 可欲—无欲。(3章)

(4) 后其身—身先,外其身—身存;无私—有私。(7章)

(5) 有为利—无为用。(11章)

(6) 宠—辱;得—失;有身—无身。(12章)

(7) 古—今。(14章)

(8) 曲则全,枉则直,洼则盈,敝则新,少则得,多则惑。(22章)

(9) 不自见,故明;不自是,故彰;不自伐,故有功;不自矜,故长。(22章)

(10) 道—德;信—不信。(23章)

(11) 自见者不明,自是者不彰,自伐者无功,自矜者不长。(24章)

(12) 重—轻;静—躁。(26章)

(13) 救人—弃人;救物—弃物;善人—不善人。(27章)

(14) 雄—雌;白—黑;荣—辱。(28章)

(15) 或行或随,或嘘或吹,或强或羸,或载或堕。(29章)

(16) 吉事—凶事。(31章)

(17) 歙—张;弱—强;废—兴;取—与;柔弱—刚强。(36章)

(18) 上德—下德;不德—有德。(38章)

(19) 明道若昧,进道若退,夷道若颣,上德若谷,大白若辱,广德若不足,建德若偷,质真若渝,大方无隅,大器免成,大音希声,大象无形。(41章)

(20) 损—益。(42章)

(21) 大成若缺,大盈若冲,大直若屈,大巧若拙,大赢若肭。(45章)

(22) 有道—无道。(46章)

(23) 出生入死。(50章)

(24) 亲—疏;利—害;贵—贱。(56章)

(25) 善人—不善人。(62章)

(26) 大—小;多—少;难—易;大—细。(63章)

（27）上民—下民；先民—后民。(66章)

（28）知—不知；病—不病。(71章)

（29）司杀者—代司杀者。(74章)

（30）有余—不足。(77章)

（31）信—美；善—辩；知—博；利—害；为—不争。(81章)

再进一步分析和总结《老子》一书的内容，可以从中整理出以下24对重大的政治阴阳对举关系：

(1) 圣人、圣治—百姓、民治的关系；

(2) 圣人(执政者、领导者)—官员(吏)的关系；

(3) 有为、有事—无为、无事、不争的关系；

(4) 平等—差异的关系；

(5) 在百姓之中—引导百姓的关系；

(6) 善—恶关系；

(7) 进取有为—知退知止关系；

(8) 爱民—治国关系；

(9) 今、现实—古、历史关系；

(10) 公共价值—政治伦理关系；

(11) 法治—智治关系；

(12) 人类社会—天地自然关系；

(13) 柔弱—刚强关系；

(14) 战争—和平关系；

(15) 用正—用奇关系；

(16) 民自化—得道者引导关系；

(17) 民自富—损有余补不足关系；

(18) 政闷—政察关系；

(19) 大国—小国关系；

(20) 本国—天下、外国关系；

(21) 大事、难事—小事、易事关系；

(22) 为之于未有—不敢为天下先关系；

(23) 公—私关系；

(24) 少私寡欲—甘美安乐关系。

因此，所谓老子的政治哲学，就是用阴阳思维来处理这些不同的政治对举关系，或者说，老子的阴阳思维对处理政治领域的重大的相互关系具有指导意义，有益于人们在处理这些关系时,不走极端,更容易接近这些政治关系的本质,从中寻找它们发生与发展变化的规律。换言之,政治的本质,就是以阴阳思维处理好这些重大的政治对举关系。

用阴阳思维来处理这些政治的重大对举关系,国家治理就和平、就稳定、就发展、就有序、就平衡。相反,违反阴阳规律,以一元论、一根筋、非阴即阳、有阴无阳、有阳无阴、阴阳对抗、以阴代阳或以阳代阴,就恶性竞争、就失衡、就无序、就混乱、就灭亡。

古今中外政治历史其实都可以证明老子的政治哲学的这一总规律:一切政治问题都是国内外的阴阳不协调引起的;政治相对和谐的社会和国际关系,也是阴阳关系的相对协调。

在这些阴阳关系中,有一对阴阳关系也可以用来概括老子的政治哲学,那就是"道法自然"与"无为而治"。"道法自然"是老子政治哲学的总价值观,"无为而治"则是老子政治哲学的总原则。

第六章

# 无为而治：老子政治哲学的总原则

"无为而治"，是"无为无不为"的天道在人类社会政治生活中的具体表现，是依道治理国家的总原则，是治理天下的根本之法。

老子政治哲学的复杂体系，千言万语，用四个字来概括，就是"无为而治"。

"无为"不是什么也不做，什么也不为；"无为"就是按规律而为，按事物发展的内在逻辑而为。"无不为"也不是什么都能做，而是指"无为"的结果，按规律办事，按事物发展的内在逻辑办事，就能取得相应的结果。

根据道的显明与微隐程度和人的主动性发挥程度的大小，"无为"又分"消极无为"和"积极无为"。道显明，而人按道而为时能动作用小的作为，是"消极无为"；道隐幽，而人按道而为时能动作用大的作为，是"积极无为"。

《文子·下德》指出：无为而治是道家治理国家的核心思想，掌握无为的宗旨，就可以治理好国家的各种事务了。[①]

## 一、什么是"无为""无不为"？

"无为而治"的思想，是老子直接效法天地自然的运作规律而提出来的治国思想。

老子在观察万物天地自然的发生、发展、生生灭灭的现象时发现，万事万物、天地自然的各种现象是极为复杂的，那么是什么东西在主宰着、支配着这一切呢？在万事万物、天地自然的背后，是否有一种强大的、超人的力量在事先计划、安排这一切呢？老子通过自己的观察研究，得出了一个结论，就是万事万物、天

---

[①] 《文子·下德》："故无为者，道之宗也。得道之宗，并应无穷。"

地自然的一切现象都是自发、自为、自生、自灭的,并没有什么神仙上帝,并没有什么万事万物、天地自然的主宰者。

万事万物、天地自然生生灭灭的一切现象,都没有什么"为",没有什么人为的、主观的、预先的计划和安排,万事万物都只是在顺着自己的本然、本质、规律在生生灭灭,这就是"无为";但万事万物、天地自然又是那么丰富、那么美妙、那么和谐、那么伟大,这就是"无不为"。

既然万事万物、天地自然这么复杂的世界都能靠自发的力量安排得这么井井有条,这么和谐美妙,可见,人类社会也是可以按这样一种方式来运行的。因此,老子从万事万物、天地自然的无为无不为的规律中,得出了人类社会政治哲学的总原则,就是"无为而治"。"无为而治",就是"无为无不为"在人类社会政治哲学中的体现。

这一思想过程和思想轨迹,也完整地体现在《老子》一书中:
- 圣人处无为之事。(2章)
- 为无为,则无不治。(3章)
- 爱民治国,能无智乎?(10章)
- 道恒无为而无不为。(37章)
- 上德无为而无以为。(38章)
- 吾是以知无为之有益。不言之教,无为之益,天下希及之。(43章)
- 损之又损,以至于无为。无为而无不为。(48章)
- 我无为而民自化。(57章)
- 为无为,事无事,味无味。(63章)
- 是以圣人无为,故无败。(64章)

除此之外,还有一段话,虽然没有出现无为无不为或无为而治的字句,但其思想却是非常明显地表现出无为而治的意思:
- 太上,下知有之;……功成事遂,百姓皆谓"我自然"。(17章)

如何理解"无为无不为"? 如何理解"无为无不治"?

过去有些人常把"无为"理解为消极、什么事也不做,经常把"无为"理解为"不要行动""无行动";还有人理解为表面上无为,表面上不做,暗地里什么都做,无为就是无所不为,就是什么事都做,无论是好事还是坏事;还有的认为,"无为"就是"反对社会上的一切变革,这就是反历史主义"[1]等。这些是对老子无为无不为的误解。

---

[1] 沙少海、徐子宏:《老子全译》,贵州人民出版社1989年版,第3页。

在汉语中,"为"字有着悠久的历史,早在甲骨文、金文和石鼓文里就已经出现。一些现代学者曾根据它的象形构造,指出了它所具有的原初语义:"从爪从象,意古者以助劳其事"(罗振玉);"象以手牵象助劳之意"(商承祚);"盖示以象从事耕作"(郭沫若)。由此可见,"为"字在最初形成的时候,主要是指人们从事的农业生产活动("助劳""耕作"),"为"字在古汉语中的通行语义,主要是指人们从事的创造制作活动,也作目的、为了什么的意义使用。

如何理解无为?无不为?

老子的"无为无不为",其实不是两种行为方法,而是一种行为的两个方面,是一体两面,一体两个因素,而非两体,非两个事情。"无为"就是"无为无不为"的简称,"道常无为而无不为",只有"无为",才能"无不为",要想"无不为",必须"无为"。

吕思勉解释说,"无为非无所事事之谓,谓因任自然,不参私意耳"。①

李约瑟说,几乎所有翻译家都把"为"字译成"行动",而"无为"这一道家最伟大的口号就变成了"不行动",大多数人在这一点上是理解错了。李·约瑟认为,老子所谓的"无为",是指不做任何违反自然的事,不做反常或不合事物本性的事,不做注定要失败的事。②

首先,"无为"绝不是什么事也不做。

试想,一个人一生中,为了生存,为了发展,为了繁衍后代,要做多少事?不做事,人无以生存,无以发展,这是基本和简单的道理,也是"道"的反映。以老子的大智慧,他怎么能说什么事也不做是无为,怎么能说什么事也不做就是天道呢?

其次,"无不为",也绝不是什么事都做。

试想,一个人的精力和智慧都是有限的,整个人类在宇宙面前也是极为渺小的,人不能超出自己的能力去做任何事情,人只有在一定的前提范围内才能有所为。因此,"无不为"就是人在这个条件和范围内活动,绝非不分好事与坏事什么都做,"无为与无不为"的前提就是看事情是否符合"道",是否符合自然,是否合乎事物的本质和规律。

"道"是自然,"道"不刻意做什么,让万物自然生长,让水流顺势而下,让日夜自然更替,让四时自然交换,这就是无为。

道是自然,道能做一切事,道生万物,道无所不在,道无所不能,因此,道又是无不为的;"道"作为万物之源,能生化能养育,就是所谓"道生一,一生二,二生

---

① 吕思勉:《先秦学术概论》,广西师范大学出版社2012年版,第10页。
② (英)李约瑟:《道家与道教》,余仲珏译,http://www.douban.com/group/topic/16312194/。

三,三生万物"。这就是道"无不为"。

"无为"的对立面是"有为"。

"有为""无为"的"为"字面上一样,但意思则不同:有为的"为"是指与自然而然相对立的人为之为,是指不顾事物的内在本质、内在规律、内在逻辑之为,依仗人的权力、人的意识、人的智巧、人的能力,对事物强行施加的外在行为。"无为"之"为",则是指不要有这种与自然而然相对立的人为的、主观的目的。"无不为"的"为",则是指按照事物本身的规律和法则作为,凡是符合这种自然而然发展规律和法则的,一切都是可以作为的,就没有什么是不能作为的。①

《文子·自然》篇在阐述"无为"的内涵时说:无为就是不能把个人的主观和私心加入公事过程中,个人的爱好不可挂上合法地位;根据事物的道理而举事,依据社会的资源而建功,一切都要按事物发展的规律的趋势而动,不容许人为主观地曲解事物发展的趋势。按照事物的趋势办成了事情,是顺势而为所成,用不着夸耀个人的才能;事情办成了是顺道而为的结果,用不着树立个人的名声。所谓"无为",好比顺水行舟,沙地行沙车,泥地用泥车,山地用山车,夏季多雨则开渠,冬天水枯则筑堤,山因地势而高,池因地势而洼,这一切都是道法自然的结果,并非人们的主观所为。②

《淮南子·原道训》对老子的无为也有精到的理解,认为"万物有所生,而独知守其根;百事有所出,而独知守其门。故穷无穷,极无极,照物而不眩,响应而不乏,此之谓天解",无为就是按规律办事,所以"得在时,不在争;治在道,不在圣;土处下,不争高,故安而不危;水下流,不争先,故疾而不迟"。

胡适依司马谈、《淮南子》对道的无为的理解指出:

"道是自然流动变迁的,故'无成势,无常形',一切都依着自然变迁的趋势,便是'因循',便是守'时变',时机不成熟,不能勉强,故'不为物先',时机成熟了,便须因时而动,故'不为物后',在政治上的态度便是既不顽固,也不革命,只顺着时变走,这是道家的无为主义。"

"无为并不是不做事,只是'不为物先',只是'因时为业',这便是《淮南子》所谓'漠然无为而无不为也,淡然无治而无不治也。所谓无为者,不为物先也;所谓无不为者,因物之所为也。所谓无治者,不易自然也;所谓无不治者,因物之相

---

① (英)李约瑟:《道家与道教》,余仲珏译,http://www.douban.com/group/topic/16312194。
② 《文子·自然》:"谓其私志不入公道,嗜欲不枉正术,循理而举事,因资而立功,推自然之势,曲故不得容,事成而身不伐,功立而名不有;若夫水用舟,沙用□,泥用辅,山用樏,夏渎冬陂,因高为山,固下为池,非吾所为也。"

然也。"①

当然,理论解释什么是无为可以比较简单,但具体到什么事情是无为、什么事情是有为时,就是一个很复杂的问题。

比如张松辉先生在《老子研究》中有一章专门研究什么是"无为",文字上解释得很好,指出"无为"绝不是什么事情都不做,而是顺应客观规律去做事,该做的就做,不该做的就不做;但在具体解释什么是"无为"时,又说"用刑就是有为,只是用刑的人不是圣王,而是圣王手下的司法官员",所以老子也是"君无为而臣有为"。②

其实,用不用刑本身并不能说明是"无为"还是"有为"。关键在该不该用刑。如果把对杀了人的"奇者"还不用刑理解为"无为",对杀了人的"奇者"用刑就是"有为",显然是没有理解"无为"的精义。凡是按道、按政治规律、按政治本质对该杀的人用刑,不是什么"有为",而是"无为";相反,对凡是该杀的人不杀、不用刑,也不是什么"无为",而是不为、不作为,也是一种人为的"有为"。

## 二、什么是"无为而治"?

因此,无为而治,就是把天地自然中的无为无不为的规律、本质运用于人类社会对国家和社会的治理过程中的总原则。

"无为而治"就是"治大国若烹小鲜"。煎小鱼也是一种治,是一种"为",但它的为就是一种顺势而为的"为"。如果不烹,小鱼就不鲜美,所以必须有所"为"。但这个"为"必须讲艺术、讲水平、讲道,就是不烹不熟不能吃,但过烹、过熟、过烂,把小鱼烹成了烂糟糟的鱼碎碎,也没法吃,所以烹小鲜的无为就是稍烹、小烹,掌握火候。这种"无为"就是一种"为",可以既把鱼做熟了又不把小鱼做得烂糟糟。

治理国家也是如此,既不能什么都做,也不能什么也不做。正如唐太宗所说,"烹小鲜者,不可挠,治大国者不可烦,烦则伤人,挠则鱼烂矣"③。

什么都做,就是违背天地自然的无为无不为的规律和本质,也违反人类社会发生、发展的规律和本质,同时,人类靠自己的聪明智巧,其实能力也很有限,许多事都是做不好的,所以不可能什么都做,只能做那些属于自己应当做也有能力

---

① 胡适:《胡适讲国学》,吉林人民出版社 2009 年版,第 110 页;原文见《淮南子·原道训》。
② 张松辉:《老子研究》,人民出版社 2009 年版,第 163 页。
③ 转引自李世东、陈应发、杨国荣:《老子文化与现代文明》,中国社会出版社 2008 年版,第 11 页。

做并且可以做好的事。什么都做,一定会产生各种乱为、妄为,一定会造成国家的灾难。

什么也不做,也同样违背国家和政治的本质与规律。什么也不做,就是国家的失职,就是国家的无能,就是国家的不作为,就是国家领导和官员的渎职。什么也不做,国家就会失序,社会就会混乱,外敌就会入侵,国家就会灭亡,民族也会面临巨大的灾难。

所以说,一方面,国家、政府必须承担自己的管理职能;另一方面,这种管理又不能管得太多、太大、太细,管得太多、太大、太细则社会无活力,人民无自由,国家政府也管不好。

无为而治,就是反对无政府的不治,也反对有为、乱为、妄为的人治。

无为而治,就是官不扰民,少兴各种土木工程,少打战,让民清静,与民休养生息。

无为而治,就是薄赋少税,藏富于民。

无为而治,就是既反对无法无天,国不能一日无法,但也反对严刑峻法。

无为而治,就是既反对愚民政策,也反对以人为的智、礼、义强施于民众。

无为而治,就是政府的政策要有一定稳定性、连续性,反对经常频繁地改变政策让民众无所适从。

无为而治,就是"不尚贤,使民不争;不贵难得之货,使民不为盗。不见可欲,使民不乱"(3 章)。就是使人不崇尚贤能之辈,方能使世人停止争斗;不看重珍奇财宝,方能使世人不去偷窃;不诱发邪情私欲,方能使世人平静安稳。

无为而治,就是"其政闷闷,其民淳淳。其政察察,其民缺缺"(58 章)。这就是说,一国的政治不能管得太多、太细,而应宽松一些、粗一些、少一些,让人浑然无觉,其人民便淳朴敦厚。如果一国的政治管得太多、太细、太小、太严,似乎能明察秋毫,反而让其人民尖刻而生怨恨。

无为而治,就是"太上,下知有之;其次,亲而誉之;其次,畏之。其次,侮之。信不足焉,有不信焉。悠兮其贵言,功成事遂,百姓皆谓'我自然'"(17 章)。

这里,老子按照对无为的理解和百姓与政府的关系,把国家的治理分为四个等级:

第一个层次,是国家治理最坏的,就是国家和政府经常欺负侮辱老百姓,让百姓无法生存,也被百姓所痛骂。

第二个层次,是老百姓对其感到敬畏。

第三个层次,是老百姓对其赞誉有加并且愿意亲近的政府。

第四个层次,是国家治理的最高境界:真正得到无为而治的精髓的,是统治者、政府为老百姓做了许多事老百姓还不知道,就是那种功成事遂,百姓还以为这是自然而然的,这才是无为而治的最高境界。

因此,治理国家,就是为百姓提供自富、自化、自正、自朴的良好环境,以百姓之心为治国之本,使执政者不要违反政治治理的本质、规律而胡为、乱为、妄为。

胡适在论说无为而治时曾指出,"在政治方面,道家主张'无为',主张'不为物先',主张'不以人易天'。天是自然,人是人功。他们反对'用自己而背自然',但也不要顽固守旧;只要'循理而举事,因资而立功',不为物先,也不为物后,不革命,却也不反革命!一切'推自然之势'的,都可以叫作'无为',凡顺着自然之势的,虽是有为,仍可说是无为"。①

## 三、"消极无为"与"积极无为"

"无为"不是什么也不做。什么也不做,可能是无为,也可能是一种人为,甚至也是妄不为。"无为"就是遵道而行,"无不为"就是遵道而行的结果,所以,"为"与"不为"是根据是否合道来决定和判断的。

因此,人们是否识道、能否准确地认识道,又成了无为无不为的关键。但是,道是可道的,可道之道又是不可能周全的,这就产生了人的认识与道之间的一大难题:人们如何才能知道、判断我认识的道是否是真正的事物的本质或规律呢?

这也是人与动物植物的最大区别。物质世界的生命体,虽然动物也有一部分与人类相同的功能,但所有的生命体,除了人类之外,都没有进行主观选择的能力。物质世界的这些生命体,都只有接受客观世界的一切外在影响,或者只能在很小的范围内进行很有限的选择。

因此,"无为无不为"是物质世界的普遍现象。消极无为是物质世界的普遍现象。而人类社会,因为每个人都能思想、都能选择,有一定的能力,不可能像物质世界那样完全"无为",人类世界在面对一个客观事物与客观现象时,肯定会有自己的反应与选择,在认识世界的过程中加入人的主观判断和主观选择。

人类也做不到物质世界那样的"无不为",因为人类世界的认识能力、行动能力有限,即使主观上希望完全按照客观规律行事,也不可能得到物质世界那样完满的结果。

人类世界只能争取尽量按照客观规律去作为,尽量争取合乎客观规律的结果。因此,在人类的无为无不为与天道的无为无不为之间,就出现了一个较大的

---

① 胡适:《胡适讲国学》,吉林人民出版社 2009 年版,第 85-86 页。

差距。

仔细研读《老子》全书,会发现老子实际上向人们提示了两种不同的道:一种道是显现而明白的,一种道是隐幽而玄奥的。前一种道是不需要人们太多发挥主观能动作用就能把握认识的;后一种道,人们即使充分发挥人的主观能动作用,也不能够完全把握。

因此,我们可以根据三个维度来确定"无为之为"的两种性质:

一个是道的显明与微隐程度,一个是人的主动性发挥程度的大小,一个是事情的难易程度。

道显明,按道而为,事情比较简单,人的能动作用小的作为,是"消极无为";道隐幽,按道而为,事情比较复杂和困难,人的能动作用大的作为,是"积极无为"。

前一种道是容易被人们认识的,不需要花费太大的精力就能认识、把握、遵行,不需要人们过多地发挥人的主观能动作用,只需要具备日常生活的常识就能知道一件事、一个行动合道不合道,人们只要根据人的常识去行动就可以了。这种道,是显而明的,容易被人感知,人们在感性层面上就能认识它并遵从它,不需要人们过多发挥人的理性、心性、悟性等主观能动作用,人们根据这种道的指引而发生的行为,就是无为之为中的"消极无为"。

正如前面所述,《老子》为了让人们知道什么是道,曾经有"道之十喻",人们从这些每个人的生活中都能感知的客观现象中,能比较容易地体味到橐龠、玄牝、水、婴儿、车毂、埏埴、户牖、愚人、江海、张弓之喻中所体现出的道,这些道都是人们易知易行的。人们根据这些显而明的道去作为,就是合道的"消极无为"。

这种"消极无为",也好比一般人会根据日出而作、日入而息的规律安排自己的作息时间,好比人在饥饿时选择进食食物,好比寒冷时会自动选择添加衣服,好比人在河水流缓的溪流中顺水行舟。

《黄帝四经·称经》指出,植物不能违背自然生长规律而提前成熟,也不能不适时地开花茂盛。提前成熟会毁败,不适时地开花茂盛也不会有好的结果。太阳出来就是白天,月亮升起就是夜晚;夜晚人要休息,白天人要劳作。[①] 这些都是消极无为。

老子以江海之水流成广成大的例子,说明了自然界中大道消极无为的特性。江海之所以能成百谷王,是因为江海居处小河、小溪之下,而水具有向下流的本性,水趋下,是水的天然本性,在任何情况下都趋下,用不着也没有选择的余地;

---

[①] 《黄帝四经·称经》:"毋先天成,毋非时而荣。先天成则毁,非时而荣则不果。日为明,月为晦。昏而休,明而起。"

江海处下,也是江海的天然本性,在任何情况下江海都处下,用不着也没有选择的余地。因此,我们从江海处下和水流趋下的例子,可以把消极无为概括为两个特点:其一,大道显而明,大道的规律明显;其二,行为方顺势的行为简单,用不着花费太多的精力去思考、去选择、去判断。但是,老子还向人们提示了大量的隐幽而玄奥之道。这种道,通常不容易被人们认识,或者说,需要人们充分发挥其理性、心性、悟性的主观能动作用,才能有所体会,才能有所体悟,而有一些极隐幽、极玄奥的道,通常只有极少数悟道很深的人,才能勉强有所体悟、勉强能对其进行言说。

《文子·微明》指出,"道,可以弱,可以强;可以柔,可以刚;可以阴,可以阳;可以幽,可以明"。到底道应该如何认识,需要人们进行主观判断选择,然后才能依道而行。根据这种道采取的作为,虽然融合了人的主观能动作用,但这不是老子反对的人们根据主观意识的妄作、妄为、胡作、非为的"有为",而是合乎按事物本质和规律办事的"无为之为",即"积极无为"。

在《老子》书中,有多处对这种"积极无为"的提示:

● 使夫智者不敢为也。为无为,则无不治。(3章)

要想这些有智巧的人不表现自己的智巧、计谋、意见、心眼,就必须要那些得道之人按照事物发展的本质和规律,采取一些必要的、合理的措施,否则,那些有智巧的人,就会随时表现自己的智巧而乱作为。这个"为无为"之"为",要达到"无不治"的目标,如果执政者仅仅采取一些简单的、不需要执政者发挥主观能动作用的"消极无为",是不太可能达到目标的。

● 居善地,心善渊,与善仁,言善信,政善治,事善能,动善时。(8章)

这里所说的"上善若水"的七善,是老子要人们模仿的,其中前四个"善"比较容易实现,因为它主要取决于行为者本身的德性,按有道者的本性就能自然而然地做到,不需要得道者采取什么发挥太大的主观能动性作用,基本上就是所谓的无意识、自组织的过程。

后三"善",无论哪一"善",都需要得道者对事物本身的"道"进行深入的研究,需要得道者对政、事、动的每一个环节进行具体的了解和研究,需要得道者的主观能动作用的发挥,才得恰到好处地施政、力事、行动。

● 是谓无状之状,无物之象,是谓惚恍。迎之不见其首,随之不见其后。(14章)

这里写的就是人们对极隐幽、极玄奥的道的复杂的认识过程,属于"积极无为"的比较困难的一种,大道本身是"惚恍"的,它是"夷""希""微"的,超越了人们的时间、空间的平面思维,靠人们的视听、触角等感性手段都无法认识,必须要靠人们的理性、心性甚至悟性才能把握。

- 微妙玄通,深不可识。夫唯不可识,故强为之容。(15章)
- 吾不知其名,强字之曰道,强为之名曰大。(25章)

这两处提到的"强为之",也属于"积极无为"之"为",因为这里的道的表现过于隐幽、玄奥,但又不得不对人们言说,所以不得不发挥人的主观能动作用去言说它,是"积极无为"。

- 是谓袭明。……是谓要妙。(27章)
- 是谓微明。(36章)
- 是谓袭常。(52章)
- 是谓玄德。(65章)

这几章中老子所使用的"袭明""要妙""微明""袭常""玄德"等用法,其实就是大道"隐幽、玄奥"的表现,要人们特别加以小心才能体会,如果没有人的主观能动作用,这些微妙、奥妙的道,就容易被人们所忽略而无法认识。

《黄帝四经·道原》在分析道的这种微明、要妙之处时指出,天道的那种精微,一般人是无法领会的,它的终极目标,一般人也难以实现。只有圣人才能在无形之道中看出有形之道,在无声之道里听出有声之道,在虚静之道内觉出道之实在。然后,他能进入太虚,与天地之精气相通。明哲之人能观察到宇宙的深远之处。他能知道别人不知道的事情,得到别人不能得到的东西。这样的人,可以说对微妙的东西有很深的洞察力。圣人具有这种察微知末的能力,天下就会归顺他。①

在这些所有的隐幽而玄奥的难以把握的道中,要数"恒道"最难把握、最难认识,也最考验人的主观能动的能量了。因为"恒道"在时间上不可言说,空间上不可言说,逻辑上不可言说,连老子这样大智慧的人,也只能"强为之名""强为之字""强为之容",这里的三个"强"字,道尽了老子的主观能动的极限和局限,既是"勉强之强",也是人类"积极无为"的不可逾越的高峰。

- 不以兵强天下,其事好还。(30章)
- 夫兵者,不祥之器,非君子之器,不得已而用之,铦袭为上。(31章)

老子是反对战争的,因为任何战争都是对生命和财富的毁灭,都会给百姓带来损害,所以,不主动发起战争,不主动打第一枪,这是比较容易被人认识的"消极无为"。但是,既然敌对势力、外部侵略者随时都会把战争强加到本国头上,所以自卫战、正义战又是不得不打的,是一种不得已而为之的行为。既然是战争,

---

① 《黄帝四经·道原》:"精微之所不能至,稽极之所不能过。故唯圣人能察无刑(形),能听无(声)。知虚之实,后能大虚。乃通天地之精,通同而无间,周袭而不盈。服此道者,是胃(谓)能精。明者固能察极,知人之所不能知,人服人之所不能得。是胃(谓)察稽知□极。"

就不可能不争,而且必然是大争,不是你死就是我活,要打赢战争,人们也不能不发挥主观能动作用。战争不仅看武器、人数、物质条件等情况,而且也看参战将军和士兵的各种主观的、能动的能力程度,人们必须认识战争的规律,学会战争的艺术,掌握克敌制胜之道。如何打赢战争,如何打好第二枪,如何把侵略者打败或消灭,这个战争之道,却是十分隐幽、玄奥的,没有什么固定的模式,甚至可以说,战争的规律就是没有规律,所以不得不"以奇用兵",不得不"铦袭为上",不得不以"柔弱胜刚强",必须极大地发挥指挥者的主观能动作用,才能掌握每一场战争的规律和特点,才能真正把握战争之道。因此,"以奇用兵"不仅是"积极无为",而且是对指挥者的智慧、耐力、胆量、德性等个人品性的综合考验。

● 将欲歙之,必固张之;将欲弱之,必固强之;将欲废之,必固兴之;将欲夺之,必固与之。是谓微明,柔弱胜刚强。(36章)

这里的"歙张弱强、废兴取与",只是一种"术",本身没有好坏之分,可以为道者所用,也可以为不道者所用。如果是得道者用之,那么如何用这些方法、策略才能实现合乎道义的目标,也是超越"消极无为"之"为",必须要得道者将这些本有计巧、智谋性质的东西,与道、德融合为一体,而不让这些形而下的"术",反过来削弱和影响"道"与"德",也需要得道者的主观能动作用较大程度地发挥。

● 为无为,事无事。(63章)
● 欲不欲,不贵难得之货;学不学,复众人之所过。(64章)
● 知不知。(71章)

这几章中的"为无为、事无事、欲不欲、学不学、知不知"的用法,其实也是"积极无为"的一种表述形式。这些句式中的第一个字和第三个字,字面上都一样,但表现的内容却是相反,第三个字表现的内容则是老子所要否定的人的主观妄为的"有为"之为,所以加"无""不"等否定词后,就变成了无为、无事、不欲、不学、不知,是"消极无为"之"为",而第一个字所表现的内容,都是"积极无为"之"为",明显要比后面的内容困难得多。

● 孰能有余以奉天下?唯有道者。(77章)

《老子》77章中表述的"损有余以补不足",是天道自然在人道中的表现。怎么才能实现损有余以补不足呢?这也显然不是一般人所能为之的,因为这也是一个复杂的作为,既要发挥百姓和社会的自富自足的天然之道,又要对弱势群体给予关照,即不对那些虽然努力劳动但仍然不能保证生存需求的人给予特别的关照,以使全社会不出现"弃人",但又不能反过来损伤了那些通过自己的勤劳得以致富的群体的积极性。这也是一个需要得道者高度智慧的"积极无为"之为,所以老子说,这是一个只有"有道者"才能实现的高难度的目标。

因此,"无为而治",实际上也包括了两个不同的部分:一部分是"道"显明而简单,不需要人们进行发挥太大的主观能动作用就能实现的"消极无为"之为;另一部分是由于"道"隐幽、玄奥,需要人们积极发挥主观能动作用才能认识的"积极无为"之为。两者的表现形式不同,但其本质是共同的,都是要按照事物的本质和规律而为。

楼宇烈先生曾指出:"在道家内部存在着消极'无为'与积极'无为'两种不同的学说,他们对于'无为'思想精神的理解是很不相同的。道家的庄子学派总的来说比较偏向于消极的'无为',而道家的老子学派所说的'无为'就不完全是消极的了。而《淮南子》一书中,其中论及'无为'的思想处,有许多积极的方面。"①

道家后学的《文子》《黄帝四经》《庄子》等书,都对老子的"消极无为"与"积极无为"有所发挥和论述。

文子认为,不能把老子的"无为"理解为只是受到外力的压迫和刺激之下而被迫单向做出的反应,人的消极无为与积极无为,就好像是冰冻与融化一样,是两种不可能完全分开的状况。尤其不能理解为,冻结起来就不知道流动,卷握起来就不知道散开。冻结是顺乎规律的,流动也可以是合乎规律的;卷握是合乎规律的,散开也可以是合乎规律的。冻结还是流动,卷握还是散开,要视事物发展的趋势和规律。②

《黄帝四经·十大经·姓争》认为,妄肆争斗者有凶殃,然而一味不争的也无成功可言。自然社会的规律便是:顺随天道的就能兴昌,违逆天道的就会败亡。不违背天道,就不会失去自己所固有持守的东西。③

尤其是《淮南子·修务训》,第一次对把"无为"视为清静、不行动的理解提出了质疑,并对"无为"进行了新的解释。《淮南子·修务训》开篇就说,把"无为"仅仅解释为"寂然无声,漠然不动,引之不来,推之不往"是有问题的,所以它公开表示"吾以为不然",并以神农、尧、舜、禹、汤五位圣人的例子来说明什么是"无为"

---

① 楼宇烈:《国学课十三堂》,北京大学出版社 2008 年版,第 52、53 页;当然,楼先生所说的消极"无为"似乎就是一种什么都不做,也与本书所说的"消极无为"含义不同,本书所说的"消极无为"与"积极无为",都是合乎规律的、积极的,这里的"消极无为"也没有楼先生所说的那种"消极逃避、什么都不做"的内容。黄老之道的"臣道无为"中的积极内容,也不能被视为本书所说的"积极无为"。"积极无为"也不能视同为儒家的"有为",只有合乎规律的"有为",才与"积极无为"相容。比如孔子的"不可为而为之"的内容,在儒家看来,都是"有为",都是"积极"的,但从老子"积极无为"的意义上说,则不能如此说。如果是指恢复周礼,对道家来说,就是不合规律的"主观妄为"的"有为";如果是指孔子为办教育、培养"仁、义、礼、智、信"的君子等行为,则与老子的"积极无为"相合。

② 《文子·自然》:"所谓无为者,非谓其引之不来,推之不去,迫而不应,感而不动,坚滞而不流,卷握而不散。"

③ 《黄帝四经·十大经·姓争》:"作争者凶,不争亦毋以成功,顺天者昌,逆天者亡。毋逆天道,则不失所守。"

的真精神,"以五圣观之,则莫得无为明矣"。

在《淮南子·修务训》的作者看来,神农教民众播种五谷,在品尝百草地时一天就遇到有毒的植物和水源七十次;尧建立仁爱的道德规范,四面扩张,将共工三苗流放远方,将治水不力的鲧处死;舜教民众筑墙造屋,建立家室;禹带领民众疏通长江、黄河,整治水土;商汤使百姓富裕,使政教法令能行天下,以武力将夏桀政权推翻;所有这五位圣人做的事,都是要竭尽思虑,为百姓兴利除害而不松懈。"忧民如此其明,而称以'无为',岂不悖哉?"他们的行为用什么也不做的"无为"来解释,难道不是十分荒谬的吗?

《淮南子·修务训》第一次以是否按规律办事来分别"无为"与"有为",顺自然就是"无为","所谓无为者,私志不得入公道,耆欲不得枉正术,循理而举事,因资而立功,权自然之势,而曲故不得容者;政事而身弗伐,功立而名弗有。非谓其感而不应,攻而不动者"。背离自然之事,比如用火烤干井水,"故谓之为有为",而顺应自然那些事,比如用船在水中行,按照高低形成梯田,在低洼地修建池塘,就不是"有为"。虽然《淮南子·修务训》的作者没有区分"消极无为"和"积极无为"的概念,但"积极无为"的观念,已经呼之欲出了。

孙思昉先生早在80多年前就已经提出了这两个概念,认为"无为而无不为,此其积极之义;无为,此其消极之义也",虽然他提的"消极无为"和"积极无为"与我定义的有很大不同,但遍读诸家,皆没有发现有此区分者。只此一点,就必须得说,孙思昉先生对老子的政治思想很有见地!

孙思昉认为,老子的"无不为"就是"积极无为"。什么是"积极无为",孙思昉认为,就是韩非子所说的"物有所宜,材有所施,各得其宜,故上下无为,使鸡司晨,令狐狸执鼠,各用其能,上乃无为也。能分理物材之所宜,使各当其能,各尽其职,物皆自为,故物物者者可以无为也"。

当年诸葛亮治蜀时,有大夫杨颙曾谏言说:"为治有体,上下不相相侵,请为明公以作家譬之。今有人使奴执耕稼,婢典炊务,鸡主司晨,犬主司盗,牛喘重载,马涉远路,私业无旷。所求皆足,雍容高枕饮食而已。忽一旦尽欲以身亲役,不复付任,劳其体力,为此碎务。形疲身困,终无以成。岂其智之不如奴婢鸡狗哉!失为家主之法也。是以古人称坐而论道,谓之三公;作而行者,谓之士大夫。故陈平不肯知钱粮之数,云自有主者。彼诚达于位分之体也。"因此,杨颙比庄子、韩非子说得还要好,所以治国理政的治理之道,主要就是分工合理,分工越细越省力,省之又省,以至于无为。治天下的道理也是这样,所以"孔子论舜无为而治。舜之所以无为,以能明庶物察人伦。使禹治水,使皋陶治刑,使弃治农,使契治教,使垂治工,使伯夷治礼,使夔治乐,使益治山林,分理极精,而用之,各当其材也。这也是无为而治的真谛。世人狠以为无为为无所事事，好比是晋人清谈之误国，岂不大谬哉！"①

## 四、道法自然中人的能动性

有相当多的人误解老子道法自然的思想，认为老子是要人类做大自然的奴隶。所谓奴隶，就是只作为工具和牲口等物性，是没有选择性、自主性的动物。但老子却明明白白告诉人们，人与自然界不是谁奴役谁的对抗性关系，而是在人类承认自然界的规律、承认人类也是自然的一部分的前提下的和谐关系。《老子》书中除前面的"辅万物之自然"(64章)论及人类要遵守自然规律、顺从和辅助自然外，还有三段话论及人与自然的这种和谐关系：

● 道大，天大，地大，人亦大。域中有四大，人居其一。(25章)

（因为道的道性是"大"，为道所生成的天、地、人，也跟随道具有了"大"的特性，宇宙天地之间有四大，人也是其中之一。）

● 侯王若能守之，万物将自宾。(32章)

（执政者若能持守大道无名而微细的纯朴之德，对百姓的活动不强加干预，百姓就可以自化、自富，自然界也将为百姓提供丰富的资源，从而服务百姓。）

● 道恒无为而无不为，侯王若能守之，万物将自化。(37章)

（大道是无为无不为的。执政者如果能和万物一样，遵守大道自化、无为无不为的道性，去顺从社会和民众，那么社会和民众也将和万物一样，自主地按照本性中的自然智慧去化育自己。）

老子在这些论述中讲的人为四大之一、万物自宾、万物自化，哪里有什么人是大自然奴隶的意思？

前面论述什么是无为时，已经分析了《老子》一书中大量的人类应当"为无为"，即"积极无为"。同时，老子还有大量论述人主动性发挥的内容，人并非完全被动地模仿大自然的规律和现象，而是要在如何认识道法自然的规律、道的道性、如何无为无不为方面发挥自己的主动性，除了前面所述的消极无为和积极无为的内容外，也有论及人如何选择的自主性。

所谓无为无不为，在自然界是自然而然实现的，因为自然界的事物没有主观能动性，通过本能做出选择和判断的空间较小；而人类则不然，相对自然界存在的各种动、植物，人天生具有的选择能力要强大得多。自然界的动、植物很难做

---

① 孙思昉：《老子政治思想概论》，上海商务印书馆1933年版，第36、39页。

出伤害生命和健康的选择,它们的选择与自然环境之间存在正相关关系,彼此之间的选择差别不会太大;而人类则不然,人类受到各种非理性、非自然的诱惑,会经常做出伤害生命、伤害他人、伤害环境的蠢事,而且彼此之间的差别非常大,甚至完全相反。

一千只羊面对一只虎狼,除了逃命外毫无办法,只能成为狼的餐中肉;羊在自然选择序列中,是弱者。

按人的动物性来说,人也没有利齿,也没有太强大的力量,面对虎狼,人也应该与羊一样,成为虎狼的餐中肉,但作为有理性和选择的人却与羊不同。这种选择也可能是截然不同的:一个人有可能战胜一只虎或一只狼,所以有武松打虎的故事。另一种选择,是某一傻和尚觉得饿虎可怜,会舍身饲虎。但老子无论如何不会让人与羊一样等着成为虎狼的餐中肉。人的选择应该是按自然给予人的生命的那种选择:贵身。

因此,《老子》一书有多处谈到这种"去彼取此"的选择,比如:

(1) 对生活方式的选择。

你是选择追求刺激感官、奢侈糜烂的"快乐",在五色、五音、五味、驰骋田猎和难得之货的刺激诱惑下,严重损害人的健康和生命,迷失人的本性,了此一生,还是选择生活简朴、合乎道与德性的生活?这是物质刺激与实现生命意义的选择。故得道者应当"为腹不为目,故去彼取此"(12章)。

(2) 对政治制度的选择。

每个人都可以从天道自然的环境中观道、体道,但每个人的具体环境不同,对道与德的体悟能力不同,因此,做出的判断和选择也不同。只有对天道自然领悟最深的得道者,才能真正做到自然而然地适应、顺应事物发生与发展的规律,程度相对较高地达到无为无以为的境界,其次是为之无以为,其次是为之有以为,其次是为之莫之应,最次的就是完全人为地、主观地胡为、乱为、妄作。因此,老子提醒人们,上德为道治,上仁为仁治,上义为义治,上礼为礼治,这些不同的政治形态,无为无不为的程度各不相同。只有道治能无为而无以为;仁治只能上仁为之而无以为;义治是为之而有以为;最差的礼治是为之而莫之应,最后变成无为无不为的反面,就是采取强制手段"攘臂而扔之"来实现治理。所以,礼治只是"忠信之薄而乱之首也;……道之华而愚之始也"。因此,得道者应当"处其厚,不处其薄;居其实,不居其华。故去彼取此"(38章)。只有选择道治,才能无为无不为。

(3) 要不要尊重老百姓生活权利的选择。

国家治理的根本目的,在于为老百姓的自富、自化、自正、自朴提供良好的政治环境。政治的这一本质决定了执政者必须始终把老百姓的生死、老百姓的生存发展放在首位,而绝对不能用各种措施去阻挠老百姓的生活,用行政手段堵塞老百姓的民生之路,不能以执政者的个人利益损害老百姓的权利。"是以圣人自知不自见,自爱不自贵。故去彼取此"(72章。圣人但求自知,不去自我炫耀;但求自爱,不去自显高贵。所以得道者必须选择自知、自爱,而不能选择自见、自贵。)

# 第三篇
# 政道：核心价值观

老子的政道①，即为政之道，是老子政治哲学的核心内容。

政道就是国家的核心价值观。

政治价值的中心问题，就是研究发现政治的本质，回答什么是好政治、什么是好政治的标准、政治应该是什么样的等问题。

国家的治理，首先在政道，政道昌明，辅之以圣、仁、法、礼之治，国家就能大治；以道治国，而不是以圣治国、以仁治国、以法治国、以礼治国，国家才能治理得好。所以《淮南子·原道训》说："治在道，不在圣。"

政治价值，是一个国家的公共生活中的基本准则，是人们以人类公共理性、自然理性、人类社会的风俗习惯等为依据，进行各种政治活动的方向选择的基础和动机，是某一政治体内部认同的行为准则，是人们对各种政治现象进行正义与非正义、公正与偏私、进步与保守、是与非、成与败、优与劣、善与恶、美与丑、好与坏等政治判断的标准，是人们应当或者不应当从事某种政治活动的衡量标尺。

政治价值是内在、深刻、持久地支配和影响社会政治集团和个人的政治行为的深层次因素。

"道法自然""以民心为心""损补抑举""以法治国""平等包容""和平开放""天人合一"是老子政治价值体系中的七个核心内容。

---

① 牟宗三先生讲及古代中国政治时使用了"政道"与"治道"的概念，认为"古代中国只有治道而无政道，治道是运用的，政道是加构的。中国在治道上的成就有儒家的德化的治道、道家的道化的治道与法家的物化的治道。德化与道化的治道，都是超政治的境界"。德化的治道就是儒家政治的最高理想，就是"各正性命，保合太和"；道化的治道则可以道家的"各适其性，各遂其生"的话来表明。儒道的治道与西方的神治实同一层次，上帝治理宇宙不必通过国家政治法律的方式，它只顺自然律而治理之，无需这些工具。德化与道化的治道亦如此，故近代意义的国家政治法律，中国一直未出现。又因是圣君贤相的政治形态，故只有吏治，而无政治，政治则必须具有客观精神，故只说古代中国只有治道而无政道。参见牟宗三：《人文进习录》，广西师范大学出版社2008年版，第99页。牟宗三先生的政道似乎是指国家政权、法律等架构，治道似乎主要是指政治伦理。而本书虽使用"政道"与"治道"的概念，字面上与牟宗三先生的相同，但内容不同，本书的政道指政治价值和政治伦理，治道指国家制度、治理能力和治理体系。

# 第七章

# 道法自然：自然而然与自由

老子的哲学可以称为自然哲学；老子的政治哲学，也可以称为自然政治哲学；一言以蔽之，老子的哲学、政治哲学就是"道法自然"。"道法自然"是老子政治价值观体系的核心。

道法自然，就是自然而然。自然而然包含了西方自由概念中的精华，又有西方自由思想中所没有的内容。老子有自由的思想，但不是西方的自由放任主义，老子是自由但不放任；老子也不是什么中国的自由主义哲学家。"道法自然"中的自由，不完全是西方以个人自由、个人权利、个人财产权为基础的自由。

## 一、老子关于"自然"的论述

《老子》一书关于"自然"的论述，主要体现在五个段落：

● 功成事遂，百姓皆谓"我自然"。（17章）

（百姓安居乐业，社会井然有序，事成论功劳，百姓们却说"我们这样做完全是发自我们的本心，是自然而然之为，与执政者无关"。）

● 希言自然。（23章）

（少发号施令，就是自然而然。）

● 道法自然。（25章）

（道的法则和本质就是任事物自然而然。）

● 道之尊，德之贵，夫莫之命，而恒自然。（51章）

（万物之所以尊道，万物之所以遵守规律而生化，并不是因为道与德施加强制，而是道与德让万物自然而然发展。）

● 以辅万物之自然，而弗敢为。（64章）

（执政者辅助万事万物按本质自然而然发展的规律，而不能自以为是，强加干涉。)

老子的这些"自然"的论述,都是指一种状态、一种过程、一种自生自化的境界,就是自然而然,可以从人与人的关系、民众与政府的关系的维度来理解,是自然中的自由。

道家葛玄最早使用了自然而然的说法,说"老子体自然而然"①。

道家内部有三个自然自由的派别。以庄子为代表的逍遥自由派,主要追求的是人的精神自由;而以杨朱为代表的个人自由派,则倡导"拔一毛利天下而不为"的个人的社会自由。

老子的自然中的自由,主要体现在老子的"以百姓心为心""民四自"(民众自富、自正、自化、自朴)的思想中,是一种综合性的自由,在"民四自"中体现的,既有个人自由,也有精神自由,也是社会政治经济文化的自由(关于"民四自"的内涵将在下章具体展开论述)。②

## 二、"自然而然"与西方"自由"的共同之处

《老子》这五段论述中的"自然",讲的都是一个意思,就是自然中的自由。

"自",就是事物本身;"然",就是事物的本质和规律;"自然",就是事物自身按自己的本质和规律发展变化,而不受外部的干涉。事物发展变化的根本原因是自身,外部影响只是次要原因。

老子的"自然"包含了两层含义:一是自在,即自己独立存在,不仰仗他物;二是自为,自己就是行动,就是目的,自己成就自己。③

自然不是道,但自然是道的基本法则,是道存在和运行的基本方式,是道的核心。这是"自然"的基本内涵。

老子的"道法自然",也就是万事万物都按照自己的本质和内在规律而生生化化,按其自身的轨道兴旺发达和衰败灭亡,它首先是指天道运行的基本规律。老子把它从天道推及人道,认为人类的种种现象也都是如天道的道法自然一样,也是按人类自己的本质和规律在生生化化、兴旺发达和衰败灭亡。由此出发,老子推出了无为论,推出了"以民心为心""民四自""损补抑举""以法治国""和平开

---

① 王卡点校:《老子道德经河上公章句》,中华书局1993年版,第313页。
② 商原李刚认为,老子的道法自然与自由实质一致,《庄子·内篇》几乎每一篇都在探讨自由,自由即逍遥游是《庄子》的主题。黄老道家主张清静、民自定,也是典型的自由理念。自由理念是道治文化自然主义信仰的核心内容。参见商原李刚:《道治与自由》,社会科学文献出版社2005年版,第146页。但实际上,庄子讲的自由与西方的自由差异很大。
③ 李大华:《自然与自由——庄子哲学研究》,商务印书馆2013年版,第290页。

放"等核心价值观。也可以说,道法自然,是老子政治哲学的第一块基石、第一个核心价值、政治哲学体系的第一个基本原则。

人类社会中的自然而然,就是指百姓拥有与生俱来的自富、自化、自正、自朴的本性,道法自然的社会应当使百姓的这一本性得到充分发挥,政府对社会、民间、百姓的各种政治、经济、文化活动少进行干预。

道法自然中的自然而然的丰富内涵,是今天用人们熟悉的现代语言无法充分表达的,与"自然"最接近的一个概念,是西方的"自由"概念,涉及人与人的最基本的关系以及民众与政府、社会与国家的基本关系。

只有在与西方"自由"的比较中,人们才能充分认识"自然"的内涵。

什么是西方的"自由"?"自由"是西方国家的一个最基本的政治价值观。

西方的"自由"是一个复杂概念,可以说有多少人讲自由,就有多少个不同的定义。在西方的各种定义中,"自由"和"自由主义"是所有基本概念中最具有歧义的概念之一,人们无法进行简单的定义,因为自由主义者对社会问题往往采取实用主义的处理方法,而且自由主义者之间对什么是自由也意见相对,所以连《不列颠百科全书》这样一部西方的权威辞典都不愿对它列出专门词条,只列出了"自由主义"的词条。

那么,人们如何理解西方"自由"或"自由主义"呢?

依据《不列颠百科全书》的解释,可以得出这样一些关于"传统自由主义"的基本的要素:

▲ 把人从集体的完全屈从中解放出来,从习俗、法律和权威的约束中解放出来。

▲ 自由最基本的定义,就是旨在保护个人不受无理的外界限制。

▲ 西方自由是西方历史上反专制、反教会压迫运动的产物;传统自由主义作为一种意识形态、哲学思潮,其代表人物有洛克、亚当·斯密、哈耶克、波普尔等人。

▲ 自由是对私有财产权的保护,以市场经济为基础。市场不需要任何目的性安排,有自身的自发调节机制;道德和伦理不能决定市场的秩序;个人的自私自利是公共福利的动力;反对政府干预。

▲ 自由是天然的、不可转让的,是不受政府和外来干涉的;政治自由的原则就是限制政府的权力。

▲ 自由就是个人权利,就是信仰自由、出版自由、言论自由、集会自由。

以穆勒、罗尔斯、弗里德曼等为代表的新自由主义,提出了与传统自由主义不同的观点,认为市场经济使大量财富掌握在少数人手中,广大民众享受不到传统自由主义所说的自由选择,垄断资本利用经济权力影响和控制政府,主张政府应发挥积极作用。

传统自由主义、古典自由主义与新自由主义在许多问题上处于相互矛盾的状况:自由主义可以反对教会,也可以支持教会;可以支持政府干预,也可以反对政府干预;可以支持工会的作用,也可以反对工会的作用;可以是集体主义的自由主义,也可以是自主性的自由主义;可以是强调个人的性倾向、堕胎、吸毒的自由,也可以是强调基督教义、秩序和稳定的自由。传统自由主义和新自由主义最共同的基本特征只有一个,就是保护个人自由不受集中权力的威胁。①

老子的"自然"与西方的"自由",其相同之处是:

▲ 两者都反对专制、强权,都反对社会的人为建构。

▲ 两者都反对一个政权按照某种意识形态强行规定设计社会的政治、经济、文化的行为规范。

▲ 两者都反对执政者对社会政治、经济、文化的过多干涉、管制。

在老子的"道法自然"基础上产生的"无为而治"的思想,比西方"自由"思想的产生要早得多。由此人们会产生老子的"自然无为"思想与西方"自由"思想的关系的问题。

说老子是西方自由主义的教父,显然有误:一是夸大了老子对西方思想的影响;二是忽视了老子自然思想与西方自由思想的重大区别。但老子的道法自然、无为而治的思想对西方的思想家产生过一定的影响,应是符合历史真实的。

把老子思想介绍到西方的法国思想家魁奈,在其中起到了重大的作用。

魁奈是法国重农学派的领袖,他崇拜孔子,还于1756年促使法王路易十五模仿中国的"籍田大礼";魁奈也吸取老子的"无为"思想,并把它译成"自由放任",介绍给欧洲思想界。另一位法国的重农学派经济学家杜尔哥,在其所写的《关于财富的形成和分配的考察》著作中,也从中国文化中汲取了营养。1764年2月至1766年10月,亚当·斯密访问法国期间,会见了魁奈、杜尔哥等人,他的《国富论》直接吸取了重农学派"自由放任"的经济思想。亚当·斯密也从在中国留学的两位法国留学生那里了解到了司马迁的商品经济思想。司马迁在《货殖列传》中论述了"众人熙熙,皆为利来,众人攘攘,皆为利来"的思想,并用"低流之水"进行比喻。斯密受到启发,将其称为"看不见的手"。亚当·斯密是经济自由主义的倡导者,他希望在自律的个人自由的基础上,建立一种自发调节的社会经济秩序,这就是他用法语写下的"Laissez-aller"(自由-放任)。他在《国富论》第

---

① 《不列颠百科全书》10卷,中国大百科全书出版社2005年中文版,第60-61页。

四篇的第九章论述农业体系时,明确提到了法国的大学问家、重农派学的魁奈以及米拉波和里维埃的名字,也多处提到了中国的情况。①

因此,可以说,重农学派是中国思想与西方经济学之间的一座桥梁,亚当·斯密从重农学派那里继承的思想和在此基础上发展出来的自由市场经济思想对西方影响深远,长期占据西方经济学的主流地位。因此,说老子是西方自由主义经济学的教父是夸大其词,但对其有所启发是毫无疑义的。

1966年9月,哈耶克在佩勒兰山学会东京会议做《自由主义社会秩序诸原则》的演讲,谈到自发秩序理论时,激动地反问道:"难道这一切不正是《老子》57章的一句'我无为,而民自化,我好静,而民自正'吗?"

美国自由主义学者斯巴德称老子是"世界上第一批古典自由主义者",美国自由主义学者包雅士在《古典自由主义精粹》中认为,老子是古典自由主义第一人。② 从这一意义上说,老子是世界上最早的自由思想家。

但正如前述,老子的思想又不能完全用自由主义来指代。

## 三、"自然中的自由"与西方"自由"的重大区别

从西方的自由思想的发展史上,我们可以明显看到西方自由思想中的两大矛盾因素的对立:一派主张个人至上的消极自由,另一派主张社会集体利益的积极自由;一派主张个人权利自由不受限制,另一派主张应当有法律和内在的限制。

西方思想家论述的自由,总体来说比较侧重于自由的一个方面,对另一方面比较不重视,甚至把二者对立起来。比如,西方的"消极自由"比较强调个人的权利而限制政府权力,而"积极自由"则强调在社会保障方面的政府的大包大揽而鼓励不劳而获者。

古希腊人的自由,是法律约束下的自由;在自由国家里主宰一切的是法律而不是统治者;古罗马人的自由,是有法律保障的个人主义的自由;③罗马人的自

---

① 比如,亚当·斯密谈到了中国的运河,中国曾是世界上最富裕的国家但也是长期停滞不前的国家,认为中国国内市场的大小相当于整个欧洲各国市场的总和;中国的君主总是从某种地租中获取他们的收入,所以对中国的农业特别关注;中国的行政当局总是自身负责公路的维修和运河的维护;中国的公路尤其是通航运河,比欧洲有名的同类工程要好得多,尽管他自己有怀疑。参见亚当·斯密:《国富论》(上·下),谢祖钧译,新世界出版社2007年版,导读3、17、60、509、522、524、557页。

② 李世东、陈应发、杨国荣:《老子文化与现代文明》,中国社会出版社2008年版,第79、82页。

③ 李强:《自由主义》,东方出版社2015年版,第32-33页。

由观念后来被文艺复兴时期的思想家们所继承，个人主义成为文艺复兴的主调，也成为后来西方自由主义的基本内容；新教兴起时期，个人主义与基督教结合，尽管加尔文教对异端进行迫害，新教伦理总体上刺激了现代个人主义，追求个人利益的个人自由被认为是上帝赋予的神圣权利。

英国的个人主义思潮则产生了西方现代的自由思想的基础。

霍布斯被认为是西方个人主义之父，他的思想是个人主义与自由的矛盾混合物：一方面，霍布斯鼓吹绝对君主专权的利维坦国家制度；另一方面，他又比其他同时代的自由思想家更强调个人的权利，正是这些所谓的个人权利成为今天西方个人的消极自由的基础，认为每个人都有使用自己权利按照本人的意愿保卫自己本性的自由，自由就是不存在外界障碍的状态，是个人用他自己的判断和理性认为最适合的手段去做任何事情的自由。

斯宾诺莎是积极自由的倡导者，认为自由是每个人的最高目标，自由不仅是不受外界障碍，而且必须遵循某种必然性。真正的自由不仅是有某种抽象的权利，而且有现实的能力去实现自己希望做的事，这种能力就是人们对必然性的认识。人的自由是理性的自由。只要一个人的理性认为某种行为符合自己的真正利益，即使表面上受人控制，实际上也是自由的；公民服从统治者的命令，这一命令是为公众利益的，也是公民的自由。[①]

卢梭的名言是人生而自由，但无往不在枷锁之中。卢梭的自由与斯宾诺莎相近，也强调公意之下的自由，公意一旦形成，公民必须服从，服从公意就是服从自己，哪怕这个公意对自己形成控制，也是必须接受的。只有社会和政治生活秩序，才能给人们带来完美的自由。所谓积极自由，实际上更强调集体的、社会的和政治的整体自由。

洛克进一步把过去的"自由"观念理论化，为西方的自由主义理论奠定了政治基础。洛克的自由，承继霍布斯的自由观念，但砍掉了绝对君主的制度，提出了限制政府权力的个人自由的观念，提出了社会契约论，把个人置于政府、国家之上，政府是有限政府，个人的生命、自由、财产权利不可剥夺。政府的合法性必须基于人们的同意。洛克颠覆了古希腊政治哲学的核心。古希腊政治哲学的核心是追求至善为目标，而洛克认为，美好至善生活不是一个政治问题，而是一个私人信仰的问题，政治的目标不是追求至善，而是寻求秩序。

康德认为，自由就是遵从内心的道德律令。孟德斯鸠认为，自由就是做法律

---

[①] 霍布斯、斯宾诺莎、卢梭的观点参见李强：《自由主义》，东方出版社 2015 年版，第 48-49、50-51、66 页。

所许可的一切事情的权利,就是对权力的限制。① 伏尔泰认为,"自由者,可随心所欲之谓者"。边沁认为,自由是免于任何约束的自由,"每一条法律都是罪恶的,因为每一条法律都是对自由的破坏"。伯特兰·罗素认为,自由"就是我们实现自己的愿望不存在障碍"。哈耶克认为,自由就是"禁止所有其他人或由他们实施任意的或歧视性的强制,禁止对任何其他人自由领域的侵犯"②。

约翰·穆勒的自由则是功利主义的自由。他认为自然权利的自由说不清,只有从行为的后果来看,只有给个人、社会带来肯定的好的结果的自由,才是真正的自由。功利就是把人当作前进的存在而以其永久利益来思考。

新自由主义者格林的自由是积极自由,他认为自由并不仅是不受强制的自由,而是一种积极的能力,从而可以做或享受某种值得做或享受的事,而这些事也是我们和其他人共同做或享受的事,真正的自由就是使人类社会的所有成员都享有最大化的能力去实现自己的最大价值。③

综上所述,西方的"自由",其实包括了两种相互矛盾的自由:自由可以是善的,也可以是不善的;自由可以是合乎人的本质和规律的行为,也可以是违反人的本质和规律的行为;自由可以是不受权力限制的个人自由,也可以是以卢梭为起点,中经康德、黑格尔到当代的受到权力限制的公意自由。

仔细品读老子的自然而然及全书的宗旨,可以发现,老子自然而然中的自由,应当是阴阳方法论中相关的自由。自由不可能只是一个方面,必然要与一个对立的概念相连。

从老子的阴阳方法论来说,"自由"是与"自律"相对的一对阴阳概念,它涉及许多不同方面的内容:个人自由与社会自由,经济自由与政治自由,社会的自由与社会的法律,个人行动自由与个人自律,个人的自由与政府的管理和权限,等等。

因此,老子的自然中的自由,包含以下六方面的阴阳的统一:

▲ 自然而然中的自由,是个人权利与个人义务的统一。比如,老子的"自富"即个人经济自由,个人权利就是每个人都有权利用自然资源达到自己的富裕;个人义务就是每个人的富裕,必须建立在自己努力劳动的基础上。

▲ 自然而然中的自由,是个人主义与集体主义的统一。比如,自富、自化、自正、自朴中的"自",既可以指百姓的个体,也可以是百姓的集合。

▲ 自然而然中的自由,是政府合理、合法使用权力与百姓个人权利不受侵犯

---

① 李强:《自由主义》,东方出版社 2015 年版,第 59、61 页。
② 哈耶克:《致命的自负》,冯克利等译,中国社会科学出版社 2000 年版,第 69-70 页。
③ 李强:《自由主义》,东方出版社 2015 年版,第 109-110、184-815 页。

的统一。比如,"我无为而民自富",我即政府,无为,就是根据政府的规律和本质做政府应当做的事情。在这些事情中,政府的权力可能大也可能小,依事情的本质而不同;在战争时期,政府的权力自然就大,在军事领域受到的限制就小;而在经济领域,百姓自富应当是国家经济发展的主要动力,政府的作用主要是服务性的,而不是产业性的。依据自然而然原则所形成的政府做政府能做的事以及百姓做自己所能做的事,是一种各得其所的相互补充关系,不是对立、对抗关系,所以能有老子在49章中所说的"圣人在天下,歙歙焉;为天下,浑其心",这是政府与百姓之间的和谐关系。

▲自然而然中的自由,是个人利益与个人道德的统一。比如,每个人根据自己所能做且可以做的能力和资源而做事,既能充分发挥个人的潜能而获得相对大的利益,又是天道无为自然的体现,是天道之"德",也是大道之"善",对每个人都是最大的"好"。

▲自然而然中的自由,既是经济自由,又是政治自由、文化自由、社会自由,自富、自化、自正、自朴是一个整体。

▲自然而然中的自由,是个人的选择自由和大自然中的人的外在限制的统一。比如,人有选择性伴侣的自由,但人作为自然人,应受人之为人的规律和本质的外在约束;人也有选择长生的自由,但人之为人,总是有生命限期的,不可能永生不死,也受到自然规律与客观规律的限制。

因此,老子的"道法自然的自由"与西方古典-新自由主义的"自由"的区别,可以体现在方方面面,但也可以一言以概之:老子的"自然"是每个人(自)按照人之为人的本质和规律(然)而进行各种政治经济文化活动,它是要受到人的内在(人的生命的本质和规律)和外在(自然与社会环境)的基本约束的,是人之所是所然的自由,是"人之所然权利"与"人之所然义务"的结合,既有西方的古典自由主义的精华,又有新自由主义的精华。

换言之,老子的自然而然的思想中,包含了人的本质和规律的内容,包含了每个人对自己的行为的自我约束、自我规范,凡是违反人的本质和规律的东西,凡是损害本人和他人的生命的本质的东西,是与人的自然而然相悖的。再进一步说,老子的"自然"包括了部分"善"的内涵,这种自然一定是对本人好且对他人也好的东西。

有两个最典型的例子,可以最简明地说明老子的"自然"与西方的"自由"的区别:

一是同性恋。同性恋在美国和欧洲已经普遍合法化。2016年美国最高法院还专门通过判例强制推行全美同性恋的合法化。同性恋被认为是个人的"自由"。今天大多数自由主义者不反对同性恋自由。但在老子的"自然"视野下,人的本质规定既是社会的,也是人作为物质自然的,是物质自然与社会自然的统一;人类的物质自然规定,人与人的异性恋是合乎自然而然的,人类社会的长期的历史和文化也确认人与人的异性恋是自然而然的,正如《老子》55章所说,初生的婴儿"未知牝牡之合而朘作",是合乎人类的类存在的本质的。因此,同性恋虽然可以被同情、被宽容,但同性恋只是一种人类的性行为的变异行为,是一种人的"人为之为"。

二是吸毒。吸毒是损害人的生命本质的行为,在老子的"自然"视野中,不是一种人的生命与生活的正常欲望,而是一种"可欲",是受到外界的诱惑而产生的变态行为,是一种明知损害人的生命健康而为之的"人为之为",不是人的自然而然的行为;但在西方的许多国家,这被认为是个人自由的范围内的事情。

因此,老子的"自然中的自由"是按人的本质、按人之所然行事,以善为本,不做害人害己的事情;西方的自由是按自我、按所想行事,有可能从善,也有可能从恶,有可能不害人不害己,也有可能既害人又害己。

## 四、老子的"无为"与哈耶克的"自发"

在西方的自由主义思想家中,奥地利经济学家哈耶克(Hayek,1899—1992年)有很大的影响。哈耶克是1974年诺贝尔经济学奖得主,由此成为西方20世纪最重要的自由主义理论家和当代自由经济的鼻祖。让哈耶克一举成名的,是他的"自发秩序理论",这一思想是对亚当·斯密理论的发展和补充。哈耶克的自由主义理论在中国有许多"哈粉"。

由于近年来许多人既看哈耶克,又看老子,不知不觉地老子与哈耶克思想的比较成了一个学术界争论的话题,这是一个很有意思的比较。只是比较老子、哈耶克的双方,不论是抬高哈耶克贬低老子,还是抬高老子贬抑哈耶克,其实双方的共同问题都是没有读懂老子。赞扬老子者,一般肯定老子的无为思想,至于这个无为思想是什么意思,解释得都很粗糙;而贬抑老子者,也肯定老子的无为思想,但同样也不知老子的无为是什么意思,因而把老子的思想贬得一塌糊涂。

那么,与老子相比较,哈耶克的思想有哪些是不同的?哪些是相同的?这本就是一个很好的学术话题,本应很好地挖掘两人的思想,在此基础上进行客观的比较,但不幸的是,这一问题似乎被高度政治化了。褒"哈"派崇哈贬老,认为老子思想是保守的文化;反对者认为,哈耶克的思想本质上来自老子,看不到两人的重大区别。

为此,比较一下哈耶克的自由主义理论与老子的"自然"之间的异同,有助于澄清许多人对老子的误解和对西方自由思想的盲从。

老子的核心思想"道法自然"在人类社会的表现就是"无为",无为就是反对统治者违反规律的主观人为、胡为、妄为、乱为,主张统治者要按规律办事,不把人的主观意志、主观设计强加于社会,让百姓自富、自化、自正、自朴,就是"无为"。

哈耶克的自由主义思想体系的核心概念是"自发"。哈耶克反对中央计划、政府干预等"有意识的社会控制",认为社会秩序乃是人的行动而非人的设计的结果,"人为设计"是人类"致命的自负"(the fatal conceit),它是人类"通往奴役之路"(the road to serfdom)。① 哈耶克认为,资本主义文明是一种人类合作中不断扩展的秩序,这种秩序,并不是人类的设计或意图造成的结果,而是一个自发的产物。② 人类社会的秩序都是自发形成的,是自行展开、自行演化的,不能有人为的设计的因素;以人类有限的理性要试图创造复杂的秩序,本质上是不可能的。这种自发秩序,又称为自我成长的秩序、自我组织的秩序,是复杂的、抽象的、无目的性的。

老子的"无为"和哈耶克的"自发",两者都反对统治者把自己人为的、主观的设计强行施加于社会。

当然,两者有很大不同。国内学者本来应当客观地进行比较分析。但遗憾的是,一些学者在比较两种思想的不同时,往往采取了褒哈贬老的立场,他们对老子的批判多是建立在对《老子》思想误读的基础上,总的来说,就是把"无为"理解为什么也不做,更不能明白老子的"无为"包括"消极无为"和"积极无为"两种不同的含义。

比如,认为哈耶克的"自发"更偏重于个人,老子的"无为"更偏重于政府统治者,这是有道理的;但又说老子的"无为"就是"君王南面之术",认为"无为"主要针对向统治者建言,而百姓似乎就可以为所欲为,就可以不按规律办事。

这显然是把老子的"无为之道"与黄老道家的君王治国之术混为一谈,也显然是误解了老子的"无为"的意思。"无为"就是按照规律而为,不仅是统治者要如此,百姓的自富、自正、自化、自朴、自定以及修身齐家也是一样的;老子也在书中批评民众中的那些"有为者",说"民之生生,动之于死地,亦十有三。夫何故?以其生生之厚"(50章),这是批评百姓中追求长生之心过切而失败的人;而"民之从事,常于几成而败之"(64章),也是说人们不遵循规律所以不能成功;最后在80

---

① 沈湘平:"老子与哈耶克之自然秩序思想比较",《齐鲁学刊》,2001年第1期。
② 哈耶克:《致命的自负》,冯克利等译,中国社会科学出版社2000年版,第1页。

章,老子还强调百姓必须"寡民",这里的"寡",当然不是寡百姓的数量,而是减少其过多的欲望;尤其在 19 章还特别对民众说"见素抱朴,少私寡欲",回归自然。

或者认为老子与哈耶克"无为"的程度不同,认为老子的"无为"不仅反对干预、强制、智识的行动,还反对一切智识的文明成果和物质享受,说白了,就是只要百姓吃饱睡觉就好,其他什么也别做。

这是典型的断章取义,乱解老子。老子明明白白讲了,百姓要自富,就是经济富裕;要自化,就是要文化发展,自发化育;要自朴,社会风气纯正;要自正,就是政治上自治。既然是自富、自化、自正、自朴,当然必须按照规律去努力,这也不是一种"无为"吗?老子在 80 章讲的百姓生活要"甘美安乐",在今天也没有实现,哪里有什么老子反对文明成果和物质享受,至于"五声五色五味"、收括难得之货、驰骋田猎,更是批判统治者的奢靡生活,与百姓半点关系都没有,更谈不上什么反对文明成果和物质享受,统治者们掠夺百姓财富,百姓饥寒交迫,统治者们却纵情声色,服文饰,厌饮食,难道不应该批判?批判了就是反对文明成果和物质享受?

或者认为老子与哈耶克"无为"的出发点不同,哈耶克"无为"的出发点是个体的"自由"与社会的发展。老子的出发点就是维护统治者的现有统治,实现社会稳定,至于社会的进步与否,与其说它在老子的视野之外,不如说老子根本就反对社会的进步。[①]

前面的谬评是出于误解,那么这里的评论就接近于胡说了。如果说老子根本反对社会进步,只是要帮助统治者维护现政权,那老子根本就用不着对当时的政治制度进行尖锐批判了,老子直呼礼制统治者就是一帮抢民食、劫民财的强盗头子,而老子对礼制统治者的批判,即使放到今天来看,也是非常深刻尖锐的,以至于有学者在评论老子的思想时说,道家几乎就是当时的革命党了。"道家在古代是最进步的思想的表现。"[②]如果承认无为和自发都是反专制的,那么难道反专制不是一种社会的进步吗?

其实,老子的"自然无为"与哈耶克的"自发秩序"的区别,根本就不是什么偏重个人还是偏重政府、无为的程度不同、出发点不同等方面,而是产生这两种思想的东、西方的文化历史思维方式的不同。

西方思想界虽然有辩证法的大师,但其思想的特点通常是好走偏锋,喜欢极端的思想方法,表现为非 A 即 B 的思维,即要么 A,要么 B,AB 通常处于对抗、

---

① 以上三个观点,参见沈湘平:"老子与哈耶克之自然秩序思想比较",《齐鲁学刊》,2001 年第 1 期。

② 李石岑:《中国哲学十讲》,广西师范大学出版社 2010 年版,第 27 页。

零和状态中。老子的思维则是典型的阴阳思维,阴阳虽然有对抗、零和的表现,但通常是阴中有阳、阳中有阴,阴阳互补、相辅相成。这在理性—自发这一对阴阳概念中也体现得很明显。

哈耶克的自发秩序的思想,主要形成在20世纪30~60年代对德国国家社会主义和苏联社会主义的批判论战过程中,所以持论难免偏激,尤其是在如何分析人类理性与人类进步的相关关系上,哈耶克夸大了自发性的积极作用,把人类理性的作用都等同于"任意"安排,将秩序人为地、生硬地分成人为建构秩序和自生自发秩序,否认了任意的理性与合理的理性之间的区别,将无视客观规律的主观妄为、任意任性的人为设计,与承认客观规律的前提下人类合理的及必要的理性、计划、调控、安排混为一谈。虽然哈耶克也承认"正确运用理性"即承认自我局限性的理性、进行自我教育的理性的意义,理性可以在评价、批判和摒弃传统制度与道德原则上发挥指导作用,他反对的是所谓建构论理性主义说,但总的来说,哈耶克对人类理性的必要的、积极的、肯定的、正面的意义评价不够,甚至基本否定"社会公正"等理性价值是有意义的。①

哈耶克承认人类社会是一个超复杂的系统结构,因此,否认人类有能力去设计一个完美社会,但他由此从一个极端掉进了另一个极端。总的来看,西方思想界实际上有两大尖锐对立的思潮在相互发生影响。一个思潮是强调人的理性作用的思潮,以柏拉图为其极端,认为没有哲学家的国王主导的社会,没有哲学家去设计的社会,是一个残缺不全的社会,在这样的社会中,人们只能见到自己的影子,而不可能见到真正的阳光,只有哲学王能告诉人们什么是真相、什么是事物的本质、什么是世界的真理。顺着这条线走下去的人有一大串,如弗朗西斯·培根、霍布斯、笛卡儿、伏尔泰、卢梭、圣西门、孔多塞、孔德等,所谓历史终结、真理终结的黑格尔等人是其后期的代表。另一个相反的思潮是否定人类理性的积极作用,认为人类理性比起市场的自发性、历史传统、人们的习惯、宗教条规等,虽然也能有一些作用,但是微不足道,由此掉进了另一个极端,主要以休谟、亚当·斯密、洛克、波普尔、哈耶克为代表。前者是"理性的自负"的极端,后者是"自发的自负"的极端。其实,在老子的方法论中,人类的理性是阴,人类的自发是阳,虽然自发起主要和重要作用,但一阴一阳,或相互替发生作用,或相辅相成,实际上谁也离不开谁。没有人类理性的引导,人类将会在黑暗中摸索更长时间;没有人类的自发,人类少数人的理性设计会把人类引向灭亡的深渊。人类历史总是在理性和自发的合力推动下向前发展。因此,《老子》一书以"万物负阴抱

---

① 哈耶克:《致命的自负》,冯克利等译,中国社会科学出版社2000年版,第3、4页。

阳"的方法来分析人类理性与人类的自发性的相互关系。

一方面,老子指出了人类社会的自发性是社会发展的主要、基本的一面,反对统治者的人为主观干预,强调社会的发展必须要发挥百姓的自富、自化、自正、自朴的积极性;但另一方面,老子也从来没有否认、忽略、轻视人类理性的作用。《老子》一书中,也高度强调重视"圣人"、有道者的道性对社会、民众的引导作用。可以说,在老子的思想体系中,圣人、得道者是阴,民众是阳。社会一般以"自发"为主,圣人、得道者的引导为辅,但在不同时期、不同情况下也可以发生变化。老子认为,得道者主导的政府对实现"社会公正"起很大作用,这种公平正义是通过"损补抑举"的方式来实现的,这又包含了一些后来以罗尔斯等人为代表的新自由主义的观点。传统自由主义与新自由主义的一部分内容,在西方的思想体系中是对立的,但在老子的思想体系中却是相辅相成的,是一体的两面。老子反对的只是统治者的胡作非为,反对统治者把自己的想法强于社会的主观设计,但不反对圣人、得道者在某些情况下局部的、合道的主观设计。比如,在战争状况下,就必须发挥那些对战争之道有深刻认识的将领、圣人、得道者的高度智慧和主观能动性,"以奇用兵",争取正义战争的胜利。在战争这样的特殊状况下还要强调什么民众的自发性,就是把百姓、民族、国家往灭亡的灾难深渊里推。因此,在老子的思想体中,在承认客观规律、事物本质的前提下,人类理性与人类自发,一阴一阳,一主一辅,相辅相成,没有对抗,没有零和,是一种和谐关系。

老子一方面反对社会精英、统治者人为地、任意地、严整地、全局性地设计人类社会的制度和规则,因为人类社会的复杂性超出人类理性的设计能力;另一方面,老子也反对违道的、违德的自发秩序,因为没有道性、德性、理性节制的自发秩序,有可能是以反道、反德的"可欲"驱动的恶性秩序,是统治者、强者、富者在其中起主导地位的秩序,实际上是一种无德的"人为秩序"。

老子的"无为论",拒绝"理性自负",也拒绝"自发自负"。人类社会的进步和发展,是人类社会自发的结果,也是人类理性不断发挥其影响和导向的结果,是两者合力共同推动发展的。这种合力以人类自发为主,但人类理性也起到了重要的、不可忽略的作用。

老子"道法自然"中的自由,是自由,但不放任;哈耶克的自由,是自由,也是放任。

在中国的历史文化传统中,自由,尤其是政治自由、经济自由、文化自由、社会自由是比较稀缺的资源,在春秋战国百家争鸣的环境中,只有老子在《老子》一书中,在道法自然的命题中,包含了丰富的自由内涵,而又与西方的个人自由有重大不同,可以说是极为珍贵的思想资源。道法自然思想包含自由但又没有西方自由中的消极因素,从而在思想境界上超越西方的自由。

## 五、老子的"自然而然"与康德的"道德律令"

还要顺便提一下,老子的道法自然与庄子的道法自然的内容基调相同,但在政治方面的内容是不同的。有些人不了解老子与庄子的区别,把庄子的思想拿出来,与老子的思想混在一起进行批判,这也是一个很大的曲解。

比如,有人说,"老庄是在生物界层的自由这个层面上理解自由的,他们不愿意上升到普遍的理性","他们拒斥语言、拒绝符号、拒绝一切形式规范,只求内心的轻松,这是一种无意志的自由","这是植物界的那种自由","道家的自由是动物式的欲望",总而言之,中国古代没有自由的思想,道家的自由只是动物的自由、植物的自由,根本没有人的自由。黑格尔其实对中国的理解一知半解,就说什么东方只有一个人是自由的,甚至连皇帝也只是专制的君主,因此也不是一个自由人,所以,中国没有一个人是自由的,因此,"东方,包括中国古代其实并不知道什么是真正的自由"。① 也就是说,老子、庄子根本就不知道什么是真正的自由,只有西方人才知道什么是真正的自由。

这位学者显然也没有兴趣搞清庄子的"逍遥游、在宥天下"的含义,更没有理解老子"道法自然"的内涵。

庄子的"逍遥游、在宥天下"中的自由,虽然与老子相比是消极了些,但即使从这位学者所说人的自由包括反抗的自由、选择的自由的角度来看,也不能就说庄子的自由就是动物和植物界的自由。庄子的"逍遥游、在宥天下"其实极为鲜明地表达了一种反抗精神、一种选择的自由。庄子学派和后来的"竹林七贤"所表达的那种自由,是一种不为权威所利诱、所威逼的人生选择,一种以隐逸、逃世和不合作的态度来与黑暗的政权抗争的自由品质,一种宁愿为山林自由而不惜牺牲生命的高贵精神,这哪里是什么动物和植物界的自由?! 萧公权先生认为,"庄子'在宥'乃最彻底之自由思想,实亦最纯粹之自由思想,吾人不得以其未明揭废君之义,遂误会其认约束羁管为必要也"。②

至于老子的"道法自然",对人类来说,不是人按照动物、植物之所是所然而为,而是人按人之所以为人的所是所然而为,这不就是自在自为吗? 难道这不是自由的最高境界吗? 如果说康德也认为人的真正自由应当是自在自为的话,这当然很好,但毕竟比老子的道法自然中的"自在自为"晚了 2 000 多年!

---

① 邓晓芒:"什么是自由",《哲学研究》,2012 年第 7 期。
② 萧公权:《中国政治思想史》(上),商务印书馆 2011 年版,第 188 页。

这位学者崇拜康德也无可厚非,康德强调人的自律是很合理的,但康德的道德律令"不论做什么,都应该使你的意志所遵循的准则同时能够成为一条普遍的法则",过高地突出了人的理性,他提出了一个不仅一般人做不到,连他自己也根本做不到的高标准,用中国话说叫"悬格过高",实际上是哲学家的"理性自负"的表现,比老子的"道法自然"中的自然而然的思想差得很远。如果人们都把他的言行当作什么人类普遍的法则而独身的话,人类就都不存在了,又哪里还存在什么人类普遍的法则呢？英国哲学家伯特兰·罗素曾严厉批评康德的这段话,说这一原则不值得称道,因为事情变成了一系列并非出于愿望,而是依据理论原则来履行的令人不快和抑郁的义务。如果一个人所有的行动都要受原则的限制,也是很奇怪的。在个人感情的领域可能有许多我们可以恰当地称之为善的东西,而并不存在一切都必须变成普遍规律的问题。[①]

老子明确讲了民自富、自化、自正、自朴,怎么能说老子思想中的自由是动物的自由？莫非在这位学者眼中,动物也能"自富、自化、自正、自朴"？

老子在书中的 12 章、38 章、72 章中,三次提出要"去彼取此",这难道不是一种选择自由？难道动物也知道去彼取此？

老子在书中对有为统治者进行了多次的严厉批判,不也是一种反抗自由？莫非动物也能批判？这不是人的自由是什么？

如果老子的思想中没有西方"自由"的一些成分,哈耶克为什么要把他的自发思想与老子的"无为"思想相比？

自然而然(自然中的自由),应该成为中国的一个独特的政治价值。

---

[①] (英)伯特兰·罗素:《西方的智慧》,亚北译,中央翻译出版社 2010 年版,第 281-282 页。

# 第八章

# 民心为心，百姓四自

　　一个国家的政治的好坏，就是看这个国家是否为百姓做过什么事，对百姓如何，百姓是否有自富、自化、自正、自朴的空间和权利，执政者与民众是什么关系，而这也正是老子政治哲学体系的核心。

　　《老子》这本书是为百姓、民众而写的，所以他说：

　　● 圣人恒无心，以百姓心为心。（49章）

　　道法自然、无为而治，不仅是在人类社会与自然界的关系上体现，而且在治理国家的过程中，也必然发挥重大的指导作用。

　　所谓道法自然，就是指明国家政治的本质，就是要让老百姓自然而然地生存发展，执政者所做的一切，就是为百姓自然而然地生存发展提供的内外条件。所谓无为而治，就是执政者不得干涉、限制百姓自然而然的过程，不要对百姓指手画脚，不要干预民众的自富、自化、自正、自朴的活动。

　　道法自然、无为而治的政治哲学，必然表现为道治国家的"以百姓心为心"的政治本质，表现为"民四自"的具体政治。

## 一、老子说"民"

　　"民"的内涵在中国历史中经历了一个变化的过程，不同时期有不同的内容，总的来说，是一个外延不断扩大并最后包括社会人口最大多数的群体。

　　一般来说，民包括三个部分：一为庶民，主要指有一定自由权利的商人、农民、官僚机构中的杂役人员以及下层士兵；二为贱民，主要指没有个人自由的奴婢、杂户、工匠以及奴隶等；第三，有时也包括部分知识分子，因而合称为"士民"。

　　基本上可以把"民"看成一个除统治者和从属于统治者的政治集团之外的复合体。它包括现在意义上的"人民"，即普通的劳动者，包括从事各种职业、各种活动的群体。

《老子》全书出现了 33 处"民"字，还有 4 处与"民"相同的"百姓"的概念。民、百姓是老子政治哲学中的重要概念，既是国家治理的对象，又是国家治理的主体、目的，是一切政治活动的最终目的。因此，也可以说，为民、为百姓，是老子政治的本质。

一切政治都是为了民众、为了百姓。

- 使民不争……使民不为盗……使民不乱……常使民无知无欲(3 章)
- 以百姓为刍狗(5 章)
- 爱民治国(10 章)
- 百姓皆谓"我自然"(17 章)
- 民利百倍……民复孝慈(19 章)
- 民莫之令，而自均(32 章)
- 以百姓心为心……百姓皆属耳目焉(49 章)
- 而民弥贫……民多利器……民自富……民自正……民自化……民自朴(57 章)
- 其民淳淳……其民缺缺(58 章)
- 民之从事(64 章)
- 非以明民……民之难治(65 章)
- 在民前……在民上……民不重……民不害(66 章)
- 民不畏威(72 章)
- 民恒且不畏死……若民恒且畏死(74 章)
- 民之饥……民之不治……民之轻死(75 章)
- 小国寡民……使民重死……使民复结绳……民至老死(80 章)

还有不少地方，虽然没有出现民众、百姓的概念，但它的主体、内容却是明显地指百姓、民众。13 章中 4 个"天下"，都可以理解为"天下百姓"；17 章的评价体系，没有写是谁，但从上下文来看，这 4 个评价主体只能是百姓；49 章中的 2 个"天下"，也应该是指"天下百姓"，而善者、不善者、信者、不信者，这 4 处内容也是指"百姓"；54 章的身、家、乡、邦、天下等，这 10 处都包含"百姓"在内；66 章的"以其言下之""以其身后之""天下乐推而不厌"，这 3 处也是指百姓；72 章"无狎其所居，无厌其所生"，这 2 个"其"也是指百姓；80 章"甘其食，美其服，安其居，乐其俗"，这 4 句也是省略了"百姓"这一主体。

《老子》全书，明确或不明确但实际上指向百姓、民众的地方，共有 69 处。这 69 处提到百姓、民众的内容，主要涉及三个方面：

▲ 道治国家与百姓的关系：在道治国家中，百姓和民众顺其自然地生存发展，所以用不着尚贤、为盗，不为各种超出自然需要的可欲所诱惑；百姓能够安居乐业，其乐陶陶。

▲ 圣人、官员与百姓的关系：圣人主导的政治其实就是以百姓之心为心，就是爱民治国，就是为了实现民众的自富、自化、自正、自朴。

▲ 批判礼治制度统治者对百姓、民众的欺压剥削。

## 二、以民心为心：天下是百姓的天下

老子政治哲学的核心思想，就是以实现天下百姓的利益为宗旨，以民心为心。

为什么执政者必须以民心为心？

因为天下是天下人的天下，而百姓是天下人最广大的主体，所以，天下也可以说是百姓的天下。关于这些，王弼在注解《老子》时有一大段话帮助人们理解老子的意思。

▲ 善者，吾善之；不善者，吾亦善之——德善。

▲ 信者，吾信之；不信者，吾亦信之——德信。

王弼认为，所谓圣人常无心，就是圣人以一种平等、包容、自由的心态处理与百姓的关系，天下百姓人何其多、何其广，因此，圣人只能"能者与之，资者取之，能大则大，资贵则贵，物有其宗，事有其主"，就是圣人不把自己的主观意志加于百姓身上，不对百姓说什么为善、什么为不善、什么是信、什么是不信，因为每一个人都有自己的见解，没有统一的标准，所以最好就是百姓自己认识就好，自己理解就行，因为"天下之心不必同"，意见肯定是多种多样的，所以百姓可以说这是善，这是不善，这是信，这是不信，圣人都一视同仁地对待而不施以"以明察物"。如果圣人"以明察物"，把自己的认识加于百姓之上，就会大害天下，纷争不已，把自己置于与百姓为敌的对立面。[①]

高明先生在注解中说，这是指执政者"不师心自用，亦无主观模式或人为规范，客观体察百姓之需求和心意，因势利导，即所谓'以百姓之心为心'也"。[②]

---

[①] 王弼注老49章："害之大也，莫大于用其明矣，夫任智则人与之讼，任力则人与之争，智不出于人而立乎讼地，则穷矣；力不出于人而立乎争地，则危矣。未有能使人无用其智力于己者也，妐此则己以一敌人，而人以千万敌己也。若乃多其法网，烦其刑罚，塞其径路，攻其幽宅，则万物失其自然，百姓丧其手足，鸟乱其上，鱼乱于下。"

[②] 高明：《帛书老子校注》，中华书局1996年版，第59页。

- 天下神器，不可为也。为者败之，执者失之。(29章)

（国家社会是神圣的公器，不能任意把控为己所有。如果妄为者想以强力去把控它，必然失败；如果执意要把它变成一己之物，必然也会失去它。）

这里的"天下"，显然是指国家政权和社会资源。老子虽然没有明确说天下是天下人的天下，但老子显然是强烈反对一己之私的天下。因为道生化万物、生化天地，但并不把万物和天地归为己有，故老子言：

- 生而不有，为而弗恃。(2章)
- 故道生之，德畜之；长之育之；亭之毒之；养之覆之。生而不有，为而不恃，长而不宰。是谓玄德。(51章)

因此，老子从"生而不有，为而不恃"的大德出发，认为天下万物都是自然而然的，不为任何物所控制，因而"天下"这个神器，当然也应当属于天下人所有。

在老子之前的道家先驱姜太公，曾经有一段话，正好可以补充老子这一"生而不有，为而不恃"的"天下观"。

周文王在打天下的过程中，曾提出"天下"的问题。姜太公回答说，"天下者非一人之天下，是乃天下之天下也，惟有道者处之"，认为天下不是某一人、某一家的天下，是天下所有人的天下，只有那些得道者才有资格执政，以为天下百姓的利益服务。姜太公进一步指出："同天下之利者则得天下，擅天下之利者则失天下。天有时，地有财，能与人共之者仁也。仁之所在，天下归之。与人同忧同乐，同好同恶，义也。义之所在，天下赴之。凡人恶死而乐生，好德归利，能生利者，道也。道之所在，天下归之。"①

汉初贾谊也曾以这一道家思想为汉文帝献策，说"故天下者，非一家之有也，有道者之有也，故夫天下者，唯有道者理（治）之，唯有道者纪（管理）之，唯有道者使之，唯有道者宜处而久之"②，总之，天下是天下人的天下，只有那些得道者，即那些能有志于服务天下百姓的人，才有资格执掌政权，才能得天下，才能长久地拥有天下。

天下之天下，当然是说国家政权、天下的资源应当归老百姓，应当为老百姓所用。因为天下的主体只能是天下百姓，即天下万民。天下之天下，进一步的逻

---

① 《六韬·文韬·文师》。引自《六韬译注》，陕西人民出版社1992年版。
② 见《贾谊新书·修政语下》。贾谊（公元前200—前168年），汉初洛阳人，20岁时曾为汉文帝召为博士，向汉文帝提出了一系列政治制度改革的主张。汉文帝后让贾谊担任其少子梁怀王刘揖的太傅（老师）。因梁怀王于公元前169年不慎坠马而死，贾谊自责失职在第二年也抑郁而亡，年仅33岁。贾谊虽然过早地离开了人世，却为后世留下一笔宝贵的精神遗产。后人把他的著述56篇整理成《新书》。在笔者看来，贾谊在其《大政》《修政语》和《匈奴》等篇中集中展现的民众主义最有成就。

辑推论,就是天下是老百姓的天下,是天下万民的天下。

天下者,天下人之天下,可以说就是:天下者,老百姓之天下也。这是民有民享天下的一种表现。

在《管子》一书中,提出了"以人为本,本治则国固,本乱则国危"(《管子·霸言》),认为"齐国百姓,公之本也","夫霸王之所使也,以民为本","欲为天下者,必重用其国,欲为其国者,必重用其民"(《管子·霸形、霸言、权修》)。管子认为,民众是一个国家的基本主体,有了这个主体,一个国家才能真正立得起来,一个国家之所以是一个国家,根本原因就在于有民众这个基本的主体,即所谓"民生体,而国立,国之所以为国者,民体以为国"(《管子·君臣下》)。因此,治理一个国家的重要任务就是解决好民众与统治者的关系,统治者任何时候都要把民众放在国家政治的重要位置上。

以民为本在政治上的体现就是,统治者要"与民为一体",就是治理国家一定要以天下百姓之心为依据。《管子·君臣上》指出,贤明的统治者是善于听取人民意见的,关于人民的意见,如果只听取个别人的,全面地、综合地听取,就可以使统治者更好地制定政策,即使是商汤王和周武王这样圣明的君王,也需要多方收集百姓的意见。因此,英明的统治者能够顺从人心,适应人的性情,行事从民众关心的地方着手。这样,命令就可以顺利地得到执行,刑罚也可以不用、少用,这就是王善于与民众一体的表现。与民一体,就是以国家保卫国家,以人民保卫人民。[1]

以民为本,就是要依据民众的喜怒哀乐来进行治理。对民众喜欢的,帮助民众实现之;对民众憎恶的,帮助民众摒弃之。《管子》指出,"大凡人之性,见利莫能勿就,见害莫能勿避。其商人通贾,倍道兼行,夜以断日,千里而不远者,利在前也。渔人入海,海深万仞,就彼逆流,乘危万里,宿夜不出者,利在水也。故利之所在,虽千仞之山,无所不上;深渊之下,无所不入焉"。从这种本性来治理国家,所谓以民为本,就是"居于其所乐,事之于所利,赏之于其所善,罚之于其所恶,信之于其所余财,功之于其所无诛"(《管子·禁藏》)。

对于以道治国的执政者来说,以民为本政治的关键就在于观察民心并顺其民意。《管子》指出,统治者的任务就在于观察老百姓喜欢什么、讨厌什么、什么是百姓最关心的、什么是百姓最担忧的,要为他们排忧解难,满足他们对生活的基本需要,这样,百姓也会反过来给予统治者想得到的东西,就是人民得到了安

---

[1] 《管子·君臣上》:"先王之在天下也,民比之神明之德。夫民别而听之则愚,合而听之则圣。虽有汤武之德,复合于市之人言。是能明君顺人心,安情性,而发于众心之所聚集。是以令出而不稽,刑设而不用。先王善与民为一体,与民为一体则是以国守国,以民守民。"

乐,就会为国家解除忧难,人民得到了富贵,就会承受国家的贫贱,即"故知予之为取者,政之宝也"。①

文子进一步明确了老子的"以百姓心为心"的思想,《文子·下德》指出,"故为治之本,务在安民",国家政治的本质、国家治理的目标以及政府的宗旨只有一个,那就是使百姓安居乐业。《文子·下德》指出:"所谓得天下者,非谓履其势位,称尊号,言其运天下心,得天下力也!"所谓得天下,当然得有权势,但比权势更重要的,比最高的权势更重大的,比执政者的称号更重要的,是他能运动天下人的心,能得天下之力。《文子·上仁》指出:"先王之所以应时修备,富国利民之道也。非目见而足行之也,欲利民不忘乎心,则民自备矣。"《文子·上义》又指出:"治国有常,而利民为本。"

公元前614年,邾子国君文公就迁都一事占卜,史官告诉他说,此事"利于民而不利君",邾文公说"苟利于民,孤之利也。天生民而树之君,以利之也,民既利矣,孤必与焉"。邾子认为,如果对百姓有利,就是对自己有利,上天生下百姓,给他们建立国君,就是用来为百姓谋利益的。百姓已经得到利益了,君主一定也得到利益。这件事被后人认为是懂得民为国之本的天命的事情而受到称赞。②

战国时的赵国太后还提出了"君末民本"的思想。当齐王的使者向她转达在齐国为质的儿子的信息时,赵太后不是先问齐王好,而是先问齐国的百姓如何,齐王使者生气地说,我是奉命来请安的,而太后竟然先不问齐王是否安好,反倒先问齐国的收成和百姓,这"岂先贱而后尊贵者乎"?而赵太后却答道:"不然。苟无岁,何以有民?苟无民,何以有君?故有问舍本而问末者耶?"这表明在赵太后眼中,民众为本,君王为末。③

## 三、以百姓之心为心:百姓是善治的唯一评价标准

一个国家、社会治理好不好,不是看谁执政,而是看百姓如何评价执政者。百姓的评价,是衡量一个国家是否善治的唯一标准。既然天下的主体是百姓,政治的本质就是实现百姓的愿望,就是执政为百姓服务,那么这个目的是否实现、实现得如何,只有百姓最清楚,只有百姓最有资格对执政者进行评价。

---

① 《管子·牧民》:"政之所行,在顺民心;政之所废,在逆民心。民恶忧劳,我佚乐之;民恶贫贱,我富贵之;民恶危坠,我存安之;民恶灭绝,我生育之。"

② 《春秋左传卷七·文公十四年》。参见鲁开泰译注:《春秋左传》,武汉出版社1998年版,第322页。全书同,故后文不再注释版本。

③ 《战国策·四》,第205页。

因此,老子从这一善治标准出发,在 17 章中把百姓的满意程度分为四等:

● 太上,下知有之;其次,亲而誉之;其次,畏之;其次,侮之。信不足焉,有不信焉,悠兮其贵言。功成事遂,百姓皆谓"我自然"。

(最好的政治社会,是百姓只知有执政者,而不知执政者为何事;次好的政治社会,执政者对百姓仁爱有加,百姓对其又亲又近,赞誉良多;一般的政治社会,执政者对百姓施之以法,百姓对其畏而远之;最差的政治社会,执政者对百姓残暴施虐,百姓对其怒目而视,视若仇敌。)

为什么看起来很愚昧无知的百姓,应该成为政治社会是否善治的评判者? 因为天下是天下老百姓的,执政者是为天下百姓而设立的,而不是老百姓为执政者而生;因为只有有道者才能有资格成为执政者,这个执政之道,就是道法自然,让百姓自富、自化、自正、自朴。如果不能做到这一点,就是无道,就没有资格执政;而百姓是否自富、自化、自正、自朴,只有百姓自己最清楚。因为天下是老百姓的,老百姓是天下人数的组成部分,官吏和执政者只是少数,老百姓不满意,执政的基础就没有了,而与民为敌,或迟或早,民必起而攻之。

贾谊对为什么应该让百姓做政治的评判者有一段很精到的论述。在评论秦朝这样强大的政权瞬间灭亡的问题时,贾谊在《过秦论》中分析说:

像陈胜、吴广这样的"迁徙之徒""才能不及中人",只是一个最普通的下层百姓,为什么"斩木为兵,揭竿为旗",很快就能"天下云合响应",让秦朝这样一个十年间横扫山东六国的强大政权迅速灭亡呢?[1] 主要就是秦王朝"仁心不施""不亲士民""以暴虐天下始",使"天下苦之",造成"民危"之势,"百姓怨而海内叛",所以陈胜、吴广的起义才能"奋于大泽而天下响应"。贾谊认为,"前事之不忘,后事之师也",汉朝统治者必须从秦亡的历史中汲取教训,才能"旷日长久而社稷安矣"[2]。

贾谊在《忧民》篇中又指出,汉兴才三十年,可是国家已经面临危急的关头了,因为"汉兴三十年矣,而天下愈屈,食至寡也,未获年,富人不贷,贫民且饥","天下无蓄若此,甚极也",汉朝没有可用来解救危机的粮食蓄备,实在是太危险了。在《无蓄》篇中,贾谊又进一步大声疾呼,必须把百姓的衣食问题提高到国家安危的高度来认识,否则后果不堪设想。[3] 贾谊提出,要把是否有利于人民作为评价国家、君主和官吏的唯一标准,指出"民无不为功民。故国以为功,君以为功,吏以为功。国以民为兴坏,君以民为强弱,吏以民为能不能,此之谓民无不为

---

[1] 《贾谊新书·过秦》,第 6 页。
[2] 《贾谊新书·过秦》,第 11-12、17、19 页。
[3] 《贾谊新书·忧民、无蓄》,第 104、133 页。

功也"。

也就是说,看一国家是兴旺发达还是日暮途穷,看一个君主和统治者是贤明强大还是昏聩软弱,看一个官员是德才兼备还是昏庸无能,民众是唯一的衡量标准。民众是一把秤,是一把尺,是一面镜子。

贾谊还在其《大政下》篇做了一个很有意思的分析,说百姓看起来都很愚,怎么能把他们也看成是评判官员的标准呢?"故夫民者虽愚也,明上选吏焉,必使民与(参与)焉。故士民誉之,则明上察之(如果民众说某官员好,明君就要进一步考察他);见归而举之(如果民众真的归附于这个官员,那么就可提拔他);故士民苦之,则明上察之,见非(考察这个官员的过错)而去之。故王者取吏不妄(录用官员不能随便),必使民唱,然后和之。故夫民者,吏之程(考察的标准)也,察吏于民,然后随之。夫民至卑也,使之取吏焉,必取其爱焉。故十人爱之有归,则十人之吏也;百人爱之有归,则百人之吏也;千人爱之有归,则千人之吏也;万人爱之有归,则万人之吏也。故万人之吏,选卿相焉。"[①]

无论是看国家、看统治者还是看官员,评判的唯一标准就是看其是否有利于民众安居乐业,是否有利于民众生活水平的提高,是否满足民众政治、经济和文化生活的需要,是否符合民众的喜怒哀乐,是否有利于民众根本利益的实现。

"民四自"是百姓的自治,而以人民为政治评判的唯一标准,也可以视为民众的政治参与。

## 四、"以民心为心"必然体现为"民四自"

● 我无为而民自化,我好静而民自正,我无事而民自富,我无欲而民自朴。(57章)

(执政者遵道而为,老百姓就能自我化育;执政者能持守道治的清静不扰民,老百姓就能自然实现公平正义;执政者能按道而治不乱生事,老百姓就能自然富裕;执政者能以道治天下,没有胡作非为的欲望,老百姓就能自然纯真守朴。)

道法自然,让老百姓自然而然地生存发展,具体表现为民众的自富、自化、自正、自朴,就是老子的"民四自"价值观。

自富、自化、自正、自朴,是道法自然、无为而治的政道赋予老百姓的天然的权利。

自富、自化、自正、自朴,是以百姓之心为心在政治领域中的必然体现。

---

① 《贾谊新书·大政下》,第270页。

道儒两家都有民本思想,但走的路线却有很大不同。

儒家的民本思想,以从仁义观出发,是一种仁政思想,即掌权的执政者,应当从上而下地给百姓以恩惠,以仁爱之心对民众,从政策上减轻民众的赋税和劳役,是上层路线。

周公曾把"德"(一切好的东西和事情)作为取天下的关键,而德的一个重要表现是"保民",在《康诰》等重要文献中多次出现"用康保民""惟民其康""裕民"和"民宁"等语句,指出要爱护民众,把民众疾苦视为自己的疾苦,要体察民情,对民用刑当慎重,要以民为镜,"人无于水监,当于民监"①。这种重民的思想在各派经典中都有体现。

后来的儒家在这个基础上,逐渐产生发展出更完整的民本思想体系。以民为本的思想,儒家以孟子为最。孟子认为"民为贵,社稷次之,君为轻"②。荀子在谈到君民关系时也认为,"天之生民,非为君也,天之立君,以为民也",又指出"君者,舟也;庶人也,水也。水则载舟,水则覆舟。此之谓也"③。

贾谊的民本思想指出,执政者千万不要轻民、简民、敌民,不要小看民众,千万不要轻视民众,千万不要为害民众,而应爱民、敬民、乐民、富民。因为"夫民者,万世之本也,不可欺。凡居于上位者,简(怠慢)士苦民者,是谓愚;敬士爱民者,是谓智。夫愚智者,士民命也。故夫民者大族(是人数最多的群体)也,民不可不畏也。故夫民者多力(力量强大)而不可适(敌)也,与民为敌者,民必胜之"。"故夫民者,至贱而不可简(怠慢)也,至愚而不可欺也。故自古至于今,与民为仇者,有迟有速,而民必胜之"④。

在贾谊看来,普通下层的民众虽然看似贱而愚,但这丝毫不影响民众的这种最高的地位,因为民众之所以低、贱、愚,不是民众本身的问题,而是统治者的问题:"故民之不善也,吏之罪也;吏之不善也,君之过也"⑤;"故有不能治民之吏,而无不可治之民"⑥。因此,统治者对待民众,必须像对上天那样恭敬,"故夫士民者,国家之所树而诸侯之本也,不可轻也,呜呼!轻本不详,实为身殃"。⑦

因此,治理民众、管理民众的最根本的办法,就是对民众心存敬畏之心,实行尊民、爱民、富民的政策。贾谊指出,虽然民众分为三六九等,民众各阶层也有不

---

① 参见刘泽华主编:《中国古代政治思想史》,南开大学出版社1992年版,第10页。
② 《孟子·尽心下》。
③ 《荀子·大略、王制》。
④ 《贾谊新书·大政上》,第258页。
⑤ 《贾谊新书·大政上》,第263页。
⑥ 《贾谊新书·大政下》,第266页。
⑦ 《贾谊新书·大政上》,第265页。

同情况,但对君主来说,无论对什么层次的民众,都必须秉持一颗敬爱之心,"为人下者敬而肃,为人上者恭而仁,为人君者敬士爱民,以终其身,此道之要也"①。治国之道对君主来说,就是"下爱其民"。一言以蔽之,治国治民的根本就是君主必须敬民、爱民。

老子的民本,也包括自上而下的"爱民治国",就是"我无为、我好静、我无事、我无欲"。但老子以民为本的思想,其核心是"民四自",走的是下层路线,主张国家和社会应当建立在"民四自"的基础之上,以民为本的社会,首先体现为老百姓应有"四自"的基本权利,这就是自富、自化、自正、自朴。

"民四自"是老子的核心政治价值观。"道法自然""无为而治"是"民四自"的理论支柱,"民四自"是"道法自然""无为而治"在政治领域的必然表现。没有"民四自","道法自然""无为而治"在政治哲学领域就悬空了,不能落地,真正成了玄而又玄的哲学。有了"民四自","道法自然""无为而治"就不再玄奥了,成为可以实践的一种政治理论。

《文子·下德》篇指出,以道治国的国家,因为行无为而治,所以治理国家的职位容易坚守;因为不扰民,所以政事容易推行;因为礼乐出于自然本心,所以容易普及;因为法制出于民情、民心,所以法律容易实现。因此,无为而治,民不需要兼官,官不需要兼事,士、农、工、商,各行不同,各乡有异,各州不同。

宋代杜道坚在编撰《文子》一书时,对这段话解释认为,道治国家官员人数很少,事不多,所以不需要大量的官员,不需要政出多门。无为而治的国家,社会风气也很简朴,农民与农民谈的是如何春耕秋藏,官与官谈政论事,工与工交换如何把器制做得更好,商与商交流货品货价的高低。是以士人都尽责,工无苦事,农民不需要误农时去服徭役,商品也没有哄抬物价买卖公平;士、农、工、商各守其行,各安其性;行业虽有不同,其形虽各异,却能互补,不相悖乱。如果失业,就不容易找到别的工作,所以大家都珍惜自己的工作,把自己的工作做好了,就可以获得大家的认同。②

不以"道法自然"和"民四自"为核心,所谓"老子研究",只是皮毛,不得真谛。

"民四自"分别从经济、文化、政治、民俗四个方面展开。

"民四自",就是现代的"民自治"在经济、文化、政治、民俗方面的表现。

---

① 《贾谊新书·修政语下》,第 292 页。
② 《文子·下德》:"治世之职易守也,其事易为也,其礼易行也,其责易赏也。是以,人不兼官,官不兼士,士农工商,乡别州异,故农与农言藏,士与士言行,工与工言巧,商与商言数。是以,士无遗行,工无苦事,农无废功,商无折货,各安其性;异形殊类,易事而不悖,失业而贱,得志而贵。"

## 五、"民自富"创造经济的繁荣

"民自富"是"民四自"之首。

"道法自然"必然导致"民自富"。天道中的道法自然,就是让万事万物根据自己的本质需求自然而然地生长发育,促进了天地自然中万物并作、欣欣繁荣的气象;政道中的道法自然,也是让老百姓自由自在地根据生命和生活的需求而自己生长发育,也能促进百姓的生命的繁茂和物质的富裕。

今本、帛本《老子》都有"民四自",但次序不同,今本是"自化、自正、自富、自朴",帛本是"自富、自化、自正、自朴",从逻辑上看,应当是"自富"为先。只有民自富,才能实现自化、自正、自朴。满足人类的生存需要是人类发展的前提,而经济财富的增加是解决人类正常生存欲望的第一选择。

"民自富",就是老百姓按照天道给老百姓的自然智慧,按照不同地区、不同的自然资源、不同的交通状况、不同的市场特点,发挥自己的积极性、主动性、创造性,寻找自己能掌握、利用的土地资源、水利资源、山林资源,遵照物质生成发展的规律,依照市场的规律,自我进行规划,自己种植,自己渔业,自己放牧,自己打猎,依靠自己的劳动,自己解决自己衣、食、用、住等生存发展问题,自己为自己劳动。在这一劳动过程中,老百姓会展示自己的想象力、创造力和艰苦卓绝的精神,为自己从而也为社会创造巨大的经济财富并促进社会的经济繁荣。

为自己劳动,当然也就有了私有的概念,如果百姓没有自己的生产资料,没有自己的劳动工具,不能拥有自己的劳动成果,无论怎么样努力劳动,也不可能实现"自富"。

文子发挥了老子的"民自富"思想。

《文子·符言》指出,所谓"民自富",就是让百姓能充分利用国家的山林、水泽、土地、河渠,发挥自己的劳动积极性,从天地赋予人类的资源中,获取自己的生活物资,"天有明不忧民之晦也,地有财不忧民之贫也"。

《文子·微明》指出:"民之所以生活,衣与食也。事周于衣食则有功,不周于衣食则无功,事无功德不长。故随时而不成,无更其刑;顺时而不成,无更其理。时将复起,是谓道纪。帝王富其民,霸王富其地,上无为而民自化。与民同欲则和,与民同守则固,与民同念者和;得民力者富,得民誉者显。"

《文子·自然》认为,执政者治理民众的事务,总是各便其性,使其安居,地位适宜,发挥其能,照顾周到,施为得当,所以众人都能平等、公正地得到安乐,没有理由让百姓不能得到温饱。文子指出,以道治自然之法治理天下,不是要改变人的本性,而是根据人的自然本性的种种表现,加以条理化,使之畅通顺达,故符合民性、民心的因素越大,则施加的措施越小。好比古代修治沟渠的技工一样,治理水渠,只是依据水的流向而导引之;又好比种庄稼的农夫,只是根据适合田地的特性来播种农物;再好比带兵打仗的将军,只是顺着百姓的欲望。因此,凡是能依据民心、民情来治理国家的,就能无敌于天下。总结起来,治理天下事务,都只是顺其自然物质的自然特性而为之,知道了这一个道理,国家和人民的事务就能得到治理了。①

老子的第二代弟子,文子的学生范蠡,是实践老子"民自富"的典范。

在助越王功成之后,范蠡认为,"计然之策七,越用其五而得意。既已施于国,吾欲用之家"。范蠡于是从政治江湖退出,乘扁舟浮于民间之江湖,变名易姓,变成了一个真正的百姓。范蠡先后在齐国海边和定陶定居下来。当时的定陶为天下之中,诸侯四通,是货物交易中心,经济发达,商业繁荣,他在这里治产积居,十九年之中三致千金,再分散给亲朋好友,成为中国历史上的商圣,言富者皆称陶朱公(《史记·货殖列传》)。

道家经典《黄帝四经·十大经·三禁》指出:"天有恒日,民自则之,爽则损命,还自服之,天之道也。"天有恒定的法则,民众自然去取法它,如果违背它就会损伤身命,自取败亡。这便是所谓的天道。

《黄帝四经》也指出,天有光明所以不忧虑百姓生活在黑暗中,百姓自可以开凿窗户来取得光亮;天不需要有所作为。地有财富所以不忧百姓生活在贫困之中,百姓自可以伐树割柴来取得财货;地是不需要有所作为的②。

《列子·天瑞篇》中讲了一个"盗"亦有道的故事,其核心也是讲百姓如何自富。

这个故事说,齐国有一个姓国的人非常富有,宋国有个姓向的人非常贫穷,向生跑到齐国请教国生如何才能致富,国生告诉向生,我善于"偷",一年就可自给,两年就可富足,三年就大富,还可以接济邻居。

向生没有领悟国生如何"偷",回到宋国就开始偷东西,结果很快就被官府抓起来,不仅受到刑罚,而且还把他家里的财物也没收了。向生后来责怪国生骗

---

① 《文子·自然》:"使各便其性,安其居,处其宜,为其所能,周其所适,施其所宜,如此,即万物一齐,无由相过。""以道治天下,非易人性也,因其所有而条畅之,故因即大,作即小。古之滨水者,因水之流也;生稼者,因地之宜也;征伐者,因民之欲也。能因,则无敌于天下矣。物必有自然而后人事有治也。"

② 《黄帝四经·称经》:"得焉者不受其赐,亡者不怨大□□天有明,而不忧民之晦也。百姓避其户牖而各取昭焉。天无事焉。地有财而不忧民之贫也。百姓斩木艾薪而各取富焉。地亦无事焉。"

他。国生说：你误解了我的"偷"的意思，你不明白什么是"为盗之道"，我的"偷"不是你的偷，我的"偷"不是让你去偷别人家的东西，而是从天偷，从地偷，去河偷，去山偷。

"吾盗天地之时利，云雨之滂润，山泽之产育，以生吾禾，殖吾稼，筑吾垣，建吾舍。陆盗禽兽，水盗鱼鳖，亡非盗也。夫禾稼、土木、禽兽、鱼鳖，皆天之所生，岂吾之所有？然吾盗天而亡殃。"这段故事讲的道理就是统治者应当放开天时地利，让百姓自由从天地自然中，通过自己的劳动，去获取生活资料。百姓通过自己的劳动，可以达到劳动致富。这个故事讲的也是对百姓为私的一种肯定。

为公是一种德；为私即通过劳动从天地自然中获取自己的生活资源，也是一种天地之德，所以"公公私私，天地之德，知天地之德者，孰为盗耶？"

这个故事同时也揭示了老子的"民自富"的另一个内涵：民自富首先是但又不仅仅是自己要劳动致富，同时也有自我约束的一面，即这种致富的过程，一定是要合道的，是通过自己诚实的、勤奋的劳动而致富，而不能是通过歪门邪道致富，更不能通过偷盗、抢劫、坑蒙拐骗、占他人便宜、损公肥私、贪污腐败、以权寻租等"不道"的手段去致富。老子的自富是一种合道的、自我约束型的经济自由活动。

以民为本，就是首先要使民富。"人不可不务也，此天下之极也。五辅""争天下者，必先争人"，只有"以人为本"，才能做到"本治则国固"，否则就会出现"本乱则国危"的局面。治民的具体表现就是要使民富，使民众的基本生活需求得到满足，"凡治国之道，必先富民，民富则易治也，民贫由难治也"。相反，管子认为，治国不能建立重刑诛杀，更不能建立在重赋竭民的基础上，这样做的结果必然导致天下大乱，因为"刑罚繁而意不恐，则令不行矣；杀戮重而心不服，则上位危矣"（《管子·霸言、正世、治国、牧民》)。

富民是以民为本的表现。如何富民？基本方法就是要"仓廪实"和"衣食足"，要通过发展经济达到民众小康，要通过物质财富的增加来实现。如何增加财富？《管子》的作者又提出全面发展各行各业，增加各方面的生产，同时也使民众能各尽其才、各尽其力。首先是发展农业，农业是经济的基础，只有农业实现了"多粟"，才能满足民众吃饭的需要。其次，提倡养蚕桑和六畜的繁殖，认为"山泽救于火，草木殖民"，"沟渎遂于隘，障水安其藏"，"桑麻殖于野，五谷宜其地"，"六畜育于家，瓜瓠荤菜百果备具"，"工事无刻镂，女事无文章"，所有这一切，即广泛发展粮、菜、林、牧、渔等各业，都是可以致民富从而致"国之富"的事情（《管子·立政、牧民、重令》)。也只有民富，才能实现"下富则上富""上下俱富"的目标。

从以上《管子》关于法治和以民为本的思想来看，《管子》中体现的思想，比战国时期的儒家和法家更为合理,也更为可行;"比之儒家的以人治为特色的民本则更具实效,比之以商鞅为代表的秦法家以治民为目的的法治则更为人道,更易受到百姓的支持与拥护"①。《管子》与儒家的民本思想最大的区别,就是它不仅提出了以民为本的原则,而且提出了如何以民为本的具体措施,包括兴修水利、圈养六畜以及发展手工业、林业、渔业,还提出了"入国四旬,五行九惠之教","老老、慈幼、恤孤、养疾、合独、问病、通穷、振困、接绝"(《管子·入国》),就是实行中国历史上最早的社会保障和福利制度,对老人、幼儿、遗孤、残废、鳏寡、病人、贫民、灾民、烈士家属九种弱势群体给予国家的关照,每四十天就要五次检查九惠的措施实行得如何。《管子》的富国、强国的主张,包含了强烈的富民和对民众的人文关照。

凡是不知道、不了解或不愿意知道老子"民自富"思想的,一定造成对老子思想的重大歪曲和误解。在所有攻击老子思想落后保守的言论中,最突出的一种误解和歪曲,就是说老子试图让社会倒退回生产力极不发达的原始社会中去,让大家重新吃草根、穿树皮,裸祖胸臂,食生肉,住山洞,重新回到蛮荒时代。如果真是这样,那老子不应当倡导什么"民自富",而应当倡导"民自穷"才对。

老子的"民自富"思想,证明这一切攻击都是片面的,尤其证明大多数人对"小国寡民"的解读是误解老子的思想,这些解读的共同之处,都攻击老子的思想如何落后、如何反对文明进步发展。这都是没有读懂《老子》的反映。

## 六、"民自化"创造文化的繁荣

有些人以为,老子只是要愚民,让百姓除了睡觉吃饭什么也不做,其依据就是老子要百姓"无知无欲""虚其心""弱其志"。但实际上"虚其心"和"弱其志"并非是现代人理解的愚昧之意,并非今天人们所谓的"弱智"。《淮南子·原道训》曾经明确指出,"所谓志弱者,柔毳安静,藏于不敢,行于不能;恬然无虑,动不失时;与万物回周旋转,不为先唱,感而应之",这是一种真正智慧的表现。只有得道者才会有虚心和志弱的表现,所以"故得道者,志弱而事强,心虚而应当",也就是说,只有那些意念柔弱的人,才能行事坚强;只有那些虚怀若谷的人,才能根据规律正确地应对各种刺激。

道法自然必然促进"民自化"。

---

① 马建红:"'管子'民为国本的法治思想",《管子学刊》,1999 年第 2 期。作者指出,"假如以齐法家的思想作为我们的正统思想的话,则民族和百姓就会少受许多苦,而我们的法治建设也不会背着如此沉重的人治包袱,不会如此举步维艰"。

天道中的道法自然,就是让天地自然的万事万物自然而然地适应自然规律,万事万物在这一过程中,会刺激其适应生存的本能的化育,不知不觉会产生不言之教的记忆、习惯、反应、能力、功能、器官,这是自然物质的一种"自化":

信鸽、候鸟能从几千里外飞回最初的出发地,这种惊人的记忆力是自化的;蝙蝠、猫头鹰能在夜间活动,这种惊人的夜视能力是自化的;海豚具有惊人的模仿表演能力,这也是自化的……

政道中的道法自然也必然促进"民自化"。

人类历史上最初的发明创造都是"自化"的,无人教育,是从长期实践中总结出来的,是不言之教:

燧人氏钻木取火,并开始制陶文明;有巢氏构木为巢,开启建筑文明;伏羲演八卦并作织网、捕鱼、结绳记事、发明婚姻制度;女娲从事驯化动物并进行养殖、种植谷物和果蔬,开启农业文明;黄帝作指南车、演兵法、设九阵,开启军事文明;农神氏炎帝不仅发展了种植业,并发现中草药,开启医药文明,以日中为市开启市场文明;蚩尤受卢山金造五兵,发明了冶炼技术,开启青铜文明;大禹治大水,开启水利工程文明。

这些重大的文明,虽然不是一人一时之创,但全都是自化而成,无人教育;所以,老子不但主张老百姓应当自然富裕,而且主张百姓的自我化育,在精神文明上创造文化繁荣。

所谓"民自化",首先是指一种先进的教育思想。

历史上所有的思想家、政治家每说起社会的教育,首先强调的是政府、君子、学校应如何教育百姓,把百姓从愚昧状态中解救出来,通过各种方式把政府、君子、有钱人、学校认为是正确的东西灌输给百姓。这就是所谓的"文化"或"教化",虽然这种以文化人、以教育人也有值得肯定之处,但实际上很多时候造成了奴化、僵化、物化、异化,导致思想的封闭、停滞,窒息了社会和民间的创造性。

老子倡导的"民自化",不是他化,而是自化,是要开启百姓直接与天道对话的大门,开启百姓直接接受领悟自然智慧的大门,不受任何约束地去创造、去思考,直接从了解自然的过程中去研究自然,从认识自然的过程中去把握自然的规律和本质,直接从实践过程中去增加对自然和社会的认识,并从中学会如何劳动、如何做人、如何自我约束。自化的过程,不仅是一个个人自由的过程,也是一个自我约束、自我教育的过程。

"民自化",也是一种思想文化精神价值。

"民自化"就是打破一切所谓的上帝正确、神仙正确、政治正确、思想正确、领导正确、长官正确、权贵正确、精英正确的思想枷锁,冲毁传统世俗的种种偏见和约束,让百姓的思想自由、精神自由、言论自由、文化自由,让百姓自己去思考,自己去探索,自己去创造,自己去约束,自己去请教,自己去创新。

"民自化"不仅仅是一个每个人直接领悟自然知识的过程,也是一个百姓之间相互化育的过程,这其间也包括了百姓自己兴办私人教育来培养人才、传承知识、交流道德的环节。

"民自化"也不排斥他化的作用,但在老子的思想体系中,自化、自悟、自育是第一位的,他化只是辅助性的。

"民自化"也包含了百姓自我约束、自我反思、自我检省的内涵,一切是以是否顺乎本心、合乎生命本质、达致人的正常需求为标准,不会去追求违反生命、违反自然、违反本质的那些标新立异、哗众取宠、损人不利己的事情。

以老子的"民自化"思想去推动社会的文化繁荣,不会出现那些教唆人去走私贩毒、种族宗教歧视、鼓动人类残杀等违反人类自然、人类本质的现象。

凡是不知道、不了解或不愿意知道老子"民自化"思想的,一定造成对老子思想的重大歪曲和误解。

在所有攻击老子思想落后保守的言论中,第二突出的,就是说老子试图愚民,甚至连高明先生也认为,老子所谓"百姓皆注其耳目",就是要"闭塞百姓耳目之聪明,使无闻无见也,此老子之愚民政策耳"①。老子要让百姓只做吃饱饭就睡觉、没有思想、没有想法、没有尊严的猪和奴。

如果真是这样,那老子不应当倡导什么"民自化",而应当倡导"民自蠢"才对。

老子的"民自化"证明,这一切批评都是不解老子原意。

在某种程度上,春秋时期的百家争鸣、百花开放的文化繁荣,也是以老子思想为核心的黄老道家所主导的。

## 七、"民自正"创造和谐公正的政治秩序

道法自然让天地万物自然而然生化发展运行,虽然没有任何力量安排控制,但天地万物的运行却那么有秩序、那么和谐,这就是天地万物的"自正"。

道法自然也必然要有"民自正"。

所谓"民自正",就是自我约束的政治自由,就是社会地方事务、家庭事务的百姓自治,就是民众自己管理民间的事务,自己处理民间关系,自己治理邻里之

---

① 高明:《帛书老子校注》(49章注),第64页。

间的纠纷、矛盾,公平、公正地处理相互之间的关系、邻里的关系以及民间组织、社团之间的关系。

民众通过对自然智慧的领悟,在这种个人自治、家庭自治、家族自治、乡村自治、地方自治的过程中,按照人类自然的家庭关系、血缘关系、共同利益关系的习俗、规则、约定等解决利益、秩序、教育、天灾、人祸等公共问题,实现社会的稳定、有序、和谐。

"民自正",就是民众自发处理经济过程中的各种问题。在民自富的过程中,不同产业与同一产业的不同人群、不同的地区、不同能力的人群、不同的资源,会形成一定的竞争关系。有些能力强、资源多的民众,会发展更快、更好,也有些能力差、资源少的民众,会发展较慢、较差,于是会出现贫富差别、地区差别、行业差别、人群差别。同时,在民自富的过程中,还会出现经济发展的公共问题,诸如交通、市场秩序、度量衡、资源分配等问题,这两大类问题都应当首先由民众自发解决,让民众逐渐形成规矩、制度。

"民自正",就是民众自发处理民自化过程中的各种问题。民自化的过程会出现不同的思想、文化、宗教、流派,会有不同的语言、文字等问题,民自正就是让民众自发去选择、去调整、去淘汰,逐渐形成主流的文化,不同的文化都自发形成影响的群体、地区、领域。

## 八、"民自朴"创造安泰和谐的风俗民情

● 甘其食,美其服;安其居,乐其俗。(80章)

道法自然就是让天地万物自然而然发展,天地万物在这一过程中会自然形成自然物种之间、种属之间、类别之间、群落之间的不同特性,这些特性会反映天地万物的自然本性,代代相传。

道法自然也必然会形成"民自朴"。

老子在第80章中所说的"甘、美、安、乐",就是"民自朴"的表现。

▲每个地方都有自己不同的风味食品,没有唯一的标准吃法,食甘就好;

▲每个地方都会自然而然形成自己的服饰时尚,没有唯一的标准着装,服素为美;

▲每个地方都根据自己的地貌气候选择自己的居住模式,没有唯一的建筑风格,以安为居;

▲每个地方都根据自己的历史文化形成自己的民俗,没有唯一的标准民俗,以乐为俗。

自然而然形成的风俗民情,都是淳朴的。

社会领域实行道法自然的原则,就是让不同民族、不同性别、不同地域、不同村落的居民按自己的本质特性自然而然地生活,久而久之,就会形成不同的民族、地域、村落、部族的自然风俗和习惯。这种风俗风气,都是自然而然形成的,没有任何的外力干预,因此,这些风俗风气也必然是纯真的、朴实的。

这种"民自朴"的风俗民情,我们从陶渊明的《桃花源记》中可以领悟到。那里的居民由于没有受到外界的不良风气的干扰,因而保持着纯真的习俗,当他们忽然看到不知从哪里来的"外人"时,既感到新奇,又感到亲切,都对这些不速之客的到访表示了亲切、友善、淳朴的情感,没有任何做作,没有任何虚伪。《桃花源记》是虚构的,但淳朴的民风、民情不等于不存在。

"民自朴",就是民众自发处理社会风俗和民风中的各种问题。在民自朴过程中,各地的不同条件、不同历史会形成不同的婚姻制度、不同的建筑风格、不同的饮食习惯、不同的节庆、不同的服装、不同的家族制度等。"民自朴",就是让民众自发地解决各地的交流、婚配、资源配置等问题。

我们在那些偏远的山区、民族地区,都可以见到这种淳朴的民风。比如,云南滇西北的摩梭族生活的泸沽湖、四川西北部的马尔康地区、新疆西北部的喀纳斯地区等,当地的居民受内地金钱文化、权贵文化影响较少,还可依稀见到这种淳朴的民风,人们随便到哪一家走访,都会受到热情的接待。

## 九、"民四自"皮毛,汉唐盛世之精要

因此,老子的"以民为本""以百姓心为心",最后要落实到百姓生活的各个方面,这样就成为一种可操作、可实现、可落地的政治哲学。

"民四自"是老子政治哲学的精华。

虽然后来中国历朝历代的执政者并没有完全按照老子的"民四自"的原则来治理国家、社会,也从来没有出现过真正的道治,但哪怕是以老子"民四自"的一些皮毛来治理社会,也会收到意想不到的良好效果。

中国的历史实践证明,老百姓是能够依靠自己的力量实现自然富裕的。历史上,老百姓之所以贫困,不是老百姓不勤劳,而是执政者对老百姓压榨太多、食税太多、管得太多,只要执政者少干扰百姓,老百姓是完全能够自己富裕的,并促成社会的经济繁荣。在历史上,至少有三个例子可以表明,只要执政者减少对老百姓的干扰,真正让老百姓按照生产的规律去发展经济,"民自富"是比较容易实现的。

比如,汉文景之治的经济繁荣。

"汉初之七十年(公元前 200—前 135 年)是道家思想比较占优势的时代。无为的政治最适宜于那个年代;当大权的人既不配有为,还是无为最好,让人民休养生息。""故这时期的道家思想差不多完全等于清静无为的政术。"胡适指出,汉初行黄老之术,也是没有办法的办法。汉初开国者刘邦是平民,萧何是小吏,樊哙是屠夫,夏侯婴是马夫,灌婴是卖缯的,周勃是吹箫者,彭越是打鱼的,只有少数如张良、陈平是士者,是受过教育的。他们打下天下后,一帮乡巴佬治国,哪知道何为统治之道。刘邦死后,吕后、樊哙和他们的兄弟姐妹都成了最有权势的人,他们只能混日子,也只能无能为治。而那些有作为、有思想的人,如右相国陈平无事可做,也不得不无为,是有能无为。这种趋势下,有能力的不做事,有一事不如无一事,多一事不如少一事,大家都不做事,反而造成了汉初的所谓无为而治的局面。①

在经济上,汉文帝重视农业,认为"农,天下之本,其开籍田,朕亲率耕,以给宗庙粢(zī,泛指谷物)盛"《史记·孝文本纪》)。汉文帝遵循"治大国若烹小鲜"的无为而治原则,在经济上采取了减省租赋等一系列措施,吸引农民发展农业,于公元前 178 年、公元前 168 年两次将租率由十五税一减为三十税一。自此以后,三十税一成为汉代定制。在减轻徭役方面,文帝"偃武兴文","丁男三年而一事",使成年男子的徭役减为每三年服役一次。为了减少民众养诸侯的负担,汉文帝还下令各诸侯王均回分封国中居住,这免去了民众一项沉重的转输负担。为了给民众提供更多的生活资源,汉文帝曾下令弛山泽之禁,于公元前 158 年开放原来归属皇家的山林川泽,准许私人开采矿产,利用和开发渔盐资源,使得汉初出现了"富商大贾周流天下,交易之物莫不通"的繁荣景象。

为了发展农业,汉文帝采纳了大臣晁错提出的建议,"募天下之人入粟于边,以受爵免罪,不过三岁,塞下之粟必多矣",采取公开招标价卖爵的办法来充实边防军粮。这一措施也减少了农民的一部分负担。

文帝在位 23 年,在生活上也采用道家的贵简朴的养生思想,尚节俭,平时穿戴都是用粗糙的黑丝绸做的衣服。在中国历代帝王中,文帝是一生注重简朴的少有的统治者。

汉朝实行了七十多年的无为而治的政策,汉初出现了文景之治,是中国历史上第一个和平盛世。司马迁在汉武帝初期曾说,"至今上,即位数岁,汉兴七十余年之间,国家无事,非遇水旱之灾,民则人给家足,都鄙廪庾(lǐn yǔ,粮仓)皆满而

---

① 胡适:《胡适讲国学》,吉林人民出版社 2009 年版,第 3、109 页。

府库余货财。京师之钱累巨万,贯朽而不可校。太仓之粟,陈陈相因,充溢露积于外,至腐败不可食。众庶街巷有马,阡陌之间成群,而乘字牝者傧,而不得聚会。故人人自爱,而重犯法,先行义而后绌耻辱焉。当此之时网疏而民富"(《史记·平准书》)。这段文字记载表明,当时汉朝经济繁荣、财政充足、民众富庶、温饱无忧。

又如,贞观之治的经济繁荣。

唐初,李世民是中国历史上少有的对统治者与人民的关系有着清楚认识的统治者,明确提出了舟水论,认为统治者好比是行驶在水上的船,而民众好比是载船的水,水能载舟,也能覆舟。他采取减轻百姓负担的种种措施来恢复民众的生机,与民休养生息。

李世民在位 23 年期间(公元 627—649 年),唐朝经济发展,社会安定,政治清明,官员廉洁,统治者贤明,官吏多自清谨,农业连年丰收,一斗米从一匹绢降到三四钱。政策上去奢省兵,轻徭薄赋,选用廉吏,使得人民富裕安康。贞观八九年时,唐朝牛马遍野,百姓丰衣足食,夜不闭户,道不拾遗,商业发达,达到了中国历史上的一个高峰,被称为"贞观之治"。[①] 唐朝在政治、军事、经济、文化上都处于当时文明世界的前列,成为最有影响力和吸引力的国家,在硬实力、软实力方面都名列前茅。在中国历史上的 850 多个帝王中,李世民治理下的"贞观之治"是最为清明的。李世民也可以被认为是可以与老子、孔子并列的少有的伟人。

再如,唐开元之治的经济繁荣。

在唐玄宗"无为而治"思想指导下,唐代开元年间,主要是公元 714—740 年的 20 多年间,继"贞观之治"之后,再次出现了空前的繁荣。公元 740 年,唐代民户达到了 841 万多户、4 810 多万人,比唐初增加了近两倍。当时的经济繁荣,物产丰富,价格稳定低廉,社会治安良好,连向来贫穷的陇右河西地区也出现了繁荣的景象。唐朝出现了许多著名的大都市:长安、洛阳、扬州、成都。在对外关系上,多次击败侵犯唐朝的吐蕃等外族势力;与生产力的高度发展相适应,唐王朝的国际威望也达到了顶峰,对外战争取得连年的胜利,连续百余年保持不断的进攻态势,疆土极度扩张,朝鲜、漠北、西域的辽阔疆土相继并入中国版图,西部疆土直达咸海东岸的石国(中亚细亚塔什干城)。

同时,"民自化"也有很大的收获。

今天中华文明的文化老根,不论是道家还是儒家、兵家、农家、法家,全都是

---

[①] 《唐太宗传》,第 118 - 120 页。

民间学校教育或老子、孔子、商子等思想家自创的,春秋时期的文化繁荣的百家争鸣,虽然官办的稷下学宫起到了很大作用,但这百家的文化内容没有哪一家是官方教出来的,全都是"民自化"的结果。

秦之后,唐宋的文化相对开放,也出现了许多"民自化"的成果。

唐朝放开文化政策,道、儒、释都可以自由发展,尽管执政者规定了先道、次儒、后释的先后次序,但民间以谁为先后也有很大的自主性,三者之间并不相互排斥,结果也推动了唐朝的文化繁荣,出现了李白、杜甫等伟大的诗人,使中国的诗歌文化达到了顶峰。

大诗人杜甫以描写百姓苦难生活的诗篇著称于世,但他也曾极誉开元盛世曰"忆昔开元全盛日,小邑犹藏万家室,稻米流脂粟米白,公私仓廪俱丰实"。李白的诗篇则反映了开元盛世时的自由、开放、包容精神,虽为布衣,但能傲视权贵,敢于"天子呼来不上船","不为权贵事折腰",作为儒家之士,也敢于蔑视孔子,敢于唱"我本楚狂人,凤歌笑孔丘"。整个民族的精神文明也达到顶峰,反映为全民作诗,从帝王到贫民,从权贵到民女歌妓甚至乞丐都能作诗,全唐诗收录了2 300多人的近5万首诗。同时,唐贞观之治和开元时代,集权但不专制,崇道但不排儒、佛,是一个文化开明、开放的多元时代。唐太宗时奉行意识形态三教并行政策,道教风行,佛教兴旺,儒学昌明,三教可自由进行辩论竞争,也可对三教的创始人进行讽刺挖苦,称释、老、孔皆为妇人。①

## 十、"民四自"＝中国式民治:与西方"选票民主"的比较

民主是一个西方概念,是西方政治价值之一。

"民四自"是什么? 在一定程度上,也可以说是"中国式民治",与西方民主有不同。

对于什么是西方的民主,也没有一个标准、权威的定义。但无论什么定义,对西方民主来说,所谓民主,必须是民众拥有一人一票的权利,在竞争性的选举中,以多数选票来选举领导者、代表机关或根据选票直接做出政治决定的制度。民主的几种不同的意义是:由全体公民依照多数裁决程序直接行使政治决定权的一种政体,通常称为直接民主;公民不是亲自而是通过由他们选出并对他们负责的代表去行使同样权利的政体,称为代议制民主;多数人在保证全体公民享受

---

① 冯天瑜、何晓明、周积明:《中华文化史》(下卷),上海人民出版社2005年版,第448、472页。

某些个人、集体权利的宪法约束的构架内行使权力,称为自由民主。①

有选票不一定是西方的民主,但没有选票一定不是西方的民主。

西方的民主,其合理性在于解决了权力的和平转移的合法性问题。西方自实行选票决定权力合法性以来,基本没有发生过武力和战争转移政权的现象。至于希特勒的德国,可以说只是西方民主的一个特殊个案。

西方民主的最大的问题是形式性、技术性、程度性地掩盖了民主的实质:真正民主的制度,必须是名副其实地实现百姓的政治、经济、文化利益。西方的选票民主实质上只在形式上解决了政权的政治合法性问题,是一种政治的形式民主;但经济上、文化上却并不一定民主,在经济上并不能真正解决百姓的实际需要和实现百姓的经济利益,社会生产的大多数财富、社会文化的主流文化资源被极少数人占有,从而反过来又影响了政治民主的实现。

中国的各家各派都没有产生过西方的所谓民治、民主、民选的思想。与民选接近的是墨家的选贤思想,它排除了国家权力的让禅和世袭的观点,主张在天下范围内选举贤人来治理国家。但这个选贤如何选,可能与西方的每人一票的选票民主不一样。因此,胡适先生曾指出,"古代东方思想只有'民为邦本'、'民为贵'之说,其实并没有什么民主、民权制度。东方古代似乎没有民主的社会背景……故民权的学说无从产生"。②

然而,在道家的思想中,有非常接近西方的"民治"思想的内容,其中之一是老子所说的"天下乐推"的思想,主张圣人应由天下百姓的推举而走上前台。更重要的是,在老子的"以百姓心为心"的主张中,包含了两个相辅相成的治理国家的组成部分:一是由天下百姓推举的有道者组织权力体系,"以百姓心为心"治理国家,是官治,这个官治也要经过"天下乐推"的过程,这个"天下乐推"也许是百姓的选举,也许是天下有道者与天下百姓共同推举;二是由"民四自"构成的民众自治体系,如前所述,"民四自"这一民治体系包含了百姓的经济、政治、文化、社会管理的各个方面,是一个综合性的百姓自治体系,首先保证的是百姓的经济利益的实现。

这个以"民四自"、民评判、民自定为主,以"圣治"为辅的民官共治体系,是老子政治哲学中极为珍贵的思想遗产。

---

① 民主的定义参见《大不列颠百科全书》中文版,第5卷,第227页。
② 胡适:《胡适讲国学》,吉林人民出版社2009年版,第97页。

## 第九章

# 圣人损补抑举,与民共治

从政治的角度看,公共社会事务的治理,离不开民,也离不开官,民与官构成了老子政治之道的阴阳关系,正如阴阳不可分,不能只有阴,没有阳,官民这一对阴阳关系,其实也是一样,官离不开民,民离不开官。片面强调官治(君治、党治、精英治、英雄治),或者片面强调民治,其实都背离政治的本质。最好的政治,应当是官民平衡的民官共治。

在老子的政治哲学体系中,既有民治,也有圣人治,是二者合为一体的民官共治,或"民圣共治",或者叫民自治,辅之以圣人治。

▲道法自然是民治,是以民心为心,与民四自一起体现的是自由、民治的价值观。

▲道法自然是圣人(得道者)之治,表现为损补抑举,体现公平、正义的价值观。

因此,老子在77章说:

● 天之道,其犹张弓者欤?高者抑之,下者举之;有余者损之,不足者补之。(天之道,在让万物自然而然发展的过程中,不就好像张弓射箭一样?弓高靶低,就把弓压低使与靶平;弓低靶高,就把弓抬高,使与靶高。弓离靶近,就把弓弦拉得短一些;弓离靶远,就把弓弦拉得长一些。这就是天道行道的道理:减少资源有余的那一面,即损有余,去增补资源需求缺乏的一面,即补不足。)

天道的这一损补抑举、损有余而补不足的道理,其实也是一种对自然而然的自化、自发、自生、自朴过程的平衡和调节,是道法自然的另一面:自然而然与损补抑举也构成了道法自然的阴与阳。因此,人们在大自然中可以见到许多高岸为陵、低谷为丘、沧海变桑田、高峰为平地的变化。

在老子看来,在人类社会中,除了道法自然的自然而然的一面,即民自富、自化、自正、自朴的一面之外,也应有道法自然的损补抑举、损有余补不足的一面。

"民四自"是自然而然,是自由、民治;损补抑举是损有余补不足,是公平正义。

公平正义在"民四自"中能部分地实现,但相当大一部分还是要通过公共权力的运用才能实现,而实现这一价值的公共权力,在老子的角色,就是"圣人",就是以道而治的执政者,就是以道而治的"圣治"。

## 一、什么是"圣"?

《老子》一书大量使用"圣""圣人"的称谓,如前所述,全书共出现了32处,除一处"绝圣弃智"(19章,帛本同今本,简本为"绝智弃辩")外,其他31处都是肯定概念,"圣人"是实现道治的关键和核心。

谁是"圣人"?

这是一个很有意思的问题。通读全书,没有一处提到圣人的名字,也没有说什么人是圣人,我们只能根据《老子》一书的内容,把圣人看成是得道者、得道的上士,是老子实现道治的理想人格。

"圣人"之圣,古语为"圣",从耳,从口,呈声,既善于用耳倾听各方的声音,又善于对各种人群表达不同的意见,能说会道,通达事理。在《老子》的语境中,圣人肯定不仅是通达之人,而且必然是道法自然的人,他悟性高、智慧广,善于倾听民意,善于向民众表述道义,善于与民众进行沟通,在民众中具有很强的影响力。

《老子》一书中的圣人有历史原型吗?

《老子》从头到尾没有一处说到圣人姓甚名谁,只在15章用了一章的篇幅向人们描述了一位善为道者,可以把他看成近于圣人的人:

● 古之善为士者,微妙玄通,深不可识。夫唯不可识,故强为之容:豫兮若冬涉川,犹兮若畏四邻,俨兮其若客;涣兮若冰之将释,敦兮其若朴,旷兮其若谷;混兮其若浊。孰能浊以止?静之徐清;孰能安以久?动之徐生。保此道者不欲盈。夫唯不盈,故能敝而新成(帛:敝而不成)。(15章)

(他通达、含蓄、貌不惊人,但有远大的志向;他行动小心谨慎,如履薄冰;他仔细观察,机敏地审视环境的变化;他庄严、感恩地对待百姓,甘愿居于客位,而不自恃为主;他随时向百姓奉献他的智慧,犹如冰川在春天里消融般自然,作而不辞,不先不后,任其自然;他敦厚纯朴,只因为他持守大道至纯至简的德性;他心胸广阔,虚怀若谷;他浑然与天地合而为一,像泥水一体,无分浑浊;他能在浑浊的世界里,心静身静,保持心身的澄明;他能长久地保持心身的清明,在不断变化的世界中保持大道持虚守静、至简至纯的德性,才能不会追求私欲、财富、名利的盈满,不去追求显赫的权贵的地位。)

这一大段话,使人们大体上可以了解老子所说的"圣人"是什么样的人以及具有什么样的品格。从这段话来看,圣者,是那些品格高尚、行动谨慎、持虚守静、虚怀若谷、至简至纯、不求私欲、乐于奉献、顺势而为、处事自然的得道者,是与民众保持水乳关系的人,或者可以说,他就是来自民众中的得道者。

## 二、谁是"圣人"?——庄子的回答

老子没有提到任何一个圣人的名字,但圣人是存在的,而且老子也在57章和78章两次引用"圣人云"的内容,"民四自"的内容也是在"圣人云"之后被引出来的。

有一点是肯定的,老子说的圣人,肯定不是儒家的圣人。这一点,老子没有说,但文子、列子、庄子说了。

《文子·精诚》把黄帝和伏羲视为道家的圣人。文子称赞"伏羲氏之王天下"的伟大,对黄帝之治也称赞有加:黄帝是道家眼中的圣人,因为他治理天下的时候,根据天道自然的规律,治理阴阳之气,适应四季变化,修正法制和历法,使男女有别,上下分明,强者不掩盖弱者,众者不以多欺凌寡者,百姓健康无有夭折,庄稼成熟而无凶年,百官公正而无私心,上下调和而没有怨恨,法令严明而不黑暗,官员正直而不阿谀奉承,农民耕田相互让出田埂,民众路不拾遗,市场无人虚抬价格。①

《列子·仲尼》借孔子之口回答了什么是"圣人"。被列子道化了的孔子,在回答谁是圣人时,实际上否定了儒家歌颂的行智勇仁义的那些圣王,古代三王是善任智勇者,是不是圣人我不知道;古代的五帝是善任仁义者,是不是圣人我不知道;古代的三皇是善任因时者,是不是圣人我也不知道;如果一定要说谁是圣人,那么圣人就是那些"不治而不乱,不言而自信,不化而自行"的人,这些人真是伟大,人民无法用语言称颂他("荡荡乎民无能名焉"),我怀疑这就是圣人吧?

庄子总的来说是一个出世的思想家,所以他对老子之道的"积极无为"的思想是没有认识的,否定了许多儒家推崇的圣人,因为这些圣人都做不到无我、忘我,都是为了一定的目的在牺牲自己,这与那些百姓、士人、小人为利、为名、为货而牺牲自己没有两样。庄子特别否定儒家的那些以仁义治国的圣人,认为"圣人之利天下也少",应当"掊击圣人,纵舍盗贼,而天下始治矣",圣人"屈折礼乐以匡天下之形,悬跂仁义以慰天下之心,而民乃始踶跂好知,争归于利,不可止也,此

---

① 《文子·精诚》:"昔黄帝之治天下,调日月之行,治阴阳之气,节四时之度,正律历之数,别男女,明上下,使强不掩弱,众不暴寡,民保命而不夭,岁时熟而不凶,百官正而无私,上下调而无尤,法令明而不暗,辅佐公而不阿,田者让畔,道不拾遗,市不预贾。"

亦圣人之过也"(《庄子·马蹄》)；"圣人已死,则大盗不起,天下平而无故矣。圣人不死,大盗不止"(《庄子·胠箧》)。

庄子所崇拜的都是一些不屑于治天下的神人、至人、真人,真人无人,至人无己,神人无功。这些真正的得道高人,他们所留下的尘埃都可以造出尧、舜这样的"圣人"来,不会把自己的时间浪费在治天下的杂事上。这样的态度有些过于虚无了。

因此,世人往往把老庄并列,实在是一个天大的误会。

庄子是一个消极的出世者,而老子是一个积极的入世者；庄子是一个消极无为者,老子既是一个消极无为者,更是一个积极无为者；庄子是要以逍遥逃世的思想远离这个肮脏的人世,老子要以道法自然、无为而治的思想改造社会；庄子只讲"无为",老子讲"无为",也讲"为无为"；庄子只讲"不有",老子讲"不有",也讲"为而弗有"；庄子只讲"不欲""无欲",老子讲"不欲""无欲",也讲"欲不欲"；庄子只讲"绝学",老子讲"绝学",也讲"学不学"；庄子的"小国寡民"是一段过往的历史,要人类往回看,老子的"小国寡民"是一种理想,要人类向前看。

庄子发展的是老子关于道法自然的一部分思想,但在政治思想方面走的是另一个路径,所以,不能以庄子的思想解读老子的政治思想,二者差别太大,一在地上,一在天上。

庄子总的来说是无圣派,即使在道治社会中也不要圣治；老子是肯定道治社会要有圣人执政。但庄子有些时候也不完全否定圣人治天下的作用。在《庄子·逍遥游》中,庄子借许由的话说,尧治天下,天下已经大治了；尧治理好了天下,安定了海内,又到射姑山上感谢四位得道的神人,怅然若失,忘记了自己居于治天下的地位。

《庄子·人间世》提到了禹、舜、伏羲等人,可以理解为"圣人",因为他们能把握万物的变化,并按照这一道理来行事。尤其是伏羲,肯定是庄子眼中的第一圣人,因为"有虞氏不及泰氏"(唐虞舜氏比不上伏羲,《庄子·应帝王》),即因为虞舜是仁义笼络人心,不能超脱物我两分的困境,而伏羲氏悠然自得,听任有的人把自己比作马,有的比作牛,真实无伪,纯真可信,真正做到了物我为一。

在否定儒家仁义圣人的同一篇《庄子·胠箧》中,庄子肯定了道家的圣人,这些人就是"容成氏、大庭氏、伯皇氏、中央氏、栗陆氏、骊畜氏、轩辕氏、赫胥氏、尊卢氏、祝融氏、伏牺氏(伏羲)、神农氏"等,因为这些人的时代是至治的时代。可惜,这些圣人除轩辕氏、祝融氏、伏羲氏、神农氏外,其他的都不大为人所知。这些圣人的共同点,应都是天下大治的时代,是至治时代。

## 三、圣人做什么？——公平正义,损补抑举

"以民心为心"与"民四自"是老子政治价值中的第一价值,是民治。但这个民治不是不要引导者、不要执政者。

《文子·精诚》在解释老子的道法自然中的治理之道时指出,所谓道法自然,就是按照规律办事,而不是凭个人的主观知识和智见。如果要等到眼睛照见,等号令才行动,这样治理国家就难了。因此,古代那些得道者,好比皋陶虽然是个哑巴,却担任了主管刑罚的大法官,在他任内,他只是依法行权,所以天下没有虐刑,用不着他去说什么;师旷是个瞎子,却担任了晋国的宰相,在他任内,他只是依道行权,所以晋国无乱政,哪里用得着他用个人的眼睛去看什么。因此,以道治国的执政者,只是道法自然,不用言语发令,不用眼睛观察,一切都是顺乎自然地治理国家,这就是圣人为什么成为后世师表的原因吧。①

《文子·自然》也指出了道治国家中圣人的作用,认为以道治国的执政者,应当满足民众的欲望,组织民众的力量,为民众去残除害;为民众的共同利益共同奋斗至死,与民众的情感相同而共同成功;与民众共同前行而相互帮助。以道治国的执政者,为了实现百姓的利益,遵循大道的指引,为天下百姓的利益而努力奋斗。②

圣治的主要功能有两个,即对外和对内的功能。

第一大功能,是防御性的对外自卫的功能。

"民四自"的功能大多是内部功能,因为民众无法形成对外防御的有效力量,这一任务必须由执政者完成。因此,保卫本民族、本国的正常生存发展,就成为圣治的第一大任务。其实,所有国家,不论是民主国家还是专制国家,对外的功能都是由专门的公共机构来实现的,这一点没有什么重大区别。

一个实行以道治理的国家,只能保证本国不对外发动战争,却不能阻止其他不实行道治的国家对本国发动侵略性的战争。因此,以道而治的圣人主导的执政当局,必须组织军队,进行军队训练,生产军事装备、武器、服装,组织供应军队的粮食,提供军队的营房,做好自卫的准备;同时,也要组织人力侦查对方的情况,刺探敌方的情报等。在华夏民族生活的春秋时期,面对北方游牧民

---

① 《文子·精诚》:"皋陶喑而为大理,天下无虐刑,何贵乎言者也;师旷瞽而为太宰,晋国无乱政,何贵乎见者也;不言之令,不视之见,圣人所以为师也。"

② 《文子·自然》:"因民之欲,乘民之力,为之去残除害。夫同利者相死,同情者相成,同行者相助,循道而动,天下为斗。"

族的南下侵略和骚扰，进行防御也是一个重大的国防工程，民间是无法独立承担的。

因此，老子在《老子》的30章和31章都明确主张反战，但不等于不战，把战争、军队视为"不得已而为之"的行为。因此，老子在书中明确指出，兵、师、大军等都是"以道佐人主"应当做的事，不是民间自治的范围。执政者（得道的圣人，或得道者佐之的领导者）一方面不轻易发动战略，不以兵强天下；另一方面，面对侵略者，也绝不是什么也不做，而是积极按照战争、军事的规律进行准备，不打则已，打则争取打赢、打胜。

圣人治国的另一大功能，就是对内的治理。

对内的治理也分两大部分。

对内治理的第一部分是执政者（得道的圣人，或得道者佐之的领导者）辅助"民四自"，帮助民间自治解决不好、解决不了的问题。

▲民自富：总会有一部分人不能靠自己的努力解决自己的生存问题；总会有一部分人依靠不德的手段坑蒙拐骗致富；总有一部分人会运气特别好、特别聪明，会迅速积累起巨大财富。

▲民自化：总有人会受外界的权贵（贤）、财富（难得之货）、奢靡生活（可欲）(3章)的影响，不能自我化育，也不能领悟大道中的自然智慧，或者在自化过程中"化而欲作"(37章)，受各种诱惑而产生各种违背自然规律和人类生存发展规律过度的欲望。

▲民自正：民间无法建立适应全社会的具有强制力的法律制度，也就无法真正实现社会的公正管理。

▲民自朴：民间风俗习惯在自发形成过程中也会产生各种矛盾，比如民族之间、宗教之间、种族之间、部族之间、村落之间、宗族之间的矛盾，有些矛盾也是民间自发无法解决的。

对内治理的第二部分是以道治国的执政者，既然以民为本、以民心为心，就应当主动承担起民间自治不可能承担的事情。这里有四大类的事务：一是如何解决重大的洪灾、旱灾、虫灾、交通工程民生问题。二是度量衡、货币、市场规范等重大的经济问题。三是制裁杀人抢劫、偷盗和各种防罪的问题。四是救济孤寡儿童妇女、老弱病残和社会救助问题。

通常这些问题的解决费时、费力，需要公共权威机构的主持，也需要大量的人、财、物资源，这些都是执政者应当主动承担的责任。

老子在充分肯定"民四自"的基本价值的同时，也看到了民间自治的缺陷和不足：

● 民之从事,常于几成而败之。慎终如始,则无败事。(64章)

(百姓做事情,总是在快要成功的时候,因各种原因而失败。只有行事小心、经常保持戒心、如履薄冰的圣人,才能做到终始如一,所以不会失败。)

所以老子特别强调以道而治的圣人之治:

● 是以圣人常善救人,故无弃人;常善救物,故无弃物。(27章)

(所以圣人本着道德之善心,经常救济需要救济的人,所以社会没有被遗弃的人;本着物有所用的自然之心,经常保护那些需要保护的自然物质,所以社会物尽其用,没有浪费的物资。)

这些需要救济的人,当然应当包括上面所说的那些救济孤寡儿童妇女、老弱病残、受灾群体、虽十分努力但仍然极端贫穷的劳动者。

对那些化而欲作而误入歧途的人,除民间的帮助外,以道治国的执政者也有义务进行帮助:

● 化而欲作,吾将镇之以无名之朴。镇之以无名之朴,夫亦将不欲。不欲以静,万物将自正。(37章)

(对于在自化过程中,走火入魔或受外欲影响而妄作的人,得道者将设法重新用道的无名之朴,去填满这些缺失自然智慧的心灵,让其过度的欲望重新恢复自然。恢复自然的心灵,将持守德性的沉静而不再妄作,天下也将重新自我归正。)

张道陵在《老子想尔注》中解释这段话时说,失去正气,就会变邪恶,改掉邪恶,重新得到正气。如果君王效法道,百姓就会见善如流。看见百姓将要发生变化时,就以无名之朴的标准告诫他们,君王也应该效法道加以抑制;如果不能抑制,世俗之人就会都变得邪恶,这个世界就变得人心不古了。①

最重要的是要把"损有余补不足"的天道法则落实到人类社会中来,改正人类社会严重的损不足补有余的是非颠倒的状态。所以老子在强烈抨击现实社会中的损不足补有余的不公正、不正义的社会制度时,也将解决这一人类社会的重大问题的责任寄望于以道治国的圣人身上。

老子在77章继续说:

● 人之道则不然,损不足以奉有余。孰能有余以奉天下?唯有道者。是以圣人为而不恃,功成而不处,其不欲见贤也。(77章)

(天道是损有余补不足,而现实的人类社会却完全相反,是损不足以补有余,

---

① 《老子想尔注》:"失正变得邪,邪改得正,今王者法道,民悉从正,斋正而止,不可复变,变,为邪矣。观其将变,道便镇制之,捡以无名之朴,教诫见也。王者亦当法道镇制之,而不能制者,世俗悉变为邪矣,下古世是也。"

掠夺穷人的劳动成果去填补权贵们无底的欲望深渊,这是完全反天道的。所以,应当回归损有余补不足的天道。那么,谁能将自己的有余财产拿出来补足天下的穷苦百姓呢?只有那些识道的德善之人。因此,以道治国的执政者,努力创造财富但不占为己有,带动有道者们以有余补不足却不以功自居,因为以道治国的执政者没有表现自己贤能的欲望,而将自己和光同尘,淹没于百姓的人群之中。)

一些老子思想的批评者们说,老子这是要杀富济贫。这种批评看起来似乎有理,其实却背离了老子道法自然的思想。这里要分清的,首先是贫为何贫、富为何富。

如果贫困的人,他们的贫困不是由于自己的原因,而是由于社会的不公平造成的,比如,农民由于没有地可种,只能去自租地来种,但租地的成本太高,交了租金后所剩无几,不能自己养活自己,更不能养活家人;或者到城里打工,但给的工资太低无法维持劳动力再生产;或者由于劳动中的安全原因失去了劳动能力;或者是由于某种天生的行动能力缺陷(如天生残疾)造成,这些贫困的百姓,难道不应该得到社会的救济吗?

如果救济贫困是正当的,那么救济资源从何而来?当然是从有余的富人的资源得到。这首先也要问:富人是如何富的?一种是正当,一种是不正当。

所谓不正当致富,就是说通过不道的、违反天地良心、坑蒙拐骗、损人利己的手段,通过以权谋私、贪污腐败的手段,以野蛮的偷抢盗窃等手段而来的财富,是不义之财。在老子语境中,这属于"化而欲作",或者是"盗竽",他们的财富在道治社会中没有合法性,属于被没收、被剥夺的对象。他们的财富本来就是从百姓手中抢去,现在没收为百姓所用,只是财富回归原来的主人。何来杀富?

所谓正当,就是君子爱财、取之有道。老子也主张百姓要自富,通过自己的诚实劳动积累财富,就是正当之财。正当之富,是道法自然的一种表现,是合道的。但是老子对通过劳动而积累的巨额财富,肯定是不赞成、不提倡但也不反对的。虽然是劳动所得之财,但如果一人通过聪明的劳动积累起山一样的粮食,足够成千上万的人吃一年或数年,粮食大量地烂在仓库里,而另一边成千上万的人却因为种种原因缺粮而饿死,这显然也不合天道。

因此,老子倡导的是,以各种办法帮助那些"不足"的劳动者,同时说服、动员、团结那些与自己一样得道的"为而有余、为而不恃"的道心德善者,以自己的"有余"去帮助这些不足的人。

这里的各种补不足的办法,除了"以富之有余补穷之不足"之外,肯定还有其他的办法,比如社会生产财富的再分配,通过税收的调节,社会劳动保护政策更倾向于社会低下层,开辟更多的劳动就业机会并优先向贫困者开放,帮助不适合人类生活地区的居民迁居到生活资源更充裕的地区等。

总之,老子的"损有余补不足"之道,是按天道行事,这里不是什么"杀富济穷"的绿林好汉、山寨大王、江湖侠士、青红帮,也不是"拔一毛利天下而不为"的杨朱之徒,更不是不问青红皂白见富就均的山寨革命党。

老子的"损有余补不足"的思想,在《管子》一书中得到了发挥。《管子》进一步探讨了解决贫富过于悬殊的问题,提出不能使民众过于贫穷而富人过于富裕,认为"贫富无度则失""甚富不可使,甚贫不知耻""民贫则难治也",认为"甚贫"与"甚富"的两极分化是一个严重的社会问题,不治理则会引发社会的矛盾冲突。①

为了不使民众过贫,《管子》提出了"足下"原则。如果说富民是以民为本经济的最高表现,那么"足下"原则就是以民为本在经济上的最低要求,"足下"就是要保障满足民众最基本的生活要求,因而提出要"薄赋敛,轻征赋"。在征收国家赋税时,"其收之也,不夺民财",不要剥夺了民众最基本的生活财富,而在灾年时,国家则应将"其施之也(在凶年时发仓廪山林薮泽,以共其材),不失有德,富上而足下,此圣王之至事也"。②

## 四、民圣共治,其乐融融

有些学者认为,老子的民本主义,不但有更为深入的"民享""民有"观念,而且有其他各家所不具备的民治思想,是中国古代的民主理念。人民的自化是一种自己决定自己生活的自由能力,这是民主政治的基础。令人遗憾的是,老子的民治思想是在圣人的感召下进行的,终究跳不出圣人统治哲学的圈子。"民自化的思想没能超出古代民本主义的范围,离不开'我无为'这一高高在上的圣人的恩赐。"③

这一观点实际上自相矛盾。如果说老子的民治就是民主,那圣人就不可能是什么圣人统治哲学圈子;反过来说,圣人统治哲学圈子的圣人制度,不可能是什么民主制度。而作者既认为民治是"中国古代最民主的政治取向",又认为这是"居高临下的贵族式同情,归根到底都是为统治阶级服务的",如果是民主的政治理论,就不可能是为君主制的统治阶级服务,而如果只是君主统治的一种开明的伦理,就不可能是民自治,也不可能是民主的理论。

这里提出了两个问题:一是老子的思想是否是民主思想?二是老子的圣治

---

① 韩广忠:"'管子'政治伦理思想的特征刍议",《伦理学研究》,2010年第1期。
② 《管子·小问》,参见巫宝三:《管子经济思想研究》,中国社会科学出版社1989年版,第46页。
③ 商原李刚:《道治与自由》,社会科学文献出版社2005年版,第153、158、491页。

与民治是什么?

老子的"民四自"思想肯定是民自治的思想,但民主是一个西方概念,正如本书在"民四自"一章所说,"民四自"不能定义为西方的以选民选票为基本标志的民主。"民四自"在思想上超越了西方的选票民主。(关于"民四自"与西方民主的关系,可参看本书"民四自"一章。)

老子的政治治理不能叫民主政治,而是:民治+圣人治=民圣共治政治。

这里的圣治,就是有道的执政者以民心为心来执掌政权的制度。这里的"圣人",已经不是儒家的以君主制定义的圣人,不是庄子进行尖锐批判的那些"圣人",也不是西方的所谓"哲学王"。这里的圣人,是老子道治政治的理想人格,不能以"圣人统治哲学的圈子"来进行评论,这是一种新型的国家治理制度,完全不同于过去的所谓"圈子"。

以道治国的圣人,与过去的一切圣人统治圈子有两个根本区别:

首先,以道治国的圣人,以百姓心为心,没有自己的私利私心,它只是实现百姓利益的工具。

过去的一切圣人统治哲学的圈子中的圣人都有私心。比如,舜是传统圈子中的圣人,他的私心是将自己的弟弟象封君并有封地,而象是典型的无德不肖之人;禹也是过去的圣人,治大水有功得以成帝,但他把自己的帝位最后安排给了自己儿子,将公天下变成了私家天下。后来所有的传统圈子的圣人,虽然相对过去的统治者而言,比较体谅百姓的辛苦,采取了简政宽民的政策,但也只是一种爱民思想的体现,并没有"以百姓心为心",包括最有成就的汉文帝、唐太宗,也都没有从根本上打破私天下的传统。

按道家的理论,以道治国的圣人,只是天下人的执政工具,天下是天下人的天下,不是一人的天下,有道者处之,他只能把为百姓服务的权力,通过天下百姓的"乐推",交到天下的有道者手中,而不能将天下交给自己的后代;"功遂身退,天之道也"(9章)。以道治国的圣人、有道者绝不贪恋权位,更不搞世袭制。以道治国的圣人,也不搞什么"禅让",而是以"天下乐推"(66章)为标准,以天下百姓的评价为标准。

其次,以道治国的圣人,与百姓的关系不是对立关系,也不是什么圣人恩赐于民的关系,而是共治关系,是相辅相成关系。

老子在49章专门论述了民圣关系:

● 圣人在天下,歙歙焉;为天下,浑其心。百姓皆注其耳目,圣人皆孩之。(49章)

什么是"歙歙""浑其心"?什么是"注其耳目""皆孩之"?关于这些,王弼在注解《老子》时有一大段话可以帮助人们理解老子的意思。王弼认为,老子的意思就是以道治国的执政者,不要以高高在上、自以为是的心态与百姓相处,而应以所谓一种平等、包容、自由的心态处理与百姓的关系,不要以为自己的见解高明,百姓的就不对,因为天下百姓人何其多、何其广,"天下之心不必同"。圣人"歙歙""浑其心",就是指圣人只能"心无所主也""意无所适莫也",就是放下自己的一切见识,与百姓融为一体,"无所察焉,百姓何避?无所求焉,百姓何应?"正因为圣人与百姓融为一体,百姓才会对圣人"无避无应,则莫不用其情矣",人人顺应其自然之性而用其真情实意,百姓才能"言者言其所知,行者行其所能",百姓高度信任圣人,才会把自己所听到和看到的都真实、自然地告诉圣人,这就是所谓"百姓皆注其耳目",而圣人在百姓面前,也不是什么高高在上,而只是像个孩子似的与百姓相处。①

以道治国的圣人,与百姓保持水乳相融的和谐关系,他来自民间,始终与百姓在一起,他之所以成为以道治国的执政者,也是这些有道者得到天下百姓推举的结果。因此,"民四自"是百姓从天道自然中享有的自然而然的权利,并不是什么"圣人的恩赐";相反,得道者之所以能成为执政的"圣人",反倒是靠百姓的"乐推"。

圣人治理之所以必要,是因为在民自治过程中,有许多问题是百姓不能自己处理的,必须要有圣人治理对此进行辅助。民自治有民自治的范围,圣治有圣治的范围;民自治的范围,圣治不能介入,而圣治的范围,也是"民四自"解决不了的。比如战争军事领域,就得由明白战争、军事之道的人来进行治理,司法、执法就得由专业的司法、执法机构来进行,对百姓中的杀人抢劫的"奇"者,就得由"大匠"执而斫之,对"化而欲作者"就得由有道者进行引导,对百姓中的不足者就得补之,对有余者就得合理地损之。所以,民自治与圣人治也是老子政治哲学中的一对阴阳关系,相对而不对立,相辅相成。民圣共治,以民治为主,圣治为辅,不迷信圣人的无私,也不迷信百姓的自发,这是老子政治哲学的一个独特之处。

在作者所阅读的关于老子的著作中,只有一个学者的解释接近于本书提出的民圣共治的观点。萧公权先生在其所著的《中国政治思想史》(上集)中提出了"虚君民治"的观点,认为其他诸家都接近君主专制之观点,"而老子独倾向于'虚君'民治。所可惜者,吾国古代未有实际民治之制度,使老子得据之以建立一积极具体之民治思想,其柔谦之术,遂成为消极之政治抗议。此则限于历史环境,不足为老子病也"。② 萧先生对老子的政治哲学以"虚君民治"来概括,很有见

---

① 王弼注老49章注。
② 萧公权:《中国政治思想史》上,商务印书馆2011年版,第171页。

地。但本书认为,老子的"圣人治",不是"虚君",圣人在老子的道治体系中起着十分重要的作用。

## 五、老子的"损补抑举"与罗尔斯的"社会正义"

从老子的"损补抑举,损有余补不足"的内容来看,虽然老子只讲了区区几百字,但足以抵得上被中国学界崇拜的许多西方大学者的洋洋巨著。

罗尔斯(John Rawls,1921—2001年),被认为是"当代美国最伟大的政治哲学家和伦理学家",他在1971年发表《正义论》,导致了西方学术界的研究热潮。研究他的思想有成千上万的论著,但他写的著作艰深晦涩难懂,不过其核心也就是几句话。

在罗尔斯写的《正义论》中,整个著作的核心思想是:第一原则是每个人对最广泛的基本自由都应有一种平等的权利;第二原则是社会的和经济基础的不平等应这样安排——使它们被合理地期望适合每一个人的利益,依系于职位和官职向所有人开放。[①]

这些内容大体上差不多就是老子几千年前讲过的内容,而老子只用了几句话,就把罗尔斯用了几十万字来讲的内容的核心说清楚了。

罗尔斯的第一条原则强调人的基本自由,相当于老子与民四自的一部分内容,因为老子的"民四自",不仅讲个人自由,而且讲的是"自富、自化、自正、自朴",包含个人的自我约束、自我纠正等内容,是西方的个人自由所不包括的,因为西方的个人自由只讲个人权利、个人自由,而不问其是否合乎德善;老子的"民四自"方面,则不仅讲个人自由,而且也讲个人道德、个人修养,老子的个人自由是与"德善"相联系的。

罗尔斯讲的第二条原则强调公平、正义,其实与老子的"损有余补不足"的道理相当。所谓机会优先向穷人开放和税收政策向穷人倾斜,实际上是富人不要与穷人去争取这里所谓的"平等",富人不能以所谓人人自由的借口来拒绝某些群体(穷人)拥有平等的政治自由,即使这样做会有损一些经济增长和效率的政策,实际上就是不能以效率来牺牲平等。第二个原则力图解决社会不平等的问题,或者说,如果必须承认不平等的合法性、客观性,也必须是在对最不利者(穷人)获利的前提下。

罗尔斯的正义论被称为平等正义、分配正义、政治自由理论,它除了强调古

---

[①] 龚群:《罗尔斯政治哲学》,商务印书馆2007年版,第156、159页。

典自由主义所说的不受任意外在限制的个人自由之外,还强调国家和政府的积极作用,国家通过对社会财富的再分配,对那些弱势群体提供最低社会保障。这些与老子的道治国家中的执政者应当"损有余补不足"的观点有共同之处。

罗尔斯的这一社会正义观的政治自由,被称为西方自由主义思想史的重大突破。因为古典自由主义者洛克、密尔、康德等人强调的是政治自由或公民自由。对经济不平等问题给予较多关注的是卢梭,但他只提到了经济不平等这一客观现象,对于如何解决则没有提出方案。对经济不平等高度关注的是马克思,他把消灭资本主义经济不平等的现象作为社会主义运动的主要目标。尽管后来共产主义运动受到严峻挑战,但社会平等作为马克思的思想遗产,在西方国家,尤其是欧洲国家的政策中体现出来。罗尔斯是从西方自由主义的角度把社会平等作为一个核心理论问题进行论证的思想家。

从西方国家的实践来看,理论上的政治经济平等与实践上的经济政治不平等是西方国家面临的重大政治问题,形成了对西方制度的重大挑战。

今天的中国,也同样面临社会财富的严重的不平衡。近年来,反映中国财富不平等状况的基尼系数,已经从20世纪80年代的0.29上升到21世纪初的0.49,甚至更高,甚至比许多西方国家的财富不平等还要严重。这也对中国的社会主义形成了重大挑战。

老子在2500多年前就已经提出了"损补抑举"的原则,不能不说老子思想所具有的强大生命力。

当然,不同的是,罗尔斯的正义论是建立在抽象的理论建构的基础上,他所做的所谓原初之幕的假设,把个人高度抽象化,这些人没有情感、没有价值观、没有善恶观、没有社会关系,他的社会正义论正是根据这种根本不存在的人虚构出来的理论,而且他又很自负地认为,这一原则具有普遍主义的特性。[①]

老子的理论首先是道法自然的方法,效仿天道自然而来;其次,老子的"损有余补不足"是以百姓的劳动为基础的,带有很强的自律性;再次,老子的理论是政治、经济、文化、社会综合性的,并非单独论述政治自由。老子强调的"道法自然"的思想,不认为存在一种普适的理论,每个地方的"自然"可能都具有独特性,试图以哲学家的理论抽象关在书斋里冥思苦想的方案,往往是行不通的。老子的理论不是逻辑建构推理的体系,而是一种实践和行动选择的哲学。政治的特性不仅仅是一种价值导向,而且更侧重于实践的能力、决心以及对复杂问题的取舍等。

---

① 李强:《自由主义》,东方出版社2015年版,第126-130页。

# 第十章

# 平等包容：善者善之，
# 不善者亦善之

　　道法自然，是说天道对万事万物都一视同仁，万事万物在大道面前都是平等的，万事万物都遵行同一个规则生存发展，这一规则就是万事万物都按照自己的本性自由自在发展。

　　平等原则与包容原则相连。一般人用宽容，但宽容是从自己正确的角度来论述的，似乎是说你即使是错的，我也能原谅你。这当然也是一种美德，但包容更为博大，包容中有宽容，包容就是不分对错，都一样能容纳，是一个更模糊的概念，更合乎老子的大道之意。

## 一、老子的平等观

　　天地万物是平等的，人与人也应当是平等的。老子把天道平等推到了人类社会，倡导人类平等。老子在第5章说：

● 天地不仁，以万物为刍狗；圣人不仁，以百姓为刍狗。（5章）

（天地没有所谓的主宰，万物都好像野草做的祭狗，自然而然生长；得道的圣人也不是百姓的主宰，对百姓一视同仁，平等对待，任其自由发展。）

　　许多人攻击说，老子没有善心，把老百姓当刍狗，这也是对老子的误解。老子的道论德论，从头到尾都渗透了对百姓的关爱。老子对礼制社会的尖锐批判和攻击，是出于对百姓的爱；老子反对任何侵略战争，主张不得已用兵，是出于对百姓的爱，因为任何战争，即使胜利的战争也会给百姓带来灾难；老子对一切人都怀有一种慈爱，哪怕是对敌人，也因有人的尊严，所以老子主张打胜仗的人，应当悲哀泣之，因为杀人是一种可悲和不得已的事，不能以杀人而乐之，否则不能得天下。

老子认为，不仅对善者要善之，对不善者也要善之。老子的这种大爱源于天地大道的无私无偏，天地大道无为于万物，故万物各适其所用，得以自由自在、生生化化。如果天地有偏私，对某类物质偏爱而对某类物质厌恶，那就没有丰富多彩的大自然的存在了。试想，如果老天只喜欢大树，不喜欢小草，阳光雨水全都给了大树，而一滴水、一片阳光也不给小草，则大地上定会全都是高高的大树，没有满山遍野的小草，那这个世界该是多么单调，而那些大树也会无比寂寞。因此，正是由于天地不仁无私，才会有我们今天见到的美丽无比的大自然。同样，虽然百姓有富有贫，有高贵也有低贱，但在老子眼里，他们都一样，应当得到大道善心的关爱，不应当亲近一些人，疏远一些人。

老子的人道没有儒家的亲亲之情，儒家主张人首先对父母亲近才能对陌生人亲近，而老子的平等观则直接超越了一般人所有的这种"亲亲"观念，把所有的人放到大道的一视同仁的地位上，是一种爱无差等的大爱。

老子的这一彻底的平等观像一条红线贯彻始终。他在第56章又进一步论述了这种大道的平等观：

● 故不可得而亲，不可得而疏；不可得而利，不可得而害；不可得而贵，不可得而贱。故为天下贵。（56章）

（所以，不可因为得道而亲近人，也不可因为得道而疏远人；不可因为得道有利于人而去利人，也不可因为得道而去伤害人；不可因为得道而自以为高贵，也不可因为得道而看不起人；只有那些与道玄同为一的人，才能真正超越亲疏利害贵贱的世俗观念，所以大道的玄同，是天下最可贵的。）

老子在79章再一次强调了大道的平等观：

● 天道无亲，恒与善人。（79章）

（天道是没有亲疏利害贵贱观念的，天道一视同仁地对待所有的事物；在不知不觉中把天道的善性，自然而然地给予天下所有的人。）

一些人误读老子的这一章句，说老子前面讲"圣人不仁，以百姓为刍狗"，到这一章怎么又变成了有亲有疏，说是天道无亲，怎么又经常对善人关爱有加，经常给予善人以关照？

这个误解的关键，在于将恒道经常把道心德善给予所有人，解读成恒道经常亲近那些善人。这里的"善人"不应理解成一个名词，而应理解为动宾结构，即恒道把善给予所有人。

大概老子也预计到后人的这种误解，所以早在前面的49章就已经清楚地讲明白了，大道对善人善之，对不善人也善之，善与不善，信与不信，得道者都是平等相待的：

● 善者,吾善之;不善者吾亦善之,德善。信者,吾信之;不信者吾亦信之,德信。(49章)

（对那些为善的,我以善待之,对那些不善的人,也以善待之,这是大德之善一视同仁的表现;对那些守诚信的人,我以诚信待之,对那些不守诚信的人,也以诚信待之,这是大德之善一视同仁的表现。）

对老子的这一思想,可能又会有人批评说,你看,这老子可真糊涂,怎么对人善恶不分呢?那些杀人放火、作恶多端的坏人,怎么能与那些善良之人一样对待呢?其实,老子一点不糊涂,对善人善之的"善"和对不善者善之的"善",虽然都是大德善性的表现,但其内容是不一样的。

原来老子的平等观,首先是与法治观联系在一起的,对那些杀人放火的不道者、不善者,首先是绳之以法,所以老子在73章、74章专门论述了"天网恢恢疏而不失"和"有司杀者杀"的内容(本书将在下一章专门论述)。

其次,对善者之善,就是老子在57章中说的,"道法自然",民众享受"民四自"(自富、自化、自正、自朴)的天然权利和自由,按其天性自由自在地发展;而对杀人放火者的"善",是指这些人虽然是作恶多端的坏人,但作为犯人仍应当有其善待之处,不能以不善的手段对付。

唐朝贞观之治的历史,可以帮助人们理解什么是对不善者之善。唐贞观年间,唐太宗用魏徵等人的以道治国的建议,采取了对社会相对宽松的政策,唐朝出现了前所未有的繁荣,所以杀人者较少。贞观十一年,全国共有29名杀人犯。在执行死刑判决前,唐太宗考虑这些犯人虽是该杀之人,但也是人,其亲情与常人也是一样的,所以允准这些犯人在行刑前回家与自己的亲人最后一次一起过年,年后自行回来领刑。结果,这29名犯人,在年后全部自行回来领死受刑,没有一人逃跑的。唐太宗允其回家过年,是以善对不善,犯人杀人处死是法律公正的表现,但他们能年后自行回来受死,不也是不善之善的表现吗?不也是不善不信者的一种诚信的表现吗?这不就是老子所说的"善者,吾善之;不善者,吾亦善之,德善;信者,吾信之;不信者,吾亦信之,德信"吗?

再次,所谓老子的这一段话还有另一层意思,善与不善也是一对阴阳,善者以不善为教训,可能保持善,可以避免不善,而不善者,可以以善者为师,纠正不善,重新转变为善。因此,所以老子在27章中又说:

● 故善人者,不善人之师;不善人者,善人之资。不贵其师,不爱其资,虽智大迷。是谓要妙。(27章)

（所以善人是不善人的老师;不善人是善人的借鉴。如果不善人不以善人为师,善人不善于吸取不善人的教训,虽有小聪明,也是糊涂。这就是大道的深奥的道理。）

平等价值,后来在庄子那里得到了进一步的发展。

庄子有《齐物论》之作。齐物,就是平等。但他的"齐",既与老子所说的天地不仁以万物为刍狗、圣人不仁以百姓为刍狗的平等不同,也与现在人们所说的社会平等、政治平等、经济平等不同。

庄子之"齐物",首先是指物齐,而物齐,又包括物质之齐和人类之齐两种。物质之齐,自然物之齐,是小齐,是指世界上各种不同的物质的平等,宇宙平等。人类之齐,也是小齐,是指一切人以及人类活动产生的各种产物、活动,如人的言论、名誉、道德、生死等,也是平等的。

其次,庄子之齐,是大齐,是大平等。无论物也好,人也好,从老子的大道来观察,以道观物,是人与物之齐,即人与宇宙万物之间的平等。因此,庄子的平等观是一种大平等观,就是无论什么物,无论什么人,最后都要回归于自然,回归于道,道是万物的本根,是万物生成变化的总原理,所以必须也应该从道的立场去观察事物。

1. 在变化面前人与物平

大道是永恒变化的,《大宗师》说道是"自本自根,未有天地,自古以固存;神鬼神帝,生天生地……。又况万物之所系,而一化之所待乎"!万物在道中运行变化。因此,一切物、一切人也都在变化中,变化中的人与物是平等的,在道的"变"面前,一切物、一切人是平等的;没有不变的物,也没有不变的人。

2. 在大道面前人与物平

大道又是均等、无差别的,《齐物论》说:"道未始有封,言未始有常。'又说'道通为一。"道是没有封域、界限的,任何事物在任何时间、空间都体现着道,道不受这些封界(《齐物论》称为"畛")的限制,因而道是"通"的,道这种在万物中的通达也使万物贯通起来,而无论在什么时间、什么地点以及对于什么事物,体现的都只是这一个"道",所以说"道通为一"。《大宗师》说道是"在太极之先而不为高,在六极之下而不为深,先天地生而不为久,长于上古而不为老"。就是说,道超越了高低、内外、久暂等差别,因而是没有这些差别的。因此,《庄子·秋水》说:"以道观之,物无贵贱。""贵贱"是表达价值意义上的高低差别的用语,"无贵贱"就是没有价值意义上的高低差别,是明确表述平等问题的。

3. 表现本质的形式不同,人与物齐

大道是差中有同、异中有平。平等是有差异的,因为物各按自己的本性自生自化,必须表现形状、形式有所不同,这就是"吹万不同",但无论何物,它们虽然"恢诡谲怪",但这些现象的背后,其大道的本质是同一的,是"道通为一""使其自己",因此,平等的平,非平其形状,而平其各得其性上,即形状、形式虽然不同,但在万物要表现自己的本质、本然、自我这一点上,它们又是无差别的。这就是差中之平齐。

总之,归结到一点,就是一切物、一切人在大道面前都是平等的,因而物与人也是平等的。离开了道,就产生了不平等。要消灭不平等,就要回归于道。

因此,庄子之齐物平等,主要是从生命观上来说的,是指人的生命平等,与老子和现代人主张的平等的含义不同、角度不同、思路有异,但对人们思考平等也是有所裨益的。

## 二、老子的包容观

老子的平等观,是在包容基础之上的平等。

如前所述,善与不善,在大道面前是平等的,信与不信,在大道面前也是平等的。这种平等,本身就是一种宽容,对不善者之善是一种包容,对不信者之信也是一种包容,所以老子的平等观与包容观是相连的。

道法自然就是任万事万物顺其本性、本质和规律自然而然,生的生,化的化,道本身是"大",因其"大",所以能宽,因其宽,所以能容,因其"柔",所以能容,因其"弱",所以能容。因此,老子语境中的"大""柔""弱""虚"等概念,皆含有既宽且容的意蕴。想象一下,如果天地之间,宇宙之间,不是大的,而是小的,不是柔弱,而是刚硬,不是虚空,而是盈满,那么天地、宇宙就什么也容不下、什么也装不进去了。

因此,老子用了不少篇章来论述天道和人道的虚空、柔弱、包容一切的状态。

● 虚其心,实其腹,弱其志,强其骨。(3章)

(以大道之善开阔人们的心怀,以德性充实人们的内心,使人的意志富有柔软而有韧性,以道性德善增强其身体。)

这段话被许多人误解为,老子是一个使百姓愚笨无知的统治者的帮凶,让百姓成为只知吃饱饭而没有知识、没有智慧的傻瓜,服服帖帖地任凭统治者压迫与剥削。这是误解"虚弱"的结果。这里的"虚"并非贬义词,而是开阔、扩展人们的心怀之意;这里的"弱",并非软弱、弱小之意,而是使人们的意志更加柔韧的意思。

● 天地之间,其犹橐籥乎? 虚而不屈,动而愈出。(5章)

(天地之间,不正像是一个大风箱? 它虽然中间是虚空的,但空气能进能出,不会枯竭,越是鼓动它,空气越会从中而出,无穷无尽。)

这是指天地的包容之德。在老子眼中,最能包容一切的善物,莫过于江海之水了。

● 上善若水。水善利万物而不争,处众人之所恶,故几于道。(8章)

(至高无上的善道莫过于水之善。她利益万物而不与其相争,甘愿处在万物都不愿处的地势最低下的地方。所以,水几乎就是大道之善的化身了。)

水不仅甘居下位,而且也能包容上游下来的小溪、小河一切水流,不论这水流是清冽还是混浊,是从高原来的水还是从草原来的水,居于下位的江海之水都敞开胸怀,任其自然,包容一切。海纳百川,不正是由于大海那宽阔无边的气量吗?

得道者的胸怀都是宽广的,所以能包容,因而老子用"旷兮其若谷"(15章)来形容得道者的胸怀像深不见底的虚空的山谷;得道者之所以能包容,是因为他们了解天道的道法自然的大化天下的特性,所以能包容,也正是因为他们能包容,所以能成为行事公正、总揽全局并受百姓乐意拥戴的执政者——"知常容,容乃公"(16章)。

老子不仅从正面论述了包容的价值观,而且也从反面对包容的对立面进行了论述,让人们更深刻地知道为什么一个好社会应当是包容的。一个包容的社会一定是反对极端行为的社会,因为极端行为不能容忍与自己不同的东西,并且以极其强硬的手段对其进行打击,老子告诫人们,这种极端的行为是不可能持久的,必会走向反面。

● 飘风不终朝,骤雨不终日。孰为此者?天地。天地尚不能久,而况于人乎?(23章)

(狂风刮不了一个早晨,暴雨下不了一整天。狂风暴雨是谁做的呢?是无所不能的天地啊。天地尚且不能长久地维持风雨的狂暴,何况于人呢?)

老子接着指出,一个包容且反极端的社会,也必定是一个多元的社会,容得下各种各样的行为、意见、派别:

● 故物或行或随,或嘘或吹,或强或羸,或杯或堕。是以圣人去甚,去奢,去泰。(29章)

(所以,大道行于天下,就是允许各类存在,百花争艳,各显其彩:有的任之独行,有的任之从随;有的恬柔轻嘘,有的迅猛疾吹;有的强大巍峨,有的羸弱衰颓;有的是圆形之杯,有的是椭形之器。所以,以道治国的执政者顺应天道,应去除过于极端的行为,去除过于夸耀奢侈的行为,去除过度强硬的行为。)

王弼在解读这一段时也正确地指出:"凡此诸或,言物事逆顺反覆,不施为执割也,圣人达自然之性,畅万物之情,故因而不为,顺而不施。除其所以迷,去其所以惑,故心不乱而物性自得之也。"①

韩非子在解读老子的"方而不割,廉而不刿,直而不肆,光而不耀"时也指出:所谓方正,是指表里一致、言行一致;所谓廉正,是指舍生忘死、看轻资财;所谓正直,是指在道义上一定公正,有公心而不偏私;所谓光耀,是指官爵尊贵、衣裘华丽。现在掌握了道的人,虽然内心和外表都真诚和顺,但并不以此议论困苦堕落的人;虽然能舍生忘死、轻视资财,但并不以此侮辱软弱的人,耻笑贪利的人;虽然品行端正、不结党营私,但并不以此嫌弃邪僻的人,责怪自私的人;虽然地位尊贵、衣着华美,但并不以此藐视卑贱的人,欺侮贫穷的人。其原因是什么?假如迷路的人肯听从熟悉情况的人,请教懂得的人,就不会迷路了。现在一般人希望成功却反而失败的原因,是由于不懂得道理而又不肯去向懂得的人请教,不肯听从能人的意见。一般人不肯请教懂得的人和听从能干的人,而圣人硬要拿他们出的乱子加以责备,就会惹出怨恨来了。一般人多而圣人少,圣人不能压过一般人是必然的道理。如果一举一动都和天下的人作对,那就不是保全自身求得长寿的办法了,因而圣人用遵循法度来引导人们。因此,《老子》说:"圣人要方正,但不割伤人;有棱角,但不刺伤人;正直,但不放纵;有光采,但不炫耀。"②

## 三、老子思想影响下的百花齐放、百家争鸣

齐威王虽然是春秋时期齐国的君王,但他能采取平等与包容的文化政策,促成了整个中国历史上文化思想最活跃的文化盛景。他对中国历史最大的贡献,就是使齐国都城的稷下学宫成为当时华夏体系最有名的国际大学,并在文化上支持了齐国的崛起,使齐国成为战国中期的文化中心,也为华夏体系各国培养了一大批人才。

"稷"是齐国都城(今山东临淄)城门之一,因学宫位于稷门而史称稷下学宫。学宫始于齐威王之父,但兴盛却是在齐威王、齐宣王治下时期。

在它的兴盛时期,稷下学宫成为春秋战国时期百家争鸣的一个典范和代表,是中国文化思想自由的中心,当时几乎所有的学派,如道、儒、法、名、兵、农、阴阳、轻重诸家,都曾在这里一展才华、各施其长。鼎盛时期的稷下学宫曾汇集了

---

① 王弼注、楼宇烈释:《老子道德经注》,中华书局2011年版,第78页。
② 《韩非子·解老》:"所谓方者,内外相应也,言行相称也。所谓廉者,必生死之命也,轻恬资财也。所谓直者,义必公正,公心不偏党也。所谓光者,官爵尊贵,衣裘壮丽也。今有道之士,虽中外信顺,不以诽谤窘堕;虽死节轻财,不以侮罢羞贪;虽义端不党,不以去邪罪私;虽势尊衣美,不以夸贱欺贫。其故何也? 使失路者而肯听习问知,即不成迷也。今众人之所以欲成功而反为败者,生于不知道理,而不肯问知而听能。众人不肯问知听能,而圣人强以其祸败适之,则怨。众人多而圣人寡,寡之不胜众,数也。今举动而与天下之为仇,非全身长生之道也,是以行轨节而举之也。"

天下贤士多达千人左右,当时最著名的学者大家如孟子、淳于髡、邹衍、田骈、慎到、接子、季真、环渊、彭蒙、尹文、田巴、儿说、鲁仲连、荀子等都在这里留下了他们的思想的印迹。

　　荀子曾三次担任过学宫的"祭酒"(学宫之长)。到稷下学宫的文人学者,都能守思想面前人人平等之观念,不分其学术派别、思想观点、政治倾向以及国别、年龄、资历等如何,都可以自由发表自己的学术见解,从而使稷下学宫成为当时各学派荟萃的中心。齐威王也给这些学者们很高的礼遇,比如孟子在齐国曾得到客卿的待遇,相当于齐国大夫或相国的礼遇,齐威王虽不用孟子的思想,却待如上宾。不少著名学者为"上大夫",并"受上大夫之禄",即拥有相应的爵位和俸养,允许他们"不治而议论","不任职而论国事"。

　　公元前319年,齐宣王即位后,更是大办稷下学宫,使稷下学宫发展到最高峰。"宣王喜文学游说之士,自如驺衍、淳于髡、田骈、接予、慎到、环渊之徒七十六人,皆赐列第,为上大夫,不治而议论。是以齐稷下学士复盛,且数百千人。"
《史记·田敬仲完列传》

　　稷下学宫既是一个官办的学术机构,又是一个官办的政治顾问团体。用现在的语言来说,稷下学宫兼具干部培训、学术研究咨询、国民教育、思想智库、科学院等多重功能和性质。它是一所开放性的大学,学生可以游学,老师可以游教,教与学都是开放的、自由的。学生可以自由来稷下寻师求学,老师可以自由在稷下招生讲学,打破了传统的公学与私学界限,思想兼容并包,促进了各种学说的发展和新学说的创立,大大促进了人才的培养和成长。稷下学宫便成为教育人才的中心。它是政府的智囊咨询机构。稷下学宫鼓励参与者积极参政、议政的热情和积极性,吸纳他们有关治国的建议和看法,给他们以很高的政治待遇。它是齐国的人才培训交流中心。稷下学宫吸引各国学者士人到齐讲学,也允许齐国的士人在此学习,为齐国的政治经济和文化培养了一大批管理人才。它是一所创新性的学术和研究机构。稷下学宫的创建与发展,在中国文化发展史上树起了一座丰碑,开创了百家争鸣的一代新风,促成了中国历史上第一次思想大解放、学术文化大繁荣的黄金时代的到来。它勉励其参与者著书立说,展开学术争鸣,取得了丰硕的学术研究成果。仅就稷下学者的著作来看,其思想内容博大精深,广泛涉及政治、经济、军事、哲学、历史、教育、道德伦理、文学艺术以及天文、地理、历、数、医、农等多学科的知识。这些著作的问世,不仅极大地丰富了先秦思想理论宝库,促进了战国时代思想文化的繁荣,也深刻地影响了中国古代学术思想的发展。同时,稷下学宫开启了秦汉文化发展之源,对秦汉以后文化的发展与繁荣产生了深远影响。"稷下学宫应该被认为是百家争鸣的重心,在中华文明的奠基时期,稷下学宫是学术中心,而且在这里形成了百家争鸣。"①

在战国中期的环境中,稷下学宫开展了以下四大中心话题的大辩论:

1. 王霸之辩

孟子明确主张重王道、轻霸道,认为"以力假仁者霸""以德行仁者王"《孟子·公孙丑上》)。荀子则崇尚王道,也谈霸道,主张在王霸兼容的前提下,以王道为本《荀子·王霸》)。管仲学派主张王霸并举,王道、霸道要依具体情况而定,"霸王者有时","以备待时,以时兴事"。他们认为:"强国众,合强以攻弱,以图霸;强国少,合小以攻大,以图王。强国众,而言王势者,愚人之智也;强国少,而施霸道者,败事之谋也。""战国众,后举可以霸;战国少,先举可以王。"《管子·霸言》)

2. 义利之辩

孟子继承了孔子"君子喻于义,小人喻于利"的思想,主张"舍生而取义","二者不可得兼"《告子上》)。在回答梁惠王问他"何以有利吾国"时,孟子直截了当地回答说:"王何必曰利？亦有仁义而已矣。"并告诫梁惠王说:"上下交征利,而国危矣。"《梁惠王上》)荀子则认为:"义与利,人之所两有也。虽尧舜不能去人之欲利,……虽桀纣亦不能去民之好义也。"《荀子·大略》)人们对利的追求具有合理性,是人的本性,但人们求利要有节制,不能放纵,放纵逐利就会导致社会的混乱,应"制礼义以分之"《王制》),用礼义制约人们的物质欲望,教育人们"先义而后利者荣,先利而后义者辱"《荣辱》),反对"唯利之求"《王霸》)。

3. 天人之辩

孟子主张天人合一,认为天是人事的最高主宰,天命具有至高无上的权威性,把天看成是一个至高无上的、无所不能的精神性的实体,提出应遵循"尽心、知性、知天"的思想。荀子主张人制天命而用之,认为"天行有常,不为尧存,不为桀亡"《荀子·天论》),认为人是天下最珍贵的。"水火有气而无生,草木有生而无知,禽兽有知而无义。人有气有生有知,亦且有义,故最为天下贵也"《荀子·王制》),主张"明于天人之分""制天命而用之"。管仲学派主张应在人与自然的互动中,从具体的改造自然的实践中认识天人关系《管子·度地》)。

4. 人性之辩

孟子主张性善论,认为"人之性善也,犹水之就下也。人无有不善,水无有不下。今夫水,搏而跃之,可使过颡(sǎng);激而行之,可使在山。是岂水之性哉？其势则然也。人之可使为不善,其性亦犹是也"《孟子·告子上》),认为"人皆有不忍人之心"和生来就具有"仁、义、礼、智"四种善端。至于人做了不善的事,不是

---

① 李学勤:《李学勤讲演录》,长春出版社 2011 年版,第 144 页。

因为其本性不善,而是由于他自己不把握自己,被形势左右所致。告子主张无善无不善论。人性"犹湍水也,决诸东方则东流,决诸西方则西流。人性无分于善不善也,犹水之无分于东西也"(《孟子·告子上》),人性的善端,不是生而就有的,是靠后天的教育和社会环境的熏陶而形成的。荀子主张性恶论,认为"今人之性,生而有好利焉,顺是,故争夺生而辞让亡焉;生而有疾(嫉)恶焉,顺是,故残贼生而忠信亡焉;生而有耳目之欲,有好声色焉,顺是,故淫乱生而礼义文理亡焉。然则,从人之性,顺人之情,必出于争夺,合于犯分乱理,而归于暴。故必将有师法之化,礼义之道,然后出于辞让,合于文理,而归于治。用此观之,然则人之性恶明矣,其善者伪也"(《荀子·性恶》)。显然,荀子认为在人性中,最能支配人类生活的是人的好利恶害之情,而好利恶害发展的结果,必然产生尔虞我诈、争夺、犯分乱理等不道德的行为,故说人性是恶的。他同时认为,这种恶的人性,经过后天的学习教育,注重对"人性"的改造,就可以做出善的行为。

在中国几千年历史上,稷下学宫的学术氛围之浓厚,执政者胸怀之宽广,学派之平等,思想之自由,成果之丰硕,都是独一无二的。从稷下学宫的施行方针及其成果意义来看,稷下学宫完全可以说是中国历史上真正的第一所大学、第一所研究生院、第一所开放性的国际大学、第一所学术思想自由和学科林立的高等学府。

正因为齐威王治下有上述措施,所以才能吸引大量人才来齐,使齐国在当时的环境中脱颖而出,并能两破强魏。公元前334年,魏被迫朝见齐威王并承认齐与魏并称两王。在公元前331年和公元前326年,齐威王又两次联魏伐赵,杀赵将韩举,公元前331年齐乘燕文公之丧,夺取燕国十城。其他国家如宋、鲁、卫等慑于齐国威力,纷纷"还齐侵地"。在齐威王治下,"齐国震惧,人人不敢饰非,务尽其诚。齐国大治。诸侯闻之,莫敢致兵于齐二十余年"。七大国中,魏、韩、赵三国的国君都曾到齐地朝见齐威王。公元前320年,连南方强国楚国也不得不与赵、韩一起到齐国见齐威王。齐国也曾一度打败秦国。这样,齐国在魏国霸权之后,"始以齐强天下","齐最强于诸侯,自称为王,以令天下"(《史记·田敬仲完世家》)。这一时期指导齐国采取这些措施的主导思想,是在老子思想影响下形成的黄老学派。①

---

① 商原李刚:《道治与自由》,社会科学文献出版社2005年版,第106—107页。商原李刚认为,老子的自正、自富理想,比孟子的民本思想,更接近于现代民主观念和社会政治治理思想,它不但涉及了民有民享问题,更涉及了民自治的问题。但商原李刚又认为庄子发挥了这一思想,黄老实践了这一思想。其实庄子的民自治是不要中心政府的"无为不治",是乌托邦,接近于无政府主义;而黄老派的实践只是一种君治主义,或者叫君无为臣有为的体系,没有民自治的内容,只得了一些老子思想的皮毛,离真正实践老子的民四自思想还远呢。庄子和黄老都不但没有发展老子的官民共治思想,反而是大大倒退了。

# 第十一章

# 道法有则,以法治国

老子的"道"的概念,包含规律规则之意,即道不仅仅是万事万物的本源、本质,也是万事万物发生发展、运行变化的规律和规则。天道就是万事万物运行的规律和规则。以天道推人道,人道也有人类社会运行变化的规则和行为规范。这种规则和行为规范,在人类社会的公共层面上,就是法的概念。《老子》一书虽然没有就以法治国展开论述,但也包含了以法治国的基本内容。道家经典《文子》《黄帝四经》对老子的法治思想有很丰富的论述。

## 一、道中有法,法治是道治的必然体现

● 人法地,地法天,天法道,道法自然。(25章)
(人类应当效法地的法则,因为地与人类关系最近;人类应当效法天,因为地也是效法天的法则;人类更应当效法道,因为地、天都是效法道的法则,所以人类应当效法道的法则,道的法则就是自然的法则,就是自然而然的法则。)

人类的法,就是法地、法天、法道、法自然。在地、天、道、自然中,已经蕴含着人类活动的基本规律和基本规则。

所谓道治、以道治国、无为而治,就是依据天道的自然规律,依据道法自然的基本法则,按照政治的本质、政治的规律来治理国家,合乎这一本质、这一规律就做,不合乎规律就不做,在这个前提下,执政者可以选择有所不为、有所为。按照规律和本质而不可为,就是消极无为;按照规律和本质应当有所为,就是积极无为。不论有所为、有所不为,都不能加入违反本质和规律的主观意志,更不能违反本质和规律任意胡为乱为,不能逆反规律和本质而妄作。

这个规律,不仅仅是通过政治价值来表达论述,更要通过有强制力、约束力的法律体系来体现和实现。因此,以道治国,一定要通过以法治国来实现,

否则,以道治国就成了空话,或者流变为以人治国;而且,也只有把政治之道即政治价值法律化,才真正有可以落实为无为而治的政治体系。因为只有人人都以这些法律化的政治价值为标准和准则,那么就可以避免执政者的主观妄为,才能避免或减少执政者的主观意志、个人私心介入政治运作的机会和可能。

道治、法治的对立面,一个是人治,一个是智治,在当时这两者都表现为礼治,所以法治的实行,必须反对人治、智治、礼治。

如前所述,一正一反谓之政。要实现"正言",就要反过来纠正"反"的东西,也就是说,正面的、正确的政治价值的实现,是与纠正反面的价值联系在一起的。老子在强调道治的同时,也对道治的对立面礼治和智治进行了批判。

● 夫礼者,忠信之薄而乱之首;前识者,道之华而愚之始。(38章)

(以礼治国,就是以礼范仪轨这些东西来治理国家,是缺乏忠诚、诚信的表现,也是社会走向混乱的开始;以前的各种所谓智慧,就是有关礼治、智治的所有知识,都是违反道法自然的肤浅见识,用它们来治国,也是愚蠢的开始!)

在65章,老子在论述要让百姓完全抛弃过去的礼治、智治的错误学说的同时,再次把以智治国作为以道治国的对立面进行了批判:

● 故以智治国,国之贼;不以智治国,国之德也。(65章)

(用统治者的主观偏见来治理国家,那是对国家的残害;不以统治者的主观偏见治国,回归以道治国的正道,才是国家的福祥。)

● 法令滋彰,盗贼多有。(57章)

(违道而治、没有诚信的统治者的礼制政令和刑法文件越多,社会的治理就越混乱,作案犯禁的盗贼也就越多。)

这里,老子反对的并不是根据道法的规律以法治国,他反对的一是以礼制为内容的法令,二是即使是好的法令也不能过于滋彰频繁,更不能朝令夕改,让社会无所适从。

《老子》一书,没有更多、更直接地表达道治与法治的内在政治逻辑,但在后来黄老学派的《管子》《文子》《黄帝四经》中有大量的论述,商鞅、韩非子等人的著作则从法家的角度进行了发展。

《文子·道原》在引用老子的"以智治国,国之贼;不以智治国,国之德"时,明确地反对人治、智治,这篇文章指出,治理国家,不能靠一人的智慧,不能靠统治者的智巧,也不能靠贤人治国,这些治理国家的方式都有先天的缺陷,只有遵循事物发展的规律,以法治国,即使面临东南西北、天遥地远的复杂问题,也能处理得井井有条。①

《文子》分析了法律产生的源泉,指出法是从正义、从民心中产生的,这是国家治理的大要;法律不是从天上掉下来的,也不是从领导者的思想中产生的;法律的作用只是实践道义,正义是法律的灵魂,法律只是辅助实现正义的一个工具,法律在什么时候都不能代替正义,正如人们不可能贵重脚上的鞋而轻视自己的头脑一样。②

文子认为,最好的社会以道治天下,法治只是一种比道治等而下之的选择,因此不能夸大法治的作用。《文子·下德》指出:"治国,太上养化,其次正法。民交让争处卑,财利争受少,事力争就劳。日化上而迁善,不知其所以然,治之本也;利赏而劝善,畏刑而不敢为非,法令正于上,百姓服于下,治之末也。上世养本,而下世事末。"

《黄帝四经》的开篇就是《道法》——"道生法",作为宇宙本原的道产生了各项法度,法就像绳墨辨明曲直一样决定着事物的成败得失。因此,既然制定了各项法度就不可违犯,法度一旦设立便不可废弛,所以说如果能够以绳墨法度自正,然后就可以识天下万物之理而不会迷惑。③

道家经典《黄帝四经》明确提出了"案法而治",即善于治理国家的,最理想的是不设刑罚,其次才是正定法度,再次便是在参与天下的竞争和处理国内的狱讼时,态度和行动坚决果断,最次的便是竞争、断案都不能坚决果断。不设刑罚,是说要争取做到转移人心为使迁于善;正定法度,是说要争取做到审明是非曲直;竞争、断案坚决果断,是说要解救天下的灾患、止息国内的祸乱。④

既然实行法治是人类社会发展的必然,人们就应当研究如何效法天道之法于人类社会。始于生育长养而终于肃杀,这是天地的自然规律。四时的更迭运行自有一定的规则,这是天地自然的道理。日月星辰自有定位,其运行固有轨道、周期,这是天地本有的纲纪。所谓天地之道,即是春、夏、秋三季生长收获而冬季枯萎凋谢。所谓天地之理,即是四时的交替更迭既已确定,便永无差错,常

---

① 《文子·道原》:"夫任耳目以听视者,劳心而不明;以智虑为治者,苦心而无功;任一人之材,难以至治,一人之能,不足以治三亩之宅。循道理之数,因天地自然,即六合不足均也。"

② 《文子·上仁》:"法安所主?老子曰:法生于义,义生于众适,众适合乎人心,此治之要也。法非从天下也,非从地出也,发乎人间,反己自正。"《文子·上义》:"法之生也,以辅义。重法弃义,是贵其冠履而忘其首足也。"

③ 《四经·经法·道法》:"道生法。法者,引得失以绳,而明曲直者。故执道者,生法而弗敢犯,法立而弗敢废。然后见知天下,而不惑矣。"陈鼓应:《黄帝四经今译今注》,商务印书馆2015年版;下引《黄帝四经》均出自此书。

④ 《黄帝四经·称经》:"善为国者,太上无刑,其次□□,[其]下斗果讼果,太下不斗不讼又不果。太上争于□,其次争于明,其下救患祸。"

有定则。有生长就有凋谢,有繁荣就有枯萎,四季交相行事,终而复始,这就是天道,人类社会的运行法则即是这些天道的取法和再现。①

黄老学派讨论了天道在人道中的八种法则,明确肯定,人类社会的治理必须要有规矩、准则、制度、法律,这些是构成人类社会的各种秩序的基本要素。

规用来画圆,矩用来画方,悬用以测端正,水用以测水平。用尺寸度量小大短长,用权衡称量轻重,用斗石量多少,用绳准来测度曲直。这八种度量标准是人们日常生活中实际应用的准则。

日月星辰都遵循着固定的运行周期,四时更迭都有一定的次序,自然界的消息盈虚、进退出入自有一定的守则,事物的适度与非适度自有分际,这些都是天道自有的法则。

地势高下各有定位,不至隐蔽不明,土地肥瘠不同,不至隐匿不清,这些都是地道所含的法则。

国君臣子都各居其位,士人也得其所哉,擢用贤能量才授官,治理百姓秉公办事,这是人道所应守的法则,是非善恶各有名分,悖于道理或合于道理自有客观情形作依据,真实虚假自有事实来判定,执政者只要掌握上述准则,就可以成为天下的楷模。②

黄老学派认为,社会必须以法律制度进行治理,如果用法度来审定是非,并且参照自然、社会的必然规律,那么天下之事都可以得到有效的证验了。事物繁多,多得如同仓中的粟米,然而法律制度一一设置具备了,那么再隐秘、微妙的东西也无法逃脱,所以说法度已经具备了,所有事都可以得到有效的监督和治理。③ 依据仪器来测量就不会有误差,依靠仪表来观测就不会迷惑,用法度来治理就不会混乱。④

道家的黄老学派特别强调法治的重要性:"国失其次,则社稷大匡"(《四经·道法·国次》),认为政治国如果失去正常的法则,天下就会不安定。

《黄帝四经·经法·君正》指出,法度才是至为公正的,必须以法度来治理国家,而不能任意妄为。创制法度,不能变化不一。依法办事、公正无私、赏罚分明

---

① 《黄帝四经·道法·论约》:"始于文而卒于武,天地之道也。四时有度,天地之理也。日月星辰有数,天地之纪也。三时成功,一时刑杀,天地之道也。四时而定,不爽不忒,常有法式。一立一废,一生一杀,四时代正,终而复始。人事之理也,逆顺是守。"
② 《黄帝四经·经法·四度》:"寸尺之度曰小大短长,权衡之称曰轻重不爽,斗石之量曰小多有数。""八度者,用之稽也。"
③ 《黄帝四经·经法·道法》:"称以权衡,参以天当。天下有事,必有巧验。事如直木,多如仓粟,斗石已具,尺寸已陈,则无所逃其神。度量已具,则治而制之矣。"
④ 《黄帝四经·称经》:"有仪而仪则不过,待表而望则不惑,案法而治则不乱。"

便能取信于民,这是治理天下的大道所在。黄老学派更多的是从治理层面来论法。①

黄老学派第一次从老子提出的道"恒有欲"的角度来解释法律的产生。老子认为,人生来就是有欲,人生之欲,有合乎人的生命需求的"恒有欲",有超出自然需要的"可欲",人们应当满足自然欲望,并遵循道德而节制对功名利禄等的追逐的"可欲"。黄老学派对老子的"可欲"中的部分内容进行了发挥,认为这种可欲引生了人类社会的各种罪恶。因此,人一降生便有患害随之,这是因为人的本性中存在着欲望且这种欲望永无止境。人生则好妄动,妄动必有患害。具体表现在不能相识而动,甚至还逆时而动。妄动必然妄举事,举事则患害随之,具体表现在行事违逆事理或举事不量力而行,甚至行事不知功用何在。凡人举事必有言说,有言说即有患害,具体表现在言无征而爽信或口出大言不知尊敬他人,或者明明做不到的事却称能做到,或言过其实、浮夸,或力所不及却扬言力量大有余。② 因此,人类社会要正常发展,必须以法度来节制它。

黄老学派所理解的生法的"政道",也包括了诸如去私、执法要严、赏罚分明、循情而立法、因时而变法等合道的内容。但很遗憾,老子所阐述的那些"以民心为心""民四自""公平正义"等核心的政治价值观的内容,并没有从他们论述的法中体现出来,他们的论述更多的是从统治者的角度来论法。

《淮南子·主术训》指出,"治国则不然,言其事者必究于法,而为行者必治于官,上操其名,以责其实;……言不得过其实,行不得逾其法"。

《淮南子·泰族训》明确指出了道与法的关系,"故法者,治之具也,而非所以为治也;而犹弓矢,中之具,而非所以中也",也就是说,法是实现道治的工具,而不是治理的目的本身。法也必须由道来统领,否则法必乱:"故有道以统之,法虽少,足以化矣;无道而行之,法虽众,足以乱矣。"法治与道治相比,只是下一层的规范,所以"治国,太上养化,其次正法"。

在管子学派中,道也是最高概念,并具体分为天道、地道、人道,"立政出令用人道,施爵禄用地道,举大事用天道"(《管子·霸言》)。管子学派认为,社会的各项法度都是从天道、人道、地道中生发出来的,法必须体现为道,道也必须落地为法。《管子·心术上》进一步解释说,"事督乎法,法出乎权,权出乎道";《管子·

---

① 《黄帝四经·经法·君正》:"法度者,正之至也。而以法度治者,不可乱也。而生法度者,不可乱也,精公无私而赏罚信,所以治也。"

② 《黄帝四经·经法·道法》:"有人生而欲,生有害,曰欲,曰不知足。生必动,动有害,曰不时,曰时而□。动有事,事有害,曰逆,曰不称,不知所为用。事必有言,言有害,曰不信,曰不知畏人,曰自诬,曰虚夸,以不足为有余。"

法法》又言:"宪律制度必法道,明王在上,道法行于国。"这些论述解释了为什么法必须循道的道理。

韩非子也说道与法,认为"道者,万物之所然也,万理之所稽也"(《韩非子·解老》),但他的法更接近统治者的统治需要,不是以民心为心,而是以君心为心,他的法,虽然也有反映法治本质的一些内容,但总体来说偏离老子的政道。

对以法治国的本质内容揭示更多的,是商鞅。商鞅明确地指出,法治取代人治、礼治、智治是历史的大趋势。

商鞅之前的华夏历史中有许多以法治国的元素。夏朝已经产生了《禹刑》,商、周两朝也分别有《汤刑》和《九刑》等法律。管子是法家的第一位先驱者,记载他言行的《管子》一书首次使用了"以法治国"的提法。春秋时晋文公采用狐偃的建议,实行"信赏必罚""法行所爱"(《韩非子·外储说右上》)。春秋末期郑国第一次公布了中国的成文法——子产的《铸刑书》(公元前 536 年);公元前 513 年由晋国第二次颁布了成文法《铸刑鼎》;魏国的李悝在魏文侯时著《法经》。但只有在商鞅治理秦国时,以法治国的思想才得到系统的论述,并成为中国几千年人治历史上唯一全面和彻底的法治实践。

商鞅之法有刑法,但绝不仅仅是或者主要不是刑法之法,他的法是变法之法、政法之法、法律之法、权力利益之法、农战之法、军功之法,更根本的是,这个以法治国之法,是爱民利民之法,是强国之法。法治与人治相对。商鞅并不否定德治、人治的作用,但是,不同的时代必须有不同的治理之法,法治必然取代人治。在古代,"民朴以厚,故先德而防",但是,"今之民巧以伪,治于今者",只能"前刑而法"(《商君书·开塞》),法治取代人治是历史发展的必然结果。因为"仁者能仁于人,而不能使人仁,义者能爱于人,而不能使人爱,是以知仁义之不足以治天下也,圣王者不贵义而贵法"(《商君书·画策》)。

治国最好的办法就是行法治。"法者,民之命也,为治之本也"(《商君书·定分》),"夫利天下之民者,莫大于治,而治莫康于立君,立君之道,莫广于胜法"(《商君书·开塞》),对老百姓最有利的法理方法,就是通过立君行法来治理国家。"法者,国之权衡也"(《商君书·修权》),法是国家衡量是非的标准。法治的基本表现就是国家按法律处理一切事务,有了严格的以法治理的规则,就从人治变为法治,也就是"治不听君,民不从官"(《商君书·说民》),官吏依法办事,不必听命于君主,老百姓遵法办事,不必听从官吏意志。"明君错法而民无邪,举事而材自练,赏行而兵强。此三者,治之本也"(《商君书·错法》)。推行法治,民众就没有犯罪的邪恶行为;发动战争,就会造就干练的人才;实行赏罚,军队就会强大。这三个方面是君主治理国家的根本。"故明主慎法制。言不中法者,不听也;行不中法者,不高也;事不中法者,不为也。言中法,则辩之;行中法,则高之;事中法,则为之","明王之治天下也,缘法而治"《商君书·君臣》),明主"不可以须臾忘于法""法任而国治矣"《商君书·慎法》)。明君如能以法治国,必将"天下大治"《商君书·定分》),否则,就是"国失法则危"《商君书·佚文》)。

正是商鞅使法的概念从礼法之法中分离出来,从人治之法中解放出来,从伦理法、道德法中解放出来,成为一个独立的概念,奠定了中国古典法学和中国古典政治学的第一块基石。

当然,商鞅的法治理论同韩非子一样,也有很大的缺陷,他的法不是以道而生的法,根本上缺乏老子的"以百姓心为心"和"民四自"的政治价值的引领,更多地体现了统治者治国的需要。

## 二、平等是法治的灵魂,法治是平等的表现

如前所述,老子在第 5 章中表达的"天地不仁,以万物为刍狗;圣人不仁,以百姓为刍狗",不仅是政治平等的价值,也是法治体系中法律立法的基本原则。

由于天地的公正无私,才有了四季、昼夜、存亡、生死等现象的正常循环,也由于人类社会建立了平等公正的法律,才能正常运转。同时,法治下的法律也是平等的一种体现,没有比法律更能一视同仁地对待同一件事。政治平等在法律中的表现就是法律对任何人都不偏向,对天下所有人没有偏私偏爱,对天下所有人都以同一个心度去衡量,不论他是像祭祀时宝贵的刍一般的贵族富豪,还是生活无着落像在道上流浪的狗一样的贱民贫人。没有法治,所谓的平等就是一句空话。平等的价值,首先表现为法律平等,不论地位高低,也不论财产富贫,不论文化高低,也不论其道德是否高尚,任何人在法律面前都一律平等。

道家经典《文子》认为,对法律的要求,首先要真诚地达义为本,但又不乱于法制;其次,法律要清楚明确,使全国人皆知法制的要点,不可有生疑惑。凡与自身相关的条文,不能不利于他人;非与自身相关的条文,不可责备其所立。在法律面前人人平等,为保护下层群众所立的条文,不可废之于上层;凡禁止百姓所做的事,不允许上层有擅自施行的特权。所以,执政者制定法律,必先以自身作为检验的标准,如果禁令在自身有效,则法令必可行于民间。①

《文子》还指出,法律是天下人行为的标准,是执政者施政的度量,关键在于

---

① 《文子·上仁》:"诚达其本,不乱于末;知其要,不惑于疑;有诸己,不非于人;无诸己,不责于所立。立于下者,不废于上;禁于民者,不行于身。故人主之制法也,先以自为检式,故禁胜于身,即令行于民。"

执行。如果法律只是悬在空中不能落地实行,这样的法就不叫法律了。法律制定之后,合乎法律标准的,给予保护;破坏法律的,要给予处罚,凡触犯法律者,虽然位高权重也不放过,虽然地位卑贱也不加重处罚。犯法者,即使是贤才也必处罚;守法者,虽然是不肖之徒也一样无罪受保护。所以当公道的法律得以施行时,各种私欲犯罪就会大大降低。①

《文子》尤其强调指出,法治的实行,就是为了防止和制约权力者的专断,尤其是防止和制约执政者的权力专断,因此,古代设置专门执法的有司机构,是为了防止民众不得恣行妄为;其所以立执政官,是为了制约权力机构不得专断独行;而法律道术者,则是为了禁止执政者不能够专断独行。所有人都不能恣意妄为,就是大道施行而行为有理的社会。有这样的基础,才能返朴,才能实现无为而治。因为所谓无为而治,并不是什么也不做,而是说一切行为都应该合乎法律。②

《淮南子·主术训》则认为,"法者,天下之度量,而人主之准绳也。县法者,法不法也;设赏者,赏当赏也。法定之后,中程者赏,缺绳者诛。尊贵者,不轻其罚;而卑贱者,不重其刑。犯法者,虽贤必诛;中度者,虽不肖者必无罪。是故公道通而私道塞矣。古之置有司也,所以禁民,使不得自恣也;其立君也,所以剬有司也,使无专行。法籍礼义者,所以禁君,使无擅断也。人莫得自恣,则道胜;道胜而理达矣,故反于无为。无为者,非谓其凝滞而不动也,以其言莫从已出也"。这也是中国古代文献中几乎唯一明确提出以法禁君的论述。

《淮南子·主术训》还指出:"是故有诸已,不非诸人;无诸已,不求诸人。所立于下者,不废于上;所禁于民者,不行于身;所谓亡国,非无君也,无法也。变法者,非无法也,有法者而不与用,无法等。是故人主之立法,先自检式仪表,故令行于天下。"

这一精神后来被以商鞅为代表的法家所吸收。

商鞅的法治强调法律面前人人平等,即"壹刑"。"所谓壹刑者,刑无等级,自卿相将军以至大夫庶人,有不从王令,犯国禁,乱上制者,罪死不赦。有功于前,有败于后,不为损刑。有善于前,有过于后,不为亏法,忠臣孝子有过,必以其数断,守法守职之吏,有不行王法者,罪死不赦,刑及三族,周官之人,知而举之上

---

① 《文子·上义》:"夫法者,天下之准绳也,人主之度量也。悬法者,法不法也。法定之后,中绳者赏,缺绳者诛,虽尊贵者不轻其赏,卑贱者不重其刑。犯法者,虽贤必诛;中度者,虽不肖无罪。是故,公道而行,私欲塞也。"

② 《文子·上义》:"古之置有司也,所以禁民不得恣也,其立君也,所以制有司使不得专行也。法度道术,所以禁君使无得横断也。人莫得恣即道胜而理得矣。故反朴无为。无为者,非谓其不动也,言其从已出也。"

者,自免无罪,无贵贱,尸袭其官长之官爵田禄"(《商君书·赏刑》)。

法律能不能实行,关键皆在于如何处置犯法的权贵和社会上层。社会人分三六九等,但商鞅认为,不论什么人,只要犯法,就应当受到同样的处罚;反之,若不违法,就不应受法律惩处。前面所说的王公贵族与庶民同罪之外,商鞅的法律面前人人平等还包括以下内容:

▲功臣与平民平等。谁也不能以过去的功劳而置于法外。功是功,罪是罪,不能以功折罪,功不抵罪,也不能无功加罪。

▲名人与普通人平等。名气再大,也不是减刑的理由,犯了罪就和普通人一样受处罚。

▲行善与行恶一样平等。不因你过去的善行而减刑,也不因你过去犯过罪而加刑。

▲忠臣孝子与平民平等。法治与道德规范无关,孝忠是你的德性修养,不成为减刑的理由,不孝子只要不犯法就不受罚。

▲官吏与百姓平等。只要犯法皆处罚,不因官吏权大而减刑,也不因是平民百姓而加刑。

▲富人与穷人平等。只要犯法就要受罚,即使家有千金,也不能花钱去减刑,也不允许向法官行贿。

▲凡举报长官犯罪事实的,不论举报者是谁,都可以得到法律规定的赏赐。

尤其需要指出的是,商鞅对于反对变法的人和政敌也讲法治,政敌只要不违法,对政敌的惩处也是在法律的范围内。商鞅虽然明知道这些政敌对他心怀敌意,但也不采取违法的手段进行处置,政敌也受法律保护。

不管是反对变法还是赞成变法,在法律面前一样平等。变法之初,"秦民之国都言初令之不便者以千数",这是最早的上街游行抗议事件,商鞅只是惩处了为首的太子集团,对其他人没有重惩;变法十年后,又有人上街庆祝,"秦民初言令不便者有来言令便者"(《史记·商君列传》),商鞅同样以国法不得私议为名惩处之。虽然当时确无民众议论的自由,但商鞅对支持者和反对者的同样做法是以法为准同样处理的。

太子、公子虔和太子师公孙贾被法办,秦国的贵族集团被剥夺特权,这些宗室贵戚多怨望者,对商鞅恨之入骨,从政治上说都是商鞅的敌人,而且商鞅在秦国执掌大权二十多年,以他的智慧和权谋,铲除这些政治敌对势力是不成问题的。但商鞅并没有这样做。他明知道这些人对他的敌视,但还是按法办事。这些人没有犯死罪,就不能处以死刑,也没有对其强加莫须有的罪名从肉体上消灭。在变法一开始强烈反对商鞅变法的甘龙和杜挚等人,反对变法是公议,是合法的,法律只有惩处私议的内容,而在庙堂上批评变法,不犯法。史书上没有商鞅公报私仇处罚他们的记载;商鞅只是依法废除了贵族的特权,但对贵族也没有采取政治消灭的做法,对守法的贵族也没惩罚。这就是说,即使是政敌,在法律面前也是人人平等的。相对于后来秦国贵族集团公报私仇并处商鞅以车裂的酷刑,更显出商鞅对政敌亦受法律保护的法治精神的可贵。

### 三、法治基础在于诚信,无诚信就无法治

法治是建立在执政者的诚信之上的,如果执政者没有诚信,当然就缺少公信力,在百姓中也就没有威信,得不到百姓的信任;没有百姓的信任,法治也就建不起来。因此,老子批评礼制社会的人治,其中之一是:

● 信不足焉,有不信焉。(17章)

在礼制的人治社会中,周朝统治者以其所谓的知见治国,办事没有客观标准和准绳,朝令夕改,朝三暮四,颠倒是非,所以必然导致社会的治理无序。因此,老子进一步批评说:

● 其无正也。正复为奇,善复为妖。人之迷,其日固久。(58章)

(这哪里有什么是非、善恶、公正的标准啊?白的被说成黑的,善的被说成恶的,一切都由那些统治者们随意改变。礼制社会下统治者的荒唐,已经很久了。)

因此,建立法治的社会应该首先从建立诚信开始,以道治国的执政者要采取措施建立广泛的诚信社会:

● 信者,吾信之,不信者吾亦信之。德信。(49章)

(对那些守诚信的人,我以诚信待之,对那些不守诚信的人,也以诚信待之,这是大德之善一视同仁的表现。)

黄老学派的著作《黄帝四经》也指出:诺,表示的是应允;已,表示的是拒绝。已经承诺了却失信,这即是认识的最大迷惑。已经承诺了就必定守信,这就是所谓合于准度。[①]

后来商鞅在秦国的变法,也是从建立诚信开始。为了推行法治,商鞅使用了两个简单的办法,就是信、权,其中第一个就是树信。树威信,讲信用,让人们都知道有法必依。新法实行之前,他"立三丈之木于国都市南门,募民有能徙置北门者予十金。民怪之,莫敢徙。复曰'能徙者予五十金'。有一人徙之,辄予五十金,以明不欺"。法律能不能施行,关键皆在于如何处置犯法的权贵。商鞅的方

---

[①] 《四经·道法·名理》:"若(诺)者,言之符也,已者言之绝也。已若(诺)不信,则知(智)大惑矣。已若(诺)必信,则处于度之内也。"

法也很简单,谁让法不行,法让谁不快。"令行于民期年,秦民之国都言初令之不便者以千数。于是太子犯法。卫鞅曰:'法之不行,自上犯之',将法太子。太子,君嗣也,不可施刑,刑其傅公子虔,黥其师公孙贾。明日,秦人皆趋令",后来新法"行之四年,公子虔复犯约,劓之",有这两次护法,表明了执法者的决心,于是新法顺利施行。(《史记·商君列传》)

## 四、循名究理、公私分明是法治的关键

循名究理,即研究事物的本质,探寻事物发展的内在规律,使事物的名称概念与事物的本质和规律相称,只有弄清楚名与实之间的关系,才能正确处理各种社会事务,也才能更好和公正地执法。老子虽然没有明确地提出循名究理的理念,但老子也十分重视"名"的作用。

老子在第1章就提出了"名可名,非恒名"的概念,用名来指代事物的本质属性,但也告诉人们,要准确地把握事物的本质并非易事。

尤其值得人们注意的是,老子在32章中所提出的思想:

● 始制,有名,名亦既有,夫亦将知止。知止不殆。(32章)

(国家机构从建立开始,就要有准确的职能定位,有了这个才能循名究实,各个机构才知道自己的界限和职权范围所在;知道了各机构的界限,才会各司其职,也才不会侵犯百姓自富、自化、自正、自朴的权利,道治才不会出现大的祸害。)

老子这里提出的,实际上也是有两层意思:

第一是道治社会公共管理机构职能权限的划分。始制的"制",应当是国家机构的设置,有名的"名",应当是各个机构的职能划分。在老子构想的道治社会中,究竟会设立什么机构?在老子的书里没有明确地提出,但人们也可以在书中找到一些线索:首先是对外自卫的军事机关(上将军、偏将军、环官、辎重官、士官,30、31、68等章),处理国家的防卫事务;其次是司法机构(司杀者,74章),处理有关执法、司法事务;第三是民政机构(善救人善救物,27章),处理社会救济和社会保障事务;第四是财富利益调节机构(税务、得道者慈善机构,75、77章),处理税收财政及利益分配调节事务;第五是国际外交机构(54、57、61章);第六是圣人(执政者、行政总部),处理一般日常国务活动,尤其是直接处理与百姓自富、自化、自正、自朴的自治事务。

这些机构的设置既相互独立又相互协调,在"以百姓之心为心""爱民治国"以及以实现百姓利益为宗旨等价值的规范下,为百姓服务。

第二,协调道治社会的公共管理机构与民间自治机构的关系。所谓"知止",

就是社会公共管理机构的权力职能范围,只处理"公事务",即百姓自治不能解决、不涉及的事务;而百姓自治的事务,也就是民自富、自化、自正、自朴的事务,就是社会的"私事务",公共管理机构的界限"止"于民间自治,不能进入和侵犯民间自治事务的领域。

只有公共管理机构与民间自治机构协调,才能实现民官共治的道治原则。

老子的这一循名究理的思想,在后来的法家和黄老学派中有进一步发挥。

黄老学派指出,想要懂得得失福祸的道理,就一定要审知事物的名称与客观存在之间的关系。天下万物都自有它们确定的归属,因而人就更应该持守清静。天下万物都自有它们运行发展的规律,因而人也就应该虚静无为。人应该虚静专一、不妄施为,事物的发生与消逝皆有其客观依据,要听其自便宛转顺应。在判断事物时,能不能以客观为依据而排除主观臆测呢?或隐或显,或静定或动出,总能维持一种若有若无的超然境界。这样的话,一任事物纷至沓来,皆能应付自如。古旧的东西听其自去,新生的东西任其自来,而不要主观人为地去介入。消逝的是过时的东西,来到的是新生的东西。天下万事万物,无论是新生的还是死灭的,都不能扰乱虚静的心灵,这是因为我们能够与物宛转、顺其自然的缘故。①

黄老学派关于循名究理的论述还指出,处理天下万事,首先要审查它们的名称。名理的含义包括在行事上要因名知实、因实察理和在理论方法上把握其内在的实质这样的双重含义。做到了这一点,便可以辨明是非,正确的可以给人带来福吉,错误的会带来灾害。名理确定了是非的分际,然后用法度去裁决;观照事物时采取虚静审慎的态度,处理这些问题时再以法度为依据。在处理具体事务时,要把审察名理所得的结论贯穿于全过程,这就称之为"究理"。只有依法办事而不偏执一己之私,方能认识天道而不迷惑,方能发奋自强。因此,掌握道的圣人在观照天下时,要体察天道遵循的事理,这样就能够正定事物之是非善恶、把握事物始末之理。做到这一点,同时也一定要"循名究理"。所有事物都有形名,而每一具体事物又都有它的具体名称,事物有具体名称与其具体事实相吻合,那么福祸兴衰的道理也就因此而可以把握了,这就与形移则影随、声动则响应、衡器确定则重轻即明的道理一样。因此,掌握道的圣人能够虚心静意地观照事物,能够依法公正地处理事务,因而能够认识自然人事的规律,并把握住名理

---

① 《黄帝四经·十大经·名刑》:"欲知得失,请必审名察刑(形)。刑(形)恒自定,是我愈静。事恒自施也,是我无为。静翳不动,来自至,去自往。能一乎?能止乎?能毋有己,能自择而尊理乎?纾也,毛也,其如莫存。万物群至。我无不能应。我不藏故,不挟陈。向者已去,至者乃新,新故不谬,我有所周。"

的实质。①

　　黄老学派认为,要想明白死生、成败、祸福的道理,只有依靠道了。依靠道,就能把握所出现的细微事物的形和名,形和名的观念一旦确立,那么是非黑白的分界也就随之确定了。因此,懂得大道的人变通而不固执,功成而不依赖它,顺时而动不妄为,处事公正不以私意。因此,天下之事便可以在形名确立、名实相符的情况下自然而然地得到治理。各项法令制度都已确立,官职都已建置,那么天下万物就都在正道中了。②

　　商鞅指出,掌握大权的国君要"爱权重信",要"立法明分,而不以私害法,则治"(《商君书·修权》)。所谓公与私,其实就是按法律来区分的,凡是法规定的都是公,与法相反的行为都是私,私应当服从于公,一般民众有公私之分,国君也有公私之分。如果一国国君不能明辨公私,那么就会引起国家混乱。商鞅认为,赏刑之行,有赖于权势,故商君以"权"为治国三要素之一,且以为"权者,君之所独制也,人主失守则危。权制独断于君则威"(《商君书·修权》),但是,法律的实行有赖国君,国君不能以法行私,国君的权力并不是私有的。商鞅主张公私界限分明,平庸的人就不会忌妒有才干的人,无能的也不会忌妒功臣。如今乱世君臣都是放弃一国利益,只顾自己官府的权力和一己私利,这也是国家陷于危机的原因。是否公私分明是国家存亡的根本。君主独制权柄,非为一己之利,须为天下治天下。③

## 五、司法独立是法治的基本条件

　　在道治社会里,社会实行有道者的简约而到位的管理,百姓按照自富、自化、自正、自朴的精神从事日常生活与劳动,一切井然有序。但是,道治社会也不会是一个天使的社会,总会有人"化而欲作",总会有人背道而驰。在道治社会里,百姓都普遍良善,但总会有不善之人。因此,对这些化而欲作的人,对这些不善

---

① 《黄帝四经·道法·名理》:"天下有事,必审其名,……循名究理,是非有分,以法断之。虚静谨听,以法为符。审察名理终始,是谓究理。唯公无私。见知不惑,乃知奋起。故执道者之观于天下也,见正道循理。"

② 《黄帝四经·经法·道法》:"祸福同道,莫知其所从生。见知之道,唯虚无有。虚无有,秋稿(毫)成之,必有形名。形名立,则黑白之分已。故执道者之观于天下,无执,无处也,无为,无私。是故天下有事,无不自为形名声号矣。形名已立,声号已建,则无所逃迹匿正矣。"

③ 《商君书·修权》:"公私之分明,则小人不疾贤,而不肖者不妒功。故尧舜之位天下也,非私天利也,为天下位天下也;故三王以义亲,五霸以法正诸侯,皆非私天下之利也,为天下治天下……今乱世之君、臣,区区然皆擅一国之利而管一官之重,以便其私,此国之所以危也。故公私之交存亡之本也。"

之人,除了执政者一如既往地对他们进行引导向善的努力之外,还必须得有法治的措施。这就发生了司法机构和执政者的相互关系的问题。

老子在74章的论述涉及一个很现代的概念,即司法独立。

这一章的内容在各家解说中比较混乱。只有从司法独立的角度来理解,比较合乎老子的思想逻辑,从这一意义上说,帛书的内容更为准确:

● 若民恒且不畏死,奈何以杀惧之?若民恒且畏死,而为奇者,我得执而杀之,孰敢?若民恒且必畏死,则恒有司杀者杀。若代司杀者杀,是代大匠斫。夫代大匠斫者,鲜有不伤其手矣。(74章)

(假如百姓,长期习惯于不怕死的风俗,那么死刑并不能使人畏惧;假如百姓,长期习惯于生命可贵人不能轻易死亡的风俗,那么那些故意杀人而致人死亡的罪犯,司法机构将依法判处他死刑,那么还有谁会再敢轻易杀人呢?如果百姓的风俗畏死,那么就应该建立专门的司法机构来处置这些事。如果有人试图以权代法,越过专门的司法机构去执法,就好像是用不专业的人去取代有专门技术的伐木工匠,而这些没有受过训练的普通人去取代这些伐木工匠,很少不砍伤自己的手。)

这里,老子用"道法自然"的思想来解释,为什么执政者不应该试图取代司法机构的职能。因为行政与司法是两个不同的领域,各有各的规律,各有各的职能特性。司法的领域,包括维持社会秩序,防止和预防犯罪,对犯罪行为进行侦查、取证并将犯罪人逮捕,由法庭进行审判判决,等等,涉及许多专门的职能,不是从事行政社会管理的行政机构所能取代的。如果行政机构要强行取代司法机构的工作,就会反过来伤害到政权本身。老子的这一段论述,其实已经涉及司法与行政分离、司法机构应该具有独立执法的特性等法治的具体问题。

后来,在商鞅的法治思想中,发挥了老子的"司杀者"和不能"代大匠斫"的观点,进一步明确地提出了司法独立的思想。商鞅认为,有了法律,如果不能很好地施行,也达不到治国的目的。有法不行等于无法,"有法不胜其乱,与无法同"《商君书·开塞》)。为了使法律能得到切实执行,就必须要有独立的和专门的法官来司法。

法官由最高统治者直接设立,法官对君主和中央最高法院直接负责以监督官员的思想,这是商鞅在2300多年前提出的一个很有前瞻性、创造性的思想。在他的设想中,由专任的法官、法吏执行法律是实现法治的关键,因此,必须在全国征召那些有资质的、能够通晓法令的专门人才,充当全国各地主管法令的长官,并且直属君主和中央政权任命和管辖。

独立法官在中央设置三个,一直到郡县皆有。独立法官的任务就是要对官吏和民众解释法律、明白法律,使民众可以依法对官吏行使监督权。同时,法官也直接对各级官吏行使法律解释和审查权,并监督官吏执行中央法律。法官的任务是要使吏不敢以法遇民,民不敢犯法以阻挠官吏执法,从而使法治得以实行。"天子置三法官,殿中置一法官,御史置一法官及吏,丞相置一法官。诸侯郡县皆各为置一法官及吏,皆此秦一法官。郡县诸侯一受宝来之法令,学问并所谓。吏民知法令者,皆问法官。故天下之吏民无不知法者。吏明知民知法令也,故吏不敢以非法遇民,民不敢犯法以干法官也。遇民不修法,则问法官。法官即以法之罪告之。民即以法官之言正告之吏。吏知其如此,故吏不敢以非法遇民,民又不敢犯法。如此,天下之吏民虽有贤良辩慧,不能开一言以枉法;虽有千金,不能以用一铢(行贿法官犯法)。"(《商君书·定分》)

专任法官要雷厉风行地贯彻法律、准确地宣讲法律,"法令以当时立之者,明旦欲使天下之吏民皆明知而用之"(《商君书·定分》)。对民众乱讲法律或者宣传法律有误者,要受到法律的严惩。如果法官忘记了要宣讲的法,就按忘记的法的条文来惩罚法官;法官调离后,新任的法官必须要在规定时间内熟悉所有法令的内容;法官对官吏或民众宣讲法令时,删改或增减要被严惩;官吏或民众向法官询问有关法令时,要遵守相关程序,必须明确告知相关内容,并制作相应的文件一式两份,将回复一份给询问者,另一份留底备用。如果因法官给询问者的答复不对而导致询问者犯罪,主管这件事的法官要被追究法律责任。因此,有独立权责的法官、法吏对推行法治起着至关重要的作用。

章太炎在评老子的法治思想时指出,韩非子虽然解老、喻老,但对老子的法治真谛并不解,"其有回遹(邪僻)乱常、与众不适者,法令所不能治,治之益甚,民以情伪相攻即自败,韩非虽贤,犹不悟……,法家者,削小老氏以为省,能令其国称娖,而不能与之为人"[①]。

## 六、法律制定:因应民心,与时迁移,简约去繁

老子没有明确说法律应当如何制定,但从《老子》一书中,我们可以得到三点启示:

1. 法律必须因应民心、民情、民风、民俗

老子政治哲学的核心就是"以民心为心"。制定法律也必须体现民心、民情。在上述《老子》74章的这段话中,也同样提出了老子的第一个立法的原则,就是

---

[①] 章太炎:《诸子学略说》,广西师范大学出版社2010年版,第107页。

立法要以民风、民俗、民情、民心为依据。一个人杀人抢劫是不是应当处死,要依据当时当地的民情和民俗来定。如果所立的法律与老百姓的实际情况差距太大,就不能得到很好的执行。

老子根据民心、民情来立法的思想,在《文子》中有进一步发展。《文子·自然》指出,过去以道治国的执政者制定法律,只是根据百姓的民心、民情而订立法律条文。不知道、不了解百姓的民心、民情,就不可能使百姓遵守法令;如果知道了百姓的民心、民情,而不知道百姓是否具有大道德善的那些特质,还是不能使百姓遵从大道。百姓的本性,即使具有一些大道德善的一部分仁义的资质,如果以道治国的执政者不加以引导,还是不能实现大道的德善之治。所以,以道治国的执政者订立法律,总是根据百姓的憎恶而采取严禁奸诈行为的刑罚,这样做的目的是为了使制定的法律具有足够的效力,最后就可以不使用这些刑罚;根据百姓的民心、民情立法,天下的百姓就会遵守;如果这些法令完全违背百姓的民心、民情,即使有了许多的法律,还是不会被百姓遵守。

因此,以道治国,一方面要有法律条文,另一方面必须使法律条文符合百姓的民心、民情,同时还必须要开启百姓的自化进程,让百姓自我教化,从天地自然中感受人性中的大道德善的本性,这既是以法治国,也是以德治国,两者合一为以道治国的根本内容。因此,文子又提出:治理国家还得回归以道治国的正道,道德是治理国家的根本,也是百姓本性所具有的,开启百姓本性中的大道德善,国家就治理好了。[1]

《文子·上义》又指出,法律制度主要依据当时的百姓风俗而制定,用来应对社会的问题;凡是受制于过去的法律制度者,不能重用;凡是拘束于过去礼制的人,不能安排去应对社会的变革创新;必须举用那些有独见之明、有独闻之聪的人才,并依靠他们去行道变革;凡是懂得法律是如何产生的,就会应时而变;凡是不知道治国之道在民心的,虽然遵循法制,也必然会把事情搞乱。[2]

《黄帝四经·称经》中也指出,刑名之法应当由民之自然而定,或者民之自定,"建以其刑,名以其名",就是说统治者根据民之刑名而制定法之刑名,实为

---

[1] 《文子·自然》:"故先王之制法,因民之性而为之节文。无其性,不可使顺教;有其性,无其资,不可使遵道。人之性有仁义之资,其非圣人为之法度,不可使向方,因其所恶以禁奸,故刑罚不用,威行如神,因其性即天下听从,拂其性即法度张而不用。""道德者则功名之本也,民之所怀也,民怀之则功名立。"

[2] 《文子·上义》:"故法度制令者,论民俗而节缓急;器械者,因时变而制宜适。夫制于法者,不可与达举;拘礼之人,不可使应变。必有独见之明,独闻之聪,然后能擅道而行。夫知法之所由生者,即应时而变;不知治道之源者,虽循终乱。"

"民之自然"。①

《淮南子·主术训》也指出,"法生义,义生于众适,众适合于人心,此治之要也","法者非天堕,非地生,发于人间"。也就是说,法律是从道义中产生的,道义是从大众适宜的事理中产生的,大众适宜的事理与人心相合,这才是治理国家的关键。

2. 法律的制定必须因应时代的变化

老子的政治哲学的核心是"道法自然",在"道法自然"的思想中,包括因时而变、不守成规的观点。同时,老子也明确提出,道是随时都处于变化之中的,没有一成不变的道,所以不要固执,不要囿于人们过去的经验,有道者"动善时""不执,固无失",这一精神同样适用于法律的制定。

因此,道家经典《文子》指出,有道治国的执政者,总是因时势之变而进行政策的变化,根据形势的需要采取适宜的措施,世道有变则事变,时势有移则习俗移,根据世道的变化而立法,根据时代的变化而行事。以前历史上有作为的圣人,治理国家的法度也有所不同,并不是有意违背,而是时务有所不同。因此,后人不能照搬古代已有的法律,而是根据立法原理和经验,再根据情况的变化加以改变。圣人的做法是可以观摩、借鉴的,但圣人如何立法不可以照搬;圣人的言论是可以参考、引鉴的,但圣人为何那么说,是不可以照样子画葫芦去模仿的。②

在《文子·上义》中,文子又提出,天下哪有什么不变的法制啊!立法,只要是合于当时的世道,得于人理,顺于天道,就可以公正地治理国家了。治理国家有规律,这个规律就是要吸取古人治国的成功经验。这个经验就是,只要有利于百姓,就不必效法古人;只要周全成功其事,就不必遵循旧俗。因此,圣人立法与时俱变,制礼与民俗相化。衣服与器械,以方便使用为原则;法度制令,各因其宜。故变古未可非,而循俗未必就会多余。变与不变,要视历史的变化和当下的具体情况而定。③

《文子》还借老子的口批判那些守旧者说,有一些守旧的学者,只会循先人的旧法,承袭祖宗的家业,手握着经典篇章,引经据典,扼守成文之法,想用这种方法来治理国家,这好比是握着方锉却想凿出一个圆洞来,想合时宜真是太难了。

---

① 参见王葆玹:《黄老与老庄》,中国人民大学出版社2012年版,第4页。
② 《文子·道德》:"圣人者,应时权变,见形失宜,世界则事变,时移则俗易,论世立法,随时举事。上古之王,法度不同,非古相返也,时务异也。是故,不法其已成之法,而法其所以为法者,与化推移。圣人法之可观也,其所以作法不可原也,其言可听也,其所以言不可形也。"
③ 《文子·上义》:"天下几有常法哉! 当于世事,得于人理,顺于天地,祥于鬼神,即可以正治矣。""政教有道,而令行为古。苟利于民,不必古法;苟周于事,不必循俗。故圣人法与时变,礼与俗变。衣服器械,各便其用;法度制令,各因其宜。故变古未可非,而循俗未足多也。"

因此,在危乱之际而达成安定的局面,没有通变的智慧是不行的,讲到治国之道就搬出古人来,这并不难,即使是愚笨的人也可以办到。凡不适用的法律,圣人是不会实行的;凡未经实践检验的东西,有智慧的人是不会听的。①

3. 法律的制定要有效率,不能过于繁杂

● 法令滋彰,盗贼多有。(57章)

老子认为,国家的法治不在于法律的多少,关键在于制定的法要合乎人心,并且必须令行禁止;否则,违道而治、没有诚信的统治者的礼制政令和刑法文件越多,社会的治理就越混乱,作案犯禁的盗贼也就越多。无为而治的精神,就是"行不言之教"(2章),就是要"悠兮其贵言"(17章),就是"治大国若烹小鲜"(60章),就是指政令要少而精。

道家经典《文子·上仁》也指出:"故有道以理之,法虽少,足以治;无道以理之,法虽众,足以乱。"《文子·道原》认为,不能依靠苛刻的法律而滥用刑罚;频繁地用马鞭抽打马者,不是好骑手;憎恶太多,祸乱就跟随而来,所以法律不是凭执政者的个人好恶而定,而是随民心而制定,凡是因民心而立法者,就会强大,凡是凭个人好恶而立法的,就会变得弱小,必然导致失败。②

从《商君书》中,我们可以看出商鞅立法的精神和原则与老子的思想有相通的地方。

一是利民为立法原则。"苟可以利民,不循其礼"(《商君书·变法》)。"王者刑赏断于民心"(《商君书·说民》)。商鞅把利民定为立法的原则,在当时具有很强的革命性意义,打破了尊君、为君、护君的传统立法原则,实际上把利民放到尊君之上,而且《商君书》也没有把尊君定为立法的原则,只是在强国中把提高君权作为强国的五大手段之一,可见利民高于尊君。利民主要是利于农民,农民是当时最大的群体,有利于农民也就是有利于民众。如何利民就是如何有利于农民,有利于农业,有利于农村的稳定。商鞅变法的第一个法令就是垦令,它实际上是商鞅所制定的一个大《农业法》,包括提高农民收入、扩大农民耕地、保护农民利益不受商人盘剥和官吏压榨、稳定农村和农业的内容。利民就是要给农民利益,这种利益在当时主要就是提高农民收入,让农民有机会立军功、立粮功从而得到升迁的机会或减少服役,这些在商鞅的《农战》篇有大量的论述;农战军功是商鞅为秦

---

① 《文子·上义》:"今为学者,循先袭业,握篇籍,守文法,欲以为治,非此不治,犹持方柄而内圆凿也,欲得宜适亦难矣。夫రి危治乱,非智不能,道先称古虽愚有余,故不用之法,圣人不行也,不验之言,明主不听也。"

② 《文子·道原》:"夫法刻刑诛者,非帝王之业也,棰策(鞭刑)繁用者,非致远之御也,好憎繁多,祸乃相随;故先王之法,非所作也,所因也,其禁诛,非所为也,所守也,故能因即大,作即细,能守即固,为即败。"

国制定的利民的基本国策。

二是因循原则,即根据时代变化而修改和制定法律的与时偕行的精神。商鞅从三王五霸的历史经验中引申出"当时而立法,因事而制礼,礼法以时而定,制令各顺其宜"以及"治世不一道,便国不必法古"的立法原则,认为"汤武之王,不循古而兴,殷商之灭,不易礼而亡"(《商君书·变法》),"观俗立法则治,察国事本则宜,不观时俗,不察国本,则其法立而民乱,事剧而功寡"(《商君书·算地》)。也就是说,立法应当因民俗、合国情,否则立法就要出问题,就不是良法。商鞅又指出,"因世而为之治,度俗而为之法,故法不察民之情而立之不成,治宜于时而行之则干,故圣王之治也,慎为、察务"(《商君书·壹言》),"法宜其时则治,法有时而治"(《商君书·佚文》);否则,就会走向反面,"今时移而法不变,务易而事以古,是法与时诡,而事与务易也",只能导致"法立而乱益,务为而事废"(《商君书·佚文》)。

# 第十二章

# 天下之道：以无事取天下

天、地、万事万物道法自然，所以自然界虽有天、地、万事万物，但总体和谐、井然有序。人法自然，也应该建立一个虽然有所争，但总体上应当是和平合作的天下。

《老子》一书两次提出以无事取天下：

● 取天下恒无事。及其有事，不足以取天下。（48章）

（以道治国的国家与其他国家和平相处而治理天下国家间的事务。如果破坏和平相处原则而无端挑衅侵略，就无法治理好天下国家间的关系。）

● 以正治国，以奇用兵，以无事取天下。（57章）

（以无为而治的正道治理国家，以出其不意的奇道用兵作战，以和平相处的原则治理天下国家间的事务。）

这里的"天下"，应当是指国际社会，这里的"无事"，是指国与国之间的和平相处，这里的"取"，不是夺取、征服、侵略、霸占整个国际社会，而是以和平相处而取得其他国家的信任和尊重去治理天下的意思。"取"就是"治理"，以无事取天下，就是以和平原则治天下。

老子的政治哲学之政治价值，不仅包括了处理国内事务的基本价值，而且也将其道法自然的逻辑推于天下，倡导国与国之间的和平、开放、平等互利，这就是老子"无事取天下"的内涵。

## 一、"天下"五解

老子的政治哲学，主要篇章是关于如何治理国内事务的，但如何处理国家间的关系也占有重要的地位。因此，"天下"也是老子的一个重要概念。

综观《老子》全书，"天下"共出现58次，也是一个使用频率较高的概念。但天下的概念内涵有所不同,主要有五种用法:人;百姓;江山社稷、国家;世界、国际;大自然。

1. 以"天下"泛指人
● 天下皆知美之为美,斯恶矣。(2 章)
(人们都知道美之所以为美,是因为是有不美和让人感到丑恶的东西存在。)

2. 以"天下"指百姓、民间
● 圣人在天下,歙歙焉;为天下,浑其心。(49 章)
(以道治国的执政者在百姓中间,为和谐百姓而辛勤劳作,为实现百姓的利益,与百姓之心交融相处,浑然一体不可分。)

3. 以"天下"指江山社稷、国家、社会
● 故贵为身于为天下,若可寄天下;爱以身为天下,若可托天下。(13 章)
(所以看重天下像珍重身体一样的人,可以把天下寄付于他;爱护天下像爱护身体一样的人,可以委托他管理天下。)

● 夫唯不争,故天下莫能与之争。(22 章)
[正因为以道治国的执政者依据事物发展的规律弗争(有所争、有所不争),所以国内无人可以与他争夺执政地位。]

● 将欲取天下而为之,吾见其不得已。天下神器,不可为也。(29 章)
(谁要是想以强力夺取国家政权并随意摆弄,我看是永远达不到目的的。国家政权,是为天下人服务的神圣公器,不可以被随意摆弄。)

4. 以"天下"指世界、国际社会
● 是以圣人抱一,为天下式。(22 章)
(所以以道治国的执政者,守定道法自然的大德为世界的法则。)

● 奈何万乘之主而以身轻天下?(26 章)
(为什么作为大国的统治者却偏要轻视百姓的生命去逞强征服国际社会?)

● 不以兵强天下。(30 章)
(有道者不能以武力在国际社会逞强。)

● 不可得志于天下矣。(31 章)
(不可能在国际社会实现他的目的。)

● 譬道之在天下,犹川谷之于江海。(32 章)
(道治主导国际社会之后的和平合作,就好像天下的溪水河流都流归江海一样。)

5. 以"天下"指天、地、万事万物(相当于自然界)
● 周行而不殆,可以为天下母。(25 章)

（大道生生不息，循环不止，可以称之为天、地、万事万物之本源。）
● 为天下谿……为天下式……为天下谷。（28章）
（大道如自然界的雌柔、婴儿、山谷一样，始终保持柔弱、谦卑、虚无的德性。）
因此，《老子》一书中的"天下"一词，在什么环境下出现、具有什么内涵，应该根据上下文的内容进行合乎逻辑的分析，不要一见"天下"，就把它定义为国际社会和世界。但从《老子》全书来看，以"天下"指国际社会（所谓国际社会，当然不是指现在的范围，当时主要是指以华夏国家为主体的、包括戎蛮狄夷在内的周边民族部落主体和少数周边的国家）这一内涵的，在全书出现的58处"天下"的概念中，共有20处，占三分之一。

## 二、和平、反战、自卫原则

所谓以"无事取天下"，并不是说一个国家或一个民族什么也不做，就能在国际社会中取得地位和影响力，而是说，一个国家应该遵循"天下者，天下人之天下"的本质，把国际社会视为所有国家的天下、天下人的天下，也应该按照道法自然的天道，让每个国家按照自己的历史文化、民族习惯、道德信仰自然而然地生存发展，国家之间的关系也应该按照自然而然的天道，相互尊重，任何一个国家都不得对其他国家的事务进行强制干预。

人类道法自然，也暗含了和平、反战、自卫的国际关系准则。

### 1. 和平、反战原则

既然是道治天下，每个国家都有自然而然地生存和发展的权利，这个天道落实到国际社会中，首先表现为和平原则。

国际政治是国内政治的延伸。奉行以道治国的国家，不仅在国内实行无为而治，在国际社会中也是奉行同样无事的和平相处方针。

因为国内以道治国，就是执政者让百姓自富、自化、自正、自朴，就要为百姓创造和平的国际环境，也必然不会在国际社会"生事"，所以老子说：

● 天下有道，却走马以粪；天下无道，戎马生于郊。（46章）
（国内奉行以道治国的国家，因为无战，所以把用于战争的军马都用于耕种田地，让百姓劳动致富；而不实行以道治国的国家，却总在挑起事端，进行侵略扩张，把百姓用于繁殖的母马都拉去作战，以至于母马只能在恶劣的环境中生息。）

奉行无事（和平相处）原则的国家，也必然反对战争，不会主动挑起战争，更不会发动对他国的战争。

因此，老子总体上是反战的，在《老子》一书中，老子两次指出，战争不是好

事,因为所有的战争,即使是打赢了的战争,对百姓都是一种灾难:

- 以道佐人主者,不以兵强天下,其事好还。师之所处,荆棘生焉;大军之后,必有凶年。(30章)

(以天道自然来辅佐执政者,必然不会以武力逞强于国际社会,因为战争很容易变成无穷的灾难。战事一起,双方的军队所到之处,毁灭生命和财产,只剩下一片荒野;大战之后,会带来多种灾难和凶险的结果。)

故而,以道治国的执政者,把进行战争看成一种灾难:

- 夫兵者,不祥之器,物或恶之,故有道者不处。(31章)

(所以,军队是用来进行战争的不吉祥的凶器,人们都很嫌弃它、反对它,所以,以道治国的执政者是不会主动去发动战争的。)

从这个意义上我们可以说,老子是一个反战主义者、一个和平主义者。他的反战是从百姓的角度来讲的,因为任何战争对百姓来说都是灾难,都是负担,即使是正义的战争,即使是自卫的战争,虽然每个百姓都有义务为保卫国家奋起作战,但战争的结果还是会给百姓带来灾难,或者失去亲人,或者残害身体,或者毁灭家产,或者造成生存环境的恶化。

2. 自卫原则

老子是一个和平主义者、一个理想主义者,但同时,他也是一个现实主义者。他知道以道治国是一个远景,即使有一些国家以道治国了,但整个天下还是会存在各种类型的国家,肯定也会有故意挑起战争以图控制天下的国家,也就是老子前面所述的,总有一些国家的统治者利欲熏心,"欲取天下而为之"(29章)。因此,战争也是很难完全避免的。

因此,以道治国的国家虽然奉行和平主义,不会主动发起侵略战争,不会进行武力挑衅,但是如果别的国家对本国发动了不义之战,那么,以道治国的执政者必须表现出积极无为的立场,不得已而应战,并且要运用智慧来打赢保卫国家生存的自卫的正义战争。

老子不得不无奈地指出,面对侵略战争,以道治国的国家也必须以战对战,但是以道治国的国家进行的这种战争,本着战争从根本上说是百姓的灾难的认识,是有限的战争、有节制的战争,是善而已的战争。因此,老子的自卫战争观可以归结为两点。

一是不得已而战。

- 兵者不祥之器,非君子之器,不得已而用之。(31章)

(战争是不吉祥的事情,不是以道治国者正常使用的工具,不到万不得已,不要进行战争,但如果别人把战争打到家门口,那么也必须进行战争,以战反战。)

"不得已"三字表达了老子对战争的复杂的态度,不想打,又不得不打。不想打,是因为任何战争都会对百姓造成灾难;不得不打,是因为你不打,别人要打,如果你只一味不打,就等于是自取灭亡,百姓就要遭殃,国家就要消亡。

因此,老子在69章中强调要尽可能避免战争,即使是在受到挑衅的情况下,也要保持克制:

● 用兵有言:吾不敢为主而为客,不敢进寸而退尺。是谓行无行,攘无臂,执无兵,乃无敌。

(道家的兵书上说:我不能主动进攻他国,而应取自卫防守,不能侵占别人一寸土地,而可以退后一尺防守。这就使得想侵略的对手,失去了对阵的借口,这就使得想侵略的对手,失去了可以依赖的盟军。这就使得想侵略的对手,失去了以兵相战的机会;我们先退一步的立场,就会大大减少用兵的敌人。)

二是不战则已,战则争取打胜。为了生存,必须打;为了自卫,必须打;既然战争不可避免,就要争取打赢。如何打赢战争?按老子的思想,其实没有什么规律,如果一定要说有规律,那就是没有规律的规律,即以奇用兵。

● 铦袭为上。(31章)

这四个字,在今本为"恬淡为上",意为要把战争理解为"恬淡为最佳"。但战争是非常残酷的,怎么可能"恬淡""淡然处之"呢?即使从今本的30、31章来看,这两章总的气氛也不可能是"恬淡"。30章讲"大军之后必有凶年",怎么可能"恬淡"?31章讲战争就是要杀人的,是凶事,只能"以丧礼处之,以悲哀莅之",怎么"恬淡"得起来?所以帛本的"铦袭为上",更合乎这两章的逻辑。

老子深知,战争是一件非常复杂的事情,没有什么一成不变的战争诀窍,但是军事战争有一个基本规律,就是没有规律的规律,战争的关键在于出其不奇、用兵贵奇、用兵贵速。这里的"铦",可以理解为精锐的武器,或者理解为精锐部队、有战斗力的部队;"袭"可以理解为突然的、出其不意的行为。老子的道,既是大道、天道,也是用兵作战之道,以道治国,虽然不主动进行战争,但执政者也必须研究战争的规律,熟悉军事的本质,了解战场的情况,要不然一旦面对侵略战争,面对强大的敌人,就会陷入灭顶之灾。军事战争的规律也很多,打赢战争的条件也有很多,老子这里只是点出了"铦袭为上"这四个字,就是集中优势的精锐部队,寻找战机,以敌人意想不到的方式对敌军发起突然攻击,争取在最短的时间内结束战争,以尽量减少战争对百姓的祸害。

"铦袭为上"是一种相对较好的战争选择,但不是说只要这四个字就能解决战争。后来的兵家,以孙武、孙膑为代表,写了专门的兵书来论述战争的规律和特点。如何打仗,是一个很复杂、很庞大的理论体系。但就其精髓而言,孙武、孙胺的战争之道与老子的"以奇用兵"的思想是高度吻合的,以至于王安石、苏辙、王夫之、魏源、章太炎等都认为老子一书也是兵书。

如何才能战胜敌人？老子在69章又进一步指出：

● 祸莫大于轻敌,轻敌几丧吾宝。故称兵相若,哀者胜矣。（69章）

（危险没有比轻视敌人而先动更大的了,轻视敌人而先动,几乎丧尽我所说的"慈、俭、不先"三宝。因此,旗鼓相当的两军对抗时,先退让、后反击的一方通常会取胜。）

三是"果而已",不逞强。

任何战争都是有消极后果的,即使是自卫战争、正义战争,也必须要有限度。因此,老子在30、31章论述战争的不得已的性质和如何打胜正义战争时,也一而再、再而三地把限制战争规模、时间及降低灾难性后果提了出来。

● 善者果而已,不敢以取强。果而勿矜,果而勿伐,果而勿骄,果而不得已,果而勿强。物壮则老,是谓不道,不道早已。（30章）

（不得已而战的以道治理的国家,只是把取得战争必要的结果设定为目标,不能以取胜而逞强。取得了必要的结果也不能矜持,不能夸耀,不能骄傲。要把战果视为不得已而为之,有战果不能逞强。过于追求取得战争的彻底胜利,就会走向反面,这是不合道的,不合道的事情必然会很快失败。）

● 胜而不美,而美之者,是乐杀人。夫乐杀人者,则不可得志于天下矣。……杀人之众,以悲哀莅之；战胜,以丧礼处之。（31章）

（打了胜仗不能以为是美事,以胜仗而美的人,是以杀人为乐的人。以杀人为乐的人,必定也会遭遇天下人的反对,也不可能实现控制天下的妄想。战争不得不杀人,杀人要以悲哀的心情对待之,打了胜仗,要以丧礼的仪式来处理。）

道家经典《文子》区分了五种不同的用兵情况,认为出兵有义兵,有应兵,有忿兵,有贪兵,有骄兵,并且认为,以道王和以兵王,都可以是合德的。兴正义之兵讨伐残暴之国,是义兵；不得已进行自卫战争以反击外来侵略者,是应兵。这两种用兵都是道家可以接受的,后三种用兵则是道家反对的。① 按《老子》体系的逻辑,应当也是反对打着正义战争的名号到处兴兵的,所以义兵不在《老子》的体系中,只有应兵,即自卫战争是老子所迫不得已而为的。

---

① 《文子·道德》："文子问曰：王道有几？老子曰：一而已矣。文子曰：古有以道王者,有以兵王者,何其一也？曰：以道王者,德也；以兵王者,亦德也。用兵有五：有义兵,有应兵,有忿兵,有贪兵,有骄兵。诛暴救弱,谓之义；敌来加己,不得已而用之,谓之应；争小故,不胜其心,谓之忿；利人土地,欲人财货,谓之贪；恃其国家之大,矜其人民之众,欲见贤于敌国者,谓之骄。义兵王,应兵胜,忿兵败,贪兵死,骄兵灭,此天道也。"

在黄老学派的《黄帝四经·道法·名理》中,也对老子的和平外交原则有所论述:国内动荡不安却又在外交上举措失利,此是取败之道。国内已出现败亡的迹象却执迷不悟地对外兴兵,这是注定要灭亡的;违逆天道、骄横恣肆而怙恶不悛者,必自取灭亡。举一国之兵而攻袭一弱小国家,如其事未遂,那算是上天的照顾,没有使其得到以强欺弱的恶名;然一旦得手,也绝无功名可言。大逆不道,外内迷乱,执此逆道,一意孤行,必定是国家危殆、自取祸殃。逆上加逆,酿成大患,国无大小,统统灭亡。①

《黄帝四经》还指出,如果拒绝因顺天道、地道、人道,则不会有兵功。如果因顺天时、地利、人心,就会有兵功。如果不能顺受天赐之功,会反受其殃的。倘使国家幸运,则战争的首先发动者本人会受到应有的惩罚;假使国家不幸,那么战祸的肇事者仍然会高居其位。如果统治者声势浩大地去发动战争,借助于民力去违反天道,再加上好大喜功,那么其结果便是国家危险、天下惶乱不安,做事不会成功,庆赏虽多也仍然不会有兵功。天道决定了这一切。②

### 三、道治国家是开放国家

人类社会是死守一地,蜗居一处,老死也不往来,还是按人们的自然本心,想走就走,想留就留?是封闭于一隅,还是开放交往?

按照道法自然的本质和规律,按照人法地、法天、法自然的道理,这其实根本不应该成为一个问题。答案只有一个:国际社会中的各个国家,在遵守和平的原则之下,各国人民之间的相互往来、互通有无,是自然而然的事。

但是,在这一个问题上,几乎所有批评老子的人都异口同声地批判老子的封闭、落后、愚昧、与世隔绝、不与国际社会往来,其依据就是今本《老子》在80章中所说"使民重死而不远徙,……民至老死不相往来"。于是,老子的思想就成了封闭、与世隔绝、不与国际社会往来的落后的乌托邦思想,而且不仅是批评老子的人有这种观点,在肯定老子的学者中,也有相当多的人在这一点上也不得不承认,封闭是老子思想的一种缺陷。

问题在于,这一解释与老子的道法自然的主题思想完全不合。

---

① 《黄帝四经·道法·名理》:"乱积于内而称失于外者伐亡。刑成于内而举失于外者灭,逆则上溢,而不知止者亡。国举袭虚,其事若不成,是谓得天,其事若果成,身心无名。重逆□□,守道是行,国危有殃。两逆相攻,交相为殃,国皆危亡。"

② 《黄帝四经·十大经·兵容》:"其国家以危,社稷以匡,事无成功,庆且不乡其功,此天之道也。"

道法自然的宇宙,自然界的天地之间,万事万物无不按自己的本心自由活动:

鸟儿在天空中飞,飞南飞北,飞北飞南,候鸟从寒冷的北方迁往温暖的南方,夏天又从炎热的南方迁往温暖的北方,不受任何阻碍;鱼儿在水中游曳,随着大海、大洋的暖流,从东游到西,从南游到北,不受任何阻碍;斑马、麋鹿等动物,随着季节的变换,从一个地方迁徙到另一个地方,演出了波澜壮阔的大迁徙的生命之剧。道法自然的人类社会,当然也应当是一种开放的社会。这不仅是一种合乎逻辑的推理,也合乎老子思想从头到尾的一贯的道法自然的逻辑。

《老子》一书中有6处谈到了道治国家的开放特性:

● 上善若水。(8章)

在老子的心目中,水是最接近于道的大善之物,也是人类社会在法自然时最应当效法的自然之物。水的最大特性就是自由自在地流动,按照它的"处下"的本性,永远都在从高到低流动,日夜奔流不息;人仿效水善,当然应当是流动的。

● 执大象,天下往。往而不害,安平太。(35章)

这一章最清楚不过地表明,老子根本就不是什么封闭主义者。"执大象"就是根据、依靠、遵循大道的德性,人类社会遵循着道法自然的和平法则,本着相互尊重的精神,与国际社会的所有国家相互往来;这种往来,是相互平等、相互有利的,没有任何害处,也能促进国际社会的平安、繁荣。"执大象"就是高举以道治国的大旗,把本国变成无为而治的国家,实现政府的有限治理,实现百姓的自富、自化、自正、自朴,道治国家就会变成天下百姓向往而归之的国家。以道治国,就是一种无形的吸引力,就是一种以核心价值观吸引他国百姓的柔实力。

● 以国观国,以天下观天下。(54章)

如果老子是一个封闭主义者,就不会倡导人们"以邦观邦,以天下观天下"了,正是因为要与其他国家交往,所以才去观察并了解其他国家,了解整个国际社会。不了解,又如何交往?观察、了解不就是准备与其他国家交往吗?

● 其正阃阃(qi qi),其民屯屯。其正察察,其邦夬夬。(帛58章)

老子的58章,今本和帛本有较大不同。从帛本的内容来看,这一章的内容与老子的开放思想较为一致:

正,是一国之政治;阃阃,象形字,意为大门系紧,喻为封闭意;屯屯,《说文解字》解释为:难也,像草木之初生,屯然而难,《易》则解释为:刚柔始交而难生;察,从祭,详究细审,调查,考查,复审,仔细观察,明察;夬夬,意为分开,决之意。

即一国政治专制封闭,百姓生活就艰难;一国政治开明开放,百姓生活犹如山水出谷,夬夬然自由流动。从帛本的意思来看,这一章体现的老子不但不封闭,而且对封闭是持批判态度的,把它与礼制的专制联系在一起。老子认为,道治国家应当是开放的、开明的,百姓才能有条件自富、自化、自正、自朴。

最容易被人误解老子主张封闭的,是下面的两句话:
- 使民重死,而弗徙。(80章)
- 邻国相望,鸡犬之声相闻。民至老死,不相往来。(80章)

这两句话几乎被所有读老者误解为:百姓之间相互封闭,死也不交往。但本书后面在"小国寡民"一章中会专门讨论,旨在阐明这两句话的意思也与封闭无关。

## 四、大、小国家平等互利

以道治国的国家,在国内实行人与人之间的平等,"圣人不仁,以百姓刍狗";在国际社会中,也实行国家不分大小一律平等原则。

《老子》第61章全章都在论述大国与小国之间的平等互利原则:

- 大国者下流,天下之牝。天下之交也,牝常以静胜牡。以其静也。宜为下。故大国以下小国,则取小国;小国以下大国,则取大国。故或下以取,或下而取。大国不过欲兼畜人;小国不过欲入事人。夫两者各得其所欲,大者宜为下。(61章)

(以道治国的大国,就好像江河的下游一样,有博大包容之心,又好像是天下的母性,具有慈柔的特性。在自然界中,雌柔常吸引雄强,这是因为雌柔沉静的特性。所以雌柔往往愿意以谦柔的姿态与雄强相处。所以,人类社会应该效法江河和雌柔的特性,以谦下和柔静吸引小国,就能取得小国的信任;小国也应当对大国谦下尊重,也能取得大国的信任。所以,或者是大国谦下以取得小国的信任,或者是小国谦下以取得大国的信任,大国、小国都是平等的。大国谦下小国,不过是想取得小国的尊重,并能在国际社会中取得信任和引导小国;小国谦下大国,不过是想得到大国的信任,并得到大国的包容。大国、小国都能在相互谦下中满足自己的利益。但是,大国应当先对小国谦下。)

这一段论述,比较完整地表述了道治国家的大、小国家平等互利的外交原则。

# 第十三章

# 天人合一：人与自然的和谐

老子的"自然"本意是动词，是自然而然，不是一种实体，不是一种存在。但是，老子的"道法自然"，也可延伸理解为，道的法则就是自然的法则。用现代意义来解释，对老子人应法万物、法地、法天思想的概括延伸，可以从人与自然环境的关系的维度来理解，与可持续发展概念相关联，是自然中的自然。在老子的书中，天就是自然界，天地就是自然界，万物是自然界，天地万物也是自然界。

## 一、天地万物就是自然

随着人类社会的发展，人与自然的关系已经不再是少数科学家专注的领域，它越来越成为一个政治问题，一个关系全人类公共发展空间和生存命运的重大的政治问题。老子则是人类社会中最早论述人类与自然关系的思想家，他在道法自然的论述以及他关于人与万物的关系中包含了最早的人类可持续发展的思想。

人们在《老子》一书中，可以合乎逻辑地演绎出"自然"的第二内涵。"道法自然"，就是道的法则，就是自然的法则，或者说，就是自然界的法则。虽然人们一般认为自然界的概念是后来才有的，但我们把老子"道法自然"中的"自然"理解成一个名词概念，也合乎老子思想的内在逻辑。自然界就是指包括人类在内的整个客观物质世界。

"道法自然"是《老子》25章中的一部分，它的全句内容是："人法地，地法天，天法道，道法自然。"按照这一段话的语法逻辑，第一个是名词主语，第二个是动词谓语，第三个是名词宾语，即人类应当效法大地，大地应当效法长天，长天应当效法恒道，所以第四句话，道法自然，也可以根据这一语法逻辑解释为：道法，就是道的法则；自然，就是自然的法则，这个自然，也可以解释为名词。

在前面所引述的推天道及人道一节中，已经引用了相当多的例子来说明老子的许多思想都是直接从自然界的现象中演绎出来的，这就是老子对自然界法则的一种效法。

所谓"人法地，地法天，天法道，道法自然"，它的内在逻辑并不是说人只能法地，不能直接法天、法道、法自然，而是说人首先应当从最容易、直接效法的对象开始，从近到远，从具体到抽象，从易到难，逐渐加深对道的认识，人不仅应当法地，当然也应当法天、法道、法自然。

不仅如此，在《老子》中，许多地方都是法自然界，尤其是法大地上的万物为多，甚至可以说，老子的所谓法地、法天、法道、法自然，最直接、最经常的是法万物，因为万物在人的身边，万物是人看得见、摸得着、听得到的东西。万物就是大道、自然的最直接的代表和象征。

▲老子法"天地以万物为刍狗"，所以有"圣人不仁，以百姓为刍狗"(5章)。

▲老子法山谷虚空不盈、雌牝之生生不息(6章)，感悟到大道的天地之根的德性和柔弱胜刚强的道理。

▲老子法"天地以其不自生而长生"，所以有"圣人后其身而身先，外其身而身存。非以其无私邪？故能成其私"(7章)。

▲老子法水之本性，所以有"上善若水"(8章)，把水视为最高的善，利万物而不争。

▲老子从人们日常生活中经常接触的车毂、埏埴、户牖等现象中，感悟出"有之以为利，无之以为用"(11章)的道理。

▲老子从新生婴儿强大生命力的现象感悟到柔弱与刚强的变化之理："专气致柔，能婴儿乎？"(10章)"常德不离，复归于婴儿。"(28章)

▲老子从"飘风不终朝，骤雨不终日"(23章)的自然现象，感悟到无为而治，不能极端，极端不能长久，故应"去甚、去泰、去奢"。

▲老子从人类自然中的饮食烹调，悟到"治大国，若烹小鲜"(60章)的道理。

▲老子从"合抱之木，生于毫末；九层之台，起于垒土；千里之行，始于足下"(64章)的自然现象，感悟出图难于易，为大必于细的治国之道。

▲老子从人们张弓射箭的现象联想到如何解决社会的不公正、不平等，故"天之道，其犹张弓者欤？高者抑之，下者举之，有余者损之，不足者补之"(77章)。

万物是自然，大地是自然，长天也是自然。

自然界的法则实际上包括了万物的法则、大地的法则、苍天的法则，甚至也包括了人类自然的法则，因为这个自然界是一个大自然。老子是把人类作为大自然的一个有机组成部分来看待的,而不是把人类视为大自然的对立面,更不是把人类视为大自然的统治者。

因此,我们说老子的道法自然,有两层含义:第一,"自然"是动词,是指万物的自然而然的生化状态,是自然中的自由;第二,"自然"是名词,是万物、大地、苍天、宇宙和人类自然共同构成的大自然界,是自然中的自然。

因此,老子说,"域中有四大,而人居其一焉"(25章)。这个"域"也可以理解为今天的"大自然",是由人、地、天、道组成的整体。

人与自然的关系,首先在老子的整体宏观思想中体现出来。宇宙是一个大整体,万事万物是一个整体,人与万事万物是一个整体,人是自然界的一部分,自然界中包括人类,人类在万事万物面前没有特权,人类社会与自然社会构成了我们所生活的地球的整体性,而地球不过是宇宙整体的一部分。万事万物都是有普遍联系的。

## 二、人法自然的五层关系

老子的天,是无情天,是自然天,是宇宙天,是大天(人类头上的天和远离人类的天),天在人之上,人也是天的一部分,是人类应当效法的天。这里,老子的天体现了一种宏观和整体的思维,是主张万物自然而然、生生化化的自然之天。正是在这种宏观、整体的体系中,老子强调了人敬畏自然、师法自然、了解并研究自然、享受并利用自然、与自然和谐一体的思想。

1. 敬畏自然

为什么人类应当敬畏自然而不是人类征服、主宰自然?因为人类社会和天地自然相比,实在是太渺小了。人类对天地自然、对宇宙所知道的实在太少。

因此,老子一再告诉人们:

● 视之不见,名曰微;听之不闻,名曰希;搏之而弗得,名曰夷。此三者不可致诘,故混而为一。(14章)

● 是谓无状之状,无物之象,是谓惚恍。迎之不见其首,随之不见其后。(14章)

● 道之为物,惟恍惟惚。惚兮恍兮,其中有象;恍兮惚兮,其中有物。(21章)

● 有物混成,先天地生。寂兮寥兮,独立而不改,周行而不殆,可以为天下母。(25章)

在老子眼中,天地自然,永恒的大道,有太多的奥秘,是人们还不知道的。对于那些不知道的东西,一方面可以通过人的努力去了解它,但另一方面,老子又知道以人的能力大概是无法揭开所有这些神秘面纱的,因而人类对此又不得不心生敬畏。

老子认为，人是自然之中的人，人的理性是自然理性中的一部分。作为自然中的人，与自然的整体相比，人首先是一个自然人，其次才是在顺从自然基础上的社会人。在老子看来，人固然是自然中与天、地、道并列的四大之一，人超越了其他的动物而居自然界动物、植物之上，但是人与辽阔、深邃的大自然、大宇宙相比，人的能力、人的本事又是多么渺小，所以人应当敬畏自然、服从自然。另外，人的理性固然已经发展到了一个很高的程度而超越了其他所有自然界中的一切物质，人能思想，人能思维，人能创造，人能超越自己，人能征服自然界的许多动物、植物，但与大自然、大宇宙的无为无不为的自然理性相比，人的理性又是极其有限的，人的思维能力也是极其有限的，人的思维能达到的高度更是相当有限的。

人类社会是有限的，即有限的存在、有限的时间、有限的生命，与无边无际、广阔无垠的宇宙相比，宇宙是近乎无限、近似永恒的。根据美国科普作家大卫·克里斯蒂安的说法，宇宙从大爆炸起，已经有135亿年的历史，地球有45亿年的历史，而人类产生不过200万年的历史，因而人类的生命是极其有限的，对宇宙的影响是极其渺小的，在近乎无限永恒的宇宙面前，人类的时间和作用几乎可以忽略不计。

人类社会的知识尽管已经有很大的发展和丰富，但现在人类社会对宇宙所知道的，不过宇宙的5%而已。人们看得到的、所能感觉到的宇宙世界，只是其中的一小部分，大部分的宇宙空间都被人类所不知道的暗物质、暗能量所占据。

人类有限的生命不可能征服无限的宇宙，人类渺小的能力不可能控制宇宙，人至多只能在极其有限的空间内、在极其有限的范围内对宇宙施动。

从这个意义上看，不管人类有多少能耐，人类在宇宙面前都是极其微不足道的，所谓人类征服自然，也最多不过是指征服人类生活其中的地球的天地自然，而不可能征服整个宇宙。

老子的智慧就在于向人类指明了其在宇宙中的地位和意义，让人类产生自知之明，对宇宙、自然心生敬畏，而放弃所谓征服自然、控制自然、主宰自然的无妄之举。

2. 师法自然

为何人类应当师法自然？因为天地自然的万事万物都自生自化，没有任何人为的设计、人为的主宰，但天地自然的一切又是多么完美，多么和谐，多么井然有序。天地自然间好像有一种无形的自然理性，在自然而然间无意识地规划着、掌控着这一切，而这是人类的理性所不能达到的。

因此，人类对天地自然最好的办法，就是模仿、学习、领悟，把天道自然中的那些法则直接运用于人类社会中，这就是推天道及人道。

老子在第 2 章中就已经开始师法自然了，他认为天地自然间都是有无相生、难易相成的，所以人类社会也要守阴阳和合之道，处无为之事，行不言之教。

天地自然对万物是一视同仁的，所以在人道中，众人也应一律平等；天地自然因其不自私所以能长久，所以执政者也应学天道，无私为百姓奉献；天地自然也不能让飘风一直刮，骤雨一直下，所以人道中也应如天道自然，不搞极端；江海善下、善包容，所以能成百谷王，所以执政者也应如江海一样善下、善包容；大河之所以大，是因为它能容纳上游的小河小溪，所以大国也应有大河的胸怀，对小国有包容之心；大树参天，是从很小的毫末开始长出来的，所以人要做大事，也必须从小事做起；天地自然也有损有余而补不足的现象，所以以道治国的执政者也应该学天道，损有余以补不足，而不能相反；天地自然中存在柔弱胜刚强的现象，所以在人道中，也应学习柔弱胜刚强之道。

在《老子》最后一章中，老子仍然在告诉人们，要效法自然，天地自然中的万物相辅相成、利而不害，所以人类社会也要学习天道，按规律办事而不作无妄之争。

因此，师法自然是老子贯穿《老子》全书的红线，并不是如一些批评者所说，老子所谓师法天地自然，只不过是一种比喻，是用来忽悠百姓的，而自己并不真以自然为师。这种批评是有意识地忽视老子从头到尾都在师法自然的事实。

3. 认识、了解、研究自然

既然要师法天地自然，那么天地自然是什么东西、有什么特性、有什么规律、有什么本质，就必须要去认识、了解、研究。师法自然的过程，首先是一个学习天地自然的过程，同时也是对天地自然进行研究、了解的过程。如果对天地自然是什么都不知道，又如何师法呢？

正如前面在老子的认识论的一节中所说，老子提倡人们对天地自然万物的研究和认识，要人们对天地自然进行观察，老子在开篇就讲了人类应当从有、无的角度去"观"天地万物的起始，观察天地万物的奥妙，按照老子的直观、观看、观察、内观的方法去了解天地自然，就可以开启人们对天地自然、万事万物的研究进程。

英国科学史家李约瑟曾指出，老子对各种智识、人为的意见的批判和否定，并不意味着他摒弃自然知识，因为这正是道家希望获得的知识。他们希望有自然知识。[①]

其实，在《老子》一书中，包含着许多关于宇宙生成、事物发展的普遍的规律

---

① 李约瑟：《文明的滴定：东西方的科学与社会》，商务印书馆 2016 年版，第 150 页。

性的假设,这些假设虽然不能等同于科学,但可以开启人们对宇宙、社会、人体的许多前瞻性的科学研究的大门。例如,一些研究者发现,帛书《老子》62章所讲的"道者,万物之注",实际上是点明了人的身体内部通过超低觉的入静,可以开启人体内部的疾病自我修复的功能,老子的思想对系统科学、自组织理论、宇宙科学、生态科学都有一定的启发意义。①

4. 享受自然

作为有为之物的人类,在生存发展的过程中,当然要体现出人类的主动性与有为性、自在性、本体性。但这都是有条件的,这个条件就是承认人应当效法自然,在效法自然的基础上,人有可能获得某种与物质自然同样的地位,实现人类自然与物质自然的平等,即"道大,天大,地大,人亦大"。人类固然不应成为物质自然的控制物,但作为有为之物的人类,可以通过熟悉、了解、尊重物质自然从而可以亲近物质自然,在一定程度上掌握自然,不至于完全被物质自然控制而成为物质自然的奴隶。老子明确要求人类"以辅万物之自然而弗敢为"(64章),人只有"无为"于"物",承认物质自然高于人类自然的地位,并且主动和自觉地效法自然,才能够"无不为"地实现"万物将自宾"(32章)的目的。

"万物将自宾"(32章)和"万物将自化"(37章)表明了人类与天地自然的关系在一定程度上的转化。敬畏自然、师法自然是以天地自然为主体,人类是客体,经过认识、了解、研究自然的过程之后,人与自然的紧张关系、主从关系可以发生变化,人类可以根据掌握的自然规律利用自然、享受自然。所谓"万物将自化",就是把万物与人类的陌生关系、对立关系、紧张关系,转化为万物与人类的亲近关系、可持续关系;"万物将自宾",就是万物对人类的服从关系、为人类服务的关系,人类也可以在一定领域、一定时空条件下,取得对万物的主动权,体现人是万物之精灵的特点。

5. 和谐自然

人法地、法天、法自然,最终的目的并不是要完全取得人对自然的主宰、操控、征服,而是实现人与自然的和谐一体。

在老子看来,只有效法"道"的本质特征,确立"无为而无不为"的存在范式,人才能够实现与天地自然的内在统一,甚至还能够获得像物质自然那样的"无不为"的能力,就是在尊重自然、师法自然、顺其自然条件之下,从事人类社会的劳动创作,实现人类社会的繁荣和发展。如果只能有所为的人类,在物质自然面前要坚持自己无不为或无所不为,就会出现人类社会与物质自然之间的紧张、矛盾

---

① 李世东、陈应发、杨国荣:《老子文化与现代文明》,中国社会出版社2008年版,第108-109页。

和冲突。人类在自然界面前,首先要表现无为,才能实现有所为。

人可以利用自然,在一定情况和条件下也可以改造自然,但人类不应当把它视为征服的对象,而是应当和谐相处,长期共存,友好相处。人类社会应当珍重自然、保护自然、爱护自然,不能滥砍、滥伐、滥采、滥用地球资源,不能人为地污染空气、破坏环境。人类社会与地球的自然系统实际上处在一个体系中,破坏了地球的自然系统,也就是破坏了人类社会自身生存发展的环境。人类社会除了与自然一体、对自然友好之外,别无其他选择。它奠定了今天人类可持续发展的思想基础。

道家经典《文子》《黄帝四经》《庄子》对老子"和谐自然"的思想有所发挥。

《文子·上仁》指出,以前的有道之王,在草木没有生长茂盛之前,不能割草砍柴,不允许排干水去捕鱼,不允许焚烧森林而打猎。没有祭祀野兽之前,不得设网;没有祭祀鱼之前,不得在水中下网;在鹰隼没有捕食前,不得在高地张网;草木没有落叶前,不能砍柴;在昆虫没有蛰伏前,不可以放火烧田。怀胎的野兽不能猎杀,怀雏鸟的鸟卵不能采取,鱼儿不长到一尺长之前不能捕食,犬猪不满一岁不得杀捕。所以万物都能得以生长,好像蒸气般源源不绝产生出来。①

《黄帝四经·称经》说,为了多建宫室而掘低高地、填平低洼,是被禁止的;然而,时逢洪水暴雨成灾,则为疏导大水而挖高填低是可以的。②

庄子对人与自然的关系做了更精彩的描述。庄子认为,人与天地万物都是自然进化的,不是由什么上帝、神、主宰创生的,虽然他的进化论并不科学而且还很荒谬,但庄子认为人与万物是一体的,又是合乎客观世界的演化的。③

庄子还在《庄子·大宗师》中指出,"天与人不相胜也,是之谓真人",人不能与天(自然)相互对立、相互超越,有这样的认识,就是所谓得道的真人了。在《庄子·达生》中,庄子十分明确地提出了天人合一的思想,认为不管我们是否认同,自然都是一体的,世界万物离不开这个整体,人们要想使生命保全而长生,必须"与天为一",与自然和谐一体。

庄子强调人与"万物一齐""物无贵贱",人类应该尊重自然,公平地对待自然万物,"无以人灭天,无以故灭命"(《庄子·秋水》),并将"天地与我并生,而万物与

---

① 《文子·上仁》:"先王之法,不掩群而取鷇,不涸泽而渔,不焚林而猎。豺未祭兽,罝罦不得通于野;獭未祭鱼,网罟不得入于水;鹰隼未击,罗网不得张于皋;草木未落,斤斧不得入于山林;昆虫未蛰,不得以火田。育孕不杀,鷇卵不探,鱼不长尺勿得取,犬豕不期年不得食。是故,万物之发生若蒸气出。"

② 《黄帝四经·称经》:"聚口口隋(堕)高增下,禁也。大水至而可也。"

③ 《庄子·至乐》:"种有几,得水则为继,……久竹生青宁;青宁生程,程生马,马生人,人又反入于机。万物皆出于机,皆入于机。"

我为一"(《庄子·齐物论》)视为人生的最高境界。

## 三、与西方自然哲学、自然法、自然主义、自然观的比较

道法自然中的自然而然，在英文中无法翻译，但法地、法天、法自然的"自然"，在《不列颠百科全书》中被翻译成名词"naturalness"，并解释成"道家用以指原始本来状态"，主张人类要力求符合自发状态，与自然保持一致。① 在《不列颠百科全书》中，除了道家的"自然"外，没有专门的"自然界"的名词解释，这也是与老子的法地、法天、法自然中的物质自然含义不同的。

老子的"敬畏、师法、认识、享受、和谐"的自然观，在西方思想界中没有完全可比对的内容。无论是古希腊的自然哲学、中世纪的自然法和近代的自然状态、近代的自然主义，还是现代西方的可持续发展观，都只有部分内容与老子的思想可以相比。

1. 与古希腊自然哲学的比较

如本书第一章所述，古希腊自然哲学主要集中在万物本原的问题上。但在物质自然与人类社会的关系上，也有所论述，主要集中在古希腊智者的代表人物普罗泰戈拉（约公元前481—前411年）的"人是万物的尺度"这一名言上。

普罗泰戈拉以"人是万物的尺度"来表达"真理是相对的"的思想，他认为，真理是明显的，但也是相对的，对某一人为真理的东西，对另一人未必如此。任何真理，只要超出人们所言说的东西之外，都可以被否认；在不同真理之间的选择，不在于讨论这些不同的真理哪一个更真实，而在于依赖其他的基础。苏格拉底告诉人们：我们知道的一切只是我们自己的无知；普罗泰戈拉则从另一方面告诉人们：我们所谓的真理，其实是依每个人的主观感觉而不同。两个人都要削弱"我们知道真理"的信念，但路径不同。②

普罗泰戈拉的"人是万物的尺度"的副产品，提出了人比物质自然更高的观点，可以理解为：万物不是人的尺度，而人却是万物的尺度；不是人为物服务，而是物为人服务；不是以物来衡量人，而是以人来衡量物。这其实可以说是西方的人类中心主义的最早表达。

这一观点与老子的人是大自然的组成部分和人应法地、法天、法自然以及以自然为中心的思想是不同的。

---

① 《不列颠百科全书》(18卷)，第522页。
② 安东尼·肯尼：《牛津西方哲学史》，韩东晖译，中国人民大学出版社2007年版，第21页。

### 2. 与西方自然法、自然状态的比较

西方思想界中的"自然法",与老子所说的以天地自然为师法的内容不同,"自然法"其实还是人类理性的产物,并不是人们直接从天地自然中推演出来的。

自然法是西方哲学家和法学家所用的概念,通常指人类所共有的权利或正义体系。这种所谓人类所共有的权利或正义,虽然说它源于自然,但很明显,这里的自然主要是指人类原始社会中的原初状态,并非老子所说的天地自然。这种由人们的生活习惯、宗教、传统等形成的最基本的正义和权利,是不成文的,是合乎人性、合乎理性的,适用于全体人类,是永远不变的、超时空的,与由国家政权正式颁布的成文法是成对照的,成文法应当以自然法为依据。

古希腊的智者将"自然"(传统、不成文)与"法"区别开来,认为"自然"是明智的、永恒的,而"法"是专断的、权宜的,是为特定人群(强者或弱者)服务的。苏格拉底断定能发现永恒不变的标准,以作为成文法的参照;柏拉图认为必然独立存在着正义、勇敢等这样永远不变的实在,但只有哲学家能发现它们;亚里士多德认为有一种普遍有权威的、被公认的自然法或正义,但不适用于奴隶。

斯多葛派认为理性是人人共有的属性,非公民所有,奴隶也可以有。这一观念为罗马所继承,认为罗马人和非罗马人都可以适用自然法。斯多葛学派提出了自然状态的概念,认为自然状态是一种为理性所控制的和谐状态,但为自私所破坏,因为人类面临的任务就是要塑造自然的法则,以便恢复自古以来就有的理想。按照理性生活,就是按照自然生活。理性是各国人民所共有的,因而自然法也是普遍存在的。这里的自然状态,也是指人类社会的原初状态,与老子的法地、法天、法自然的物质客观世界不同,但有一部分共同点,就是把人类社会的原初状态也理解为一种自然。

到了中世纪,教会的神学思想家格拉提安开始把自然法与上帝法统一起来。他将自然法、新约和旧约全书的天启法等同起来;阿奎纳在上帝的永恒法、自然法和人类法之间找到了更系统的相互关系,认为上帝的永恒法也不过是神圣智慧的理性。阿奎纳将自然法分成三组:第一组是爱上帝、爱邻居和行善避恶;第二组是十诫、服从父母和权威、保护个人和别人的生命财产、忠诚老实、信守诺言;第三组是具体情况下的运用。

17 世纪以来,西方的思想家把自然法与自然状态结合起来,融入了更多的政治因素。荷兰法学家格劳秀斯认为宇宙是由有理性的自然法统治的,对人来说,自然法就是由人的基本性质所不可避免地要产生的那些准则的结合,它们是可以被理解和永久不变的。霍布斯提出了社会契约论,认为自然状态的人是自私的、残酷的,为了禁止这种行为,就需要有绝对的权威,因而人们缔结契约,让

统治者行使人民赋予的权力，以保证安全和安定，而统治者只对上帝和自然法负责。洛克认为，人民只将部分权力赋予君主，君主只拥有维护法律和安全的权力，而人民的生命财产权是人民自己的。后来的孟德斯鸠也相继发展了这些理论。

人们比较喜欢拿卢梭的自然观与老子的思想作比较，但实际上也是对老子思想的误解。卢梭的文明观与老子的思想，只有很少一部分能比较。

卢梭在1755年写了《论不平等的起源》一书，提出了自然的不平等与人为的不平等两种不同状况：自然的不平等是基于人的力量、智力不同；人为的不平等的原因是支配社会的种种风俗习惯。卢梭认为，原始人是健康的、愉快的、善良的、自由的，是人类历史的黄金时代；人的罪恶起源于人的私有，财富使人两极分化，人们的利益发生冲突，变得相互仇恨。卢梭谴责人类文明使社会越来越堕落。在其《社会契约论》中，卢梭提出了通过社会契约建立政治自由和民主的社会的思想。卢梭的"自然人"也是指人类社会的初期阶段的人类自然，并不涉及人与自然界的关系。

因此，西方的自然法，主要是指人类社会初期的一种非成文的人类理性的产物，涉及的主要是人与人的关系，而非人类与自然的关系；自然状态也是反映人类社会初期人与人关系的一种理性的演绎，同人与自然的关系无关。①

3. 与西方自然主义的比较

西方的自然主义首先是指19世纪末至20世纪初的一种文学、美学思潮，把自然科学的一些原则和方法与文学、美学结合起来，主要代表有左拉、莫奈、梵·高等人。这种思潮同人与自然界的关系无关。

西方的自然主义也是一种哲学思潮，主要兴盛于20世纪30～40年代，主要代表人物有美国的F.伍德布里奇、M.科恩、J.杜威等人。这种思潮主要涉及物质自然界的一些现象，认为宇宙间的一切存在和事件都是自然的，一切知识都可以归入科学研究的范围，甚至超自然的、实在的存在也可被接受。自然主义认为，在原则上自然界是完全可知的，自然界中具有客观规律的规则性、统一性、整体性。如果没有这些，追求科学知识是不可能的。自然主义超越了唯物与唯心、二元与一元、有神与无神的范畴，只要现实的一切是自然的，就没有其他限制强加于它。这种哲学上的自然主义，对宇宙的客观规则、统一、整体性的认识与老子的理论有相通之处，但它也不涉及人与自然的关系。②

4. 与西方自然观的比较

这里的所谓"自然观"，是指西方思想界关于人与自然界关系的总的观点。

---

① 《不列颠百科全书》(12卷)，第31-32页。
② 《不列颠百科全书》(12卷)，第32-33页。

西方思想界比较具体地讨论人与自然界关系的内容,大体上要从 17 世纪开始,荷兰哲学家笛卡尔开创了精神和物质二元论的时代,灵魂与肉体、物质与精神、人类与自然开始分离,人与自然对立,人类应该征服自然的观念成了主流。

英国思想家弗朗西斯·培根倡导知识就是力量,对西方发展自然科学起到了很大的推动作用。他认为,人的知识和人的力量可以合为一体,从而可以提高人类征服自然的能力,建立人对自然的统治。这就回到了古希腊哲学家普罗泰戈拉的"人是万物的尺度"的人类中心主义。

康德进一步提出了人要为自然立法的观点,人类可以不必借助经验从自然中去寻找自然的普遍规律,而是要从存在于我们的感性和理智中的经验中去寻找自然。

黑格尔也极为乐观地说,人能找到对付自然的手段,人类总会从自然界本身获得这些手段,利用自然界来对付自然界本身。

费尔巴哈认为,人类可以征服一切东西,能够得到人所需要的任何财富。

西方的人与自然界的关系,也受到《圣经》的影响,虽然《圣经》也包含了敬畏与爱护自然万物、保护濒危物种、维护生态平衡等生态思想,但《圣经》中的主要观点是人类中心主义,人类应当征服、统治自然的观念占支配地位。

《圣经·创世记》说,上帝授权人类"生养众多。遍满地面,治理这地,管理海里的鱼,空中的鸟,和地上各样行动的活物","治理"(kabas)和"管理"(rada)这两个希伯来语单词都有"践踏"和"压榨"的含义。神学家莫尔特曼也承认:人们把《创世记》的有关部分"误解"为"命令人类支配自然、征服世界并统治世界"的具有宗教合法性的授权,"因此,欧洲和美国西方教会的基督教所坚持的创造信仰,对今日世界危机不是毫无责任的"。

这些思想支配了西方人的思想和行为长达数千年,鼓励着人们以统治者的态度对待自然。它构成了西方文明和价值观的基础,是生态危机最深远的思想根源。美国生态思想家和文学家蕾切尔·卡森早在 1962 年就指出,人类对自然万物的暴虐行径有着深刻的思想根源,她指出,"犹太——基督教教义把人当作自然之中心的观念统治了我们的思想";于是"人类将自己视为地球上所有物质的主宰,认为地球上的一切——有生命的和无生命的,动物、植物和矿物——甚至就连地球本身都是专门为人类创造的"。卡森进一步指出了在人类中心主义指导下的征服自然的严重后果:"我们总是狂妄地大谈特谈征服自然。我们还没有成熟到懂得我们只是巨大的宇宙中的一个小小的部分。人类对自然的态度在今天显得尤为关键,就是因为现代人已经具有了能够彻底改变和完全摧毁自然的、决定着整个星球之命运的能力。"社会学家威尔森愤然断言:"没有任何一种丑恶的意识形态,能够比得上与自然对立的、自我放纵的人类中心主义所带来的危害!"①

李石岑先生的《中国哲学十讲》中,曾指出了老子的自然观与西方的自然观的区别,认为"道家的自然主义和西洋古代的自然主义不同,因为西洋古代的自然主义是物活论的;又和卢梭一流的自然主义不同,因为卢梭的自然主义是注重心理上、生理上的自然发展人的;又和西洋19世纪下半期的自然主义不同,因为西洋19世纪的自然主义是以自然科学为基础的"。②

当然,老子的人与自然和谐一体的思想,在西方也有不少的同道者。中世纪的神学家圣弗朗西斯是一个"生态学圣徒",试图把人的君临万物的地位废黜,建立所有生物平等的生态民主。16世纪的哲学家帕拉切尔苏斯也反对人类把自己摆在与万物脱离和对立的地位,认为人们存在于自然之中,与整体和谐而不是在整体之上。"把自己吹捧为最高贵的创造物是傻子的行为准则。存在着许多世界,我们并不是我们这个世界中唯一的存在物。"达尔文的进化论从根源上否定了人类的万物灵长的地位,是西方第一个或许是最伟大的生态学家。19世纪,尼采明确提出,人"根本不是万物之冠:每种生物都与他并列在同等完美的阶段上"。19世纪最伟大的生态文学家华兹华斯认为,自然不是人类征服、统治的对象,而是人类的老师,是"心灵的保姆、向导和护卫",这接近于老子的人类应当法地、法天、法自然的观点。

罗马俱乐部(Club of Rome)是关于未来学研究的国际性民间学术团体,也是一个研讨全球问题的全球智囊组织。其主要创始人是意大利的著名实业家、学者A.佩切伊和英国科学家A.金。罗马俱乐部于1972年发表的由德内拉·梅多斯、乔根·兰德斯、丹尼斯·梅多斯等人撰写的研究报告《增长的极限》,预言经济增长不可能无限持续下去。后来,罗马俱乐部又提出了关于气候变暖的警告。虽然这些报告的结论过于悲观而引起争议,但这些报告最大的贡献是其提出的"可持续发展"的观念,引起了人们对人类与自然环境关系的讨论和重视,"可持续发展"观念开始被越来越多的国家接受。

在人类遭受科学技术过度发展而引发的一波又一波的危机和灾难之后,人类终于醒悟到,老子尊重自然、顺应自然、人与自然一体的思想,是实现可持续发展、万物和谐、人与自然和谐的最早的思想源泉,也是指导人类建立生态文明社会的最早理想。

---

① 以上关于《圣经》的人类中心主义的观点及反思的内容,可参见:王诺:"《圣经》的人与自然观及其批判",《江汉大学学报》,2003年第3期。
② 李石岑:《中国哲学十讲》,广西师范大学出版社2010年版,第127页。

英国哲学家克拉克在论及老子思想的当代意义时说,"现代经济自由市场的原理就是源自《老子》的无为而治,道家在西方的发展可能与佛教、印度教不同,它不会表现为宗教运动,而会体现在:挑战过头的启蒙理性精神、非此即彼的简单化思维原则、提供新话语、新洞识、新范式,影响西方人的思维方式以及个人选择与生活方式,替代唯物主义与彼岸宗教信仰并引导我们树立生态化精神的态度,有助于西方人灵肉二元论的克服和整体精神态度的转变"。①

美国科学家卡普拉于 1999 年出版的《物理学之道》指出了老子思想的先进性:"现代系统论的观点表现着向古代中国人思想复归的特征,体现着老子伟大的生态智慧","在伟大的诸传统中,据我看,道家提供了最深刻并且最完美的生态智能,它强调在自然的循环过程中个人社会的一切现象和潜在两者的基本一致"。他的结论是:"转向东方式的解放道路,这就是以某种方式返回到 2 500 年以前的起点。"②

---

① 李世东、陈应发、杨国荣:《老子文化与现代文明》,中国社会出版社 2008 年版,第 276 页。
② 同上,第 229 页。

# 第四篇
# 德道：为官之德

老子的德道，是对老子政道的补充。

政道是普遍价值，德道是为官之道，是政治伦理。

老子的政治伦理：一欲一节谓之伦，一情一德谓之理。

老子的政治伦理观，从人类社会的情感、爱好、风俗、欲望、习惯和品德的角度来讨论政治中的伦理。如果说政治价值主要是针对政治制度、公共政治而言，那么政治伦理就是从人的情感、品德来讨论为官之道，讨论为官的政治行为准则、官员个人能与不能，回答什么样的官才是好官这一为官的根本问题。主要是从官的自律角度进行讨论，一个官怎么样运用手中的权力才是一个好官，什么是公、什么是私、什么是官员应当有的修养等；体现的是对有公共权力的领导者和官员的个人的约束。

老子的政治伦理以德善为中心，德性之善内含于人的内心之中，但每个人识道、体道、悟道的程度不同，因而德性之善在每个人身上的表现也不同，老子又把德分为玄德、上德、下德三种，这三种德在政治活动中的表现也有很大不同。

# 第十四章

# 政治玄德

所谓政治伦理,就是指人类社会政治生活中的道德准则、政治与道德关系的观念和学说。人类社会自有政治行为之后,政治行为就与道德产生了密切关系。

如果说政治价值是人类政治行为的指导方针,是从公共理性处理国家之间、民族之间、不同的社会集团之间以及公共社会的重大问题,是人类社会政治行为之必须,往往通过政治法律和政治制度来体现,是政治体系内部的硬约束,是国家的必须、社会的应当;那么,政治伦理则从人类情感、亲情、血缘、家庭、家族等角度来规范人类社会的政治行为,是人类社会政治行为之应当,是政治体系外部的软约束,是执政者的必须,是政治官员的应当。

通常,政治伦理主要针对执政者和政治官员,要求他们在政治过程中(主要是行政行为)应当有如公正、廉洁、公开、守信、公利等的道德;对普通官员,在运用公共权力或执行公务过程中,就应当具备严守纪律、坚定忠诚、公正廉洁、克己奉公、求实创新等道德。

在古代中国,各家各派都涉及政治伦理,以儒家为最,儒家的政治几乎就是伦理的政治,政治服从于伦理,伦理就是政治。儒家的伦理政治观是以"仁"为核心,《论语》《孟子》等是儒家伦理政治的经典。

在中国,最早系统论述政治伦理的著作是《老子》。

老子对执政者、官员的政治行为规则进行了相当多的论述,构成了老子的政道之政治伦理的内容。老子的政治伦理与儒家相比,既有共性,也有很大的不同。老子的政治伦理,是以政治价值为基础的,政治价值高于政治伦理,政治伦理是老子的政治价值在伦理领域里的体现。老子的政治价值与老子的政治伦理共同构成了老子政道的基本内容。没有老子的政治伦理,老子的政治哲学的政道就不完整。

政治玄德,是专门对执政者而言的,是一切政治德性的大德、至德。

## 一、"道"与"德"

大道无声无形，无象无味，视之不见，用之不既，但是道又无处不在、无时不有，这两个看似矛盾的现象，其实正是大道的一种特性，也正是老子所说玄之又玄的表现。

大道隐含了一切事物的奥秘，是一个玄；但大道又时时向人们展现这些奥秘，这是另一个玄。前一个玄表现为"无"，后一个玄表现为"有"，"无"就是"道"，"有"就是"德"，道是无声无色，德则有声有色；二者合在一起，向人们展现了大千世界的多姿多彩和无穷变化。"道"是"德"的"体"，"德"是"道"的"用"。"道"是"德"的根干，"德"是"道"的枝叶。没有道，就没有德；没有德，人们就无从认识道。由于道与德的关系实在太紧密，实在分不开，所以人们一般把"道"与"德"合称为"道德"。

万物有万物的道，也有万物的德。万物的"道"就是顺应天地自然而生生化化，万物的"德"就是万物的千姿万彩，是春花秋果、夏荣冬枯。

人类社会有人类的道，也有人类的德。人类的"道"就是顺本心、本性和道法自然，是自富、自化、自正、自朴；人类的"德"就是认识自然、顺应自然、享受自然，每个人有每个人的生活，生老病死，衣食住行，或行或随，或贫或富，直心而为，虚怀若谷，不为心外之物迷失本性。

人们所说的"德"有两种含义。

一种是通常人们所说的,德,或道德,是人们共同生活及行为的准则和规范、品行和品质。金文作"悳"（从心从直），目正、心正才算"德"。现在通用的"德"的字形由"心""彳""直"三个部件组成。"心"表示与情态、心境有关；"彳"表示与行走、行为有关；"直"，"值"之本字，相遇相当之义。

德的解说不一，有的说德是众人奉行的为人处事良心最高准则，通过辨别分析小心谨慎区分正、邪，达到圆满、完美的行为心灵准则；有的说"德"是指内心的情感或者信念，用于人伦，则指人的本性、品德。儒家对道德解说最多，在中国的影响也最大。因此，人们通常所说的道德，是指受传统儒家观念影响而形成的人们的行为规范体系。比如，男子八德是孝、悌、忠、信、礼、义、廉、耻；女子八德是孝、顺、和、睦、慈、良、贞、静。

另一种是老子的德，与第一种德有共同点，但区别也很大，从道家的角度给德下定义，那么德就是道的表现。

《文子·上德》进一步论述了道与德的关系，指出道是构成万物的原始材料，德是万物各得于道的一部分,蓄养成长为具体事物,道与德相辅相成。道是万物的主宰,以无为方式生养了万物,道使万物生长,而德使万物繁殖。道是整体,德是部分。天道为经,地道为纬,两者统一,在不断变化中生成万物,这就是道。大道广大而深远,与人类息息相关,人类用道德修身,使人真诚质朴,用道德对物,其德就长久不绝。只给予的,是上德,是道有所得的表现,执政者效法自然的上德,以此建立社会秩序,天下就稳定;大地承载万物,使之生长,先与而后取,让万物凋谢之下,又使万物回归于地,就是先给后取,是下德,下德虽然没有失去可以言说的道,也有所得,却失去了恒道的特性,所以无恒道之德。[①]

《老子》全书"德"字出现41处,也是老子理论体系的核心概念,所以老子的思想与另一个核心概念"道"一起,合称为《道德经》或《德道经》。

《老子》一书中出现的德有:孔德(21章);德者(23章);常德(28章);上德、不德、有德、下德、失德(38章);广德、建德(41章);贵德、玄德(51章);含德(55章);积德(59章)。

从德的层次分,德可分为玄德、上德、下德;从类型分,德可分为孔德、广德、建德;从行为上分,德可分为念德、积德、有德、不德等。

从内容上看,老子的德也可分为天德、地德、水德、人德;从政道上看,老子的政德可分为圣人的玄德、政制的玄德、官员的四德。

韩非子在解释老子"德"的概念时指出,德是内部所具有的,而得是从外部获取的。《老子》中"上德不德"这句话,是说具有上德的人的精神不游离自身。精神不外露,自身就能保全。自身能够保全,也就叫做"德"。"德"即得到自身。凡是德,都是以无为来积聚,以无欲来成就,以不思虑来得到安定,以不使用来得到巩固的。如果有为、有欲,德就无所归宿;德无所归宿,就不完整了。如果使用了、思虑了,德就不能牢固;不牢固,就没有功效;没有功效,是由于自以为有德。自以为有德,就没有德;不自以为有德,就保全了德。因此,《老子》说:"上德不自以为有德,因此才有德。"人们所以推崇无为、无思作为虚的原因,是说人的心意不受任何牵制,那种不懂道术的人,故意用无为、无思来表现虚。故意用无为、无思来表现虚的人,他的心意常常不忘记虚,这就是被虚所牵制了。虚是说他的心意不受牵制。现在被虚所牵制,就是不虚了。真正做到虚的人,在对待无为上,不把无为当作经常要注意的事。不把无为当作经常要注意的事,就虚了;虚了,

---

① 《文子·上德》:"天道为文,地道为理,一为之和,时为之使,以成万物,命之曰道,大道坦坦,去身不远,修之于身,其德乃真,修之于物,其德不绝。天覆万物,施其德而养之,与而不取,故精神归焉;与而不取者,上德也,是以有德高莫高于天也,下莫下于泽也,天高泽下,……地载万物而长之,与而取之,故骨骸归焉;与而取者,下德也,下德不失德,是以无德。"

德就充足；德充足了，也就叫作上德。因此，《老子》说："上德无为而又无所不为。"①

## 二、天道玄德

老子的玄德，也有天道之玄德和圣人之玄德。王弼解释说，所谓玄德，就是"皆有德而不知其主，出乎幽"②。

天道之玄德：

● 长之育之；亭之毒之；养之覆之。生而不有，为而不恃，长而不宰。是谓玄德。（51章）

（德养育万物，使万物成长、发育，使万物自立、成熟，使万物都得到润养与庇护。天道生育万物而不以万物为己有，成就万物的生长而不以为是万物之所依赖，在万物之先而不自以为是万物的主宰，这就叫作天道无限深远而厚重的大德。）

在老子的哲学体系中，道是生化万物的根源，德是使物从无到有的过程，是物之为物的化育过程。德，就是天地万物生化过程中所得到的道，天地万物的发展、养护、滋润是靠德善的特性。玄德就是道在生化万物的过程中的运动，就是道的善性的最高表现。

德与道是完全一致的，所以"孔德从容，唯道是从"。德的大小，完全是追随道的大小，道有多大，德就有多大。

玄德充分吸取了恒道的最高善性，所以它能与道一样生育万物而不以为己有，归之于道；促使万物生长发育，也不以为己有，归之于道；促进万物的成熟而不主宰万物，也不以为己有，归之于道。所以，玄德从万物的生化、发展、成熟三个阶段来体现道的善性。这就是玄德。

天道的玄德，就是自然之善。老子以水为例描述了天道的这种上善：

● 上善若水。水善利万物而不争，处众人之所恶，故几于道。（8章）

（天道的大善、至善，就好像江河湖海的水一样，水以无私的甘露滋润万物的

---

① 《韩非子·解老》："德者，内也。得者，外也。'上德不德'，言其神不淫于外也。神不淫于外，则身全。身全之谓德。德者，得身也。凡德者，以无为集，以无欲成，以不思安，以不用固。为之欲之，则德无舍；德无舍，则不全。用之思之，则不固；不固，则无功；无功，则生于德。德则无德，不德则有德。故曰：'上德不德，是以有德。'""所以贵无为无思为虚者，谓其意无所制也。夫无术者，故以无为无思为虚也。夫故以无为无思为虚者，其意常不忘虚，是制于为虚也。虚者，谓其意无所制也。今制于为虚，是不虚也。虚者之无为也，不以无为为有常。不以无为为有常，则虚；虚，则德盛；德盛之为上德。故曰：'上德无为而无不为也。'"

② 王弼注、楼宇烈校释：《老子道德经注》，中华书局2011年版，第141页。

生长,从不与万物相争,处在万物最不愿居住的下位,敞开胸怀接纳来自四面八方的污物,水的德性几乎接近于天道的大善了。)

这种水的大善,就是老子在叙述玄德时所说的四不:作而不辞、生而不有、为而不恃、功成不居。老子的天道之善、德性之善,是源于事物本质的自然流露而体现的一种利他性的好处。

## 三、四不玄德与四无玄德

老子把天道的玄德也延伸到政治领域,论述了政治玄德的两种不同的表现。

第一种玄德,是圣人的四不玄德。

圣人就是效法天道悟性高的识道者,因为他能充分体验到玄德的善性,所以圣人在政治领域中也体现出天道玄德的那些相同特征。这就是圣人玄德的四不。

● 是以圣人处无为之事,行不言之教。万物作而弗始,生而不有,为而弗恃,功成而不居。夫唯不居,是以不去。(2章)

(所以,以道治国的执政者,在从事政治活动的时候,效法天道之德性,总是按照政治的规律来处理政务,因而似乎无所作为;他处处以身作则而不是以说教作为影响百姓的途径。所以,以道治国的执政者,遵从百姓习俗给万物起名而不辞辛劳;为让百姓自化而创生天法自然的道理,而不以为自己有什么作为;他努力推动百姓自正使社会安定而不自恃为高;他使百姓自富、事业有成,而不以为是自己的功劳。正因为以道治国的执政者不辞、不有、不恃、不居,所以他才能够在百姓心中影响久远而名声永存。)

这说明,老子心中的圣人,作为以道治国的执政者,必须是一个对天道自然有深刻理解的识道者,他能够把道法自然的天道善性时时、处处渗透于他的一言一行中;以道治国的执政者,就是与道同在、与德一体的识道者,所以他的德行能够称得上玄德,与大道的玄德浑然一体了。

《文子·道原》指出:"老子曰:圣人忘乎治人,而在乎自理;贵忘乎势位,而在乎自得。自得即天下得我矣。乐忘乎富贵,而在乎和,知大己而小天下,几于道矣。"以道治国的执政者,关注的不是个人的权位富贵,而是把和谐天下百姓为己任,这是天道在政治伦理上的最高体现。

《文子·精诚》解释圣人的不言之教时指出,"圣人在上,怀道而不言,泽及万民,故不言之教,芒乎大哉"。以道治国的执政者,身处治理国家的最高领导职位,总是心怀大道而不多言,但道法自然的施政思想却使天下百姓都从中受益,这不就是天道之不言的教化吗？多么伟大壮观啊！

第二种玄德，是执政者（圣人）的四无玄德。

以道治国的执政者，不仅在个人的道行上体现作而不辞、生而不有、为而不恃、功成而不居"四不"的玄德，而且要把政道的"民四自"的价值观体现在自己的执政行为中，这就是"四无"：无为、无欲、无事、无动（好静）。

无欲，不是说执政者没有任何欲望，而是指以道治国的执政者，不能有超越人的正常欲望的非分之欲，更不能以权力去满足自己的私欲。无欲，就是执政者不能拥有个人的私欲，不能有以权力去满足、去实现的"可欲"。"可欲"是老子发明的一个新概念，专指执政者的以权力可以或可能实现的私欲，并非指人的正常欲望。从道治天下、无为而治的角度来说，统治者们的这些奢侈的、腐朽的、过度的、可耻的私欲，是人类政治罪恶的源泉，是人类社会道德不断退化的根源，是人世间一切罪恶的本根。只有节制、减少、遏制执政者的"可欲"，才能满足百姓的因人之道而拥有的"恒有欲"。执政者一旦有了"可欲"，就必然想乱为，必然无事生事，必然好动乱动。因此，"无欲"在执政者的"四无"之德中，居于核心和关键地位，只有实现了无欲，才可能做到"无为""无事""无动"（好静）。（老子关于"欲"的内容请见十三章"节欲之德"。）

无为，不是说执政者什么也不做。治理国家是一个复杂的过程，执政者不可能什么也不做就把国家治理好。关键在于怎么做、怎么为。也就是说，以道治国的执政者，对于一切政治行为、政治措施、政法律令，皆按照道法自然的本质，遵循政治运行的规律而为，按规律办事，政治运行就顺畅，但这完全是政治大道的作用，与执政者本人的个人智巧的发挥没有关系，所以以这样的方式来治理国家，就叫作无为而治。这里的无为，是指没有执政者本人的主观意志，不把自己的权威凌驾于政治规律之上，更不能逆政治发展的规律而妄作妄为。

无事，不是说执政者不能去做事，而是指不能做违反政治规律、政治价值的坏事、乱事、折腾的事，不能做干扰、阻碍百姓实现自富、自化、自正、自朴的事。这里的"事"，就是指诸如发动侵略战争、以武力镇压百姓、乱修楼场馆所，就是指发布与民心相反的政规法令，就是指对百姓征收各种名目的苛捐杂税，就是指以各种理由收括民间的财富，就是指以暴力强行破坏百姓的正常生活秩序。

对于无动，无欲、无为、无事必然无动（好静）。动，即指执政者的行动。既然要治国，当然就必须有行动，从本质上来说政治也是一个实践的领域，是行动的领域，没有行动，没有实践，就没有政治。因此，政治必须有动。老子这里的好静，并不是指执政者呆坐宫殿，一味沉思默想，而是指不能改变政治的规律，不能违反政治的本质去做事。

## 四、"无心"与"善下"

圣人的玄德，在执政领域，也必须体现"民四自"的政道，在以道治国的执政者身上，也必然体现为"以民为本""以民心为心""与百姓一体"的政德。

因此，老子说：

● 圣人恒无心，以百姓心为心。（49章）

（以道治国的执政者，永远不会有自己的自以为是的智巧、成见，永远都以百姓的心愿为自己执政的方针。）

治理国家和管理社会，对外要提防外国的侵略干扰，对内要以法治国，排除那些破坏"民四自"的政道的行为，为百姓的"自富、自化、自正、自朴"创造良好的环境，这是一件极为复杂的事情，执政者必须要有自己的主张，有自己的立场，怎么能说永远"无心"呢？

这里的"有心""无心"，是以有没有百姓的心为标准的。"无心"，就是没有自己的私心，没有自己的小算盘；"有心"，就是指心中装着百姓的万众之心。以道治国的执政者，只是一具躯体、一个硬盘机器，他的躯体是一个以道治国的硬盘，装的软躯是"百姓之心"，只有百姓之心才能驱动执政的机器。

所谓执政者"以百姓心为心"，也就是说，执政者之所以执掌政权，他的本质、他的目的、他的宗旨是为了服务天下百姓的利益，是为了实现百姓的各种利益，是为了百姓的"自富、自化、自正、自朴"创造良好的社会环境，而没有执政者、执政阶级、执政集团的自私利益，没有执政者自己的私心，就是"恒无心"。

那么，如何才能知道什么是百姓的心呢？这就需要执政者走群众路线，随时随地深入百姓之中，了解百姓在想些什么，了解百姓最希望实现的愿望是什么。用现在的话来说，就是到百姓中去、从百姓中来。

老子是最先提出走群众路线的，这就是老子的"善下民"的思想。

他在《老子》中说：

● 江海所以能为百谷王者，以其善下之，故能为百谷王。是以圣人之在民前也，以身后之；其在民上也，以言下之。是以处上而民不重，处前而民不害。是以天下乐推而不厌。以其不争，故天下莫能与之争。（66章）

（江海之所以能包容上游的流水，就是因为江海善处下位，所以能海纳百川。所以，以道治国的得道者，如要在百姓上面执掌政权，就必须经常下到百姓之中去，使其政策合乎下面百姓的心愿；如要站在前面以道法自然引导百姓，就必须经常深入百姓之中，跟随百姓一起前进，听百姓在说些什么。所以，以道治国的执政者,好像是站在百姓的上面执政,但百姓并不以为是负担;执政者站在百姓的前面,但百姓并不以为执政者妨碍了自己而产生什么害处。所以,天下的百姓都愿意推动执政者前进而乐此不疲。正因为以道治国的执政者不与百姓相争并与百姓一体,所以天下的其他力量也就不可能与他相竞争。)

不仅如此,老子在书中还进一步指出以道治国的执政者与百姓水乳交融和谐一体的关系:

● 圣人在天下,歙歙焉;为天下,浑其心。……百姓皆注其耳目焉,圣人皆孩之。(49章)

(以道治国的执政者,在天下,为和谐百姓而辛勤劳作,为天下,与百姓之心交融相处浑然一体不可分。由于圣人以百姓之心为心,与百姓浑然不可分,圣人就好像是百姓身上的耳朵和眼睛不可分,圣人通过百姓的耳朵倾听百姓的声音,通过百姓的眼睛观察百姓的生活,不论百姓说什么或做什么,圣人都任其自然,只发出孩子般童真的"哈哈"大笑声,而不加干预。)

《文子·精诚》也继承了老子的"以民心为心""施政为民""治理就是造福于民"的执政思想,指出以道治国的执政者,模仿天道自然的规律,为人民造福的时候,人民不见他做了什么,但人民却得到了幸福;他为人民除祸的时候,人民不见他做了什么,但这些祸害就除掉了。如果民众想考察以道治国的执政者的行为,但无从下手;想了解以道治国的执政者的结果,又确实能看到这些利民的政绩。这种道治就好像春雨润物一般,一点一滴,一两天看不到什么显著的成就;但累积时日,一年下来,就到处都可以见到给民众的福祉。以道治国的执政者,只是在默默地奉献着,但他号召一声,就可以让天下发生大变化,他无心动员教化民众,而百姓无不从中感受他的教化,这是以道治国的执政者精诚地为民众服务而感化天下大众的结果。①

## 五、政制之玄德

除圣人玄德之外,老子还提出了第二种政治玄德,即政制玄德。政制玄德,就是在政治制度中体现的政治价值,这就是以道治国、道法自然。

老子说:

● 故以智治国,国之贼;不以智治国,国之德也。恒知此两者,亦稽式。恒知稽式,是谓玄德。(65章)

---

① 《文子·精诚》:"是故圣人象之,其起福也,不见其所以而福起;其除祸也,不见其所由而祸除。稽之不得,察之不虚,日计不足,岁计有余,寂然无声,一言而大动天下,是以天心动化者也。"

（所以，以统治者的主观智识来治国，那是对国家的残害；不以统治者的主观智识治国，回归以道治国的正道，才是国家的福祥。知道了以道治国和以智巧、礼制治国两种不同治国模式的区别，也就知道了治理国家的法则。经常把这一法则运用于国家治理，这就是政道在国家治理上的深远和宏大的德性的体现。）

这里的意思是说，是人治还是道治、法治，不是一般的政治体制的形式问题，而是事涉国家生死存亡、兴旺发达与否的关键问题。以统治者的智巧、智慧、礼制治国，其结果一定是有权力的人为所欲为、无所不为、无所不作，没有底线，没有约束，只能导致国家的灾难；只有以道治国，才是政治之道的本质要求，才是政治运行的规律和法则。懂得了这个道理，才能达到政制玄德的境界而不迷失、不犯大的错误。

圣人之玄德，就是执政者应该具备的德性；政制之玄德，就是国家治理应该选择的制度之德。两者的结合，才会有国家的长治久安、百姓的安居乐业、民族的兴旺发达。

## 六、为官之德：反官僚主义

道法自然、民四自的政治价值，不仅在执政者和政治制度上要体现出来，而且也体现为在以道治国的政治制度之下的官员的为官之德，这种官德概括起来，可以称之为：守四德，去四恶。

四德与四恶是一正一反。四德是从正面提出要求；四恶是从反面提出警戒。

四德就是不自见、不自是、不自伐、不自矜：

● 不自见，故明；不自是，故彰；不自伐，故有功；不自矜，故长。（22章）

（为官者不可自我表现自己的成见，所以能够清楚地明白事物的道理；为官者不要自以为是，善于吸取众人的智慧，所以能够彰显自己；为官者不要自我夸耀自己，所以能够成就事业；为官者不要高高在上，要善于听取百姓意见，所以能够引导百姓。）

四恶就是自见、自是、自伐、自矜：

● 自见者不明，自是者不彰，自伐者无功，自矜者不长。（24章）

（为官者喜欢自我表现，所以不会明白事情的道理；为官者自以为是，总是把事情弄糟，所以会使自己遭遇困境；为官者自我夸耀、夸夸其谈、不务实事，所以一无所成；为官者高高在上、脱离群众，所以无法取得群众的信任。）

老子从最高执政者的玄德四不和四无，到普通官员的四德和四恶，是对以道治国体系下的执政者和普通官员的政治行为的规范，是一种从德性上对道治国家的政治制度、政治官员的约束和要求。这些要求，用一个字来概括，就是为"善"。

老子的弟子文子在《文子·符言》中提出了一个概念——"尸名"。什么是尸名呢，就是空着职位不为民办事的官僚，就是等着用权位来牟取私利的官僚主义，他们做官，就是为了名，为了私，为了利，为了财，办事拖拖拉拉，没有效率，他们就是徒有虚名的行尸走肉者，用今天的话来说，他们就是今天部分官员中的官僚主义、形式主义、享乐主义、奢靡之风的历史文化基因。从这个意义上看，文子的政治意识十分尖锐和深刻，他已经预见到，即使有一天，真的实行以道治国了，还是会有打着得道者的名声而混进政府机关以牟取私利的不良分子。

文子深刻地指出："欲尸名者必生事，事生即舍公而就私，倍道而任己，见誉而为善，立名而为贤，即治不顺理，而事不顺时。治不顺理则多责，事不顺时则无功，妄为要中，功成不足以塞责，事败足以灭身。"

这些空占官位不为百姓办事的官僚们，必然要设法生事来牟取私利，一有邪念生事，就必然背离当官为民的政治本质，而把牟取私利放在首位，干坏事就会背道而行，任由自己的私心支配自己的行动，他们所做的一切事都完全是为了自己、为了名誉。为了名声，他们可以伪善地做一些好事以被人视为贤人，所以治理国政完全不能按规律办事，是由自己的主观和私心来行为，因而他们办事也肯定不能顺时，做的决定也必定不能合理，也必然办不成什么真正的事。如果一个人为了虚名占据为百姓服务的要职，即使侥幸有所成功，当了高官，也不足以掩盖他们的罪责，一旦事情败露，就必定身败名裂。

因此，以道治国的政府，从一开始就要把官员的政治伦理提到重要位置，要预先对为官者有所告诫。因此，文子继老子提出"为官四不"（不自见、不自是、不自伐、不自矜）之后，也提出了另一个"为官四不"："无为名尸，无为谋府，无为事任，无为智主。藏于无形，行于无怠；不为福先，不为祸始；始于无形，动于不得已。"

文子告诫说，如果做官，不要空占名位，不要为私利谋算，不要主观任为，不要以智巧而背道。要勤恳为百姓做事，一切按规律办事而好像自己不存在，但行事却不可以任何懈怠；不为有利益的事抢先，不要带头做坏事；采取行动要合乎规律和趋势，让人看不出人为的迹象；行动不是出于自己的主观而是形势之使然。

# 第十五章

## 倡"恒有欲"之德，遏"可欲"之恶

许多人误解老子的思想，以为老子倡导人们要倒退回原始社会极端落后的状态中去，经济极不发展，生活物资极度匮乏，所以人们只能"无欲"，以"欲"为恶，以去"欲"为荣，缩衣节食，只求吃得饱、有衣穿就行，甚至有人以为，老子就是欧洲古希腊时期的苦行僧，终日靠乞讨为生。这种误解相当普遍，甚至一些老先生也说老子的"无欲"与否定人类认识活动的弃智、无知等理论联系在一起，其消极性和片面性是一目了然的。[①] 这种误解的原因，在于没有全面理解老子对"欲"的观念，是一种片面。

如前所述，老子的"民四自"思想，首先就是民自富，而民自富就是百姓要通过自己的努力和劳动，在尊重自然规律的前提下，利用大自然为人类提供的丰富的生活资料，不断使自己富裕起来。除此之外，《老子》一书有25次提到"欲"，还有数处虽然没有出现"欲"，但实际上是在说"欲"，所以《老子》一书有关"欲"的思想是十分丰富的，既有正面肯定意义上的正常欲望，还有帛本24章的"有欲者不居"。此处的"欲"非"人欲""可欲"，应解作"裕"，义与"道"同，是正面肯定用法。同时，也有以各种不道手段去实现的非正常欲望，即"可欲"。

老子的学说，首先是分清"恒有欲"之欲与"可欲"之欲两种不同的一正一反的"欲"；就是要倡导"恒有欲"之德，遏制"可欲"之恶。同时，正常的欲望也因得道的多少而有不同的表现。

### 一、"恒有欲"是天道的德性表现

人都是有所欲的，所以老子开篇即说，"恒有欲以观其徼"，就是指万事万物

---

[①] 楼宇烈：《国学课十三堂》，北京大学出版社2008年版，第104页。

的发展都会经历从无到有的生长变化过程,会从无形变为有形,会从看不见、听不到、摸不到的无形之气,从人的感官观察不到的物质元素,变成有形、有色、有声的物质;人也会从无形变成有形,从无欲变成有欲,变成一个有正常欲望的、有食色之欲的完整的人。

人的"恒有欲",就是指人的生命本能欲望。

既然物质有形,人也有七情六欲,所以就必须以天道自然为宗旨,让人的正常欲望得到自然的满足,进而控制、节制自己的情感、欲望,不让过度的欲望和情感破坏人的本心、本性。同时,人类要更好地道法自然,就要学会"观其徼",学会观察和研究物质的各种特性,了解物质变化发展的具体的、微妙的边界,观察和研究人的正常欲望和过度欲望的边界,从而更好地处理人类社会的各种问题。

"欲"字也体现了一正一反的阴阳之道。欲左边为"谷",右边为"欠"。谷之意也有两层:一为食物之欲,谷为食物之首,能满足人们生存的基本欲望;谷者,人生存之食物,为正;这种人的生存欲望,是人与生俱有的欲望,所以老子说婴儿生来就有欲,这种欲本身是自然而然的,比如男婴"未知牝牡之合而朘作"(55章),即男婴不知道男欢女爱之事,但他的生殖器会因生命力的充盈而自然而然地直立。老子用男婴与生俱有的生理欲望来说明满足人的正常欲望是道法自然的题中应有之义。因此,老子主张,老百姓的"自富、自化、自正、自朴"是满足百姓食、色、衣、住、行等一切正常欲望的根本途径,也是任何政治活动根本的和主要的目的,是政治的本质。任何能满足百姓生命正常欲望的社会都是好社会、好政治,而任何不能满足百姓正常生命欲望的社会,都是坏社会、坏政治。"有欲无罪。"

第二层,谷者,深谷也,意为深不见底的河谷,象征人的欲望没有止境,所以人们总是不够、不足、不满,所以为"欠",为反。

这一正一反,也说明了"欲"的双重性:一方面,人天生有欲,有欲是人的天性,是人之为人的特性之一,"欲"本身是人的生命力的一种表现,无善无恶,无好无坏。人的正常欲望是推动人类社会的强大动力,是人类不断向前发展的催化剂。但另一方面,人的欲望也很容易从正常欲望滑向无底的深渊,人们受各种因素的影响,会产生各种不正常的、超出人生活正常需要的甚至是邪恶的欲望,从而导致人类社会的各种灾难。特别是那些掌握着各种资源的人,更容易产生违反人性、破坏人性、伤害人性的各种恶欲。

因此,这就产生了满足人的正常欲望和控制人的过分欲望的问题。特别是如何控制执政者个人的过度欲望和如何满足百姓的各种正常欲望,这是摆在执政者面前的两大难题。

## 二、政治冲突、政治灾难的根源："罪莫大于可欲"

我们生活在一个冲突的世界中。

古希腊的苏格拉底等哲学家就认为,人类世界、整个宇宙都是不断在流变,秩序和稳定都是不确定的人造物。人生而为人,就意味着在一个受必然性所影响的冲突的世界中生活。那么,引起人类世界的冲突的根源是什么？这是政治哲学家必须回答的问题。

古希腊的戏剧家索福克勒斯最早在《安提戈涅》这部悲剧中提示了家庭、城邦、男人与女人、自然与习俗之间的冲突。在这部戏中,人的理性与神性之间,世俗权力与宗教权力之间,存在着矛盾和张力。宗教认为,敬畏神灵是人类最深的经验,而对世俗来说,知识和人类的理性才是决定性的力量。

在索福克勒斯的《安提戈涅》这一悲剧中,展现的就是人的"理性"（法律、平等、正义、城邦-国家、公共生活）与人的"自然"（家庭-亲情、血缘、宗教、神法）之间的矛盾。俄狄浦斯国王克瑞翁是理性的代表,他为了维护统一的法律和国家的公平、正义,不仅处死了背叛国家的儿子,而且不准将儿子体面、合法地安葬,否则就是对那些礼葬的为国家而死者的不公平、不正义；而他的女儿安提戈涅是西方所谓自然法的化身,代表的是家庭、亲情、宗教、神的意旨,她要求父亲尊重她作为亲妹妹对哥哥的情感,希望父亲不要将家庭事务和城邦混为一谈,不要把城邦公共事务与家庭的私人生活混为一谈,她要让她的哥哥死去的灵魂得到安息,要把哥哥的尸体体面地下葬,因而违反父亲即国王的旨意,把哥哥的尸体隆重地下降。克瑞翁大怒,要活埋安提戈涅,最后安提戈涅、她的另一个哥哥和母亲都自杀了,故事以激烈的悲剧告终。这个故事要人们关注的是,人的理性与人的自然性的不可调和的矛盾和冲突。

这个案例看起来是有为与无为的冲突,其实,从老子的政治哲学来看,从无为而治的角度来看,两者都是"有为",是两种不同形式的"有为",正如"无为"有两种不同形式的"无为"。

如果从老子思想的角度来看,社会的公共法治和人类社会的公共行为准则是天道自然在人类社会中的反映,天道运行有天道运行的法则,人类社会运行也有人类社会的法则。天道物质世界的法则针对物质世界,而物质世界是没有情感的,因此,天道的法则与物质的法则是统一的、单一的、普适的,是自然而然的,物质世界不需要也不可能有特殊的与天道法则不同的法则和规律。但人类社会与物质世界也有不同,人类社会具有物质性和人类性的双重属性。一方面,作为物质世界的组成部分，人类的身体特性、生命特性也和物质世界的其他物质一样，遵循同样的物质生生灭灭的规律与法则，物质生灭的规律是普适的、统一的和单一的；另一方面，人类作为与物质世界有着重大差异的一个物种，又有其物质世界没有的特殊性，与物质相比，有着许多物质不可能具有的选择、情感、差异。

因此，人的理性和人的自然性，在老子眼中，都必须合乎人类社会的这种规律和客观属性。人类理性就是人性中的阳性，人类自然性是人性中的阴性，老子的无为而治、阴性与阳性的统一，是人类理性与人类自然性的统一。首先，人的理性，不能完全无视人的自然性，人作为自然世界中的一部分，人的情感、人与生俱来的欲望，是人类社会客观属性的组成部分，完全无视人的情感、人的差异的理性，是违反人类社会客观属性的，是一种"反理性的理性"（反客观理性的人类主观理性），是一种"有为之为"；其次，人的自然性也包括人的理性，人不能也不应该像物质、像动物一样，完全根据自己的生理属性、情感、欲望而不受任何限制地作为，这种任性的、任情的、任欲的作为，与前面的纯粹理性，看似形式相反，但实质上是相同的，也是一种"有为之为"，也是违反人类社会客观属性的。

老子的无为而治，要求的是一种根据天道自然和人类社会的规律与本质属性的作为，对人类的理性来说，老子的无为而治向人类指明，人类的理性，无论是从理性的潜力、工具、方法来说，还是从理性能够达到的高度、深度和广度来说，都是有限的，人类有限的理性不可能认识无限的宇宙，人类有限的生命不可能控制无限的宇宙。人类的理性虽然在不断发展、增加，但人类社会的复杂性也随之而呈几何级别的增加，人类理性的发展永远也赶不上人类复杂性的增长，因而人类理性也不可能为人类社会安排一个美好的未来，让人类按照一个理性、一个思想、一种生活方式、一种思维来生活，是一个永远不可能的任务。因此，最好的方式，就是承认人类社会的超级复杂性，承认人类理性的限制，放弃任何根据某种思想、某个强人的思维来安排这个超级复杂的人类社会发展的愚蠢的想法，这就是要放弃"有为"，节制人的理性，回归人的自然而然。

同时，对人的自然属性而言，人作为有理性的生命体，体现为人类的尊严、人类的文明、人类的思想、人类的选择，体现为与其他生命体的行为的差异。动物赤身裸体地群居，人类不能；动物弱肉强食，人类不能；矿物恒久不动，人类不能；植物无声无言，人类不能……作为人的生命的本质，这些区别于动、植物不同的特征要求人类的行为要有公共准则，要有选择自由……一句话，人作为人与动物最大的区别在于，人类可以用理性节制自己的行为，可以用理性规范自己的行为，必须遵守人类公共生活的基本规则。因此，人应当满足生命的需求而节制自己过度的、损害他人的生活的欲望,而节制人的过度的欲望,也是人作为人的本质属性的体现。这也要求人们放弃纵欲的"有为",节制人的"可欲"(过度之欲),回归人的按照规律和本质作为的"积极无为"。

不论是节制人的理性,还是节制人的可欲,其实都是一件不容易做到的事情,都需要人类自身付出一定的主观努力、进行一定的选择才能实现。这两方面都不会自动地、自然而然地成为人的生活习惯。

人类的思想家,历来对人类社会罪恶的根源说法不一,但大体上有四派:

一派说,人类社会的罪恶根源于政治权力,源于国家的原罪,所以必须消灭集中和专断的权力,让每个人自由发展,把国家的权力缩小到最低限度,才能实现人类社会的正义,这是后来西方的自由主义的理论。但是,我们认为,权力本身不是罪恶,权力的产生有其合理的因素,是人类社会发展的必然,借权力的罪恶而完全否定权力本身,也是不可取的。

一派说,人类社会的罪恶根源于私有,私有导致权力的集中,导致国家的暴力,导致战争,导致人的异化,所以只有消灭私有制,实现公有制,建立权力高度集中的国家政权,把一切生产资料掌握在国家、社会手中,才能逐步做到这一点,实现人的自由发展。这是后来传统的苏联模式的理论。

一派说,人类社会的罪恶根源于人的有欲的本性,或者根源于人性不够善良,只有以德和礼制恶、以法制恶,才能消除社会的各种罪恶。这是后来中国的儒家和法家的理论。

老子的道治理论与上述所有这一切说法都不同,老子肯定人的"恒有欲",人"有欲"不是错,更不是罪,而是人类的自然本性的表现;但是如果人的欲望不能得到理性的控制,使人的欲望压倒人的生命本能,人的身体成了欲望的深渊,那么人类社会就会出现各种问题和灾难,老子把这种超出人的生命正常需要的欲望称为"可欲"。什么是"可欲"呢?老子把超出人类生命正常需要的欲望即超出"恒有欲"边界的欲望,把一切用非道的手段去实现的欲望,统统称为"可欲"。每个人都有可能产生"可欲",但首先是权力者的"可欲",它是造成人类政治冲突、政治灾难的根源。

因此,老子说:

● 罪莫大于可欲,祸莫大于不知足,咎莫大于欲得。(46章)

(人类没有比以非道手段去实现"可欲"更大的罪恶;人类没有比永远不能满足的"可欲"更大的祸害;人类没有比什么都想得到的"可欲"更大的过错。)

韩非子在《解老》中专门对老子的这一段话进行解释,指出人有欲望,计算就混乱;计算混乱,就更有欲望;更有欲望,邪心就占上风;邪心占上风,办事的准则就没有了;准则没有了,灾难就会发生。由此看来,灾难产生于邪心,邪心产生于欲望。可引起欲望的那类东西,进一层说可以使好人为奸,退一层说也可以使善人遭祸。奸邪一起,向上就会侵害并削弱君主,而向下就会伤害百姓,是大罪。因此,《老子》说祸患没有比可引起欲望的东西更大的了。因此,圣人不受五色的引诱,不沉溺于声乐;明君轻视珍贵的玩物,抛弃过分华丽的东西。

人没有毛羽,不穿衣就不能战胜寒冷;上不接天而下不着地,把肠胃作为根本,不吃饭就不能生存,因而不能免除贪利之心。贪利之心不除,是自身的忧患,所以圣人穿衣足够胜寒,吃饭足够充饥,就不忧虑了。普通人却不这样,大到做了诸侯,小到积存千金资财,贪得的忧愁仍不能解除。轻罪得以赦免,死罪得以活命,现在一些不知足者的忧愁却终身不能解脱。

因此,贪利比忧愁更厉害。忧愁,就得病;得病,就智力减退;智力减退,就失去准则;失去准则,就胡乱行事;胡乱行事,祸害就降临;祸害降临,疾病就缠绕内心;疾病缠绕内心,病痛就向外侵扰;病痛向外侵扰,苦痛就聚集在肠胃之间;苦痛聚集在肠胃之间,伤害人就惨痛;惨痛,就退而自责;退而自责,是由贪利产生的。因此,《老子》说罪责没有比贪利更惨痛的了。①

人的"可欲"也可以分为食、色、声、猎、财、权、名等不同的种类。

《老子》一书对这些"可欲"都有所论述:

● 金玉满堂,莫之能守;富贵而骄,自遗其咎。(9章)

(无道的统治者、官员都好财,他们以各种不道的手段从民间财富收括来的金玉堆满了居所,但是都不可能长久地持有;无道的统治者、官员都有贪权之贵而贪财之富的欲望,这种不道的行动一定会给自己带来祸害。)

● 五色令人目盲;五音令人耳聋;五味令人口爽;驰骋畋猎,令人心发狂;难得之货,令人行妨。(12章)

(无道统治者和官员总是追求各种五颜六色的美色以逞其色欲,只能导致他

---

① 《韩非子·解老》:"人有欲,则计会乱;计会乱,而有欲甚;有欲甚,则邪心胜;邪心胜,则事经绝;事经绝,则祸难生。由是观之,祸难生于邪心,邪心诱于可欲。可欲之类,进则教良民为奸,退则令善人有祸。奸起,则上侵弱君;祸至,则民人多伤。然则可欲之类,上侵弱君而下伤人民。夫上侵弱君而下伤人民者,大罪也。故曰:'祸莫大于可欲。'是以圣人不引五色,不淫于声乐;明君贱玩好而去淫丽。

人无毛羽,不衣则不犯寒;上不属天而下不著地,以肠胃为根本,不食不能活;是以不免于欲利之心。欲利之心不除,其身之忧也。故圣人衣足以犯寒,食足以充虚,则不忧矣。众人则不然,大为诸侯,小余千金之资,其欲得之忧不除也。胥靡有免,死罪时活,今不知足之忧终身不解。故曰:'祸莫大于不知足。'故欲利甚于忧,忧则疾生;疾生而智慧衰;智慧衰,则失度量;失度量,则妄举动;妄举动,则祸害至;祸害至而疾婴内;疾婴内,则痛,祸薄外;则苦。苦痛杂于肠胃之间;苦痛杂于肠胃之间,则伤人也惨。惨则退而自咎,退而自咎也生于欲利。故曰:'咎莫惨于欲利。'"

们的眼睛辨不清颜色;总是追求各种奇异的声音以逞其声欲,只能导致他们的耳朵听不见声音;总是追求各种美味以逞其食欲,只能导致他们的口舌麻木不仁;总是追求驰骋田猎的刺激,只能导致他们的心智发狂;总是追求各种财富珠宝,只能导致他们因为财富过多而妨碍他们正常的行动。)

老子其实并不是反对人们生活的丰富多彩,而是反对统治者、官员以各种不道的手段和方式去掠夺民间财富。因为这里的所谓五色、五音、五味、田猎、奇货,都不是普通百姓的正常生活所具有的特性,而是宫廷生活的象征。

这里的五声是宫、商、角、徵、羽五声,以宫声为首,所以宫立而五音形;五味是酸、甘、苦、辣、咸五味,甘为首味,甘立而五味定;五色是青、赤、黄、白、黑五色,白为首色,白立而五色成。

尤其是田猎,更是最高统治者才能享有的奢侈生活,一般的百姓是绝对与之无缘的。田猎不仅是一项体育活动,不仅仅是统治者去山野射击、捕猎野物的一种乐趣,而且也是一项春秋战国时期带有军事政治外交意义的复杂活动,包括培训军队、培养政治接班人,或者是会见外国领导人的一种场所,在特定情况下也可以成为对邻近国家的一种军事威慑,相当于现代意义上的军事演习。田猎还有祭祀宗庙的内涵。礼制中有关田猎的制度,称为春蒐、夏苗、秋狝、冬狩。它往往要驱驰车马,兴师动众,所以通常只是王家贵族的活动,与平民百姓关联不大。诗经上有"哀公好田猎,从禽兽而无厌,国人化之,遂成风俗"。孟子见梁惠王,也有"今王田猎于此"的句文。

老子也告诉人们,这些失道的"可欲",不仅残害百姓,而且因为这些"可欲"对人的生命实际上也是十分有害的。因此,无论是从政治的角度,还是从个人养生的角度,老子都反对人们纵欲。

《文子·十守》在讨论为何人们应当节制欲望的道理时说,得道者可以喜欢各种生活中的美好事物,但是不能逾越人的生理自然规律;否则,纵色会使人乱目不明,纵声会使人乱耳不聪,纵味会使人乱味使口生创。所以,嗜欲使人心气淫荡,好恶会使人精神劳损,如果不能迅速去掉这些不良嗜好,人们的精气神会一天天耗损殆尽。[①]

在各种"可欲"中,无道的统治者、政治官员,古往今来,可欲的对象不同、内容不同、形式不同,但这些"可欲"也有三种爱好是共同的,就是权、财、色之欲。

"权欲"为各种罪恶的"可欲"之首,这是因为权力可以满足其他的各种"可欲",而其他的可欲无法取代"权欲"。对社会造成更大祸害的,是统治者试图得

---

[①] 《文子·十守》:"故圣人爱而不越。五色乱目,使目不明;五音乱耳,使耳不聪;五味乱口,使口生创。故嗜欲使人气淫,好憎使人精劳,不疾去之,则志气日耗。"

到更大、更多权力以图长久控制社会和天下的欲望：
- 将欲取天下而为之。（29章）
- 以兵强天下。（30章）
- 乐杀人。（31章）

（无道的统治者试图把整个社会和天下都作为自己手中控制的猎物而任意玩弄。以武力逞强于天下以显淫威；喜欢以杀人来显示权力。）

其次是"财欲"，即想拥有越来越多的财富，财欲必引起贪欲，贪得无厌的极端是甚至想把天下所有的财富都集中在自己手中。因此，无道的政客大多以权谋财，拼命地掠夺社会财富。老子在书中屡屡批判这些无道政客的贪婪的本性，数次提到这种财欲：

- 贵难得之货。（3章）
- 金玉满堂。（9章）
- 难得之货，令人行妨。（12章）
- 多藏必厚亡。（44章）
- 财货有余。（53章）
- 食税之多。（75章）

历朝历代，从古到今，无道的政客都把收括财富视为比生命还宝贵的东西，完全违背了政治的本质，也违背了生命的本质，异化为财富的奴隶，所以老子说他们"多藏必厚亡"，也就是说，这些无道的政客虽然有很多的财富，但是他们也损失了许许多多人生最美好的时光，失去了生命最宝贵的本性，失去了人之为人的许多幸福和快乐，最终导致死于非命。

"色欲"是第三大无道政客所好之"可欲"。

《老子》12章所说的"五色令人目盲"，既是指五颜六色的色欲，也是指情色让人失去本心、本性。44章又提出，"甚爱必大费"，这里说的"爱"即指财富、名声、权力之欲，也指情色之欲，过度的纵情声色，必然导致心智、生理的过度耗费而使生命失去本来的意义。

统治者不仅自己以无道的方式满足这些不道的欲望，而且也使这种有毒的"可欲"得以在社会上传播，破坏了百姓保持淳朴生活方式的土壤。因为统治者和官员的生活方式总是能够对社会的生活产生很大的影响，所以统治者和官员的这些"可欲"也会导致社会风气的败坏，给百姓的生活造成负面的导向。因此，老子说：

- 不尚贤，使民不争；不贵难得之货，使民不为盗；不见可欲，使民不乱。（3章）

（统治者、官员不去追求德治礼治圣贤的虚名的欲望，老百姓就不会去争名夺誉；统治者、官员不把难得的珠宝奇玉当作宝贵，老百姓就不会受到诱惑去盗窃；统治者、官员没有这些不道的欲望，才能使百姓不受这些不健康的欲望的影响，而保持自己内心的淳朴。）

人们一生下来，本来有各种正常的欲望，但由于"恒有欲"的外在环境受到各种破坏性因素的污染，因此，"恒有欲"就发生了变异，导致人们在自化过程中的"化而欲作"，中断了人们淳朴生活的进程，引发了各种"可欲"。

人类历史表明，人类社会中的许多灾难和各国政治运行中重大的阻碍，首先是执政者为满足执政者、执政集团的各种奢侈的、腐朽的、过度的、可耻的私欲冲动而导致的。为了满足自己病态和疯狂的色欲，统治者们不知引发了多少战争，抢占了多少民女，造成了多少家庭的悲剧；为了满足自己奢侈糜烂的生活，统治者们不知收括了多少民间的财富，抢占了多少本国和他国的财富；为了维护自己虚伪的名望和荣誉，统治者们不知打了多少荒唐的战争，残害了多少无辜百姓的性命；为了得到更多的土地、更多的财富、更大的权力、更大的声望，统治者们不知搞了多少肮脏的阴谋，颁布了多少荒唐的政令，盗走了多少天下百姓的财富，夺去了多少苍生的生命。而统治者们满足自己的这些奢侈的、腐朽的、过度的、可耻的私欲时，往往打着高尚的、崇高的、神圣的旗帜，或以上帝之名，或以民主之名，或以自由之名，或以人民之名，在这些旗号的背后，却是赤裸裸的、肮脏的、可耻的、荒唐的私欲！

老子研究了当时百姓各种生活的灾难之后，得出结论说，统治者要对这一切百姓的灾难负责，统治集团的胡作非为是百姓生活苦难的根本原因，是各种冲突的原因：

● 民之饥，以其上食税之多，是以饥。民之不治，以其上之有为，是以不治。民之轻死，以其上求生之厚，是以轻死。（75章）

（百姓之所以饥饿，是因为无道的统治者收括财富的"可欲"太多，所以百姓吃不饱。百姓之所以反抗统治者的压迫和剥削，是因为统治者总想胡作非为满足自己的可欲，所以造反。百姓之所以无法生存，是因为统治者追求长生不死的"可欲"太过，所以民生凋敝、无法生存。）

更让人不齿的是，当广大百姓难以生存之时，统治者们却过着极其糜烂的奢侈生活，完全不顾民众的死活。

● 朝甚除，田甚芜，仓甚虚；服文采，带利剑，厌饮食，财货有余；是为盗竽。非道也哉！（53章）

（统治者修建了宏伟的宫殿，但百姓的田地却荒芜了，仓库却空虚了；统治者们盛装打扮，佩带锋利的宝剑，吃厌了各种美食，财富多得没有地方放；这些统治者简单来说就是抢劫偷盗的土匪头子,哪里有一点道行啊!)

老子批判统治者用粗暴的强制手段对民众进行剥削压迫,把这一切政治现象归之为"有为政治",其根源在于统治者的种种"可欲",并且发出了"强梁者不得其死"(42章)的诅咒,认为这种不合理的制度一定会被推翻、被改变。要改变这种不合理的、荒唐的政治制度,就必须建立以道治天下的社会。

文子在《文子·符言》中论述老子的以道养生时也指出,人死于非命有三种情况,"人有三死,非命亡焉;饮食不节,简贱其身,病芸杀之;乐得无已,好求不止,刑芸杀之;以寡犯众,以弱凌强,兵芸杀之",这三种情况都是人们违背了顺其自然的规律,违反了人的生命和生活的本质,让人的"可欲"压倒了人的自然理性,因而让三种"可欲"夺走了生命,这三种"可欲"就是口欲、利欲、权欲。管不住口欲,什么都吃,不该吃的也吃,导致口欲害命;管不住利欲,什么都想拿,什么都想占,最后就是偷拿强夺,导致利欲害命;管不住权欲,总想以兵强天下,显示自己的威风,抢占更多的财富、土地、人民,导致兵败死亡。

道家也并非要人都无欲,正确地解读老子、文子的思想,应当是人都有欲,有欲是人生而有之的正常性情,因此,老子并不反对人们正常的欲。

文子要人们节欲,不纵欲,或纵欲,偶一为之未尝不可,但不可将纵欲当常态。《文子·道原》指出"感物而动,性之欲也","不以欲乱情","人之性欲平,嗜欲害之",所以《文子·符言》又指出"适性情,欲不过节,不贪无用,即不以欲害性,……欲不过节,即养生知足"。文子提出,老子对欲的思想宗旨是:爱而不越。欲望是人生来俱有的本性,故"恒有欲也,以观其徼"。没有欲望,人就没有生命的体现。因此,每个人都有自己的欲望,有自己的爱好,人们可以爱江山、爱美人,可以爱大山、爱平原,可以爱美味、爱美声……但所有这一切爱好、欲望,都应当是符合人的自然本性的,符合人的生命本质的,而不能残害自己的生命,不能残害他人的利益。因此,对自己的欲望必须有所节制。如果连自己的欲望都管不住,又如何治天下:"身且不能治,奈治天下何!"(《文子·下德》)

## 三、得道者之"欲不欲"之德

老子在书中也多处论述了圣人和得道者的欲望。

圣人是得道高人,但也是人,具有普通人的七情六欲,所不同的是,奉行道法自然的执政者,圣人能保持生命的本性、本心,不让外在的各种欲望迷失生命的本质,同时,他具有崇高的实现道法自然、让民四自的使命。因此,在其政治过程中,在政治伦理上具有"作而不辞、生而不有、为而不恃、功成而不居"的"四不"玄德,而且在人的"恒有欲"方面,也表现出非凡的德性。

圣人都有什么欲呢?

圣人之欲叫"欲不欲"。所谓欲不欲,从两个方面来说。

"圣人之欲"一方面是"不欲""无欲",这个"不欲""无欲",并不是说圣人什么欲望也没有,而是指圣人没有无道政客身上的那些"可欲",不欲之"欲"。无欲之"欲",就是"可欲"。圣人之治,首先表现为以身作则,在其政治生活过程中,奉行"三不"原则,就是"不尚贤""不贵难得之货""不见可欲"(3章),就是"圣人欲不欲,不贵难得之货"(64章,圣人不欲的,就是"贵难得之货"的可欲)。也就是说,圣人不追求得到礼治、德治那样的圣贤的虚名,不追求无道政客追求的那些难得之货,更不会产生无道政客们那些稀奇古怪的欲望。

另一方面,圣人是人,也有所欲,这就是"欲不欲"的第一个"欲"。老子在书中指出了圣人之欲的主要特质:

圣人之欲,就是无为、无事、无欲、无动(好静),让百姓实现自富、自化、自正、自朴;圣人之欲,就是人法地、法天、法道、法自然;圣人之欲,就是把天道的损补抑举落地为人类社会的损补抑举;圣人之欲,就是实现公平正义,对所有人一视同仁,实现社会平等;圣人之欲,就是以百姓心为心,以自己的"无欲"来帮助百姓实现自己的各种"恒有欲";圣人之欲,就是不要轻启战事,不进行侵略战争,但以自卫之战保卫自己的生存;圣人之欲,就是实现"小国寡民",让国家政府干国家政府应该做的事,不要侵犯百姓自治的领域;圣人之欲,就是让百姓去除各种"可欲"迷惑,实现"见素抱朴",享受"甘其食,美其服,安其居,乐其俗"的幸福,不再遭受战争和刀枪往来之苦(民至老死,不相往来);圣人要让社会绝弃智巧、礼制治国,让百姓获得各种利益(绝圣弃智,民利百倍);圣人要绝弃道德治国的礼制治国的仁义,让百姓恢复天然的孝慈(绝仁弃义,民复孝慈);圣人要绝弃各种机巧和难得之货,让社会道不拾遗,盗贼消失(绝巧弃利,盗贼无有)。

圣人之欲,就是在社会和百姓自化过程中出现"化而欲作"的现象时,"吾将镇之以无名之朴"(37章)。所谓"镇之以无名之朴",就是说要以道法自然的淳朴去填满因"可欲"发作而后缺失的内心,让人们恢复到"恒有欲",从而去掉"可欲",重新恢复人们的正常欲望,实现自我平衡和稳定。

圣人之欲,就是"欲上民""欲先民"。所谓"欲上民",就是代表百姓执掌权力;所谓"欲先民",就是引导百姓实现以道治国的目标。但是,"在民前也,以身后之;其在民上也,以言下之"(66章),也就是说,圣人希望能站在百姓上面为百姓执掌权力,必须先到百姓中听取百姓的意见;要想站到百姓的前面引导百姓,必先跟随百姓前行,以了解百姓的心愿。

## 四、治身十守

文子作为老子的弟子,继承了老子关于"治生治身"的思想,并在《文子·十守》中,对于人们的治心治身,提出了道家的十个守则:

1. 守虚

"因时而安其位,当世而乐其业。"就是顺其自然生活,因时代的变更而安于其位,处当世的形势而乐其事业,不要哀乐、好憎、喜怒过度,生死皆淡然,生也天行,死也物化,静即与阴合德,动即与阳同波,遵守人的生命规律而不敢违反。

2. 守无

无即无为,无为就是按事物的规律办事,就是顺其自然,以为天下百姓福祉为依归,不得违反规律而妄为、强为、胡为,无为就能无累,无以天下为者,以上观至人之伦,深通道德之意,下考世俗之行,足以为人的安身立命提供各种养料,足以成为众人学习的榜样。

3. 守平

"尊势厚利,人之所贪,比之身则贱,故圣人食足以充虚接气,衣足以盖形御寒,适情辞余,不贪得,不多积",人的欲望多是看重财利,但与人的生命相比,权势与财富只是等而下之的东西,不值得人以生命去交换,所以人们的生活应当节制欲望,饮食不要贪多,衣着不要贪奢,保持平淡的心态,离开世态对权势和财富的追逐,人的生命就能通于大道,与天地合德。

4. 守易

"古之为道者,理情性,治心术,养以和,持以适,乐道而忘贱,安德而忘贫。无益于性者,不以累德;不便于生者,不以滑和。不纵身肆意而制度,可以为天下仪,量腹而食,制形而衣,容身而居,适情而行,余天下而不有,委万物而不利,岂为贫富贵贱失其性命哉夫!若然者,可谓能体道矣",人们的生活应当梳理性情,治理心术,养身以和、适、乐、德为道,遇性情无益的事不做,不放纵自己的任性,量腹而食,容身而居,适情而行,一切从实际出发,有余天下而不占有,有万物而不贪,能做到这一点,就可谓合道了。

5. 守清

人人都与外界有密切联系,这一点是天下人的共性,但人与外界的关系,却可以使有些人成为君子,使有些人成为小人,关键就在于人们对外界的心态不同。因此,守清则智明,智明则心平,人的心境应当像清澈的水流那样,始终保持清澈和安静,才不受外界的污垢所染,不被外界的各种欲望引诱而迷失心智,所以"治天下者,必达性命之情而后可也",只有达到圣人的这种守清的心境,才可能去治理天下。

6. 守真

圣人以节欲为守真的开始,守真就是守住生命的本质,人的生命在于自己的纯真,在于"诚达生命之情",而不在于天下的权势和名誉,所以"能有天下者,必无以天下为也;能有名誉者,不以越行求之",守住生命的纯真本质,才能"澹然无事,势利不能诱,声色不能淫,辩者不能说,智者不能动,勇者不能恐"。

7. 守静

"静漠恬惔,所以养生也;和愉虚无,所以据德也",文子认为,养生就要守静,保持平淡、安适、和气、愉快、虚无的心境,不受外界的诱惑。但现在外界的诱惑太大,"万物之来,擢拔吾生",各种诱惑都在消耗人们的精神,犹如一盆清水,很容易被外来的混浊之物搅和了,自身也会变得混浊。人的精神就好像这一盆水,只有心境守静,才能经得起外界的搅和。

8. 守法

"上圣法天,其次尚贤,其下任臣。任臣者,危亡之道也;尚贤者,疑惑之原也;法天者,治天地之道,虚静为主",这里的"法",不是人为法律之法,而是天道、地道、人道之规则,最高的法则,是以天为法,以自然为法,以规律为法,其次才是崇尚贤才,再次是任用下臣。用下臣按照自己的主观意见处理政事,就是人治,是使国家危亡的道路;崇尚贤人为治,就是德治,虽然比人治好,但也是导致国家治理出现乱象的根源;只有顺天之道,顺应自然,顺应规律,才是治理国家的正道。

9. 守弱

圣人"执一无为,而不损冲气,见小守柔,退而勿有,法于江海。江海不为,故功名自化;弗强,故能成其王;为天下牝,故能神不死",这是以老子的柔弱胜刚强为则,以江海、母牝为例,阐明老子主张的弱为道之用的道理,要人们不逞刚、不逞强、不逞勇,恪守柔弱为上的精神,以下见高,以弱变强,以柔成刚。

10. 守朴

"朴"是老子的一个重要概念,道法自然就是朴,没有人为的雕饰就是朴,保持原本的纯真就是朴。朴是人的生命性情的本质所在,是道和德的自然表现。人远离了朴,就成为器,就成为一种工具,成为名利、权势、财富的工具。摆脱这些外在的名利、权势、财富的诱惑,就是回归人的本质之朴。朴是人的生命的自然价值观、自然道德观。因此,文子指出,"真人者,性合乎道也,明白太素,无为而复朴","有精而不使,有神而不用,守太浑之朴",认为所谓真人,品性合乎大道,明白万事万物的根源,能顺其自然而返归至朴,他探索生命的规律,从众多的差异中找出共同,有精力而无须使,有精神而无须用,始终守着至朴。

# 第十六章

# 三宝之德：慈、俭、不先

老子在《老子》中提出了"三宝"的概念：
- 我有三宝，持而保之：一曰慈；二曰俭；三曰不敢为天下先。（67章）

（以道治国的执政者、官员有三个美德，持有这三个美德可以长久地保持以道治国的效果：第一个美德是慈爱；第二个美德是节俭；第三个美德是时机不成熟时不妄为天下之先。）

韩非子解释说，对孩子慈爱的人，不敢断绝衣食；对身体爱惜的人，不敢背离法度；对方圆珍视的人，不敢丢掉规矩。因此，遇到战事能爱惜士兵和下级军官，就能战胜敌人；爱惜器械，城池就可以坚固。因此，老子说："慈爱，用于战争就能取胜，用于防御就能固守。"能保全自己而完全遵循事物法则的人，一定会有天性。天性也就是遵循自然法则的思想，所以天下之道要通过这种思想反映出来。假如用慈爱来护卫它，事情必定万无一失，而措施没有不妥当的，那么也就可以称之为宝了。因此，老子说："我有三件宝，掌握并珍视它。"[①]

---

[①] 《韩非子·解老》：爱子者慈于子，重生者慈于身，贵功者慈于事。慈母之于弱子也，务致其福；务致其福，则事除其祸；事除其祸，则思虑熟；思虑熟，则得事理；得事理，则必成功；必成，工，则其行之也不疑；不疑之谓勇。圣人之于万事也，尽如慈母之为弱子虑也，故见必行之道。见必行之道则其从事亦不疑；不疑之谓勇。不疑生于慈，故曰："慈，故能勇。"周公曰："冬日之闭冻也不固，则春夏之长草木也不茂。"天地不能常侈常费，而况于人乎？故万物必有盛衰，万事必有弛张，国家必有文武，官治必有赏罚。是以智士俭用其财则家富，圣人爱宝其神则精盛，人君重战其卒则民众，民众则国广。是以举之曰："俭，故能广。"凡物之有形者易裁也，易割也。何以论之？有形，则有短长；有短长，则有小大；有小大，则有方圆；有方圆，则有坚脆；有坚脆，则有轻重；有轻重，则有白黑。短长、大小、方圆、坚脆、轻重、白黑之谓理。理定而物易割也。故议于大庭而后言则立，权议之士知之矣。故欲成方圆而随其规矩，则万事之功形矣。而万物莫不有规矩，议言之士，计会规矩也。圣人尽随于万物之规矩，故曰："不敢为天下先。"不敢为天下先，则事无不事，功无不功，而议必盖世，欲无处大官，其可得乎？处大官之谓为成事长。是以曰："不敢为天下先，故能为成事长。"慈于子者不敢绝衣食，慈于身者不敢离法度，慈于方圆者不敢舍规矩。故临兵而慈于士吏则战胜敌，慈于器械则城坚固。故曰："慈，于战则胜，以守则固。"夫能自全也而随于万物之理者，必且有天生。天生也者，生心也，故天下之道尽之生也。若以慈卫之也，事必万全，而举无不当，则谓之宝矣。故曰："吾有三宝，持而宝之。"

## 一、慈善之德

许多人认为,老子是批判儒家的仁义学说的。这些观点的一个最基本的论据,是《老子》一书第 19 章所说的"绝仁弃义",似乎老子是从根本上反对仁义观的。

这里有三个问题可以帮助人们理解老子的仁义观。

一是版本问题,今本、帛本都是"绝仁弃义",但简本却是"绝巧弃利",如果用简本,却没有这一问题。

二是从内容上来说,今本 18 章说的是"大道废,有仁义",意为大道被人们放弃了,但仁义也是退而次之的选择,在大道倡行的时代,仁义被大道所掩盖,不是特别彰显,但是大道被人们放弃之时,仁义就显出它可贵的一面,虽然仁义不如大道更贴近本质和规律,但毕竟其中也包含有大道的"下德";而在 38 章中,老子也再次强调,仁和义都是属于下德的范畴,虽然比不上上德,但毕竟其中也有下德在内。所以,从《老子》一书的语境来看,仁义的德性不如上德。仁义比大道的上德是一种退步,但比无道的社会还是要好很多,也比没有仁义的礼制更好。

即使以今本 19 章的"绝仁弃义"来解读,也只能说,老子的仁义有两种不同的含义:一种是与礼制相连的仁义,即以等级尊卑为核心的仁义观;另一种是 18 章、38 章所说的仁义,是大道之下德的表现。

三是从《老子》一书其他篇章来看,也有"仁"的肯定用法。比如,老子在谈水时:"与善仁。"这里的"仁"应该是一种正面的意义,指的是人应该像水一样,与人交往具有善心和仁爱,或善于给人善心和仁爱,这个"仁"字应该十分接近孔子所说的仁者爱人之意。

因此,也可以说,老子的政治伦理中也包含了仁义的内容。

在《老子》8 章、18 章和 38 章所提到的道之德性表现的"仁",是指人与人之间平等、友好、相爱的真实情感,这个"仁"字右边的"二",是两个平等的人之间的一种天然形成的关系;而礼制尊卑等级中的"仁",首先是上下相亲,右边的"二"象征着一在上、一在下,形成一种等级之间的关系。

道之德性表现的"义",是摆脱了等级尊卑的正义、公正,是下德中的一个类型。礼制的"义",则包含做事、做人要合宜,即应当遵守各种礼制、礼仪,无礼则不合宜,是否是义,要以"礼"来衡量。这与 19 章的"仁义"内涵是不同的,正如 19 章的"绝圣弃智",并不是说老子要废弃所有的圣和智,而是指绝弃礼制下的所谓"圣"和"智",而《老子》一书绝大多数提到的"圣",都是指以道治国的执政者。因此,不能以《老子》书中某一处的用法来否定全书的其他用法。

《老子》一书中与仁义比较接近的概念是"慈"。

● 绝仁弃义,民复孝慈。(19章)

(绝弃礼制的等级尊卑的仁义观,百姓才能恢复淳朴的孝慈德性。)

"慈"的基本意义就是和气、善良,而爱、仁爱的爱通常是长者对下辈的爱,所以"上爱下曰慈","慈者,父母之高行也","亲爱利子谓之慈,恻隐怜人谓之慈";如果说"仁义"容易与儒家的仁义观混在一起的话,那么"孝慈"的德性,则是老子、庄子都共同倡导的,所以老子有"绝仁弃义,民复孝慈"之说,而庄子也说"事亲则慈孝"(《庄子·渔父》)。

慈就是对人对事都有尊敬的态度,对人对事表现博大包容的心态,对人对事不可过分苛求,不能过于严厉。

仁与慈的共同之处在于都有爱,不同之处在于:慈主要是一种家庭伦理的长辈对下辈之爱,属于纯粹的人伦,政治内涵相对较少;而礼制中的"仁"既可以是父母对子女的爱,又包括了政治上的君臣、上下级、君民等等级尊卑的关系,是一种从上而下的等级制的爱,是一种泛化的、有政治内涵的仁爱。

老子还把"慈"列为三宝之首,并论述了"慈"在国家治理中的意义:

● 慈,故能勇;……今舍其慈,且勇;……死矣。

● 夫慈,以战则胜,以守则固。天将救之,以慈卫之。(67章)

(以道治国的执政者、官员有慈善之心才能真正勇敢地做事情,有私心则会有所畏惧;如果没有慈善之心,必定心存私念,有私念去做事,又要装出勇敢的样子,则必定会有所畏惧而遭遇失败。心存慈善之心,则会无所畏惧,百倍勇敢,去进攻就会战胜敌人,去守卫则无比坚固。所以,如果天地万物去救助某一个人,必定以慈善之心去充实他的内心,不使他受到私念的伤害。)

韩非子在解释老子的"慈"的概念时指出,喜欢孩子的对孩子慈爱,重视生命的对身体爱惜,看重功业的对事务珍惜。慈母对于幼子,致力于给他幸福;致力于给他幸福,就从事于免除他的祸害;从事于免除他的祸害,就考虑周详;考虑周详,就获得事理;获得事理,就必定成功;必定成功,实行起来就不犹豫;不犹豫叫作勇敢。圣人对于万事万物,全部都像慈母为幼子考虑一般,即看到了一定要实行的道理;看到一定要实行的道理就会明察,干事情就不犹豫;不犹豫叫作勇敢。不犹豫产生于慈爱,所以老子说:"因为慈爱,所以就能勇敢。"

## 二、节俭之德

以道治国的执政者、官员的第二个美德,就是"俭",即节俭、节制。

俭德是对官员私生活的一种要求,俭就是简简单单、朴朴实实、实实在在地过好自己的私生活,不要追求奢侈、腐朽、糜烂的生活,用现在的话来说,老子是最早反对官场奢靡之风的。如果居住上追求宏大的宫殿,饮食上追求山珍海味,出行上追求驷马仪仗、威风八面,追求五色、五味、五声、驰骋田猎,追求难得之货,必然导致政治上的腐败,从而站在百姓的对立面上。因此,以道治国的政治要求政治官员的生活作风简朴。

"俭"字,从人从佥,佥意为两边、两面,合起来就是在人前人后都言行一致,厉行节约。本义是指生活上自我约束、不放纵,引申为节约、节省。"俭"在古代被视为一种美德,《春秋左传》说:"俭德之共也"《左传·庄公二十四年》),而且"俭而广"也已经连在一起。这句话说的是公元前637年晋国公子重耳流浪楚国时的一段故事。当时晋公子重耳因躲避国难,在外流亡十九年,先后到了狄人之地、卫国、齐国、曹国、宋国、郑国,最后到了楚国,楚成王设盛宴款待他,并说:"公子如果返回晋国,准备拿什么报答我呢?"重耳回答说:"国君你财富、珠宝、美女应有尽有,我没有什么财宝可以回报国君,但如果你一定要我回报你,那么我可以答应你,如果楚晋两国有朝一日兵戈相向,我将对你退避三舍,如果得不到停止进攻的命令,我只好左手拿起马鞭和弓,右手挂上箭筒和弓套,来和国君你追随驰逐、一较高下。"楚国大臣子玉听了很不高兴,请求楚成王杀了重耳,免得以后战场上多一个难对付的竞争对手,但楚成王说:"晋公子广而俭,文而有礼,其从者肃而宽,忠而能力。晋侯无亲,外内恶之,吾闻姬姓,唐叔之后,其后衰者也,其将由晋公子乎?天将兴之,谁能废之?违必有大咎。"言重耳抱负宏大、生活节俭、文辞华美、彬彬有礼,他的随从也都宽厚忠心,听说晋国国君被内外嫌弃,以后能兴盛晋国的,可能就是晋公子了,上天要从事晋国兴盛,谁能使它衰败呢,违背天意一定有大祸。于是,楚成王礼送重耳去秦国。(《左传·僖公二十三年》)

这里的"俭而广"的原型就是晋公子重耳,他就是继齐桓公之后称霸中原国家的晋文公。重耳之所以能成大业,是因为重耳既有复兴晋国的远大抱负,又有生活节俭的美德。因此,老子借历史上这一段重耳的故事来说明"俭故能广",节俭看起来是生活的私事、小事,但是只有从小微之事做起,才能成其广大的事业。

韩非子解释"俭"德时指出,冬天里冰封地冻,如果不够坚固,春夏时草木的生长就不会茂盛。天地尚且不能经常浪费和消耗,何况人呢?所以万物必定有兴盛和衰微,万事必定有松弛和紧张,国家官员必定有文有武,官府办事必定有赏有罚。因此,聪明的人节俭地使用财产,家庭就富裕;圣明的人珍视他的精神,精力就旺盛;做君主的不轻易用兵打仗,人民就众多,人民众多,国土就宽广。因此,老子称道说:"因为节俭,所以能够宽广。"

## 三、"不敢为天下先"与"敢为天下先"

● 不敢为天下先,故能成器长。(67章)

(在名利、财富、功劳、利益面前,以道治国的执政者、官员,永远都不要去和天下百姓争先,所以才能成为百姓所信赖的引导者。)

不先之德,就是"不敢为天下先"。

韩非子解释"不先"之德时说,凡事皆有理,理确定之后,事物就容易分析,所以在朝廷里议事,后发言的人的主张就能够成立,善于权衡各种议论的人是懂得这点的。因此,要想画成方圆而能遵循规矩,那么一切事物的功效就都显现出来了。万物无不存在规矩,出谋献策的人,就是考虑如何合于规矩。圣人遵循一切事物的一切规矩,所以说"不敢走在天下人的前面"。不敢走在天下人的前面,事情就没有做不好的,功业就没有建立不起来的,而议论必定超越世人,圣人要想不处在重要职位上,这可能吗?处在重要职位上,也就是成为办事的首领。因此,老子说:"不敢走在天下人的前面,所以能成为办事的首领。"

有人误解说,老子就是让人当缩头乌龟,什么事都往后缩,一点没有敢做敢当的勇气,没有第一个吃螃蟹者的创新精神,事事顺大流,是一种消极避世、保守退缩、不思进取、甘当落后的人生哲学,与现代社会的积极竞争、勇于创新精神格格不入。

有人没有理解老子的意思,反而还咄咄逼人地责问说:

战争就是竞赛,你能不争?

市场就是竞争,你能不争?

科技就是争先,你能不先?

这种误会,就在于不理解什么叫"天下先",更不能理解实际上有两种不同形式、不同内容的"天下先"。

时间上、形式上的先后,是按事物发展的时间顺序、事情的先后、形式上对人待物的程序而定先后;内容上、逻辑上的先后,是以事物内部的发展规律、发展程度为先后。

在事物内在规律发展到事物必然起变化的时候,是指在做事的各种条件不具备,各方面的形势还没有成熟,事物内部的发展还没有成熟到发生变化的程度,天时、地利、人和的条件不具备,在这些情况下,人们不能贸然行事,不能违背事物发展的规律和本质而妄为妄作。这里的先后,并非时间上的先后,不是行为方主观上的先后,而是事物内在逻辑发展的先后,即以事物发展的程度是否已经到了临界点为标准,即临界点之前为先,临界点之后为后。临界点未到而先,就是抢先于逻辑;临界点之后为后,符合逻辑。未到临界点而先,就是不合逻辑,不合规律,虽先必后;到了临界点再动,虽后亦先。好比赛跑,先与后的临界点是裁判员的起令枪响,枪响之前,就是不合逻辑,就是不合规律,属于犯规,一次抢先尚可,二次抢先就会被罚下场,永远落后了。

　　误读老子者,通常强调时间上、形式上的先后,而忽略了老子所说的内容上和逻辑上的先后,以为老子就是不管什么时候、什么情况下都一成不变地采取事事不先、事事退让的立场,或者误把谦下退让美德的不为天下先,误以为内容上和逻辑上的不为天下先。

　　老子所说的"不为天下先",既是一种谦下、善意的美德,一种时间上、形式上的先后,也是指做事必须按事物发展的内在逻辑和内在规律而为,当事物发展的各种主、客观条件不成熟时,人们不能为先,必须尊重事物的内在规律。

　　"不为天下先",首先是指一种以道治国的执政者和官员的谦下退让的美德。老子的这段话,主要是对执政者和官员说的。

　　因此,这里的"不先",是指以道治国的执政者和官员,在涉及名利、财富、功劳、利益方面,不能与百姓去争先、抢先。因为执政者和官员的责任,就是为百姓的自富、自化、自正、自朴创造有利的政治环境、经济环境、社会环境,怎么能与百姓去争名、争利、争财、争富呢? 因此,官员只有具有不争名、不争利、不争财、不争富、不争官的美德,才能真正地为百姓的四自服务;否则,心眼就会走歪,行为就会不正,为官就会有祸害,就没有资格在百姓之上、之前。这也是考验人们德行修养功力的一个方面,也与以道治国有很大的关联。

　　老子说的"不敢为天下先,故能成器长",是说以道治国执政者、官员,必须具有谦下退让的美德。

　　老子"不为天下先"的另一层含义,就是内容上和逻辑上的"不先"。老子一贯的思想是按事物发展规律办事,任何事情都要等待时机的成熟;做任何事情,都要观察事物发展变化的不同环境、不同阶段、不同特性,只有当事物发展到某种客观程度时,才能对事物采取相应合适的行动,在事物没有发生相应变化、相应程度时,不要采取行动。好比人们摘桃子,要等到桃子成熟了再摘,桃子没有成熟不要去摘,因为这时摘的桃子肯定不熟,不好吃,桃味生涩难入口。

老子这里的"不为天下先",也是指对莽撞行事、妄为妄作而言,是内容上和逻辑上的"不先"。在内容上和逻辑上的"抢先",就是指没有经过深思熟虑,没有等到事物发展时机成熟,就为了出风头、争名誉、抢先利而冒进行动,根据对事物发展的主观的错误判断而采取行动,以显示自己比别人高一筹,是一种不道的"自见"行为,即老子前面所说的"自见者不明"。

老子的"不敢为天下先",就是告诫人们一定要按规律办事,不可贸然、冒失行动,不可鲁莽行事,不要主动妄动,不要违反事物发展规律乱作妄为。

因此,老子又说:

● 民之从事,常于几成而败之。(64 章)

(道行不高的百姓从事的事情,往往在于不能把握好时机,不是过早就是过晚,所以常常在快要成功的时候遭到失败。)

不过,老子在强调内容上和逻辑上"不先"的同时,也讲了另一面,就是要发挥人们的主观能动作用,善于把握事物发展内在逻辑之"几","动善时"(8 章)。"动善时",就是指善于把握事物发展的逻辑规律,该动就动,该不动就不动。

综观老子全书,可以发现,与"不为天下先"的美德一样,"不为天下先"的能力也是一正一反两个方面。老子实际上也讲了两种:一是"不为天下先",就是前面所说的时机不到、时机不成熟不能举事;二是"敢为天下先",就是当形势发展和时机成熟时,要毅然决然地采取预防或先机行动。

● 为之于未有,治之于未乱。(64 章)

(当事情发展的规律已经比较明显表现的时候,就要开始为采取行动而谋划,当事情已经明显地表现出即将发生祸乱之前,就要为消除祸乱早做预防。)

这里的"为之于未有",是一种"善为天下先"的表现;"治之于未乱"也是一种"善为天下先"。因此,贯穿《老子》全书的一个中心思想就是办任何事情,都要遵照事物发展的客观规律,无论是"不为天下先",还是"敢为天下先",实际上都是以事物是否到了该采取行动的时候为标准的。"不敢为天下先",是一种"无为"表现;"敢为天下先",是"无不为"的表现。前者是"消极无为",后者是"积极无为"。

尤其是在军事领域,更是要有"积极无为"的精神准备。因为战机稍纵即逝,失去战机,可能带来灭顶之灾,更要有"敢为天下先"的勇气和智慧。因此,老子又说:

● 兵者不祥之器,非君子之器,不得已而用之。铦袭为上。(帛,31 章)

(战争、军队、武力都是不祥和的东西,不是有道的君子应该经常使用的东西,不到万不得已不要使用它。如果被迫不得已而用兵,那么最好的办法就是抓住时机,出其不意,突然袭击,抢得先机,速战速决。)

　　这里存在一个版本问题。今本用的是"恬淡为上",帛本用的是"铦袭为上",从老子这段话的意思来看,似乎后者更有逻辑性,也更符合老子这段话的总体意思。打仗、用兵、刀枪、杀人,这些非君子所为的事,既然是一种不得已的行动,就不可能在心理上"恬淡",更不可能"为上",因为打仗杀人是十分残酷的事情,怎么可能会有一闲逸悠然的心态? 所以合理的解释应是,应当采取一种办法,尽快地、尽可能短时间内结束这种不得已的行为,这就是根据以奇用兵的规律,集中优势兵力,抓住战机,出其不意地打击敌方,争取自卫战争的尽快结束,所以说帛本的"铦袭为上"更合理。"铦袭为上",就是一种根据战争出奇的规律而采取的一种"敢为天下先"的积极无为的行动。

　　老子虽然奉行不先之德,但该他老人家当先之时,他还是当仁不让地"敢为天下先"了。老子写《道德经》,是被尹喜再三请求之下才为之,有点不太情愿,这是一种"不先"。但老子的《道德经》,又有多少东西是表现老子"积极无为"的精神啊!

　　之前没有人讲过形而上的"道",老子敢为天下先,开人类之先河,第一次从宇宙观、政治观、人生观三个层面论述了天道、地道、人道。之前没有人对礼制社会进行批判,但老子敢为天下先,开了批判礼制的先河,对礼制社会下统治者的胡作非为进行了尖锐、深刻的批判,指出社会的种种问题的总根源在于统治者的胡作非为,礼制社会的统治者们是扰乱社会秩序、使天下不太平的强盗头子! 之前人们都说有一个上帝、有一个天神支配着人类社会的一切,老子敢为天下先,第一个深刻地阐明了万物生长的自然规律,指出没有什么上帝,没有什么天神,"以道莅天下,其鬼不神"。之前人们都说天下都是统治者的,天下财富是统治者的,老子敢为天下先,第一个喊出了"以百姓心为心",天下应当是百姓"四自"的天下……《老子》一书中有多少内容都是中国历史上的第一次论述啊!

　　没有"敢为天下先"的精神,什么都等别人说了我再说,别人做了我再做,就永远不会有《老子》的问世了!

　　因此,老子的"不为天下先"之德,实际上是指一种消极无为的行动,与积极无为的"敢为天下先"也是一正一反,形成了一种阴阳关系。

　　对于以道治国的执政者来说,在实现道法自然、与民四自、损补抑举、自卫反战、公平正义、平等包容方面,必须敢为天下先,率先做、率先行,为民榜样,引导百姓和社会沿道治天下的方向前进。

　　在"作而不辞、生而不有、为而不恃、功成而不居"方面,以道治国的执政者、官员必然为天下先;当不得不进行自卫战争时,以道治国的执政者、官员必须为先,走在百姓的前面;当社会、国家治理出现了问题,需要有人来承担责任时,以道治国的执政者、官员必须为先;当百姓的生活因天灾人祸出现困难而需要救助时,以道治国的执政者、官员必须为先。

两种行为的共同点都是遵道而为、顺势而动、择机而行。换句话来说,老子倡导的是不先不后、可先可后、不为物先、不为物后、该先则先、该后则后,先与后的标准都是顺应事物发展的规律。

"不为天下先",是因为规律不显,时机不到;"敢为天下先",是因为规律已经显明,时机已经成熟,不能不行。一切都是遵道而行。两者都是因道而产生的"美德"。它和无为无不为一样,都是同一事物的两个不同的方面,并不相互矛盾。

黄老学派对老子的"先后"之德做了很好的解释,在先与后、如何先、如何后的问题上,《黄帝四经》对老子的思想进行了创造性的发展。

《黄帝四经·十大经·观》:"当天时,与之皆断。当断不断,反受其乱。"顺应天时,抓住时机,当机立断;时当决断而优柔寡断,错过时机,不但福吉失去,反会自取其祸。

《黄帝四经》指出,人们应当抓住天道运行的规律来把握采取行动的契机。这样的话,人就能在天道运行中反客为主。如果一味地竞争,该静时不静,国家就无法安定治理;相反,该动时不动,那么在天道运行中,人就会重新处于被动的地位。因此,动静合时,就会得到天地的佑助;而如果动静不合时宜,就会失去天地的佑助。①

《黄帝四经·十大经·雌雄节》中有"吉凶之常,以辨雌雄之节",认为凡是先动者大抵都有祸凶,而后发者一般都有福吉。然而,有时也会发生先动而无凶祸的特殊现象,这是因为恒久地执守雌节、雄节不失的缘故;有时也会发生后发而无吉福的特殊现象,这是因为顽固地依恃雄节、雄节未去的缘故;有时还会出现先动也无凶祸而后动也无凶祸的特别情况,这也是恒久地持守雌节、雌节不失的缘故;有时又会出现先发也无吉福而后发也无吉福的特别情况,这仍是顽固地依恃雄节、雄节未去的缘故。

《黄帝四经·十大经·兵容》:"不刑天,兵不可动。不法地,兵不可措。刑法不入,兵不可成。天地刑法之,圣人因而成之。因天时,与之皆断。当断不断,反受其乱。"不懂得天时,就不可以兴兵;不懂得地利,就不能指挥作战;不了解人事,就不会取得战功。因此,必须考察天时、地利,并且取法于圣人之道。兵功是

---

① 《黄帝四经·十大经·姓争》:"天道还于人,反为之客,静作德时,天地与之。静不衰,时静不静,国家不定。可作不作,天稽环周,人反为之客。静作得时,天地与之。静作失时,天地夺之。"

人为的,但它由天地主宰着,圣人因为能够因顺天道、地道、人道,所以能成就其功,而圣人的成功,就是因为掌握了时宜并为之所用。因顺天时而把握时宜,作战就能够成功。作为圣人,他们能够恰当地掌握军纪刑法,而且处事果决、不背信弃义。关键在于,要顺应天时,当机立断;该果断的时候却犹豫不决,反而会自取其祸。

《黄帝四经·称经》:"圣人不为始,不专己,不豫谋,不为得,不辞福,因天之则。"作为圣人,不先动,不偏执一己之见,天时未到便不预先谋划,而天时到了也不可失去时机,不谋求索取,而福祥来至也不可放过。总之,要因顺上天的法则。

《淮南子·原道训》已经修正了只强调"不敢为天下先"的片面性,指出了先与后的辩证关系,认为"夫执道理以耦变,先亦制后,后亦制先。是何则?不失其所以制人,人不能制也,时之反侧,间不容息;先之则太过,后之则不逮",所以事情的"敢先"与"不先",一切都是以事物发展的逻辑内容来定的,关键在于事物发展的逻辑性,"非争其先也,而争其得时也"。一般情况下,人们可以"常后而先",但是有的情况则必须当先则先。

# 第十七章

# 无私、担责、诚信

以道治国的执政者和官员,不仅要四不、四自、三德、节制己欲,还要有无私、担责、诚信的品德。老百姓要自富,故可以有私,但为政的官员不可以有私,有私就会乱为;为政的官员身负管理天下的责任,所以不仅要不妄为、不乱为、不胡为,而且也要敢担当,敢于承担自己应负的责任;为人要有诚信,为官更应有诚信。

## 一、民有私而官无私

老子并不反对百姓有私。

"民自富"的基本含义,就是指百姓自我发财致富,而这种自我发财致富,可以是一群百姓自发组织起来的自发行为,也可以是个人、家庭自己努力劳动获得财富。"民自富",就是保护百姓的私有财产权。如果百姓劳动得来的财富都不属于自己私有,而国家政府可以随意取走,百姓就永远不可能"自富"。

在保护发展百姓的私有权利方面,后来的道家杨朱学派把它发展到了极端。

《列子·杨朱》说,杨朱与墨者对话时说,现有的圣人,如大禹不愿为自身谋利益,因而劳累过度,半身偏瘫,大利天下,但古代的圣人伯成子高却相反,他不肯"拔一毛而利天下",并因此而舍弃王位,隐居耕田。

墨者问:"如果拔去你身上的一根毫毛来救助世道,你愿意吗?"

杨朱答:"世道本来就不是拔一根毫毛能救助得了的。"实际上是在拒绝。

墨者不解,怎么拔一根毛能救助世道这样简单易行的事却不为呢?

杨朱的学生孟孙阳告诉他说:"你不解先生的意思。我问你,如果有人拔你一根毛给你一斤黄金,你干吗?"墨者说:"可以。"

"那如果割你一片肉给你十斤黄金呢?"墨者说:"我愿意。"

"那如果砍掉你一只脚给你万斤黄金呢?"墨者沉默了。

"如果砍掉你的脑袋给你一个国家呢?"墨者无语。

孟孙阳告诉他说,一根毫毛轻于肌肤,一片肌肤又轻于一只脚,一只脚轻于人的生命,但肌肤是由毫毛组成的,人的生命是由肢体组成的,一根毫毛虽然只是身体的万分之一,但难道可以轻视它吗?所以,杨朱学派告诉墨者说:"古之人损一毫利天下不与也,悉天下奉一身不取也。人人不损一毫,人人不利天下,天下大治矣。"意思就是说,如果人人都奉行利己而不损他人的行为,既不要拔自己的毫毛利天下,也不要占天下人哪怕是一根毫毛的便宜,那么天下就可治理好了。

这段话代表了中国历史上几乎是唯一一主张保护个人权利的思想,虽然极端,但其中包含应当珍重百姓个人的生命财产,不能要百姓牺牲或放弃自己的利益,实际上论述了要保护百姓的合道而来的私有财产的理念。

然而,对于以道治国者,老子却是主张,对一般官员,要做到"少私寡欲"(19章),但对于执政者和主要官员,他们一定要无为、无欲、无事、无动(好静),一定要不争名、不争利、不争财、不争富,一定要把名、利、财、富等让与百姓,不与百姓相争,而且明确提出,要有"无私"的品德。

● 天长地久。天地所以能长且久者,以其不自生,故能长生。是以圣人后其身而身先,外其身而身存。非以其无私邪?故能成其私。(7章)

(天地的活动力经久不息、源源不断,天地之所以久长,是因为天地都是顺应天道的本质和规律而生长,从不自以为是地生长,所以能够天长地久;所以以道治国的执政者,不能以私心治国,必须置身于百姓之后,他从不考虑自己的名誉、地位,只是顺应百姓的心愿而为,反而能够被百姓推到前台;从不考虑自己的生死,只是顺应百姓的忧乐,反而名声能在百姓中长久地存在。这不正是因为以道治国的执政者没有自己的私心吗?所以,以道治国的执政者反而能够实现自己的道法自然、以道治国的心愿。)

有一种观点认为,老子这里的"成其私",是指以无私的心态面对百姓万民,才能长久地保持其统治。[①] 这实际上是把老子视为为他所严厉批判的礼治制度的统治阶级服务的一个思想家,似乎老子所做的一切,其目标不是实现以道治国,而在于最终维护礼治制度。因此,老子对礼制的批判就成了假批判。

这也是对《老子》全书的重大误解。《老子》全书的基本思想就在于反对礼治制度,以一种全新的道治社会取而代之。老子笔下的以道治国的圣人,不是礼治制度的维护者、挽救者。老子的所谓成其"私",并非指圣人自己的私心、私利,

---

① 商原李刚:《道治与自由》,社会科学文献出版社2005年版,第204页。

而是有道者的一个愿望,就是要以"道治社会"取代"礼制社会"。这个"私",就是老子所说的"小国寡民"的理想。如果一定要说有"私",则这个"私"就是道法自然、与民四自、损补抑举、平等包容、以法治国,就是实现以百姓心为心。

在这里,我们又见到了老子的风格,同一个字,代表了两种不同的内容。私,也是一正之反。有小私,即个人之私;有大私,即天下之私。因此,"无私"之"私",是指个人之小私;"成其私"之"私",是大私,大私就是无私。

因此,以道治国的执政者、官员,应当具有比普通百姓更高的德性。百姓可以有私,但执政者、官员不能有私,更不能与百姓利益相争,可以有大私,但不能有小私之私。

● 圣人不积:既以为人,己愈有;既以与人,己愈多。(81章)

(以道治国的执政者是从不积累声名财富的,他把自己的一切都无私地给予天下百姓,给得越多,他自己的内心也越充实;他尽量帮助天下百姓,给得越多,他自己的德性也越丰富。)

换句话说,在老子的思想体系中,既然是为官就要为民,就要无私,而百姓既然要自富,就可以有私,有私才能富,但不能害人。官与民有区别,要求不一样。

## 二、勇于担责之德

● 大成若缺。(45章)

(最完美的物品,就好像是有瑕疵的。)

天道自然,天地万事万物按大道的规律和本质自然而然地生生化化,一切都井然有序、完美无缺,所以无为无不为。在人道方面则不然,以道治国就是遵道而行、顺势而为,所以能无不治。但既然治理国家,就免不了出现错误。即使最有智慧的以道治国者,也难免有智慧不够用的情况。

这种错误可能由于两方面的原因:一是正如老子开篇就讲到的——"道,可道,非恒道",政道只要讲出来,就不可能有完满的,一定会有欠缺,而要实行起来,就更会出现理论与实践不对接的问题;二是国家治理的情况太复杂,超出了一般的常规情况,超出人的理性认识能力,超出了人们悟道的能力,而新的政道有待认识、了解、发现。尤其当大道隐而微的时候,人们就要付出更多的努力、更大的代价去探索与研究它。

那么,出现了错误该如何?

● 圣人云:受国之垢,是谓社稷主;受国不祥,是谓天下王。(78章)

(以道治国的执政者说,只有承担国家治理的一切责任,才能有资格成为代表百姓管理社会的执政者;只有承担国家政治的一切灾难,才能有资格成为引导百姓的前行者。)

勇于承担责任,是一个以道治国的执政者和官员应该具备的优秀品质。它可以帮助政治活动家赢得百姓的信任和尊重,改进执政者与百姓的关系;只有对执政中出现的错误、问题、灾难负责,才能提高自己执政的水平和治理的质量,不断改进自己的治理工作。

勇于承担责任,也是以道治国的执政者、官员的积极进取的精神。虽然是无为而治,根据政治发展的规律和本质进行治理,但什么是政治的本质以及什么是政治的客观规律,在许多时候不会自动显现,没有什么可以告诉执政者、官员什么是应该做的以及什么是不应该做的,在进行政治本质和规律的探索过程中,就需要表现以道治国的执政者和官员的进取心,也同时必须具备承担责任的品质。

### 三、诚信之德

诚信,是做人的一个基本品质。这一品质其实无分东西南北,无论古今中外,都是一种普遍和永恒的德行。不论是一个人、一个家庭,还是一个国家、一个民族、一个集团、一个企业,都应当把诚信当作安身立命的品质。这一点儒家讲了很多。守信是儒家的基本伦理道德。

事实上,老子作为道家的创始人,也是十分重视诚信的,也把它当作衡量一个国家的政治是否有德性的一个标准,当然,也是对以道治国的执政者和官员的基本要求,所以老子在书中也用了不少篇幅对诚信进行论述。全书有15处使用了"信"。

"信"字的基本含义是语言真实、为人诚实、可靠、不欺骗、不虚伪。

老子批判礼制社会的政治弊端,其中之一就是不讲诚信:

● 信不足焉,有不信焉。悠兮其贵言。(17章)

(礼制社会的统治者们的政令繁多,朝三暮四,对百姓是不讲诚信的,又怎么可能得到百姓的信任呢?所以,以道治国的执政者一定要吸取教训,要谨言慎行,不能随便承诺。)

● 夫礼者,忠信之薄而乱之首。(38章)

(以礼治国,就是以繁多复杂的礼仪规范这些东西来治理国家,这是缺乏忠诚、诚信的表现,也是社会走向混乱的开始。)

一个社会的混乱,是从失信开始;一个社会的复兴和建设,要从守信开始。道法自然的社会,人们本着善性和善心而为,以淳朴之情相待,用不着虚情假意,用不着虚伪的言辞,当然就有诚信之德,而以道治国的执政者和官员应该成为诚信的表率,然后普及全社会,使人人都成为诚信社会的一员。老子因此在多处指出,建立诚信的社会是道法自然的必然之义。

● 言善信。(8章)

水本是无情之物,也不会开口表白,却被老子比喻为善于遵守诚信之德的物质。因为水虽然无情无言,却有信,它遵循自然规律。江河之水,冬枯夏涨,每年都在汛期应期而至;大海之水,随月亮圆缺而潮起潮落,应规律、应时而至。所以水的善行之一,就是不言而有信、循规律而为。

● 其精甚真,其中有信。(21章)

老子在论述诚信时,不仅指出水这一无情之物有信,而且还论述了天道自然的特性,认为天道的隐而微的精质,就是至真至实、至诚至信,从不隐藏,从不虚伪。人效法天道自然,当然也应当效仿天道的这一精质。

● 信者,吾信之;不信者吾亦信之。德信。(49章)

不仅以道治国的官员应为诚信之垂范,而且诚信这一德行,应当成为全社会所有成员的品质,建立一个诚信的社会。如何才能建立这种诚信社会呢?老子为此指出,首先,在得道者中间建立起诚信的行为准则,对这些有诚信品质的人,应予充分信任;其次,通过得道者诚信的行为,把诚信这一品质扩散至社会。对那些没有诚信的人,也要自然而然地感化他们,逐渐帮助他们形成诚信的品质,并给他们以应有的信任。这样,全社会都可以形成讲诚信的风气,人人都可以成为诚信的君子。

● 夫轻诺,必寡信。(63章)

建立诚信品质,必须从克服乱许诺开始,所以要克服"轻诺"的毛病,不要随便开口许诺,因为许诺多了,必然有"寡信",即不能兑现的诺言;如果许诺了,就必须兑现,因为轻诺而不兑现,就是欺骗,就是撒谎,就是不诚信。那些轻易许诺的,必然难以守信。诚信的品质从谨言开始,管好自己的嘴巴,不要乱说话,不要乱承诺。

● 信言不美,美言不信。(81章)

诚实的言辞不一定很动听,动听的言辞不一定诚实可靠。那些靠谱的人,往往都是寡言少语的人,而那些花言巧语的人,其中往往骗子较多。人们要辨别诚实的言辞和虚伪的言辞。

当然,诚实的话也可以讲得生动活泼,也可以讲得精彩动听,不一定每一个诚实的人都不会讲话,也不能把所有能说会道的人都认为是骗子。把诚实的内容与精彩的语言表达结合起来,是一门高超的讲演艺术。老子自己谦下地说,"智者不言,言者不智",但综观《老子》全书,无与伦比的语言表达与高精深准的思想内容，二者达到了非常高度一致的结合，不仅思想精深宏大，而且语言优美精湛，是内容诚实与言辞优美相结合的典范。因此，老子的"信言不美，美言不信"和"智者不言，言者不智"中的四个"不"字，都应当改成"弗"字更好，因为"弗"字既包含"不"的内容，也包含"校正""谨慎""合宜"之意。即诚实的内容不一定美丽动听，但也可以美丽动听；美丽动听的言辞不一定可信，但也可能诚实；智者一般不夸夸其谈，但也可以口若悬河；能说会道的人不一定有智慧，但也可能智慧超群。但是，在好听与诚实之间，还是以诚实为首，首先是让人可信、可靠，其次才是提高演讲的水平。

黄老学派也有关于守诚信的内容，认为：诺，表示的是应允；已，表示的是拒绝。已经承诺了却失信，这即是认识的最大迷惑。已经承诺了就必定守信，这就是所谓合于准度。①

网络上流传着一个故事，说美国一个中学的老师，因为发现有28个学生在网上抄袭作业，判定这些学生的成绩通通为零分。按规定，学生必须留级重修，这就遭到了学生家长的反对，校方在家长的压力下，也希望老师重新修改成绩，这个老师愤然辞职。这个老师的做法得到了全校半数教师的支持，并表示，如果校方满足家长的要求，他们也将辞职。这一事情在社会上传播后，许多企业表示，一旦得知这些学生的名单，将永远不会录用这些学生。这些老师、企业认为，培养一名诚实的人，远比一门课的成绩重要。

反观当下中国社会，诚信成了稀缺的资源，不守信用、欺骗等现象在相当程度上存在着。

重读几千年以前老子的这一段关于诚信的经典，现代人会感觉到，重建诚信是一个多么沉重而迫切的话题。

创建好社会，从人的诚信开始。

---

① 《黄帝四经·经法·名理》："诺者，言之符也，已者言之绝也。已诺不信，则智大惑矣。已诺必信，则处于度之内也。"

# 第五篇
# 治道：制度、能力、体系

政治价值、政治伦理构成了老子政治哲学的政道,它阐述了人类社会的建设和治理必须要遵循的政治价值、政治规则,是国家政治运行的大方向和基本要求。

然而,光有政道,国家的政治也是不可能正常运转的,必须要有治理之道,必须要有把政治价值、政治伦理实际贯彻到政治实践中去的制度、能力、体系。换言之,治道就是运用公权力、社会资源、策略、制度来建设和实现政治价值与伦理价值的整个过程,就是运用政治价值和政治伦理以解决国家、社会、民众面临的各种重大问题,解决各种生存与发展的实际问题的过程,就是不断建设、积累、发展、完善国家和社会发现问题、解决问题的能力的过程。

国家治理虽然是一个现代概念,在老子的时代当然不可能完整地论述这个问题,但老子在 2 500 多年前就十分重视国家治理的问题,已经明确地使用了"治"的概念,涉及治理的本质,对治理制度、治理能力、治理体系三个部分都有所论及,形成了治理之道的雏形。国家治理构成老子政治哲学的重要组成部分。

国家治理的本质,就是要解决国家、民族、民众生存与发展的关键问题、迫切问题、重大问题。治理是一个实践过程。如果说政道的核心是方向问题、原则问题、规则问题、目的问题,那么治道的核心就是价值和伦理实现问题、能力问题、效率问题、如何适应形势环境变化的问题。治道的灵魂在于顺势而为、因循变化。

国家治理制度,是国家治理的主体,回答谁来治理的问题。

国家治理能力,就是运用国家制度管理国家事务和社会事务、管理经济和文化事业的能力,也就是制度执行力。

国家治理体系,是国家分层治理的结构。老子已经明确提出了个人治理(修身)、家庭基层治理(修家)、基层和地方治理(修乡)、国家治理(修国)和天下治理(修天下)五个层次。

国家治理制度、治理能力、治理体系形成了一个有机整体,三者相辅相成。

老子治道中所包含的政治智慧,对于人们理解今天的国家治理有重要的借鉴意义。

# 第十八章

# 老子之"治"

老子不是一个逃世、隐世、逃逸的思想家,而是一个想以道家思想改造社会的思想家,有着强烈的现世情怀,对如何进行国家和社会的治理提出了许多积极的观点。《老子》全书共有 13 处"治",初步形成了国家治理的体系。因此,要理解老子的政治哲学,在理解老子的政道的基础上,还必须深入了解老子的治道。

## 一、"治"字的含义

治字,从水,台声,本义是指山东境内莱曲城阳丘山的一条河,向南入海。引申为治水。在后来的演变中,"治"字有了更多的内容,至少具有以下四个方面的含义:治理、整治、治疗、治乱。具体来说又可分为:

▲ 治物:治山、治水、治树、治虫。
▲ 治事:治乱、治灾、治病。
▲ 治理:治人、治民、治官吏,治村、治乡、治城、治国、治天下。

但不管是哪种"治",都包含治的对象、治的主体、治的工具、治的方法等。

治水之"治"是中国治理的典型象征:治理的对象是水,水可以是天上之水,也可以是山水、河水、江水、湖水、污水、大水、洪水等。治理的主体当然是人,包括村民、市民、军队、政府。治理的工具和方法包括:在古代治水的最直接的方法就是"口",意即取土取石,取土取石就离不开工具(竹筐、竹笼、木马架、车、铲、锄、锹)以及动力(马、牛)等,用这些材料和工具,将土石垒成梯形状的石土堤,或排水,或拦水,或蓄水,或放水,等等。

从"治"字的构成来看,也正好对应了治道中的两大问题:左边的"氵"旁,可以视为治理的对象;右边为一"台"字,象征如何治水,即以土为台,以台垒坝,引水或拦水。

"通过顺着事物天然具备的文理而整治,顺应其本身的能量动势趋向进行正向性的疏导,从而引导事物应先天客观规律而归正,这就是治理。"[1]

在中华民族形成与发展的历史上,经历了许多重大的与水进行斗争以继续生存和发展的灾难性事件,进行了许多改造山河以预防并抗击洪灾的事件,这些重大的实践对于形成中国的治理之道有直接的重大作用。

## 二、道家三治:无为不治、无为而治、南面而治

在道家的学派中,虽然都主张顺任自然,反对专制权威,但对于治理则形成了三种不同的观点。

庄子学派多主张无为不治,是一种消极无为。庄子一派强调"逍遥游""在宥天下"的自由精神,他们对现世的礼制持完全否定的批判态度和不合作的反抗态度,并由此走向否定一切权威、政府和约束的极端放任的政治。

庄子主张"游心于淡,合气于漠,顺物自然而无容私焉,而天下治"(《庄子·应帝王》),认为"彼民有常性,织而衣、耕而食,是谓同德,一而不党,命曰天放"(《庄子·马蹄》),而所谓"天放",就是完全没有任何约束的放任。在《庄子·在宥》中,庄子更明确地否定了治天下,说"闻在宥天下,不闻治天下。在之也者,恐天下淫其性也;宥之也者,恐天下之迁其德也。天下不淫其性,不迁其德,有治天下者哉?"

因此,庄子的"无为不治",是以"不治而治"的"治",表达的是一种彻底的放任精神,基本精神就是主张在未来的道治社会中,人民应当完全自由自在,不能有任何的权威的约束和管制,不仅是专制政权不能要,即使是老子主张的圣人之治也不能要。因为圣人之治也是一种有为治理,虽然与暴君之治的表现形式不同,但结果都是使天下淫其性而迁其德,圣人之治使天下乐其性,不恬,桀治天下,使天下苦其性,不愉,不恬和不愉,都不是道之德性,失道与德,天下不可长久。因此,还是不治天下最好。[2] 庄子《应帝王》的主旨,也是在说"为政当无治",表达了"庄子无治主义的思想"[3]。

黄老道家中的一派也有相同的倾向。《淮南子·原道训》也表达了"知大已

---

[1] 熊春锦:《东方治理学》,中央编译出版社2016年版,第109、101页。
[2] 《庄子·在宥》:"在之也者,恐天下之淫其性也;宥之也者,恐天下之迁其德也。天下不淫其性,不迁其德,有治天下者哉?昔尧之治天下也,使天下欣欣焉人乐其性,是不恬也;桀之治天下也,使天下瘁瘁焉人苦其性,是不愉也。夫不恬不愉,非德也;非德也而可长久者,天下无之。"
[3] 陈鼓应:《庄子今译今注》,中华书局1983年版,第211页。

而小天下"的观点,认为那些"亡乎治人而在于得道"的人,就是"无乐者,则无不乐,无不乐,则至极乐矣",认为天下与我就是一体的,我得道了,天下就得道了,又何必治天下! 因此,《淮南子·原道训》指出,"夫天下者亦吾有也,吾亦天下之有也;天下之与我,岂有间哉! 夫有天下者,岂必摄权持势,操杀生之柄,而以行其号令邪? 吾所谓有天下者,非谓此也,自得而已,自得则天下亦得我矣。……全其身,则与道为一矣",主张把全身与治天下等同起来,全身了,也就治天下了。

《庄子》书中所混杂的黄老学派的观点,虽然与庄子一样,也批判现世的权威,但在未来社会的制度构想上,庄子中的黄老学派却主张"君无为而臣有为",主张"君人南面之术",认为"礼法度数,形名比详,古人有之",认为"上必无为而用天下,下必有为为天下用,此不易之道也","本在于上,末在于下;要在于主,详在于臣"(《庄子·天道》)。这与前面的主张无为不治的观点相比,就有很大的不同,黄老学派不但主张"无为有治",而且还主张"君臣共治",其中的"君""无为",已经不是老子的"无为而治"的"无为",即按规律而为、不妄为,而是演化为君主不作为、无作为,把权力交给那些有道之臣去"有为"。

齐国稷下学宫的黄老学派,比《庄子》书中的黄老学派走得更远,他们主张"道生法",主张因循而治,主张建立各种政治经济制度对社会进行管理。这其中有些是继承和发展了老子的"无为而治"的思想,但相当多的内容就不仅是"无为而治"了,而是"有为而治",大大超越了"积极无为"的界限。比如,《黄帝四经》中有大量的主张征讨不义之国、以有道之国去兼并无道不义之国的主张,已经完全超越了老子的"无事取天下"、反对对外发动战争的思想,变成了"有事取天下"。他们不但与庄子的无为不治的思想不同,而且也大大超越了老子的"无为而治"的思想,变成了"积极有为治理",老子的反对权威的思想,演变成了黄老道家的"新权威主义"[1],这是一种"有为而治"的思想。

老子的思想,则是"无为而治"。

与庄子的无为不治相比,老子的无为而治强调"民四自"中的百姓的自由自在,百姓根据天道自然的法则而生存演化。老子既强调百姓的自治的自由,也强调政府与社会治理的重要性。因此,老子通篇都在强调圣人、有道者在国家与社会治理中的积极作用;庄子则是否定一切权威,包括否定道治社会的圣人的作用,而老子强调圣人在建立道治社会中和在道治社会建立之后的管理中的重要作用。庄子是无圣人治理,老子是有圣人治理;庄子是无政府,老子是有政府;庄子是不治之治,老子是无为而治;庄子是"天放"、极端放任,老子是自然但不放

---

[1] 商原李刚:《道治与自由》,社会科学文献出版社2005年版,第139页。

任,对化而欲作者、对百姓中的"奇"者、对百姓中的"不足"者、对外国的入侵者,必须按规律和本质采取相应的措施;庄子是消极无为者,老子既是消极无为者,也是积极无为者。合道的治理,按规律而采取的治理措施,是构成老子政治哲学的重要组成部分。

黄老学派主张道生法,以法治国,这一点比老子讲得多,道家的治道、术道在黄老学派中得到了很大的发展;但黄老学派的法最终服务于君,尊君是黄老学派的核心,这一点大大区别于老子,是政道的一大倒退,老子的法服务于民。黄老学派强调君臣共治,老子强调圣民共治;黄老学派强调君不治而臣大治,治理与民无涉,老子以"民四自"为主,以圣治为辅;黄老学派强调主动对外征伐,有事取天下,老子反对主动用兵,以无事取天下;黄老学派强调治理之术,对政治价值不重视,老子则以政治价值驾驭政术。

萧公权先生曾指出,老子治国的最高原则是无为而无不为,"故就理论上言,老子所攻击者非于治之本身,而为不合于'道德'标准之政治。老子尝举高下不同之政治数种,以为取舍之标准"。[①]

总之,庄子是无为不治,讲民自治,反权威;黄老学派是无为有治,讲君臣权威,不讲民自治;老子是无为而治,讲民自治,也讲圣人权威,讲官民共治。

"天下大治""无不治"的"治",是以"无为而治"为指导进行治理的结果,是指经过社会的治理后社会井然有序和稳定的状态。

## 三、五种治制:道治、仁治、义治、礼治、霸治

政制(politeia)源于柏拉图的《理想国》,本义是指宪法或政制,亚里士多德使它成了政治研究的核心问题。广义地说,政制指的是一政府形式,指一人、少数、多数人统治,或这三种形式的混合,也就是君主制、贵族制、共和民主制、僭主制等。政制首先关涉的是政府形式,主要涉及人民在这个政府形式中的地位及如何受到治理、公共职务如何分配(选举、出生、财富、个人品质)、个人的权利与责任。它不仅是一种政治体系,而且是道德、宗教、习惯、风俗和情感。这种政制与每一国家的风俗、民族特点、性格相关。这种政制必然与别的国家不同,因而引发国家间的冲突,这种政制必然有党派,因而引发国内政治的冲突。[②]

老子的政治哲学对政制也进行了论述,并对各种政制形式进行了简评。

天道落实到人类社会,就是"德";人类社会从天道中得到的德,有多有少,形

---

[①] 萧公权:《中国政治思想史》(上),商务印书馆2011年版,第176页。
[②] 史蒂芬·B.斯密什:《政治哲学》,第6页。

成有德与无德之别,所以构成了不同的社会政治治理制度;老子在38章对各种不同的治理制度进行了比较分析,指出了各种治理制度的特点,认为只有道治制度才是最好的社会治理制度,从道治以降,大道之"德"的成分越来越少,到礼治制度以后,就已经差不多完全失道了。

● 上德不德,是以有德;下德不失德,是以无德。上德无为而无以为。上仁为之而无以为;上义为之而有以为。上礼为之而莫之应,则攘臂而扔之。故失道而后德,失德而后仁,失仁而后义,失义而后礼。夫礼者,忠信之薄而乱之首。前识者,道之华而愚之始。是以大丈夫,处其厚,不处其薄;居其实,不居其华。故去彼取此。(38章)

1. 上德社会:道治制度

河上公在注解《老子》35章时,明确使用了"用道治国"的概念,认为"用道治国则国安民昌"。王弼在注解《老子》57章时,明确使用了"以道治国"的概念,指出"以道治国则国平"。

道治国家,就是上德社会,是人类社会最好的治理制度。

● 上德不德,是以有德。

"上德"社会,是指充分地从天道中吸取对人类社会的启示,是德性完满的社会,因为完满,所以不用整天把"道"叫在嘴上、挂在脸上,所以是真正有德的社会。

● 上德无为而无以为。

最好的道治社会,就是执政者遵循无为而治进行治理,而没有自己的任何私心杂念。道治制度的特点是,有道者与百姓共同治理天下,执政者以道法自然和无为而治治天下;天下是天下人的天下,民有;天下资源是天下人的资源,民享;天下是天下人治理的,以民治为主,圣治(有道的执政者)为辅。有道的执政者是民心的代表,由天下乐而推之,与天下人保持着水乳相融的关系,来自民众,倾听民众的呼声;有道的执政者只是实现人民利益的工具,作而不辞,为而不恃,功成而不居,他功遂身退,不以功自居,更不搞什么世袭制、终身制。

道治国家不仅有道,而且有仁、有义、有礼。人们常把道治与仁、义、礼对立,是不了解道治社会的特点,其实道治社会不但有仁、有义、有礼,而且这些仁、义、礼是以道法自然、无为而治为根本的,是真正的仁、义、礼。

道治社会的仁,是平等成员之间发自内心的关爱,而并非仁制制度中自上而下的仁,也不是由政治制度规定的爱,是自然而然的爱;道治社会的义,是以道法自然、无为而治的义,按社会秩序、正义、平等、公正的规律而立法,考虑人民的民风民俗,法中有自然,法中也有爱,而不是法治制度下的严刑峻法;道治社会的礼,是道法自然之下的礼,人们相互之间出于亲情、友情,发乎内心,对长老者尊敬,对幼少者关爱,出于人们自然的情义而相互平等交往,而不是礼治制度下的等级尊卑,强行制度性规定的繁文缛节,也没有虚情假意和迫不得已的往来。

2. 下德社会：仁治、义治、礼治

● 下德不失德,是以无德。

大道流失,人类社会沦为下德。所谓下德,就是天道的德性已经程度不同地缺失,所以在下德的社会,人们总是以有德来装饰或掩盖自己的不德、少德和无德,所以实际上都是没有德性或者德性流失的社会。这种下德的社会有三种,就是仁治、义治、礼治,德性的程度依次下降,一个不如一个,这就是老子所说的"故失道而后德,失德而后仁,失仁而后义,失义而后礼"。

这三种下德社会的共性,都实行君主治、世袭制、终身制。天下成了君主、有权者的天下,是君有天下、家天下；天下财富成了有权者和少数财主的财富,是君、权、贵享有；天下由君主和权贵们治理,是君治、君臣共治。所有这些制度,都没有民有、民享、民治,与民众的距离越来越大,对抗性越来越强,所以这些治理制度都是失德的,但失德的程度不同,因而形成了仁治、义治和礼治三种治理制度。

(1) 仁治制度。

● 上仁为之而无以为。

仁治制度还保有较多的天道的德性。君主以仁爱治天下,是所谓明君,他虽然有天下、位天下,但能体恤民情,对百姓有关爱心,仁治制度下也有法制,这个法虽然不平等、由君立,但法中有情、法中有爱,礼制也不那么繁琐。上仁的"为",一是可以理解为君主的爱,二是可以理解为君主无论怎么"以仁爱治国",但终究是为了自己的江山,舍不得权力,放不下名声,无论有多仁爱,但都把权位传给后代。因此,与道治社会相比,德性已经流失很多了。

(2) 义治制度。

● 上义为之而有以为。

所谓"义",就是"正义",就是"法"。法治制度的特点是强调公平、正义、平等、秩序、稳定,而法治在保障公平、正义、平等、秩序、稳定上,比起仁治来,更有成效。但这里的义治并非法治,在义治制度中,不但失去了大道的德,而且也没有仁治的仁爱,君主的"法"不是真正的人人平等的法,也不能保证百姓的权利,只成为统治者维护家天下的工具,对百姓的统治更严厉,所以义治比起仁治来,是更让人畏惧的制度。君主为之的"以为",只为了君主的利益、君主的秩序,以此规定了各种法律制度,与无为而治之下的"以法治国"相去甚远。

(3) 礼治制度。

● 上礼为之而莫之应,则攘臂而扔之。

礼治制度就是以礼来治理社会,"礼"已经不是道治社会中那种人们出乎自然、出于内心、出于情感而产生的礼貌,而是一种国家政治、经济、文化的制度规定。礼制的核心是君臣上下的等级尊卑,体现的是一个庞大的社会金字塔,天子是这个金字塔的顶端,不但拥有天下权力和天下财富,而且对下面的臣子、权贵也具有严格的约束,比如天子吃的饭、穿的衣、用的颜色、坐的车、住的房、听的歌、跳的舞、用的名号等,任何人都不得使用、模仿、享受,否则就是僭越,是大罪,要杀头灭族。礼治有一套繁琐的礼仪制度,对什么人在什么时候见什么人、该穿什么衣、说什么话、如何走步、如何行礼等,有许多制度性的规定,否则就是失礼,就是不敬,也要治罪。礼治制度不但无道无德,而且也无仁无义,不但没有慈爱,也没有规则,礼制下的规矩就是没规矩,或者只有天子君王的规矩,想怎么定就怎么定,想怎么改就怎么改。如果人们不服从(莫之应),统治者就会进行处罚(攘臂而扔之),是下德各种制度中强制人为程度最高的。

礼治制度也是老子生活的政治环境,所以老子极为严厉地批判了礼治制度,礼治制度就是老子所说的"其次侮之"(17章)的制度。

(4) 霸治制度。

● 夫礼者,忠信之薄而乱之首。

礼制虽然不好,但毕竟还有一定规矩,还有一定秩序,这就是天子的规矩、天子的秩序,这就是"礼乐征伐自天子出";但礼治制度崩溃后,天子、君主连最后的遮羞布也没有了,成了谁有权力谁就是规矩,今天是你为霸权,明天我成了霸权。天子礼治时代,征战自天子出;霸治时代,征战自诸侯出。为了争霸,各列强你争我夺,战争不断,礼崩乐坏,各种祸乱灾害,各种天灾人祸,让百姓的生命和生存更加没有着落。

因此,《淮南子·本经训》指出,在各种制度中,"仁义礼乐者,可以救败,而非通治之至也"。如果没有道治,人类社会不可能得到善治。只有道治社会,才是最好的、最值得人们为之努力的善治社会。

## 四、老子的"道治"

老子不仅坐而论道,而且主张积极入世、以道治国,所以《老子》一书并不是一本哲学理论著作,而是一本以道治国的政治实践指南,这主要反映在老子的

"治"道上。王弼在注解《老子》的 57 章时指出,老子是"以道治国则国平","以道治国,崇本息末",这就是老子的"道治"。①

《老子》全书中有 13 处"治",涉及的内容比较广泛。

1. 治民

● 是以圣人之治,虚其心,实其腹,弱其志,强其骨。……为无为,则无不治。(3 章)

(所以以道治国的执政者,以大道之善开阔人们的心怀,以德性充实人们的内心,使人的意志柔软而有韧性,以道性德善增强其身体;顺应国家治理的规律来进行治理,就没有治理不好的事情。)

2. 政善治

● 上善治水。(帛 8 章)

政善治。(8 章)

(最大的善性莫过于治理对百姓危害很大的水害了。国家事务的处理,合乎民心、顺应民意,有无为而治的治国方略和良好的政令与政绩。)

3. 治国与爱民

● 爱民治国 。(10 章)

(治理国家的宗旨在于以民心为心,爱护百姓,实现百姓的利益。)

4. 治理的正道与奇道

● 以正治国,以奇用兵,以无事取天下。(57 章)

(以无为而治公平正义的原则治理国家社会,以出其不意的方式治理军事与战争,以和平友好的方针争取国家之间的和平共处。)

这里的"用"和"取",也可以理解为"治理"的意思,即以奇道来治理用兵打仗的大事,以和平共处的方针来治理国际社会。

王弼在注解这一章时说,"以道治国则国平,以正治国则奇兵起,以无事,则能天下也。以正治国,不足以取天下,而以奇兵也。夫以道治国,崇本息末,以正治国,立辟以攻末,本不立而末浅,民无所及,故必至于以奇用兵也",把道治与正治对立起来,把"以奇兵"理解为坏事,意思完全理解错了。

实际上,这里的"正"有三个含义:其一是"政者正也"之正;其二是公正、正义之正;其三是正反之正。以正治国,就是以道治国,就是以前面所述老子的政道治国,也是本章后面的"民四自",是公正、正义之正;同时,正也与下面的"奇"相连,"正"就是平常、正常、正面的意思,意为治理国家内政,与治理军事和战争

---

① 《老子道德经注》,第 154 页。

不同,应着重于从正面的、平常的角度来治理,而军事之道则不然,军事之道的本质就是"奇",是与平常的内政治理不同的、非常的、特殊的、奇异的治理。以正道治国,以奇道治军,都是合于老子之政道和兵道的,是老子道治思想的组成部分。无事取天下,则侧重于国际政治和外交的角度,国际政治之道、外交之道,总体来说就是和平。无事取天下,就是以和平的方针赢得他国的尊重和信任。老子是从不同的角度,对以道治国的不同领域进行论述,从国内政治、军事战争和国际政治三个不同的角度阐述以道治国的策略和方法。

这里的"奇"有四个含义:其一,与正相对,有反之意,即有不正之意;其二,有少用、不常用、偶用之意,与经常、通常、常常相对;其三,有特殊、独特、不一般之意,与普遍、通用、惯例相对;其四,有妄为、胡作之意。

这里的"奇"主要与第二、第三种含义相关,在个别情况下也可能会出现第一种含义。也就是说,不能把在正常、一般、经常、普遍意义使用的治理之道,用于一些特殊领域、特殊情况、特殊条件、特殊场合;反过来,也不能把用于特殊领域、特殊情况、特殊条件、特殊场合的"奇道",变成正常、一般、经常、普遍的治理之道。

正与奇,是相辅相成的一对阴阳关系。

5. 治人事天的原则就是抓住农业

● 治人事天,莫若啬。(59章)

(治理百姓的事务,治理人与自然的关系,最关键的是要种好庄稼,抓好农业。)

今本、帛本都为"啬",但人们一般理解为吝啬、节俭之意。如果理解为"祭祀要节俭",也过得去,但在"治人"方面,仅用"节俭"之"啬"就显得局限很大。因为老子在81章也说,"圣人不积,既以为人,已愈有,既以与人,已愈多",可见治人不仅仅要"啬",也必须要大方、舍得、慷慨,仅仅是"啬",就不够了。而且在古字中,"啬"有"穑"之意。《说文解字》解释说,从来从回,会意字,从字形看,像粮食收入谷仓,从来是指小麦,从回的"回"应读 lin(廪),是仓库之意,来者廪而藏之,故曰田夫谓之啬夫,而啬夫,即农夫,啬为穑,古时通用,故此处的"啬"应解作"穑",即庄稼,本意是收庄稼、收谷物,引申为农业更好。也就是说,治理国家,处理老百姓的日常生活事务,在古代最大的事就是粮食问题。事天,也不仅仅是指祭祀祖先的事,也包括治理环境、治理水患、治理天旱等天灾,关键也在于有粮食,有了粮食,处理百姓的日常生活和祭祀祖先的事就好办了。因此,以啬作"穑"解更好。再者,《老子》67章所说的"三宝"已经包括了"俭",而且"俭"的意义明显不如"慈"重要。如果这里的"啬"也作"俭"意,就与67章重复了,也不如直接用"俭"字更好。因此,这里的"啬"理解为庄稼、农业更为准确。

古代的"啬"字通常用作"穑"意的较多:"蜡之祭也,主先啬而祭司啬也,祭百种以报啬也"(《礼记·效特牲》,意为每年十二月的大祭时,主祭创始农业的先啬,后祭主管农业的司啬,祭百谷之神以报答所赐予的收成);"啬夫从命"(《仪礼·觐礼》,意为农夫从命);"王狩,啬人不从"(《仪礼·夏小正》,意为君王狩猎,农夫可以不跟随,以免误农时)。"啬夫"在春秋战国应当是使用较多的一个名词,约在公元前227年,秦国南郡守腾曾写过一个文书,开始就是"南郡守腾谓县、道啬夫",相当于郡守告农民书。因此,"莫若啬"的"啬"不应解读为节俭,而应解为"农"。

再看59章中的其他内容:"治人事天,莫若啬。夫唯啬,是谓早服。早服谓之重积德。重积德则无不克。无不克则莫知其极。莫知其极,可以有国。有国之母,可以长久。是谓深根固柢、长生久视之道。"从全章的内容也可以看出,仅仅一个节俭之"啬",不可能就成了"积德之厚",更不可能成为国家攻无不克、战无不胜的法宝,成了立国的基础,成了国家长治久安的根本。

在当时的历史条件下,只有发展农业、增加粮食,才能解决百姓的生存和国家发展的重大问题,所以全章的内容是指出发展农业和增加粮食的重要性,把它作为治理国家的重大问题提出。

6. 治理国家应无为

● 治大国,若烹小鲜。(60章)

(治理大国的事务,就好像烹调小河鲜那样,火候不能太大,翻炒不要过于频繁,根据规律无为而治。)

7. 治理要有忧患意识

● 为之于未有,治之于未乱。(64章)

(在行动之前应当事先谋划,治理国家要事先防范。)

8. 治理国家要以道治,不以机巧治国

● 民之难治,以其智也。故以智治国,国之贼;不以智治国,国之德也。(65章)

(百姓的事务之所以难以治理,是因为执政者总是使用个人机巧,智谋太多。所以,以个人机巧和智谋治国,是国家治理的灾难;不以个人机智治理国家。是国家的幸事。)

9. 治理国家要排除"有为"之治

● 民之不治,以其上之有为,是以不治。(75章)

(百姓之所以难以治理,是因为统治者违反规律而胡作乱为,所以国家肯定治不好。)

除了上述这些老子直接使用"治"的论述外,《老子》全书还有不少虽然没有直接用"治"一字,但实际上含有"治理"内容的论述。因此,《老子》一书中"治理"的思想还是比较丰富的。

## 五、老子治道中的重大阴阳关系

从这些"治"的内容看,虽然以现代观点来看老子的治道并不是那么全面、系统、深刻,但也形成了以国家治理、政治治理为中心,包含地方自治、经济治理、军队治理、天下治理等内容的轮廓和体系,其中有不少治理的思想、观念也是今天可以借鉴的。

其中,特别要强调的是,阴阳之道也是老子治理的指导思想。正如本书政治阴阳篇所述,阴阳逻辑从头到尾贯穿《老子》全书的始终,也是理解老子政治哲学的一根红线,把老子的政治价值、政治伦理、政治治理、政治方法、政治制度等贯穿起来,形成一个有机的、严密的整体。

从治理的角度来说,理解老子的治理思想,也必须从阴阳的概念来进行梳理。我们大体说,老子的治理思想体系就是要具体地处理以下重大的阴阳关系:

▲ 政道与治道的关系;
▲ 治与不治的关系;
▲ 治理体系与治理能力的关系;
▲ 官治与民治的关系;
▲ 治理国家与治理社会的关系;
▲ 治理社会与治理家庭的关系;
▲ 治理社会与治理身心的关系;
▲ 治兵与治战的关系:战争与和平的关系,攻与防的关系,将与兵的关系,政与军的关系,军与民的关系,军与械的关系;
▲ "正"治与"奇"治的关系;
▲ 治兵与治国的关系;
▲ 治与乱的关系;
▲ 先治预防与后治处理的关系;
▲ 法治与人治的关系;
▲ 经济治理与政治治理的关系;
▲ 消极无为与积极无为的关系;
▲ 山河治理与社会治理的关系;

▲ 天下治理与国内治理的关系。

在治理领域的这 17 对阴阳关系中，都有一个如何处理、如何变化、以谁为主、如何平衡的问题。

比如，政道与治道的关系。政道是治道的方向、核心、灵魂，没有政道，治道就会迷失方向、缺乏灵魂，就会沦为纯粹的技术治国、方法治国、智巧治国。能力越强，在错误的方向上走得越远，离国家治理的目标也就越远。

再如，中国的法家在务实创新、以法治国方面提出了许多十分有创见的思想理论，在迅速提高国家能力方面的确有十分显著的成效，尤其是商鞅提出的以农民、农业、农村为治理国家的核心，以粮功、军功、政功为选拔官员的标准，以法治为国家治理的方法，更是开创了中国政治的新篇章，这是它的长处。但是，法家的短处就在于过分强调法治的价值观，特别缺失以民为本、道法自然、多元包容、伦理道德的内容的引领。商鞅、韩非子提倡以法治国的核心观念，不是以民心为心，不是与民四自，而是以君心为心，以君权为本，以加强国家对百姓的治理能力为综要，所以走向了反面。

尤其是韩非子，后来过分强调权与术的作用，完全把以民心为心，道法自然，百姓自富、自化、自正、自朴等价值观抛到一边，他的法术几乎变成了治民之术，所以他的以法治国的理论越是严密，法治的力量越是强大，其错误也就越大。

评判一个国家、一个社会、一个制度的好坏的标准，首先是政道。如果政道不正确，技术越发达、工具越先进、能力越强大，这个社会就越坏，对人的摧残就越严厉、越残酷。治道是政道的保证。治道提出如何落实政道的具体措施、制度、方法和能力建设。任何政道都不可能自发实现，都是要以一系列的制度措施、能力建设来实现，没有治道，政道就流于空谈，是空中楼阁、纸上谈兵，只能停留于思想家的观念中，不能与社会实践对接，不能与国家的政治经济对接；反过来说，这个政道也是不完整的。

过去人们认识老子，大多只从哲学上看，从政道上理解老子的比较少，即使有，也只是只言片语，不完整也不成体系，而从治道上理解老子思想的，几乎没有。或者把老庄混为一体，通常都误用"老庄"的概念，把庄子的出世、游世、玩世与老子治天下的理念混为一体，认为庄子对治世无用，所以老子对治世也无用。由于不认识老子的治理思想，所以许多人都认为老子与现世社会的改造、变革无关，把老子的思想视为一种无用的哲学、空谈的理论、乌托邦的思想。反过来，如果人们只谈老子的政道，不谈老子的治道，认识老子的思想就有很大的片面性，无法落实到社会的政治实践层面。比如，如果只谈老子的无为而治的政治理念，不谈如何实现、如何落实无为而治，那么无为而治就只是一个政治理念，不能成为一种指导政治实践的具体的政治思想体系。

通常情况下,政道是政治领域优先考虑的问题,治道从属于政道,受政道的约束。政道和治道处于一个相对的平衡。但在历史发展的不同时期,政道和治道的相对平衡会被打破,治道也会压倒政道而成为社会的优先问题,平衡的天平会向治道倾斜,形成一种新的平衡。比如,当一个国家面临强大的外敌入侵的时候,国家、民族的生死存亡就成为压倒一切的问题,军事问题就压倒政治成为社会优先考虑的领域,这时候,治道的问题、制度的有效性、军队的战斗力、各种物质的建设生产能力就成为优先问题。

不论是何者优先,都有一个政道与治道相对平衡的问题,但是这个平衡是动态的平衡,不是静止的平衡。因为社会政治随时会因为国内外情况的变化而产生不同程度的动荡。把握这个平衡的度,也就是把握老子所说的政治的本质和规律。

再如,官治与民治的关系。《老子》一书中有多处圣人之治,也强调了民自治,就是百姓四自中的自富、自化、自正、自朴,这四自包含了丰富的百姓自治的思想。因此,与形式化的"民治"不同,老子的国家治理强调的是圣治与民治的结合,是官治与民治的结合,圣治、官治与百姓自治形成阴阳关系,它们是互补、共生、共存、共荣关系,而不是矛盾对抗关系,更不是以圣治排除民治,也不是以民治排除官治、圣治,准确地说,老子倡导的是官民共治。

在地方事务、经济、文化、政治、风俗民情等方面,以民治为主,辅之以官治、圣治;而在对外事务、军事领域,则明显是以圣治、官治为主,民治为辅。至于何时何事应以何者为主,老子也并没有一个确切的说法,应当是因循而变、因事而异。

# 第十九章

# 道治国家的政府体系

老子国家治理体系的核心,是对国家机器的权力制度约束,对国家机构的功能和界限进行明确的界定,防止国家权力机构侵犯百姓的自治领域、百姓的个人权利领域、地方自治的领域。所谓无为而治政道之下的国家治理制度,就是让国家权力机构按照其本质属性和运行规律,做国家权力机构应当做的事,不做属于百姓自治领域的事情,国家、社会各得其所,就能使国家的政治治理出现"善治"的局面。

## 一、有限政府？全能政府？小政府？大政府？

老子本人并没有系统、完整地规划过治理国家的制度体系。

《老子》全书只出现了两处"制",还有一处"天下神器",也可以理解为国家治理制度。但是我们根据《老子》全书的主题、内容和内在的逻辑,可以复原、推测老子道治国家的治理制度体系。

● 始制,有名。（32章）

（从一开始就要根据政道的本质和规律,规划好这一制度的机构名称。）

恒道是无名无形的,但恒道的无名无形必然要转化为有名有形,否则就是一种虚无,不着边际,无法体现。恒道转化为大道,大道转化为天道、地道、人道、政道等,就有了名和形。在这个转化过程中,政道就转化为政制,转化为具体的治理体系,把政道的以民心为心、以百姓四自为本质的精神变成物质,把政治理论变成政治实践。

● 大制无割。（28章）

（以道治国的治理体制,以百姓心为心,以天下心为心,没有人为割裂,它虽然朴实但却完善,官民的关系紧密相连不可分割。）

今本为"不割"，帛本为"无割"，"无割"的含义更为准确，故用"无割"。

"大制"的"大"，非指宏大的"大"、权大的"大"，而是指大道的"大"，以天下之心为心，以天下百姓之心为心，故为"天下大"，大制就是指大道之下的制度。

大道必然要落实为政道，政道必然要具体化为政治制度、治理制度，这个政道是以百姓为"大"，以百姓四自为"大"，这个政道的"以民为大"的制度，就是一种"大制"；"割"，是指人为地分割，人为地、主观地设计。组建以民心为心的服务与百姓四自的制度，是神圣而重大的事情，也是一个自然而然的事情。本着自然而然、无为而治的精神构建的政治治理制度，应当是完善的、完整的，而不是人为的、主观的、零碎的、四分五裂的。

因此，老子在下一章又说：

● 天下神器，不可为也。（29章）

（国家治理体制，是服务百姓的神圣公器，不能任意被人把控，为己所有。）

国家治理制度体系，是为天下百姓服务的神器，不应该被某一人、某一派别、某一集团、某一阶级、某一党派所私有，国家治理制度体系应当表现这种天下人公有的性质。

以道治国的国家，根据以道治国的需要来设计其国家权力制度。以道治国的国家必须实现以民心为心、百姓四自的政治本质和政治规律。因此，道治国家的国家权力制度都是围绕如何体现民心、如何实现百姓四自而展开的。道治国家从政治本质上说是以实现民心、百姓四自为目标的政治实体。从治理和权力运行的角度说，道治国家是官民共治国家，官和民分别在不同的领域行使自己的权利和职责。

在这个制度体系中，圣人居于核心、关键地位，是道治国家的灵魂。圣人就是现实中的政府、国家元首、执政者、立法与司法机构的代表，用今天的话来说，是行政、立法、司法一体。

道治国家的政府为实现以民心为心、百姓四自的政治目标，为实现损补抑举、平等包容、公平正义、防御自卫、对外交往等政治价值，必须设置相应的政府机构来行使相应的职权和职能。

● 名亦既有，夫亦将知止。知止不殆。（32章）

（政府机构的名称定下来后，就必须划定它们的职权范围，明确它们的职责，使其明白权力和边界，不能逾越。各机构知道权力和边界，才能不犯大的错误。）

因此，道治国家的政府，当然、必定、必须是有限政府，而不能、不应当是全能政府。凡是属于民自富、自化、自正、自朴范围的，政府权力机构一律不介入；而凡是应当由政府承担起责任、义务的，则政府责无旁贷，应全力而为。

那么，哪些是应当由政府来承担、完成的事务呢？老子没有对这些做出明确的论述，但从《老子》一书的内容来看，老子涉及了道治政府应有的义务和职责：

▲ 如何解决重大的洪灾、旱灾、虫灾、地震、泥石流、台风等天灾人祸和自然环境的异常情况；

▲ 度量衡、货币、市场规范等重大的经济问题；

▲ 预防、制裁杀人抢劫、偷盗和各种犯罪问题；

▲ 救济孤寡、儿童、妇女、老弱病残和社会救助问题；

▲ 保卫国家生存与发展的自卫战争。

道治政府的对外职能：国防外交安全情报机构。道治政府的对内职能：立法司法、社会救济。道治政府的综合职能：执政官及办事机构、财政税收机构。

道治政府是小政府吗？笔者很长时期以为，道治国家应当是小政府。但实际上这一理解有片面性。道治政府可以是小政府，也可以是大政府。政府的大小应当视政治发展的客观情况而定。

在通常、正常、一般情况下，道治政府应当是小政府。政府的权力、人数、掌握的资源，应当是有限的；但是，在不同时期，道治国家也会面临许多复杂的情况。至少有三种情况决定了政府职能的扩大是必需和必要的：

第一，战争。在和平时期，国防外交的职能通常也比较小，不需要保持庞大的常备军，但如果发生外部力量入侵的情况，国家就面临生死存亡之际，必须集中全国的资源对应外敌，这时的政府就肯定要扩大。

第二，灾害。比如，在自然生态正常的状况下，国家用于社会救济的力量就小，而一旦面对大洪水、大饥荒、大干旱、大海啸、大台风、严重流行疾病等特殊的自然环境变异，国家也会面对特别重大的自然环境治理的任务，也需要扩大政府职能。

第三，发展。人类社会在不断发展，需要国家进行管理的事务也会增加。老子所生活的时期，人类的科技水平相当低下，相应的人类的社会生活也比较简单。随着人类对自然规律的认识不断增加和深化，人类认识自然、了解自然、仿效自然和享受自然的能力、范围也在不断增加、扩大、提高。因此，人类的生活越来越丰富，需要进行管理的领域也在不断扩大。

由于这三个因素，所以道治国家的政府功能应当也是变化的，不能一概把道治政府理解为小政府。只要政府的职能和权力是合乎政治本质、政治发展规律，只要政府的职能体现的是民心民意，是为百姓"四自"创造有利环境而不是妨碍百姓"四自"，则该大则大，该小则小。但不论政府的大与小，有一点永远是确定不移的，那就是道治国家的政府只能是有限的，而不能是全能的；只能是有限政府,不能是无限政府,不能侵入民四自的领域,不能侵犯百姓自富、自化、自正、自朴的权利。

为了说明道治国家的政府的有限权力,老子还在 11 章专门用了一整章的篇幅,从有和无的角度,对政府的有限权力作了生动的说明,这就是老子的"毂、埴、室"的治国之喻:

- 三十辐共一毂,当其无有,车之用。

埏埴以为器,当其无有,器之用。

凿户牖以为室,当其无有,室之用。

故有之以为利,无之以为用。(11 章)

这里的毂、埴、室三种器,就好像国家的各种机构一样,无论是哪一种,都必须要在无和有之间,规定恰当的比例,才能造出很好的物器。这里的"有",就是有限政府的界限,"无"就是百姓的空间,"有"是为了实现"无"承担的功能而存在的。"有"也是"无"的边界,也是百姓自治不能侵犯的领域。无与有各有其功能功用,二者比例恰当,才能实现一个国家的良治善治。

## 二、圣人-道治政府:三大职能

有人说,老子"绝圣",根本否定圣人的作用,因为《老子》第 19 章说"绝圣弃智"。

这种观点是以偏概全,是典型的望文生义、不读全书的片面性。《老子》全书共有 32 处使用了"圣""圣人"的概念,只有第 19 章使用的"绝圣弃智"的"圣"是否定概念,其他 31 处都是肯定概念。没有圣人,就没有道治国家的政府。圣人是老子政治哲学的理想人格的化身。

- 圣人处无为之事,行不言之教。(2 章)
- 是以圣人之治:虚其心,实其腹,弱其志,强其骨。(3 章)
- 天地不仁,以万物为刍狗;圣人不仁,以百姓为刍狗。(5 章)
- 是以圣人后其身而身先,外其身而身存。非以其无私邪? 故能成其私。(7 章)
- 是以圣人抱一,为天下式。(22 章)
- 是以圣人常善救人,而无弃人;常善救物,而无弃物。(27 章)
- 朴散则为器,圣人用之,则为官长。是以大制无割。(28 章)
- 圣人恒无心,以百姓心为心。……圣人在天下,歙歙焉;为天下,浑其心。百姓皆属耳目,圣人皆孩之。(49 章)

- 故圣人云:"我无事而民自富;我无为而民自化;我好静而民自正;我无欲而民自朴。"(57章)
- 治大国,若烹小鲜。以道莅天下,其鬼不神。……非其神不伤人,圣人亦不伤人。(60章)
- 天下难事,必作于易;天下大事,必作于细。是以圣人终不为大,故能成其大。夫轻诺必寡信,多易,必多难。是以圣人犹难之,故终无难矣。(63章)
- 是以圣人无为,故无败;无执,故无失。……是以圣人欲不欲,不贵难得之货;学不学,复众人之所过。(64章)
- 是以圣人之在民前也,以身后之;其在民上也,以言下之。是以圣人处上而民不重,处前而民不害,是以天下乐推而不厌。以其不争,故天下莫能与之争。(66章)
- 是以圣人自知不自见,自爱不自贵。故去彼取此。(72章)
- 是以圣人云:受国之垢,是谓社稷主;受国不祥,是谓天下王。(78章)
- 圣人不积:既以为人,己愈有;既以与人,己愈多。天之道,利而不害。圣人之道,为而弗争。(81章)

因此,从全书来看,老子否定的"圣人",只是礼制社会中尊崇的那些以礼治国、以智治国、以机巧智谋治国的"圣人";相反,老子,不但不否定圣人,还大力倡导、提倡、尊崇圣人治国,这个圣人,是以道治国的圣人,是无为而治的圣人,是以民心为心的圣人,是无私无积的圣人,是以实现百姓四自为使命的圣人,是作而不辞、生而不有、为而不恃、功成而不居的人。

圣人,是实现以道治国的关键、核心、灵魂。用政治制度来说,圣人,就是道治国家的国家元首、政府首脑、执政官、总统、国家主席。圣人作为道治国家的执政官,对外代表国家,对内代表百姓,是道治国家政府的首脑,要组织各政府机构,使其正常运行,协调政府机构之间的事务。

所谓无为而治的政府,并不是说圣人在组织政府机构之后就什么也不作为了。圣人作为道治国家的核心人物,除履行国家元首、政府首脑的象征性功能外,还要具体行使对内的三大职能:

1. 识道

圣人之所以为圣,首先是以道而圣,他在天道、人道、政道的体悟、修行、实践方面超越其他人。他遵道而行,他贵德而为,他谦下不居,他志行高远;他不为而成,他作而不辞;他以深厚的道行而拥有威望,以博大的智慧而被人尊崇。但是,人们对"大道"的认识、体悟是没有止境的,道显而明,道也隐而微,不易被人识,不易被人知,因此,"道可道,非恒道",识道者,永远在路上,永远没有终结,人们永远只能得到"大道"的一部分。

真理永远没有终结时,悟道永远没有终结时。

因此,圣人永远要探索、体验政治的本质、规律的微妙奥义;同时,圣人对道的体悟,永远都只是一部分,百姓中也会不断产生、涌现识道的高人,在不同的领域会有新的认识。圣人就要善于总结、发现、吸收民间对道的体悟成果,不断纠正执政过程中的片面,不断根据形势的变化而因循回应,不能执守成规,不能执着于过去的经验。

2. 识民心

● 圣人恒无心,以百姓之心为心。(帛49章)

(以道治国的执政者,永远不会有自己的自以为是的智巧、成见,永远都以百姓的心愿为自己执政的方针。)

以道治国的国家,永远把民心放在第一位,永远把实现百姓的利益放在第一位。

民心是什么?百姓的利益是什么?这是一个永远在变化中的问题。

作为以道治国的执政者,就必须时时、处处、事事体察民心,体识民意。执政者不能高高在上,必须走群众路线,与百姓生活在一起,了解百姓的喜怒哀乐。用现在的话来说,就是到百姓中去、从百姓中来。这就是老子"善下民"的思想。

● 是以圣人之在民前也,以身后之;其在民上也,以言下之。(66章)

(所以,以道治国的执政者,如要在百姓上面执掌政权,就必须经常下到百姓之中去,使其政策合乎下面百姓的心愿;如要站在前面以道法自然引导百姓,就必须经常深入百姓之中,跟随百姓一起前进,听百姓在说些什么。)

● 圣人在天下,歙歙焉;为天下,浑其心。(49章)

(以道治国的执政者,在天下,为和谐百姓而辛勤劳作;为天下,与百姓之心交融,相处浑然一体不可分。)

以道治国的执政者,只有通过与百姓保持水乳交融的亲密关系,才能了解百姓的心是什么、利益是什么,才能在其施政过程中自觉地体现百姓的利益诉求,从而真正实现以民心为心、百姓四自的政治本质。

《文子·精诚》解释老子的圣人与百姓的关系时指出,以道而治的执政者,不会以繁多的政事烦扰百姓,对那些孤寡弱势群体会进行赡养,不会从上面施舍,而只会从下面默默地服务百姓,不讲空话而办实事,因而取得百姓的信任,施政只是依道而行,自然就会不求而得、不为而成,他们胸怀自然、保持纯真,以道执政,天下百姓都会如响之应声、影之随形般地跟着圣人的引导而前行,这是因为圣人抓住了"以民心为心"这个根本。《文子·精诚》还指出,当圣人身居国家领导职位时,百姓乐于享受他的无为而治,不在领导职位时,圣人与百姓也保持水乳交融的关系,百姓乐于追随他的言行,因为圣人依然一心想着不忘实现百姓的利益。①

3. 识士

● 不尚贤。(3章)

老子不尚贤,这也是老子招致一部分儒家诟病的地方。但实际上孔子尚贤,老子尚士,老子、孔子都尚君子、士、大丈夫,从本质上说,老子、孔子都是爱才重士的,只不过什么是士、才,界定有所不同。老子这里反对的"贤",是反对礼制社会中那些招摇过市的人,反对"以智治国"的所谓"贤"人,老子并不反对一般意义上的人才,即那些有智慧、有德、有才的人。

文子在解释老子的"不尚贤,使民不争"的思想时指出:人的性情都愿意有一个好的名声,都不愿意自己不如别人,所以大家都去争"贤人"的名声,把自己打扮成贤人,由此而生相争,如果自己没有争到,就会怨恨那些有名声的人。这样,怨恨生则民心乱,怨气生既不利于养生,也不利于社会安定,不利于治国。因此,老子才会说"不尚贤,使民不争",这里的贤,非指有德有才的君子,而是指一个社会的虚荣的名声,大家都去争这个虚荣的名声,国家不但不能治理,反而难以治理,所以,这个"贤"与治国的人才没有关系。②

如何用人?文子提出,也要根据人才的不同特点,因人而用,不可持一样的标准衡量所有的人。譬如在用兵上,以道治国的执政者,一定要分别不同人才的特点,用其所长,避其所短:勇敢者,可令其进攻,不可令其坚守;持重者,可令其固守,不可令其进攻;贪利者,可令其攻取,不可令其分配;廉者,可令其监督财物分配,不可令其开发财富;诚信者,可令其掌握契约,不可令其应变。对这五种不同的人,都可发挥其才能,各尽其才。③

文子针对不同的人才如何使用进行了分析并指出,对那些先知而有远见的人:一是因为他们多恃才自傲,自认为高不可及,这种人才不好用;二是见闻广博、记忆力强且善于进行言辞争论的人,书生气太重,也不好用;三是傲视一切、

---

① 《文子·精诚》:"圣人事省而治,求寡而赡,不施而仁,不言而信,不求而得,不为而成,怀自然,保至真,抱道推诚,天下从之如响之应声,影之象形,所修者本也。""故圣人在上,则民乐其治;在下,则民慕其意,志不忘乎欲利人也。"

② 《文子·下德》:"人之性情皆愿贤己而疾不及人,愿贤己则争心生,疾不及人则怨争生。怨争生则心乱而气逆,故古之圣王退争怨,争怨不生则心治而气顺。"

③ 《文子·自然》:"故用兵者,或轻或重,或贪或廉,四者相反,不可一也。轻者欲发,重者欲止,贪者欲取,廉不利非其有也。故勇者可令进斗,不可令持坚;重者可令固守,不可令凌敌;贪者可令攻取,不可令分财;廉者可令守分,不可令进取;信者可令持约,不可令应变。五者,圣人兼用而材使之。"

轻贱他人、不从流俗、目空一切的人,不可用来治世,绝不会以道德来教化民众。所以,人才各有其长,不可用一把相同的尺度去衡量一切人,也不要把古代那些英俊作为标准,因为每个时代都有每个时代的人才,对于治理国家来说,是充足的。①

章太炎也特别指出,老子的"不尚贤",恰恰是对人才的重视,老子重视的是那些按规律而为的真正务实、有能力而不好空谈者。章太炎说:"老聃不尚贤……老之言贤者,谓名誉、谈说、才气也;不沿名誉,故无朋党;不尊谈说,故无游士;不贵才气,故无骤官,然则材力、技能、功伐举矣","贤不同,故其名异"。②

既然是要"无为而治"而不是"无为不治",既然是要"以正治国,以奇用兵",既然是要"治人事天",那就必须得有人去"治",否则"治"如何实现呢?如果要用人,用什么人呢?

这些人才当然首先是得道者,是大道、人道、政道、兵道、商道和各个领域的对本质与规律有见识的人。实际上,老子在书中也没有少说治国的"人才"问题。

● 古之善为士者,微妙玄通,深不可识。(15章)

什么是士者呢?老子在15章用了一整章来描述得道之士。这个"士"显然与儒家笔下的刚毅之士不同:他是通达含蓄但有远大的志向;他庄严感恩地对待百姓,而不自恃为主;他随时向百姓奉献他的智慧,犹如冰川在春天里消融般自然,作而不辞,不先不后,任其自然;他敦厚纯朴,心胸广阔,虚怀若谷。

总之,老子笔下的得道之士,是有很深的内心修养、品德高尚的人。

● 朴散则为器,圣人用之,则为官长。(28章)

(得道之人像是纯真本质的原木,一旦内心的纯真之朴有机会得到散发体现,原木就被制成各种用品,而得道之人就应被以道治国的执政者所用,任命他们为管理国家政务的官员。)

有些人把这段话解释为:圣人具有朴的本质,一旦有所表现,就应当被人民选举为执政官员(这种解释太过现代"民主化");还有的说,官长就是百姓长官,就是统治天下的人君,是圣人成为统治者。笔者以为,既然是朴散之,散之为散,应当是一个复数,原木之朴散,可以制成多个木制品而不是只有一个木制品;同样,朴德之散,应当是指一群得道者修行有成,可以被执政者任命为管理政务的官员。

---

① 《文子·下德》:"夫先知远见之人,才之盛也,而治世不以责于人;博闻强志,口辩辞给,人知之溢也,而明主不求于下;傲世贱物,不从流俗,士之伉行也,而治世不以为化民。故高不可及者,不以为人量;行不可逮者,不可为国俗。……不待古之英隽,而人自足者,因其所有而并用之。"

② 章太炎:《诸子学略说》,广西师范大学出版社2010年版,第103页。

● 君子居则贵左。（31章）

在31章，我们见到了"君子"的概念，可见老子并不否认人才，这个"尚贤"在老子的书中，已经被"尚君子"取代了，这里的君子显然就是"有道者"中懂得兵道的人才。

● 大丈夫。（38章）

在38章中，我们又见到了另一种人才，就是"大丈夫"，什么是"大丈夫"呢？韩非子解释说，"所谓'大丈夫'者，谓其智之大也"。（《解老》）

● 上士闻道，勤而行之；中士闻道，若存若亡；下士闻道，大笑之。（41章）

（得道多的人，听闻大道就勤奋地践行之；得道不多的人，听闻大道，半懂半不懂，心存疑虑，有所行有所不行；得道少的人，听闻大道，基本不懂，因而哈哈大笑说：这也是大道啊？怎么这么简单？）

老子认为，在大道面前人人平等，每个人都可以通过观、闻、问、切和内心体悟，从自然中、从天道中得到道的知识，但是每个人的悟知能力有高有低，因此，对道的体悟也就有多有少。以道治国的执政者，就是要把那些得道多的有识之才，从一般百姓中、从一般识道者中选拔出来，让这些具有纯真本质的人，担任为百姓服务、实现百姓心意的官员。

### 三、国防外交安全情报机构

在老子书中涉及的所有政治机构中，以国防外交涉及的名称最多，也最丰富：上将军、偏将军、士、以道佐人主者、大军、师、兵、甲兵、车兵、弓箭手、刀、战马、辎重、环官。

道治国家只能保证自己不主动发起对外战争，但不能保证外国不对本国发动侵略战争。因此，道治国家必须从外交、国防两个方面对外交往。

外交是和平、文化、经济交往；国防是军事、武力交往。两者都是为了实现以民心为心、百姓四自的道治国家生存与发展的必需的职能，为道治国家的和平发展创造有利的外部环境。

和平交往的功能，就是外交的功能。

春秋时期，周朝中的各诸侯国已经开始了外交的活动，它们的名称在礼制下称为朝、聘、贡、盟等。为了适应这些外交活动，许多诸侯国开始设立专门从事外交活动的机构和专门的外交人员来进行对外交涉，一般称为"行人"。管子、叔向、子产、叔孙豹、范蠡、向戎、子贡、晏子、范宣子等春秋时期许多有名的人物都做过行人。在一些大国如晋国，还有专门供行人和外国客人住宿的宾馆。

郑国子产为相时,组建了华夏国家体系中最早最强的外交部。在这个外交机构中,子产经常代表郑国出使,还有郑国有名的贤士和辩才,如公孙挥、冯简子、子大叔(游吉)、子羽、裨谌五人也委以外交的重任。"冯简子能断大事,子大叔美秀而文,公孙挥能知四国之为,裨谌能谋,……郑国将有诸侯之事,子产乃问四国之为于子羽,且使之为辞令,与裨谌乘以适野,使谋可否,而告冯简子,使断之,事成,乃授子大叔使行之,以应对宾客,是以鲜有败事。"(《春秋左传·襄公三十一年》)

《老子》一书没有出现过当时已经广泛出现的"行人"概念。在书中,道治国家和平的职能是与国防的功能交织在一起的。

- 执大象,天下往。往而不害,安平太。(35章)

(以道治国的国家,本着互通有无、互利共赢的和平原则,与各国进行和平友好交往。这种和平交往,对各国都有利无害,可以促进各国之间的和平安泰。)

这段论述讲的是道治国家与天下各国的经济交往,是和平外交的组成部分。

- 故大国以下小国,则取小国;小国以下大国,则取于大国。(61章)

(所以,大国善于对小国谦下,则可以主导小国;小国善于对大国谦下,则可以取得大国的包容。)

这一段话的内容讲的是道治国家的政治交往。国家有大有小,国家利益有所不同,应当对不同国家的不同国家利益有所关照,争取互利共赢、各有所得。

无论是经济交往还是政治往来,都需要有专门的外交机构来进行处理。

在《老子》一书中,没有专门的机构来处理。和平外交的功能应当是合并在国防外交机构中,所以在讲军事的一段话中,我们能发现两种不同的军职:

- 君子居则贵左,用兵则贵右。……吉事尚左,凶事尚右;偏将军居左,上将军居右。(31章)

这里讲军事战争,怎么会出来吉事、贵左的偏将军?看来,在老子的构想中,外交与国防军事其实是一体的,二者不应当分开,所以军中既有主管和平外交的偏将军,也有主管战争用兵打仗的上将军,偏将军言和平外交,是吉事,而上将军用兵打仗杀人,是凶事。这大概是以当时楚国的政治机构为本设计的。

国防部的功能比外交机构的功能更详细一些。老子在书中提到了许多与军事作战相关的名词,比如军、兵、甲兵、车兵、弓箭手、刀、战马、辎重、千乘、万乘等。

国防部是"上将军"主持的,或者叫"以道佐人主者",即现在的三军统帅。

老子对这个统帅提出了很高的要求。这个统帅必须是"以道佐人主者",对政道、兵道应当有很高的修行,知道和了解"以奇用兵"的道理,理解战争是凶事,不得已而用之,不能以战胜杀人为乐,"不以兵强天下",尤其在 68 章,老子用了整章来论述三军统帅的素质,提出了"四善"的要求:

● 善为士者不武,善战者不怒,善胜敌者不与,善用人者为之下。(68 章)

(作为三军统帅,他精于用兵之道却善于控制用武的冲动;他善于打胜仗却从不发怒;他善于战胜敌人却不主张结盟;他善于用将并且常对部下将士谦下处之。)

国家安全与情报官的职务,也被老子包括在军队中,国防部也设有安全情报官员,即"环官"。

● 唯有环官,燕处则超若。(帛 26 章)

这段话今本为"虽有荣观,燕处超然",意思是虽然有华丽的生活,却安居泰然。与前面的"圣人终日行,不离辎重"对接不紧密,所以帛本"唯有环官,燕处则超若"似乎更合理。"环官",指宫室守卫官、王宫营卫官。《周礼·夏官司马》中有"环人"一职,指其"掌致师,察军慝,环四方之故,巡邦国,搏谍贼,讼敌国,扬军旅,降围邑"。老子对周礼是持批判态度的,但对"环官"一职并不否定,大概是因为担任这一职务的人,身上颇有一些《老子》15 章中所说的善为道者的风格:他通达、含蓄、貌不惊人,但有远大的志向;他行动小心谨慎,如履薄冰;他仔细观察,机敏地审视环境的变化。

老子在这里用"环官"来比喻所谓守重若轻、举轻若重的君子,与"终日行不离辎重"的圣人有互补之义,也就是说,"环官"虽然"终日行无辎重",似燕子般飞来飞去,但实际上环官始终都是持重不轻的,持守着重为轻根的道行,始终保持着高度的警觉,不轻率行事。

因此,这一段话应解释为:只有保卫国家安全的环官,他们虽然身轻若燕,在各处巡视,但他们始终举轻如重,担负保卫国家安全的重任而不懈怠,好像有辎重在身边一样。

## 四、立法司法机构

● 使夫智者不敢为也。(3 章)

(道治国家以法治国,所以那些到处鼓吹阴谋诡计和各种智巧的人没有机会施展自己的把戏。)

● 若民恒且畏死,而为奇者,我得执而杀之,孰敢?(帛 74 章)

(假如百姓长期习惯于生命可贵、人不能轻易死亡的风俗,那么那些故意杀人而致人死亡的罪犯,司法机构将依法判处他死刑,这样一来,还有谁会再敢轻易杀人呢?)

道治国家是法治国家,设有专门的立法、司法机构。

老子是主张以道治国的,如果都是得道者,那这个国家就不用立法、司法机构了,因为得道者都有很强的自律之心,都是遵道而行、贵德而为,按自己的本心本意自然而然地行为处事,不用外在的强力之法来约束。但是社会的得道者毕竟是少数,大多数人不可能完全事事都按道而行,总会有"奇人"办"奇事"。因此,以法治国也是势在必行,是社会治理的一个规律,也是保证以民心为心、实现百姓四自的法律保障。

既然要法治,那就必然要立法。谁来立法？依据什么立法？老子设想了官民共同立法机构。

从《老子》一书的逻辑来看,立法者不会是全民立法,也不会是得道者立法,而是以圣人-执政官为首的得道者团体与百姓代表一起共同立法。以道治国的执政者,要把政治的本质、规律等反映基本民心民意的内容写入制度中。

以道治国的国家,其法律体系一定会把我们前面所述的那些政治价值观写进道治国家的制度中：

1. 道治国家的一个中心：道法自然

道法自然是道治国家的根本大法。道法自然就是保障每个人按其自然本性而为的基本权利和基本自由；道法自然就是维护人类社会与自然环境的和谐友好,实现人类社会的可持续发展。

2. 道治国家的四项基本原则：自富、自化、自正、自朴

百姓自富：百姓拥有山林水泽土地资源之便利而自我富裕,国家保障百姓以劳动而拥有的财富；百姓自化：百姓得以根据自己的历史文化和兴趣自我教化；百姓自正：百姓对乡村家庭事务进行自我管理实行乡村自治；百姓自朴：百姓根据自己的乡村民俗自行组织自己的节庆假日。

3. 损补抑举原则：公平正义

国家保障每个百姓都能有体面、有尊严地生活,保障每个百姓的最低生活资源；国家一方面鼓励百姓以劳动而致富,另一方面限制社会的财富过于集中地掌握在极少数人手中；对少数人因其创造性的劳动而创造的巨额财富,可以保留其在国家最高标准以内的财富,对其超过部分,以高税收形式或自行捐助方式回报国家和社会。

4. 平等包容原则

道治国家公民不论宗教、文化、财富、地位、性别、职务、民族、种族,在自然面前人人平等,在真理面前人人平等；对少数违反人的自然本质、自然规律的"奇"

者,只要不违法,不损害他人权益,概不鼓励、不支持、不打压。

5. 自卫原则

道治国家不对外兴兵、侵略扩张,但对外国的侵略、围堵、损害采取有理、有利、有节的回应措施,不得已而用兵,坚决维护本国的利益。

6. 法治原则

在法律面前人人平等,司法独立。

7. 百姓评议原则

道治国家是民有、官民共治、民享国家。百姓的个人权利是否得到了有效保障,百姓是否享受到了国家的财富,百姓是否有效参与了对地方事务和国家事务的治理,对国家提供的服务百姓是否满意,应当有法律规定的程序来实施评议,对百姓不满意的官员采取实质性的处罚措施。

● 太上,下知有之;其次,亲而誉之;其次,畏之;其次,侮之。(17章)

(最好的执政者和官员,人们觉察不到他的存在;次好的,人们亲近他、赞誉他;再次的,人们畏惧他;最次的,人们轻侮他。)

《老子》一书没有明确提到立法机构,但肯定了独立司法机构的存在。

● 法物滋彰,盗贼多有。(57章)

(国家的法令太多,是因为政治太乱,所以盗贼也越来越多。)

老子批判礼制政治之下统治者以各种名目的苛政杂律对百姓进行政治压迫、经济剥削,但老子并不反对以法治来治理社会。因此,他在74章说法治社会必须根据国家的风俗民情,如果一个地方的风俗民情混乱,需要对各种违法现象进行法律的管治,那么就需要建立专门的司法机构来执法:

● 若民恒且不畏死,奈何以杀俱之? 若民恒且畏死,而为奇者,我得执而杀之,孰敢? 若民恒且必畏死,则恒有司杀者杀。夫代司杀者杀,是代大匠斫。夫代大匠斫者,鲜有不伤其手者矣。(74章)

(假如百姓长期习惯于生命可贵、人不能轻易死亡的风俗,那么那些故意杀人而致人死亡的罪犯,司法机构将依法判处他死刑,这样一来,还有谁会再敢轻易杀人呢? 如果百姓的风俗畏死,那么就应该建立专门的司法机构来处置这些事。如果有人试图以权代法,越过专门的司法机构去执法,就好像是用不专业的人去取代专业的伐木工匠,而这些没有受过训练的普通人去取代这些伐木工匠,很少不砍伤自己的手。)

因此,在这段话中,人们可以明确地看到,老子不仅主张以道治国,而且也赞成用法治来辅助道治,对那些反道、违道的人,对那些故意伤害百姓生命、损害百姓财产的不善之人,绳之以法,使他们不再伤害更多的百姓,维护道治社会的公正和秩序。

这段话还强调了司法机构的独立执法的原则，认为应当设置专门执法的机构，即"恒有司"，只有这个专门的司法机构有权执法，其他的行政机构不得擅自取代它的功能，否则就会破坏法治原则，而且会反过来伤害道治国家的诚信和公正。

老子还提到了执政者与百姓的契约关系。老子主张，执政者应当首先遵守契约，首先履行对百姓的契约责任，而不能仅仅强调百姓应承担的责任。实际上把以道治国的执政者也放进了法治的范围，体现的也是法律面前人人平等的精神。

● 是以圣人执左契而不责于人。有德司契，无德司彻。天道无亲，恒与善人。（79章）

（因此，以道治国的执政者与百姓形成契约关系，首先是执政者对百姓义务应当得到执行，而不应当责备百姓对契约是否履行。以道治国的执政者，以大道的德善来对待与百姓的契约责任，严厉要求百姓遵守契约而放纵执政者违约，是没有德善的表现。天道对任何人都没有偏私，但常常会给那些守诚信的人带来善性。）

## 五、社会救助机构

道治国家设置社会救助机构，是由于以下三个方面的原因：百姓中有弱势群体，即老、弱、病、残、孤、寡、鳏、幼；在百姓自富过程中，由于各地自然资源禀赋不同、丰裕程度不同，由于百姓的劳动能力和劳动智慧不同，从劳动中得到的产品和财富就不同，会产生尽管努力劳动却食不果腹、衣不蔽体的低收入者；天灾、人祸、战争等各种因素导致的受伤害群体。道治国家必须对这些群体进行帮助。

因此，老子言：

● 是以圣人常善救人，故无弃人；常善救物，故无弃物。（27章）

（所以圣人本着道德之善心，经常救济需要救济的人，所以社会没有被遗弃的人；本着物有所用的自然之心，经常保护那些需要保护的自然物质，所以社会物尽其用，没有浪费的物资。）

● 天之道，其犹张弓者欤？高者抑之，下者举之，有余者损之，不足者补之。（77章）

这里的高下抑举之道，尤其是其中的"下者举之""不足者补之"，就是对社会的收入低下者、资源不足者的一种社会帮助，体现的是社会公平、正义的价值观。

## 六、国家财政税收机构

在道治国家中,无论是执政者的政务管理活动,还是国防外交消耗,抑或是司法执法、社会救助,任何一项治理活动都涉及支出。没有财政,这一切治理活动都无法展开,政道也无法实现。因此,道治国家设置财政税收机构是必然的。

老子没有提到财政概念,这是一个很现代的政治概念。但是老子在书中提出了财政的核心组成部分:税收。

对于税收,人们一般把它理解成经济问题,其实它首先是一个政治概念。比如,上面提到的国防外交机构,有许多的设置,有许多的活动,而任何一项都是钱的事:

打仗就得要有人力、财力、物力。人力就得有上将军、偏将军、士、以道佐人主者、环官、兵;物力就得有甲、车、弓箭、枪、刀、战马、粮、衣、工事等;人力、物力都得要有财力才能推动、号召、凝集。打仗在某种程度上就是打钱、打粮、打物。

《老子》书中没有正面提出税收,反而是对礼制社会统治者的横征暴敛进行了批判:

● 民之饥,以其上食税之多,是以饥。(75章)

(老百姓之所以饥饿,是因为统治者以暴力从百姓手中抢夺了太多的生活资源,所以饥。)

但是,老子并没有说道治国家就不收税。没有税收,国家的治理也是不可想象的。除了上面所说的国防外交外,社会救助也是需要大量的财政支出的。因此,在道治国家中设置财政税收机构是合乎老子的道治国家的内在逻辑的。

税收从哪里来?

从《老子》一书中的内容来看,道治国家的首要税收来源还是民富。先让百姓通过自富、通过自己的辛勤劳动获得财富,然后从这一部分收入中抽取一定比例,以供国家治理之用。

当时的主要财富来源还是农业,所以老子才会说:

● 治人事天,莫若啬。夫唯啬,是谓早服。(帛59章)

国家的治理,对祖先的祭祀,没有比发展农业更重要的。只有发展农业,才是所谓的早做准备。农业是当时最重要的产业,是战略性产业。只有发展农业,才能满足百姓的日用需求,也才能为用兵打仗积累和储备最重要的战略物资——粮食;同时,也只有农业丰收了,才能有更多的余粮用于交换,获得其他的治理国家的物资,也为国家的税收开辟了丰厚的税源。

在税收方面还有一个很棘手的问题：如何通过税收调节社会贫富悬殊的问题。老子提出的损补抑举，一方面是对社会弱势群体的救助，另一方面就是如何节制社会财富过度集中在少数人手中。

老子在回答如何救助弱势群体的问题时，提出了"损有余补不足"的思路。如何损有余？损谁的有余？老子只做了一个模糊的回答：

● 孰能有余以奉天下？唯有道者。是以圣人为而不恃，功成而不处，其不欲见贤也。(77章)

（那么，谁能将自己的有余财产拿出来补足天下的穷苦百姓呢？只有那些识道的德善之人。所以，以道治国的执政者，努力创造财富但不占为己有，带动有道者们以有余补不足，却不以功自居，因为以道治国的执政者没有表现自己贤能的欲望。）

● 圣人不积：既以为人，己愈有；既以与人，己愈多。(81章)

（以道治国的执政者是从不积累声名财富的，他把自己应有的财富都无私地给予天下百姓。给得越多，他自己的内心也越充实；他尽量帮助天下百姓，给得越多，他自己的德性也越丰富。）

有人批评说，损补抑举是老子玩杀富济贫的把戏。这完全是对老子的误解。

老子不反对人们富，只要是合道的富，都是老子道法自然的题中应有之义。老子怎么是杀富呢？老子也不喜欢人们穷，否则老子怎么会把百姓自富作为一个神圣的话题呢？如果老子认为富是一种罪恶而穷是一种幸福，那老子就不会倡导"民自富"，而应当倡导"民自穷"了。

同时，老子也意识到，在"民自富"的过程中，由于百姓的各种社会、体能、心理、自然禀赋等的差异，就会产生贫富不均的社会现象。有些劳动者无论怎么勤奋，都无法解决温饱；而聪明智慧的劳动者不仅可以"以正谋生"，而且善于"以奇致富"。只要是以合道的方式获得财富，都是正当的；但另一方面，贫富过于悬殊又会产生社会的不公正。因此，老子提出的"损补抑举"是"济贫但不杀富"，是要调节过分贫富悬殊，让过于贫困的百姓能解决基本生存问题，能维持人之为人的人道尊严，让过富的人能通过这种调节贡献自己的一部分多余的资源。

老子只明确提出了一种办法，即通过执政者带头以自己的有余补不足，从而带动其他的得道者以有余补不足，这相当于是社会慈善捐赠。另一种更可行的办法，应当是通过税收调节，从其他财富过于集中的富人手中，征收一部分特殊的税收，征收特别税之后，富人手中的财富仍然会超过普通百姓的财富若干倍。老子的这种损补抑举原则，是在2500多年前提出的，其实当时人类社会的贫富差距，由于种种原因，可能远远不如今天的贫富差距那么巨大。

老子当时的人类社会,除了统治者以权谋财之外,社会的致富者通常只能通过商品流通、开发矿产等方式致富,这些致富的增长是算术级别的,时间也会很长,但在现代社会,少部分人通过现代高科技、现代金融方式等致富手段和方式,其致富的增长是几何级别的。贫富的悬殊在过去是几千倍、几万倍,富可敌国,今天的贫富悬殊则是以百万倍、千万倍、亿倍计。富可敌国的,只能算是小富;大富者,富可敌数十国。特别是高科技、互联网、金融杠杆叠加后,财富的增长由过去的数年数十年,缩短到数月数年,短时间内就能造就千亿富翁。

除去那些以权谋财的非法致富者不说,那些以高科技、互联网、金融杠杆等方式的致富者,就算这些财富都是通过合法合理的途径得来的,但难道1%的人口占据一个国家40%～50%或者更多的财富,而占人口的20%～30%甚至更多的人连基本生存都不能维持的社会,是公正的社会吗?

因此,老子的损补抑举原则,不但在当时很有价值,而且放在当下的现代社会,似乎比当时更有价值,也更有意义。

老子伟哉!

# 第二十章

# 道治国家的治理能力体系

什么是政治？就其最古老的意义而言，政治科学是关于政治技艺的科学。亚里士多德认为，政治家才干是一种实践能力，需要的是以深思熟虑和经验为基础的判断。[①]

《老子》一书所涉及的治理能力，主要是指全局把控能力、因循应变能力、价值伦理吸引力、决断能力、察微识几能力等。这些合起来，可称为老子所说的"善治"能力。

## 一、执政者七善之力

● 居善地，心善渊，与善仁，言善信，政善治，事善能，动善时。（8章）

《老子》第8章中第一句讲了水的德性，第二句讲的是水的七善能力。

圣人，即以道治国的执政者，在以道治国的体系中居于关键地位，除了前面论述的应具备的政德之外，还必须具备具体的治理国事的领导能力。这里的水之七善，主要是以水喻政，是对执政者的能力要求。

▲ 居善地，以道治国的执政者，要善于处下，应有平等谦下待人应事的能力，像居于下流的水一样，能把广大百姓团结到自己身边。

▲ 心善渊，以道治国的执政者，应该胸怀远大，善于包容万事万物，胸怀应当像深渊一样能容。

▲ 与善仁，以道治国的执政者，不积财富，不图名利，善于把自己的全部智慧和能力都用于以道治国的事业，作而不辞，为而不恃，像水一样善利万物，从不与百姓相争。

---

① （美）史蒂芬·B.斯密什：《政治哲学》，第9页。

▲言善信，以道治国的执政者，要信守承诺，说到做到，谨言慎行，不说空话，像水一样，在汛期应时而至，从不失信，从而取得百姓的信赖。

▲政善治，以道治国的执政者，治理国家的政务要善于取得好的效果，让道治的德善在治理的各方面都能体现出来，像水一样善利万物而无所不至。

▲事善能，以道治国的执政者，治理国家的复杂事务，要善于凝集能量，要提高自己的能力，要增强自己的办事能力，不务虚，不搞形式主义，像柔弱的水一样，以源源不断的能量专注于一点，故能滴水穿石。

▲动善时，以道治国的执政者，采取行动时，一定要善于选择时机，根据事物发展的趋势，不先不后，要在正确的时间点采取正确的行动，就能事半功倍，获得最好的效果。

## 二、价值吸引力——柔实力

以道治国的那些政治价值，如果仅是一种口号、一种宣传、一种意识形态，则对百姓是没有吸引力的。如何才能让这些政治价值产生吸引力？老子提出了柔实力的概念。

让以道治国的政治价值产生吸引力，关键在于实践。老子提出了三种途径：

1. 利益百姓

● 水善利万物而不争，处众人之所恶，故几于道。（8章）

政治价值产生吸引力，首先在于这些政治价值的实践能对百姓的自富、自化、自正、自朴产生正面的利益，让百姓从经济实践中得到自富的利益，从政治实践中得到自正的利益，从文化实践中得到自化的利益，从社会实践中得到自朴的利益，真正实现居有其所、食有其粮、劳有所得、俗有所乐、病有所养，执政者应当像水一样，滋养万物，不与万物相争，以实际表现大道的德性之善。

2. 率先践行

● 处无为之事，行不言之教。万物作而弗始，生而不有，为而弗恃，功成而弗居。（2章）

政治价值观的实践，首先从以道治国的执政者的活动开始，执政者不仅要向百姓宣传这些政治价值，更重要的是，执政者必须身先力行，处无为之事，行不言之教，在自己的一言一行中，在自己的政令法规中，切实践行道法自然、以百姓心为心、公平正义、平等包容，从自己的不积财、不贵名、不尚利的实践中，从执政者奉有余以补不足和既以为人己愈有、既以与人己愈多的实践中，体现以道治国的政治价值。

3. 善下、谦下、处下

● 江海所以能为百谷王者,以其善下之,故能为百谷王。是以圣人之在民前也,以身后之;其在民上也,以言下之。(66章)

(江海之所以能容纳百川之水,就是因为它善处水流的下位,所以能容纳百川。以道治国的执政者,如要执掌政权,就必须下到百姓之中去,使执政的政策合乎下面百姓的心愿;如要站在前面引导百姓,就必须经常深入百姓之中,听百姓在说些什么。)

● 善用人者为之下。(68章)

(善于用人者,必须对所用之人经常谦下之。)

善下、谦下、处下,是老子在《老子》全书处处体现的一种风格。领导者只有在实践中体现百姓的至高无上的政治地位、经济地位、文化地位,自觉地把自己置身于百姓之下,处于百姓的生活之中,善于倾听百姓的心声,善于发现和实现百姓的利益诉求,善于与百姓"和其光同其尘",才能让百姓在不知不觉中与执政者同心同德。

利他、善下,构成了老子的柔实力的核心内容。这是不同于所谓"软实力"的一种价值吸引力。

"柔"与"软",在英文中均为"soft",但在中文中,柔和软有相同之处,也有较大的区别。"软"与"硬"相对,软弱、软蛋、心软、腿软等词多有贬义,有懦弱、胆怯、胆小、易动摇之意,"柔"则比"软"更有弹性、韧性之意,只有与柔相连的"柔软"一词有褒义;而柔韧、刚柔相济、温柔、柔和等多带有褒义,"柔弱"和"柔弱胜刚强"在老子的语境中更被喻为大道存在的表现形式。因此,"柔实力"在英语中找不到贴切的词可用,拼音直译"Rou Power"最好。

简单地说,老子的柔实力,就是:

第一,贬斥以刚逞强的刚强力。刚强力的结果就是好战必亡、逞武必亡国。柔实力反对好战逞强,不以兵强天下,能战但不好战,能胜但不好胜;有权力但不轻易命令他人,有力量但不轻易以力服人。

第二,以柔克刚的柔实力,就是柔弱胜刚强,以柔变强,是天下之至柔,是驰骋天下之至坚,是滴水穿石的坚韧力,是得民心者得天下,是教化、德化和怀柔远人,是谦卑处下而容天下的包容力,是不争而天下莫能与之争。这才是真正的柔实力,是能够战胜硬实力的柔实力。

第三,刚中有柔、柔中有刚、刚柔并济的刚柔力和柔刚力,就是弱者要示弱,强者也应示弱,是不战而胜,是发挥军事、经济的强势和威慑而不用强,是以不争而大争的智慧,是以文化柔力量产生的吸引力。

## 三、对"势"的把执力

● 势成之。(51章)
("势"是使事物成为事物本身那个样子的具体条件。)

"势"是老子政治哲学的一个重要概念。但因《老子》全书只有一处提到了"势",所以"势"又是一个容易被人忽略的概念。何谓势?势者,上执下力。执,就是把控、掌握、控制之意;力,是指事物各方面的合力。合起来,"势"的本意就是指人们对事物发生与发展的各方面的影响因素的控制、把握能力。

"势"又是一个重要的政治概念。

我们也可以从老子所讲的"水"这一近似"道"的化身的运动变化中,体验出水之"势"和水顺势而为的"水之道"。老子指出,"天下莫柔弱于水,而攻坚强者,莫之能胜"(78章),天下没有比水更柔顺的了,但摧毁坚强的东西,没有能胜过水的。《老子》一书中多次指出水几于道的本性,说"上善若水。水善利万物而不争,处众人之所恶,故几于道。居善地,心善渊,与善仁,言善信,正善治,事善能,动善时。夫唯不争,故无尤"(8章);又说"譬道之在天下,犹川谷之于江海也"(32章)。老子还指出水是"天下之至柔,驰骋天下之至坚。无有入于无间。吾是以知无为之有益。不言之教,无为之益,天下希及之"(43章)。

水为极柔之物,无形无体,水却能含有近似于道的功能,为何?就是因为水是顺势而为的大师和至极者,没有比水更能顺势而为的东西了。

水,为何能滴石,能穿透坚硬的岩石?不是水本身比石更硬,而是因为穿石之水具有一种势,这种穿石之水的势包括:必定水在石之上,有居高之势;有水源充足之势,实际上以多胜少,水虽然只有一滴,但它接触的却是一滴水的石面,一滴接一滴的水都连续不断地滴到这同一个点的石面上;水有时间之势,一滴水直接落到坚硬的岩石上,几乎感觉不到任何岩石的变化,甚至几年几十年的水滴,对岩石的影响也是很小的,但穿石之水却有一种时间的韧劲,经年累月,几十年不够就几百年,几百年不够就几千年、几万年;水多、水长、水不断,流下来的水,只是以水滴的形式,而不是急流、湍流、飞流,不是瀑布,也不是溪水、河流,穿石之水具有集中精力攻其一点的精准之势,水滴总是滴到这一个点上,而不是滴到多个点或面上。

因此,水能穿石,但不是任何水都能穿石,只有具备这四个因素,水才形成穿石之势,这四个因素缺少一个,水都不能穿石。

如果说水以柔弱胜刚强之要在于有居高而下之势,那么大江、大河、大海、大洋的包容宽广之德则在于水之善于守下之势。"江海所以能为百谷王者,以其善下之,故能为百谷王"(66章),就是说,江海之所以能为百川河流所汇注而成王,就是因为它善于处下,所以能成为百川之王。

总之,老子书中所推崇的那种水的近似"道"的德行、水的以柔弱胜刚强的品性、水的穿山越岭奔流而下的气势、水的包容天下万物的宽阔情怀,都是因为水善于借势而成,这个势就是水往低处流的大势。没有这个势,水就是脏水、臭水、死亡之水。

另一个对"势"的解释,就是庄子庖丁解牛的寓意。

"庖丁为文惠君解牛,手之所触,肩之所倚,足之所履,膝之所踦,砉然响然,奏刀騞然,莫不中音,合于桑林之舞,乃中经首之会。文惠君曰:'嘻善哉!技盖至此乎!'庖丁释刀对曰:'臣之所好者道也,进乎技矣。始臣之解牛之时,所见无非牛者,三年之后,未尝见全牛也。方今之时,臣以神遇,而不以目视,官知止而神欲行,依乎天理,批大郤,道大窾,因其固然,技经肯綮之未尝,而况大軱乎!良庖岁更刀,割也;族庖月更刀,折也;今臣之刀十九年矣,所解数千牛矣,而刀刃若新发于硎(xíng,磨刀石)。彼节者有间,而刀刃者无厚,以无厚入有间,恢恢乎其于游刃必有余地矣。是以十九年而刀刃若新发于硎。虽然,每至于族,吾见其难为,怵然为戒;视为止,行为迟,动刀甚微,謋(zhé,分裂牲体)然已解,如土委地,提刀而立,为之四顾,为之踌躇满志,善刀而藏之。'文惠君曰:'善哉!吾闻庖丁之言,得养生焉。'"(《庄子·第三篇》)

庖丁之所以能够解牛十九年而刀刃若新,也是因为庖丁能够依势(即牛体的结构)而解,能够顺势而解,这就是顺势而为的最高境界了。

水流如此,解牛如此,万事万物又何尝不是如此?因此,老子范式中的无为无不为、无为而治、以无事取天下、因其不争、故天下莫能与之争,都可以归结为顺势而为。顺势所做的一切,都是无为,也都是无不为,无为、无不为的标准就是看是否顺势;无为与无所事事、平庸的区别,无不为与胡作非为、妄想妄为的区别,一切都在"势"的判断中。

因此,老子政治范式讲"势",这个"势"不是势力的"势",不是权势的"势",而是归结各种因素、条件和环境因素的"势",包括天时、地利、人和,包括我、你、他,包括物质与精神,包括制度与人事,包括智慧与战略、道义与力量。没有这个"势",做事的"势"没有形成,权力再大也不一定战胜对手并实现自己的利益,利益再小但费巨大的力量也得不到实现,身份、价值、理想、制度只是空谈,不管各方如何互动也是白搭;相反,做事的"势"形成,能够因势利导,能够顺势而为,善于因势而为,那么,无可成有,弱可成强,败可转胜,小可成大,柔弱可变刚强。

《老子》一书中只有一处提到"势"这个概念,但我们可以从《老子》一书看到"势"的存在。如"虚而不屈,动而愈出"(5章),就是指出应当保持虚静之势,与其"多言数穷","不如守中",就是坚守"中"即"空虚"状态。

尤其是在《老子》22章中,重点指出了顺势而为的思想,只有"道"才是不变的,所以"圣人抱一为天下式",即认为只有圣人才能坚持道的法则作为观察天下的基本工具。势则是变化的,必须根据形势的变化而采取不同的办法应对。

老子在23章又指出,顺势而为就是不要坚守某一固定模式,因为自然界的现象就是"飘风不终朝,骤雨不终日",造化万物的"天地尚不能久,而况于人乎?"在24章又再次强调了22章的四个顺势而为的原则,就是"自见者不明,自是者不彰,自伐者无功,自矜者不长"。

遵道而行的人,应当"无执",只有"无执故无失",如果太执着于某一固定的模式,就会导致出现"执者失之"的结果(64章)。当势出现一种偏差、极端、不平衡时,则必须根据形势发展变化的情况,采取"造势"的行为,使之形成一种合道之势。就是要"故物或行或随,或嘘或吹,或强或羸,或培或堕"(29章),就是说,天地间一切事情,都应当是有的前行,有的后随,有的屏息,有的急吹,有的强壮,有的衰弱,有的增益,有的损毁,防止走极端。如果出现了极端的情况,这时的顺势而为就应当是一种有为的表现,就是要采取措施来纠正极端,如"天之道,其犹张弓者欤?高者抑之,下者举之,有余者损之,不足者补之。故天之道,损有余而补不足"(77章),也就是说,如果高了就低一些,如果低了就抬高一些,有余者减之,不足者补之,以达至一种合道的势。

顺势而为或顺势而不为,顺其自然做某事和顺其自然不做某事,都是无为,也可以说都是有为。无为就是指凡事顺天时、随地性、因人心,遵循客观规律,就是不妄为、不非为、不硬为、不逆为、不人为、不偏执、不极端。试想,按照这样的精神来办事,又有什么事办不成呢?又有什么事是不能为的呢?所以,无为故能无不为,"道常无为而无不为"(30章),"夫唯不争,故天下莫能与之争"(22章)。

中国的兵书智慧也反映了老子顺势的精华思想。《孙子兵法·虚实》指出:"夫兵形象水,水之形,避高而趋下;兵之形,避实而击虚。水因地而制流,兵因敌而制胜。故兵无常势,水无常形;能因敌变化而取胜者,谓之神。故五行无常胜,四时无常位,日有短长,月有死生。"

《列子·力命》指出,"农赴时,商趣利,工追术,仕逐势,势使然也",即务农的人抢赶时令,经商的人趋逐财利,做工的人追求技术,当官的人争夺权势,这是势使其所然。

《列子·说符》进一步指出,"凡得时者昌,失时者亡。天下理无常是,事无常非。先日所用,今或弃之;今之所弃,后或用之。此用与不用,无定是非也",即强调做任何事必须顺势、依势而为,掌握时代发展的潮流、方向和趋势,顺应不断变化的形势,不受过去、现在的固定思维所限制,才能取得成功。

儒家的孟子对"势"的认识也很有见地,他说"虽有智慧,不如乘势"(《孟子·公孙丑上》)。在谈到人性时也指出,"人之性善也,犹水之就下也。人无有不善,水无有不下。今夫水,搏而跃之,可使过颡(sǎng);激而行之,可使在山。是岂水之性哉?其势则然也。人之可使为不善,其性亦犹是也"(《孟子·告子上》),这里的"势"是形势之势,是老子的"势"的一种。

《淮南子·主术训》也对"势"进行了论说:"禹决江疏河,以为天下兴利,而不能使水西流;稷辟土垦草,以为百姓力农,然不能使禾冬生,岂其人事不至哉?其势不可也,夫推而不可为之势,而不修道理之数,虽神圣人不能以成其功,而况当世之主乎?"

## 四、因循应变的创新力

● 其安易持,其未兆易谋;……为之于未有,治之于未乱。(64章)
(局面安定时容易维持,事情刚出现苗头时容易进行处理和控制。……采取行动要在不好征兆出现之前,良好的治理秩序要在祸乱之先提前建立。)
● 为者败之,执者失之。是以圣人无为,故无败;无执,故无失。(64章)
(主观妄为者必然失败,执着于某一模式而不与时俱进,必然会有祸害。以道治国的执政者,不妄为,所以没有失败,不执持己见,所以不会犯大的错误。)

老子之道有两层:恒道永恒不变,为天地万物之本体;非恒道永远在变,为天地万物之实体现。政治是一个时时刻刻处于变化中的社会实践,没有大变,也有小变,众多的小变日积月累会引发质的大变。因此,没有什么政治模式能永恒不变。即使是出现时非常符合各方面情形的好的政治制度、政治模式,如果不能因循时势的变化,或快或迟,也会变得腐朽,从而被另一种新的政治制度、政治模式所代替。因此,老子的政治之道是一种变化之道。如果说政治价值、政治伦理的变化相对缓慢一些,那么治理之道,无论是治理制度体系还是治理能力体系,其变化则可能、应当是经常的、明显的。

周朝礼制在它出现之时,有其适应时势之处,特别是由于周公的治理能力很强,政治智慧更是超群,因而周朝的礼制促进了当时华夏国家的进步和发展。但周朝礼制从一开始就有等级尊卑、天子为上、分封诸侯难控等先天弊端,再加上后来的统治者治理能力又大大落后于周公等人,因此,周朝的礼制社会在春秋时期就已经开始出现衰败的迹象,到战国时周朝礼制就完全崩溃了。秦国的中央集权和以法治国的政治制度,在战国时期显示了巨大的生命力,这也是秦国能战胜六国、一统华夏的重要原因,但到统一六国后,本应进行制度变革的秦王朝,则没能跟上政治形势的变化。可以说,秦始皇是最早的"历史终结"者,认为他可以使秦王朝千秋万代,一世二世三世万世流传,所以,不但没有进行相应的政治变革,反而失去了秦国变法后形成的制度优势,所以强大的秦王朝在秦始皇之后迅速土崩瓦解。

现代人类的历史也一再说明,因循应变的制度改革是政治发展的必然规律,不能适应这一规律,政治制度就要走向灭亡。这以苏联的制度僵化腐朽、瓦解消亡为典型。美国的民主制度,一度被认为是"历史终结"者,但种种现实表明,美国的民主制度也出现了诸多弊端,如果不能及时变革,也会重蹈秦王朝、苏联的覆辙。

因此,老子关于政治制度"不执"的思想,是具有现实生命力的伟大预言。

因循应变的能力,在春秋战国诸家中,以商鞅的法家思想体现得最完整。商鞅从三王五霸的历史经验中引申出"当时而立法,因事而制礼,礼法以时而定,制令各顺其宜""治世不一道,便国不必法古"的立法原则,认为"汤武之王,不循古而兴,殷商之灭,不易礼而亡"《商君书·变法》,"观俗立法则治,察国事本则宜,不观时俗,不察国本,则其法立而民乱,事剧而功寡"《商君书·算地》。也就是说,立法应当因民俗、合国情,否则立法就要出问题,就不是良法。商鞅又指出,"因世而为之治,度俗而为之法,故法不察民之情而立之不成,治宜于时而行之则干,故圣王之治也,慎为、察务"《商君书·壹言》,"法宜其时则治,法有时而治"《商君书·佚文》;否则,就会走向反面,"今时移而法不变,务易而事以古,是法与时诡,而事与务易也",只能导致"法立而乱益,务为而事废"《商君书·佚文》。

后来的道家黄老学派,在因循应变的方面,发展了老子的思想。司马迁的父亲、汉初的道家司马谈曾纵论各家学说之长短,其中说到道家时指出:

"道家使人精神专一,动合无形,赡足万物。其为术也,因阴阳之大顺,采儒墨之善,撮名法之要,与时迁移,应物变化,立俗施事,无所不宜,指约而易操,事少而功多",又说"道家无为,又曰无不为,其实易行,其辞难知。其术以虚无为本,以因循为用。无成执,无常形,故能究万物之情。不为物先,不为物后,故能为万物主。有法无法,因时为业;有度无度,因物与合。故曰'圣人不朽,时变是守。虚者道之常也,因者君之纲也。'群臣并至,使各自明也。其实中其声者谓之端,实不中其声者谓之窾(kuǎn,空隙、中空、空洞不实)。窾言不听,奸乃不生,贤不肖自分,白黑乃形。在所欲用耳,何事不成。乃合大道"《史记·太史公自序》)。

在这段话中,司马谈指出了道家的特点,是主张无为即无不为,做起来容易实行,说起来难以明白。他们的道术以虚无为根本,以因循为手段,没有一成不变之势,没有固定不变之形,所以能探究万物之情。不抢在事物之先,也不落在事物之后,所以能成为万物的主宰。用法不用法,随时而定;限度不限度,随物而合。所以说圣人无机巧之心,牢牢守着顺时变化的原则。虚无是道的伦常,因循是君的总纲。群臣就位,各尽其才,实和名相符叫作端,实和名不相称叫作窾,空话不听,奸邪就不发生,贤和不肖自然区分,白和黑就会露形。全在于应用,什么事都可办成。这就符合大道。

胡适依司马谈、《淮南子》对道的无为的理解指出:"道是自然流动变迁的,故'无成势,无常形',一切都依着自然变迁的趋势,便是'因循',便是守'时变',时机不成熟,不能勉强,故'不为物先',时机成熟了,便须因时而动,故'不为物后',在政治上的态度便是既不顽固,也不革命,只顺着时变走,这是道家的无为主义。无为并不是不做事,只是'不为物先',只是'因时为业',这便是《淮南子》所谓'漠然无为而无不为也,淡然无治而无不治也。所谓无为者,不为物先也;所谓无不为者,因物之所为也。所谓无治者,不易自然也;所谓无不治者,因物之相然也'。"[①]

## 五、当机立断的执行力

治理国家的能力,也表现在办事效率、决策能力、执行能力上。

● 政善治,动善时。(8章)

(国家的治理要讲究效率,决策必须迅速、准确,执行必须得力、有效果。)

● 兵者……不得已而用之,铦袭为上。(31章)

(用兵打仗,既然不得不打,就必须善于抓住时机,集中优势兵力,把握先机,出其不意,制敌于死地,方是上策。)

● 以奇用兵。(57章)

(用兵打仗之事,关键就在于"奇",奇就是果断迅速,就是讲效率、讲速度、讲时间。)

《文子·道原》指出,"故天下之事不可为也,因其自然而推之;万物之变不可救也,秉其要而归之",以道治国者应顺其自然而为,把握事物变化的关键;圣人"漠然无为而无不为也。无治而无不治也。所谓无为者,不先物为也,无治者,不

---

① 胡适:《胡适讲国学》,吉林人民出版社2009年版,第110页。

易自然也,无不治者,因物之相然也。执道以御民者,事来而循之,物动而因之,万物之化无不应也,百事之变无不耦也",以道治国者以客观形势的发展变化为依归,从不盲动,事变来临之时,遵循事物的规律以应对,因变处事,该动则动,该静则静。

虽然老子一般主张不为物先,应当执后而动,并把"不先"与慈、俭并列为以道治国的三大法宝,《文子·道原》指出,"圣人不贵尺之璧,而贵寸之阴,时难得而易失,故圣人随时而举事,因资而立功,因循而应变,常后而不先",但这绝不是说,任何事情都以"不先"为原则。因此,《文子·道原》在解释老子"不先"原则时又指出,"夫执道以耦变,先亦制后,后亦制先,何则?不失所以制人,人亦不能制也。所谓后者,调其数而合其时,时之变则间不容息,先之则太过,后之则不及,日回月周,时不与人游",总的精神就是执道以应对事变,关键在于理解什么是事物发展变化的规律,只要掌握了事物的规律,无论对方是先是后,也无论自己是先制人还是后制人,都能根据客观事物的发展变化采取正确的行动,必须选择合适的时机,时机一瞬即逝,时机不到,先动就是盲动,时机到了还不动,就会不及,所以要善于抓住时机。

文子在《文子·符言》中论及先后之术时指出:"道者直己而待命,时之至不可迎而返也,时之去不可足而援也,故圣人不进而求,不退而让。随时三年,时去我走;去时三年,时在我后;无去无就,中立其所。"是争先还是守后,有道者不会拘于某种教条,一切都遵循道法自然的基本原则,所以得道者总是端正自己而待时机。时机到了,不可迎而又返;时机去了,也不可强迫而攀援;一切都是顺其自然。因此,得道者不强进而求,不强退而让,等待三年,时去我走,去时三年,时在我后,不勉强离去,也不勉强依赖谁,一切据于道法自然。

《黄帝四经》指出,时机成熟了,就要在行动上立刻做出反应而不要声张;时机未到,就要敛藏心机,不露声色。天道控制着寒来暑往,地道掌握着高低的差异,人道决定着夺取和给予。①

《黄帝四经·称经》:"时机未至,而隐于德。既得其极,远其德。"即时机未到,要自隐其身以修德待时;时机到了,就应该广施其德,努力行事;而当大功告成以后,就要及时收踪敛迹,还原到最初的静隐,这样才不会受到任何危害。

《黄帝四经·称经》:"行而行,处而处,因地以为资,因民以为师。"即当行则行,当止则止。因任地宜以为资财,因顺民心以为师旅;不知因顺之道,这是不明智的。

---

① 《黄帝四经·称经》:"时若可行,亟□勿言,时若未可,涂其门,毋见其端。天制寒暑,地制高下,人制取予。"

## 六、以史为鉴、执道御今的能力

《老子》全书从头到尾都在论述一种新理论、新思想,这一思想是颠覆性的、革命性的,对当时社会流行的礼制文化是一种完全、彻底的批判。《老子》全书没有引证任何为后人所知的那些经典、文献、资料、历史、圣贤,既不祖述炎黄,也不仿效尧舜,更不宪章文武,它看起来好像是横空出世,实为另辟蹊径、新开天地。

老子作为周之守藏室史,是周朝掌管历史文献档案的官吏,对过去的历史应当是十分了解的,而且对于他形成自己的政治哲学有很大的作用,所以班固的《汉书·艺文志》说,"道家者流,盖出于史官,历记成败存亡祸福古今之道,然后知秉要执本"。对历史的了解,在《老子》一书中也留下了深厚的痕迹。仔细阅读全书,还是能发现,老子借鉴了许多在民间流传的道家著作书籍,是从过去的历史中汲取了养料,并不全然是老子闭门造车之作。

《老子》全书直接提到圣人的有29处,这29处圣人言或圣人的作为,少数是一种想象,多数应当是有所指,虽然《老子》全书没有一处提到这个圣人是谁,但可以肯定,老子的圣人不是孔子及后世儒家尊崇的"祖述尧舜,宪章文武",从后来道家著作中提及的圣人来看,老子从中汲取了思想养料的那些圣人,很可能包括了伏羲、神农、黄帝及古华胥氏的一些传奇人物。老子的思想汲取了古人思想精华。《老子》全书有两处明确提到了圣人的思想:

● 故圣人云:我无事而民自富;我无为而民自化,我好静而民自正;我无欲而民自朴。(57章)

● 是以圣人云:受国之垢,是谓社稷主;受国不祥,是谓天下王。(78章)

这就是说,老子的"民四自"的重要思想是直接来源于古代圣人的思想,老子希望能把古代圣贤思想中的精华用于社会改造的政治实践。

除此之外,《老子》全书还有四处提到了古代的经典:

● 古之所谓"曲则全"者,岂虚言哉?诚全而归之。(22章)

● 故建言有之:明道若昧,进道若退。(41章)

● 道者万物之奥,善人之宝,不善人之所保。……不曰:求此得,有罪以免邪?(62章)

● 用兵有言:吾不敢为主而为客,不敢进寸而退尺。(69章)

当然,老子所引用的经典,由于各种原因到春秋时已经失传,人们只能在《老子》书中见到只言片语,但是可以肯定,这些经典不是孔子及后世儒家竭力宣扬的六经。孔子之所以伟大,其中最主要的历史贡献就在于他整理传承了《诗》

《书》《礼》《乐》《易》《春秋》这六经,为中华文明的传承保留了珍贵的历史文献。老子的伟大,则主要在于他独创了《老子》这部伟大的经典,但在整理传承中华文明的经典上,老子就不及孔子。

但是,有一点老子和孔子是共同的,即这两位伟大的思想家都主张学习、传承、借鉴古人和历史的智慧,倡导古为今用、以史为鉴。

● 执今之道,以御今之有。能知古始,是谓道纪。(帛14章)

今本为"执古之道,以御今之有"。高明先生指出,托古御今是儒家的思想,法家重视现实,反对托古,所以《商君书》说,"治世不一道,便国不法古"。司马迁在《史记·太史公自序》言及道家思想时也说,"有法无法因时为业,有度无度因物与合,故曰:'圣人不朽,是变是守'",这些足以证明帛书为是。①

通观《老子》全书,所谓道法自然者,包含有因时而变、因循应变之意,故从帛本。此句意为:把握今天时代的变化之道,以治理当今的天下国家社会。但即使以今天之道治理今天的国家社会,还是要借鉴过去的国家社会的历史教训,这就是以道治国的治理纲要。

如何借鉴古代的历史为今天的现实服务,也是治理国家的一个重要方面,既要反对厚古薄今,也要反对厚今薄古。老子的这段话告诉人们,治理今天的国家社会,当然要以今天时代的变化为依据,要把握今天时代变化的脉搏,契合今天国家与社会的变化潮流和趋势,不能死守过去的常规陋习,要勇于摆脱过去旧传统的束缚,根据变化的时代特点和规律来治理当今的国家社会,不能厚古薄今;但是,也要善于总结过去的历史教训,前事不忘后事之师,不要重犯过去的错误,能知道过去以人治国、以智治国、以礼治国的弊病,才能走出以道治国的新路。

因此,从这个意义上说,今本的"执古之道,以御今之有"也没有错,因为这个道是"自今及古,其名不去"(21章)"执古之道"并不是人们所理解的所谓"托古改制",因为"道法自然""以百姓心为心""百姓四自"等虽然是古代就已经被认识的治国之道,放到今天仍然具有强大的生命力,过去的政治和今天的政治都应该是按照这些已经被古人所认识到的治国之道来进行治理。

《老子》一书还有两处也提到了要善于汲取历史的经验教训,从中把握历史发展的规律和方向:

● 自古及今,其名不去,以阅众甫。吾何以知众甫之状哉?以此。(21章)

(从古到今,这一系列表现从未改变,可以从中阅知众多王朝的兴衰变迁。我是怎么知道这些王朝的历史变迁的呢?就是通过观其情、察其德而得知的。)

---

① 高明:《帛书老子校注》,中华书局1996年版,第289页。

又说：

- 人之所教，我亦教之：强梁者不得其死，吾将以为教父。（42章）

这段话是说，关于"道生一，一生二，二生三，三生万物"的认识，关于"万物负阴而抱阳"的认识，古代的先人就是这样启示人们的，今天我也这样把它教给后人；那些故意用强暴的力量来改变这些古人教诲的人，都不会有好结果，所以我也会把这些例子作为教训。

## 七、知人善任的能力

- 善用人者为之下。（68章）

以道治国的执政者，就是要善于做这样的"善用人者"，善于对那些得道者谦下，把这些人选拔到道治国家的各个领导岗位上去，发挥他们为百姓服务的才干。

知才难，如何用才更难。善于用人，是国家治理的一个十分具体而重要的事情。因此，《列子·说符》说，"故治国之难在于知贤而不在自贤"，治理国家的困难，不在执政者自我的德行高低，而在于如何把那些贤明的君子安排到国家的管理岗位上去，让他们发挥自己的才干以为百姓和国家服务。

因此，无为而治，并非如有些人理解的那样，就是南面之术，就是君无为而臣有为。作为道治国家的执政官，圣人肩负有十分重要的职责和职能，他的作用是无可替代的，更不是一般普通官员能替代的。

文子、黄老学派对老子的如何用人的思想也有很多的发展和创新。

老子的弟子文子，还提出了领导者应当具备实事求是的能力，认为不管什么人，只要说得对，虽然是割草打柴的人，也不能放弃；而说得不对的，即使是为人君主和卿相，也不能用。在是与非的问题上，应该实事求是，绝不能把贵贱尊卑作为评论是非的标准。其计谋如果可用，就不能计较地位的高低；如果说的意见正确，也不管其是否能善辩。[①]

文子还提出，团结一切可以团结的力量，实现以道治国的目标。

《文子·自然》："乘众人之智者即无不任也，用众人之力者即无不胜也。用众人之力者，乌获不足恃也；乘众人之势者，天下不足用也。""故圣人举事，未尝不因其资而用之也。有一功者处一位，有一能者服一事。力能其任，即举者不重也；能胜其事，即为者不难也。圣人兼而用之，故人无弃人，物无弃材。"《淮南

---

① 《文子·上仁》："言之而是，虽商夫刍荛，犹不可弃也；言之而非，虽在人君卿相，犹不可用也。是非之处，不可以贵贱尊卑论也。其计可用，不差其位；其言可行，不贵其辩。"

子·主术训》也提出了相同的思想,认为以道治国者应当"乘众势以为车,御众智以为马,……乘众人之智,则天下之不足有也,用众人之力,则无不胜也"。

《文子·上仁》:"以天下之目视,以天下之耳听,以天下之心虑,以天下之力争。"即以天下之人的眼睛去看,以天下之人的耳朵去听,以天下之人的心思去考虑,以天下之人的力量去竞争。

黄老学派也提出了许多识人、用人的主张。比如那些得道的圣人在做事时,总是考虑如何符合天地之道、顺应民心和神祇的意愿,并且兴民同利,人们都依赖于他们,这便是所谓的道义。他们应该得到应有的官位,君主任用了他们,对于整个国家乃至全天下的人都是大有利处。这样的话,天下的名士就都会来归附。一句话就可以使君主获利的,这便称作"士";一句话就可以使国家获利的,这便称作"国士"。因此说,有道的贤人都是谦卑己身以遵从天道,用他们的才智去认识道,努力用道去指导自己的行动,并且寻求道的与世相合,卑屈己身以待天时。作为一国之君,如果懂得了这些圣贤们所掌握的道便是国家的大幸了。①

又如,在接触一个人的时候,首先要用眼睛去观察他。如果这个人是言行一致的,就不应失去他而要重用他;如果他说得很漂亮却没有实际行动,就不宜任用他。所以说,语言是人内心的标志,表情是人心理的外化,气质是人心灵的表露。言行如果不一致,便是一种欺骗行为。②

如何用人,也与如何划分职务和职权有关。老子只提出了"名亦既有,夫将知止""物形之"的思想,而没有这一方面的具体内容;黄老学派在此基础上大大发展了老子的"名形"思想的内容。

黄老学派对国家治理中的三种治乱关系进行了分析,这三种形名关系就是决定国家治乱的三种名实关系:一是形名正定,名实相符,则法度就能得以建立,国家得以安定;二是形名不正,名实不符,则法度荒废并且国家混乱;三是无视形名,名实扫地,则国家虽强,也会灭亡。懂得了以上三种形名关系,也就具备了应付一切的手段。③

名实相符则国家安定,名实不相符则国家出现纷争。所谓名称,是根据万物

---

① 《黄帝四经·十大经·前道》:"圣人举事也,合于天地,顺于民,使民同利,万夫赖之,所谓义也。身载于前,主上用之,长利国家社稷,世利万夫百姓,天下名轩执□干于是虚。壹言而利之者,士也。壹言而利国者,国士也。是故君子卑身以从道。智以辩之,强以行之,贵道之并世,柔身以待之时,王公若知之,国家之幸也。"

② 《黄帝四经·十大经·行守》:"有人将来,唯目之瞻。言之壹,行之壹,得而勿失。言之采,行之熙,得而勿以。是故言者心之符也,色者心之华也,气者心之浮也。有一言,无一行,谓之诬。"

③ 《黄帝四经·经法·论约》:"三名:亦曰正名,一曰立而偃,二曰倚名法而乱,三曰强主灭而无名。三名察则事有应矣。"

的具体性质自然界定的,万物在名称的规范下自然得到正定,万事也会在名与物相符的情况下自然得以安定。懂得了"三名"就可以完全了解事物的虚、实、真、伪了。①

因此,作为掌握"道"的圣人,在他观照天下的时候一定要首先详细考察事物的起因,审核它们的形和名。形与名确定了,那么是悖理还是合理也就有了区分的标准,死亡与新生也就有了确切的分际,存亡兴衰也就有了定位,这就称为"有道"。②

处理天下万事,首先要审查它们的名称。名理包括在行事上要因名知实、因实察理和在理论方法上要把握其内在的实质这样的双重含义。做到了这一点,便可以辨明是非,正确的可以给人带来福吉,错误的就可以带来灾害。名理确定了是非的分际,然后用法度去裁决;观照事物时采取虚静审慎的态度,处理这些问题时再以法度为依据。在处理具体事物时,要把审察名理所得的结论贯穿于全过程,这就称为"究理"。

只有依法办事而不偏执一己之私,方能认识天道而不迷惑,方能发奋自强。因此,掌握道的圣人在观照天下时,要体察天道遵循的事理,这样就能够正定事物之是非善恶、把握事物始末之理。做到这一点,同时也一定要"循名究理"。

所有事物都有形名,而每一具体事物又都有它的具体名称,事物有具体名称与其具体事实相吻合,那么福祸兴衰的道理也就因此而可以把握了,这就与形移则影随、声动则响应、衡器确定则重轻即明的道理一样。因此,掌握道的圣人能够虚心静意地观照事物,能够依法公正地处理事务,并因而能够认识自然人事的规律,把握住名理的实质。③

《淮南子·原道训》认为,每个人都有自己的长短之处,因此不能只用少数人,而应当聚集有道者众人的才能,按照自然和社会的规律去治理国家,国家才能治理得好,这就是"任一人之能,不足以治三亩之宅也;脩道理之数,因天地之自然,则六合不足均也";甚至那些所谓弱势群体残疾人等,在得道者眼中,也不

---

① 《黄帝四经·经法·论约》:"名实必相应则定,名实必相应则静。物自正也,名自命也,事自定也。三名察则尽知情,伪而不惑矣。"
② 《黄帝四经·经法·论约》:"故执道者之观于天下也,必审观事之所始起,审其刑名。刑名已定,逆顺有位,死生有分,存亡兴坏有处。然后参之于天地之恒道,乃定祸福死生存亡兴坏之所在。是故万举不失理,论天下而无遗策。是谓有道。"
③ 《黄帝四经·经法·名理》:"天下有事,必审其名。循名究理之所之,是必为福,非必为灾,是非有分,以法断之。虚静谨听,以法为符。审察名理终始,是谓究理。唯公无私。见知不惑,乃知奋起。故执道者之观于天下也,见正道循理,能举曲直,能举终始。故能循名究理。形名出声,声实调合,祸灾废立。如影之随形,如响之随声,如衡之不藏重与轻。故唯执道能虚静公正,乃得名理之诚。"

是什么"弃人",也可以发挥其作用。《淮南子·主术训》发挥了老子的"人无弃人"的思想说,"聋者可令唑箣,而不可使有闻也。喑者可使守圉而不可使言也;……有一形者处一位,有一能者服一事。力胜其任,则举之者不重也;能称其事,则为之者不难也。毋小大脩短,各得其宜,则天下一齐,无以相过也。圣人兼而用之,故无弃才"。

# 第二十一章

# 道治国家的治理体系

《老子》提出了治人事天的主张,治人就是54章提出的治身、家、乡、国、天下的体系层次,治事就是人对自然环境的治理;治人事天,形成了老子治理体系的六个层次。

## 一、老子治人事天的五个层次

● 善建者不拔,善抱者不脱,子孙以祭祀不辍。修之于身,其德乃真;修之于家,其德乃余;修之于乡,其德乃长;修之于国,其德乃丰;修之于天下,其德乃普。故以身观身,以家观家,以乡观乡,以国观国,以天下观天下。(54章)

(大道之善建于心者,坚韧不拔;大道之善怀抱于心者,纯真永葆;大道之善化于子孙者,祭祀永不断绝。以大道之善德修之于个人之身,则每个人的德性就是纯真的;以大道之善德化入每个家族,则每个家族的德性就足足有余;以大道之善德治理每个乡村,则每个乡村的德性都会得到增长;以大道之善德治理国家,则国家的德性就会十分丰厚;以大道之善德普及于天下,则天下的德性就会一体流行、近远皆同。所以,从一个人的情感就可以观察到他的德性是否纯真;从一个家族的习惯就可以观察到这个家族的德性是否足够;从一个乡村的风俗就可以观察到这个乡村的德性是否在增长;从一个国家的制度就可以观察到这个国家的德性是否丰厚;从天下各国的风尚就可以观察到天下的德性是否普及流转。)

韩非子在解释这一段话时说,人们不论是愚蠢还是聪明,没有不进行取舍的。人们在清静寡欲和平淡安闲的时候,没有不知道祸福从何而来的。为好恶感情所支配,为奢侈东西所诱惑,然后才引起思想变化并发生混乱。之所以如此,是因为被外界事物所引诱,被珍贵玩物所扰乱。清静寡欲就能设立取舍的准则,平淡安闲就懂得恰当地计虑祸福。现在有珍贵的玩物打动他,有外界的事物引诱他;一经引诱,他就跟着走,所以《老子》就叫它"拔"。至于圣人,就不是这样。圣人牢固地确立取舍标准,虽然看到爱好的东西,也不会被引诱;不会被引诱,就叫作"不拔"。圣人的情性专一,虽然存在着引起欲望的东西,精神却不为所动;精神不为所动,就叫作"不脱"。做子孙的人,体察这一道理来守护宗庙;宗庙不灭,就叫作"祭祀不绝"。身体以积累精气为德,家庭以积蓄财产为德,乡里、国家、天下都以保养民众为德。现在勤于自身修养,外界事物不能扰乱他的精神,所以老子说:修养施行到自己身上,他的德就会真。所谓真,就是守护得很牢固。治理家庭,没有用的东西不能改变他的计划,就会资财有余,所以老子说:修养贯彻到家庭,他的德就有盈余。治理乡里的人实行了这一条,那家庭有盈余的就会更多,所以老子说:贯彻到乡里,他的德就增长。治理国家的人实行了这一条,那么乡里有德的人就会更多,所以老子说:贯彻到国家,他的德就丰厚。统治天下的人实行了这一条,民众的生存无不受到他的恩惠,所以老子说:贯彻到天下,他的德就普及广大。修身的人用这项原则来区别君子小人,治乡、治国以至统治天下的人各自用这一项目来对照观察兴衰,就能够万无一失。所以老子说:用自身来观察自身,用家庭来观察家庭,用乡里来观察乡里,用国家来观察国家,用天下来观察天下。我凭什么知道天下是这样的呢?用的就是这个方法。[1]

## 二、治水——环境治理

● 治人事天。(59章)

这里的治人,是指人事的治理,而事天,可以理解为对天地的服侍和祭祀,也可以理解为自然环境治理之意。因为老子之天,是自然之天,所以老子的主旨不

---

[1] 《韩非子·解老》:人无愚智,莫不有趋舍。恬淡平安,莫不知祸福之所由来。得于好恶,怵于淫物,而后变乱。所以然者,引于外物,乱于玩好也。恬淡有趋舍之义,平安知祸福之计。而今也玩好变之,外物引之;引之而往,故曰"拔"。至圣人不然:一建其趋舍,虽见所好之物,能引,不能引之谓"不拔";一于其情,虽有可欲之类,神不为动,神不为动之谓"不脱"。为人子孙者,体此道以守宗庙,宗庙不灭之谓"祭祀不绝"。身以积精为德,家以资财为德,乡国天下皆以民为德。今治身而外物不能乱其精神,故曰:"修之身,其德乃真。"真者,慎之固也。治家者,无用之物不能动其计,则资有余,故曰:"修之家,其德有余。"治乡者行此节,则家之有余者益众,故曰:"修之乡,其德乃长。"治邦者行此节,则乡之有德者益众,故曰:"修之邦,其德乃丰。"莅天下者行此节,则民之生莫不受其泽,故曰:"修之天下,其德乃普。"修身者以此别君子小人,治乡治邦莅天下者名以此科适观息耗,则万不失一。故曰:"以身观身,以家观家,以乡观乡,以邦观邦,以天下观天下。吾奚以知天下之然也?以此。"

太倡导人们隆重地举行祭祀天地的仪式以求老天保佑,而是指人们要处理好与自然界的关系,并处理好天地给人们的生产活动,尤其是对天地自然给人们的农业种植带来的不便,只有人们善于处理洪涝灾害,农业才能丰收,才能给人类提供足够的生存与发展的粮食。

《老子》今本第8章中说"上善若水",帛本为"上善治水",解释也各不相同,本书以为,可以在"善"的基础上,将这些不同的解释合并,"上善治水"的解释更为精准。即以为百姓服务为最高的善性的国家,它最大的善性莫过于为百姓治理水灾、水患,莫过于兴修水利使百姓能享受水之利泽。

《老子》全书的核心思想是道法自然,它强调人类社会应当效仿大自然,让万物自然而然生长,不要人为干预自然界的万事万物的生长,而人类作为大自然的一分子,来自大自然,生活于大自然,所以必须与大自然维持一种和谐的友好关系,不要破坏大自然,伤害大自然,要认识和研究自然,了解和熟悉自然,尊重和顺从自然,融入和享受自然。但是,老子生活的年代,大自然带给人类的,也不都是丰富的资源、美好的环境,大自然的风雨雷电、野火洪水都会给人类的生存与发展带来严重的损害,甚至是灾难性的危险。人类历史上有许多洪水毁灭文明的记载。许多文明历史的中断无法得到合理解释,因此,人们推测这些文明有可能被巨大的洪水所毁灭。

因此,人类要生存、要发展,就要治理洪水给人类带来的危害。人类环境治理也由此产生。

在对水的治理中,以大禹治水为经典。大禹治水是古代传说故事。在尧、舜时代,黄河泛滥,洪水滔滔,淹没庄稼,淹没民居,冲毁道路,冲走粮食,人民流离失所,华夏民族的生存与发展受到了严重威胁。2016年美国《科学》杂志曾发表文章宣称,中美联合考古队在黄河上游积石峡发现了古代一场超级大洪水的科学证据,这一洪水很可能就是"大禹治水"故事中提到的灾难性大洪水。

禹父鲧奉尧帝之命治水,治了9年,洪水不但未退,而且越来越厉害,治水失败,被革职并被流放到羽山;舜帝时用鲧之子禹继续负责治水。大禹面对滔滔洪水,带领人民为生存而战。他根据山川地理情况,将中国分为九个州,把整个华夏山水当作一个整体来治理,先治理九州的土地,然后继续治理山河,把岐山、太岳山、太行山、大别山等地的水道疏通了。他从鲧治水的失败中汲取教训,变"堵水"的办法为"导水"。大禹为了治理洪水,与伯益、后稷和一批治水专家,跋山涉水,风餐露宿,左手拿绳,右手拿规矩,对黄河两岸的广阔地区都进行了实地考察,终于研发出一个疏导治水的新方法,核心就是疏通水道,高处就凿通,低处就疏导,让洪水顺畅入海。

大禹为了治水,每天都和百姓辛勤劳动,生活简朴,披星戴月,年复一年。"三过家门而不入",前后经历13年,耗尽心血与体力,终于完成了治水的大业。昔日被水淹没的农田重新变成了粮仓,大量洪涝的低洼荒地变成肥沃的良田。百姓在黄河两岸又重新建起了房屋,开始新的生活。后人感念禹的功绩,尊他为"大禹"。

大禹治水中体现的政道,就是以百姓心为心、以民为本的价值观,把百姓亟须解决的生死存亡的战洪水作为最迫切的政治问题;就是道法自然,尊重客观规律办事,是一种积极无为的精神;就是在战胜洪水问题上人人平等的社会正义,执政者与平民百姓人人都有义务为战胜洪水而奉献自己的力量;就是变害为利,把水患变为百姓生活与生产之资源,增进人民福祉。

大禹治水中体现的伦理,是圣人无私、作而不辞、大公无私、三过家门而不入、艰苦奋斗的德性精神;大禹治水中体现的治道,就是因势利导,总结教训,变堵为导,就是执政者与百姓同心共治,就是调查研究、实事求是的务实精神,就是不畏困难、勇于创新的开拓精神。

大禹治水是中国历史上政道与治道结合的成功案例。

历史表明,能不能对环境进行有效治理,在尊重自然规律的前提下,对自然进行一定的改造,变害为利,防范灾害,对一个国家的繁荣与发展具有重要意义。

比如,战国时期的秦国,曾经对境内的河道进行过大规模的治理。公元前256年前后,秦国蜀守李冰父子对岷江上游进行整治。李冰父子根据都江堰地区的山形水势,利用江水分流原理,先后兴修了分水鱼嘴、飞沙堰、宝瓶口等水利工程,不仅防治了经常泛滥的江水之害,而且引水浇灌,改造千万亩良田,把成都平原变成了沃野千里的天府之国。这一工程是全世界迄今为止年代最久仍在一直使用的宏大水利工程,是人类历史上治水的典范。

10年后,即公元前246年,秦国又开始修建第二条大水渠,这是韩国水工郑国主持兴建的郑国渠,是继都江堰之后秦国的又一大型治水工程,它西引泾水东注洛水,全长达300余里,灌溉面积达4万公顷,使秦国的关中平原变成秦国的又一大粮仓。

30年后,即公元前214年前后,秦国第三大治水工程灵渠建成。秦国的这一治水工程与前两个水利工程不同,它的主要用途不是用于农业灌溉,而是用于军事运输。灵渠工程设计精巧,主体建筑包括大小天平石堤、铧嘴、南北渠、泄水天平和陡门等,利用水流从下的原理,通三江,贯五岭,沟通南北水路运输,是中国岭南地区与中原之间的水路交通要道,也是世界上最古老的运河之一。

这些工程既有利于人类的生存与发展,也不破坏人类与自然环境的友好关系,是道法自然的体现,同时也为秦国统一六国奠定了牢固的经济基础、经济运输条件。

老子环境治理的核心思想,就在于去害兴利、持续发展。

老子提出上善治水,但对环境的治理肯定不限于治水。在人类生存的环境中,除了大水灾对人类的生存、发展造成很大的威胁外,还有台风、海啸、地震、火山、泥石流、沙漠化、山火林火、土地碱化、极端气候等不同形态的自然灾害,所以我们也可以把环境治理的眼界延伸至不同领域。凡是对人类生存与发展构成障碍和困难的,人类都可以在不破坏自然环境、保持自然环境平衡和可持续状态的前提下,对各种危害人类生存与发展的自然环境、自然灾害、自然形态进行改造。

环境治理的观念,尤其适合今天的中国。除了大自然存在的影响人类生存与发展的形态外,中国存在大量人为的环境灾害。由于过去中国太不注重对环境的保护,过度地开发资源,重经济发展,导致了对中国今天自然环境的严重破坏,比较严重的有空气霾化、河流污化、土壤重金属化、地下水污化、各种塑料垃圾的白化等。

这需要人们一方面加强对老子的道法自然、人类与自然和谐发展的观念的指导,同时对老子首倡的以治水为主的环境治理观念也应给予高度重视,既要预防仍然不时发生的大江大河的洪水灾害(1998 年、2016 年中国各地发生的大洪水都对中国的经济社会造成很大的破坏),又要对被人们严重破坏的自然环境进行修复、恢复、整治。

## 三、治身——国家治理的基础

每个人都是社会国家的一分子、一个细胞,个人构成社会和国家的基础。作为社会和国家有机体的细胞、基础,个人的素质关系到社会和国家治理的质量。

老子对个人的治理,有两个不同的层次。一个层次是治心,主要是个人伦理的领域,在前面的政治伦理中已经论述过。当然,政治伦理中的许多行为规则,也可以扩大到普通社会成员身上。另一个层次就是治身,即提高每个人的身体素质、健康水平。养身健康构成老子的治理体系中的重要内容。

治身也就是修身。老子的修身思想,以道德修养为宗,以返璞归真为旨,以少私寡欲为利,以致虚守静为功。《老子》书中多次出现了这种道德修养、返璞归真的高人,他们是老子树立的如何修身治身的典范,是一种不言之教。在第 15 章、65 章,我们两次见到了一位"古之善为道者";在第 50 章,我们见到了一位"善摄生者";在第 7 章、59 章,老子又提出了"长生"的概念。这些善为道者、善摄生者,应当也是老子笔下的长生者了。

那么,如何能通过治身、修身达到人的长生、健康呢?老子又提供了许多具体的修身与治身的方法:

1. 正确对待功名利禄

人生在世,多为功名利禄而争,也为功名利禄而累,所以老子在第3章提出,以道德修养人生的人,不要去争圣贤的虚名(不尚贤),不要去争财夺利(不贵难得之货),不要有太多超出人的自然需要的虚荣的欲望(不见可欲),道法自然,按自己的本心和本意自由自在地生活,该争时则争,不争时则不争,顺势而为,随遇而安,这样才能保持纯真、质朴、淳厚的自然本色,体现自己的人之为人的本质。

在现实生活中,太多人以追求功名利禄为人生的目的,这必然导致过度透支人的生命,导致人因功名利禄的压力而使身体功能不协调,这其实是人生命的一种异化,把附加在人身上的外在的东西,当作了生命本身。

2. 去私欲者能长生

老子在第7章中以天长地久为范,分析为何天能长、地能久,指出其根本原因在于,天道生长万物而不以为有,地道承载万物而不以为功,天无私照,地无私载,"天地所以能长且久者,以其不自生,故能长生"。不自生,就是无私欲。这里的关键在于如何区分人的自然欲望和人的私欲、可欲。天生有欲是人的本性,所以老子说"恒有欲"是道的体现之一。老子并不反对人的自然欲望,老子反对的是人受到各种背离大道的"尚贤""难得之货""金玉满堂"的诱惑而产生的"可欲""私欲",为了满足这些不道的私欲、可欲,人们就可能违反自己的自然本质而做各种坏事,从而破坏人的身心健康。因此,去除这种"私欲""可欲",是实现人的长生的条件。

3. 简朴生活养生,声色犬马毁性

人的生命对物质的需求其实是很简单的,但人们往往受社会风气的影响,以穿金戴银为荣,以高堂大屋为耀,追求奢侈的生活,尽情纵色,穷奢极欲,把统治者的奢靡生活作为生活的目标,导致人生的各种病态。因此,老子在12章告诫人们说,"五色令人目盲;五音令人耳聋;五味令人口爽;驰骋畋猎,令人心发狂;难得之货,令人行妨"。许多人在生命终结的时候才意识到,这一切声色犬马的东西不过是过眼烟云,只有自由自在地按本心和本性生活,才是人的生命本质所在。

4. 致虚守静是长生之道

"致虚极,守静笃",这是老子在16章所描述的人的生命长生的一个意境。"致虚极,守静笃"就是要人的内心进入一种虚空的境界,抱守内心的澄静,排除一切私心杂念,让心灵摆脱尘世的一切纷纷扰扰,恢复到一个本初的纯真状态。在这种虚空和清静的心灵世界中,人才能真正感受到本心的纯真自然,让人体充分接受自然的精气神,开启人体的自我疗伤的进程。人体在这种纯真状态中,能够开启人体内的自愈合的功能,大大增强人体的免疫能力,将侵入人体的各种有害物体和病菌排出体内,从而达到人的身体的康健。

5. 常怀赤子之心,以真诚待人待己

● 含德之厚,比于赤子。(55章)

(以道德修养人生者,他的行为就好像是初生的婴儿。)

老子在书中经常拿婴儿来喻道。人一生下来,什么也不知道,一切举止全是内心生命的自然涌动,全是性情的自然流露,没有一点人为的矫揉造作;他饿了就张嘴,累了就睡觉,不高兴了就大声哭,开心了就张嘴笑,他虽然不知男欢女爱之情,但小生殖器经常直立起来;是生命之气使然,他整天笑笑哭哭,但声音却一点也不嘶哑,是因为他内心的元气充足。

婴儿没有任何主观的人为做作,所以他的一切举动是那么天真可爱,他对人是最真诚的,对物是最自然的,一切都是人的生命本质的自然而然的流露。如果人能够坚守婴儿的这种本心对人处事,就能够长久地保持人的纯真,不为各种虚伪的邪念所累,从而达到长生。

6. 养生也不能过分

老子认为,人的生命应当道法自然,人的生命与大道合一,与德善合一,则与大道为一,与德善合体,就能达到人的生命完美。但是,人的生生死死,是大道的必然体现,没有人能逃过这一生命的自然规律。老子只是希望,人按照大道赋予生命的本质,按照德善给予人的生命的规律,能健康、幸福地度过自己的一生。但是,老子从不认为人能够长生不老,更没有说过人可以长生不死。相反,老子一再强调,即使是养生,也有养生的规律,养生遵循规律,就能使人健康、延长人的寿命;但是,如果把追求长生不老、长生不死作为养生的目的,就完全违反了道与德,会走向反面。

● 死而不亡者寿。(今33章)

有些人把老子的话理解为,人通过修道而可以长生不死。其实,这句话有两个不同的版本。今本的版本容易被人误解,死而不亡,不就是长生不死吗?当然,今本的这一句也可以理解为:死而不朽者才是长寿。但死而不朽一般被人理解为后人对前辈精神的怀念,不能被理解为一种长寿。

● 死而不忘者寿。(帛33章)

从逻辑上看,帛本的文字更合理,可以理解为:身虽死而道犹存的人,就是永生。因此,老子多次批评那些贵生、厚生、益生、生生之厚的人,指出这些违反道与德的养生对人实际上一种损害,告诫人的养生必须遵道贵德,而不能反其道而行之。因此,此句应解读为:身死而精神犹存的人,影响长久。

● 出生入死。生之徒十有三;死之徒十有三;民之生生,动之于死地,亦十有三。夫何故?以其生生。(50章)

(人从一出生,就进入了必然死亡的自然之路。人的生死有三种情况:有些人生来就有长寿的基因,有些人一生下来就有各种缺陷而短命,还有一些身体正常、健康的人,本来是可以长寿的,但也成了短命的人。为什么呢?就是因为这些人过分地养生而走向了反面。)

● 益生曰祥,心使气曰强。(55章)

(过分颐养生命,就会改变人体内阴阳二气的平衡而导致或凶或不吉的症状;以人的主观意识去操纵阴阳二气是一种违反规律而逞强的妄作。)

● 民之轻死,以其上求生之厚,是以轻死。夫唯无以生为者,是贤于贵生。(75章)

(百姓之所以不能正常地生活而早早地过世,是因为无道的统治者"求生之厚"而剥夺了百姓的生活资源,所以导致百姓遭遇灾难。所以,不以自己的长生作为执政目的的统治者,要贤于那些把自己的生命看得高于百姓生命的统治者。)

河上公吸取了老子的每个人都需要养生修身的思想,并从统治者的角度出发,把它提高到与治国同等的地位上,甚至把"治身"看得高于"治国",这又背离了老子的原意。河上公认为"圣人治国与治身同"(3章解),"治身者爱气则身全,治国者爱民则国安"(10章解),"治身者当除情去欲,治国者寡能"(11章解)。尤其是在35章的解释中,更把治身与治国紧密地联系起来,认为"圣人守大道,则天下万民移心归往之也。治身则天降神明,往来于已也。万民归往而不伤害,则国安家宁而致太平矣。治身不害神明,则身安而大寿也。用道治国则国安民昌,治身则寿命延长,无有尽时也"。又说"法道无为,治身则有益精神,治国则有益万民,不劳烦也"(43章解)。不仅如此,河上公在注解老子思想时,还大量发挥了如何修身的方法,以至被后来的道家视为行气、固精、养神的三大法宝。[1]

## 四、治家——慈俭为宝

家庭或家族的治理,是百姓自治的重要组成部分,不是国家权力机构介入的

---

[1] 《老子道德经河上公章句》,中华书局1993年版,第10—11页。

领域。

在很长时期,家庭或家族是中国社会的基本组成单位。家既是个人修身养性的基本场所,又是从自然人变化为社会人的一个过渡,家就是一个小社会,家族更是一个比较全面、丰富的社会单元。一个家、一个家族可以反映每个家庭、家族成员的道德修养,也可以反映一个社会的政治、经济、文化状况。

老子的治家思想包括以下几个方面:

1. 家不是国

在中国,受儒家文化的影响,人们的传统观念是家国一体、家国情怀,家是缩小的国,国是放大的家,长期以来,家国紧密不可分,齐了家,就可以治国,因为传统社会通常是一家一姓治国,是家族之国,是某姓之国,家是小私,国是大私。因此,才有齐家治国之说,从齐家可以直接过渡到治国,国家带有浓厚的血缘家庭关系的意味。

从这个意义说,老子是最早把家与国分开的政治思想家。

在老子的语境中,家虽然是组成国家的基本单位,家国有一定的相关性,但家是家,国是国,人们可以以家观家、以国观国,但不可以以家观国,也不可以以国观家,家和国家是两个界限分明的概念;在家适用的少部分准则,如"慈""俭"等伦理,可以适用于治理国家,但家庭伦理的许多内容,如家庭中的等级原则、义务关系、情感、差等内容,并不适用于国家治理。同样,适用于治国的价值伦理,也不能都适用于治家。

比如,治国讲平等,治家讲长幼,有等级之别;治国讲公平,治家讲孝慈,有亲疏之别;治国讲法治,治家讲以爱治家,有范围之别;治国讲正义,治家讲感情,有情理之别。

因此,虽然老子与孔子都讲家、国,但两者的区别是较大的,老子是家、国两分,家与国中间隔着一层"乡"的社会组织,而且观家与观乡不同,观家不能观乡,更不能以家观国。家是血缘关系,乡是社会关系;家是私人关系,乡是公共关系。国家是比乡更大的政治实体,当然就不能适用家庭伦理。

战国时期老子的后学——黄老学派,根据老子的身-家-乡-国-天下的体系思想,更进一步丰富和发展了老子思想的内容。《管子·牧民》中指出:

● 以家为乡,乡不可为也;以乡为国,国不可为也;以国为天下,天下不可为也。以家为家,以乡为乡,以国为国,以天下为天下。

(按照治家的要求治理乡,乡不能治好;按照治乡的要求治理国,国不能治好;按照治国的要求治理天下,天下不可能治好。应该按照治家的要求治家,按照治乡的要求治乡,按照治国的要求治国,按照治天下的要求治理天下。)

● 毋曰不同生，远者不听；毋曰不同乡，远者不行；毋曰不同国，远者不从。如地如天，何私何亲？如月如日，唯君之节！

（不要因为不同姓，不听取外姓人的意见；不要因为不同乡，不采纳外乡人的办法；不要因为不同国，而不听从别国人的主张。像天地对待万物，没有什么偏私、偏爱；像日月普照一切，才算得上执政者的气度。）

2. 慈孝是治家的基本伦理

一个家庭，是由夫与妻、父母与子女建立起来的。父母与子女之间的关系是基于情爱关系、血缘关系建立起来的，治家的行为准则就是基于血缘关系、情爱关系建立起来的，具有等级关系、责任关系、义务关系；父母与子女之间，是血缘关系、养育和被养育的关系、孝敬和被孝敬的关系。

在老子的道治思想中，家庭关系也是一种自然关系，当大道彰显之时，父慈子孝是被包含在整体的道与德的体系中，用不着单独强调的。当社会的道与德下降，道与德中的淳朴关系被破坏时，就会出现家庭中的"六亲不和"现象。这时，慈与孝就会凸显为一种家庭的伦理道德准则。家族与家密切相关，家是小的族，族是大的家，家与家族的关系在长期的传统社会中是不容易被分开的，直到今天，家族仍然在社会活动中发挥着重大的作用。不仅经济经营有家族企业，甚至在许多现代的民主国家中，家族也仍然发挥着很大的作用。

老子虽然批判礼制社会中的"六亲不和"现象，但并不意味着老子反对父母子女之间的孝慈关系。相反，老子把"慈"作为以道治国者倡导的"三宝"之首，这种"慈"，肯定是与家庭中的孝慈之慈相关联的，是家庭中的慈向社会领域的一种延伸。"慈"的含义就是长辈对晚辈发自内心的一种关爱，是上对下的等级之爱；它要表现的是长者对小孩、子女、晚辈在衣着、饮食、与人交往、劳动、情感等方面的关怀、体贴、支持等，更多的是一种责任。

有慈就有孝，孝是晚辈对长辈发自内心的一种敬爱，是下对上的等级之爱，它要表现的是子女、晚辈对父母、长辈的敬爱、尊重，对他们的健康、心情、生活、起居、冷暖、疾病等方面情况的关照、照顾等；既是责任，也是义务。

老子和孔子都讲慈孝，有共同的地方，但也有重大区别。老子讲的孝慈是一种发自内心的自然而然的心情流露和表现，没有做作和虚伪；孔子讲的孝慈则不仅是内心情感的流露，而且有许多仪礼的制度规定，比如子女早晚要向父母请安，出门必请示，回家必报告，到后来的儒家更是增加了许多人为和比较繁琐的规定。

3. 俭是治家的经济伦理

老子"三宝"中的第二宝是节俭，主要从经济上讲治家的准则。

在老子生活的年代,除了社会制度的问题外,还有两方面的因素导致了老子倡导节俭持家:一是社会的生产力不是很发达,人们的温饱仍然是生存的大问题;二是人们的欲望永远没有止境。因此,老子倡导人们把节俭作为一种治家的美德,反对奢侈,反对浪费,珍惜自然资源。同时,这不仅是一种经济行为,而且也是一种养生之德。过度消费,放纵欲望,不仅浪费资源,而且对生命也是一种伤害。因此,老子反对五色、五声、五味、驰骋、贵货的生活,不仅是对统治者讲的,而且也是对百姓讲的,因为这种追求感官刺激的生活,不但对生活无助,百姓也消费不起,而且会导致人的心志的迷惑、生命的损伤,会使人目盲、耳聋、舌麻、心狂、行妨;只有倡导节俭,人们的生活才会远离这些玩物丧性的游戏,使人的生命保持纯真,保持元气。

## 五、治乡——甘美安乐

乡是老子治理体系中的一个重要环节,它是家、家族向社会方面的延伸和扩大,通常一个乡会由一个或几个家族为主要组成部分;乡也是社会和国家向下的伸展,不仅仅是一个或几个家族,它也可能由多个不同血缘的家族共居,也会产生许多地方性的公共事务,而治理一个家族的那些慈孝或节俭的原则,已经不能完全适用于乡的治理。乡是百姓自治的关键,也是国家治理的基础,是百姓自治与国家官治的结合部,一部分适合百姓自治,一部分适合政府官治。

"乡"这一概念,从春秋时期起就已经成为一个单独的行政自治单位了。《周礼·大司徒》记"五州为乡"(万二千五百家);《广雅》:"十邑为乡,是三千六百家为一乡。"乡村如何治理,《老子》一书没有具体内容,但可以从后来的黄老学派的《管子》一书中看出一些设想。

把乡作为行政管理的单位,应该是从春秋齐桓公时管子的改革开始的。管子的改革第一项措施是社会改革,即四民分业。在管子看来,富民在于让民各有其所,能发挥各自的才力。他把民众分为四类:士、农、工、商,这四种不同的行业不应混杂在一起,而应有其分工,各有所居。士人读书应安排在清静之地,工匠宜在官府做工,商人在街市做买卖,农人在田野耕作,这可使他们依类而分,相互交流、切磋,在不同的行业领域各有所专,代代相传,一代比一代强。

为了让四种行业分地而居,管子又提出对政治制度进行改革,认为应把全国分成二十一个乡,其中,工匠和商人共六个乡,士人十五个乡,它们由齐国国君、上卿分别领导。国家的政事也分为三个部分,由三卿管群臣,由三族主管工匠,三乡管理商人,三虞主管川泽,三衡管理山林。四民分业的思想也在一定程度上反映了当时商品经济的发展，社会已经出现农业与手工业分工之后的又一次分工，包括商业与农业、手工业的分工。管子所在的齐国，民众有经商的传统。《管子》书中提出的四民分业，既是适应当时经济发展的需要，也是一种政治、社会、经济改革的重要措施。

《国语·齐语》还提到，管仲还将在野的农村分为五属，设属正，爵为大夫，每属9万家。属下是县，每县9 000家，设县帅。县以下设乡，每乡3 000家，设乡帅。乡以下设卒，每卒300家，设卒帅。卒以下是邑，每邑30家，设邑有司。在国即城市中的组织程度更高，是合"五家为轨，轨为之长；十轨为里，里有司；四里为连，连为之长；十连为乡，乡有良人焉。以为军令：五家为轨，故五人为伍，轨长帅之；十轨为里，故五十人为小戎，里有司帅之；四里为连，故二百人为卒，连长帅之；十连为乡，故二千人为旅，乡良人帅之；五乡一帅，故万人为一军，五乡之帅帅之"（《国语·齐语》）。当然，这里所谓管子设县的主张，应当是战国时的黄老学派根据各国改革出现的郡县制的潮流添加的，并不一定是春秋时齐国管子的主张。至于其中提到的乡下还设邑、司、轨、连、卒等，并且军政合一、平战合一、政经合一，是一种高度组织化、集中化的设想，属于法家的思想，完全不是老子的民自富、自正、自化、自朴的思想。

前面讲的治身、治家、治乡，这三个层次的治理都属于或主要属于百姓自治的范围，政府、国家只是在地方乡村治理的某些事务上需要介入（比如地方秩序的建立维护，统一法治之下对刑事犯罪的惩戒，为维持国家国防、外交、国务活动正常运转所需的税务等），百姓可以用各种形式，用个人的、家庭的、家族的、家族之间的、地方性的、行业性的各种组织和机构等，对涉及百姓自富、自正、自化、自朴方面的事务进行治理。

老子在这三个层面上的总体目标，就是希望达到一种道治的和谐状态。

● 甘其食，美其服，安其居，乐其俗。（80章）

（百姓能有自然、甘甜的食品，能有朴素、整洁而自然大方的服装，能有安全、稳定的居住空间，能在美好、自然的环境中尽情欢乐。）

## 六、治国——无为而治

在治环境、治身、治家、治乡、治国、治天下六个环节组成的治理体系中，老子论述最多的还是国家治理。因为国家、政府在国家治理体系中起着关键和核心的作用，除了治身、治家两个层次的治理不需要国家介入外，环境治理、乡村治理、全国性事务的治理、国家间事务的治理，都得依靠国家的治理。

国家治理首先是建立核心价值体系，为国家治理指明方向和前景。这些核心价值观，在老子的思想体系中，就是如前面所述的以民心为心、百姓四自、损补抑举、平等包容、公平正义、以法治国、和平自卫七个方面。

其次，国家治理的重要内容，是建立治理国家事务的制度体系，就是对执政公共权力的执政者、官员的治理、监督、管理。这主要体现在两方面：其一是对公共权力机构权力界限、职能的明确规定；其二是对公共权力行使者道德素质的严格要求，体现为前面所述的政治伦理的内容，就是要求官员必须无私、去可欲、四不（不自见、不自伐、不自骄、不自恃），要求官员走群众路线，下到群众中去，追随群众的生活，了解群众的意愿，解决群众的困难，引导并说服百姓前进，代表群众利益执掌权力。

第三，国家治理的另一个重要内容，是对兵、军队、战争和平事务的管理。军队作为国家的权力象征，在国家活动中起着重要作用。军队安则国家安，军队乱则国乱；军队强则国强，军队弱则国弱国亡。

第四，国家治理要具体解决百姓解决不了的重大问题。比如前面提到的如何解决大洪灾对百姓生命财产的威胁，需要国家政府总体规划布置解决，这其中就包括了物资、能力、工具、组织、防范、工程管理、方法、途径、人才、机构、资金筹措等，是一个非常复杂的宏大体系。

## 七、治天下——无事取天下

老子所谓"以无事取天下"，就是天下治理的总方针。

无事取天下，首先是国内无事。国内无事并不是什么事都没有，而是指执政者无为而治，不做违反政治本质、政治规律的事，不做损害百姓利益的事，不妄作、不折腾、不乱为，让国内百姓安居乐业。国内无事，尤其是指国内的和谐秩序、稳定的政治经济局面，没有大的动乱、暴乱、战争、政治动荡。如果"有为而治"，就会出现国内的各种乱象，还会引发国外势力对本国的觊觎，甚至引来外敌入侵。

无事取天下，就是奉行和平共处对外政策，不对外扩张、征战、侵略，不干涉外国事务。防范外敌入侵，保卫国家安全，是国家治理的对外部环境的主要诉求。

无事取天下，就是要处理好大国与小国的关系。老子看到，国家间的冲突往往多是由大国的扩张、侵略、争夺霸权引发的，小国是大国争霸的牺牲品。因此，治理天下体系的最重要的一项任务，就是遏制大国对发动吞并小国战争的冲动和欲望。因此，老子提出，以道治国的大国，应当奉行平等、和平的方针，大国与小国在相互交往中各有所求，应该在平等互利的基础上相互满足大国与小国的利益，实现利益平等共享。在这个过程中，大国应首先对小国表现友好，首先尊重小国的正当要求，首先对小国让利，只有尊重小国，才能得到小国的尊重。

《老子》专门在61章用了一整章的篇幅来论述这一问题：

● 大国者下流，天下之牝。天下之交也，牝常以静胜牡。以其静也。宜为下。故大国以下小国，则取小国；小国以下大国，则取于大国。故或下以取，或下而取。大国不过欲兼畜人；小国不过欲入事人。夫两者，各得其所欲，大者宜为下。(61章)

（以道治国的大国，应当像江河的下游一样，应当像天下的柔静的雌牝一样，善于包容小国。天下雌雄之间的交合，雌牝通常以柔静而胜过俊躁的雄牡。这是因为雌牝柔静而适应于处下的缘故。所以，大国善于对小国谦下，则可以主导小国；小国善于对大国谦下，则可以取得大国的包容。所以，大国可以凭借对小国的谦下而取得主导地位，小国可以凭借对大国的谦下而取得大国的包容。大国不过取得主导地位而非吞并小国，小国不过取得大国的包容而非挑战大国的地位，这样，大国、小国都能相互满足自己的利益诉求。但是，大国应当首先对小国表示谦下。）

无事取天下，就是和平对外交往。老子主张"执大象天下往，往而不害安平泰"，实际上就是倡导对外开放，为百姓在国家间的远徙创造和平环境；同时，要维持国家的和平环境，就要处理好国家间的关系，实现国家间的和平共处，就是"无事取天下"。

当然，在老子当时的历史背景下，对于天下治理的问题，老子是从本国如何对外国的角度提出来的，老子不可能对国家间的关系、国家间事务的治理，对如何处理战争与和平、如何对待一国侵略他国、是否需要建立国家间的合作机构、如何解决人类面对的跨国家间的共同问题等现代全球治理的问题做出详细具体的论述，这些需要人们根据变化发展的形势做出新的研究。

# 第六篇
# 术道：一正一奇、一柔一刚、一小一大

"一正一奇、一正一反、一柔一刚、一小一大"谓之术。

老子的术道分析讨论政治价值、政治治理的方法、策略、手段、路径。

老子的治国之术，与后来黄老道家的"君王南面之术"，与韩非子的君臣之术，与统治者的驭民之术，有相同，也有重大区别。

老子的术道，一正一奇、一正一反、一柔一刚、一小一大，相互变化、相互补充、相互影响，构成了国家治理的丰富的术道体系。

《老子》提出了两种通过建构达到目标的方法：一种是正向建构；另一种是反向建构。

老子的"柔弱胜刚强"及从中延伸的柔实力，是老子治国之术的重要组成部分。柔弱在《老子》一书中有五种不同的含义。"柔弱胜刚强"并非专指力量弱小胜力量强大，"柔弱"是力量的柔性使用而主要不是力量的弱。老子提出的"柔"概念实质上是一种柔实力，而在中国历史上柔实力有丰富的实践。柔弱与刚强，这一柔一刚，亦如一阴一阳、一正一奇，形成了治理国家的两个方面，刚柔并济是正道。柔实力可以为今天国家治理和天下治理提供有益的思想基因。

黄老学派对老子的术道有很大发展。

# 第二十二章

# 治国之术

术,繁体字为"術",从行,从术声,行,甲骨文指道路,本义为城邑中的道路,简体字为术,从十从八,十八般武艺一点通。后人引申为术数、术计、术略、术谋,指方法谋略。

老子之"术",是人们在实践道与德的过程中,根据道、势和事物发展的规律、本质而制定的方略。它不会自动地产生,而是要经过人们的主观选择、判断才能产生,所以"术"不是消极无为,是属于积极无为的范畴。

合乎治国之道和德的方略,是正术;合乎事物发展规律的方法,是中性之术,既可用于正道,也可用于奇道;不合乎道与德的,不合乎事物发展规律的,是智巧、阴谋、诡计,是奇术、邪术,有道者不处。

《老子》全书无一"术"字,但实际内容则有多处涉及治国之术。

● 曲则全,枉则直,洼则盈,敝则新,少则得,多则惑。是以圣人抱一,为天下式。(22章)

这里的"天下式",就接近或相当于老子的治国之术,所以得道的人持守上述这些大道的"一"性并以此作为观察、治理天下的基本方法。

老子之术道,在政治哲学的体系中,属于技术、方法、策略、途径,是从属于政治价值、政治伦理、治理之道的,只能排在第三层次上。它不能与法家,尤其是不能与韩非子的君主控制臣下的策略手段相提并论,更不能因此而把老子的学说视为"阴谋"。

《淮南子·主术训》强调了术的重要性,认为"有术则制人,无术则制于人"。但同时,《淮南子·原道训》也指出了道与术的关系,即认为抛弃大道大道而依靠小伎俩来治理国家,如同用螃蟹捕老鼠、让蛤蟆捕跳蚤,这些小伎俩是不足以用来禁止奸人、堵塞邪恶势力的,反而使混乱更加滋长。只有用大道来治理国家,才会节省时间与人力而不穷困,如果只是玩弄这些小伎俩,不仅费劲而且不会成功。①

《淮南子·泰族训》则明确指出,商鞅、申子、韩非、张仪、苏秦的思想,"皆掇取之权,一切之术也,非治之大本、事之恒常、可博内而世传者也"。商鞅的立法、吴起的用兵,"天下之善者也",两者都是治理天下很好的办法,但他们不知治乱之本,"事不本于道德",所以"非天下之通义也"。

## 一、老子治术不是"君王南面之术"

《老子》全书没有一处提到君臣之道,圣人作为以道治国的执政者,与其他志同道合的得道者,在以道治国的政治实践过程中,都是以道事民的关系,与礼制君主统治的君臣关系,尤其与后人所谓"君叫臣死臣不得不死"的专制制度毫无关联。同时,老子的政治哲学认为,政治的本质在于"以百姓心为心",在于实现百姓"四自"的政治目的,以道治国的执政者与百姓的关系,也是以公权力服务于百姓"四自"、实现百姓利益的关系,这里也用不到后世所谓君主制驭百姓的那些愚民之术。

因此,老子的治国之术,与后来的黄老道家倡导的所谓"君王南面之术",与韩非子的君臣之术,与统治者的驭民之术,有本质的区别。

《文子》有明确的"道术"概念,《文子·下德》说,得道者总是以实现道德的方式来度量自己,其食只是为了充饥,其衣只是为了御寒,其物质追求只是为了温饱七尺之身。无道者,也没术,没有方法和数量的要求,一味追求满足自己的物欲,即使得到了万乘大国的权位,也不足以为快,天下的财富都给他,他不足以为乐。所以圣人总是以道术度量自己,保持心地平和,内守精神,物质欲望对他不能产生诱惑。② 文子也明确指出了道与术的关系,认为只有道才是治国之本,靠一时的权宜之策即术,是不可能治天下的。《文子·上义》:"人主之有民,犹城中之有基、木之有根;根深即本固,基厚即上安。故,事不本于道德者,不可以为经;言不合于先王者,不可以为道。便说掇取一行一功之术,非天下通道也。"

庄子在《庄子·天下》中也使用了"道术"的概念:"天下之治方术者多矣,皆

---

① 《淮南子·原道训》"释大道而任小数,无以异于使蟹捕鼠、蟾蜍捕蚤,不足以禁奸塞邪,乱乃逾滋。""故体道者逸而不穷,任数者劳而无功。"

② 《文子·下德》:"故自当以道术度量,即食充虚,衣御寒,足以温饱七尺之形。无道术度量,而以自要尊贵,即万乘之势不足以为快,天下之富不足以为乐,故对人心平志易,精神内守,物不能惑。"

以其有为不可加矣！古之所谓道术者,果恶乎在？曰:'无乎不在'","道术将为天下裂"。

道家后学黄老学派的《黄帝四经·道法·六分》中,专门对"王术"进行了论述,认为治国之术,是"王之本也","不知王术,不王天下",认为称王天下的人要具备恒德,有了恒德,还要懂得王术。

《黄帝四经·经法·论六》还提出"六柄"的概念,这所谓的"柄",也可以理解为一种"术",就是使用权力的六种方法,它们分别是:一是观照几微,二是综合分析,三是相时而动,四是以法决断,五是善于应变,六是交替变化。观照几微可知一个国家的死生征兆;综合分析客观因素就可知国家兴衰存亡之所在;相时而动就可以击败强大而振兴弱小;以法决断就不会混淆是非的界线;顺时应变就能扫灭腐朽而培养新生;赏罚威惠交替变化,就能兴善除恶。六术具备,就可以称王天下了。①

黄老学派认为,雌节就是实行"八不"主义:不应使百姓穷困,不做战争的发动者,不做祸乱的肇始人,不做引起怨恨的媒介,不搞阴谋颠覆,不妄自专断和犹疑,不图谋侵削他国的领土,不谋求掠夺别国的宫殿居舍。严谨地稳定自己的臣民,遵从天地运行的规律。不妄自行事,等待"逆节"而后自己走向穷途末路。②

"术者,因任而授官,循名而责实。"申不害的术治虽然其中的循名责实也有合理的内容,但它过多地强调统治者必须以帝王之术来控制手下以达到巩固自己权威的目的,"术"是指控制观察人际关系及察言观色,控制操作上下级关系的手法、手腕,也即人主操纵臣下的阴谋,是那些声色不露而辨别忠奸、赏罚莫测而切中事实的妙算。申不害提出最高统治者必须用术,君主应以"独视""独听""独断"的手段来实行统治,君主只有独自观察问题才叫明白,独自听取意见才叫聪明,独自决断才的人,可以称王天下。③

老子讲"邦之利器不可视人"(帛36章),这里的"邦之利器不可视人",是说道治国家的武力、军队是用于对付敌人的,不可以对百姓刀戈相向,不能把武器对准百姓。而韩非子说的"国之利器不可示人",字面上内容似乎相同,但韩非子的不可示人的东西,指的是君主统治臣下、百姓的那些阴谋诡计,不可以轻易被人知道,否则就不起作用了。二者所指的不可视人和不可示人的内容是不同的,方

---

① 《黄帝四经·经法·论六》:"一曰观,二曰论,三曰动,四曰转,五曰变,六曰化","观则知生死之国,论则知存亡兴坏之所在,动则能破强弱小,转则不失讳非之,变则伐死养生,化则能明德除害","六柄备则王矣"。

② 《黄帝四经·十大经·顺道》:"不旷其众,不为兵邾,不为乱首,不为怨媒,不阴谋,不擅断疑,不谋削人之野,不谋劫人之宇。慎案其众,以随天地之从。不擅作事,以寺待逆节所穷。"

③ 《韩非子·外储说右上》:"独视者谓明,独听者谓。能独断者,故可以为天下主。"

法也是不同的。

韩非子之君驭臣之术,主要包括所谓:深藏不露,不让臣下知道君主之意;用人如鬼,不相信任何人;不让臣下轻易得到想要的东西;装聋作哑,时时考验臣下;倒言反事,故意说错话、做错事,检验臣下的忠诚;事后抓辫子,先让臣下就事情表态,说错的到时算账;防臣如防虎,时时防范臣下;设置暗探,对臣下进行监视;对可疑者但又权高望重者,想办法除掉。[①]

这些所谓的术,是典型的以智巧、计谋、主观治国,不但完全与商鞅等法家主张的一切断于法的精神完全背道而驰,而且与老子的道治国家更是不能同日而语。道治国家,是官民共治,不是君主统治;是以道治国,不是以权术治国;是诚信治国,不是阴谋治国。因此,老子说,"以智治国,国之贼;不以智治国,国之福"(65章),这里的所谓"以智治国",正是对后世的韩非子的一些阴谋诡计的批判。因此,政治的本质不同,也决定了二者在治术上有重大不同。

至于人们所说的"君人南面之术",是班固在《汉书·艺文志》中使用的,他认为道家"清虚以自守,卑弱以自持,此君人南面之术也"。这里所说的道家,主要指黄老学派。黄老学派的政治哲学的中心是以君主为中心,是君臣共治,强调君无为而臣有为、君无事而臣有事,虽然也承继了老子的无为而治的一些思想,但其中心与老子的"圣民共治""以百姓心为心""民四自"的主调有较大区别,所以君人南面之术,可以用来概括黄老学派的治理之术,但把它说成是所有道家的统治术,就是不了解黄老学派与庄子、老子的重大区别。

老子之道是本体,老子之术是用末,老子之术是为老子之道服务的,老子之道与老子之术有联系也有区隔,不能混为一谈。在《淮南子·道应训》中,当田骈以道术游说齐王时,齐王明确指出:"道术难以除患,愿闻国之政",说明道与术之间的差别是很大的。

当然,从形式上说,无论服务于何种政治制度、政治价值,有许多技术、方法、手段、策略等,本身无所谓正确与错误,无价值属性,既可以用于为君主制度服务,也有用于以道治国的制度。比如,既然是用兵之术,肯定都离不开那些战争的战略、策略、技术、方法等,用兵之术,既可以为君主制度服务,也可以为道治国家服务。对敌人采取出其不意的攻击这种战术,既可以用于战国时期的围魏救赵、马陵之战、长平之战,也可以用于红军长征时的三渡赤水、解放战争时期的千里挺进大别山,既可以被希特勒用于进攻苏联、日本偷袭珍珠港,也可以用于盟军的诺曼底登陆等。

---

[①] 刘泽华主编:《中国古代政治思想史》,南开大学出版社1992年版,第148-149页。

## 二、一正一奇之谓术

● 以正治国，以奇用兵。（57 章）

（以公平、正义的价值观治理国家，以出其不意的战略、战术来治理用兵打仗。）

这里老子提出的一正一奇，正如前面所述的一正一反谓之政、一水一台谓之治一样，在治理国家的方法、手段、技术、途径、道路方面，老子也提出了术道的阴阳关系，它也揭示了治理国家的方法、技术、途径、道路方面的一个基本规律，就是国家的治理气象万千，面临各种复杂的问题，不能千篇一律地用一个简单的方法来处理所有不同的问题，而必须根据问题的性质、规模、特性，分别采取不同的方法。这些方法、手段、途径、道路虽然有许多，但归根到底，也可以归为两大类：和平、正常情况下的治理之术和非常、特殊情况下的治理之术。和平、正常情况下的治理之术，就是正道；非常、特殊情况下的治理之术，就是奇道。

这一正一奇，相互变化、相互补充、相互影响，构成了国家治理的丰富的术道体系。

这一正一奇的最典型的表现，就是和平、正常时期国家的治理与战争时期军队的治理。

和平、正常时期国家的治理，必须遵守正道，就是必须根据以道治国的那些基本政治价值观、基本政治伦理，按照正常的秩序、规律运行国家的治理制度。但是，在非常、特殊时期，如果仅仅按正道来治理国家，就不能应对复杂的、特殊的局面。比如，如果出现了外敌入侵的特殊情况，正常的国家权力运转体系就必须有所改变。

平时政治以政府管理的政治经济为主，战时的政治就要让位于反侵略、保生存的军事，一切都要让位于战争的需要。军队统帅根据用兵打仗和战争的规律，有权根据瞬息万变的战场情况，果断采取各种应对措施，一切为驱赶外敌、打赢战争服务，那些有才能的、勇敢的战士、指挥官可能会迅速得到提升，平时相对公正、平等选拔人才的规则就暂时中止了。对于军队来说，军队的正道就是打仗用兵，军队之"正"，就是正面作战，就是"杀人"，但是和平时期，军队也可以出现用兵不为打仗、不为杀人而是救人的情况，比如抗洪水、救震灾等，军队的"正道"也会变为"奇道"。

和平、正常时期道治国家处理国事的原则是不争，但战争时期、特殊时期，如果不争国家就灭亡了，必须从不争变为大争；和平、正常时期为人必须谦下、处后，战争时期、特殊时期就必须争先、当机立断。

文子也曾经解释过老子的这段话,他说,以公正治理国家,以奇巧用兵战,先要创造出使敌人无法战胜自己的政绩,然后再求胜于敌。如果以未治而混乱的国家,去攻他国之乱,好比是以火应火、以水应水,是冒险行为,胜算极小。相同的国家、相同的军队,不足以相克,故以异或反为奇,静的反面是躁,治的反面是乱,饱的反面是饥,逸的反面是劳。奇与正相辅相成,如同水、火、金、木、土相生相克一样,如果运用得好,何往而不胜? 一般来说,若德政相等,则众者胜寡;若势力相当,则智者胜愚;若智力相同,则胸中有方略胜无方略者。①

黄老学派对老子的道术的思想有很大发展。《黄帝四经·称经》中有:"奇从奇,正从正,奇与正,恒不同廷。"用非常规的手段处理非常规的事情,用常规手段处理常规事物,特殊与常规,各有其位,不能混淆。凡出现改变常规、超越准度的情况时,那么应付的方法便是谦抑退让、虚静无为。

《黄帝四经·十大经·前道》指出:"善阴阳正者治,以奇者乱。正名不奇,奇名不正。正道不殆,可后可始。乃可小夫,乃可国家。小夫得之以成,国家得之以宁。小国得之,以守其野。"即认为以正道治理,国家就治;而以奇道治理,国家就乱。正道不能变成奇道,奇道不能变成正道。正定名分使名实相符,万事就有条理,否则就会纷乱无序。正定了名分则万事可成,不正定名分事情就不会成功。天地正道是永不衰败的,掌握了正道,则后动、先动皆顺当自如。"道"不但可施用于个人的修身,也可施于国家的治理。个人得"道"则可成就其事业,国家得"道"则可以治理太平。小国得"道"可以常保其疆土,大国得"道"则可以统一天下。

● 勇于敢则杀,勇于不敢则活。此两者,或利或害,天之所恶,孰知其故? (73章)

和平、正常时期莽撞行事可能犯错误,所以倡导勇于不敢,三思而后行,避免不必要的损失;而战争时期、特殊时期就必须倡导勇敢不怕牺牲的精神……所以是勇敢行事,还是谨慎处理不同的问题,这是两种不同的处事方法,各有各的道理,没有绝对的好,不同情况有不同的用法,只有根据具体情况来进行区别。

这种正奇之术,在《老子》全书有多处表现:

● 化而欲作,吾将镇之以无名之朴。(37章)

在百姓自化过程中,通常百姓会根据本着做人与做事的道理,自己会形成许多的观点,从天道自然中获取智慧,但是,也会出现百姓自化中的特殊情况,就是

---

① 《文子·上礼》:"以正治国,以奇用兵。先为不可胜之政,而后求胜于敌。以未治而攻人之乱,是犹以火应火,以水应水也。同莫足以相治,故以异为奇。奇静为躁,奇治为乱,奇饱为饥,奇逸为劳。奇正之相应,若水火金木之相伐也,何往而不胜。故德均则众者胜寡,力敌则智者制愚,智同则有数者禽无数。"

会有人受各种"可欲"的影响而生出各种违道的奇思怪想,甚至会出现种种既为害自己又为害他人的情况,对这种情况,以道治国的执政者就不能拘束于通常以民心为心的常态,而应当以奇道处理,设法重新恢复这些为奇者的自然之朴,帮助他们重新回到正常状态。

● 为之于未有,治之于未乱。(64 章)

老子的"三宝"之一是不为先,即在事物的趋势没有完全清楚显示出来的时候,通常不采取什么主动行为,而是等待时机,等待事物的发展规律完全显明,然后才根据事物的发展趋势和规律采取相应的措施,这样处事,通常会比较可靠、不犯错误;但是在特殊时期、特殊情况下,用常规就会因循守旧,跟不上形势的发展,因此,必须用奇道,认真、仔细观察客观事物的发展,若时机成熟,就应当抢先,当机立断。

● 若使民常畏死,而为奇者,我得执而杀之,孰敢?(74 章)

道治国家也要以法治国,在和平、正常情况下,道法之法,以善救人为其宗旨,所以"善人吾善之,不善者吾亦善之",以使社会形成"德善"之风气,绝不以严苛之法来治理社会,但如果社会出现了"化而欲作"的"奇"者,走向极端,杀人抢劫,对这些不善之人就不仅是德善对之,而且必须用"奇"治"奇",必须"执而杀之",以保护社会的基本正常秩序不被破坏。执而杀之也是法治的一种奇道,不能作为正道来使用。

在国家治理一正一奇的术道中,如何实现正、奇的转变是一个十分复杂的问题。什么时候该"正",什么时候该"奇",什么时候该由"奇"复"正",是治理之术中的一个难题。如果一个国家沉迷于"奇"道的独特方式,该复正时不能复正,而继续使用"奇"道来治国,使奇道变成了正道,而正道反而成了奇道,社会就会产生很大的危机,就会发生变异。

● 其无正也。正复为奇,善复为妖。人之迷,其日固久。(58 章)

老子深刻地指出,当时实行的礼制社会,也不是没有正的内容,但这些公平正义的内容在礼制社会中成了"奇"道,而以等级尊卑为核心价值的"奇"道倒成了治理的常规,这就完全颠倒了"正"与"奇"的关系,因此,礼制社会是根本没有公平正义之道的。正道变成了奇道,大道之德善被礼制社会的各种是非颠倒、黑白不分的等级尊卑所取代,而且这种是非颠倒的乱象已经迷惑人们数百年之久,以至于人们都不知道什么是治理国家的正道了。

一正一奇之术,后被汉文帝用于政治治国领域。据《史记·孝文本纪第十》记,汉文帝汲取秦亡之教训,对秦法中的"奇"的内容进行了清理,认为"法者,治之正也,所以禁暴而率善人也"。但秦法中的连坐之法是不正之法,因而认为"使毋罪之父母妻子同产坐之，及为收帑"很不可取，让大臣进行讨论，当听到大臣说，这个连坐法在过去都是如此，还是继续实行比较方便的意见时，汉文帝当即驳斥说，"朕闻法正则民悫（音què，诚实），罪当则民从。且夫牧民而导之善者，吏也。其既不能导，又以不正之法罪之，是反害于民为暴者也"，认为连坐法是一奇法，有害无利，必须废除，并下令"除收帑诸相坐律令"。

### 三、老子正奇之术与军事、经济

老子的这一"正奇之术"，在军事、经济领域也有广泛运用。

孙子写的《孙子兵法》中，所谓三十六计，多为"用兵打仗"之策。《孙子兵法》可以说是以老子的"奇"为灵魂而写的一部兵书，离开了"奇"字，这部书的价值就要大打折扣。《孙子兵法·始计》开篇就说，"兵者，诡道也"，这里的"诡"字，就是"奇"，指出了战争的规律不是没有规律，战争的灵魂在于出其不意。《孙子兵法》指出："故能而示之不能，用而示之不用，近而示之远，远而示之近，利而诱之，乱而取之，实而备之，强而避之，怒而挠之，卑而骄之，佚而劳之，亲而离之，攻其不备，出其不意。"

《孙子兵法·兵势》指出："凡战者，以正合，以奇胜。故善出奇者，无穷如天地，不竭如江海。……战势不过奇正，奇正不变，不可胜穷也。奇正相生，如循环之无端，孰能穷之哉？！"[①]

这与老子的"邦之利器不可视人""以奇用兵"是相近的。

老子兵道与华夏体系中的许多战争都有相应之处，以奇用兵是中国历史上兵家的智慧结晶。

管仲时的齐国，出兵与楚军对峙于汉水之滨，管仲在楚国表示愿意向周朝进贡之后，见好就收。如果齐军逞强，未必能占优势，这合于老子的"用兵不逞强、适可而止"的思想。

公元前633年，楚、晋城濮大战中，实力处于下风的晋军面对强大的楚军，采取避让三舍的方针，而后与楚军决战，这与老子的"示弱、不争先、后发制人"的思想相合。

公元前519年，吴、楚鸡父之战中，吴军利用所谓兵家忌日"晦日"突出奇兵，完全出乎楚军主帅意料之外，打了楚军一个措手不及，导致楚军全军溃退，吴军大获全胜，这与老子的"以奇用兵"方略相合。

---

① 《孙子兵法与三十六计》，广西民族出版社1995年版，第5、57页。

公元前506年，吴、楚柏举之战中，吴国通过与蔡国和唐国结盟，获得秘密军事据点，制定了千里长途奇袭楚国心脏地带的战略方针，一举攻破楚国都城。《孙子兵法》中的"兵者诡道"思想与老子的"以奇用兵"不谋而合。

公元前484年，吴、齐争霸于艾陵，公元前482年，夫差又空国北上，与晋在黄池争霸，"欲霸中国以全周室"，而越则乘吴国内空虚之机，出其不备，攻入吴都，俘吴太子友，焚姑苏台，此后连续攻吴，终于灭吴，这合于老子"以奇用兵"之谋。

魏、齐争霸时，齐威王用军事家孙膑为军师，先后在桂陵、马陵两次大败魏军，奠定了在诸侯中的王霸地位。孙膑在战争中用减灶法，也是先向魏示弱，而魏军则以为齐军败退，最后齐军大胜。孙膑的战略方策也与老子的"先示弱、以奇用兵、骄者败"的思想相合。

商鞅变法后的秦国，出兵于魏国，战于河西，商鞅以诈欺骗魏太子，大败魏军，虏魏将公子卬，将其生俘，合于老子"以奇用兵"的思想。

因此，老子以奇用兵之道，也是对春秋战国许多战争的经验总结，深刻地影响了后世的兵家和战略家。

在经济领域，老子的第二代弟子范蠡，也把老子的"以正治国，以奇用兵"用于经济领域，可以说，他把老子的"以正治国，以奇用兵"加以修改，成了"以正治国，以奇经商"，也取得了巨大的经济收益。

司马迁写的不朽名著《史记》，专门有《货殖列传》篇，描述了发财致富的各种情况，特别提出了"以正谋生，以奇致富"的思想，认为普通百姓节俭勤劳，是谋生的正道，但是富有的人一定得出奇制胜。种田务农是很辛勤的劳动，但秦扬靠农业富甲一方。掘墓是犯法的事情，但田叔以此起家。赌博是恶劣的行业，但桓发以此富裕。沿街叫卖，是男子汉大丈夫认为低贱的行业，但雍地的乐成以此富饶。贩卖脂粉，是耻辱的行当，但雍伯赚了千金。卖浆水是小买卖，但张氏赚钱千万。磨刀是浅薄的技术，但郅氏靠它以致列鼎而食。羊肚是微不足道的小食品，但浊氏有成队的车马。医治马病是浅薄的方术，张里以此鸣钟而食。这些都是对自己的行业诚心专一所得到的成就。所以，致富没有固定的行业，财货也没有固定的主人，有才能的人财富就朝他聚集，不肖的子弟只能使财富土崩瓦解。①

---

① 《史记·货殖列传》："夫纤啬筋力，治生之正道也，而富者必用奇胜。田农，掘业，而秦扬以盖一州。掘冢，奸事也，而田叔以起。博戏，恶业也，而桓发用富。行贾，丈夫贱行也，而雍乐成以饶。贩脂，辱处也，而雍伯千金。卖浆，小业也，而张氏千万。洒削，薄技也，而郅氏鼎食。胃脯，简微耳，浊氏连骑。马医，浅方，张里击钟。此皆诚壹之所致。由是观之，富无经业，则货无常主，能者辐凑，不肖者瓦解。"

### 四、正向建构与反向建构

实现以道治国的目标,除具有完善的治理制度和治理能力之外,在如何运用能力以达成目标上,应当采用建构的方法。

《老子》全书实际上提出了两种通过建构达到目标的方法:一种是正向建构;另一种是反向建构。

正向建构,就是指以道治国的执政者与百姓之间,就如何实现和达到以道治国、道法自然、百姓四自等目标所采取的一种互动方法,这种正向建构的方法的特点是,执政者与百姓之间要达成的目标方向一致,二者是没有对抗性矛盾的和谐关系,为了减少成本和曲折,如果二者建立一种良性互动的关系,可以更顺利地实现目标。

比如,我们前面论述了老子关于以道治国的执政者以百姓心为心、以百姓四自为道治国家政治目的,但是以道治国的执政者如何把这两个目标更好地贯彻于执政的具体过程中,如何更好地实现百姓的利益,就需要执政者经常与百姓进行沟通,了解百姓的想法,倾听百姓的心声,把百姓的利益体现为治理国家的政策。为此,老子提出的执政者与百姓之间的双向互动的方法是:"善下民"和"浑其心"。

● 是以圣人之在民前也,以身后之;其在民上也,以言下之。(66章)

(所以,以道治国的执政者,如要在百姓上面执掌政权,就必须经常下到百姓之中去,使其政策合乎下面百姓的心愿;如要站在前面以道法自然引导百姓,就必须经常深入百姓之中,跟随百姓一起前进,听百姓在说些什么。这是"善下民"的路径。)

● 圣人在天下,歙歙焉;为天下,浑其心。(49章)

(以道治国的执政者,在天下,为和谐百姓而辛勤劳作;为天下,与百姓之心交融相处,浑然一体不可分。)

以道治国的执政者,只有通过与百姓保持水乳交融的亲密关系,才能了解百姓的心是什么、利益是什么,才能在其施政过程中自觉地体现百姓的利益诉求,从而真正实现以民心为心、百姓四自的政治本质。这是"浑其心"的路径。

执政者通过这两种路径,可以经常地了解和倾听百姓的心声和利益诉求,把自己的国家治理与百姓的利益更好地结合起来。

《文子·精诚》在论及以道治国的执政者与百姓的关系时指出,执政者与百姓的关系,不是统治与被统治的关系,不是对立与对抗的矛盾关系,而是良性互动的积极建构关系,执政者以民心为心,也会获得百姓的良性响应。这就是说,如果执政者心怀赤诚之心,始终保持为百姓服务的忠诚,发现有利于天下百姓的事就喜而不忘,而发现有害于天下百姓的事就悲伤得似有丧事。执政者的赤诚会感动百姓并获得百姓的拥护,他们会和执政者同心同德。执政者忧民之忧,民众也会分担执政者之忧;执政者乐民之乐,民众也会分享执政者的喜悦。所以执政者忧以天下、乐以天下,没有执政者个人自私的忧与乐,这样的执政者怎么可能不获得天下百姓的拥护呢?①

反向建构,则是指为实现以道治国的政治目标,必须排除障碍和困难,通常这些障碍和困难来自对抗性矛盾、敌对一方,即实现道法自然、以百姓心为心、百姓四自的反对势力,而且反对的力量还特别强大,以道治国的力量可以通过直接的办法消除它,也可以通过迂回的办法消解它。

因此,老子提出了反向建构的方法。这种反向建构的方法,是指以道治国与反对以道治国的势力、敌对国家之间,方向不同,目的也不同。道治国家利用"物极必反"的原理,根据对方行为的一些特征,在与对方的互动中,消解对方的影响力,并推而极之,促使其加速走向反面,从而推动以道治国目的的实现。

● 将欲歙之,必固张之;将欲弱之,必固强之;将欲废之,必固兴之;将欲夺之,必固与之。(36章)

老子的反向建构,就是"歙张弱强,废兴取与"八个字,每两个字构成了一个反向建构的过程。这四个反向建构的过程的实现,每一个进程都有可能消解对方:如果想要围歼敌人,就必须暂且为其放开出路;如果想要削弱敌人,就必须暂且先让它觉得自己很强大;如果想要废掉敌人的武功,就必须暂且让敌人的武功显得很兴盛;如果想要夺取敌人的阵地,就必须暂且先让敌人得到一些阵地。

总的来说,老子的这个"歙张弱强"之术,与这一章后面的"柔弱胜刚强"(强大的一方要示柔弱,就能战胜自己吹嘘很强大的敌人)和军队的"邦之利器不可以示人"一起,主要都是指面对强敌这一特殊场景而提出的,只是一种"奇道",而不能把它泛化为老子之道的一种规律和正道,更不能以此而言老子主张搞阴谋诡计。

然而,后人对老子的这种反向建构不能领会其意,多曲解为权谋之术。比如《二程遗书》说,"与夺歙张,固有此理,老子说著便不是。……老子书,其言自不相入处如冰炭,其初意欲谈道之极玄妙处,后来却入做权诈看上去,如'将欲取之,必固与之'之类"。

---

① 《文子·精诚》:"夫至人精诚内形,德流四方,见天下有利也,喜而不忘;天下有害也,怵若有丧。夫忧民之忧者,民亦忧其忧,乐民之乐者,民亦乐其乐,故忧以天下、乐以天下,然而不王者,未之有也。"

从汉朝起,至宋明,一直有人反对这种阴谋说。汉朝严遵说,"实者反虚,明者反晦,盛者反衰,张者反弛,此物之性,自然之理也";宋人范应元也指出,"张之、强之、兴之、与之之时,已有歙之、弱之、废之、取之之几,伏在其中矣。几虽幽微,而事已显明也。故曰:'是谓微明'。或者以此数句为权谋之术,非也。圣人见造化消息盈虚之运如此,乃知常性之道,是柔弱也";明人薛蕙也指出,"此章首明物盛则衰之理,次言刚强之不如柔弱,末则因戒人之不可用则也。岂权诈之术?夫仁义圣智,老子犹病之,况权诈乎?"①按《史记·陈平传》:"本治黄帝老子之术,及其封侯,尝自言曰:'我多阴谋,道家之所禁,吾即废亦已矣,终不能复起,以吾多阴祸也。'由是言之,谓老子为权术之学,是亲犯其所禁,而复为书以教人,必不然矣。"

张道陵在《老子想尔注》中则直接把"张之、强之、兴之、与之"和"歙之、弱之、废之、取之"称为"四怨四贼",说"此四事即四怨四贼也,能知之者微且明,知则副道也",认为明白这些道理,就能与道同行,得道之人往往能做到自我微细、弱小、衰颓、被剥夺,然后就能够获得吉祥,所以道告诫人们要知止知足。②

阴谋与道之术,虽然从内容和形式上看有相同的地方,但两者的本质区别在于:阴谋是一种故意人为,为不道的政治目的服务,不分敌友均可使用,只要达到自己的目的,一切手段均可使用;道之术,是合乎自然、顺势而为,首先是根据合道严格区分对内外敌我,对外部敌人运用的这些方法,不能用于本国百姓。

---

① 这几段引文转引自:柯美淮:《仰望老子》(第1卷),中央广播电视大学出版社2012年版,第236页。
② 刘昭瑞:《〈老子想尔注〉导读与译注》,江西人民出版社2012年版,第158页。

# 第二十三章

# 柔弱胜刚强：柔实力

老子的"柔弱胜刚强"及从中延伸的柔实力，是老子治国之术的重要组成部分。"柔弱"在《老子》一书中有五种不同的含义。"柔弱胜刚强"，并非专指力量弱小胜力量强大，"柔弱"是力量的柔性使用而主要不是力量的弱小。老子提出的"柔"概念实质上是一种柔实力。在中国历史上，柔实力有丰富的实践。柔弱与刚强，这一柔一刚，亦如一阴一阳、一正一奇，形成了治理国家的两个方面，刚柔并济是正道。柔实力可以为今天国家治理和天下治理提供有益的思想基因。

## 一、老子"柔弱"的五种含义

"柔"，上矛下木，植物初生而嫩的形状，与刚相对。《说文解字》解释说，"凡木曲者可直也，直者可曲，曰柔"。因此，可以理解为既可曲又可直者。

"弱"，两把弯曲的弓，弓内的羽毛合起来表示柔弱，本义指气力小、势力差。与强相对。

柔与弱合用，通常指体弱，易感疲劳、易得病；与刚强相对。延伸为：软弱，不刚强；柔软，不坚硬；柔和谦顺。

"柔""弱""柔弱"是老子的治国理政之术的重要组成部分，在《老子》全书中，共有9章14次使用了"柔""弱"或"柔弱"的概念。

● 弱其志，强其骨。（3章）

（以大道之德善使百姓的意志柔软而有韧性，使百姓的筋骨更坚强。）

● 专气致柔，能婴儿乎？（10章）

（圆融气质以致柔顺随和，能像婴儿一样吗？）

● 将欲弱之，必固强之。（36章）

（想要削弱敌人，必须暂且让它觉得自己很强大。）

● 柔弱胜刚强。(36章)

(力量的柔性使用往往能战胜力量强大的对手。)

● 弱者道之用。(40章)

(大道是柔弱之体之本,柔弱是大道之用之术。)

● 天下之至柔,驰骋天下之至坚。(43章)

(水是天下最柔韧的物体,却能行走穿行于天下最坚强的岩石之间。)

● 守柔曰强。(52章)

(坚守大道的"柔弱"之用,才是真正的强大。)

● 骨弱筋柔而握固,……精之至也。(55章)

(婴儿筋骨都很柔软但拳头却握得很紧,是因为婴儿体内充沛的精力所至。)

● 人之生也柔弱,其死也坚强;草木之生也柔脆,其死也枯槁。故坚强者死之徒,柔弱者生之徒。是以兵强则不胜,木强则烘。强大处下,柔弱处上。(76章)

(人活着的时候身体柔韧灵活,死了以后身体就变僵硬了;草木生长的时候枝干柔嫩,死了以后就变得枯槁。所以,显示顽固强硬往往是死亡的伙伴,柔韧灵动才是生命力的象征。所以军队强大、逞强好勇往往导致灭亡,树木枯槁了就特别容易被风折断。因此,处处显示力量强大往往导致失败,坚持力量的柔性使用才能真正占得上风。)

● 天下莫柔弱于水,而攻坚强者,莫之能胜。(78章)

(天下没有比水更柔韧的,但攻克坚强的岩石却没有什么能胜过它。)

● 柔之胜刚,弱之胜强,天下莫不知,而莫能行。(78章)

(坚守力量的柔性使用就能战胜处处用兵逞强的敌人,增强力量的柔韧性就能战胜力量强大但自骄自傲的敌人。表面上天下没有人不知道柔弱胜刚强的道理,但其实天下没有几个人能真正了解并实行它。)

从上面的论述来看,老子的"柔弱"包含的意思其实是大不相同的,大体上有五种用法:

一是以柔弱指身体力量、实力、硬实力的弱小,如36章"将欲弱之"之"弱",这里说的就不是柔弱胜刚强,而是刚强胜柔弱,即力量大的一方战胜力量弱小的一方。这是通常的和一般的规律。

二是以柔弱指精气神的生理与心理状态,此时的"柔弱"意为意志的柔韧、精气神的充足,如第3章的"弱其志"和第10章的"专气致柔",不是指婴儿的力量大小,而是指婴儿精气神很足。

三是以柔弱指大道的体用关系,如40章的"弱者道之用",讲的是大道为体、柔弱为用,是一种哲学上的体用概念,与力量大小无关。

四是以柔弱来论述其对立面坚强,论述柔弱与坚强的关系。比如 76 章所谓"人之生也柔弱,其死也坚强",是指人从出生到死亡的发展过程,要经历从柔弱到坚强的变化,人生下来,力量是弱小的,身体是柔弱的,到人的身体越来越强硬、力量似乎越来越大的时候,人就开始走下坡路,离死亡也就不远了。老子这里所讲的柔弱与刚强的关系,也不是指柔弱胜刚强,而是警示人们,柔弱者具有强大的生命力,而生命体变成坚强者时,就要开始走向反面了。人、植物界、军事战争都有类似的现象。因此,刚强、逞强、僵硬不是好征兆。

老子关于"柔弱"的第 5 种用法,使用的次数最多,内涵也最为丰富,就是"柔弱胜刚强"。

## 二、"柔弱胜刚强"并非力量弱小战胜力量强大

这里的柔弱胜刚强,显然不能直接理解为力量弱小的战胜力量强大的,因为这违反人的一般常识。

这里的柔弱者并非指力量柔弱、力量弱小,而是指力量的柔性使用,即"柔和谦顺"。柔性地使用力量,也可以有贬义和褒义之分。贬义的柔性使用力量,是指面对强敌,懦弱地采取收买、妥协、让步、赔款、割地等非军事手段与敌人交涉和交往的行为方式。

然而,老子所说的"柔",一般都是从褒义上来使用的,人们可以从四个方面来把握它:

它首先是指事物的合道、合德,大道、大德之体,会显示为"柔弱"之用。大道的柔弱之用,在政治上的体现,就是柔性地使用力量,主要表现为合道、守静、不先、弗争、果而已、知止、出奇、智取等特点。其次,就是政道"以百姓心为心"在政治活动中的体现,政道柔弱之用就是得民心者得天下,争取百姓支持。再次,在对抗性的矛盾竞争中,得道者的柔弱往往体现为根据事物发展的规律逐步展开行动,善于利用天时、地利、人和等非力量性的因素,通过对政治活动开展的内、外环境的客观分析以及有利、不利因素的权衡对比分析,选择最优、最佳方案。最后,柔性使用力量,也是利用事物的"奇道"之术,善于在力量对比敌强我弱的情况下,利用敌人的弱点,攻其不备,扬长避短,以己之优势对敌之劣势,转败为胜。

因此,柔弱可以是力量弱小(力量对比弱小),也可以是力量柔性使用(使用力量的方法)。柔弱胜刚强的"柔弱",是指后者(柔性使用力量),而不是前者(力量弱小)。

同理,所谓"刚强",可以理解为力量强大,也可以理解为刚性地使用力量。

所谓力量强大,可以有许多指标,其实没有定论。但不管是哪一种衡量体系,一个国家的综合实力可能都得包括:军事力量的强大,通常指军队人数的多少、军队装备武器是否先进、军队指挥官是否有经验等;经济力量的强大,通常指经济总量的大小、经济体系的完善等;国家的政治、军事制度是否健全,国家的科技是否发达,如果扩大一些,则还包括国家的人口多少、领土大小、经济资源是否丰裕、地理位置是否优越等。但在实践中,经常会有按照这些指标衡量的所谓的小国、弱国打败强大帝国的案例。比如强大的罗马帝国,被弱小的蛮族灭亡;弱小的埃塞俄比亚,却能战胜强大的意大利军队等。因此,衡量国家的强大的标准并不是绝对的。但从一般角度来理解,所谓力量的强大,通常还是看上面那些指标。

同样,刚强也可以理解为刚性地使用力量,即柔性地使用力量的对立面。

从正面理解,刚性地使用力量,也可以是合道、合德地对敌方直接发动军事打击和武力消灭敌人。比如,在保卫国家免遭敌人侵略的自卫战争中,既可以柔性地使用力量,也可以根据情况对敌人刚性地使用力量。但老子所说的"刚强",通常都是贬义的,多指凭借自己力量的强大,经常对别国、小国、弱国发动不道也不德的非正义战争,以武力扩张自己的势力范围,在与对手竞争中,不把对方放在眼里,轻视对方,经常表现出骄横不讲理,一味逞强好勇,只讲军队的多少、武器的优劣、过往作战的战绩、经济力量的强大、科技力量的优势等硬力量的因素,不讲是否合道、合德、合法,不讲天时、地利、人和,不讲是否对百姓有利,不讲事物发展的客观规律,等等。

力量弱小的和力量强大的,都可以既柔性地使用力量,也可以刚强地使用力量。

以下这些不同的概念和用法,可以组成我们对"柔弱"与"刚强"关系的多种理解:

▲ 力量对比:力量弱小—力量强大

▲ 使用方法:柔性使用—刚性使用

▲ 使用性质:褒义—贬义

《列子·黄帝》在解释老子的"柔""刚"思想时指出,"天下有常胜之道,有不常胜之道。常胜之道曰柔,常不胜之道曰强"。强,"先不己若者",就是认为外界的事物都不如自己;柔,"先出于己者",就是认为外界的事物都超过自己。认为对方不如自己,所以不把对方当一回事,就危险;认为对方超过自己的,因而十分重视对方,没有什么危险。因此,"欲刚,必以柔守之;欲强,必以弱保之。积于柔必刚,积于弱必强"。

《黄帝四经》是用"雌""雄"来代"柔""刚"进行解释的。《黄帝四经》指出,举凡自我炫耀、自以为是、自我夸耀、倨慢不逊,都称之为"雄节";举凡宛顺、温和、谦恭、卑让的,都称之为"雌节"。所谓"雄节",大抵属于自满的范畴;所谓"雌节",大抵属于谦逊的范畴。依仗"雌节",假使偶有所得,并不意味着即是福吉;立足于"雌节",如果一时有所损失,那么最终也必然会有善报。如果依仗"雌节"屡有收获,那也只能视为积累祸因,最终是忧虑凶险并濒临死亡。如果立足于"雌节"而常有所失,这正是积累福德的过程;谨慎地戒备自己而不背离"雌节",大福就必然会来至。大抵好用雄节的,都可以说是有害于生存,作为统治者则会毁灭,作为一般百姓则会亡身。雄节,守国则不安,做事则不会成功,求取则无获,征国则无胜。其自身不会长寿,子孙也不会繁衍。因此,这种雄节实为"凶节",结果是在散失其德。而凡好用雌节的,都可以说是在承接福禄。作为在上位的富者因之昌盛,作为在下位的贫者因之得到足够的衣食供给。采用雌节,守国则安,做事则成功。求取则有收获,征战则胜。不但其自身会长寿,子孙也会繁衍。因此,这种雌节实为"吉节",结果便是积聚其德。因此说,积聚其德的会昌盛,积累祸殃的会灭亡。考察他是积殃还是积德,便可以预测祸福的趋向了。①

老子论述的柔弱胜刚强,可以从以下两种情况来理解:

一是力量弱小的一方,在面对强大的敌人时,凭借柔力量的优势,以弱胜强,以柔克刚,取得胜利。这里的柔弱胜刚强,准确地说是善于柔性使用力量的一方,战胜力量强大的一方;或者说善于柔性使用力量的一方,战胜力量与自己相当却刚性使用力量的一方。二是力量强大的一方,面对另一个强大的敌人时,善于柔性使用力量,因此,力量强大的一方以柔性力量战胜力量也很强大却刚性使用力量的对手。当然,在面对力量不如自己的一方时,它也善于柔性使用力量来战胜对手,以达到以最小的代价争取胜利的目的。正如《列子·说符》所说,"善持胜者以强为弱",就是说,善于保持胜利的人,把自己的强大当作弱小。

总之,不管是哪种情况,都可以说是"柔弱胜刚强",但这个战胜刚强的"柔弱",一定不是指力量弱小的"柔弱",而是指是否善于柔性使用力量之"柔弱"。

---

① 《黄帝四经·十大经·雌雄节》:"吉凶之常,以辨雌雄之节,乃分祸福之向。观傲骄倨,是谓雄节,□□恭俭,是谓雌节。夫雄节者,涅之徒也。雌节者,兼之徒也。夫雄节以得,乃不为福,雌节以亡,必得将有赏。夫雄节而数得,是谓积殃。凶忧重至,几于死亡。雌节而数之,是谓积德。……凡人好用雄节,是谓妨生。大人则毁,小人则亡。"

比如，老子最喜欢举的就是水的例子，不仅上善若水，而且天下最柔弱者莫过于水，而攻坚强者也莫过于水。那么，这里的水，是力量弱小的水吗？当然不是，所谓攻坚强的水，所谓水滴石穿的水，其实都不是力量弱小的水。水之所以能攻坚强，能穿山破岭，是由两个原因构成的：一是攻坚强的水都是能量很大的水。到过虎跳峡的人都见识过，那穿破山岭、夺路而过的水，一路奔腾，呼啸向前，其水声响彻山谷，震动天地，是何等的气魄。正因为水的能量极大，所以有强大向前的动力。二是攻坚强的水，都是顺应水的顺流而下的本质，总是向下、向下，它的强大的水流，又总是以低下的方式迂回前进，它的强大，又总是以水的柔软的水性来体现。水之所以能水滴石穿，也是因为滴石之水能量不小，它虽然细长，但源源不断，经年累月，千年百年，总也流不完，但能量不小的水，也是以其柔韧的方式，柔性地展现自己的耐力和韧劲。

文子在《文子·道原》中解释"天下莫柔弱于水"时说，水之为道，广不可极，深不可测，长极无穷，其远无涯，作用不可估量，上天为雨，下地为泽，万物不得不生，百事不得不成，以财富赡养天下而不尽，以德善施于百姓而无穷，受击不创，受刺不伤，斩之不断，灼之不熏，锋利可贯金石，强悍可征服天下，无论财物有余或不足，任天下人取之用之，它领受万物，无所谓先后，它无私大公，与天地大同，这就是至德。因此，这段话让人们感到的不是水的柔弱，而是水的广大、厚重、绵恒，而水之能攻坚强，它的表现形式却是"绰约润滑"，是绵绵不绝，看起来柔弱，实际上水的强大是以柔弱的形式表现的。

另一个柔弱胜刚强的例子，是"天下之交也，牝常以静胜牡"（61章）。这里说的也不是雌牝力量弱小就能战胜刚强有力的雄牡。这里不是比力量，而是指雌雄交合之事。在交合力方面，雌牝天生比雄牡更强大。雄牡的交合力不过每天二三次、三四次，而雌牝的交合力则可以达数十上百次。但在表现形态上，却是雌牝经常被动处下，以静制动，表现出交合力的柔性使用，所以雌牝的柔弱胜刚强，并不是说它的交合力比雄牡弱小，而是指雌牝强大的交合力，是以处下守静的柔性方式表现出来的。

《黄帝四经》明确地指出，所谓柔弱胜刚强，并不是力量弱小的战胜力量强大的，而是指力量并不弱甚至力量强大的一方，在竞争中以强示弱、以刚示柔，因而战胜对手，甚至战胜比自己强大的对手。大庭氏取得天下，是靠着安然、舒适、正定、静默，以雌柔来正定天下。同时委婉和顺、恭敬谦让、谦卑简易、执持柔弱，退守雌节而不进逞雄强。实行公正的律度以取信天下，施以恩惠以爱护众生，端正其行，不敢居先自傲。心意静守而不外驰，执持大道而不追逐物欲。取法雌节，处守柔弱。什么是柔弱呢？善战却显示出不敢作战的样子，强大却执守卑弱。

持守弱节必须坚决而有耐性,直等到逞强恃勇之敌穷困时再乘机攻击它。①

《淮南子·道应训》也认为,"善持胜者,以强为弱"。

因此,许多人都没有读懂老子的"柔弱胜刚强",经常把柔弱胜刚强理解为力量弱小的战胜力量强大的。肯定老子的人,把它说成是力量弱小战胜力量强大,似乎力量弱小总是能战胜力量强大,似乎战胜的一方都是弱小者,或者战胜者之所以战胜,是因为它弱小,把柔弱胜刚强误解为普遍规律。怀疑或否定老子的人,却经常以此嘲笑老子智商低下,他们诘问老子:力量弱小的战胜力量强大的?女人能够战胜男人?柔弱的婴儿能够战胜刚强的拳师?为什么历史上总是强大的国家吞并弱小的国家而不是相反?

这些种种曲解和误解或恶意歪曲,主观目的不同,但错误却是共同的,都是由于没有读懂老子"柔弱胜刚强"的缘故。

## 三、从"柔弱胜刚强"到"柔实力"

柔性使用力量,不仅可以用于对外与外部敌人的竞争,而且可以用于国内社会的治理和天下的治理。

在国内治理上,所谓柔性使用力量,就是执政者不是通过权力,不是通过发布各种强制性的命令,不是强制性地管理社会,而是以政治价值的凝集力增加社会共识,通过执政者与百姓的水乳相融的关系来引导百姓,通过执政者、官员的以身作则增加引导力,执政者和官员经常倾听百姓的心声,了解百姓的利益诉求,解决百姓生活中的各种实际问题,以此增加以道治国家政权的吸引力、说服力、影响力。这种柔性使用力量的方式,与强调刚性的法制、强制性的命令和行政规定等刚强使用力量的方式相比,更容易达成道治国家的以百姓心为心以及百姓自富、自化、自正、自朴的政治目标。

在天下治理上,国家之间有对抗性的竞争,会出现"柔弱胜刚强"的结果,而国家之间的关系大量是非对抗性的竞争,而非竞争性的较量则是吸引与被吸引、说服与被说服、影响与被影响。

西方软实力概念的提出者约瑟夫·奈曾指出,"中国古代文化中虽然从未提

---

① 《黄帝四经·十大经·顺道》:"大庭(庭)氏之有天下也,安徐正静,柔节先定,良温共(恭)俭,卑约主柔,常后而不先。体正信以仁,兹(慈)惠以爱人,端正勇,弗敢以先人。中请不□,执一毋求。形于女节,所生乃柔。……立于不敢,行于不能。单示不敢,明执不能。守弱而节而坚之,胥雄节之穷而因之。"

及软实力,但中国人其实早已深谙此道","中国有魅力无穷的传统文化"。① 老子有"柔弱胜刚强"的思想,孔子也有"柔远人"的思想。老子和孔子的"柔",是大道的化身、仁德的表现。除前面所述的力量的柔性使用之外,我们还可以将与硬实力相对的那些非硬性的、有柔性影响力的因素吸纳进来,这其中包括价值与信仰吸引力、思想文化吸引力、个人魄力和感召力、说服力等,共同形成"柔实力"。②

老子关于柔实力的思想包括:

1. 柔实力的哲学基础

柔实力是道运动变化的基本特征。来自老子的阴阳之道的体悟。世界上各种事情都有其相对者的存在,而这些相对的东西都是变化的,正如"有无相生,难易相成,长短相形,高下相盈,音声相和,前后相随"(2章)一样,强与弱、柔与刚也处在变化之中。强会变弱,所以不能过度用强;柔弱可以变刚强,所以以柔性处事反而容易取得成功。柔与硬的哲学道理,也同样表现为"反者道之动;弱者道之用"(40章),柔是道的基本特性。通常,道都是以柔弱的状态为表现形式。

2. 柔概念的来源

"柔"从何产生?柔概念来自老子对大自然天地万物及人生的生长变化的观察和体悟。从水、婴儿、母体、得道者等看似柔弱的事物和人物身上,看到了强大的柔实力,并把柔表述为大道的基本特征。"专气致柔,能婴儿乎?"(10章);婴儿"骨弱筋柔而握固"(55章);"人之生也柔弱,其死也坚强。草木之生也柔脆,其死也枯槁。故坚强者死之徒,柔弱者生之徒。是以兵强则不胜,木强则烘"(76章)。

3. 柔实力来自利他性

水因具有最大的善性、美德而具有吸引力。"上善若水。水善利万物而不争,处众人之所恶,故几于道。居善地,心善渊,与善仁,言善信,政善治,事善能,动善时。夫唯不争,故无尤"(8章)。

4. 硬实力,尤其是军事力量,具有较大的副作用,应慎用

老子反对过度使用武力,主张即使有强大的硬实力,也不可以逞强,"不以兵

---

① 约瑟夫·奈:《软实力》,马娟娟译,中信出版社2013年版,序言第8页;下面凡此书引语皆同此处,故只注书名和页码。只有具有强大的吸引力才能被称为魅力无穷。

② 柔实力概念是作者针对当下人们广泛使用的美国学者约瑟夫·奈的软实力概念而提出的。柔实力就是指包含在老子和孔子等中国历史文化中的一个概念,它主要是指和平和正当地使用各种力量所产生的正能量(亲和力、感召力、说服力、凝集力、协同力、包容力)。和老子、孔子思想中的柔弱胜刚强和柔远人的思想比,软实力概念定义不清,相互矛盾之处甚多,使用这个概念容易产生很多误解,作者认为应该摒弃软实力概念,使用柔实力。对软实力概念的批判性分析,见叶自成、陈昌煦:"从美国软实力到中国柔实力",《国际观察》,2015年第3期。

强天下",过度用强力,必然会有负向作用。因此,老子告诫人们,"兵者不祥之器,不得已而用之",必须有所节制,即使迫不得已用兵,打了胜仗,要当成悲哀的事,当成丧事来处理。"善有果而已,不以取强,果而勿强"(30章),否则就会走向反面,"乐杀人者,则不可得志于天下矣"(31章)。

5. 最大的吸引力就在于按照事物发展的规律来引导人们,"譬道之在天下,犹川谷之于江海"(32章。道,引导天下万民归向自己,就好像河川疏导诸水流向大海)

因此,遵从道法自然的政道,让广大百姓自然而然地生长,就会产生强大的吸引力、感召力,可以"不言而善应,不召而自来"(73章)。没有人强行颁布法令,却得到广泛的响应;没有人大声呼喊命令,却能够得到广大百姓的拥护和支持。

6. 柔实力来自对人处事的态度和方式

吸引力来自谦逊、处下、无私、不争、不居功自傲,来自"生而不有,为而不恃,长而不宰"的最高的"玄德"。以无私的态度处理事情,自然而然就会产生吸引力,"以其无私邪,故能成其私"。"以其终不自为大,故能成其大。""以其不争,故天下莫能与之争。"老子特别强调,"谦下"是最容易产生吸引力的品德,就好像大江、大河、大海之所以为大,以其处下,"江海所以能为百谷王者,以其善下之,故能为百谷王"(66章)。在一个国家之内,领导人要想得到民众的尊重并吸引民众,也是如此,"是以圣人欲上民,必以言下之"(帛66章),"善用人者,为之下"(68章)。同样,也可推广到国际关系中。大国要想获得小国的尊重,并想吸引小国,就应如水一般,"大国者若下流","故或下以取,或下而取。……夫两者各得其所欲,大者宜为下"(61章)。谦下,与国家的强大或弱小没有关系,国家力量不强,固然要谦下,即使国家强大了,也同样要谦下。

7. 柔实力与硬实力的关系

柔实力不仅仅可以补充硬实力的不足,而且在一定条件下,柔会变化,会从柔变刚、从弱变强,柔弱可以胜刚强,好比水是"天下之至柔",却可以穿山越岭,可以水滴石穿,可以"驰骋天下之至坚"(43章)。

8. 正向柔实力与逆向柔实力

吸引力是柔实力的重要组成部分,但吸引力不等于柔实力。因为对他者的吸引和他者对我的模仿、仰慕,可能是有助于实现自己目标的影响力,即正向吸引力产生的正向柔实力,也有可能是我的长处被他者学习模仿后反过来产生对我不利的影响力,这种现象就是逆向吸引力产生的逆向柔实力,就是他者借助我的经验和成功来提高自己的能力,从而更有助于实现自己的目标。正向吸引力产生正向柔实力,逆向吸引力产生逆向柔实力。

在老子的语境中,正向柔实力和逆向柔实力都在水的形象中得到展现。河溪之水从高处往下流,最终融入大江、大河、大海,使自己也成为大江、大河、大海的一部分。这里的大江、大河、大海对河溪之水产生的是正向吸引力。岩石对水会产生逆向吸引力。水总是处下,总是柔软的。但水为什么能胜刚强、能穿透坚硬的岩石?因为水也可拥有类似岩石居高的特性,居于比岩石更高的地位,所以借助于岩石的高度而获得一种新的势能,从而产生水滴穿石的能量并最终穿透坚硬的岩石。

老子不仅发现了"柔弱胜刚强"的现象,而且他本人也是具有强大吸引力、感染力和个人魅力的思想家。老子的柔实力完全来自他本人的思想,与任何国家组织、军事经济力量都没有关系。他的吸引力来自他对大自然的观察和模仿中所产生的思想的深刻性、穿透力、逻辑性、洞察力。在对天地自然的观察中,老子悟出了道法自然的深刻道理,并用道来阐述宇宙观、政治观、人生观。他的思想穿透历史与时空,2 500多年后仍能深深打动和吸引一代又一代的人,老子是中国在国外产生正向吸引力最大的思想家。他的著作被翻译成各国文字在全世界获得广泛的传播和认同。老子的思想完全是依靠人们对他的信仰而被传播,没有借助于任何国家的军事、政治或经济力量。美国学者霍金斯的能量理论,将老子称为人类史上具有最大正能量的三大思想家之一(老子、释迦牟尼、耶稣)。

## 四、中国历史上十种不同的柔实力

中国几千年的历史,不仅产生了老子的柔实力的思想和理论,也产生了许多与柔实力有关的历史故事和思想文化现象,为人们研究柔实力提供了丰富的素材。在中国的历史上,曾经有过什么样的柔实力呢?

1. 舜治中的柔实力

舜的柔实力之一,是与军事、经济等硬实力资源无关的个人魅力型柔实力。他的个人魅力表现在两个方面:

其一,以其长期的利他行为,无意识地吸引民众追随。

《墨子·尚贤下》《尸子辑本》《吕氏春秋》《史记·五帝本纪》都记载,舜"耕历山""陶河滨""渔雷泽",说他把最好的地给别人,把最好的渔场给别人,改进制陶技术使人们能用到更好质量的陶器,解决了当地民众的许多纠纷,吸引了大量从者,使得"一年所居成聚,二年成邑,三年成都",从一介平民成为当地的一个有影响力的民众领袖。舜以其利他行为,为民众提供示范性榜样,让民众了解如何耕种、如何捕鱼、如何制陶并从中享受利益和方便,而且把自己的利益无私地让与民众享受,因此,在民众中产生巨大的吸引力和威信,民众也愿意追随他。舜的柔实力,是他长期利他行为的一个无意识的结果,是他觉得他应当这样做,而不是为了成为民众领袖而这样做。

其二,以其高尚的德行和人格感染民众,无意识地吸引民众追随。

舜开创了中国历史上的明德时代,"天下明德皆自虞帝始"(《史记·五帝本纪》),开启了儒家的道德先河,是以德治国的最早榜样。舜是中国孝文化的首创者,在处理家庭矛盾中表现了他的德行和智慧。在亲生母亲去世后,他的盲人老爹与继母及异母弟象合谋,多次试图置他于死地,但他以其智慧妥善地解决了家庭矛盾,形成了五典之教,"使布五教于四方,父义,母慈,兄友,弟恭,子孝",使得家庭、社会和谐。

舜执政大权之后,也体现了强大柔实力。这是基于国内大治、以柔远人政策处理夏苗、夏夷关系而具有的影响力和吸引力。舜成为执政者后,对内,以民本思想为指导,以"兼爱百姓,务利天下"为宗旨,到四方教化民众,重用鲧之子大禹来治水并取得了巨大的成功,又让大禹主持具体政务,任命八个有德之人管理各种事务,出现了天下大治的局面,而且舜治天下有大功而不以功处,不以天下为私天下,成为后世儒家的德治天下、任贤与能、孝感天地的圣人,对后世产生了很强的吸引力和影响力。

在对外关系上,舜以柔实力处理华夏和东夷两大民族之间的矛盾,促进了两大民族的华夏一体化;对当时战败的苗蛮集团与华夏民族的对抗,舜也本着"以无事取天下"的方针,反对穷兵黩武,以华夏民族的乐舞感化三苗(《韩非子·五蠹》)。

2. 管子的柔实力

管子是春秋时期齐国的著名政治家,在他执政期间,对齐国的政治经济进行了重大改革,使齐国日益富强,成为当时第一强国,为春秋五霸之首,拥有强大的硬实力。但管子在处理政事方面,也拥有很强的柔实力,主要表现在国内治理和对外关系两个方面上:

在国内,以民为本,物质文明和精神文明同时进行。

其一,齐国在治国过程中,明确提出了国家的精神文明建设的思想。《管子》一书把精神文明看成支撑国家的栋梁,认为"国有四维,一维绝则倾,二维绝则危,三维绝则覆,四维绝则灭……何谓四维?一曰礼,二曰义,三曰廉,四曰耻","四维不张,国乃灭亡"(《管子·牧民》)。

其二,《管子》一书明确提出了"以民为本"的思想,指出,"政之所行,在顺民心;政之所废,在逆民心。民恶忧劳,我佚乐之;民恶贫贱,我富贵之;民恶危坠,我存安之;民恶灭绝,我生育之"。统治者的任务就在于观察老百姓喜欢什么、讨厌什么以及什么是百姓最关心的、什么是百姓最担忧的,要为他们排忧解难,满足他们对生活的基本需要,这样,百姓也会反过来,给予统治者想得到的东西,即人民得到了安乐,就会为国家解除忧难,人民得到了富贵,就会承受国家的贫贱,"故知予之为取者,政之宝也"。(《管子·牧民》)

《管子》不仅提出了以民为本的原则,而且提出了如何实现以民为本的具体措施,包括兴修水利、圈养六畜以及发展手工业、林业、渔业,还提出了"入国四旬,五行九惠之教""老老、慈幼、恤孤、养疾、合独、问病、通穷、振困、接绝"(《管子·入国》),对老人、幼儿、遗孤、残废、鳏寡、病人、贫民、灾民、烈士家属九种弱势群体,国家给予关照,每四十天就要五次检查九惠的措施实行得如何。这是中国历史上比较明确地实行社会保障和福利制度的思想。

齐国在管子的治理下,民富国强,秩序井然,被华夏各国所仰慕和模仿。

在对外关系中,齐国不仅使用硬实力,而且善于使用柔实力。

其一,帮助他国解决实际问题,以其利他性的行为获得感召力和追随者。齐桓公在位二十三年时,"山戎伐燕,燕告急于齐。齐桓公救燕,遂伐山戎,至于孤竹而还"。虽然在这次行动中齐国也使用了军事、经济力量等硬资源,但也有柔实力的使用,齐国在帮助救燕后不但未得分毫实利,反而还把齐国土地割让给燕国,以感谢燕庄公礼送桓公入齐境。这在各诸侯国中产生强大的感召力,各"诸侯闻之,皆从齐"。五年后,"卫文公有狄乱,告急于齐",齐又趁势"率诸侯城楚丘而立卫君",再次巩固了齐国在华夏国家中的影响力。此外,齐国还帮助晋惠公恢复了君位,带头为周朝增筑王城,帮助郑国击退狄人侵略并迁到安全地区,帮助卫国击退狄人入侵并恢复卫国。

其二,善于和平和理性地使用硬力量。齐桓公时,曾打着周天子的旗号组织盟军讨伐当时的大国楚国。此次行动虽然使用硬实力,但其中也有柔实力的使用。即双方以相互接受对方的妥协而结束敌对,楚国承认了不向周天子贡茅的错误,愿意补交,齐国也不再向楚国追究周天子在楚境失踪的责任,双方各让一步,以双方相互接受对方条件而结束争端,达成和平协议,齐率领盟军撤军。楚国实际上被纳入华夏体系。

为了抵御外部蛮夷的入侵,齐国带领诸侯国修筑了多处要塞,保卫中原华夏各国。这些使用军事、经济力量的行为,也产生了吸引力和感召力,使齐国在诸侯国中的影响力提高。

其三,善于使用经济力量,让其他国获得经济利益。在各国送礼来朝访时,齐国总是用厚礼回赠,让空手来的使臣也能满载而归。齐国放开自己的经济,允许齐国的鱼盐运往其他诸侯国,命令关市只检查而不征税。

这使齐国在各国中享有很高的威望,"故天下小国诸侯既许桓公,莫之敢背,就其利而信其仁,畏其武","是故大国惭愧,小国附协"《国语·卷六齐语》。在齐国的主持下,华夏体系一度出现了"诸侯甲不解累,兵不解翳,毁无弓,服无矢,隐武事,行文道,帅诸侯而朝天子"的和平景象《国语·卷六齐语》。管子后来受到孔子、司马迁等人的高度评价。孔子说,如果没有管子相助桓公霸诸侯,一匡天下,华夏民族可能就会像没有开化的蛮族一样,"被发左衽"。

3. 小国的柔实力

在春秋战国时期,华夏体系中出现了一批军事、经济力量不强,却拥有较强柔实力的中小国家,它们以不同方式产生的柔实力维护国家利益,或以柔实力在华夏体系国家中拥有超出其军事、经济地位的影响力。

其一,郑国烛之武以智退秦兵,以柔克刚。

公元前630年,晋文公联合秦国,以郑国背叛晋秦联盟而与楚国交好为借口,分别从两个方向包围了郑国国都。郑文公听从佚之狐的劝告,派大夫烛之武前往秦军。烛之武也是以理服人,他从秦国的国家利益来劝秦穆公退军说:"郑国灭亡如果对秦国有好处,那是值得秦军来攻打郑国的,但秦国离开郑国很远,要把郑国作为秦国的土地,这是很难的。如果郑国灭亡而增加了邻国的土地,这就等于削弱秦国;而如果秦国把郑国作为一个通往东方路上的一个朋友,使臣来来往往,郑国可以供给他们物资,对秦国没有什么害处。况且,晋国曾受恩于秦国,但晋国不图报恩,秦国早上送他们的土地,晚上他们就在那里修筑了城墙来对付秦国。晋国是不会满足的,他们在东边的郑国得手后,又将要向西扩张,如果不损害秦国,他们向西部就不能扩张。"烛之武最后希望秦穆公考虑,郑国灭亡是不是对晋国有利而有损于秦国的利益?秦穆公听从了烛之武的劝告,就与郑国结了盟,还派秦军为郑国守卫,自己率领部分军队回秦国去了《春秋左传·僖公三十年》。

其二,宋国向戌劝服楚晋弭兵和好。

春秋中后期,楚、晋鄢陵大战后,楚国、晋国疲于争霸战争,均表示出了暂时妥协的意愿。公元前548年,晋国中军元帅赵武下令减轻诸侯对晋国的贡赋,并对前去纳贡的鲁国穆叔表达了愿与楚国和好的愿望,鲁国的穆叔又把这个和平的信息传给了宋国大夫向戌,向戌是宋国的左师,他与晋、楚两国的执政大臣都相好,就出使到楚国与晋国斡旋。向戌以理服人,先后说服了晋、楚两国接受弭兵的建议,并最终促成了公元前546年的弭兵大会,各国在宋国西门达成了新的和平盟约,使国与国之间的战争大为减少,此后的十几年未有战事发生,尤其是晋楚两大国之间维持相对和平达40多年。

其三,郑国子产柔中带刚,善于利用国际法维护小国利益。

子产,公元前544年为郑相国。当时的郑国是一个夹在大国中间的小国和弱国,西面是周国和秦国,北面是强大的晋国,东与大国齐国为邻,南方也是一个大国楚国。在那个小国随时都可能被大国吞并的年代,郑国却以一个小国之力,发挥了经常是一个大国才能具有的影响。

郑国的柔实力来自两方面:一是子产治国有方,在国内民众中拥有较高的威望;二是子产善于利用当时的国际法(即霸权国家制定的规则)来处理与大国的关系。

在治国方面,子产在郑国进行改革,行法制,以国家安定、大族和顺、选贤任能、勤俭持国为纲,为郑国求得一个上下团结的好局面。他制定按丘征发兵赋的丘赋,受到一些国人的攻击。子产回答说,"苟利社稷,死生以之,且吾闻为善者不改其法度,故能有济也。民不可逞,度不可改",认为只有对国家有利,个人生死可置之度外,做好事的人不改变他的法度,所以才能成功,老百姓不可以放任,法度不可以改变。他的治理最终得到百姓的认可。在对外方面,子产坚持"蕞(小之意)尔国"的思想,认为郑国再小也是一个独立国家《春秋左传·卷十二》),抵制了晋国对郑国的干涉,他既不得不向晋国进贡以维持生存,但另一方面又据理力争,坚持郑国的尊严,对晋国不以礼对待郑国国君、不以礼的规定让郑国缴纳更多的赋贡坚决抗争,并使晋国不得不对郑国赔礼道歉并同意了郑国的合理要求。这种柔中带刚的小国外交风格受到大国的尊重。

其四,子贡说服各国,保卫鲁国安全。

当时,齐国相国陈成子想出兵攻打鲁国,以提高他在齐国的威权。孔子让有外交才干的子贡出使各国,以化解鲁国的危机。子贡凭借他出色的言辞表达能力和对局势的精确分析,先后成功地出使齐、吴、越、晋四国,劝齐弃鲁攻吴,劝吴救鲁攻齐,劝越出兵助吴攻齐,劝晋出兵助齐对吴,通过外交手段成功地保存了鲁国。后来,司马迁高度赞扬说:"子贡一出,存鲁,乱齐,破吴,强晋,霸越是也。"(《史记·仲尼弟子列传》)

4. 以柔克刚,柔中带刚,进攻性柔实力的全面开展与战略谋划:越国对吴国没有硝烟的柔战

进攻性柔实力是通过有明确目的的一系列文化的、政治的、外交的、经济的和平和非强迫、非军事的手段,利用对方的矛盾、弱点,投其所好,以取得对方的信任,减少对自己的警惕,强化其缺点,消解其优势,离间其上层,腐蚀其斗志,消耗其国力,离间其与其他国家的关系,在看不见的战线上最大限度地削弱对方。

越国对吴国的和平演变是一个典型。

越国勾践时,军队主力为吴国打败,只剩下五千残兵。越国成为吴国的附属国,勾践和大夫范蠡入吴为奴。后勾践以卧薪尝胆的精神,在国内十年生聚,积蓄力量,励精图治,重用贤才,勤奋治国,积累军事、经济等硬实力资源;同时,在对吴国的关系上,他采用了大夫文种、范蠡等人的进攻性柔实力战略,即在没有条件用军事力量打败吴国之前,对吴国开展柔性攻势,全面消解对方的硬实力和政治、经济、文化资源,为最后打败吴国积累条件。

这些柔性战争包括:对外实行韬光养晦战略,对吴称臣纳贡;利用吴、楚、齐、晋的矛盾,加深吴与楚、齐、晋的矛盾,同时强化越国与齐国、晋国、楚国的关系;越以贵重的财物赠送给吴王,以大量的金玉布帛换取吴国大臣的欢心;以高价购买吴国的粮食草料等战略物资,削弱吴国的战略物资的储藏;选美女进献吴王,迷惑其心志,扰乱其计谋;向吴国贡奉能工巧匠和珍贵木材,唆使吴国兴建宫殿楼台,以耗尽其财力;送财富给吴国重臣,为己所用;设计挑拨吴王与吴国重臣伍子胥的关系,最后迫其自杀。

越国对吴国的进攻性柔实力战略中的主要内容,大部分都得到了实现,从而大大削弱了吴国的军事、政治、经济实力,并利用吴与晋、齐争霸的机会,起兵伐吴,终于打败吴军,灭了吴国。越国的进攻性柔实力战略在这一过程中起到了重大作用。

5. 硬实力的柔性使用所产生的柔实力:孙子的"不战而胜"和"伐交"思想

在使用硬实力的过程中,运用柔实力也很重要。

孙子是以军事战略家留名于世的,但他在研究军事作战规律时,却没有过分强调战争和军事手段的重要性,而是持极为谨慎的态度,将战争可能带来的种种弊端都考虑进去;而且,孙子把和平方式看得极为重要,甚至认为不战而胜才是使用硬实力的最佳方式,和平方式的作用超过军事和战争方式。

孙子认为,战争是事关国家存亡的大事,在做出战争决策之前,首先要考虑"道天地将法"五要素,而"道"即政治因素是放在第一位的,就是看战争是否正义、是否合民意,只有上下一心,君民齐心协力,才可能取得战争的胜利,因此,孙子提出,"道者,令民与上同意也,故可与之死,可与之生,而不畏危也"。道,即战争的正义性,是文化因素。孙子还把军事解决与和平解决的结果做了比较,得出了和平解决为上的结论。"夫用兵之法,全国为上,破国次之;全军为上,破军次之……是故百战百胜,非善之善者也;不战而屈人之兵,善之善者也。故上兵伐谋,其次伐交,其次伐兵,其下攻城。"

在孙子看来,和平方式能达到"全"的目的,不破坏任何东西,是一种最理想的办法；而战争方式则必定要"破"，任何战争都会造成生命和财产的破坏，"为不得已"时才能用。这里的伐交，实际上包括了政治谋略和外交谋略，是一个国家通过和平方式，运用国内外力量施加影响来达到本来通过战争才能达到的目的。这种硬实力使用过程中的和平方式，包括利用相关国家之间的矛盾、使用间谍获得情报、挑拨对方前后方将帅关系、在对方内部制造混乱、武力威慑之下诱使对方投降或达成停战协议等，是避免战争、减少战争代价的可选择的方式。

6. 孔子和儒家的以德服人、德化天下、得民心者得天下的柔实力思想

在儒家看来，人与由人的聚合体构成的国家没有本质区别。国家是抽象的，它是通过具体的统治者来体现的，统治者虽然不同于一般的民众，但统治者和普通民众一样，他首先是人，因而在个人层次适用的那些道德规范，在国家统治者身上同样适用。因此，国家的道德既是个人道德的总和，又是主要通过统治者的道德来体现的，统治者的道德在一定程度上就代表了国家的道德。因此，在儒家看来，在个人层次上不能做的事情，在国家层次上也不能做，在个人层次上适用的道德准则也同样适用国家的行为准则。因此，治国平天下，首先就要修身，从个人层次做起。

儒家认为，有两种治天下的方法：一种是以力假仁打天下、治天下，即靠军队、国家暴力打天下、制天下、威天下，但这种方法往往以失败而告终；另一种就是儒家大力提倡的，即以德和道得天下、治天下，它虽然并不完全排斥力的作用，但突出强调道和德的作用，威天下不以兵革之利。两种方法构成霸道与王道的不同。

在孟子看来，"仁政无敌""夫国君好仁，天下无敌""仁人无敌于天下"，"得道者多助，失道者寡助，寡助无至，亲戚畔之，多助之至，天下顺之"，这样的君王必能成为最强大的君王，统一天下。① 德治天下又是以争取民心为基础的，力能制人但不能服人，只有靠德和道才能征服人心。行德和行道的最终目标是为了得民心。孟子提出，"桀纣之失天下了，失其民也；失其民者，失其心也。得天下有道：得其民，斯得天下矣。得其民有道：得其心，斯得民矣。得其心有道：所欲，与之，聚之，所恶，勿施尔也。民之归仁也，犹水之就下"。② 因此，仁者无敌于天下。

如何才能实现德治天下和使天下之心归一的目标呢？儒家的根本思路有两种：一是统治者以仁爱为本，做有德之君，行有道之策，统治者自身通过不断提

---

① 《孟子·梁惠王章句上》，第 11 页；《孟子·公孙丑章句下》，第 80 页。
② 《孟子·梁惠王章句上》，第 14 页；《孟子·梁惠王章句下》，第 33 页；《孟子·离娄章句上》，第 158 页。

高个人的道德修养水平,实行爱民、敬民、富民、恤民的政策,处理好与广大民众的关系;二是通过推广教育,向民众倡导至善、向善的行为准则,使民众提高自身的道德标准和水平,实现与治天下的有德之人的上下同心的和谐关系。

统治者和民众两者都需要修身的过程,通过修身达到"齐家、治国、平天下"的目标,所以儒家特别强调人、家、国、天下四者的关系中人修身的基础意义,认为"身修而后家齐,家齐而后治国,国治而后平天下,自天子以至于庶人,壹是皆以修身为本"①。

这样,儒家通过天下结构论提出了人、民众为天下之本的思想,通过天下一体论提出了本国民众在国内政治和国际政治同等重要以及各国民众同等重要的思想,通过人、国一体论和德治天下论提出了争取天下民众的思想。虽然儒家的这些思想在当时过于空想,不切实际,脱离当时的国内政治和国际关系的实践,在理论上也过分强调个人伦理的作用而忽视了国内政治和国际政治的过程的特点及自身规律,也带有为统治者服务的时代局限性,但它们的不少内容又闪耀着智慧的光芒,超越了时代的局限,随着时代的变化与发展,其中的一些内容越发具有现实意义,也为我们今天观察民众在国际关系中的作用提供了哲学思想的基础。

7. 苏秦、张仪的借助他方力量并在实现他方利益中实现自己利益的柔实力

通常所说的柔实力都是当事的一方所施加的影响力,但中国春秋战国时期却出现了第三方介入争端,通过优秀的言语表达能力、对时局的深刻的分析力和思想逻辑的渗透力来说服其中一方接受自己的主张,这就是第三方柔实力。这种柔实力在以苏秦、张仪为代表的纵横家身上表现得最充分。

这种第三方柔实力,最突出的特点就是不借助、不依靠任何国家,没有一个兵、一分钱,与军事、经济等硬实力资源没有任何关系,甚至也与国家的文化、政策、价值等文化资源没有直接关系,而是完全借助个人超强的说服力,以帮助一方实现国家利益并接受自己的主张为途径,间接实现自己的利益。

苏秦、张仪等纵横家最大的本事,通常就是从地缘政治的形势出发,分析各国的优点,指出各国的弱点,然后提出如何以己之长避己之短,设计并采取相应的战略、谋略,如与什么国家实现结盟、各国的战略对手是谁、如何运用国家结盟战略来实现各国的战略目标。苏秦关于燕、赵、魏、韩、楚、齐六国合纵抗秦的多边外交主张被六国所接受,在公元前 332 年,六国在苏秦的主导下签订了合纵抗秦的盟约,组成了抗秦联盟,苏秦担任了这个联盟的纵长(秘书长)。

---

① 《大学》,转引自朱学勤主编:《四书五经》,上海辞书出版社 2006 年版,第 3 页。

### 8. 善于学习和借鉴他国长处的逆向柔实力

秦国本是战国初期最落后的国家。秦国被魏国等中原国家的先进制度和先进文化吸引,在秦孝公时代通过商鞅变法,把魏国等国的变法、楚国等国的郡县制引入秦国,但秦国被魏、楚吸引和自觉地模仿以及仰慕魏、楚并没有增加魏、楚在秦的影响力,反而使秦国借鉴魏、楚的先进经验并结合秦国实践加以改造、发展、创新,结果使秦国后来居上,从柔弱变刚强,从落后变先进,从弱小变强大,最后战胜中原各国,一统华夏。逆向柔实力还有吴国通过学习楚国和晋国并一度战胜楚国、赵武灵王胡服骑射等,都是学习模仿他国而使自己强大并最终战胜原来的学习国。晚清师夷技之长而制夷也是一种逆向吸引力,但没能产生逆向柔实力。

### 9. 通过本国的价值观、生活方式、对外政策感化外国民众的柔实力思想

贾谊的柔实力思想,是儒家的民本思想在汉初时在汉匈关系上的延伸和发展。贾谊曾为汉文帝身边最年轻的咨政官。他在其《大政》《修政》和《匈奴》等篇中集中展现了民本思想,并在其基础上提出了"德战"和"争民"的思想。

柔实力思想的基础是"天下者非一人之天下,惟有道者处之",因此,只有得民心才能得天下,主张以民为"万世之本","民无不为本也,国以为本,君以为本,吏以为本,故国以民为安危,君以民为威侮,吏以民为贵贱,此之谓民无不为本也"①。民心所向,不仅关系一国安危,而且直接与国家间政治有关,民众才是战争胜负的决定性力量,"士民之志,不可不要也"。既然民众对国家间的政治十分重要,因此,国家对内必须敬民、爱民,千万不要轻民、简民、敌民,"故自古至于今,与民为仇者,有迟有速,而民必胜之"②。

贾谊也把以民为本的理论运用于对匈奴的政策中。既然国内是民为国之本,对匈奴来说也是一样,匈奴民众也是匈奴国之本,所以汉对匈奴也不仅仅与匈奴的单于统治者打交道,也应把匈奴民众放进汉匈关系之中来考虑。因此,贾谊提出了汉王朝要针对匈奴民众做工作,争取匈奴民众对汉王朝的认同的战略思想,并具体提出了针对匈奴民众的"德战"论。即以厚德服匈奴众,使匈奴民众归附于汉,成为汉朝的一部分,并可使其驻守汉朝边境之地,防备西北方向的月氏和其他民族的进攻,这样就可达到罢边境之兵以为戍边之民的目标。贾谊把这一思想称为"德战""德胜"思想,其核心在于与匈奴单于"争其民",使得匈奴民众归附于汉,使"单于无臣之使,无民之守",不得不"请归陛下之义","此谓

---

① 《贾谊新书·大政上》。
② 同上。

战德"。①

这实际上是以军事战争对匈奴上层进行打击,同时运用文化、价值观、政策以和平的方式争取匈奴民众脱离单于统治而归附于汉的看不见的战争。他还提出了具体实施这一战略的措施和方案,即"三表""五饵"。

三表,即汉帝应以汉的核心价值观对匈奴民众立信、示爱和示敬,就是要在匈奴民众中树立诚信,对他们表示亲近关爱,并尊敬匈奴民众的爱好,这样,"爱人之状,好人之技",经年累月地长期实行,必能让匈奴民众归至于汉。② 五饵,即通过汉朝的物质文化优势,从眼、耳、鼻、口、舌五个方面,以匈奴民众喜闻乐见的生活方式,改变其生活习惯,让其在不知不觉中增加对汉文化的好感,产生对汉文化的怀想、思念、向往之意,逐渐心生归化之情。"牵其耳,牵其目,牵其口,牵其腹,四者已牵,又引其心,安得不来?"汉朝向匈奴人展示汉朝优裕的物质文明,让他们在生活的各个方面感到汉朝的教化文明,仰慕和模仿汉朝的生活方式和精神文明,吸引其不安贫困之心,那么北方的匈奴人,"南乡而欲走汉,犹水流下也",匈奴人就会像落叶归根一般归附于汉。这就是所谓"德战""德胜"。③

当然,同时,汉朝必须对匈奴保持强大的军事威慑,实际上是采取刚柔并济的两种策略对付匈奴。

10. 善于柔性利用硬资源(经济优势)争取和平与稳定的和亲、朝贡政策

唐时的贞观王朝是中国最强盛的王朝,唐朝当时也是世界上繁荣强大的超级大国。李世民时期的贞观王朝人才济济,文有魏徵、房玄龄、杜如晦、长孙无忌,武有李靖、程咬金、尉迟敬德,在他的治理下,贞观王朝政治修明、商业发达,人民安居乐业,高度发达的商业形成了胶州、广州、明州、福州、洪州、扬州、益州、沙州、凉州等具有影响力的商业城市。同时对外极为开放,吸引了叙利亚人、阿拉伯人、波斯人、鞑靼人、朝鲜人、日本人、安南人等不同信仰和民族的数十万外国人长期在长安定居。日本等国更是高度仰慕唐朝,自唐朝回日本的留学僧人惠齐、惠光等在奏折中提出了"大唐国者,法式备定,珍国也,须常达"的主张。日本王朝也制定了向主动和大规模学习唐朝的国策,派遣了大批留学生长期在唐朝学习,从公元 7 世纪初至 9 世纪末的约两个半世纪里,日本为了学习中国文化,先后向唐朝派出十几次遣唐使团。其次数之多、规模之大、时间之久、内容之丰富,可谓中日文化交流史上的空前盛举。其中,规模最大的一次,遣唐使人数达 650 多人。这些留唐日本学生把唐朝的文字、建筑、服饰、制度典章等大量带

---

① 《贾谊新书·匈奴》。
② 同上。
③ 同上。

回国内,促进了日本文明的发展。这是真正地通过文化、制度、人格魅力而产生的吸引力、感召力、追随力、仰慕和模仿力,实现了中日两国长期的和平友好关系。唐朝时期,中国的柔实力也达到顶峰。

## 五、刚柔并济是正道

《老子》全书没有提及"刚柔并济"的思想。但根据老子的阴阳学说,事物的两个方面不能绝对化,阴阳是相对的,而不是绝对对抗的,阴中有阳,阳中有阴,"万物负阴而抱阳,冲气以为和",阴阳平衡才是事物保持其本质的基本道理。

在力量弱小、力量强大、力量柔性使用、力量刚性使用四个因素中,最好的状态还是力量大小与力量使用方式的平衡,也就是刚柔并济。

所谓刚柔并济,就是刚中有柔,柔中有刚,以柔补刚,以刚补柔,柔以刚为基,刚以柔为用,柔刚既是一阴一阳,也是一正一奇,相互转换,交替使用,既可以以柔克刚,也可以以刚克柔,该柔则柔,该刚则刚,柔刚并举,相得益彰。如果特别强调以柔克刚、柔弱胜刚强,容易产生片面性,走向反面。

在这一方面,南、北宋两次灭国的惨痛教训特别值得汲取。

当时中国北方的女真族和蒙古族,初期发展阶段的人口不过一二百万,女真族军队不过区区数千上万人,蒙古族军队人数不过一二十万,却把拥有一亿人口、军队人数上百万、拥有先进装备武器、科技发达、商业繁荣、政治相对清明、世界上经济最发达的宋朝打得落花流水,北宋亡于金,南宋亡于蒙。按理说宋朝军队既强大又用柔,应当说是很好的状况,但问题在于,宋朝的刚柔不平衡,柔得太柔,刚强却不够。这是因为宋朝的制度基因中,少了对善战将军的尊重而对其制约太多,少了道家的阴阳平衡和以奇用兵的思想,少了法家的务实和血性刚强的精神,而文风太盛、儒风太盛,面对北方燕云十六州国土的丧失,面对强大的敌人,面对北宋亡于金的深刻教训,统治者不思变革,沉溺于诗词书画,当时许多有影响的文人,不是去讨论如何提高宋的战斗力,却把大量的时间用于死读经书,导致宋朝文柔压制了刚强,最终导致灭国之灾,半数以上的百姓惨遭屠杀,其教训实在惨痛之极。

这就是说,以道治国的政治家,一方面,要提高自己的综合实力,无论是国防建设,还是经济发展,无论是政治、经济、法律制度建设,还是人的素质的提高,都要根据时代变化的趋势和特点,努力增强硬实力,建设一个强大的国家,使外部敌对势力不能对本国起觊觎之心;另一方面,要努力加强柔力量的建设,提高对道与德的认识把握能力,提高对事物发展规律的认识,提高执政者与百姓的和谐程度,提高道治国家的对外吸引力、影响力。只有刚柔并济,才是达致国家长治久安的治国之术。

《文子·道原》中对老子的柔弱胜刚强思想进行了修正,指出道的特征是"柔而能刚""刚柔卷舒",道德能"行柔而刚,力无不胜,敌无不凌,应化揆时,莫能害之",所以"欲刚者必以柔守之,欲强者必以弱保之,积柔即刚,积弱即强"。《文子·道德》:"夫道者,始于柔弱,成于刚强;始于短寡,成于众长。"《文子·微明》:"道,可以弱,可以强;可以柔,可以刚;可以阴,可以阳;可以幽,可以明。"《文子·上仁》:"是以圣人之道,宽而栗,严而温,柔而直,猛而仁。夫太刚则折,太柔则卷,道正在于刚柔之间。"

《列子·天瑞》认为道生万物,虽然也有"非柔则刚"之论,是柔刚对立,但也论述说万物"能阴能阳,能柔能刚"。

《淮南子·原道》继续文子的思路,进一步提出道的特性是"弱而能强,柔而能刚"。

尤其是黄老学派,一直坚持"刚柔并济"的思想,所以黄老学派讲的刚柔关系,就与老子讲的大不一样,更有刚柔辩证的逻辑。《黄帝四经·经法·四度》认为,"以强下弱,以何国不克",也就是说,强盛的向弱小的表示谦卑,那么有什么国家不能战胜呢?《黄帝四经·经法·名理》指出,"以刚为柔者活,以柔为刚者伐。重柔者吉,重刚者灭",认为刚强有力却表现为虚弱无能则可以生存,虚弱无能却显示为刚强有力则必定败亡。尊崇柔弱的会得吉而存,追求强刚的将得祸而亡。《黄帝四经·十大经·三禁》:"人道刚柔,刚不足以,柔不足寺恃。"人道的规律应是刚柔相济,不能只采用刚,也不可只依赖柔。《淮南子·原道训》进一步提出道的特性是"弱而能强,柔而能刚",认为"柔弱胜刚强"并非弱小战胜强大,反而是说,"欲刚者,必以柔守之;欲强者,必以弱保之。积于柔则刚,积于弱则强"。

## 六、与约瑟夫·奈的比较与诘问

约瑟夫·奈在1990年首次提出了"软实力"这个概念。在《美国注定领导世界?》一书中,他对美国未来的实力进行了分析,认为传统的经济和军事手段已经不足以解释许多现象,于是提出了软实力概念。2001年,约瑟夫·奈在《美国霸权的困惑》中再次提到了"软实力"。对软实力理论的系统阐释,集中体现在约瑟夫·奈于2004年出版的专门以《软实力》命名的书中。2012年12月,约瑟夫·奈在其为《软实力》中译本所写的序言中,再次对软实力概念进行了修正。

由于约瑟夫·奈的倡导，软实力已经成为一个在国际上流行的概念，不同的人从不同的角度都在使用它。但软实力概念在利诱与吸引如何区分、硬软实力资源如何区分、物质性的流行文化如何产生软实力以及软实力是否存在道德性和规范性等问题上，还存在许多内在矛盾和局限。

什么是软实力？约瑟夫·奈做了自己的界定。他指出，实力就是做事的能力，就是得偿所愿的能力，是对他人行为施加影响并达到自己目的的能力。影响他人行为的方法有多种，可以威逼强迫，也可以施以利益诱惑，或者通过吸引和拉拢对方与自己目标一致(《软实力》,4)[1]。软实力是一种能力，"是一种依靠吸引力而非通过威逼或利诱的手段来达到目标的能力"(《软实力》序,12)。在国际政治中，软实力大部分来自一个国家或组织的文化中所体现出来的价值观、国内管理和政策所提供的范例以及其处理外部关系的方式(《软实力》,12)。一个国家完全有可能因为他国的追随、支持而得偿所愿。那些国家仰慕其价值观，并处处效仿，渴望达到与其不相上下的繁荣和开放程度，因此，军事威胁和经济制裁并不是国际政治中促成改变的仅有手段，设置议程并施以诱惑也能达到同样的效果，软实力靠的是拉拢，而不是强迫(《软实力》,8)；软实力——通过自身的吸引而不是强制力在国际事务中达到预想目标的能力(《软实力》,92)。

约瑟夫·奈的软实力概念，其精华和核心在于，反对国家过度使用经济力量，尤其反对过度使用军事力量去实现国家的目标，主张重视和强调国家的文化、政治理念(价值观念)和合理的对外政策的作用。

归根到底，约瑟夫·奈的"软实力"是为实现国家利益服务的。他在说到美国的软实力时指出，"当你有足够的魅力使人仰慕你的理念，并且追随你之所想时，就无须再动用大棒来驱使他们，诱惑往往比强迫更有效。诸如民主、人权、个人机遇等价值观念都具有很强的诱惑作用"(《软实力》前言,13)。也就是说，如果将软实力和硬实力两者交替使用，会更利于国家利益的实现。

约瑟夫·奈对"软实力"的这些解释和说明，对于我们理解软实力概念和建设中国的"软实力"，具有一定的借鉴意义。但约瑟夫·奈的软实力概念是一个政治概念、政策概念，而非一个严谨的学术概念。因此，无论是从软实力与硬实力的关系、软实力概念的内涵界定、软实力资源的使用方式来看，还是从软实力使用的目的与手段方面来看，都存在着模糊不清、界定不明、互相矛盾的问题。

1. 软实力来源于软实力资源，还是也来源于硬实力资源？

根据约瑟夫·奈对"软实力"的定义，回答很明确，软实力的吸引力只来源于

---

[1] 约瑟夫·奈：《软实力》，马娟娟译，中信出版社2013年版，第4页。

软实力资源,由硬实力资源产生的吸引力不是软实力。但约瑟夫·奈的回答实际上很矛盾。在有的地方,约瑟夫·奈强调软实力来源于文化、政治理念和政策,并明确地把经济力量列为硬实力资源,似乎经济力量不能产生软实力,"软实力并不依赖硬实力而存在"(《软实力》,12)。但在另外一些地方,约瑟夫·奈又说,"强劲的经济实力除了实施制裁和对外支付,还能成为吸引力的来源"(《软实力》,11),"美国情报局、国防部、美国军队等硬实力资源也能在创造软实力方面发挥重要作用"(《软实力》,154-155)。

2. 利诱等于硬实力,吸引等于软实力?利诱和吸引之间如何区分?援助是软实力还是硬实力?

如果使用约瑟夫·奈对"软实力"的定义,回答同样是清楚的,即硬实力是强迫和利益诱惑,软实力是施以吸引和拉拢,"否定软实力的重要性,就等于不懂得运用诱惑的威力"(《软实力》,12)。但是问题在于,用经济力量利诱、交易与以软实力拉拢、吸引、援助之间,是很难划分清楚的。具体到对外援助是否属于软实力资源的问题时,约瑟夫·奈也是自相矛盾的。他在讨论什么是软实力的列表中,明确地把经济援助归为了经济实力,把经济影响视为收买(《软实力》序,7),而在此后"软实力"一节的分析中,又曾经明确地排除了对外援助。一方面,在谈到加拿大、挪威的经济援助时,他认为这是小国软实力的表现(《软实力》,14);另一方面,在谈到美国时,他却又把援助与贿赂和制裁放在一起,认为这是经济实力,而不是软实力(《软实力》,41)。

3. 软实力是否具有道德性、规范性?

约瑟夫·奈对此的回答是,软实力是一种工具,可以为各种目的服务。因此,只有实用性,没有规范性、道德性。换句话说,只要不使用军事、经济手段强迫和收买,能产生吸引力、说服力的就是软实力。

4. 什么样的流行文化能够产生软实力?

流行文化帮助美国实现了众多重大的外交政策目标,比如马歇尔计划和北大西洋公约组织(《软实力》,66)。但流行文化如何产生吸引力,哪些流行文化能产生吸引力并有助于实现美国的对外政策目标和国家利益,约瑟夫·奈在书中并没有说清楚。

有的时候,他似乎想说,不是所有的流行文化都产生吸引力,只有包含在流行文化中的、为人们所接受和认同的普适价值观,才能产生吸引力。也就是说,评判流行文化是否具有吸引力的标准,是看流行文化中的核心价值,能否通过人们喜闻乐见的形式体现出来,并产生吸引力。流行文化、高雅文化能使美国的核心价值观更容易被人们所接受。

那么，比较物质化的流行文化，可口可乐、牛仔服、美国快餐等，它们既不直接反映美国的价值观，又没有明确的目的，它们产生的吸引力也主要是物质感官类的，与思想文化没有直接关联，这些物质的主体（老板、明星们）想要达到的目的只有一个，就是赚钱，与国家利益毫不沾边。按他的逻辑说，这些就不是软实力了。但约瑟夫·奈大体上仍然肯定它们是软实力的来源，因为由于这些流行文化，使美国"在他人眼里令人兴奋、充满异国情调、富有、强大、引领潮流——处于现代化和创新的前沿"，"在一个人人都想过上美国式好生活的时代，美国的这种形象很有吸引力"（《软实力》,17）。不仅如此，约瑟夫·奈在谈到欧洲、亚洲国家的软实力时，也都明确地把餐饮美食列为软实力资源，甚至把泰餐视为泰国唯一的软实力，认为亚洲国家除了美食之外，似乎没有什么别的可吸引人的了。

约瑟夫·奈提出软实力概念的本意和主旨，是想告诉人们，一个国家单凭军事和经济的强迫力或利诱是不够的，应当充分发挥包含价值观要素在内的教育、流行文化、对外政策等文化资源的吸引力来实现自己的目标。

然而，由于国际政治的现实太过复杂，约瑟夫·奈所述"软实力"的内容无法回答所有的问题。特别是当人们追问更多、更深层的问题时，约瑟夫·奈软实力的理论框架就显得力不从心、支离破碎、相互矛盾。出现这些问题的根源主要有三个：

首先是强分硬软。

西方人的思维喜欢阴是阴，阳是阳，硬是硬，软是软。国家力量的硬、软关系十分复杂，有些可分，有些不可分。如果为了简便，把本来不好分的两个方面人为地分开来，在实际运用中就会显得力不从心。事实上，从产生的来源上看，吸引力主要可以分为三种：一是由军事、经济等硬实力资源产生的；二是由文化资源等产生的；三是由军事、经济、文化的复合因素产生的。

约瑟夫·奈所列举的美国软实力的九大资源，最主要的四大资源都与美国的经济繁荣和军事强大相关：第一，美国是全球最大的经济体，世界500强公司一半在美国；第二，美国的品牌资源，首先也是经济资源，其次才是包含在品牌中的文化吸引力；第三，美国吸引的外来移民居世界第一，美国移民多，首先也是美国经济繁荣、军事强大，同时还有许多别的因素，并非都是美国的文化吸引力；第四，美国最有吸引力的是科技，80%的被调查者认为受到了美国科技的吸引，但科技应当主要是一种硬实力资源，其次才是美国的影视、留学生、书籍、音乐、互联网主机数量以及诺奖得主数量等（《软实力》,50）。

约瑟夫·奈在谈到亚洲的软实力时说，亚洲经济奇迹支持了亚洲价值观等意识形态，但20世纪90年代的金融危机使之难以为继（《软实力》,113）。事实上，亚洲的软实力都是由亚洲的经济发展而来的。经济发展，则软实力强大；经济危机,则软实力消失。

因此,约瑟夫·奈所讲的软实力,其实大部分或主要是由硬-软资源综合产生的,并非由单一的软资源产生。

其次是正邪不分。

硬、软实力本是不能完全分开的,约瑟夫·奈却把它们分开了;而正、邪两种不同性质的软实力,本是应当分清的,约瑟夫·奈却又把它们混在一起,认为谁都能有软实力。按照他的逻辑,这种吸引力,可能是由人类共同价值观而来,也可能是由邪恶价值观所生。把正、邪两种不同的文化价值观混为一谈,同样会产生很大的问题,似乎只要能产生吸引力,不问正、邪都可以用。

因此,正面观念能够产生吸引力、软实力,而邪恶观念、不正当的观念和手段只能产生蛊惑力、邪实力。

再次是对个人魅力和历史资源重视不够。

在约瑟夫·奈的软实力理论中,虽然也提到个人魅力的吸引力,认为个人也有软实力,但其主旨是强调国家、社会、企业的吸引力,对个人魅力产生的强大吸引力以及为何个人的魅力、吸引力经常表现出超强的影响,没有给予进一步的说明。

个人魅力当然包括个人的文化软实力,比如个人的著作、思想等产生的吸引力。但个人的吸引力还与许多东西相连,比如个人的经历、出身、人品、意志、道德、宗教、力量和智慧等。

从某种程度上来说,个人魅力才真正是甚至可以说是唯一能表明约瑟夫·奈软实力核心内容的东西:只有凭借个人魅力,即依靠个人的高尚德性、超群智慧和具有穿透力的思想,才可能真正产生与国家的军事、经济、政治甚至文化力量都没有关联的软实力,它甚至能战胜强大的国家硬实力,超越时空,产生恒久的吸引力。一如三大宗教的创造人释迦牟尼、耶稣、穆罕默德,也如中国的老子、孔子。

约瑟夫·奈软实力理论的这三大问题,归根到底还是体现了美国文化的局限。[①]

竞争是西方文化的根本理念,使用军事、经济力量的强迫力、收买力是竞争,

---

[①] 有学者指出,软实力理论在西方主流国际关系理论界并没能得到广泛关注和应用,因为软实力理论更多地侧重于在对外政策中的应用和对当今国际关系现实的描述,缺乏严谨的体系和有效的实证检验。参见郑永年、张驰:"国际政治中的软力量以及对中国软力量的观察",载《世界经济与政治》,2007年第7期;季玲、陈士平:"国际政治的变迁与软权力理论",载《外交评论》,2007年6月。

使用文化的软实力也是竞争,是我与他者的竞争。以软实力为竞争手段实现目的,仍然是以我为中心的,实现的是我的目的,他者是被吸引到了我这一边,他者支持的是我,同化的是他者,被仰慕的价值观念和生活方式是我的,我将他者消融在了自己的优势文化中。

如果要进一步发展软实力的思想,就必须超越这种局限。

老子在2 500多年前提出的"以柔克刚""柔弱胜刚强"等"柔实力"思想,其实在许多方面都比约瑟夫·奈的"软实力"思想更为丰富、更为精到。因此,中国人在吸收约瑟夫·奈"软实力"的一些精华时,更应当倡导老子的"柔实力"。

# 第二十四章

# 以小观大,防微杜渐

治国理政千头万绪,复杂纷纭,从何着手?这就要求执政者要分清事大事小、事先事后、事缓事急、事重事轻、事安事危。

从总体上说,老子的整个思想体系,在哲学上是道为大,用为小;天道为大,人道为小;人道为大,事道为小;体为大,用为小;本为大,未为小。从政道上说,道法自然为大,损补抑举为小;政治价值为大,政治伦理为小;政道为大,治道、术道、器道为小;百姓四自为大,百姓心为大,圣人、官员为小;和平为大,用兵为小;集体为大,个人为小;公为大,私为小。

一般情况下,应当抓大放小,大者优先,大者为重;但大与小,也是一阴一阳、一正一反、一正一奇的关系;大与小是相对的而不是绝对的;大与小之间应当相对平衡。尤其是在人道、政道上,大者再大,不能大到无限;小者再小,不能小到没有。在不同历史时期、不同历史发展阶段、不同的内外环境,大与小之间的平衡关系是变化的,比重也是不同的,有道者不应当守成不变,而应当根据不同的情况,善于在大与小的比重、先后、缓急、重轻之间进行转换。

## 一、以小观大

老子有一个学生叫杨朱,有一次杨朱拜见魏惠王,自称治天下就像玩手掌般容易。魏王嘲笑他,连一妻一妾都管不好,三亩菜地的草都锄不过来,又如何能治理好天下?杨朱回答说:"大王见过牧羊人吗?五尺高的小孩用鞭子跟在一大群羊后面,要它向东就向东,要它向西就向西,如果让尧帝去放一只羊,让舜帝提着鞭子跟在后面,只怕这两个圣帝连一步都走不了。因此,治理国家不必太在意这些小事。"

杨朱继续对魏王说:"我听说能吞下船只的大鱼,不在江河的支流里遨游;高飞长空的鸿雁,不在死水塘里栖集,因为它们志向高远;所以,将要治理大事的人不治理小事,成就大功的人不成就小功。"

但是,老子显然对杨朱的为大不为小不为细的高论不赞成。有一次,杨朱在大梁遇见老子,老子看了看杨朱,就在半路上仰天叹道:"杨朱啊杨朱,我开始以为你还是可以教诲的,现在看来,你是不可以教诲了。"杨朱不知老师为了什么批评他,一路无语。到了旅舍,杨朱就请教说:"刚才您在路上说我不可教诲,因行走途中不便请教,现在老师您有闲了,想请您告诉我,为什么说我不可教诲?"

老子就告诉杨朱:"我听说你的一些高论,看你高视阔步、眼中无人,一副了不起的样子,谁还能同你在一块儿相处呢?记住,过于洁白的好像总会觉得有什么污垢,德行最为高尚的好像总会觉得有什么不足之处(大白若辱,盛德若不足)。"

杨朱对老师的批评肃然起敬。后来杨朱行为处事就注意保持谦逊的姿态,很快得到了百姓对他的认同,与他的交往就多了起来。[①]

老子重视从小事上体悟道的变化,从小处着手了解势的变化,从小处来观察事物的本质和发展规律。

● 故恒无欲,以观其妙;恒有欲,以观其徼。(1章)

恒道不可道,天道、地道、人道作为恒道的具体表现形态,可以通过三种道的无欲与有欲两个方面来观察、认识和体悟。

这种无欲的"无",由于人的认识能力、认识手段、认识工具达不到,难以理解;但老子告诉人们,"无"并不是说什么也没有,它只是"无形、无声、无色"罢了,人的直观能力够不着,但人的体道的直观、直悟能力是能够理解的。

● 视之不见,名曰微;听之不闻,名曰希;搏之不得,名曰夷。(14章)

这种细微的"无"的存在,人的能力看不见、听不到、摸不着,它们就叫"微""希""夷"。好比人们很长时间不知道有一种存在叫"量子",人们是看不见、听不到、摸不着的,但现在人们通过量子学的知识,已经确认了这种叫"量子"的能量是存在的,虽然一般人对量子还是看不见、听不到、摸不着,但量子的存在已经是被科学界共认的客观存在,在过去看不见、听不到、摸不着的量子已经被确认了。

● 道常无名,朴虽小,天下莫能臣也。(32章)

(道通常是不可名状的,它就像不是器具又可以成为各种器具的朴一样,虽幽隐渺小,但天下没有人能把它作为自己的附属。)

● 恒无欲,可名于小。(34章)

---

[①] 严北溟、严捷:《列子译注》,上海古籍出版社2012年版,第149、45页。

（大道经常是无形、无声、无色也无名的，只能说它细微、极为渺小。）

● 道襃无名。(41章)

（大道隐而微，没有任何确定名状，而归于无名。）

老子进一步论述说，为什么人们应当从细微处认识并体悟大道呢？就是因为在这些细微的东西身上，好比无名、朴一样，隐藏着、表现着大道的最精华和最本质的东西。你不去发现这些细微的东西，你对道的认识就会出现重大的缺陷。

还能有什么类似过去的量子一样的东西，也是人们至今仍然看不见、听不到、摸不着的呢？人类仍然要继续努力，从那些细微的"无形中"去寻找、去探索，进一步深化对道的认识。对那些有形的东西，老子仍然提醒人们，要善于从有形物质的边界处、细微处去观察，这就是所谓"常有欲，以观其徼"。"徼"，就是人们特别要关注的认识、观察、理解有形物质的那些特别细小的边界、角落、特征。

人道、政道领域，也是一种"有欲"的世界，人们也要善于从人类的活动、从政治现象发生与发展的细微处去了解、观察和体悟人道、政道。因此，老子说：

● 不贵其师，不爱其资，虽智，大迷。是谓要妙。(27章)

如果不善人不以善人为师，善人不善于吸取不善人的教训，虽有小聪明，也是糊涂。这就是大道的深奥的道理。这里的"要妙"，也就是理解事物发生与发展的经验和教训，是把握事物本质的关键。它们是奥秘，是玄妙，通常也是容易被人们忽略的细微的东西。

我们前面论述了老子的"柔弱胜刚强"的道理，那么"柔弱胜刚强"的关键、细微之处何在呢？这就是老子要人们注意的：

● 是谓微明。(36章)

"柔弱胜刚强"的隐而微的东西是什么呢？不就是前面所说的善于运用事物发生的一正一反、一阴一阳、物极必反的规律吗？

● 见小曰明。(52章)

（洞见事物本质和发展规律的那些隐而微的东西，是治理国家的政治智慧。）

在《老子》60章，老子则直接把小事与治理一个大国的政治事务联系起来：

● 治大国，若烹小鲜。(60章)

治理一个人口众多、幅员辽阔、情况复杂的伟大国家与百姓家里烹调小鱼鲜，两者的差别几乎是天上与地下之别，似乎毫无关联，但老子却认为，无论治理国家也好，烹调小河鲜也好，两者都必须遵循无为而治、按规律而为，其中包含的道理是一样的。当然，这不是说烹调小河鲜的高手就能治理好国家，学会了烹调小河鲜就能治理好国家，而是说，以道治国的执政者，要善于在处理各种大大小小的事务中养成遵守规律办事的习惯，如果按规律办事成了人的生活方式，成了人们办事的习惯,那么人们就可以少犯各种错误,治理国家就会少犯错误,不犯重大错误,国家治理就会相对容易。

一个人,如果到处吐痰、扔垃圾,那么这人基本不靠谱;一个家,如果厕所、厨房不干净,那么这个家难以说舒适;一个企业,如果不注意细节,那么这个企业难以走远;一个国家,如果不尊重弱势群体,那么这个国家离善治就差得很远。因此,《黄帝四经·称经》指出:"细事不察,不得言大。"

在国家治理的过程中,中国的历史传统文化特别强调国家为大、家为小、个人为小,所以常常有所谓为国家可以牺牲个人、家庭的习惯思维,在历史上也有许多为国家牺牲个人的典型故事,这本无可厚非,但也由此逐渐形成了对个人的忽视,对百姓个人利益的忽视,形成了"尊大压小"的文化,这也是中国传统文化中一个应当革弊除旧的内容。

前面说老子不满意杨朱的自大,批评他高视阔步、眼中无人,其实杨朱在论述个人主义的时候,也是十分强调尊重个人利益的。杨朱在与墨家的禽滑厘讨论个人与天下的关系时说:"古之人损一毫利天下不与也,悉天下奉一身不取也。人人不损一毫,人人不利天下,天下治矣。"

人们常说杨朱是极端的个人主义者,其实是对杨朱的误解,杨朱只是希望人们能够珍重每一个活生生的生命个体,不能因集体、国家、天下而轻易损害每个个体的生命,其中也包含十分合理的内容。他关于"拔一毫利天下"的思想固然极端,但他保护每个人的生命财产、"不横私天下之身,不横私天下物"的思想,又是极为崇高的,只有"圣人""至人"能做到。[①] 而这些思想,在后来以集体、国家、天下为重的文化语境中,几乎是独一的、极其珍贵的。

## 二、图难于易,为大于细

老子在63章进一步提出了"小"的重要性问题,认为没有小,就不能成就伟大的事业。

● 图难于其易,为大于其细。天下难事,必作于易;天下大事,必作于细。是以圣人终不为大,故能成其大。(63章)

(要治理国家的难事,必须从国家简单的事情开始;要实现宏大的工程,必须从容易、细微的事情入手。天下难事,必然开始于简易;天下大事,必然建基于细微。因此,以道治国的执政者,始终都不自以为自己能成就伟大的事业,只是兢

---

① 《列子·杨朱篇译注》,第144、150页。

兢业业地从小事、细事做起，所以反而能成就大事。)

所谓治理国家的小事、细事，必定最后要落实到百姓身上，落实到百姓的柴米油盐等民生的具体问题上，从小从细的治国之术，必定要求以道治国的执政者深入百姓中去，倾听百姓的呼声，了解百姓的心愿，落实百姓的利益诉求。

文子也对老子的见微知著的思想有所发挥，《文子·微明》："见本而知末，执一而应万，谓之术；居知所以，行知所之，事知所乘，动知所止，谓之道。"

在如何以小成大、以细化难的问题上，商鞅的成功也是很好的案例。

商鞅是法家最著名的代表。道家与法家从思想渊源上有共同之处，首先两者都强调按规律办事，老子的"道"在政道上的反映就是按法办事，按政治规律办事；商鞅的法，也是指按政治的规矩办事，无论什么人都要按法办事，法律就是政治的规矩。其次，老子强调以小观大，以小成大；商鞅则是这一思想的典型实践者、执行者，这可以从商鞅改革中的三个细小之处来认识。

通常人们以为，商鞅的改革之所以能成为中国历史上几乎唯一彻底的政治、经济、法律、军事、社会改革，是因为有秦孝公这样的明君对他的信任、重用、支持。这只说对了一半。秦孝公的信任、重用、支持当然是商鞅变法成功的关键，这是商鞅变法的"大"，但是这其中商鞅变革的方法、路径、能力也是不可缺失的重要因素。尤其是商鞅善于抓小，从小处着手，从小处变法，以小处为突破口。两者加起来，才能成就商鞅的变法。

商鞅的改变是从三个小事、易事着手的，在政治实践中大笔书写了三个字：

1. 信

一个国家，必须要有诚信的价值观，这是国家的大事。商鞅虽然在理论上反对儒家的那一套"仁、义、礼、智、信"的信条，但在实践中其实也是看重国家的诚信。即国家的执政者，必须首先讲诚信，做到兑现诺言，不说空话，做不到不说，说得到也必须做得到。但在秦国这样一个文化落后的国家树立诚信，是多么难的一件大事啊！但是，商鞅却从两件小事开始，在短时间内就把诚信迅速建立起来了。

新法实行之前，他"立三丈之木于国都市南门，募民有能徙置北门者予十金。民怪之，莫敢徙。复曰'能徙者予五十金'。有一人徙之，辄予五十金，以明不欺"。

法律能不能实行，关键皆在于如何处置犯法的权贵。商鞅的方法也很简单，谁让法不行，法让谁不快。"令行于民期年，秦民之国都言初令之不便者以千数。于是太子犯法。卫鞅曰：'法之不行，自上犯之'，将法太子。太子，君嗣也，不可施刑，刑其傅公子虔，黥其师公孙贾。明日，秦人皆趋令。"后来新法"行之四年，

公子虔复犯约,劓之"。有了这两次护法,表明了执法者的决心,于是新法顺利实行。(《史记·商君列传》)

2. 农

农民历来是被统治者看不起的一个阶层,但商鞅却把"农"视为治国的关键。他的治国思想把农民放在最重要的位置上,因为国家的富裕关键在粮,粮是由农民种出来的;国家强大的关键在兵,而农民平时种地,战时即为兵;没有农民,就没有粮食,就没有兵源,所以国家要富裕、要强大,首先得把农民、农业、农村的问题解决好。

农战的思想虽然在今天看来简单,却道出了中国这样一个以农业为主、以农民为主要国民、以农村为主要管理区域的国度,必须始终要把"三农"问题放在治国安邦的首位,这一思想比起儒家所谓修身齐家治国的思想来,是高明多了,直接多了,也简单多了,之后的历代统治者,要夺取政权、巩固政权,要发展国家、繁荣国家,要争取民心,要取得民众支持,没有不以"农村、农业、农民"为主要取向的,秦以后至清的历史就是如此。

3. 数

商鞅认为,一个国家的治理必须要落到具体问题上。他提出,"强国知十三数:境内仓、口之数,壮男、壮女之数,老、弱之数,官、士之数,以言说取食者之数,利民之数,马、牛、刍藁之数。欲强国,不知国十三数,地虽利,民虽众,国愈弱至削"(《商君书·去强》)。也就是说,强国要知道十三个数目:境内粮仓数,金库数,壮年男子、壮年女子的数目,老人、体弱者的数目,官吏、士人的数目,靠游说吃饭的人数,商人的数目,马、牛、喂牲口饲料的数目。想要使国家强大,不知道国家的这十三个数目,土地即使肥沃,人民虽然众多,国家也难免越来越弱,直到被别国分割。

要知道这十三个数,就必须深入基层和管理第一线进行调查研究,就必须要务实。

商鞅的这三个字,一信一农一数,正好反映了老子所说"图难必作于易,为大必作于细"的治国思想。

## 三、防微杜渐,防患于未然

小与大密切相连,从小的事情可以见到事物发生与发展的趋势,知道了这个"道"的具体表现,就可以广泛地把它运用于修身、修家、修乡、治国、治天下的各种环境中。

一芽可以知春。当大地上小草长出嫩绿的小芽时,春天就不远了。一荷可以知夏。当池塘里的荷叶抽出细细的尖角时,夏天就不远了。一叶可以知秋。当树上的叶子由绿变黄时,秋天就不远了。一霜可以知冬。当河面上结出薄薄的冰霜时,冬天就不远了。知道四季变化的前兆,就提前采取措施,为春、夏、秋、冬的生产、活动、出行、养身进行相应的准备。

尤其是对于修身来说,重要的不是有了疾病去找好的医生看病,而是在疾病征兆即将出现的时候,就采取措施,不让这些不好的征兆发展成为疾病,这才是最高明、最简单、最有效、最经济的健康措施,所以能够治未病的医生,才是中医体系中最高明的医生。

治理国家也是如此,尤其要注意那些引发动乱的细小的苗头、征兆,要提前采取措施进行防范。因此,老子说:

● 其安易持,其未兆易谋;其脆易泮,其微易散。为之于未有,治之于未乱。(64 章)

老子在这段话里,将上面的"图难必成于易,为大必作于细"的方法进一步运用于国家治理层面,提出了防微杜渐、防患于未然的思想。

国家和社会的局势,在安定的情况下最容易对动乱的因素进行处理;国家政治和经济的顺利运行,在发生逆转之前,容易对那些可能破坏安定的因素早做防范。当引发国家破坏的因素刚出现时,容易采取措施将其消解;破坏国家治理的征兆刚露头时,容易让其消失掉。

因此,治理国家,要在不安定的因素还没有暴露时就采取行动;安定社会,要在那些引发动乱的事态还没有发作之前就进行整治。

治理国家的这种防微杜渐、防患于未然的策略,可以从大自然、人类社会的许多现象中观察到:

● 合抱之木,生于毫末;九层之台,起于垒土;千里之行,始于足下。(64 章)

(那些参天的大树,现在要几人合抱,它是从很小的细芽长出来的;那些巍峨的高楼,是从很低的地上垒起来的;千里的远行,开始于脚下。)

以道治国的执政者,要善于从这些自然现象、人类现象中总结发现治理国家的方法,要从两个方面适应"为小为细"的客观现象。一方面,在"以小成大"的论述中,老子希望人们要善于扎扎实实地做好小的细事、琐碎的事情,为百姓处理好各种民生的具体的小问题,只有这样,才能得到百姓的支持,所以治理国家必须顺应规律;另一方面,在"以小防大"的论述中,老子又从反面告诉人们,如果不及时处理各种危害社会和国家长治久安的破坏性因素,就可能导致国家治理的乱象,因此,人们必须对事物发展的趋势做出前瞻性的判断,采取防范的措施。

最重要的是,无论是以小成大,还是以小防大,两种不同现象的同一个逻辑是,必须遵守事物发展的规律,千万不能自以为是、固执己见、妄作乱为。

这就是老子对以道治国的执政者的告诫:

● 为者败之,执者失之。是以圣人无为,故无败;无执,故无失。(64章)

(不遵守事物的规律而妄为者,必然失败;固执地坚持自己的主观陈见而一意孤行者,必然失败。因此,以道治国的执政者,不会违反事物的规律而妄为,所以不会犯大的错误;他也不会坚持自己的主观陈见,所以不会有大过失。)

从事物发展的特征来预见发展的趋势,在道家列子的著作中也有探讨,《列子·说符》讲了以影观身、以声闻响的故事。事物发展的趋势,就好像身体与影子的关系一样,"形枉则影曲,形直则影正",身体弯曲,影子也弯曲,身体挺直,影子也直;也好像声音与回声一样,言辞美好,回音就美好,言辞丑恶,回音就丑恶。所以"圣人见出以知入,观往以知来,此其所以先知之理也。度在身,稽在人;人爱我,我必爱人;人恶我,我必恶人。汤武爱天下,故王,桀纣恶天下,故亡,此所稽也。尝观之神农、有炎之德,稽之虞夏商周之书,度诸法士贤人之言,所以存亡兴废而非由此道者,未之有也",汤武因为爱护天下百姓,所以成功,而桀纣被百姓所恶,所以身死国亡,这就是客观检验的结果。因此,从过去神农、炎帝、虞舜、夏禹、商汤、周武的言行中,从历史上那些坚持法治和推崇德化之人的议论中,可以发现,存亡兴废而不遵守这条规律的朝代,在历史上是从来没有的。

## 第七篇

## 器道：道治国家如何建？

"器",原字为会意字,从口从犬,象器之口,犬所以守之,意为狗为守财防盗之具。原义后少用,延伸其本义为器具、工具、设备、机构、物质、有形资源等。

治理国家,不可能没有工具,不可能没有物器。书写颁布政令,总得有纸、笔、墨;用兵打仗,总得有刀枪;深入民情,总得有车马舟船。特别是治水,总得有大量的石材土料和工具;百姓安居,总得有建材和建筑用的工具。因此,没有对物质之道的研究,就不可能有治国的好的工具;没有器道,治理国家也会流于空转。

如果说政道是治国的方向,治道是治国的主体、能力,术道是治国的方法、途径,器道就是治国的工具、机构、设备等。

在各种治国之器中,国器是最关键和核心的。因此,老子对如何建立并形成道治国家的三种不同的路径,即革命路线、改良路线和人民路线提出了基本的轮廓。

治国理政,"政、德、治、术、器"五位一体,少了一个都不行。

# 第二十五章

# 治国之器道

道有大道、小道,器也有小器、大器。

政道、德道,必须有与之相称的国器、政器,是大器;兵道、战道须有兵器、战器;民生、民用之道须有各种什伯之器。

老子的器道,是指如何具体利用政治资源(国家机器、军队、司法者)、人力资源(上将军、偏将军、师、大军、兵、大匠、士)、物质资源(粮食、车船)等机构、人才、工具、设备来实现治国目标的道理,包括制度建设、军队建设、文化建设、人才建设、慈善建设、物质建设,是老子之道求真务实的体现。

## 一、老子说"器"

《老子》全书有"器"字的共有9章12处:

● 埏埴以为器,当其无有,器之用。(11章)

(揉和陶土制作器皿,恰当地把握有形之陶壁与中间的虚空比例,才能发挥器皿的作用。)

● 朴散则为器,圣人用之,则为官长。(28章)

(大道混沌无名的朴,散化为万物,万物因之具有道朴之纯真。以道治国的执政者,运用万物自化为朴的纯真,以无为而治的法则,成为国家的施政长官。)

● 天下神器,不可为也。(29章)

(国家是治理天下的神圣公器,不可以被智者任意摆弄。)

● 夫兵者,不祥之器,……兵者不祥之器,非君子之器,不得已而用之。(31章)

(军队、武力、尖兵利器,这是不吉祥的东西,不是有道之君子应当常使用的东西,万不得已才用它。)

● 国之利器不可以视人。（36章）

（军队、法令、财税等，都是国家的重要工具，不能够随便对百姓显示使用。）

● 大器免成。（帛41章）

（精美的制作看不出人工合成雕琢的痕迹。）

● 民多利器，国家滋昏。（57章）

（民间掌握的利器越多，说明国家政治越昏庸混乱。）

● 不敢为天下先，故能成器长。（67章）

（不与天下百姓抢先争利，所以能成为百姓的引导者。）

● 使有什伯之器而不用。（80章）

（以道治国的国家因为保卫国家的军事需要，能制造各种复杂和繁多的器具，只不过百姓的简朴生活用不上它们。）

从以上老子对器的论述来看，老子之"器"大约可以分成三类：

一是国器，即治国之器，这其中有国家机构（天下神器）、国之利器、兵者之器、利剑、盔甲、事天之器、无形之器（朴器）。二是民器，即百姓日用生活之器，除11章的陶器外，还有虽然未使用器但实际上是工具的交通之器，如车、马、鼓风车、房屋建筑、饮食用具、衣服饰品、粮仓、财货等。三是两者兼用的器品，如马车、舟船等。什伯之器既可以是国器，也可以是民器。

"器"在老子的语境中，属于有形之物，是道之"用"的形而下的表现形态。

## 二、"法自然"与"器"

● 人法地，地法天，天法道，道法自然。（25章）

老子认为，人应当效法大地，效法长天，法地法天，讲得最多的其实还是法万物。

老子多处讲人应当法水、法谷神、法玄牝、法橐龠。

万物、地、天的总和，不就是今天人们所谓自然界的概念吗？所以，人法自然，也是人法自然界。

人要效法自然，当然就应当研究、了解、认识自然，研究、了解、认识地、天、万物，以便从中知道自然的规律是什么以及自然界万物的本质是什么。如果对大自然什么都不知道、不了解、不研究，又从何去遵守、顺从、效法自然呢？认识、了解、研究自然，是人们效法自然的必经之道。

因此，遵循老子的法自然的思想，必然开启人们对自然物质进行科学研究的大门。

正如英国科学史家李约瑟所指出的,道家的所谓"道"无疑是指自然的秩序。道家对自然感兴趣,道家骨子里相信,除非更多地了解自然,否则就不可能合理地组织人类社会。道家固然没有任何科学方法来研究自然,但他们试图用直觉和观察的方式来理解自然。人们可以发现,道家与科学的某些早期开端有关。①

比如,在中国耳熟能详的"庖丁解牛"的故事中,人们不就看到了一个终生都在研究、了解、认识牛体结构的庖丁吗?别人解牛既费劲又费刀,而庖丁解牛却既省时又省力、省刀。庖丁解牛只是一个通俗的说法,使用科学名词,它就可以变成庖丁对牛的"解剖"。对动物的解剖,正是对人体解剖的前奏。这里有一种对原始解剖学的暗示,是理解万物本性的开端。

实际上,人们可能没有注意到,老子本人不仅强调人应当效法自然,而且也对物质进行了认真的观察与思考。这从《老子》11 章的内容可以反映出来。

● 三十辐,共一毂,当其无有,车之用。(11 章)

这一章讲了老子对三个物器的观察,以此说明"无"与"有"的关系和不同的作用。这其中的陶器制作、建筑房屋中的"门户"与"窗牖"的关系相对简单。但第一个车轮、车毂、车辐的关系相对复杂一些。为什么是三十辐为共一毂,而不是五、十……二十或四十共一毂呢?是老子随便说说,还是老子对车毂研究得出的结果呢?

有趣的是,老子在 2 500 多年前观察到的车辐的数量,居然在 2 500 多年后还能适用。

虽然当代早已经普及钢材,车辐一律都是用钢条、钢材,但老子时代没有钢,铁可能也是稀罕物,大多车辐大概只能用木材,但钢材的轮和木制的轮二者都一样有车轮、车毂、车辐,形状没有什么大变化,而且居然连车辐的数量还惊人地相似。汽车上的车辐虽然数量有多种,有五、六、八、九、十、十二、十四等,但最多的车辐居然达到了二十辐;而与当时的车轮更相似的应当是自行车,自行车的车辐居然达到 35 辐!这说明,三十辐共一毂是有科学道理的。

对器物的研究必然导致对器物的科学认识。老子在 2 500 多年前提出了一个假设:

● 善闭,无关楗而不可开。(27 章)

(善于锁闭门户的,不用锁具别人也打不开他的门。)

老子的这段话似乎是在研究,用什么样的方式去锁闭门户才是最安全的。

---

① 李约瑟:《文明的滴定:东西方的科学与社会》,商务印书馆 2016 年版,第 142 页。

当时人们的习惯显然是用锁具来锁闭房门。当时的人可能也会笑话老子,没有锁具怎么能锁闭大门呢?老子当时当然也没法预见,什么样的方式才能实现这一点。他只是从无为而治的哲学提出这一假设,既然治理国家最好的方式是不治而治、无为而治,那么反推过来,最好的安全措施也有可能是没有锁具而任何人也打不开。

然而,既然提出了这样的假设,就有可能进行继续的思考,就能把这一问题的回答不断推向深入。这就是一种科学研究的范式。今天的量子卫星与老子的这一命题没有任何关系,但从理论上说,老子最先提出了不用锁具的设施有可能是最安全设施的假设,而量子卫星的通信方式是 2 500 多年后现代科学对这一假设的最新的回答:量子通信可以不用任何锁具(密码)而成为最安全的通信方式,任何人只要试图去打开这一大门(破解量子通信的密码),量子通信系统马上就会自动发生变化,而使破解密码的企图成为不可能。

《列子·汤问》中也讲了一个匪夷所思的故事。这个故事说,周穆王西巡回途中,遇一技工叫偃师,这个技师向他献上了一个十分精巧的歌舞伎机器人。这个机器人或疾走或慢行,或弯腰或抬头,完全像个真人。它低下巴能歌唱,歌声合乎乐律;它抬起两手能舞蹈,舞步合乎节奏。其动作千变万化,随心所欲,周穆王看得高兴,便叫来妃嫔一起观看,没想到这个歌舞伎竟然会对妃嫔眨眼睛进行挑逗,周穆王大怒,要杀死这个技师,这个技师急忙把歌舞伎拆散,让周穆王看。原来这个歌舞伎完全是用皮革、木头、树脂、油漆等东西拼凑的,把它的心脏拿掉,它就不能说话,拿掉它的肝脏,眼睛就不能观看。这说明古代的人们对制造器物已经进行了大量研究,以至于能以假乱真,完全合乎今天机器人的概念。

怪不得英国科学史家李约瑟要说,在道家的学说里包括了中国最早的科学要素。治国之器的基础,是老子的道法自然,是人们对自然物质的研究、认识、了解,用现代语言来说,就是科学是治国之器的基础。"道家对于自然界的理解和观察,完全等于亚里士多德学派以前的希腊思想,并且奠定了中国的科学基础。""而道家坚决反对封建社会……""同时也有方术、科学、民主和政治上进步的一面。"[①]

李约瑟认为,道家思想是中国科学和技术的基础,但由于道家对"知识"的矛盾态度,人们往往忽略了这一点,并使它具有神秘的色彩。为了说明道家赞成的是哪一种"知识",就必须说明它反对的是哪一种"知识"。要说明这个问题,就不能不谈道家的政治见解。道家的反封建态度具有伟大的意义,因为它提出了科

---

[①] 李约瑟:《道家与道教》,余仲珏译,http://www.douban.com/group/topic/16312194。

学与民主的关系问题（不管什么形式的科学与民主，最古老的氏族集体式的也好，现代式的或社会主义式的也好）。

从历史上看，现代科学和民主同时发展，希腊的民主和科学之间的某些联系早就被承认，现在我们再加上中国科学和技术与民主之间类似的联系，但民主和科学在理论和心理上的联系更有意思。道家认为任何人，不论他多么年高德重、地位尊严，也不能违反自然和颠倒黑白。《吕氏春秋·类篇》上说："故君虽尊，以白为黑，臣不能听。父虽亲，以黑为白，子不能从。"不但时代和圣贤不能改变自然的事实，而且不管什么民族的人民也不能改变它们。《淮南子·卷九》说："今夫权衡规矩，一定而不易，不为秦楚变节，不为胡越改容，常一而不邪，方行而不流，一日刑之，一万世传之，而以'无为'为之。"

第二，科学的诞生需要学者和工匠互相沟通和合作。表面上，道家反对所谓的"智""知"，其实是对道家的误解。道家是最彻底地主张了解自然、走进自然、尊重自然和顺其自然的，因而道家也是最尊重科学的，它所反对的不是与自然的规律联系在一起的知识和真理，而是反对歪曲自然、违反自然、与自然对立的人为的知识、主观知识。这与儒家不同。因为儒家彻底地站在治人者这一边，丝毫不同情工匠和体力劳动者，而道家则和体力劳动者有密切的联系。①

文子也提到了应当善于用器的思想，认为按照事物的规律积累力量所做的事，没有不能成功的，顺其自然地集合众人的智慧去作为，没有失败的。百姓的力量是伟大的，依靠千人之众，没有吃不饱饭的，依靠万人之众，不可能做不好事情。技工没有异常的奇伎，官者没有兼职，大家各守其职，互不干涉，各得其用，各得其宜，物各得其所，所以器械都得到很好的使用，各项工作都井井有条。②

## 三、治国之国器

正如上面所说，老子说的那些器物，大部分都是治国用的国器，天下神器、国之利器、兵者不祥之器、大匠之器，都是明确地指向治国之器，还有的器，虽然没有明说，但放进《老子》的语境中去考察，还是明显地指向治国之器。

比如，"大器免成"中"大器"是什么"器"？从《老子》全书的语境来看，大可以指制作精美的工艺之大、形具之大，也可以指意义重大。

---

① 李约瑟：《道家与道教》，余仲珏译，http://www.douban.com/group/topic/16312194。
② 《文子·下德》："故积力之所举，及无不胜也；众智之所为，即无不成也。千人之众无绝粮，万人之群无废功。工无异伎，士无兼官，各守其职，不得相干，人得所宜，物得所安。是以，器械不恶，职事不慢也。"

老子曾明确讲"治人事天，莫若啬"，也就是说，治理国家事务和祭祀天地祖先都需要把农业放在第一位。发展农业就需要治水，治水就需要治水的大器；发展农业，也需要了解天地自然，需要根据天时地利的变化适时耕种，选择春天耕种的季节对天地祖先进行祭祀，而国家行祭祀天地祖先的公祭，就需要祭祀的大器，所以祭祀的大器可以理解为治理国家中的一个形成社会公意、敬畏天地祖先、敬畏自然的社会精神文化活动。因此，《老子》中的治理之器道，是以制造、形成、建设国家公器为重要内容的。

什么是天下神器？这里的天下，当指天下百姓，神是神圣的意思，器是公器，全句的意思就是说"国家政权是天下百姓治理国家事务的神圣公器"。

● 爱民治国。（10 章）

（治理国家是为爱护民众。）

这句话放到政治学的语境中也非常有意思。

在西方的政治学语境中，国家通常具有两种意义：一种是把国家视为社会原罪，认为国家天生就是一种为统治者服务的工具，是对百姓进行暴力统治的罪恶工具，只不过人类社会不可能避免国家的出现，不得不把国家的出现视为一种必要，一旦人类社会发展到一个高级阶段，那么国家这个原罪就可以被彻底地抛入历史的垃圾堆了；另一种则认为，国家是所谓人类社会契约的产物，一大群人把公共权力通过契约转让给一小部分人，让这一小部分人掌握巨大的权力来维持社会秩序。

老子则认为，国家不是什么阶级统治的工具，不是一种罪恶，也不是什么契约的人为产物，而是一种"天下神器"，是为天下百姓服务的一种公共工具，是人类社会发生到一定程度自然而然产生出现的一种工具，它的产生方式可能是多种多样的。国家从来不是人类政治的目的，而只是一种服务百姓的"公器"，这种公器，既不是什么罪恶，也不是什么人为的契约产物，它只是一种必要的工具，无所谓好，也无所谓坏，但它很重要，只要是治理人类社会的公共事务，就离不开国家这个工具，就好像人们远行离不开车马舟船一样。既然是服务人类社会的公器，就不应该被任何人（个人、阶级、政党、集团、团体）把持、玩弄、垄断。

服务百姓的公器，这就是老子对国家下的定义。

《吕氏春秋·贵公》指出，"天下非一人之天下也，天下之天下也"；《吕氏春秋·恃君》对老子的国家的公共性质也进行了相似的解说，认为"君"其实只是国家机器的一个符号，他是国家机器的代表，国家的产生，是人类社会发展进化的必然产物。为什么人类能战胜各种自然灾害、洪水猛兽，就是因为人类是群居的，群聚在一起就得有"君"，"利之出于群也，君道立也。故君道立则利出于群"，所以虽然"天下亡国多矣,而君道不废者,天下之利也。故废其非君而立行君道者"。也就是说,天下灭亡的国家,不是国家不好,而是君主不好,君主不行为百姓服务的君道,所以就必须废了他另换行君道即愿意为百姓服务的人来当国君。

既然国家是一种器,当然就有所构成。老子没有对国家结构和国家形式进行明确的定义,但人们还是能从《老子》的语境中对道治国家的这个"公器"有所了解。

正如在本书国家治理制度体系一章所述,老子笔下的国家机器,主要是以道治国的政府体系。这个政府机器包括四大部分:

1. 执政官机构

政府首脑(以道治国的执政者)统帅全局,这个政府的第一要务就是研究社会政治之道的变化发展趋势;第二功能是了解与倾听百姓心意和利益诉求,协调百姓四自(自富、自正、自化、自朴)过程中解决不了的事务;第三功能是发现、选拔、任用有道之士。

2. 国防外交安全情报机构

长官由政府首脑任命。其主要职能,第一是对外防御;第二是和平交涉;第三是情报安全。

道治国家奉行和平来往、不干涉他国事务的外交政策。

如何防御外来侵略、保卫国家安全是第一要务,为此要有比较强大的兵器制造部门,保持军事上的强大的威慑力,因此,道治国家不仅有普通国家具有的那些兵器装备、军队,而且还具有先进的精锐部队。《老子》书中的精锐部队,就是自卫时的"铦袭"之师,它们拥有先进的交通工具,有"戎马"、兵车、舟船,行动迅速,配备先进的兵器,是重装"甲兵",配有先进的"铦"器,有"利剑",带盔甲,有"环官"领导的发达的侦察情报系统,有可能装备老子的"善闭无关键而不开"的保密通信设备,还有专门的"辎重"部队,保障部队的各种"什伯之器"之用。要满足这些用以自卫的"铦袭"之师的要求,当然就得有发达、先进的制造部门。

这种先进的"铦袭"之师,可以"无所陈之",不一定真的用得上,但必须得"使有"之。又不得不说老子的先见之明了,似乎今天的核武器,虽然"无所陈之",但一定得有,以作为威慑,使不道之国不敢轻举妄动。

3. 立法司法机构

以道治国,就必然依法治国。既然行法治,就得有专门的立法、司法机构。

道治国家的立法机构,是执政官与百姓共同立法的机构。立法的基本原则是依道而立,法由道生,政治之道就是以民心为心,服务百姓"四自",所以道治国家中的法律体系不是以君心为心而定,而是依民心为立,依百姓"四自"而立,依百姓道法自然的实践中的民俗、民风、民情而立。

司法则由专门的、独立的机构来行使。专门的司法机构就是《老子》书中的"大匠",它的司法的过程就是"斫",任何行政机构不能代"大匠斫",因为代大匠斫,必有不良后果,反过来会损害道治国家。

4. 社会民众服务机构

民众服务是道治政府体系中最重要的机构,除了解民情、倾听民意等与政府首脑机构相同的功能外,最重要的是处理五方面的事情:第一,具体落实帮助社会弱势群体解决生存的基本问题;第二,辅助解决百姓"四自"过程中解决不了的各种重大设施的建设问题;第三,处理重大的自然环境变异带来的各种天灾祸害等抗灾、防灾、救灾问题;第四,解决制定统一经济、交通、文化空间中的度量衡、标准、货币、文字、法律规范等重大的经济问题;第五,财政税收制度的建立和实行。

这个服务机构也涉及大量的机构建设、设施建设、物器、财货等方面的物质建设问题。

## 四、治国之道器如何建？老子的千古难题

托克维尔等人认为,政治制度的建立,根植于人类历史的深层结构之中;而柏拉图、马基雅维利、卢梭等人认为,通过伟大的政治家或者所谓建国者的深思熟虑的行动,政治制度可以通过自觉的方式建立起来,这些政治家是人民和制度的塑造者,比如华盛顿、杰弗逊、亚当斯、汉密尔顿之对于美国政治制度的建立。[1]

在老子的器道中,各种器,只要掌握了物器的规律和本质,就容易造。好比车之造、埏埴之造、房屋之造,掌握了适当的有与无的比例,就有了车之用、器之用、屋之用。

唯独治国之器如何造,老子没有直接言及。这是老子治国体系的关键,但也是最难的一个环节,是老子留给后人的千古难题。

仔细辨析《老子》书中的30多处圣人的用法,可以发现,"圣人"大多数情况下都是指已经掌握了政权的执政者,圣人应当如何如何,都是指执政权力后应当实行的政治价值和政策。

换句话说,治国之器如何造,就是如何建立道治国家、得道的圣人如何上位、

---

[1] 史蒂芬·B.斯密什(Steven B. Smith):《政治哲学》,第7页。

得道者如何才能取得治国理政的机会的问题,是如何从一个不合理的、不合道的政治制度、政治环境中建立道治国家的问题。

● 朴散则为器,圣人用之,则为官长。(28 章)

有人认为,《老子》28 章明确讲到了得道者如何上位的问题,指出这一章的所谓"圣人用之则为官长",指的就是得道者被民众选举为执政者,并认为这是成熟的民主制度。但问题在于,道治国家并不是什么民主国家,又何来成熟的选举民主制度呢?

从《老子》原文辨析来看,"圣人用之","圣人"是主体,"用之"的"之",应当是指朴散则为器的存在,是"圣人用器","圣人"把这个"朴散则为器"的存在运用于治国理政的实践;同样,这里的"则",可以当"以"字解,"朴散则为器",就是包含在原质中的"朴",散化以为器物(一种精神,或者成为有朴的纯真品质的得道者),圣人用之则为官长,就是圣人在治国实践中,使用这些含有原质和纯真品质的得道者,就可以把这些得道者任命为治理国政中的助手,也就是各级官长。因此,这句话不应当理解为圣人被民众用之而选举为官长,而应理解为圣人任命这些有道者为各个管理机构的领导者(官长)。但是,还是没有解决圣人如何上位的问题。

进一步辨析《老子》的原文,可以依稀发现,老子在如何建立道治国家的国器的问题上,不主张用革命、战争、暴力方式建立道治国家。

老子对当时礼制政治的批判是很有革命性的,在有些地方,按照书中内容的逻辑推论,似乎老子马上就要喊出"革命万岁""造反有理"的口号了,但是老子没有。

比如,老子把百姓的各种生活灾难归之于统治集团的胡作非为,并直斥其"是谓盗竽。非道也哉!"(53 章)老子认为当时的统治者的行为比那些强盗匪帮还坏,他们才是真正的强盗头子,是完全违反道义的。老子批判当时的统治者用粗暴的强制手段对民众进行剥削和压迫,并且发出了"强梁者不得其死"(42 章)的诅咒。这样的政治制度难道不应当起来推翻它吗?

当人们读到老子"民不畏威,则大威至矣"(72 章)时,人们可以明白,老子这是在警告统治者;当人们读到"若民恒且必畏死,则恒有司杀者杀"(74 章)时,人们明白,老子这是在威胁统治者。即当人民不再畏惧统治的威压、不再惧怕死亡的时候,统治者的末日就要来临了。

人们几乎快要听到老子振臂呼喊"革命万岁""造反有理"的时候,人们几乎感到这些近代革命的词汇已经到了老子的嗓子眼的时候,老子对战争、暴力革命的呼喊却戛然而止。

胡适说老子是革命家,但是还差一步,毕竟老子没有公开明确提出推翻旧政权的问题。只能说老子几乎成了革命家,但实际上却不能说成是革命家。

为什么老子不主张革命?

在所有论及老子政治思想的学者中,似乎只有萧公权先生回答过类似的问题。他在回答庄子"既同为晚周衰世之抗议,何以未发革命之义乎?"的问题时指出:

倡导革命民主的人,"必其对个人之态度虽积极,而对社会与政治之态度非消极。其所反抗者非一切之制度,而仅为当前不满人意之制度。其所以主张革命者,正冀以理想中之新制,保个人之幸福。若革命者未失政治之信心,则每以宪政、民主等制度为目的。若革命者对政治已完全失望,则每以无政府之社会组织为理想。……庄子之学则对个人表无条件之信任,对组织持无限度之轻蔑,制度无论良窳,皆无益于个人之自由。'与其誉尧而非桀,不如两忘而化其道'(庄子·大宗师)。庄子生封建天下之末世,固未尝有民主政治之观念,即使有之,殆亦未必遂欲立之以代君主,舍濮水之竿而张革命之旗矣"。①

萧先生的这段评论很精彩,但老庄不同,所以还不能回答老子为何不倡导革命的问题。

老子不张革命旗,大概有以下3个原因:

▲反对流血的革命、战争。虽然老子并不反对一切战争,但即使是正义的战争也总是给百姓带来沉重的灾难;靠革命能建立道治社会吗?

▲革命的条件不成熟。谁来发动革命?如何革命?群众如何组织?未来的政权如何建设?这些问题尚未进入老子的思想视域。

▲自认为不是倡导革命的政治活动家。老子的思想具有革命性、颠覆性、造反性,老子本人是一个有革命倾向的思想家,却不是一个革命的实践家。

●将欲取天下而为之,吾见其不得已。(29章)

(如果在条件不成熟的时候,通过人为的预谋,采取暴力的、智巧的、阴谋的手段夺取天下政权,必定是不会有结果的。"为者败之",如果强行为之,必然失败。)

这段话既可以理解为批判那些阴谋家为私欲而夺权的企图,也可以理解为老子没有直接呼唤革命的解释。

老子本人从心里认为,任何战争、暴力革命都不可能建立起一个以道治国的国家,任何战争、革命,从根本上说对百姓都是一种灾难。这种态度从他对战争

---

① 萧公权:《中国政治思想史》上,商务出版社2011年版,第187页。

的立场上可以明确地感到,因为即使是胜利了的战争,对百姓来说,也是生命和财富的重大灾难。也可能是他认为,当时的"势"还不到建立道治国家的程度。建立道治国家是一个复杂的过程,从思想理论、人才培养到政治、经济、军事的组织形式,需要长期的准备,短时间内难以一蹴而成。后来发生的三次以道教为组织形式的农民起义的失败,也印证了这些。

第一次是东汉末年张角的黄巾军起义及张鲁五斗米道政权的政治实践。

汉初,汉文帝、汉景帝等统治者从黄老之道中吸取治国之术,对老子较为尊崇,统治相对宽松;后来,汉武帝改张儒术治国,黄老学派流入民间,在东汉末年演变为太平道、五斗米道等宗教形式,奉老子为教主,以老子《道德经》为主要经典,张道陵并著《老子想尔注》。

东汉末年,全国大旱,粮食歉收而官府的赋税不减,把农民逼上绝路。当时张角在北方创立太平道,信众多达数十万,有严密的组织形式,将各地信徒分为36方,大方万余人,小方六七千人,每方设一渠帅指挥。公元184年,张角等人在巨鹿县(今河北省邢台市)发动黄巾起义,高喊"苍天已死,黄天当立,岁在甲子,天下大吉"的口号,明确提出推翻苍天现政权、建立黄天新政权的目标,向东汉政权发动猛烈攻击,并一度取得很大战果。

但当时的情况,黄巾军既缺乏明确的政治纲领,也缺乏政治、经济、军事人才。道不明,势不至,失败是必然的。后张角病死,后续领导人张梁、张宝及黄巾军十多万人被杀。

黄巾军另一领导人张衡在巴蜀一带传教,因从其受道者须纳五斗米而得名,百姓师从者甚多。张衡死后,其子张鲁仍传其道,逐渐形成了一套完整的教义、仪式、方术及组织制度。公元184年7月,五斗米道为响应北方的黄巾军起义,也率众攻占汉中地区,并建立起政教合一的政权。与黄巾军不同的是,五斗米道作为一种政教合一且以道教为指导的政治实践,坚持了20多年。

张鲁为这一政权的天师兼最高行政长官,以入道时间长久者为"祭酒",以"治"为管理单位,在其统治区域内,设有二十四治,各治以祭酒管理行政、军事、宗教等事项。张鲁政权的治理融入了一些老子的治国思想。张鲁以《老子道德经》为主要经典,要道徒互助互爱,"诚信不欺诈"。道徒有过,宽大处理,允许其有三次机会,在"靖庐"思过修善;对犯法之人,以善对之,也有三次悔罪机会,仍不改再行刑。在境内大路边建立"义舍",教人们不要蓄积私财,多余的米肉交义舍,以供过往之人食用。不过,只能"量腹取足",不可多吃多占。(后来毛泽东的人民公社食堂曾受此启发。)此外,他还实行禁酒等利民措施。因此,深受境内各族人民的欢迎,使汉中成为下层民众心中的一方乐土,仅关西民众从子午谷投奔汉中的就有数万家。在当时天下大乱、民不聊生的情势下，张鲁以五斗米道据险自治近 30 年，在政治、思想、军事等方面实践着道家的理想王国，这在我国历史上不能不说是一种进步的尝试。公元 215 年，曹操在镇压了黄巾起义之后，亲率 20 万大军进攻汉中。张鲁在阳平关防线被破后，自知力不能敌，遂率众降曹，从此张鲁政权不复存在。

第二次是五斗米道在蜀中的政治实践。

张鲁降曹后，五斗米道得以保存实力，继续在蜀中活动。公元 301 年，五斗米道徒李特，在青城山五斗米道首范长生的支持下，率领天水、略阳、扶风、始平、武都、阴平六郡流民数万人，在益州绵竹（今四川省德阳东北）起义。起义军大败西晋官军及地主武装，进围成都。公元 303 年，李特阵亡，其子李雄继起，于次年攻下成都，自称"成都王"，又次年改称皇帝，国号"大成"，史称"成汉"。成汉政权虽然最终失败，但它曾占据蜀中凡历六世 47 年，"事少役稀，百姓富贵，闾门不闭，无相侵盗"，可谓又一块安乐太平之域，其业绩可与张鲁时代的汉中五斗米道政权媲美。

第三次是东晋时五斗米道的起义。

随着张鲁家族及其大批教民北迁长安、洛阳、邺城三辅之地，五斗米道也由巴蜀、汉中一带向北方及江南广大地区流传，并获得了很大发展。东晋时的一些豪门士族甚至也加入了五斗米道，如琅琊王氏、孙氏，陈郡谢氏、殷氏，高平郗氏，会稽孔氏，义兴周氏，丹阳许氏、葛氏、陶氏，东海鲍氏，等等，并将五斗米道改称天师道，共尊钱塘人杜子恭为首。杜子恭死后，其弟子琅琊人孙泰继为道首。公元 399 年 10 月，孙泰的侄子孙恩率众起义。这是五斗米道策动的最大也是最后一次农民起义。这次起义，参加的群众有数十万，历时 13 年，纵横千里。

从这三次有道教色彩的农民起义及建立政权的实践来看，虽然张鲁的汉中政权、李特的蜀中政权在政治和经济方面部分实践了老子的一些思想，在当时的历史背景下，也是一种有益的探索，有其积极意义，但总体上这些政权还不能说是道治政权，老子的以民心为心、百姓四自、以法治国的精华并没有成为这些政权的核心指导思想，也没有完全摆脱当时的家庭世袭、父子相传的官府制度的影响。

因此，老子的政权设想是，尽量和平改造、改良，并通过自下而上、自上而下两种方式的结合，建立道治政权。

# 第二十六章

# 道器之建：改良路线

以革命和战争的方式，推翻旧政权，建立道治国家，这是老子不愿意选择的道路。

老子选择的是一条和平的道路，即通过使旧政权的统治者接受道治主张，对现存体系进行改造，采取对百姓相对宽松的政策，达到对旧制度和平改良的目的。

和平道路也有两种方式：一种是通过已经在位的统治者对现制的改造；另一种是通过大道力量的和平积累，通过得道者在百姓中建立血脉相连的和谐关系来实现。

## 一、庄子学派的消极路线

庄子后学在《庄子·让王》中讲了多个自己编造的故事，每个故事都涉及一个问题：如果有机会执政天下，有道者是否接受？但每个故事的主人公都说："治天下？我还忙着呢，没有工夫。"他们都做出了否定的回答。

比如其中说，尧把天下让给有道者许由，许由不受。尧又把天下让给另一个有道者子州支父。子州支父回答说："让我当天子，好是好，不过，我现在有病，正打算好好治一治，没有时间来治天下。"治天下虽然重要，却不能因此而妨碍自己的生命。更何况是其他的一般事物呢？只有忘却天下而无所作为的人，方才可以把统治天下的责任交托于他。

到了舜治天下的后期，舜又想把天下让给有道者子州支伯，子州支伯也说了和子州支父一样的话，都是因有病而没有时间治天下。因此，天下虽然是最贵重的东西，却不能用生命去替换它，这就是有道的人对待天下和世人大不一样的地方。

舜又想把天下让给有道者善卷。善卷说:"我处在宇宙之中,冬天披着柔软的皮毛,夏天穿细细的葛布。春天耕地下种,形躯能够承担这样的劳作。秋天收割贮藏,自身完全能够满足给养。太阳升起就下地干活儿,太阳下山就返家安息,无拘无束地生活在天地之间而心的快意只有我自身能够领受,我哪里用得着去统治天下呢?可悲啊,你不了解我。"善卷也没有接受,并离开了家而隐入深山,再没有人能够知道他的住处。舜再把天下让给他的朋友,石户地方的一位农夫。这位农夫说,君王的为人实在是尽心尽力了,真是个勤苦的人,他认为舜的德行还未能达到最高的境界,于是夫妻二人带着子女逃到海上的荒岛,终生不再返回。①

庄子后学否定接受政权以实现道家思想的理由,主要是从每个人应当重生的角度来阐述的,也就是说,天下虽然重要,每个人的生命比天下的治理更重要,不能因为治理天下而耽误了生命的修养。因此,这些虚构中的道学高手,面对治天下的机会,都做出了否定的选择。可以归纳为轻物重生、轻天下重生命的思想。《庄子·让王》总结说:"道之真以治身,其绪余以为国家,其土苴以治天下,由此观之,帝王之功,圣人之余事也,非所以完身养生也。"也就是说,大道的精华就是用来养身的,是最重要的;其次,大道的剩余可以用来治理国家;而最次,大道的糟粕才用来治天下。

这种思想明显与老子的积极无为的思想不一样。如果现世都是不道,谁来改造、治理这个世道呢?与老子的思想相比,这是庄子学派的一个倒退。后世的人们经常不明白老庄的差别,把老子的无为而治的积极治理天下的思想,与庄子学派的消极逃世的思想混为一谈,以为老子和庄子一样,都是只顾个人修身,不顾天下百姓死活的逃世主义者。

老子政治思想的最高境界,是要实现以道治国、以道治天下的理想。没有机会也要积极争取。虽然老子没有提出革命和战争建立道治社会的主张,但对和平改造、改良还是抱有希望的。

因此,如果庄子的徒孙们问老子:如果有人让天下,你接不接?

---

① 《庄子·让王》:"尧以天下让许由,许由不受。又让于子州支父,子州支父曰:'以我为天子,犹之可也。虽然,我适有幽忧之病,方且治之,未暇治天下也。'夫天下至重也,而不以害其生,又况他物乎!唯无以天下为者可以托天下也。舜让天下于子州支伯,子州支伯曰:'予适有幽忧之病,方且治之,未暇治天下也。'故天下大器也,而不以易生。此有道者之所以异乎俗者也。"

"舜以天下让善卷,善卷曰:'余立于宇宙之中,冬日衣皮毛,夏日衣葛絺。春耕种,形足以劳动;秋收敛,身足以休食。日出而作,日入而息,逍遥于天地之间,而心意自得。吾何以天下为哉!悲夫,子之不知余也。'遂不受。于是去而入深山,莫知其处。舜以天下让其友石户之农。石户之农曰:'捲捲乎,后之为人,葆力之士也。'以舜之德为未至也。于是夫负妻戴,携子以入于海,终身不反也。"

老子的回答肯定是：接！

这也正是老子的"介然之梦"。

## 二、老子的改造和改良的思想

老子在书中对礼制社会的统治者表达了深深的失望并进行了尖锐的批判，但老子对通过和平方式改造现政权，仍抱有希望。

在《老子》书中，有四类执政者：

▲ 一类是"上"，通常指礼治制度的统治者，是老子批判、抨击的对象，老子对改造他们也不抱什么希望。

▲ 二类是对道有所体悟的当权者，即书中的"侯王"。

▲ 三类是被有道者所辅佐的"人主"。

▲ 四类是圣人，是历史上曾经出现过的至治社会的主导者，但大量是"将来式"的道治社会的执政者，这是老子政治哲学的理想人格。

老子所要争取和平改造、改良的对象，主要是二、三类执政者。老子希望，可通过这两类人士，在其执政或参与执政的过程中，自觉地融入一些道治的成分，逐渐达到道治思想在社会的普及，并逐渐建设道治国家的政治经济制度。

● 以道佐人主者 。（30章）

人们首先在30章见到了在侯王身边起咨询作用的佐政官。可以看得出来，虽然这个佐政官不能直接发号施令，但对侯王有很大的影响，因而才会说他是佐人主者。这一章的这个咨询官，应当对侯王提出建议，对战争要持有谨慎的态度：一是不要主动挑起发动战争；二是对战争的灾难性后果要有充分的考虑，即使是打胜了的战争，也是必有凶年，荆棘丛竹，哀鸿遍野；三是作战不要贪图全胜，要果而已，不可兵强天下，否则会走向反面。

● 侯王若能守之，万物将自宾。（32章）

● 侯王若能守之，万物将自化。（37章）

在32章，我们第一次见到了老子寄予厚望的统治者。这个统治者虽然仍然是礼制社会的维护者，但他应当对礼制社会下的种种无道有切身之痛，对百姓的不幸生活有同情之心，愿意在礼制社会中增加对百姓生活的考虑，是较有开明之心的统治者。因此，老子希望，这些侯王能抱守无名之朴，逐渐恢复社会的德善和纯真，给百姓以自我发展的机会，百姓如有机会安居乐业，自然不会被逼上反抗现存社会的绝路。这里的"若能"两字，说明这个侯王肯定不是道中人，如果是道中人，就不会说"若能"，而是"应当""必然"了。在39章，老子讲了同样的意思。

- 侯王得一以为天下正。(39章)

(如果统治者能够持守大道的德性,并以大道之德性对国家进行治理,就可以达到天下治理的相对公正。)

- 人之所恶,唯孤、寡、不穀,而王公以为称。(42章)

(人所最嫌恶的,就数孤独、无助、不谦虚,但统治者们都愿意用这些卑微的称呼作为自己的称号。)

这不能说明统治者都愿意接受道家的思想,大多数统治者这样称呼,只是一种政治作秀,也可以说是一种专制独裁,只有"我"能这样称孤道寡,其他人如果也这样称呼,那就是犯上,应当杀头。但也不排除其中的个别统治者,愿意谦下,或多或少愿意接受道家的一些思想。

老子对统治者的观察,更多采用的是阴阳的方法。统治者有阴也有阳,有常常以暴力掠夺百姓财富的暴君,也有对百姓的治理相对宽松的开明的统治者,两者之间是有较大差别的,老子所谓对旧制度、旧政权的改造和改良,也正是寄托在这些开明的统治者身上。

从中国的历史来看,老子的这种对旧政权进行改造的想法,虽然最终没有能建立起以道治国的新政权,但有些统治者较多地吸取了道家的思想,在国家治理方面也达到了近代以前国家治理的高峰。甚至可以说,在老子之后的2 500多年的历史中,中国政治相对宽松、相对清明、相对繁荣、相对开放的朝代,正是出现在部分吸取了道家思想用以治国的那些统治者执政的时期。

### 三、道治思想对越国政权的改造

老子的弟子有文子,文子的弟子有范蠡(公元前518—前445年),范蠡可以说是道家中第一个把道家思想付诸政治实践的外交家、政治家、经济家,是第一个"以道辅佐人主者"。他不仅辅佐越王勾践成就了越国复兴的大业,而且把道家无为、顺其自然和顺势而为的思想用于保全生命和发展经济上面,成功地从政治家、外交家转型为大企业家,是"第一位全面实践老子思想的典范人物"。

范蠡的老师可能是计然,或者可能是文子,计然或文子可能是一个人,都指老子的弟子文子。《史记·货殖列传》的索隐解释说,"计然者,葵丘濮上人,姓辛氏,字文子,其先晋国亡国公子也,尝南游于越,范蠡师事也"[①]。范蠡本是楚国

---

[①] 转引自张松辉:《老子研究》,人民出版社2009年版,第194、201页。

人,后与好友文种一起离开楚国,到越国发展。范蠡、文种、扶同以及其他当时辅佐勾践的一帮谋臣,都有比较明显的道家色彩,也可以说,当时越王勾践身边出现了一个道家思想的小集团在帮他治理国家。

1. 以顺势思想辅佐越王

顺势是老子治国术道的组成部分,总的思想就是做任何事,都必须分析总体的客观与主观、外部与内部的各种因素,然后总结对自己有利的因素和对自己不利的因素,再采取对自己有利的政策。

公元前494年,在越国打败吴王阖闾并使其受伤致死三年后,"勾践闻吴王夫差日夜勒兵,且以报越,越欲先吴未发往伐之",就想起兵伐吴。范蠡极力劝谏,指出"天道盈而不溢,盛而不骄,劳而不矜其功。夫圣人随时以行,是谓守时,天时不作,弗为人客;人事不起,弗为之始"(《国语·越语下》)。这些话与老子的思维基本上是一致的,认为时机不到,越国不能贸然行动,越王不听,兴师伐吴,结果被吴王夫差大败于夫椒,只有余兵五千人保栖于会稽,被吴王追而围之。

在越国生死存亡之际,越王不得不向范蠡承认,当时不听范蠡劝告以致有此惨败,范蠡再次向勾践建议说,形势对越不利,越只好"卑辞厚礼以遗之",也就是说,越国可以通过向吴王夫差及大臣进献厚礼,以取得生存和发展的机会。最后吴王不听伍子胥劝告,接受了越王的投降条件,赦越而罢兵。在越国国势不昌之时,大夫文种也向勾践进言说:"汤系夏台,文王囚羑里,晋重耳奔翟,齐小白奔莒,其卒王霸。由是观之,何遽不为福乎?"实际上就是以老子思想中的以退为进、柔弱胜刚强之思想鼓励勾践。勾践回到越国后,卧薪尝胆,身自耕作,夫人自织,食不加肉,衣不重采,折节下贤人,厚遇宾客,与百姓同其劳。越王被俘后由范蠡治国政。范蠡认为:"兵甲之事,种不如蠡;填抚国家,亲附百姓,蠡不如种。"范蠡推举大夫文种治理越国内政,越王和范蠡为人质于吴。两年后,范蠡和勾践先后返越。大夫扶同向勾践提出,越国如果富裕强壮,吴国必定警惕,则越国会有新的灾难,因此,"必匿其形",不让吴国知道越国的真情,并且利用吴国与其他国家的矛盾,才能达到克吴制胜的目标。"今夫吴兵加齐晋,怨深于楚越,名高天下,实害周室,德少而功多,必淫自矜。为越计,莫若结齐,亲楚,附晋,以厚吴。吴之志广,必轻战。是我连其权,三国伐之,越承其弊,可克也。"

勾践返回越国三年后,又问范蠡:"吴已杀子胥",越国复仇时机是否成熟?范蠡仍然说时机不到。第二年春,吴王北会诸侯于黄池,吴国精兵从王,唯独老弱与太子留守。这时,范蠡才同意攻吴。结果越大胜,并且不断对吴进攻,四年后迫使吴王夫差自尽而亡。"越兵横行于江、淮东,诸侯毕贺,号称霸王。"(《史记·越世家》)

2. 以民为治国中心，实行爱民治国的纲领

文种提出了以"利、成、生、与、乐、喜"六字方针为中心的爱民治国纲领。

文种在越王入吴为奴前，提出了越国必须"内修封疆之役，外修理工耕战之备，荒无遗士，百姓亲附"。在越王归越后，文种又向勾践提出"爱民"为本的治国大纲。爱民就是要"利之无害，成之无败，生之无杀，与之无夺"，"无夺民所好，则利也。民不失其时，则成之。省刑去罚，则生之，薄其赋敛，则与之，无多台游，则乐之。静而无苛，则喜之。民失所好，则害之。农失其时，则败之。有罪不赦，则杀之。重赋厚敛，则夺之。多作台游以罢民，则苦之。劳扰民力，则怒之。臣闻善为国者，遇民如父母之爱其子，如兄之爱其弟，闻有饥寒为之哀，见其劳苦为之悲"。文种认为，越国图强的根本之道就在于爱民，怎样爱民呢？就是使百姓有利而不是有害，使他们成功而不是使他们失败，使他们生存而不是杀害他们，给他们好处而不是掠夺他们。这"利、成、生、喜、与、乐"六字方针，也不是要国家给民众什么具体的利益，而是体现为国家的政策：国家不抢民之所有，就是利；不浪费和强占他们的时间，使他们及时播种，就是成；不要实行残酷镇压，就是生；国家少征税，就是与；国君少出去游玩，就是让民众欢乐；国君少骚扰民众，就是让民喜悦。总之，统治者应当像父母爱护自己的子女那样爱民，与他们同饥寒，同受苦受累，与民共悲痛。

越王采纳了文种的这一纲领，内修其德，外布其道，缓刑薄罚，省其赋敛，使越国内实府库，垦其田畴，民富国强，众安道泰，人民殷富，皆有带甲之勇。其他大夫也赞成，认为越国必须"发君之令，明君之德，穷与俱厄，进与俱霸；结和诸侯，必须一心齐志，上与等之，下不违令，动从君命，修德履义，守信温故，不阿亲戚，不私于外"，要抚慰百姓，蓄陈储新，使国富民实，为君养器（培育人才）。（《吴越春秋·卷七》《吴越春秋·卷八》）

越国自此始已经有了一条明确的革新内政的路线。

3. 以老子柔弱胜刚强思想为指导，与强敌周旋

越国大夫扶同提出："昔者亡国流民，天下莫不闻知。今欲有计，不宜前露其辞。臣闻击鸟之动，故前府伏，猛兽将击，必饵毛帖伏。圣人将动，必顺辞和众。圣从之谋，不可见其象，不可知其情。临事而伐，故前无剿过之兵，后无伏袭之患。今大王临敌破吴，宜损少辞，无令泄也。臣闻吴王兵强于齐晋，而怨结于楚。大王宜亲于齐，深结于晋，阴固于楚，而厚事于吴。夫吴之志，猛骄而自矜，必轻诸侯而凌邻国。三国决权，还为敌国，必角势交争。越承其弊，因而伐之，可克也。"

扶同认为：过去越国败亡，人民流离，普天之下无人不知。现在想商定复仇

的计策,不宜过早暴露自己的意图。我听说凶猛的野兽打算出击,必定收敛其毛,驯顺地伏在地上。猛禽将要捕捉猎物,必定敛翅低飞。圣人将有军事行动,必定会以和顺的言辞团结群众。即使圣人制定了计谋,也不能看出其计谋的迹象,更不能知道其计谋的详情。直到举事之时才宣布讨伐,因而前面没有劫杀的士兵,后面没有埋伏袭击的祸患。现在大王面临敌人要击破吴国,应当减少言辞,不使自己的意图泄露。我听说吴王夫差如今兵力比齐国和晋国强大,但与楚国结怨很深。大王应当同齐国亲近结交,加深与晋国的关系,暗中加强与楚国的往来,而表面上要更加忠心地服事吴国。吴王夫差志气威猛,为人傲慢而又喜自夸,必定会轻慢诸侯而欺凌邻国。吴、齐、晋三国为决断高下,必会互为敌国,必定要较量权势、互相争夺。越国乘吴国疲困之时,立即出兵讨伐,可以一举制胜。

范蠡也认为:"臣闻谋国破敌,动观其符。方今吴楚结仇,构怨不解。齐虽不亲,外为其救。晋虽不附,犹效其义。夫内臣谋而决雠其策,邻国通而不绝其援,斯正吴之兴霸,诸侯之上尊。今吴乘诸侯之威,以号令于天下,不知德薄而恩浅,适狭而怨厂,权悬而智衰,力竭而威折,兵挫而军退,士散而众解,臣请按师整兵,待其坏败,随而袭之。兵不血刃,士不旋踵,吴之君臣为虏矣。臣愿大王匿声,无见其动,以观其静。"

范蠡也和扶同一样,主张越韬光养晦之计,利用大国矛盾,指出图谋国事、消灭敌人,要在行动中观察其祥瑞的征兆。现时吴、楚两国结下深仇,郁积的怨恨不能消解。齐国同吴国的关系虽然并不密切,但仍会成为救吴的外援。晋国虽然不是吴国的附属国,还是会仿效齐国救吴的大义。内有大臣谋划来决断他们的策略,外与邻国结交而不会断绝他们的援救,这正是吴国建立霸业并被诸侯所尊奉的原因。我听说陡峭高大的东西容易倒塌,叶子茂盛的植物容易摧折。太阳到正午就要偏斜,月亮至十五圆满之后就会缺损。春、夏、秋、冬四季不能同时兴旺,金、木、水、火、土不能一起运动。阴阳交替倡始,元气有盛有衰。所以满出堤坝外流的水,不会再淹没蓄水的限度;燃烧干净了的火堆,不会再重新燃烧。现在吴王夫差利用诸侯之长的威势,在天下发布命令,却不知道德行浅薄则恩德不深,思想狭隘则怨忿广大,权势高悬则智慧衰退,力量耗尽则威风扫地,士兵挫败则军队溃退,士卒溃散则群众也瓦解。所以越国最好还是屯止军队,休整兵力,等到吴国毁败衰微之时,随后出兵攻袭。兵器还不曾杀人染血,士卒还来不及旋转脚跟,吴国的君王臣僚就成了俘虏。但越国必须匿志不宣,不让人看到越国将有所行动,只让人看到你在静养休息。

柔弱胜刚强,就是表现为越国对吴国采取了谦下、不对抗、以小事大、和与吴国有矛盾的国家结盟等,同时在内部采取积聚力量、训练新军、凝集国内民心等政策,最终实现了以柔克刚的转变。

4. 以歙张弱强之术对付强敌吴国

《老子》36章提出了歙张、弱强、废兴、夺与的对敌策略。大夫文种则把这种策略具体地运用于越吴的外交之中,其主要的方法就是投敌之所好,以毒攻毒,穷其欲而尽其力,找出敌方的致命弱点,以其之硬攻之其软。

文种对勾践说:"臣闻高飞之鸟,死于美食;深泉之鱼,死于芳饵,今欲伐吴,必前求其所好,参其所愿,然后能得其实。夫欲报怨复仇,破吴灭敌者有九术,夫九术者,汤文得之以王,桓穆得之以霸,其攻城取邑,易于脱履。"也就是说,高空中的飞鸟往往死于美味的食物,深泉下的游鱼往往死于芳香的钓饵。现在想要讨伐吴王夫差,必须要事先了解他的爱好,参照他的愿望,然后才能够获知他的实情。要报仇雪恨,攻破吴国,消灭敌人,有九条计策可用。这九条计策,商汤王、周文王曾因得到它而成就了王业。齐桓公、秦穆公曾因得到它而成就了霸业。运用这些计策去攻取城市,犹如脱鞋般容易。

文种总结的这九术是:"一曰尊天事鬼,以求其福。二曰重财币以遗其君,多货贿以喜其臣。三曰贵籴粟槁以虚其国,利所欲以疲其民。四曰遗美女以惑其心而乱其谋。五曰遗之巧工良材,使之起宫室,以尽其财。六曰遗之谀臣,使之易伐。七曰强其谏臣,使之自杀。八曰君王国富而备利器。九曰利甲兵以承其弊。"

这几条建议越王都采纳了。

越国利用吴王好起宫室、用工不辍的弱点,选名山神材,奉而献之,乃使木工三千余人,入山伐木。一年后终于寻得,神木一双,大二十围。能工巧匠用大尺进行测量计算,用圆规绳墨加以制作。经过雕琢整治,使之圆转,再加以刻削磨擦,涂上不同的颜色,画上错综的花纹,镶嵌白玉,镂饰黄金,看上去好像是龙蛇的形状,图纹彩绘,相映生辉,越王于是派大夫文种出使吴国,将神木献给吴王。吴王夫差不听劝谏,终于接受神木而兴建姑苏台。花了三年聚集材料,过了五年才将姑苏台建成,台顶甚高,在上面可望见方圆二百里地方。出征服役的民工,有的抛尸道旁,有的哭泣于巷中,嗟叹之声,不绝于耳。百姓疲困,士人悲苦,民不聊生,大大削弱了吴国的国力。

越利用吴王夫差好色的弱点,又制定了向吴进献美女以淫其志的计谋,选取西施和郑旦进宫学习礼仪三年,派范蠡进献给吴王。夫差不听伍子胥劝谏,再次接受了越国的特殊"贡品"。越国假借越国灾年向吴国借粮,吴国借给越国一万石,越国在第二年选择最好的粮食还给吴国,吴国竟相信越国,将其留作种粮,哪知来年播种下去后颗粒无收,因为越国还吴的是经过蒸煮过的粮食,不能发芽生苗,这使吴国遭受严重饥荒。越国又对吴国施行谍计,以重金财物和美女收买吴国重臣太宰伯嚭,让其在吴王面前诽谤忠臣伍子胥,终于使夫差迫使伍子胥自杀。

经过几年的积蓄,越国在越王返回三年后,国富民强,实力大增,于是选择吴与晋、齐争霸的时机,起兵伐吴,终于打败吴军,灭了吴国。

从最后的结果来看,范蠡等人以道佐越王勾践治国,一半成功,一半失败。成功的一半,是指范蠡等人运用老子的治国思想,将一个弱小的越国变成了强大的越国,成功地恢复了被吴国所灭亡的国家,并最终转败为胜,转弱为强;失败的一半,是指范蠡等人可以帮助越王勾践恢复国家,并没有能做到使复国后的越国以道治国,越王勾践后来实行的还是老一套礼制的政治制度,并没有实行老子的以民心为心、以百姓四自为中心的政治政策。

在这一过程中,很值得一提的是,老子的思想不仅是治理国家的政治哲学,而且运用于经济实践,同样也可以获得巨大成功。这体现在范蠡成功地从政治家转型为经济家的变化上。

范蠡早就看穿了越王勾践只能共患难不可共享成功的本来面目,毅然急流勇退。在退出政治江湖时,他给大夫文种写信劝说道:"蜚鸟尽,良弓藏;狡兔死,走狗烹。越王为人长颈鸟喙,可与共患难,不可与共乐。子何不去?"文种心怀犹豫,最后竟然被越王逼迫自尽。(《史记·越世家》)

范蠡在越国为相时,曾经把文子的经济思想告诉越王,促进了越国经济的发展。文子的经济思想就是"时用则知物",根据自然的变化,"旱则资舟,水则资车",提出了根据天气农时收成情况而"平粜齐物,关市不乏"的经商之道。丰收时则积,歉收时则出,"论其有余不足,则知贵贱。贵上极则反贱,贱下极则反贵。贵出如粪土,贱取如珠玉"。越国用计然策,"修之十年,国富,厚赂战士,士赴矢石,如渴得饮,遂报吴仇,观兵中国,称号五霸"。这里的计然策,本质是老子"势成之"的运用,极重视时势的变化及因应。

范蠡从政治江湖退出后,乘扁舟浮于民间之江湖,变名易姓,为鸱夷子皮,之陶为朱公。他在定陶定居下来,当时的定陶为天下之中,诸侯四通,货物所交易,经济发达,商业繁荣,在这里治产积居,十九年之中三致千金,再分散给亲朋好友,成为中国历史上的商圣,言富者皆称陶朱公。(《史记·货殖列传》)

## 四、黄老学派对齐国政治的影响

公元前481年,田恒发动政变,杀死齐简公,虽然还立了简公之弟为齐平公,但大权从此开始掌握在田氏家族,以前姜齐时代的大家族,如监氏、国氏、晏氏都先后被排挤。一百年后,田氏完全掌握了齐国所有大权,周安王也于公元前386年正式承认田和为齐国国君。到了田和之孙齐威王时,在道家思想大臣的辅助下,齐威王重振齐桓公时齐国霸权的雄风,再次登上了战国霸权的宝座。

齐威王时的齐国,从一开始就走了与其他大国崛起不同的道路,其主要特点在于思想上是广纳百家学说。当时的齐国曾汇集了以孟子为代表的儒家,以荀子为代表的儒法家,以邹忌、淳于髡为代表的道家。当世大儒孟子曾两次在齐:齐威王时不用孟子;齐宣王时以大师礼遇孟子并封为客卿,也不用孟子。后来的荀子在齐国也没有被重用。因此,齐国虽然是百花齐放,在治国方面实际上是以老子思想家为主,兼取阴阳五行学说、黄老说。

春秋末期和战国前期,华夏体系的两大派系即儒、墨是当时影响最大的学派,这两派都以尧舜为尊。后起的田齐为了区别于这些国家,便打起了黄帝和道家的旗号,合称为黄老学说。黄老学说吸取了民间各种原始宗教,信仰神仙,把这类神仙的心性,主要是清静寡欲用于修身养性;吸纳了以法治国的思想,又用道家的治术,归结到自然无为的天道。最早的道家,就是指形成于齐国的黄老学说。胡适认为,秦以前本没有道家之名,道家只是指战国末年兴起的黄老之学。[①]

田齐奉黄老为尊,一开始也不是出于对老子学说的信仰,而是出于政治需要。因为田齐政权虽然通过近似行贿的办法得以确立,通过对魏王行贿,让魏王出面在有名无实但又可增一丝虚名的周安王手中买到了一纸政治合法性的文书。"与魏文侯会浊泽,求为诸侯。魏文侯乃使使言周天子及诸侯,请立齐相田和为诸侯。周天子许之。"(《史记·田敬仲完世家》)由于弑君按周礼是大逆不道,田齐自然心虚,又在历史上做文章。田齐的奠基者田完本姓为陈完,是陈国公子,因陈国内乱被迫从陈国出走到齐国,改姓田。当时齐桓公在位,曾封陈完为齐国工正一职,后因有功受封而发达起来。至田常时,"齐国之政皆归田常。田常于是尽诛鲍、晏、监止及公族之强者,而割齐自安平以东至琅邪,自为封邑。封邑大于平公之所食"(《史记·田敬仲完世家》)。为了增加田齐的合法性,田和为齐国国君后,就试图通过恢复陈国、陈姓的地位来为以田代姜创造合法性的根据。因此,田齐政权就编出了一套新的史学。在这个新编史学中,原来的国君姜太公的出身被追溯到炎帝,姜齐政权源自炎帝、伯夷、四岳、姜太公,田齐政权的出身却被追到了黄帝,鼓吹田齐政权源自陈完,陈完也是陈国国君的公子之一,而陈国国

---

① 胡适:《胡适讲国学》,吉林人民出版社2009年版,第107页。

君的先祖源自大舜、黄帝,因黄帝战胜炎帝,黄帝地位比炎帝更为尊贵,所以田齐代姜齐就是合法的。而且,黄帝与老子一样,也崇尚自然。文献记:"黄帝有天下号曰自然者,独宏大道德也……黄帝始制法度,得道之中,万世不易,名工黄自然也。"[1]同时,老子虽然是楚国人,老子的故乡却是原来的陈国,老子是陈国人,也是田齐创始人陈完的老乡,老子也就与陈完扯上了老乡关系。

陈氏祖先黄帝说、老子同乡说,本是田齐巩固自己的政权合法性编出来的一套骗人的把戏,后来却被人合称"黄老学说"。这一学说的思想核心是老子道法自然、无为而治的思想。

不过,吹牛归吹牛,政治实践确实需要思想理论的指导。齐威王时不光是吹牛,还真的把老子道法自然和无为而治的一些思想用于齐国复兴时的政治实践。

史载:"威王初即位以来,不治,委政卿大夫,九年之间,诸侯并伐,国人不治。"(《史记·田敬仲完世家》)也就是说,一开始齐威王用不为之法治齐,实际效果并不理想,由于他不治齐,也出现了国人不治和诸侯侵齐的局面。这里的不治,就是不为,并非道家倡导的无为,无为而治并非什么也不管,该管不管,也不是无为而治,因为未能顺势而治。齐威王在这里的不治,也是容易被人们误解为"无为而治"的无为,其实它不是无为,而是不治,是什么也不做,是一种政治腐败、堕落的表现。

后来,齐威王改变了无为而治的办法,在九年之后,启用了受道家思想影响较大的一批人才,并顺势而治,就收到了很好的效果。

先有邹忌子以鼓瑟见威王,以大弦以春温、小弦廉折以清的比喻,向齐威王说之以新的治国方法。即大弦者,君也,宽和而温;小弦者,臣也,清廉而不乱。国君宽和而大臣清廉。"政令也;钧谐以鸣,大小相益,夫治国家而弭人民皆在其中。"实际上就是道家"政闷闷"的无为而治思想。齐威王于是任命有道家思想的邹忌为相,淳于髡为侯。(《史记·田敬仲完世家》)

当时邹忌和淳于髡推行的改革,重点在于用道家无为而治的思想整治吏治,具体内容是整治那些扰民、掠民过甚的官吏。如惩处扰民的阿大夫,因其"自子之守阿,誉言日闻。然使使视阿,田野不辟,民贫苦","是日,烹阿大夫"。对于即墨大夫,因其"田野辟,民人给,官无留事,东方以宁",封之万家且重用之。(《史记·田敬仲完世家》)齐威王、齐宣王两朝时的主要人物,除邹忌、淳于髡外,还有"田骈、接子、慎到、环渊之徒七十六人,皆赐列第,为上大夫,不治而议论"。

这些齐国稷下学士中的领军人物多是受黄老思想影响的人物。环渊是楚国

---

[1] 《白虎通义》,引自张松辉:《老子研究》,人民出版社2009年版,第210页。

人,是老子弟子之一,传说是他将《道德经》整理出来的,主张"虚静无为"思想,也是将老子思想从楚国输入齐国的主要人物;慎到和田骈是齐稷下学宫道家学派的重要人物,提出了"以道变法"的思想,接近法家。①

特别是在魏惠王围邯郸、赵求救于齐的战略变化之时,齐威王召大臣讨论要不要救赵的重大问题时,另一位道家段干朋认为"不救则不义,且不利",最后,"威王从其计",顺势而为,做出了救赵的战略决定,又起用曾在鬼谷子门下受业的孙膑为军师。鬼谷子的思想明显吸收了老子"开阖、奇正"的阴阳转化的思想,深深地影响了孙膑的用兵战略,故有齐两次大败霸权国魏国的辉煌胜利。

其实,当时的齐国,军队并不特别强大,战斗力也并不很强,之所以能两败魏国,主要还是在于孙膑能善于用势,顺势而战,顺势而为。"齐因起兵击魏,大败之……于是齐最强于诸侯,自称为王,以令天下。"(《史记·田敬仲完世家》)

由于齐国两次打败当时的霸权国魏国,又"起兵西击赵,败魏于浊泽而围惠王。惠王请献观以和解,赵人归我长城。于是齐国震惧,人人不敢饰非,务尽其诚。齐国大治。诸侯闻之,莫敢致兵于齐二十余年"(《史记·田敬仲完世家》)。这时的齐国完成了崛起的过程,再次成为春秋战国时的霸权国。

与齐桓公称霸仅四十年不同,齐国的这一霸权维持了近一百多年,直到齐闵王时,齐国仍很强大。它在南边重丘打败了楚国宰相唐眜,在西边观津打垮了魏国和赵国,随即又联合韩、赵、魏三国攻打秦国,还曾帮助赵国灭掉中山国,又击破了宋国,扩展了一千多里的领土,一度与秦昭王共尊为东西帝号。(《史记·乐毅列传》)

## 五、道治思想对汉初政治的影响

公元前209年秦亡,经过几年的战争,刘邦战胜了项羽,于公元前202年建立了汉朝。道家思想在汉初近70多年的时间中发挥了重大的主导性作用。这一时期的关键人物,是继萧何为相的汉名相曹参、汉文帝刘恒、汉景帝刘启、汉相陈平和周勃以及萧太后等人,他们用的主要是黄老学派的思想。

汉初的道家人物,要追溯到战国时期的乐毅后代。乐氏家族的乐瑕公、乐臣公,是在赵国将要被秦国灭掉时逃到齐国高密的。乐臣公长于研究黄帝、老子的学说,他的宗师叫作河上丈人,在齐国很有名气,人们称他为贤师。现在还不清楚河上丈人是哪里人。"乐臣公学黄帝、老子,其本师号曰河上丈人,不知其所

---

① 李世东、陈应发、杨国荣:《老子文化与现代文明》,中国社会出版社2008年版,第5、18页。

出。河上丈人教安期生，安期生教毛翕公，毛翕公教乐瑕公，乐瑕公教乐臣公，乐臣公教盖(gě)公。"乐毅后代中有叫乐叔的，汉高帝把乐卿封赐给他，封号称华成君。另外，汉初时的盖公在齐地高密、胶西一带执教，是曹相国的老师。(《史记·乐毅列传》)

曹参(cān，？—公元前190年)，泗水沛(今江苏沛县)人，西汉开国功臣，名将，是继萧何后的汉代第二位相国。秦二世元年(公元前209年)，跟随刘邦在沛县起兵反秦，身经百战，屡建战功，攻下两国和一百二十二个县。公元前201年刘邦称帝后，曹参功居第二，封为平阳侯。公元前194年，曹参为齐国丞相。如何治理齐国这个有七十多城的大国呢？曹参把老年人、读书人都召来，询问安抚百姓的办法。齐国是先秦文化中心，读书人数众多、学派纷杂，曹参不知如何决定。后有人向他推荐了胶西老者盖公，精研黄老学说，就派人带着厚礼把他请来。见到盖公后，曹参问治国之策略，盖公回以治国之法贵在清静无为，让百姓们自行安定。曹参于是以盖公为顾问，有事常向他请教。曹参以道家之说治理齐国九年，使得治齐国安定，受人称赞。

公元前193年，曹参继任萧何之职后，一切遵循萧何制定的法度。他从各地挑选了一批官吏，把事情都交给他们去做。汉惠帝一开始埋怨曹相国不理政事，让曹参的儿子回家责问曹说："高帝刚刚永别了群臣，皇上又很年轻，您身为相国，整天喝酒，遇事也不向皇上请示报告，根据什么考虑国家大事呢？"曹参听了大怒，痛打了儿子两百大板子并责怪说："国家大事不是你应该说的。"当惠帝责备曹参时，曹参辩解说："请陛下自己仔细考虑一下，在圣明英武上您和高帝谁强？"惠帝说："我怎么敢跟先帝相比呢！"曹参说："陛下看我和萧何谁更贤能？"惠帝说："您好像不如萧何。"曹参说："陛下说的这番话很对。高帝与萧何平定了天下，法令已经明确，如今陛下垂衣拱手，我等谨守各自的职责，遵循原有的法度而不随意更改，不就行了吗？"曹参做汉朝相国，前后有三年时间。百姓们歌颂曹参的事迹说："萧何制定法令，明确划一；曹参接替萧何为相，遵守萧何制定的法度而不改变。曹参施行他那清静无为的做法，百姓因而安宁不乱。"太史公说："参为汉相国，清静极言合道。然百姓离秦之酷后，参与休息无为，故天下俱称其美矣。"(《史记·曹相国世家》)曹参之后，开汉惠文两朝尚道家清静无为之先河。与曹参同时受到重用的王陵、陈平、周勃等人，大多以无为而治，从民之欲，劳民较少。

刘恒(公元前202—前157年)继位为文帝后，在其当政的23年间，重用左丞相陈平、右丞相周勃等人，大力推行黄老政治，实行清静无为、躬修节俭、轻徭薄赋的政策，为汉初的发展提供了较好的政治和经济环境。

他上台的第一件事,就是废除了犯罪连坐法。

汉文帝时期是中国古代刑制由野蛮阶段进入较为文明阶段的标志。另一方面,汉初黄老学说又主张"守法而无为",法是"无为"的界限,"道"又是"法"的根源,要求"法立而弗敢废",就是指立法之后不轻易变更,要"循守成法",即使皇帝也应"执道生法"而不得犯法。汉文帝也是遵守无为而治之下的法规的统治者,有一次汉文帝出行中马车的马受惊,一怒之下要求将惊马的人处死。廷尉张释之向文帝说,"法律是天子和天下人共同制定的,如果我们轻易地改变法律,就会使人们对法律失去信任,不知怎样做才对",最后只判惊马的人交罚金了事。

这也反映了道家"无为而治"和"政闷闷"的思想。汉初诸侯王势力的发展,成为汉朝的一大问题。贾谊曾提出"众建诸侯王而少其力",即分割诸侯王国的势力,从而达到中央集权的目的。由于当时条件不成熟,形势发展不到解决诸侯王的时候,因此文帝采取了容忍的立场,直到文帝十六年(公元前164年),齐王刘则死,无子嗣位,文帝才分最大的齐国为六国,并将淮南国一分为三。

在汉初主要的对外关系上,文帝也是无为而治、顺势而为。他在位期间,对匈奴一直采取克制忍让的态度,继续执行和亲政策,避免大动干戈。他的诏书反映了这种思想:"朕既不明,不能远德,是以使方外之国或不宁息。夫四荒之外不安其生,封畿之内勤劳不处,二者之咎,皆自于朕之德薄而不能远达也。闲者累年,匈奴并暴边境,多杀吏民,边臣兵吏又不能谕吾内志,以重吾不德也。夫久结难连兵,中外之国将何以自宁?今朕夙兴夜寐,勤劳天下,忧苦万民,为之怛惕不安,未尝一日忘于心,故遣使者冠盖相望,结轶于道,以谕朕意于单于。今单于反古之道,计社稷之安,便万民之利,亲与朕俱弃细过,偕之大道,结兄弟之义,以全天下元元之民。和亲已定,始于今年。"《史记·孝文本纪》)

对匈奴不信守和亲盟约的行为,又采取了一些必要的措施。主要是在边地建立城邑,招募内地人民迁徙边地,一边种田,一边守边,官府发给边境的农民以农具、衣服、粮食,直到他们能自给为止;又按什伍编制组织起来,平时进行训练,有事则可应敌,凡能抵抗匈奴人的侵扰、夺回被匈奴人掠夺的财富,则由官府照价赏赐一半。还在边地建立马苑36所,分布在北部和西部,用官奴婢3万人,养马30万匹。在民间,同样奖励老百姓养马,以满足边防对马匹的需求。这些措施既有利于边郡开发,又大大加强了抗击匈奴的防御力量;有利于休养生息,使内地的社会经济迅速恢复和发展。

在历朝历代的数百上千个统治者中,汉文帝可以说在私生活上是最为节俭的了。《老子》书中多处批判统治者的不道生活,就是生活奢侈腐化、挥金如土、鱼肉百姓。《史记·汉孝文本纪第十》记载,汉文帝自从封地代国上台执政以来,

"即位二十三年,宫室苑囿狗马服御无所增益,有不便,辄弛以利民。尝欲作露台,召匠计之,直百金。上曰:'百金中民十家之产,吾奉先帝宫室,常恐羞之,何以台为!'……所幸慎夫人,令衣不得曳地,帏帐不得文绣,以示敦朴,为天下先。治霸陵皆以瓦器,不得以金银铜锡为饰,不治坟,欲为省,毋烦民"。

由于汉文帝采取了上述"无为而治"的方针和措施,使汉初的社会经济有所发展,社会秩序相对稳固,形成了统一后的第一个治理相对较好的时期。

汉文帝去世后,由于窦太后(?—公元前135年)的影响,汉景帝继位的16年间,汉朝继行道家思想治国。窦太后是汉文帝之皇后、汉景帝刘启生母,为太后,是汉武帝刘彻之祖母,对文景两朝和汉武继位初期产生了较大的政治影响。窦太后信奉黄老之学,景帝和窦姓宗族不得不读《老子》,并推尊其学说。因此,她在世时"故诸博士具官待问,未有进者"(《史记·儒林传》)。

## 六、道家思想对唐政治的改良

唐朝的贞观之治和开元盛世,是继汉朝文景之后又一个开放、繁荣、富庶并且在同时期的世界文明中占有巨大优势的时期。贞观之治和开元盛世的基本指导思想,也是道家的无为而治。

公元618年,唐朝建立。唐高祖李渊为巩固唐朝的统治,也如田齐一样,把老子抬出来,自称是老子的后代,尊老子为李姓始祖,以老子为帝室先,确定了道教的国教地位,把道教奉为先于儒家和佛教的意识形态,并为老子立庙,使唐朝成为中国历史上唯一以道教为国教的朝代。终唐一朝,道家思想对唐高祖李渊、唐太宗李世民、第三代皇帝李治、中国历史上唯一的女皇武则天及后来的唐第九代皇帝玄宗李隆基等,都有较大的影响。以李世民用道家思想最多。

公元626年,李世民成为唐朝第二任皇帝,并改元贞观。这一时期,推动以道家思想改造政权的关键人物,是魏徵等人。

魏徵(公元580—643年),巨鹿人,曾出家为道士。后参与政治,先随窦建德,后跟太子李建成,玄武门事件后再随李世民,后为李世民所用。他曾明确地向李世民提出"文武并用,垂拱而治"的方略,垂拱而治就是黄老学说的无为而治,提倡统治者少扰民。魏徵是唐太宗重用的大臣,虽有儒家思想,但是道士出身,史书说他"征少孤贫,落拓有大志,不事生业,出家为道士",对《老子》精要了然于胸,著有《老子治要》,恐怕还是道家思想多一些。魏徵提出,"百姓欲静而徭役不休,百姓凋残而务劳不息,国之衰弊,恒由此起,……隋氏以富强而郏固丧败,动之也。我以贫穷而安,静之也,静则安,动之则乱,人皆知之,非隐而难见也,非微而难察也"。魏徵认为,治国"必须先存百姓",在行政中就要"志尚清静,以百姓之心为心"。①

李世民受魏徵影响,采取了道家的治国思想,以"静者,为化之本"为"安人理国"的方针,提出"为国者要在安静",因为"国家未安,百姓未富,且当静以抚之"。安静就是减少对外战争,减少百姓兵役。后又提出"人君简静乃可致","惟欲清静,使天下无事",并明确以安、简、静为治国之道的四条主要措施:去奢省费,轻徭薄赋,选用廉吏,使民衣食有余。② 治国的根本,就是在于统治者的指导思想,"夫安人宁国,惟在于君,君无为则人乐,君多欲则人苦"。③

李世民强调:"君依于国,国依于民,刻民以奉君,犹割肉以充腹,腹满而身毙,君富而国亡。"他把儒家的民本思想与道家清静治国的思想结合起来,提出"凡事皆须务本,国以人为本,人以衣食为本,凡营衣食,以不失时为本",即民为邦本和与民清静的结合。④

李世民在无为而治、顺势而为、清静为要的道家思想指导下,采取了一系列巩固秩序、举用人才、增加民生、促进农业发展和安定百姓的措施。在政治上,李世民重用人才、知人善用、虚怀纳谏、政治清明,建立和完善了三省六部,完善科举制,任用了以魏徵、房玄龄、杜如晦、长孙无忌为代表的一批无为而有为的官吏,并虚心采纳他们的合理建议,为贞观之治打下了政治基础。同时,设立中央管理机构的三省六部,又将中央各部府官员从 2 000 多人减少到 600 余人。

在法律上,以道领法,实行严格的法律,王子犯法与庶民同罪,以身作则带头执行唐朝的法律。唐太宗曾说:"国家法律不是帝王一家之法,是天下都要共同遵守的法律,因此一切都要以法为准。"但在量刑上又尽量从宽,执法简约而不苛刻。据史书载,贞观四年,全国处以死刑的仅有 29 人,贞观六年处以死刑的仅有 390 人。在经济上实行均田制,以农为本,减轻徭赋,休养生息,厉行节约。在文化教育人才制度上,实行科举制。在军事上,实行府兵制,任用李靖、徐世勣等一批著名的将领,军队能征善战,多次打败突厥的进攻并将其击溃,但唐朝军队的作战又很有节制。在对外政策上,实行相对宽松和平等的民族政策,在武力打击突厥的同时,又与吐蕃和亲,与西域各族友好往来,被西域各国奉称为天可汗。同时实行开放政策,与世界各国广泛交往,来自国外的侨民在唐朝时达到数十万人之多。不仅首都长安,全国各地都有来自国外的侨民在当地定居,尤其是新兴

---

① 张成权:《道家与中国哲学》(隋唐五代),人民出版社 2004 年版,第 161 页。
② 赵克尧、许道勋:《唐太宗传》,人民出版社 1984 年版,第 101-103 页。
③ 《唐太宗传》,第 124 页。
④ 同上,第 103 页。

的商业城市。贞观王朝是中国历史上少有的开放王朝，外国人入境和中国人出境并没有太严格的限制，既不担心中国人出去后忘本忘祖，也不担心外国人进来后喧宾夺主。仅这一点就说明贞观王朝的高度自信，深信自己的国家是世界上最最文明富强的土地，不担心外来文化把自己淹没。贞观王朝的国民素质是如此之高，对外国侨民既不歧视也不奉迎，既不盲目排外也不"拿来主义"，一副不卑不亢的大国民气度和王者风范。外国人在中国，就像中国人在自己家里一样，享有和中国人一样的公民权利，不但可以发财致富，还可以从政当官。来自阿拉伯帝国和日本的侨民就有不少在中国担任官职的，有的还担任部长级高级官员。

唐朝第九代皇帝唐玄宗时，对老子的推崇达到了高峰，唐玄宗在位45年，奉老子为万教之祖，三次给老子封爵加号，拨款修缮老子的庙宇，下诏在全国增建老子庙，还两次为《老子》作注释，是中国历史上第一位为《老子》作注的皇帝，把《老子》一书作为科举考试的内容。他每晚必读《老子》，认为《道德经》"其要在于理身、理国，理国则绝矜尚华薄，以无为不言为教"，又说老子的精神旨在"顺天之时，顺地之性，因人之心，此理国无为之道也"。唐玄宗还下令博士讲老子，对有研究者还给予奖励，并用行政手段增建老子庙宇，令各地铸老子像，开元二十一年，下令全国各州县将《老子》镌刻于市供众人诵读。

唐玄宗在政治上顺势而为，先后采取有力措施解决了太平公主和武韦集团的干政乱政，任用姚崇、宋璟等人，下令选拔有才干之士，削减和停建佛寺，大量裁减官吏，精简机构。

## 七、改良的局限

总体来看，汉唐两朝在以道家治国思想改造旧政权方面，比较有成就。秦统一中国至晚清的2 000多年中，中国历史上比较繁荣、进步、自由、开放的时期，基本上都是以道家思想为主导的时期，主要体现为文景之治、贞观之治、开元盛世。这些以道家思想为主导的时期，相对来说，也是中国文明在世界文明中相对领先的时期。可以说，汉唐时期道家思想对旧制度的改造，已经达到了它的最高峰。

当然，从最后结果来看，即使是汉唐，也只能是道家思想起的作用相对较大，但还不能说汉唐就已经是道治国家了。因为老子的政治思想的核心是以民心为心，以百姓四自为核心，而即使是汉唐时期，无论是汉文帝还是唐太宗，都是以君心为心，以君主利益为核心的政治制度并没有发生根本变化。

汉文、汉景之后，一切又回到了从前；唐开元盛世之后，又走向了腐败衰落，百姓依旧受剥削、受压迫,权力依旧掌握在一家一姓手中,离"天下者,天下人之天下",离政治以民心为心,离百姓四自,离以法治国,差得太远。从这个意义上说,道家思想对汉唐的改造又是相对有限的。正如章太炎在《老子政治思想概论》序中所说,虽然"孝文能兼用"老子的一些思想,但也只是"得其一二,后之晓此者寡矣",认为汉文帝虽然也借了一些老子的治术,但其实并不合老子的道治社会之理想,连老子十分之一的内容也没有做到。① 汉孝文帝也不想改变皇权世袭的制度。

可以说,三个盛世都只是用老子之柔弱清静之术,而不用其"以百姓心为心""民四自""损补抑举"之政道,故三盛世仅得老子政治之皮毛矣,并非以道治国,更不是道治社会。

---

① 章太炎:《章太炎自述》,人民日报出版社2012年版,第165-166页。"孝文假借便佞,令邓通铸钱布天下,既悖刑名之术;信任爰盎,淮南之狱,不自责躬,而迁怒县传不发封者,枉杀不辜,庚法已甚,岂老氏所以在政哉! 若其责岁计于平勃,听处当于释之;贾生虽贤,非历试则不任以卿相;亚夫虽杰,非劳军则不属以吴楚,斯中老氏之绳尺矣? 盖公、汲黯以清净不扰为治,特其一端。世人云汉治本于黄老,然未足尽什一也。"参见章太炎:《诸子学略说》,广西师范大学出版社2010年版,第99-100页。

# 第二十七章

# 道器之建:"介然之梦"与"群众路线"

革命的路不愿走,改良的效果有限,道治之器如何建造呢?

老子在书中实际上还设想了第三条道路,这可能是老子最想走的路。这条路是革命与改良的中间道路。如果说革命道路是人民路线,是阳线,而改良道路是上层路线,是官僚路线,是阴线,那么第三条道路就是有道者引导下的群众路线,是阴阳路线。

## 一、老子的"介然之梦"

老子作为一个思想家,与后来多主张出世的道家不同,老子是怀有强烈入世情怀的哲学思想家,是希望以道治思想来治理国家的政治思想家。

老子也有梦。

老子之梦,就是建立道治国家,让人世间出现以百姓心为心,实现百姓"自富、自化、自正、自朴",让百姓有甘美安乐的生活。

他也曾梦想,假如有一天,能有机会来实现我的抱负,我会如何治理国家呢?

这就是老子的"介然之梦"。

● 使我介然有知,行于大道,唯施是畏。(53章)

河上公曾注解此章说,这一章大概是老子痛感时政之弊时的一段感叹,他感叹人民在旧制度之下饱受各种苦难,而"王不行大道",故有此言,并假设,如果有一天,他有机会得以施政治理国家,"则行大道躬无为之化",必定要把以道治国的无为之治的思想付诸实践,也一定会充分汲取现在礼制政治的教训,"唯施是畏",即一定不会采取礼治制度之下那些以统治者的欲望为目的的智巧之治。

● 大道甚夷,而民好径。(53章)

无为而治的治国理政的道路,本来就是顺着治国的复杂的客观进程而自然形成的大道,而现在治理国家的那些统治者却偏偏要背离大道,喜欢按照自己的主观欲望,去走那些荒僻的歪门邪道。

● 朝甚除,田甚芜,仓甚虚;服文采,带利剑,厌饮食,财货有余;是为盗竽。非道也哉!(53章)

礼治之下的统治者的腐败统治,首先是从统治者私生活的腐化开始的。统治者们经常拆除原有的宫殿,重新修建更宏大的宫殿,逼迫农民放下庄稼活而从事繁重的劳动,宫殿修成了,田地却荒芜了,统治者们花天酒地的盛宴开始了,老百姓家里的粮食却空了;奢侈的统治者们穿着盛装,佩带昂贵的利剑,厌恶了种种山珍海味,家里装满了从百姓手中抢劫来的各种财货;这哪里是在治理国家啊,这分明就是明火执仗进行抢劫的强盗!这完全违反治理国家的规律啊!

正因为对礼治之下的统治者的统治极为愤怒,所以老子才会有取而代之的"介然之梦"。

研究了以道治国的得道者们,必须走上政治的前台,必须亲自践行道治的理想,把百姓从礼治之下的罪恶统治的枷锁中解放出来,让百姓开始自富、自化、自正、自朴的新生活。

道治之梦如何实现?

## 二、学与教:道治国家基础

● 人之所教,我亦教之。(42章)
(古人流传之大道德善用以教我者,我亦可以用之教人。)

中国自古就是一个重教育的国家。从夏朝起就有办学的记载,后来形成官学和乡校两大教育体系。

官学有大学和小学。大学有天子之学,由王室直接管理,叫作辟雍;有诸侯国的大学,由国君直接管理,称为泮宫。王公贵族子弟8岁起入小学学习,15岁后则进入大学学习;大学和小学都是直接由官府办的,称为"学";大多在天子或诸侯的都城中进行教育。

乡校,办在郊区乡里。古之教者,家有塾,党有庠,术(州)有序,国有学。塾、庠、序,都属于乡学,是地方学校。《孟子·滕文公上》所说:"设为庠序学校以教之。……夏曰校,殷曰序,周曰庠,学则三代共之。"

周朝之初,教育主要是官学,教的都是以礼制为核心的内容,许多都是形式化的东西,这些教学的内容到春秋时期已经逐渐不能适应形势的变化。但是教育的一些基本功能,比如识字,古代讲字要象形、会意、转注、处事、假借和谐声等内容,比如文化传承以及怎么做人、人应当有什么德行等,对社会的进步和发展还是有积极的一面。

进入春秋时期,官学衰落,私学兴起,教育的内容除了礼制的东西,也开始产生了按自己的思想教育学生的趋势,所以,春秋时期的教育相对开放自由。在老子的成长过程中,他的老师教给他的东西,已经不完全是礼制教育下的那一套东西了,所以老子也从中受到了道家思想的启蒙教育。因此,要建设道治国家,还得从办教育开始,通过道治思想的传播,培养人才,让更多的人知道、了解道治的思想,才能为真正的道治的政治实践铺平道路。

老子主张"民自化",百姓可以自己从天道自然中去直接悟道,但老子也不反对他化、教化,因此,老子也把办学、传播道治思想、培养道学人才视为以道治国的一个必须有的进程。

老子的生平总的来说极其模糊不清,后人只能在其他人的转述中,知道老子曾经办过私学,而且可能是诸子百家中最早办私学的思想家。[①] 老子从周朝辞官之后,并没有直接出关去秦,而是先回到老家陈国的苦县,并在那里建立了道学的第一所私塾,收了最早的一批学生。后来,老子应该在沛地和秦国办过学。

老子的教育,当以培养得道之士和传播思想为目的。

《老子》全书出现"圣人"31 次,但圣人并非能通过教育培养出来的,圣人就是对大道领会最深的人,有许多大道并非能教出来,只能靠得道之人自己的直观体悟,所以老子退而次之,把培养明道有德的君子作为教育的目的。

道学之君子,以其对道的体悟的深浅,又可以分为三类,即上士、中士、下士。这些得道之君子,从个人道德修养上,老子希望生而弗有、作而弗辞、为而弗恃、功成而弗居,成为知进知退、尊道贵德之人;从政治上,如果他们一旦有机会从政,则能坚持不自见、不自骄、不自是、不自伐,为而弗争,积极践行以民心为心、百姓四自的政治理想,希望他们把天道自然、以民心为心、百姓四自的思想向社会民众广泛传播,如有机会则影响为官者,影响最高统治者,使道治思想成为社会政治的实践。

老子的教育以自化为主,启发弟子们直接从天道自然中观察和领悟天道、人道,当然,这其中也少不了老子对弟子们直接传授自己悟道的心得体会,所以老子的私塾,并非以当时流行的思想为内容,而是以他从过去的有道者那里传承并

---

[①] 张松辉认为,第一位开办私学、打破学在官府的应是老子,而不是孔子。参见张松辉:《老子研究》,人民出版社 2009 年版,第 170 页。

经他自己创造性创新的大道德善的内容为主。这些思想教人崇尚自然、质朴、纯真,反对主观、人为、矫作,启发弟子们重视和爱护自己的生命,不被外界的物质名利所诱惑,倡导弟子们自知、自胜、知足、知止,不要违反规律强行妄为;在教育方法上,除倡导弟子们自化外,老子也告知弟子们体悟大道,不要被外在的形名之学所迷惑,必须去繁就简,抓住关键,大道至简,其核心会越来越少,即所谓"为学日增,为道日损"。

老子的第一代弟子,比较公认的有尹喜、庚桑楚、南荣趎、文子、杨朱、辛钘、崔瞿、柏矩等人;其中,关于尹喜和文子的信息稍多一些,其他的都不详。

尹喜为函谷关关守,闻老子西游至关,故迄请老子留言。后人今天能得见老子道治思想,尹喜实为第一功臣,也是老子第一大弟子。

文子,姓辛氏,名钘(读作 xíng),字文,号计然,生卒年不详,约与孔子(公元前 551—前 479 年)同时但年龄小于孔子,家居葵丘,属宋地,一称宋钘,老子弟子,晋国公子。是《文子》(即《通玄真经》)十二卷的主要作者。文子学道早通,游学于楚。楚平王孙白公胜曾向他询问"微言"。后来文子又到南方的吴越游历,越大夫范蠡尊之为师,计然授范蠡七计,后范佐越王勾践,用其五而灭吴。后又游学到齐国,彭蒙、田骈、慎到、环渊等皆师事之,三晋之地的文子学派和齐国的黄老学派共同形成了北方道家。或隐居在吴兴余英禺山,不知所终。《汉书·艺文志》《太平御览》《史记·货殖列传》有所记载。20 世纪七八十年代先后在河北省定县出土的西汉墓葬品中,有《文子》的残简共 227 枚 2 700 余字,其中与今本《文子》相同的文字有 6 章。自唐代以来关于《文子》的真伪的争论有了最终结果,确证了《文子》的存在。

庚桑子,又名庚桑楚,陈国人。偏得老子之道,居畏垒之山。著收九篇。一名亢仓子。

孔子虽然也曾向老子请教,也受到老子思想的影响,但老子的自然无为思想并不是孔子思想的主调。孔子自创儒家学派,因此,人们一般不把孔子视为老子的学生。

第二代弟子有范蠡、列子等人。范蠡其人可见前述。列子,又称列御寇,战国时期郑国人,与当时郑国相子阳(?—公元前 389 年)为同时代人。有《列子》8 篇解释论述老子思想。

以后诸代的弟子有庄子、黄老学派诸人。

庄子(约生于公元前 369—前 286 年间),与孟子同时或稍早于孟子,宋人,名周,字子休,生于睢阳蒙县(今河南商丘市)。《史记·老子韩非列传》说他曾为宋蒙漆园吏,学识渊博,广泛涉猎各家,但核心思想来自老子的自然无为之学。

著书十余万言,大多寓言,是老子之后道家影响最大的思想家,后人多以老庄并列。庄子其言汪洋恣肆、随心而出,故自王公大人无不把他当成治国大才。楚威王听说庄周有才,曾派人以"厚币迎之,许以为相"。庄周笑对使者说,"千金重利,卿相尊位也","但你没有见过郊祭时所用的牺牛吗?饲养它好几年,给它穿上各种花纹的衣服,为的是把它送进太庙作祭品。在这个时候,它即使想做一只孤独的小猪,也做不到啊。你赶快走吧,不要玷污了我,我宁可在污水沟里游戏,自然快乐,也不愿被国君所束缚,我宁可终身不为官,也要使我的心智快乐!"

在这些弟子和学派中,有一些思想传世。虽然这些传世思想中加进了后人整理的东西,但一般认为,《关尹子》《文子》《列子》《庄子》中包含了尹子、文子、列子、庄子等人的思想,形成了道家学派。道家学派主要有文子学派、庄子学派、列子学派、黄老学派。反映道家思想的重要著作,还包括《管子》《黄帝四经》《吕氏春秋》《淮南子》等。

孔子虽然也请教过老子,从广义上也可以算是老子的学生,但我们这里用的弟子是狭义的,即只有主要传播老子的道法自然、无为而治的核心思想的,才能算是老子的弟子。

道家诸子对传播老子思想起到了巨大作用,在创新性发展方面,这些道家诸子各有所贡献。庄子学派的主要贡献是对个人精神自由和人人平等方面独到的见解;黄老学派的独到贡献是对老子政治学说的实践方面的发挥和补充,比如道与法的结合、道与术的结合、柔弱与刚强的结合等。

道教对老子政治学说的发展,主要在于如何通过宗教这种组织形式把百姓组织起来,太平道是中国历史上第一个全国性的群众性自发组织;五斗米道在汉中20多年的政治治理,是第一次百姓自发性的老子思想的政治实践。道教对传播老子思想也起过重大作用。

老子的思想在初期是民间传播,后来也得到了一些统治者的认同,一些朝代的统治者对传播老子的思想也起过积极作用。其间影响最大的当数唐代的统治者,尤其以唐玄宗为最。在唐玄宗时代,唐朝曾下令在全国各地将老子《道德经》以各种形式铭刻于城乡建筑物和道观中,使民间更便于诵习和传播。正是由于老子及其弟子办的学校,使得老子的思想一代代相传,虽然中间也有波折和磨难,一度被独尊儒术的正统思想所遮盖,但老子思想的传播最终成为中华文明的一道蔚为壮观的思想传播景象,并成为迄今为止,全人类译成外国文本最多、传播最广、最被世人认同的一本中文经典。

与此同时,必须指出,道家诸子在创造性继承、创新性发展老子的治国思想方面也是有重大缺陷的。

庄子在政治思想方面总的来说是无治的、出世的、消极的、逃避的,与老子的无为而治中包含的积极无为思想相比有很大的倒退。黄老学派在推动老子政治思想的落地实施方面有积极贡献,但重心放到了如何帮助统治者巩固政权方面,在积极无为方面走得太远,实质上变成了"有事取天下",鼓吹主动出兵、以有道之军攻伐无道之国,在把握老子政治思想中的核心即以民心为心、百姓四自方面有较大的倒退。道教把老子变成了一个宗教教主,并最终流入丛林,引导人们修身长寿无可厚非,在传播老子思想方面也起到了巨大作用,但道教对老子的无为而治、以百姓心为心、民四自的政治学说的传播和继承作用不大。有些道教教派过多强调成仙和长生不老思想,这也是背离老子"道莅天下,其鬼不神"思想的。

严格来说,老子之后道家诸子诸派,竟然没有一子一派真正全面把握并领悟老子治国理政的政治思想的精华、核心和体系。

## 三、向上:有道者影响当权者

要让道治思想成为社会主流政治思想,当然首先要引导上层统治者接受道治的思想。道家主要通过让得道君子对主要当权者的影响来达到这一目的。

比如前述的文子对楚平王、范蠡对越王勾践的影响。战国时的道家鹖冠子曾对战国名将庞暖传播道家思想。汉初的道家通过河上公对乐臣公、乐瑕公的传承,让汉相曹参成了推动黄老思想影响汉初政治的重要人物;汉初时的那些有名的大臣,如萧何、陆贾、张良、陈平等,也多少受到道家的影响。唐朝时,道士出身的魏徵对李世民提出许多具有道治思想的政策建议,对唐朝的贞观之治发挥了重要影响。

除此之外,道家的许多有识之士对其他时期的政治也有一定的影响。

魏文侯时的魏国成为战国第一个霸权国。魏国崛起的主导思想是法家思想,其次是儒家思想,但是在法儒背后,也可以见到道家影响。魏文侯时有河东三贤,大儒子夏是国师,他的两个弟子段干木和田子方也并列其中,子夏年纪太大,不能为官,推荐了段干木,段干木也不愿为官,推荐了李悝。

段干木虽然学的内容是儒家,但其作风和风骨有庄子的那种宁为污泥中快活的鱼而不为受拘束之官的清风傲骨,他的外皮是儒家,内骨却是道家。

段干木的学友,并称为河东三贤的田子方,是魏文侯的顾问。从历史文献记载来看,田子方应当是儒家弟子,曾师从孔子弟子子贡,但也曾经师从道家东郭顺子,可以算得是亦儒亦道的大学者。后来在《庄子》著作中,其中有一篇是以田子方为篇名的,反映了道家思想对魏文侯的影响。

当时的田子方以道德学问闻名于诸侯,被魏文侯聘为魏国国师,礼遇很高。一次,魏文侯与田子方闲谈中问起田子方的老师,田子方回答说,东郭顺子是自己的老师。魏文侯很好奇,问田子方为何从不谈起自己的老师。田子方回答说,老师"其为人也真。人貌而天虚,缘而葆真,清而容物。物无道,正容以悟之,使人之意也消。无择何足以称之"!《庄子·田子方》意思就是:我的老师为人十分真朴,相貌跟普通人一样而内心合于自然,顺应外在事物而且能保持固有的真性,心境清虚宁寂而且能包容外物,外界事物不能合符"道",便严肃指出使之醒悟,从而使人的邪恶之念自然消除。我做学生的能够用什么言辞去称赞老师呢?魏文侯听后,很久没有说话,后来对他面前的近臣说:"远矣,全德之君子!始吾以圣知之言、仁义之行为至矣。吾闻子方之师,吾形解而不欲动,口钳而不欲言。吾所学者,直土埂耳!夫魏真为我累耳!"意思是:东郭顺子的学问深不可测,是一位德行完备的君子!起初我总认为圣智的言论和仁义的品行算是最为高尚的了,如今我听说了田子方老师的情况,我真是身形怠惰而不知道该做什么,嘴巴像被钳住一样而不能说些什么。我过去所学到的不过都是些泥塑偶像似的毫无真实价值的东西,至于魏国也只是我的拖累罢了!这些话虽然是道家的夸张,但也反映魏文侯时道家的影响是很大的。

田子方不仅影响了魏文侯,对魏文侯的太子击,即后来的魏武侯,也曾经教之以"为君者不可以骄人"的道理。史载:"子击出,遭田子方于道,下车伏谒。子方不为礼。子击怒,谓子方曰:'富贵者骄人乎?贫贱者骄人乎?'子方曰:'亦贫贱者骄人耳,富贵者安敢骄人!国君而骄人,则失去国,大夫而骄人则失去家。失其国者未闻有以国待之者也,失其家者未闻有以家待之者也。夫士贫贱,言不用,行不合,则纳履而去耳,安往而不得贫贱哉!'子击乃谢之。"《资治通鉴·周纪一·威烈王二十三年》)击是魏文侯的儿子,当时已被封于中山,是个有权有势的人物,受其父的影响,他对那些文人还算得上是礼遇有加,所以遇到田子方时,他首先下车行礼。但田子方却以傲慢的态度对他,拒不还礼。因此,他不明白,世界上只有富贵者骄人,怎么今天遇上了贫贱者也可以骄人,他想不通。这时,田子方告之以"富贵者不可以骄人,贫贱者却可以骄人"的道理,因为"国君骄人则失其国,大夫骄人则失其家。失其国家者,未闻有以国家待之者也"。这种教育法表明,田子方不是以儒家的君子以礼交的道理来教育太子击,而是教之以道家的骄者失其国的辩证之道,让他明白国君为何不可以骄的道理。

通过段干木和田子方两位魏文王时的有道家思想的大师,道家思想在魏国崛起中起到了辅助作用。

范蠡入齐国经商,也把道家的思想带到了齐国,范蠡通过商业传播道家思想,开创了道家思想传播的新渠道。到田齐代姜齐,田氏家族为了替自己掌权的合法性制造舆论,也有意识地接受黄老学说,并任用了一批有道家思想的君子入朝。因此,齐国在当时的战国七雄中,政治、经济、文化的环境一直相对宽松,思想上是广纳百家学说。

汉唐之后,宋、明、清的统治者也都先后接受了一些道家的思想。北宋的历代统治者对道教都很尊崇,其中以宋真宗赵恒(997—1022年在位)、宋徽宗赵佶(1100—1125年在位)为最,宋徽宗还亲自注释过《道德经》;明朝的朱元璋、清朝的清世宗雍正也曾先后注释《道德经》。

然而,这些统治者关注《道德经》,并没有真正接受老子道治的核心思想。相反,他们是把《道德经》和道教作为维护自己统治的工具。

比如宋太宗赵匡义继承其兄的皇位,在当时不合父传子的传统,为了论证自己的合法接位,赵匡义授意道教道士张守真炮制了一个"诏圣"显灵的神话,张守真自称是高天大圣玉帝到人间,说宋太祖临死前要张守真传话,将来的皇位要让弟弟赵匡义继承。后来的宋真宗为了替自己与辽国的和约辩解,也搞了一场道教天书的闹剧,在天书中神仙赞扬了真宗,告诫他要清静简俭。至于宋徽宗,虽然是一位很崇道的皇帝,但他只是想利用道教为自己排难解忧,在1113年也利用道教搞了天神降临的闹剧,还自称道教的神霄玉清王,使道教的地位大大提高,但这些提高道教地位的活动,与老子的以民心为心、百姓四自的治国思想根本不沾边。

宋朝的历代统治者都没有把以民心为心、百姓四自的思想作为治国的核心,也没有领会老子的以正治国、以奇用兵的高妙之论,对如何整治军队、提高战斗力始终都比较轻视。宋徽宗也成了亡国之君。

南宋的统治者也是一样。宋理宗(1224—1264年在位)也热衷于道教的法事,还向全国印刷颁布《太上感应篇》,其目的也不是以老子的思想治国,而是利用道教来维护自己的统治。

因此,让道家思想影响统治者只是实行道治的一个途径和一个方面,只有这一点,并不能真正实现以道治国。

## 四、向下:群众路线和"天下乐推"制

因此,老子对如何从下面推动民众接受道治思想并进而推动以道治国,也进行了思考,提出了得道君子要与百姓打成一片的思想,这就是要"善下民"和"浑其心"。

- 是以圣人欲上民，以其言下之；欲先民，以其身后之。（帛66章）

这段话也可以理解为，得道者们（圣人及其追随者）如果得到政权去实践道治的理想，就必须经常下到百姓之中去，在百姓中传播自己的思想，让更多的百姓接受道治的思想；如要站在前面引导百姓向前，就必须经常深入百姓之中，跟随百姓一起前进，听百姓在说些什么。这是"善下民"的路径。

- 圣人在天下，歙歙焉；为天下，浑其心。（49章）

想要建立道治国家的得道者（圣人及其追随者们），只有通过与百姓保持水乳交融的亲密关系，才能了解百姓的心是什么、利益是什么，才能将百姓团结在自己身边，对国家政治施加应有的影响，在国家的施政过程中自觉地体现百姓的利益诉求，从而真正实现以民心为心、百姓四自的政治本质。这是"浑其心"的路径。

做到这两点，得道者就不再是丛林的隐逸者、逃避者，而是积极推动国家政治改造的实践者和行动者，得道君子建立道治国家的理想，与百姓追求好生活的理想结合起来，形成一种推动国家政治进步、清明的强大动力。

如果再有上层的得道者，推动当权者从上面实行国家政治的改造，与下面的建立道治国家的力量结合起来，就有机会通过和平的方式建立道治国家，推动以道治国思想的实践。

- 是以天下乐推而不厌。（66章）

这里的"天下"，是指天下百姓，"乐推而不厌"，是说得道君子与百姓建立了水乳相融的和谐关系，始终与百姓生活在一起，了解百姓的心声，维护和实现百姓的利益，因而得道君子能够取得百姓的高度信任，一旦改造国家制度的时机成熟，与百姓保持紧密联系的有道者就有机会被百姓推上治国理政的前台。

这样，上面有得道君子推行老子的思想，下面有百姓的支持，上下结合，就能真正实践老子的以民心为心、百姓四自的以道治国思想。

老子的弟子文子，在其《文子·道原》中也强调了得道者与民众的结合，主张不用人事或贪欲等来破坏自然规律，要按道为政，不用谋略欺诈，不加重人民负担，由此争取人民的拥护，争取政治上的胜利。①

文子还进一步提出了争取民心的思想。《文子·上德》指出，圣人如果想要争取执政的机会，就必须争取民心，只有争取民心，才能真正成为强大的力量，而圣人争取民心的办法，就是善于谦下、处下，在民众中展现吸引力，只有获得多数民众的支持，才能实现以道治国的目标。文子与老子不同，对仁、义、礼的积极作

---

① 《文子·道原》："故圣人不以事滑天，不以欲乱情，不谋而当，不言而信，不虑而得，不为而成，是以处上而民不重，居前而人不害，天下归之，奸邪畏之，以其无争于万物也，故莫敢与之争。"

用也给予了一定的肯定,认为上德是争取民众的最好的办法,但上仁、上义、上礼在一定范围内也可以发挥作用,如果不能用德、仁、义、礼争取民众,那就只能使用武力争取政权,但这不是一种上策,所以文子说"不归,用兵,即危道也"。①

当然,如何实现上层的有道者与下层民众的结合,是一个复杂的问题。

"天下"如何"推"? 如何才能把真正的有道者推上前台? 这一高难度的政治实践问题,在老子政治哲学中,显然是找不到现成答案的。有些解老者仅凭"天下乐推"这四个字,就说老子已经有了民主选举的思想,不免有些过于望文生义了。西方式的一人一票的民主选举,是选不出真正的有道者来的,因为西方式的民主选举能够选出来的,多是会表演、会炫耀的人,而真正的有道者是不屑于这样的,"自见自是"是有道者所不处的。

另外,这种"天下乐推",也不是什么人都可以有资格被推举的。

老子的治理分为地方基层的百姓自治和国家治理两层。地方基层的百姓自治,是处理群众熟悉的一些基层的、日常的事务,百姓自己就能解决好。而国家治理,依老子的思想来看,应当始终是由有道者、由圣人根据百姓的愿望来治理,而不是直接由百姓来治理,所以才需要有道者、圣人被百姓推到前台。《吕氏春秋》虽然不完全是继承老子的思想,但它是以老子思想为指导的,其中对是否由群众直接参政、直接治理国家大事表达了一种倾向,就是不主张百姓直接参加国家政治的管理。

有道者到群众中听取群众意见是必然的,但如果国家的治理完全依靠百姓的议论而没有有道者、圣人参加管理,则国家的治理也是危险的:"听群众人议以治国,国危无日矣。"国家治理是一件复杂的事情,绝非随便一个什么人都可以胜任,"使治乱存亡若高山之深溪,若白垩之与黑漆,则无所用智,虽愚犹可矣",但"治乱存亡则不然。如可知,如不可知,如可见,如不可见。故智士贤者相与积心愁忧以求之,犹尚有管叔、蔡叔之事,与东夷八国不听之谋。故治乱存亡,其始若秋毫,察其秋毫则大物不过矣","故民不可与虑化举始,而可以乐成功"。

子产治郑时,下令使田地水道要有"封洫"(界沟),让都市和村邑各有规定的界沟。一开始,百姓都反对,并说"谁要能杀子产,我们一定帮助他"。过了三年,子产的治理取得了成效,百姓又都说子产的好话,说"我有田畴,而子产殖之。我

---

① 《文子·上德》:"能强者,必用人力者也,能用人力者,必得人心者也,能得人心者,必自得也,自得者,必柔弱者",圣人应当"用众人所爱,则得众人之力,举众人之所喜,则得众人之心,故见其所始,而知其所终","得众人之力者,即无不胜也,用众人之力者,乌获不足恃也","积力之所举则无不胜也,众智之所为则无不成也。千人之众无绝粮,万人之群无废功","故云上德者天下归之,上仁者海内归之,上义者一国归之,上礼者一乡归之,无此四者,民不归也"。

有子弟,而子产诲之。子产若死,其使谁嗣之?"如果什么都听百姓的话,那子产的事就做不成了。因此,"听无事治"。①

胡适先生对此评论说,治国的治乱存亡这样的事情,不是群众所能解决的,群众眼光不出一身一时的利害之外,故可以坐享成功,而不能深谋远虑。治国之道,知虑固不易,施行也不易,不知固不能行,行之而草率苟且也不能有成,行之而畏难中止,或畏非议而中止,也不能有成。深谋远虑,还是得需要专家、贤者、有道者。②

## 五、没有完成的思考:上下如何结合? 天下乐推如何推?

从老子的思想语境中,我们也许可以这样来理解老子的"天下乐推"思想:

▲ 以道治国思想的核心就是以民心为心,就是实现百姓的"四自",让民众实现自富、自化、自正、自朴,实现"甘美安乐"的淳朴生活。

▲ 为了实现这个理想,有道者必须广泛传播、宣传自己的思想,通过办道家学校培育有道者,并且让广大民众知道、了解大道德善的思想;群众自化与有道者的教化结合。

▲ 有道者通过学校、教育网络与百姓保持广泛的紧密联系,并且形成一个全国性的组织网络,类似于太平道曾经做过的事情。2 000多年前东汉末年的太平道是有道者到基层组织民众的实践,建立了有纲领、有组织、有口号、有目标的太平道,已经具备了一些现代群众性政党的特征。

▲ 有道者要经常地帮助、解决老百姓最关心、最迫切、最困难的问题,了解群众的方方面面的情况,与百姓一起生活,倾听百姓的心声,与百姓打成一片,成为百姓的贴心人,逐步成为百姓中最有影响的组织。

▲ 政权应当掌握在有道者手中。有道者应当通过各种渠道进入各级政权机构,或掌握权力,或设法影响和辅助有权力的人,一点一滴地实现道治的理想。

▲ 有道者的组织,可以通过各种形式推举有才能的有道者进入国家机器。首先是将在各地百姓中有影响、有威望、有公德的真正的有道者,由有道者的组织推举出来;这些被推举的有道者,是在群众中有威信、有影响的人,他们的能力也在为百姓办实事的实践中逐步得到群众的公认。然后再把这些被推举者放到百姓中去,听取百姓的意见,这时可采取制度化的程序,由百姓从若干推举者中,最后推举出公共职位者。

---

① 《吕氏春秋·不二》,《吕氏春秋·察微》,《吕氏春秋·乐成》。
② 胡适:《胡适讲国学》,吉林人民出版社2009年版,第96页。

总之,这种"天下乐推"制,是由有道者的组织与群众共同完成的,是选票推举、实践推举、有道者推举、百姓推举的结合。

百姓推出的推举者必须是有道者,有道者组织推出的必须是在百姓中有影响、有威信的人;被推举的人必须实行以民心为心、百姓四自的道治路线。

如何让有道者的道治思想与百姓结合,如何让道治思想成为国家的指导思想,如何建立以道治国的国家机器,依然是有道者要继续思考的重大问题。

# 结束语

# "小国寡民":道治理想,
# 　　　　　老子之梦

"政治哲人们称为'公共善好'的东西,隐藏在各式各样的名号之下,有时是'美好社会'或'社会正义',有时就是简单的一句'最佳政制'。在政治生活的一切问题中,最古老的也是最基础的问题就是:什么是最佳政制?"①

● 小国寡民。使有什伯之器而不用。使民重死,而不远徙。虽有舟舆,无所乘之;虽有甲兵,无所陈之。使民复结绳而用之。甘其食,美其服,安其居,乐其俗。邻国相望,鸡犬之声相闻,民至老死,不相往来。(80章)

以道治国是老子的理想,这一治国的理想状态是什么样的?"小国寡民"正是对这一以道治国的理想状态的描述。但这一章,又是几千年来人们对老子思想误解最深的一段。几乎所有解释评论者,无论是总体上肯定老子的还是总体上否定老子的,都诟病老子这一段话的内容。因此,也亟须人们对此重新思考,以正视听。

## 一、吕思勉之叹:湮晦数千年的"小国寡民"

1. 批评者、否定者对"小国寡民"的批评

冯友兰先生把它理解为"道家的人把原始社会的简朴加以理想化,而谴责文化"②。

李石岑先生认为,老子的小国寡民,因为"反对这一切的恶德,遂反对这一切恶德所以产生的根源——文明"③。

---

① (美)史蒂芬·B.斯密什:《政治哲学》,贺晴川译,北京联合出版社2015年版,第5页。
② 冯友兰:《中国哲学简史》,北京大学出版社2010年版,第17页。
③ 李石岑:《中国哲学十讲》,广西师范大学出版社2010年版,第126页。

范文澜说:"老子想分解正在走向统一的社会为定型的和分离的无数的小点,人们被拘禁在小点里,永远过着极低水平的生活,彼此孤立,这种反对思想,正是没落领主的思想……老子的小国寡民的政治思想是反历史的。"①

白寿彝主编的史书说它反映的是"主张奴隶社会向原始社会的逆转。小国寡民,民至老死不相往来,是对原始社会的向往,退回到草昧未开的洪荒之世"②。

任继愈先生认为老子对当时社会的批判是对的,但好比医生提出了错误的治病方案。③

熊十力先生在谈到老子的小国寡民的思想时认为,老子的小国寡民思想与孔子的思想相近。因为国小民寡,虽有枭雄不得挟之以逞,其利一;人民可合作治理,其利二;凡于公共大业可多国治理,其利三。但老子主张"直欲返于上古朴陋无知,闭塞不通,无有文物之社会",是"反自然而不悟也,社会发展正是自然,老氏言自然而反对发展,非反自然而何"。④

刘泽华先生主编的书中评论说,老子的小国寡民是从逻辑中演绎出来的,是对现实的反动,要毁掉利器和文化,抛弃礼义走向极端,主要不是反对压迫与剥削,而是反对文明与技术进步。⑤

2. 肯定老子思想的人对小国寡民的批评

胡适认为,"小国寡民"就是"要想把一切交通的利器、守卫的甲兵、代人工的机械、行远传久的文字……等制度文物,全行毁除,要使人类依旧回到那无知无欲、老死不相往来的乌托邦"。⑥

陈鼓应先生虽然肯定了小国寡民的崇尚自然无为的倾向,但也把小国寡民解读为"国土狭小、人民稀少的乌托邦"。⑦

张松辉先生主张对此重新进行评价,认为它是人类文明发展后对自然的自觉回归,利大于弊,但又认为老子"反科技文化"、封闭、"寡民",认为老子主张控制人口增长,封闭的社会利于控制人口的发展等。⑧

3. 近年来肯定老子思想的著作对"小国寡民"的批评

商原李刚的《道治与自由》对老子的思想给予了很高的评价,但这部书在谈

---

① 范文澜:《中国通史》(第一册),人民出版社1978年版,第246-247页。
② 白寿彝:《中国通史》(第一卷),上海人民出版社1989年版,第275页。
③ 任继愈:《中国哲学发展史(先秦)》,人民出版社1983年版,第250页。
④ 熊十力:《原儒》,上海书店2009年版,第142-143页。
⑤ 刘泽华主编:《中国古代政治思想史》,南开大学出版社1992年版,第172-173页。
⑥ 胡适:《中国哲学史大纲》,重庆出版社2013年版,第57页。
⑦ 陈鼓应:《老子今注今译》,商务印书馆2011年版,第347页。
⑧ 张松辉:《老子研究》,人民出版社2009年版,第118、121、123页。

及小国寡民时说,老子注重人民的生存权,无意中忽略了人民的发展权,脱离了激烈变革的现实,他的小国寡民是自给自足的小农经济的写照。难怪人们往往认为,道家思想使人走向消沉,阴柔和独立自足加深了这种没落气息,在现实面前显得苍白无力,显得简单而狭隘;其民虽少,但国亦小,与现代民主社会的大政府、小政府比较接近;主张在封闭的社会中自生自灭,使人生活在麻木不仁的状态中,消磨掉新奇感和创造性,这是"小国寡民"理想的局限。①

柯美淮的《仰望老子》,解老子的"小国寡民"有独到见解,比如"不相往来"就是"不知道礼尚往来的忌讳",但又认为"小国寡民"就是小城邦、人口少,"远徙"就是百姓都可以到"全世界自由迁徙",又说它是实行全民所有,没有国家,当然也就没有外交、战争,这些观点都值得商榷。②

因此,吕思勉先生当年著书时就曾叹道,老子的社会政治思想不被人解,"则淹晦数千年,有不得不亟为阐发者",并认为老子的"小国寡民"与"孔子所谓大同者,正系同物",一般解老者认为小国寡民是要逆返于"榛狉之境","此非道家之意"。吕思勉先生很有见地地指出,老子并不反对物质文明进步,所攻击者,"全在社会组织之不合理,而不在物质之进步","细读道家之书,自见其所攻击者,皆为社会之病态,无一语及于物质文明","故谓道家欲毁物质文明,或谓道家欲闭塞人民之知识,皆全失道家之意者也"。③

## 二、"国小民少"说,违反"道法自然"的主题

老子"小国寡民"不可能只是面积小、人口少的国家,虽然不排除一些面积小、人口少的国家能成为道治国家。

笔者认为,吕思勉先生所论对我们理解小国寡民提供了正确的方向,而且恰恰是熊十力先生批评老子的话中包含了理解老子这段思想的关键内容。

《老子》全书无处不谈人类应顺其自然来处事,又怎么可能在这里突然提出完全违反自然的极其人为操作的思想?

试想,国有大小之分,正如自然界动物、植物有大小之分一样,也正如水有大江、大河、大海与小河、小溪之分一样,是极其自然的,老子在61章中特别提出小国与大国的关系,也是在肯定大国的存在,如果要所有的国家都变小,就意味着要把所有的大国都变成小国,这不是完全违反自然吗?

---

① 商原李刚:《道治与自由》,第153、206、220页。
② 柯美淮:《仰望老子》(第2卷),中央广播电视大学出版社2012年版,第151页。
③ 吕思勉:《先秦学术概论》,广西师范大学出版社2010年版,第38-40、42页。

同样,民众人口的多少,也是一个自然的进程,以为"寡民"就是要减少老百姓的人口数量,不等于要采取极为强硬的措施来人为地控制、减少人口吗?这也是完全违反自然而然思想的。况且,当时春秋的各国都苦于人口太少,数百万平方公里的广阔的华夏大地上,只有区区数百万或一两千万人口,根本不可能产生现在的人多为患的难题,又哪有人口可减?虽然有韩非子在对比当时的华夏国家与原始社会的情况时,提出了"人民众而货财寡,事力劳而供养薄,故民争"(《韩非子·五蠹》)的观点,但韩非子主要是论证人生为利而争、人为利而乱,并非说要使人口减少;相反,商鞅等法家变法的一个主要内容就是如何使当时的秦国增加人口。当时的多数思想家和政治家把使民众富(富裕)庶(人口增加)作为一个政治发展的目标,如孔子在卫国提出对民就是要"庶"之富之教之(《论语·子路》),墨子更主张要使人口翻倍,为此提出了早婚、减轻赋税、男女定居等(《墨子·节用》)。可以说,增加人口是当时各家比较一致的意见。[①] 把"寡民"理解为减少人口的数量,是一个很奇怪且不合时宜的想法,恐怕难以理解为老子的原意。

## 三、"国小民少"说,违反"无为而治"的主题

什么是理想国?是面积小、人口少的国家吗?

面积大小、人口多少,从来不是老子用以衡量一个国家政治好坏的标准。

《老子》全书,没有一个地方说国土小、人口少的国家就是好国家。相反,老子从头到尾都在批判"有为"国家、"有为"君主,从头到尾都在述说为什么必须"无为而治"。国家的好坏,只有一个标准,就是看这个国家是否实现了无为而治,是否让民众满意。

换言之,"无为而治"、民众"不知有之"的国家是好国家,民众"誉之亲之"的国家是较好国家,民众"畏之"的国家是不好不坏的国家,"有为而治"、民众"侮之"的国家是坏国家。因此,把国土小、人口少理解为好国家的标准,是对《老子》全书主题的重大误解。

虽然有些国家确实因为国土小、人口少成为好国家,那也纯粹只是与"无为而治"的巧合。而且从老子所说的"邻国相望,鸡犬之声相闻"来理解,也可以看出相反的内容。因为邻国相处的边境之地,由于战争不断或者自然环境的阻隔,通常多是人烟稀少之地,很远的地方都看不到人烟,但在老子眼中,由于实行了无为政治,没有战争,没有杀戮声,没有统治者欺压百姓的吆喝声,老百姓得以有

---

[①] 张松辉先生说韩非子也是要减少人口的,可能误读了韩非子的思想,因为法家变法的主流思想是增加人口。参见张松辉:《老子研究》,人民出版社 2009 年版,第 123 页。

机会实现其自化、自富、自正、自朴的"四自"精神,所以能够过上符合自然的简朴却和平富庶的宁静生活,以至于甚至在过去人烟稀少的边境地区,也出现了"鸡犬之声相闻"的和平宁静的生活。百姓安居乐业,人口自然就要增长,哪里有所谓要减少百姓人口数量的意思!因此,把寡民理解为减少人口,是对老子思想的天大的误解!

因此,从《老子》全书只能以自然而然、顺其自然的主旨思想来说,老子的"小国寡民"绝无所谓使国家变小和人口减少之意。老子的自然无为认为任何事物都应该顺任它自身的情状去发展,不应由人的意志去人为地制约它。

《老子》全书从不刻意回避国家的大小,小国可以成为好国家,大国一样可以成为好国家。《老子》全书有两处内容对于我们理解"小国寡民"可以起到关键作用。

第一段是《老子》在57章中说的,"以正治国,以奇用兵,以无事取天下"。以"无事",即以和平共处、不对外侵略、不对外扩张、奉行不干涉主义的方针处理国家间的关系,就可以实现国家间关系的和平,这就是"无事取天下"的内容。这里的"取"当然不可能是以武力去征服别的国家,应该是一种大国处理国家间关系的状态,相当于用和平共处方针取得别的国家的信任和理解的意思,但这里的"取",不可能是一个小国处理国家间关系的主导方针,因为它反映的是一个大国的自信,即只要我这样一个奉行道治主义的国家不主动采取扩张性、侵略性的政策去招惹别的国家,我的国家就可以自保。一个面积小、人口少的小国,不可能以"无事"去"取"天下。

第二段是老子在分析如何处理大国与小国的关系时说的。老子看到了国家间的冲突往往多是由大国的扩张、侵略、争夺霸权引发的,小国是大国争霸的牺牲品。因此,治理天下体系的最重要的一项任务,就是遏制大国对发动吞并小国战争的冲动和欲望。因此,老子提出,以道治国的大国,应当奉行平等和平的方针,大国与小国在相互交往中各有所求,应该在平等互利的基础上相互满足大国与小国的利益,实现利益平等共享。在这个过程中,大国应首先对小国表现友好,首先尊重小国的正当要求,首先对小国让利,只有尊重小国,才能得到小国的尊重。老子专门在《老子》61章用了一整章的篇幅来论述这一问题:

● 大国者下流,天下之牝。……故大国以下小国,则取小国;……大者宜为下。(61章)

从这一章可以明显地看出,这个大国是以道治国的国家,只有以道治国的大国,才可能像江河的下游一样,像天下的柔静的雌牝一样,善于包容小国。善下、处下、处柔,这正是老子在全书中贯穿始终的以道治国国家的政治风格。

可见,这里的大国,是一个以道治国的国家,这样的大国有什么不好呢?这样的大国非要把它肢解成小国家才能成为好国家吗?

同样,大国也可以成为以道治国的国家,成为好国家,而小国家虽然无力侵略别的国家,但其内政也可能是极为黑暗的国家,历史上也有许多这样的坏小国。

《春秋左传·闵公二年》记,历史上第一个以暴政出现的坏小国是春秋时期的卫国(今河南鹤壁、安阳)。公元前669年,卫惠公死,他的儿子赤继位,是为卫懿公。卫懿公荒淫无度,骄奢侈靡,有一个特别荒唐的爱好,就是喜欢养鹤,为养鹤花费了大量百姓的财富。上有所好,下必甚之,下面的官员为了讨好卫懿公,于是在全国到处捕鹤养鹤,卫懿公的宫中为此到处都是鹤苑。卫懿公还根据鹤的颜色、品相、姿态,给鹤们分封了不同的官位,配以不同的车马。卫懿公出游,鹤必从之。养鹤的沉重负担,全部强加给百姓。公元前660年,狄人攻打卫国,卫懿公派军队抵抗,但士兵们都抗命,说你平时不给粮食吃,却把鹤供养得那么好,给鹤配车,为鹤修建豪华的宅所,而士兵们却吃不饱,既然你的鹤有那么多的俸禄,那就让鹤去与狄人作战吧。最后,卫懿公被狄军所杀,卫国也就此一度灭亡。司马迁在《史记·卫康叔世家》中批判说"懿公即位,好鹤,淫乐奢侈"。

第二个坏小国是陈国。公元前599年,楚庄王曾派使臣去了解当时的小国陈国的情况,使臣回来后向楚庄王报告看到的情况,认为陈国不能攻打,因为陈国城高沟深、粮储众多,老百姓也没有要造反的意思,如果这时攻打陈国,楚国会有重大伤亡。但楚庄王却从使者的报告中看到了另一面,认为陈国是个小国,却城高沟深、粮储众多,一定是耗尽民力才做到的,说明陈国这个国家统治者不顾百姓死活,所以陈国的百姓一定不会替陈国国君卖命。由是,楚庄王借口陈国内乱,替陈国平乱,出兵攻打陈国,并第一次灭了陈国。

第三个坏小国是战国时期的宋国,比前面的卫、陈还要残暴。宋国在春秋初期是一个有影响力的大国,一度曾与齐等国争霸。但到战国时期,宋国已经成为一个小国。宋休公在位26年去世。他的儿子剔成即位。剔成改姓戴氏。到公元前329年,宋国国君剔成之弟戴偃,为了得到王位,不惜发动政变,攻袭其兄,血腥登位。君偃初年,对内修王政,讲仁义,也一度有所作为,并迁都彭城(今江苏徐州)。公元前317年,君偃自称为王,从此沉湎享乐,暴政不断。虽然宋国是一个小国,但偃称王后,不但不求自保,反而对外到处兴兵挑衅,先后一度打败过齐、楚、魏等大国的军队,向东进攻齐国夺五城,向南进攻楚国,夺楚地300里,向西击败魏国,并灭掉滕国,自以为是当时最强大的国家,并不自量力,狂妄地向上天、向大地挑战,用弓箭射天,用长鞭鞭地,向神灵挑战,向祖先挑战,摧毁祭坛,还有"盛血射天"的妄举。偃还特别喜欢淫乐饮酒,好色,强抢民女,对那些敢于批评他暴政的大臣,残酷地射杀,天下皆称偃为"桀宋",把他比做夏王朝的最后一个暴君。偃的所作所为引起天怒人怨,公元前286年,齐、楚、魏等大国联合出兵攻打宋国,最后处死"桀宋",齐、楚、魏三分宋国,宋国就此在历史上消失。①

因此,国土小、人口少的小国,绝对不是好国家的标志。

古往今来的例子都说明,好国家还是坏国家,绝不是以国土大小、人口多少来评论的。

人们通常说北欧、西欧那些国土小、人口少的国家有不少老子的"小国寡民"的特征。比如,丹麦、瑞典、芬兰、冰岛、瑞士、比利时、挪威、卢森堡等小国。但这些国家之所以好,在各方面都表现不错,那是这些国家的政治制度相对有其长处、资源相对丰富、经济发达、法律严明、人民教育素质高等因素形成的,而不仅仅是因为其面积小、人口少就好。相反,当代的许多小国家,也有许多是暴政的国家、失败的国家、流氓的国家。

以老子的大智慧,怎么会以一个很不靠谱的国土小、人口少的标准来评论国家的好坏呢?

## 四、"国小民少"说,违反历史和老子的史官身份

老子曾经在周朝为官,没有人比老子更熟悉这一段春秋时期的历史了。

春秋时代的历史特征是什么呢?就是小国被大国不断侵吞、消灭、灭亡的历史。

据《荀子·儒效》的说法,"周公兼制天下,立七十一国,姬姓独居五十三人",后来周朝又不断分封了许多诸侯,以至于《吕氏春秋·观世》篇说,"周之所封四百余,服国八百余"。

在春秋时期的270年间,东周这个松散的联合国共有150个成员国和准成员国。但这一时期大国吞并小国、强国吞并弱国的进程从来没有停止过。吞并小国最多的恰恰是那些打着所谓维护仁义和道义旗号的霸权国。楚在春秋时灭南方小国约45个,疆土最大,晋国灭小国约20多个,是北方疆土最大的国家,秦国在西方灭西戎12国,齐国在齐桓公称霸时就灭小国约30个(韩非子的说法为30国,荀子说灭35国),就是二等的鲁国也灭国9个,宋灭国6个。在诸侯强并

---

① 《微论桀宋》:"偃乃宋君之弟,欲承大位,攻袭其兄,血腥登位。偃自立为宋君,称宋王,连败齐楚魏,遂与齐楚魏为敌。偃以为强,盛血射天。淫于酒,喜妇人,群臣谏则射之。天下称之为'桀宋'。天怒人怨,齐楚魏欲雪前耻,联合伐宋,杀王偃,遂灭宋而三分其地。呜呼!桀宋之亡,好战喜功,失德之故也。"

弱、大吞小的兼并战争中,许多国家都遭到了覆亡的厄运。《荀子·仲尼》载齐桓公"并国三十五",《韩非子·难二》载"晋献公并国十七,服国三十八",《韩非子·有度》载"荆庄王并国二十六,开地三千里",《韩非子·十过》载秦穆公"兼国十二,开地千里"(《史记·李斯列传》作"二十")。

可以说,春秋时期所有国家都在互吞,大国吞大国,大国吞小国,小国吞最小国,到春秋末年,除东周、西周国外,原来的 120 个国家只剩下韩、赵、魏、楚、秦、齐、越七大国和鲁、宋、郑、卫、中山等十几个小国。

如果说老子目睹周朝的小国一个又一个地被大国所吞灭还熟视无睹的话,那么,老子的祖国陈国三次被灭的历史,一定会给老子留下深刻印象。

陈国在西周时一度也曾有影响力,曾列西周的十二诸侯之一,却是一个弱国,到春秋中期,楚国势力逐渐强大,陈国成为楚国的附属国,公元前 599 年,陈国内乱,大夫夏征自立为君,楚庄王以平乱为名,趁机灭了陈国。这是陈国第一次被灭国。不久,楚国又立陈灵公之子妫午为陈成公,恢复了陈国。陈国在楚国的阴影下存在了几十年,到公元前 534 年,也就是老子还在周朝为官的时期,楚灵王第二次找借口灭了陈国。也是在这一年,楚国内乱,楚平王杀兄自立,陈公室与蔡侯等因帮助楚平王有功,楚平王在公元前 529 年第二次恢复了陈国。公元前 479 年,也就是在孔子逝世的这一年,楚惠王第三次灭了陈国,将陈国改为楚国的陈县。陈国就在历史上永远消失了。如果根据老子寿一百岁计,老子也目睹了陈国的第三次灭亡。

这么多小国被大国所吞灭,说明当时小国的生存状况很恶劣,这种生存能力极差的小国,不可能是老子笔下的理想国家,怎么可能变成国家小就是好而国家越小就越好的推论呢?

## 五、"小国寡民":"小国之权,寡民之可欲"

"小国寡民"这四个字是理解老子道治社会理想的关键。

最先对"小国寡民"解释为"国土小、人口少"提出怀疑的是中国台湾的学者蔡明田,他认为,这是一种严重的误解,认为老子再三强调"治大国若烹小鲜""大者宜为下""以无事取天下","又岂会囿于国土的大小、人口的多少"[①]。但到底如何解释"小国寡民",蔡先生没有提出自己的观点。

既然大家都承认道法自然、无为而治是老子政治理想的核心,那么就必须从

---

① 蔡明田:《老子的政治思想》,台北艺文印书馆 1976 年版,第 142 页。

无为而治、道法自然的角度来理解"小国寡民"。

无为而治的政治,有两个层面,一个层面是国家层面,一个是百姓层面。这种理解只能是老子在19章提示过的"少私寡欲"。"少私",就是减少、缩小统治者的私心私意,只以百姓之心为心;"寡欲",就是减少超出生命本能需求的可欲。"小国寡民"的"小寡",其实就是"少私寡欲"的"少寡",其语词结构和内涵是十分接近的。

在国家层面,就是"小国"。这个小,不是定语,小国不是形名结构,而是动宾结构,"小"即缩小、减少、限制之意,小国就是缩小、减少、限制国家权力。简本63章有"大少之",注家一般解为"大,小之",可见"小"与"少"常可通假互用。小国,应解为减少国家权力。

以道治国的国家必然是执政者以道法自然、无为而治来治理国家,老子是主张圣民共治的,圣治就是以道治国的执政者组织的国家政府,本着无为而治的精神来治理国家。这个道治国家、道治政府,一定是根据政治治理的规律来进行管理,不会把扩张权力视为国家的本质,国家、政府的权力,不是全能国家、全能政府,而是有限政府、有限国家,凡是百姓民四自的领域,凡是百姓有能力解决的政治、经济、文化、社会管理诸方面的事务,道治国家和道治政府一概不进入,而前面所述的民四自、圣人之治的章节已经叙述过,民自治是道治国家治理的主体,有道者政府只是起一种辅助作用,相对有为而治的国家而言,道治国家的权力是小得多。

这就是所谓"小国"的含义,即"小国之权",即缩小和限制国家所有的权力。

其实,文子早就解释过国家兴亡的原因,这个原因肯定与国的大小无关,而与是否尊道有关。《文子·上仁》:"德有昌衰,风为先萌。故得生道者,虽小必大;有亡征者,虽成必败。国之亡也,大不足恃;道之行也,小不可轻。故存在得道,不在于小;亡在失道,不在于大。"《文子·下德》更清楚地解释了为什么道治国家是"国家权力小"的国家,认为以道治国的国家,行无为而治,所以治理国家的职位,容易坚守;因为不扰民,所以政事容易推行;因为礼乐出于自然本心,所以容易普及;因为法制出于民情民心,所以法律容易实现。因此,无为而治,民不需要兼官,官不需要兼事,士农工商,各行不同,各乡有异,各州不同。[①] 宋代杜道坚在编《文子》一书时,对这段话解释认为,道治国家官员人数很少,事不多,所以不需要大量的官员,不需要政出多门。无为而治的国家,因为事少,所以不需

---

[①] 《文子·下德》:"治世之职易守也,其事易为也,其礼易行也,其责易赏也。是以,人不兼官,官不兼士,士农工商,乡别州异,故农与农言藏,士与士言行,工与工言巧,商与商言数。是以,士无遗行,工无苦事,农无废功,商无折货,各安其性;异形殊类,易事而不悖,失业而贱,得志而贵。"

要设置很多的官职,也不需要政府机构有很多的权力。

萧公权先生所著的《中国政治思想史》精准地指出,"无为之第一义为减少政府之功用,收缩政事之范围,以至于最低最小之限度。盖天下之事,若听百姓自为,则上下相安,各得其所"①。

在百姓层面,就是"寡民"。"寡民"本身就是一个动宾结构,与"小国"相同。"寡"是一个动词,也是减少、缩小、限制之意,但"寡民"之"民",不是指百姓的人口数量,而减少、缩小、限制百姓的可欲之欲。这种用法与19章的"少私寡欲"的用法是一样的。

《文子·道原》中也有"寡民所求"之意,指出,"与民同出乎公,约其所守,寡其所求,去其诱慕,除其贵欲,捐其思虑。约其所守即察,寡其所求即得"。

也就是说,在以道治国的国家中,民四自,即百姓的自富、自化、自正、自朴,构成了道治国家的主体,道治国家治理的大量事务是通过百姓的自治来实现和完成的。在这一过程中,一方面要求道治国家不得随意介入民自治的领域,另一方面要求百姓也必须以道法自然、少私寡欲、见素抱朴的心态自律。

正如前面"节欲之德"一章所述,老子认为人皆有欲,但人欲也有两种:一种是人生而有之的"恒有欲",是人的生命的本然需要,满足人的这种正常的生命之欲,是人的生命之道的反映,是合道的德性表现;另一种就是人们易受到外在的诱惑而激发的超出人的生命活动需要的"可欲",这就是人的各种功名利禄之欲,五色、五声、五味之欲,贵难得之货之欲,这些欲望不仅礼治制度下的统治者有,也会下沉到民间,影响百姓的正常生活。因此,老子认为,作为民自治主体的百姓,也必须在自富、自化、自正、自朴的过程中,节制自己的"可欲"之心。

这就是"寡欲",即"寡民之可欲"。

因此,"小国寡民",是减少、缩小、限制政府权限,减少、缩小、限制百姓的可欲,与"国家面积小、百姓数量少"一点关系都没有。

知道限制自己的权力的国家,是道治之国;知道节制非正常欲望的百姓,是实行民自治的道治之民。

"小国之权,寡民之欲",简约的说法就是"小国寡民"。这个国家可能是大国,也可能是小国;这里的人民,可能人口多,也可能人口少。

老子在书中多次提出了有道的大国,或者认为大国可以成为有道之国,比如说"以其不自为大,故能成其大"(34章)、"治大国若烹小鲜"(60章)、"大邦者下流"(61章),可见,小国可以有道,大国也可以有道。道治的国家,不在大小,而在无

---

① 萧公权:《中国政治思想史》(上),商务印书馆2011年版,第173页。

为而治、道法自然。

尤其值得注意的是,河上公最早从无为而治的角度来解释"小国寡民",认为无为而治的国家,就是统治者"俭约不奢泰",所以"圣人虽治大国,犹以为小"。也就是说,只要是以道治国,执政者都会遵从无为而治、不扰民的精神,治理小国还是大国对他们来说都是一样。同样,民众的多少都不会影响执政者的无为而治、不扰民的精神,因为他们与过去的礼制社会的统治者不同。对礼治制度的统治者来说,民众越多,他们从民众身上掠夺的财富越多,而以道治国的执政者不会想着从百姓身上抢夺财富,所以,"民虽众,犹若寡少"[①]。因此,"小国寡民",是指治理国大民众的国家,与治理国小民少的国家一样,都是要无为而治。

## 六、"小国寡民":"三有四其"的自然家园

● 使有什伯之器而不用。……虽有舟舆,无所乘之;虽有甲兵,无所陈之。使民复结绳而用之。甘其食,美其服,安其居,乐其俗。(80章)

在"小国寡民"这个理想的道治国家中,也不是一般批评者所说,老子的理想国家就是要倒退回原始社会,就是要人们过吃不饱、穿不暖、住山洞、无安全的蒙昧生活。

其实,只要客观地以及不带偏见、不以某种成见地去阅读老子的原书,就很容易得出正确结论。

这里有"国",故不是什么原始社会;这里能造什伯之器、车、船、甲兵之器,可见不落后;这里的百姓生活,有甘有美、有安有乐,可见并不蒙昧。

老子的核心思想是道法自然。道法自然的社会观,也一定不会把某个静止的、不变的东西视为自己的理想。任何理想,首先得顺其自然,适应宇宙自然、人类社会的客观发展规律,而不是以自己的某种理想去对抗这种自然和社会的客观发展规律。

以这种精神来看老子的理想社会,也就不会走偏路。

因此,在老子的"小国寡民"的理想社会中,整个社会物质文明不但不落后,反而是自然而然向前发展的。

道治社会是"民自富""民自正"的社会,"民自富""民自正"就会大大减少人为的干扰限制,会成为推动社会发展进步的强大动力。

道法自然的社会,必定不是约束而是激发人们的各种生产、制造的想象力和

---

[①] 王卡点校:《老子道德经河上公章句》,中华书局1993年版,第302页。

创造力,所以人们能依物质自然之性,生产各种满足百姓正常生活需求的物质产品,"什伯之器"就是这种物质生产水平的泛指。"什伯"就是各种各样物品的概称,不是说不能生产,而是说什么都能生产但我可以不生产。这里的不用,不是说绝对不用,而是说根据情况该用的就用,不符合自然的就不用,顺其自然,即国家和民众日常生活必须使用的,就要用。

在这个社会中,有比较发达的交通,能造好的车与船,而且是能造但我不用。为什么不用?也不是绝对不用,而是说,除了少数最必需的时候和少数最基本的需要外,人们的社会物质生活水平接近,百姓都顺势而居,在住所附近都有满足自己的生活需要的东西,不用坐交通工具去劳动、上学、交往。在这个社会中,不是说不能形成强大的军队,而是说,为了防范外来的侵略,有形成强大军队的物质基础,能制造先进的武器,以造成对外敌侵略者的一种威慑,使觊觎者不敢贸然来犯。这里的"甲兵",就是当时的一种先进军队和先进装备的标志,有了甲兵,就有了对外部敌人的威慑力,就有了对来犯者进行"铦袭"的物质基础。不过,道治国家不会主动发动侵略战争,所以道治国家是有甲兵而不用。这有如今天中国有核武器但不使用是一样的道理。

道治社会是"民自化""民自朴"的社会,"民自化""民自朴"的社会必定是民风淳朴的社会。

在这个社会中,民众的民生问题都有较好的解决,而绝不是说理想社会中的民众都过着衣不裹体、食不饱腹的生活,也绝不是饥寒交迫的境况,而是"甘其食,美其服,安其居,乐其俗",因为人们的生活欲望是符合自然简朴的本质的,无须过多奢侈豪华的生活物品。因此,凡是那种自然简朴的生活要求,都可以而且容易得到满足。蒋锡昌先生在解释"甘美安乐"句时说,"'甘其食',言食不必五味,苟饱即甘也;'美其服',言服不必文采,苟暖即美也;'安其居',言居不必大厦,苟蔽风雨即安也;'乐其俗',言俗不必奢华,苟能淳朴即乐也。"①

今天我们生活的时代和社会,有两个方面的不自然:第一个不自然是富人的生活过于奢侈糜烂,同时人们受到太多的物质诱惑,追求一种攀比的并不完全出于需要的生活方式,这并不符合自然简朴的本质要求;第二个不自然是相当多的人们的基本生活需求,即自然简朴生活所必需的生活要求得不到基本满足,离老子所说的"甘其食,美其服,安其居,乐其俗"还差得太远。

老子的"使民复结绳而用之",也易使人误解。有观点认为,"使民复结绳而用之",是指结义,遵守契约,彼此信任,摒弃文字语言,建立起新的信任关系,实

---

① 参见高明撰:《帛书老子校注》,中华书局1996年版,第155页。

行忠信之教。① 这种观点把结绳与结盟、信任联系在一起,似乎离题。还有解释说,这是老子要人放弃语言文字,倒退回原始社会,反对社会进步发展的落后思想。

从前后逻辑来看,老子这里的原意不应是用什么,而是应当说有什么而不用,所以"结绳而用"的结构有点突兀。似乎是说,有各种复杂的人造之器(如什伯之器、车、船、甲兵,或相当于今天高科技一类的东西)而不用,因为使用这些先进的东西,固然会有很多方便,但也会带来其他负面的作用。比如用车运东西,就得修路,就得造车,就得用牛或马,修路就会破坏环境,造车就会刺激人造其他的技巧奇器,用牛用马造成了对牛、马的役使而破坏了牛、马的自然之性等。

这一点用现代的许多东西作比就更好理解。比如,核电技术,一方面反映了人对物质自然规律的掌握,用核能来发电,可以解决人类的许多问题,也是人类顺乎自然发展的结果。但另一方面,核电也会产生污染,核电技术也可以用来制造核武器,而无论是核武器的失控、意外,还是核原料的泄漏,都会给人类的生存与发展带来不可估量的损失,比如苏联的切尔诺贝利核电站事件和 2011 年 3 月日本福岛核电站事件一样,曾给人类带来很大的恐慌和灾难。因此,与其使用这些过于发达而不易控制的高科技的东西,还不如使用简单的、灾难后果更小一些的方式。

实际上,老子的"使民复结绳而用之",是一种比拟说法,是说人们在道治社会中,民众充分遵天道而自化,民风和民俗淳朴良善,似乎是过去理想中的那个结绳记事的淳朴年代,而非要倒退回过去的时代。如果老子真的要人们不使用语言文字,只用结绳来记事,那老子也就没有必要用文字和语言写下《老子》这本书了,当然人们今天就看不到《老子》了。这正如当下中国人民都在呼唤原生态食品、原生态环境一样,这并不意味人们要回到原生态的那个没有开发、发展的时代和社会。

与攻击老子的小国寡民是所谓物质贫乏、倒退回蛮荒时代的批评完全相反,文子在解释道治国家的情况时指出,道治国家是一个政风清明简约、物质极大丰富、民情自然淳朴、人与自然和谐的可持续发展的社会。

在这个道治社会中,政治上以百姓心为心,尊重百姓的四自权利,执政者没有自己的私欲,以虚静之心行无为而治,体悟道德,行为处事皆循自然之道,一切都是顺势而为。执政者淡漠心态,与天下人和谐相处,默默地行使自己为百姓服务的职权,无私无欲。

---

① 商原李刚:《道治与自由》,社会科学文献出版社 2005 年版,第 218 页。

在社会民情风俗上，天下百姓民风淳朴，人与人和谐相处，没有利益相争，财物都能自足自用，对那些社会弱势群体，施助的得道者们都发自本心自然而然地帮助他们而不以为是德，受助者因为自己也尽力劳动但不能满足生存需要，所以受之不让。施者和受者都是出于自然，体现了大道德善之用，所以大家都从中受益。

在社会教化方面，社会以自化为主，所以社会道德的传承主要是通过执政者、得德者、有修养的百姓的"不言之教"来实现的，是不用言说的道化，似乎天地道化与百姓心心相通，与天同德，人人都可从天地自然中受到道化。

在经济发展方面，道治社会由于发挥了百姓自富的积极性，社会生产力得到极大提高，物质财富源源不断地被社会生产出来，怎么消费都不减损，百姓安居乐业，生活自得自娱，适情小酌而酒不枯竭。社会分工复杂，专业生产，谁也不知道这些物质是从哪里以及由谁生产的，这就好像传说中的摇光树一样，道治国家的经济生产可以源源不断地满足百姓的粮食和各种需要。①

## 七、"小国寡民"：开放与和平的家园

● 使民重死，而远徙。……邻国相望，鸡犬之声相闻，民至老死，不相往来。(80章)

这两句话也是老子思想中最受人诟病的地方，否定老子和肯定老子的人，都会批评老子这两句话封闭，使百姓与世隔绝。正如本章前面所述，否定老子的人自然不用说了，就是那些肯定老子的人，也有许多持这样观点。

老子真的主张道治社会应该是封闭国家、不对外来往吗？

以道治国的国家，肯定不是封闭国家，因为这是违逆百姓的意愿而为之的。自古至今，淳朴的百姓之间都是相互走动、相互来往，哪个地方的风俗民情，也没有邻居之间完全不走动也不来往的。

因此，道治国家，肯定是顺应百姓之心，顺应百姓之情，自由走动和自由迁徙，都完全是百姓自己的事情。况且，以前的国家也没有什么严格的国境线，国家之间的所谓边界，也是天然形成的。其实就是今天，在许多国家的边界之间，

---

① 《文子·下德》："夫至人之治，虚无寂寞，不见可欲，心与神处，形与性调，静而体德，动而理通，循自然之道，缘不得已矣。漠然无为而天下和，淡然无欲而民自朴，不忿争而财足，施者不得，受者不让，德反归焉，而莫之惠。不言之辩，不道之道，若或通焉，谓之天府。取焉而不损，酌焉而不竭，莫知其由出，谓之摇光。摇光者，资粮万物者也。""天府""瑶光"之说，也载于《淮南子·本经训》。

两国之间的边境居民从来都是交往很自由的,根本见不到人们所说的那种"民至老死,不相往来"的现象。

正如唐代韩愈在《唐正议大夫尚书左丞孔公墓志铭》说:"古时候,那些老死于乡间的人,都是自求安逸,而非自求受苦。房屋、水井、田地都还在,那些不做官和厌倦官场生活回到故乡的亲友,不是住在东郊就在北郊,大家可以拄着拐杖、穿上鞋子互相往来。"[①]这段话说的正是民间存在的实际情况,也是中国古已有之的一种民情。

还是要回到老子有"道法自然""执大象天下往"的主题思想上,才能得到正确答案。

"使民重死"句,今本为"不远徙",帛本为"远徙",表面的意思正好相对。该如何取舍?

"使民重死",是相对 75 章"民之轻死"而来的,为何民会轻死?是因为礼治制度的统治者"食税之多"、"以其上之有为",以其上"求生之厚",这是造成民众饥饿、民众难以生存的原因,造成了民众生存困难故很容易夭亡而不得享天命。

在道治社会中,道治国家已经不存在造成这些使民众生命夭亡的制度原因,所以百姓可以贵重其生命,享受生命的美好、自然地生活,因而把生命看得十分珍重。"使民重死",这是老子倡导的贵生思想在道治社会中的反映。

正因为珍重生命,所以导致百姓夭亡的那些原因,除了统治者和制度的原因之外,就是与百姓生活相关的活动,其中最重要的是与"徙"相关的活动。无论是到远方获取生活资料的劳动,还是因自卫战争而进行的军事"迁徙",都存在造成百姓夭亡的可能性,而这些活动都必定与远徙、军事迁徙相关的车船相关,与进行战争的甲兵相关,所以老子才会紧接着说,有车船而尽可能不用,有甲兵而尽可能不用陈列出来(排兵布阵)。

因此,从这个意义来看,老子这里的"徙",既不应该是"远徙",也不应该是"不远徙"。"不远徙",就限制了人的活动范围,把一些必要的"远徙"也排除在外了,违反了老子的道法自然之意。如果是一个大国,如果不得不进行自卫战争,自卫战争的客观需要和规律就可能使人们必须"远徙";如果在远方有丰富而又易得的生活资料,如果本地的生活资料不能满足人们正常的生命活动,那就不得不"远徙"。要生存,要珍重生命,就必须"远徙",这种合乎自然而然的"远徙",就与前面所说的"不远徙"发生了严重的冲突。同时,"不远徙"的句意,也同老子主

---

[①] 《唐正议大夫尚书左丞孔公墓志铭》:"古之老于乡者,将自佚,非自苦。闻井田宅具在,亲戚之不仕与倦而归者,不在东阡在北陌,可杖屦来往也。今异于是,公谁与居?且公虽贵而无留资,何恃而归?"

张的天道与和平外交、和平交往的政道发生了矛盾。老子所述天道,具有"远"的特性,就是道曰大、曰逝、曰远(25章),"不远徙"违反了天道的特性,不合道;老子又说,"执大象天下往,往而不害,安平泰"(35章),就是说本着天道而自然发生的交往,是有利于天下各国的。如果以道治国,执政者不会强行禁止百姓去往他国;如果以道治国,执政者也不会禁止他国百姓到自己国家来,这也是所谓"执大象天下往"的第一层意义。也就是说,如果以道治国,天下百姓都会望道而归之,而"不远徙"违反了"天下往"的政道。

因此,"不远徙"的句意,与老子的"道法自然""天道曰远""执大象天下往"的思想发生了冲突,不可取。

"远徙"的句意,虽然与老子的"天道曰远""执大象天下往"的思想有相符合的地方,但也有问题。老子的道法自然是说,该远则远,该近则近,为何一定要"远徙"？同时,"远徙"也与随后的有车船不用、有甲兵不陈的意思相反,既然是一定要"远徙",那车船就必定用得着,而不是可用可不用;如果一定要去远方进行自卫战争,那也必定要用甲兵而不是甲兵可用可不用。因此,"远徙"同样也不可取。

高明先生在解释帛本的"远徙"时认为,老子主张使民甘其食、美其服、乐其俗、安其居,足见老子不仅反对民之"远徙",也同样反对"不远徙",主张使民安居而不徙。"远徙"之"远",非作远近解的副词,而是疏离的动词解,这里的"远",不是远近的"远",而是远离的"远"。[①] 但高解同样也使人产生同样的疑问:为何一定"远离""迁徙"？

还有人解释说,老子的"使民重死而远徙",就是使人重视生命因而在全世界自由迁徙去求生存。[②] 这样的解释也不合逻辑:为什么重视生命就一定要远徙？不远徙就不重视生命了？这样的解释也不合常理:人们都知道,能够去远徙求生存都是少数人,大多数人是不可能远走他乡去求生存的。

按老子的阴阳思维以及道法自然、不执一等思想,不应该人为地划定"不远徙"或一定要"远离迁徙",这些都违反"道法自然"的思想。因此,最合乎老子的整体思想的,不是"不远徙",也不是"远离迁徙",而应是"慎徙",或者用与"弗争"(含不争、可争、大争三种意义,要根据具体场景选择)相关的词"弗徙"(含不徙、可徙、远徙三种意义,也要根据具体场景取舍)更恰当。这有点像老子对用兵的态度一样:既不是一定"不用兵",也不是一定"要用兵",而是"弗兵",该用兵时也必须得用,就是"不得已而用之"。

---

[①] 高明:《帛书老子校注》,中华书局1996年版,第152页。
[②] 柯美淮:《仰望老子》(第2卷),中央广播电视大学出版社2012年版,第152页。

因此，整个句子应是"使民重死而弗徙"，使百姓都珍视生命而慎重对待迁徙。

对"使民重死"句解释到位了，理解"民至老死，不相往来"就容易多了。

这里的"往来"，并不是百姓间的正常的民情往来、民风往来、人员往来、货物往来，而主要是指以下两种：

1. 礼尚往来

《礼记·曲礼上》说："礼尚往来，往而不来，非礼也；来而不往，亦非礼也。"《老子》一书从头到尾都反对以人的智识、人的主观规定治国的礼制，把礼制认为是违反"道法自然"的产物。礼制中的大量内容，除少数反映了百姓间的正常往来的内容以及有关教育、养老、救助病残弱小等内容外，大部分都是统治者制定的等级尊卑的内容，大部分都是约束人的行为的极为繁琐的礼仪规定，不是人们的感情的自然流露，而是一种矫揉造作的虚伪表现，所以老子把礼治称为"忠诚之薄乱之首"(38章)。

老子认为，以道治国的国家，人们往来遵从的是人们自然而然从心里流露的相互尊敬、和善的感情，而不是死记硬背的制度规定。在道治国家里，已经抛弃了这一套繁琐的等级制度的规定，人们之间自然往来，用不着相互之间繁琐的礼仪制度。因此，百姓之间的各种往来中，独独没有旧礼制下的那种"礼尚往来"。

2. 刀枪往来

道治国家奉行和平共处原则，相互尊重，友好往来，执政者们遵从民心民意，为百姓的自富、自化、自正、自朴创造友好和平的环境，这里没有战争，没有刀光剑影，刀枪已经入库，战马已经回归田园，所以人们只闻鸡犬之声，不闻战马的嘶鸣，不闻士兵们相互厮杀的怒吼声。因此，各国之间有各种往来，有政治往来、经济往来、文化往来，独独没有刀枪往来。

因此，"民至老死，不相往来"，应该解释为：

▲ 百姓之间友好往来，直至老死，再也看不见刀枪往来，不再遵从繁琐、虚伪的"礼尚往来"。

在老子理想的道治国家中，它对内实行道法自然、无为而治、以民心为心、百姓四自的政策，因而内政清明、官吏廉洁、事少而简，社会繁荣安定、秩序井然、民风淳朴、其乐融融、夜不闭户、道不拾遗，没有大的矛盾冲突，没有内战，所以一片和平繁荣景象。

道治国家对外奉行和平外交政策，以"无事取天下"，以和平共处、互利平等、相互尊重的方针与周边国家交往。因此，道治国家与天下其他和平国家都能和平相处，没有战争，远离兵器、远离军队、远离杀戮，邻国之间没有枪炮声、刀剑声、争吵声,只有鸡犬之声,只有和平、安宁、祥和的自然景象。

这里的"老死不相往来",并不是一般人所误解的什么"封闭""隔绝",而是指和平、安宁、自然怡得的状态。尤其是这里的"往来",不是指普通百姓间的那种你来我往。老子是自然主义者,要人们在生活中道法自然,而在道治国家里,邻里之间、街坊之间,你来我往是十分自然的事情,也是人之常情。即使在今天,在中国的少数民族地区,在中国比较偏远的农村,人们还可以看到当地百姓之间的淳朴的风情,而这种淳朴的民情,首先表现在节假日人们之间的你来我往上。老子倡导人们之间的自然生活,又怎么可能在理想的道治国家中要人们不要相互往来呢?这种对"往来"的理解,与老子"道法自然"的思想相悖。

因此,"老死不相往来",是道治国家的一种外在表现,是指邻居之间、邻国之间,都本着自然而然的精神,发生自发的、和平的、开放的相互往来,而过去的那种邻居之间、邻国之间为抢夺资源、抢夺土地、抢夺财富、抢夺权力的战争没有了,争吵没有了,打架斗殴没有了,礼治制度下那种虚情假意的、等级森严的所谓"礼尚往来"没有了,邻居之间、邻国之间只有发自内心的、和平的、开放的交往。

道治国家,不欢迎侵略者;道治国家,没有虚假的礼仪规定的往来;道治国家,欢迎天下百姓归而往之;道治国家,任由本国百姓往而归之。这样的解释,才是合乎老子"道法自然""执大象天下往"的精神的。

我们在道家文献《文子》中,可以见到一个真实的道治国家,它对内政治修明、社会和谐;对外和平开放,有强大的柔实力:

▲"官府若无事,朝廷若无人,无隐士,无逸民,无劳役,无冤刑,天下莫不仰上之德,象生之旨,绝国殊俗,莫不重译(仿效)而至,非家至而人见之也,推其诚心,施之天下而已。"(《文子·精诚》)

在以道治国的国家中,政府无为而治,政府和民众各自做自己应当做的事。政府好像没有人在施政,所以权力自然就小了;百姓都忙着自富、自化,所以没有隐逸的人,没有政府乱派的劳役,也没有各种严厉的刑法,当然欲望就少了。这种道治的简约管理的社会以及让民众生养的宗旨,能对天下各国产生强大的吸引力,即使是那些遥远的国家、异域的人民,也都会纷纷仿效这种道治,虽然这些外邦人并不是一个国家的民众,但在道治国家,人与人相见,都是以诚心相待。有这种精诚的善意,是可以施之于天下百姓的。

文子还有一段精彩的话也可以帮助人们理解所谓"老死不相往来"是一纯粹的和平景象,而不是什么"相互封闭""死不往来":

"昔尧之治天下也,舜为司徒,契为司马,禹为司空,后稷为田畴,奚仲为工师。其道民也,水处者渔,林处者采,谷处者牧,陵处者田,地宜其事,事宜其械,械宜其材,皋泽织网,陵阪耕田,如是则民得以所有易所无,以所工易所拙。是以,离叛者寡,听从者者,若风之过萧,忽然而感之,各以清浊应。物莫不就其所利,避其所害。是以,邻国相望,雞鸡狗之音相闻,而足迹不接于诸侯之境,车轨不结于千重之外,皆安其居也。"(《文子·自然》)

在这段话中,文子按照老子的"道法自然""无为而治"的精神,对什么是"小国寡民"做了十分具体的解释。这个道治国家的特点是以道治国,以得道者治国,人各尽其才,民各得其所,充分发挥百姓自富、自化、自正、自朴的天性,善水者渔,善林者采,善谷者牧,善农者耕,所以天地自然的各种资源都能得到充分利用。土地为民所用,做事为民提供相应的机械,机械适宜各种情况,在水泽地,百姓能学会织网捕鱼,在丘陵地学会耕种。正因为如此,地利使劳动者易于得到收获,灵巧的手艺代替了笨拙的劳动。所以,道治国家的百姓重视生命,想冒死亡的风险离开家乡到远方谋生者少,愿意到道治国家的人多,好像风吹过芦苇,萧萧然而动,各以其清浊呼应之,万物莫不就其所利,而避其所害。因此,邻国相望,鸡犬之声相闻,一派和平繁荣景象。道治国家的百姓都在本国辛勤劳作,不会轻易进入别的国家谋生,而道治国家的军队,严守自卫的原则,也不会到远方的国家进行侵略扩张,所以道治国家的百姓都能享受自然,享受劳动成果,安居乐业。

文子的这一段解释,虽然借用了儒家所尊崇的尧舜之治来解读,不太合道家经典的风格,但除了这一缺陷之外,这是从古到今诸家诸派众多的解读者中,最接近于忠实老子的"道法自然、无为而治"的宗旨的解释了。可惜人们长期对文子的小国寡民的精到的解释没有给予相应的重视,或以为《文子》一书是伪作而故意忽视它的存在。

因此,老子的"小国寡民"是一个开放的、和平的家园。

## 八、老子道治理想不是柏拉图的乌托邦

许多人喜欢把老子的小国寡民视为乌托邦,并拿它与柏拉图的理想国比较。

柏拉图的理想国是一个名副其实的乌托邦,乌有之乡,反映的是人类理性的自负、哲学家的自负。在柏拉图的理想国中,他按照人的灵魂的三个特性,即人的理性、意志和情感三种不同的欲望,把理想国设计成由三个等级组成的国家。

第一个等级是哲学家,是神用金子造成的,在理想国掌握一切大权,至高无上,代表人类的理性,以智慧为美德,是天生的统治者;国王必须由哲学家担任,以哲学为工具进行统治和治理。

第二个等级是武士,是神用银子造成的,是专门从事战争的军人,是哲学家的助手,是保卫者,代表人类的意志,以勇敢为美德,天职就是防御外敌,以武力实现统治者的意志,忠实地服务于统治者。

第三个等级是劳动者,是神用铜造成的,即农夫、手工业者和商人,构成了理想国的被统治阶级,他们的欲望只有情感,以节制为美德,他们的天职就是节制自己的欲望,专门生产社会的财富供统治者享用。

智慧、勇敢、节制这三种美德融合在一起,三个等级各司其职,形成正义的美德。

在理想国中,按照共产原则进行治理,取消私有财产、家庭,共妻共子,子女由国家教育抚养。对第一、第二两个等级,为了保持其纯洁性,要接受国家严格的教育和训练。

柏拉图的理想国,与老子的道治理想实在不能相比。

按老子的话来说,柏拉图的理想国,就是典型的"以智治国",而"以智治国国之贼"(65章)。柏拉图的理想国也是老子批判的"有为""妄作",是一种极端的夸大人类理性的自负表现。在这个理想国,没有人民的地位,人民变成了被统治者和被支配者,这与老子的"民四自""以百姓心为心"也是完全相反的。

因此,老子的以道治国,与柏拉图的理想国,完全不是一回事。

柏拉图的理想国是纯粹的乌托邦,从近代以来,不断受到西方许多思想家的批判,从波普尔到哈耶克都曾对柏拉图的理性自负进行尖锐批判。

老子的以道治国是一种政治理想和政治哲学,曾经在中国历史上部分实践过,也是通过人们的努力和完善,可以在当下发挥积极作用的政治思想。

老子的政治理想,在2 000多年来一直深刻地影响中国人的政治意识,具有强大的生命力。老子的政治理想,也成为今天中国实现全面小康的组成部分,甘其食、美其服、安其居、乐其俗,在许多地方已经成为现实,经过脱贫攻坚战,会有更多的百姓实现老子的甘其食、美其服、安其居、乐其俗的梦想。

总之,现在各家解读的"小国寡民",只是一种乌托邦式的解读,多少都对老子的原意有很大的误解。

只有把"小国寡民"放进老子的道法自然、无为而治的精神境界中,重新进行解读,人们才能见到一个和平的、繁荣的、开放的、淳朴的、和谐的道治国家。只有这样一个国家,才是值得人们为之奋斗的道治国家的理想。

"小国寡民"被人们误读了几千年,到今天,人们有责任、有义务不能再让它湮晦于误读的大海中了。

老子之梦,应是人类社会共同的理想。

# 主要参考书目

**一、《老子》注解释译**

廖名春：《郭店楚简老子校释》，清华大学出版社2003年版。
沙少海、徐子宏译：《老子全译》，贵州人民出版社1989年版。
王卡点校：《老子道德经河上公章句》，中华书局1993年版。
高明：《帛书老子校注》，中华书局1996年版。
魏源：《老子本义》，商务印书馆1934年版。
王弼注、楼宇烈校释：《老子道德经注》，中华书局2011年版。
南怀瑾：《老子他说》（续集），东方出版社2011年版。
陈鼓应：《老子今译今注》，商务印书馆2011年版。
柯美淮：《仰望老子》（1、2卷），中央广播电视大学出版社2012年版。
刘昭瑞：《〈老子想尔注〉导读与译注》，江西人民出版社2012年版。
杨鹏：《图解老子详解》，陕西师范大学出版社2012年版。
华军：《老子的法治思想》，中国财富出版社2012年版。
戴建业：《老子开讲》，海南出版社2015年版。
任继愈：《老子绎读》，国家图书出版社2015年版。
何新：《道法自然天法道》，中国文联出版社2016年版。

**二、其他道家经典**

太古真人：《黄帝内经》，人民文学出版社2005年版。
严北溟、严捷撰：《列子译注》，上海古籍出版社2012年版。
唐突生、滕蜜：《文子释译》，长江出版社、湖北人民出版社2012年版。
陈鼓应：《黄帝四经今注今译》，商务印书馆2015年版。
陈广忠译注：《淮南子译注》，上海古籍出版社2016年版。

**三、其他经典**

陆贾著：《新语校注》，王利器校注，中华书局1986年版。

李双译释:《孟子》,中国书店 1992 年版。
赵守正译注:《管子》,岳麓书社 1993 年版。
王煦华、叶青评译:《韩非子》,北京广播学院出版社 1993 年版。
夏侯忠良编译:《战国策》,贵州人民出版社 1994 年版。
《孙子兵法与三十六计》,广西民族出版社 1995 年版。
房立中主编:《纵横家全书》,学苑出版社 1995 年版。
鲁开泰译注:《春秋左传》,武汉出版社 1998 年版。
孙安邦译:《荀子》,三秦出版社 1998 年版。
钟哲点校:《韩非子集解》,中华书局 1998 年版。
赵望秦等注译:《国语》,三秦出版社 1998 年版。
张玉春等译注:《吕氏春秋》(上、下),黑龙江人民出版社 2003 年版。
盛广智译:《史记》,吉林文史出版社 2008 年版。
高亨著:《商君书注译》,清华大学出版社 2011 年版。
陈广忠译注:《淮南子》,上海古籍出版社 2016 年版。

## 四、相关研究著作

孙思昉:《老子政治思想概论》,上海商务印书馆 1933 年版。
蔡明田:《老子的政治思想》,台北艺文印书馆 1976 年版。
刘泽华:《先秦政治思想史》,南开大学出版社 1984 年版。
刘泽华主编:《中国古代政治思想史》,南开大学出版社 1992 年版。
张成权著:《道家与中国哲学》(隋唐五代),人民出版社 2004 年版。
商原李刚:《道治与自由》,社会科学文献出版社 2005 年版。
侯才:《老子在今天》,济南出版社 2007 年版。
李世东、陈应发、杨国荣:《老子文化与现代文明》,中国社会出版社 2008 年版。
胡适:《胡适讲国学》,吉林人民出版社 2009 年版。
张松辉:《老子研究》,人民出版社 2009 年版。
章太炎:《诸子学略说》,广西师范大学出版社 2010 年版。
陈鼓应:《老庄新论》,商务印书馆 2010 年版。
李石岑:《中国哲学十讲》,广西师范大学出版社 2010 年版。
侯外庐:《中国古代思想学说史》,岳麓书社 2010 年版。
冯友兰:《中国哲学简史》,北京大学出版社 2010 年版。
王寿南主编:《中国历代思想家(先秦)》(1-2 卷),九州出版社 2011 年版。
萧公权:《中国政治思想史》(上),商务印书馆 2011 年版。

钱穆：《庄老通辨》，九州出版社 2011 年版。

熊逸：《道可道——〈老子〉的要义与诘难》，线装书局 2011 年版。

钱穆：《中国思想史》，九州出版社 2012 年版。

王葆玹：《黄老与老庄》，中国人民大学出版社 2012 年版。

章太炎：《章太炎自述》，人民日报出版社 2012 年版。

梁启超：《先秦政治思想史》，东方出版社 2012 年版。

吕思勉：《先秦学术概论》，广西师范大学出版社 2012 年版。

刘白明：《老庄正义思想研究》，上海三联书店 2012 年版。

李大华：《自然与自由——庄子哲学研究》，商务印书馆 2013 年版。

余培林：《老子——生命的大智慧》，中国友谊出版公司 2013 年版。

胡适：《中国哲学史大纲》，重庆出版社 2013 年版。

顾准：《顾准历史笔记》，光明日报出版社 2013 年版。

李水海：《老子新考论》，陕西人民出版社 2015 年版。

熊春锦：《东方治理学》，中央编译出版社 2016 年版。

中国易经普及中心：《老子主义》，江苏凤凰文艺出版社 2016 年版。

## 五、相关中译著作

哈耶克：《致命的自负》，冯克利、胡晋华等译，中国社会科学出版社 2000 年版。

龚群：《罗尔斯政治哲学》，商务印书馆 2007 年版。

亚当·斯密：《国富论》（上、下），谢祖钧中译本，新世界出版社 2007 年版。

（美）施特劳斯著：《什么是政治哲学》，李世祥等译，华夏出版社 2014 年版。

（美）史蒂芬·B.斯密什著：《政治哲学》（中文版），贺晴川译，北京联合出版公司 2015 年版。

## 六、叶自成有关著作

叶自成、龙泉霖著：《华夏主义》，人民出版社 2013 年版。

叶自成著：《中国崛起》，人民出版社 2013 年版。

# 后　记

　　自 2013 年人民出版社出版《华夏主义》之后,总觉得对老子的政治思想的把握言犹未尽,常有一些新的想法冒出来,不断地催促我更深入地研究老子的政治思想。在研读《老子》一书过程中,我发现没有一本我认为比较好的能够全面、系统、准确地阐述老子政治思想的著作,正如在本书的自序中所述,《老子》一书问世以来,解老、注老者数百上千,但专门研究老子政治思想的少之又少,而且即使专门论述老子的政治思想的书,读起来也总感觉没有完全发掘出老子政治思想的精华。我在教学中,在与学生们的交流讨论中,也感觉到有必要对老子的政治思想进行全面、系统的解释和阐述。因此,我在 2015 年起开始构思写一本《老子政治哲学》的专著,来填补这一方面的空白。

　　经过两年的努力,终于实现了我的这一心愿。我在写作过程中尝试从中国的历史、中国的文化、中国的概念来整理、论述老子的政治思想,从政道、德道、治道、术道、器道五个方面进行了新的探索,希望它能比较完整地把老子政治思想的精华展现给各位读者。

　　我在写作《老子政治哲学》一书时,参照和引用了许多专家与学者的研究成果,在此一并致谢所有的作者。

　　如果书中的一些批评不巧正好对某些作者的观点有针对并有不敬,也请谅解。本人尊重所有的注老、解老者们的努力。

　　老子的思想博大精深,时读时新,每读一遍都有些许不同的感受,所以对老子思想的不同理解永无终结。

　　感谢北京大学国际关系学院的领导和同事们,我能在北京大学国际关系学院这一和谐团队和环境中进行工作与研究,是我莫大的荣幸和光荣。

　　北京大学是值得怀念的精神家园。我有幸在这个精神家园中度过了人生最美好的时光。感谢北京大学对我的培养和支持。

　　感谢我的亲朋好友、学生们在我的生活和本书写作过程中,给予了真诚的支持、帮助、鼓励、关心,尤其感谢北京大学中国战略研究中心名誉主任蔡武部长、北京大学中国战略研究中心名誉理事长方立部长的支持和鼓励,感谢慕新海、龙泉霖、黄伟镖、杜鹏、杨润东、陈冠洋、朱小略等提供的支持和帮助。

感谢上海财经大学出版社社长曹建和本书责任编辑袁春玉为本书出版所付出的辛勤工作。

谢谢我的家人对我工作的支持和理解。

愿与读者朋友们一起,发扬光大老子的思想。

叶自成
2017 年 4 月 9 日记于北京悠然居